Haftungsgrundlagen bei kompetenzwidriger Geschäftsführung im Personen- und Kapitalgesellschaftsrecht

AF893138

Schriftenreihe zum deutschen und europäischen Gesellschafts- und Wirtschaftsrecht

Herausgegeben von Günter Christian Schwarz

Band 4

PETER LANG
Frankfurt am Main · Berlin · Bern · Bruxelles · New York · Oxford · Wien

Martin Weger

Haftungsgrundlagen bei kompetenzwidriger Geschäftsführung im Personen- und Kapitalgesellschaftsrecht

Ein Beitrag zur Transformation des bürgerlich-rechtlichen Rechtsinstituts der Geschäftsführung ohne Auftrag in das Gesellschaftsrecht

PETER LANG
Europäischer Verlag der Wissenschaften

Bibliografische Information Der Deutschen Bibliothek
Die Deutsche Bibliothek verzeichnet diese Publikation in der Deutschen Nationalbibliografie; detaillierte bibliografische Daten sind im Internet über <http://dnb.ddb.de> abrufbar.

Zugl.: Würzburg, Univ., Diss., 2004

D 20
ISSN 1614-239X
ISBN 3-631-53155-9

© Peter Lang GmbH
Europäischer Verlag der Wissenschaften
Frankfurt am Main 2005
Alle Rechte vorbehalten.

Das Werk einschließlich aller seiner Teile ist urheberrechtlich geschützt. Jede Verwertung außerhalb der engen Grenzen des Urheberrechtsgesetzes ist ohne Zustimmung des Verlages unzulässig und strafbar. Das gilt insbesondere für Vervielfältigungen, Übersetzungen, Mikroverfilmungen und die Einspeicherung und Verarbeitung in elektronischen Systemen.

www.peterlang.de

Meinen Eltern

Vorwort

Die vorliegende Arbeit wurde im Wintersemester 2003/2004 von der juristischen Fakultät der Bayerischen Julius-Maximilians-Universität Würzburg als Dissertation angenommen. Sie befindet sich auf dem Stand Oktober 2003. Danach erschienene Literatur und Rechtsprechung wurde für die Drucklegung nach Möglichkeit noch berücksichtigt.

Mein besonderer Dank gilt meinem Doktorvater Herrn Prof. Dr. Günter Christian Schwarz, der die Entstehung dieser Arbeit angeregt und in vielfältiger Weise unterstützt, sowie mich im Rahmen meiner Tätigkeit als wissenschaftlicher Mitarbeiter an seinem Lehrstuhl für Bürgerliches Recht, Deutsches und Europäisches Handels-, Gesellschafts- und Wirtschaftsrecht sowie Prozeßrecht großzügig gefördert hat. Ferner bin ich Herrn Prof. Dr. Jan Dirk Harke für die zügige Erstellung des Zweitgutachtens dankbar.

Meinen Kollegen Herrn Dr. Matthias Kestler und Herrn Dr. Thomas Jesch bin ich für die vielfältigen freundschaftlichen Anregungen und hilfreichen Diskussionen zu besonderem Dank verpflichtet. Frau Karin Schmiedel und insbesondere Frau Susann Berndt schulde ich Dank für ihre wertvolle Unterstützung.

Meiner Verlobten, Frau Nicole Hilmers, danke ich von Herzen für ihre immerwährende Liebe, die mich stets getragen hat.

Zu guter Letzt möchte ich meinen Eltern danken, die mir durch ihre Fürsorge und jederzeitige Förderung das bisher Erreichte ermöglichten. Ihnen ist die Arbeit gewidmet.

Frankfurt am Main, im September 2004 *Martin Weger*

Inhaltsübersicht

Inhaltsverzeichnis

Abkürzungsverzeichnis

a.A.	anderer Auffassung
a.a.O.	am angegebenen Ort
ABl.EG	Amtsblatt der Europäischen Gemeinschaften
Abs.	Absatz
AcP	Archiv für die civilistische Praxis (Zeitschrift)
ADHGB	Allgemeines Deutsches Handelsgesetzbuch von 1861
a.E.	am Ende
a.F.	alte Fassung
AG	Aktiengesellschaft oder Die Aktiengesellschaft (Zeitschrift) oder Amtsgericht
AktG	Aktiengesetz vom 6.9.1965 (BGBl. I, S. 1089)
Alt.	Alternative
ALR	Allgemeines Landrecht für die preußischen Staaten, gültig ab 1.6.1794
Anh.	Anhang
Anm.	Anmerkung
AnwBl	Anwaltsblatt (Zeitschrift)
Art(t).	Artikel
Aufl.	Auflage
AStG	Außensteuergesetz vom 8.9.1972 (BGBl. I, S. 1713)
BAG	Bundesarbeitsgericht
BayObLG	Bayerisches Oberstes Landesgericht
BB	Der Betriebs-Berater (Zeitschrift)
Bd.	Band
Begr.	Begründer
BeurkG	Beurkundungsgesetz vom 28.8.1969 (BGBl. I, S. 1513)
BFH	Bundesfinanzhof
BFHE	Entscheidungen des Bundesfinanzhof
BFH/NV	Sammlung aller amtlich veröffentlichten und nicht amtlich veröffentlichten Entscheidungen des Bundesfinanzhof (Zeitschrift)
BT-Drucks.	Bundestags-Drucksache
BGB	Bürgerliches Gesetzbuch vom 18.8.1896 (RGBl. I, S. 195)
BGBl.	Bundesgesetzblatt
BGH	Bundesgerichtshof
BGHZ	Entscheidungen des Bundesgerichtshofes in Zivilsachen
BMF	Bundesministerium der Finanzen
BStBl.	Bundessteuerblatt
BVerfG	Bundesverfassungsgericht

BWNotZ	Zeitschrift für das Notariat in Baden-Württemberg
bzgl.	bezüglich
bzw.	beziehungsweise
CC	Code Civil
c.i.c.	culpa in contrahendo
DBA	Doppelbesteuerungsabkommen
DB	Der Betrieb (Zeitschrift)
ders.	derselbe
d.h.	das heißt
dies.	dieselbe(n)
Diss.	Dissertation
DJT	Deutscher Juristentag
DNotZ	Deutsche Notar-Zeitschrift
DStR	Deutsches Steuerrecht (Zeitschrift)
DStRE	Deutsches Steuerrecht Entscheidungsdienst (Zeitschrift)
EGHGB	Einführungsgesetz zum Handelsgesetzbuche vom 10.5.1897
EGV	Vertrag zur Gründung der Europäischen Gemeinschaft vom 25.3.1957 (BGBl. II, S. 766)
ERJuKoG	Gesetz über elektronische Register- und Justizkosten für Telekommunikation vom 10.12.2001 (BGBl. I, S. 3422)
EStG	Einkommensteuergesetz in der Bekanntmachung vom 16.4.1997 (BGBl. I, S. 821)
EUGEN	Europäische Genossenschaft
EUGEN-VOV	Geänderter Vorschlag für eine Verordnung des Rates (EWG) über das Statut der Europäischen Genossenschaft
EUGGES	Europäische Gegenseitigkeitsgesellschaft
EUGGES-VOV	Geänderter Vorschlag für eine Verordnung des Rates (EWG) über das Statut der Europäischen Gegenseitigkeitsgesellschaft
EuGH	Gerichtshof der Europäischen Gemeinschaften
EUR	Euro
EUV	Europäischer Verein
EUV-VOV	Geänderter Vorschlag für eine Verordnung des Rates (EWG) über das Statut des Europäischen Vereins
evtl.	eventuell
EWiR	Entscheidungen zum Wirtschaftsrecht (Zeitschrift)
EWIV	Europäische Wirtschaftliche Interessenvereinigung
EWIV-AusfG	Gesetz zur Ausführung der EWG-Verordnung vom 14. April 1988 über die Europäische wirtschaftliche Interessenvereinigung (EWIV-Ausführungsgesetz), (BGBl. I, S. 514)

EWIV-VO	Verordnung (EWG) Nr. 2137/85 des Rates vom 25. Juli 1985 über die Schaffung einer Europäischen wirtschaftlichen Interessenvereinigung (EWIV), (AblEG Nr. L 199 vom 31.7.1985, S. 1 ff.)
f., ff.	folgende, fortfolgende
Fn.	Fußnote
FS	Festschrift
GbR	Gesellschaft bürgerlichen Rechts
GewStG	Gewerbesteuergesetz in der Bekanntmachung vom 21.3.1991 (BGBl. I, S. 814)
GG	Grundgesetz vom 23.5.1949 (BGBl. I, S. 1)
Gen	Genossenschaft
GenG	Gesetz betreffend die Erwerbs- und Wirtschaftsgenossenschaften in der Bekanntmachung vom 19.8.1994 (BGBl. I, S. 2202)
GesR	Gesellschaftsrecht
GewO	Gewerbeordnung vom 21.6.1869 (RGBl. I, S. 245)
ggf.	gegebenenfalls
GmbH	Gesellschaft mit beschränkter Haftung
GmbHG	Gesetz betreffend die Gesellschaften mit beschränkter Haftung in der Bekanntmachung vom 20.5.1898 (RGBl. I, S. 369)
GmbHR	GmbH-Rundschau (Zeitschrift)
Großkomm.	Großkommentar
Gruchot	Beiträge zur Erläuterung des Preußischen (Deutschen) Rechts, begründet von Gruchot
GrEStG	Grunderwerbsteuergesetz vom 17.12.1982 (BGBl. I, S. 1777)
GWB	Gesetz gegen Wettbewerbsbeschränkungen 27.7.1957 (BGBl. I, S. 1081)
Habil.	Habilitation
Halbs.	Halbsatz
HGB	Handelsgesetzbuch vom 10.5.1897 (RGBl. I, S. 219)
h.L.	herrschende Lehre
h.M.	herrschende Meinung
Hrsg.	Herausgeber
hrsg.	herausgegeben
i.d.R.	in der Regel
i.S. des/der	im Sinne des/der
i.S. von	im Sinne von

i.V.m.	in Verbindung mit
i.w.S.	im weiteren Sinne
JA	Juristische Arbeitsblätter (Zeitschrift)
JherJb	Jahrbücher für die Dogmatik des heutigen römischen und deutschen Privatrechts (später Iherings Jahrbücher für die Dogmatik des bürgerlichen Rechts)
JR	Juristische Rundschau (Zeitschrift)
JuS	Juristische Schulung (Zeitschrift)
JW	Juristische Wochenschrift(Zeitschrift)
JZ	Juristenzeitung (Zeitschrift)
KG	Kammergericht
KG	Kommanditgesellschaft
KGaA	Kommanditgesellschaft auf Aktien
KStG	Körperschaftsteuergesetz
KStR	Körperschaftsteuerrichtlinien
LG	Landgericht
lit.	litera (Buchstabe)
LS	Leitsatz
Ltd	Limited Company
LZ	Leipziger Zeitschrift für Deutsches Recht (Zeitschrift)
MarkenG	Markengesetz 25.10.1994 (BGBl. I, S. 3082)
m.w.N.	mit weiteren Nachweisen
MDR	Monatsschrift für Deutsches Recht (Zeitschrift)
MittRhNotK	Mitteilungen der Rheinischen Notarkasse (Zeitschrift)
MittBayNot	Mitteilungen der Bayerischen Notare (Zeitschrift)
MünchHdb.GesR	Münchener Handbuch des Gesellschaftsrechts
MünchKomm	Münchener Kommentar
n.F.	neue Fassung
NJW	Neue Juristische Wochenschrift (Zeitschrift)
NJW-RR	NJW-Rechtsprechungs-Report Zivilrecht (Zeitschrift)
Nr.	Nummer
NVwZ	Neue Zeitschrift für Verwaltungsrecht (Zeitschrift)
NZG	Neue Zeitschrift für Gesellschaftsrecht (Zeitschrift)
oHG	Offene Handelsgesellschaft
OLG	Oberlandesgericht
OLGZ	Entscheidungen der Oberlandesgerichte in Zivilsachen einschließlich der freiwilligen Gerichtsbarkeit
OR	Schweizerisches Obligationsrecht

PartGG	Partnerschaftsgesellschaftsgesetz vom 25.7.1994 (BGBl. I, S. 1744)
RheinZ	Rheinische Zeitschrift für Zivil- und Prozeßrecht (Zeitschrift)
Recht	Das Recht (Zeitschrift)
RFG	Rechtfertigungsgrund
RGBl.	Reichsgesetzblatt
RG	Reichsgericht
RGZ	Entscheidungen des Reichsgerichts in Zivilsachen
ROHG	Reichsoberhandelsgericht
ROHGE	Entscheidungen des Reichsoberhandelsgerichts
RiL	Richtlinie
RiL-V	Richtlinienvorschlag
Rn.	Randnummer
Rpfleger	Der Deutsche Rechtspfleger (Zeitschrift)
Rspr.	Rechtsprechung
S.	Seite(n)
SMG	Gesetz zur Modernisierung des Schuldrechts vom 26.11.2001 (BGBl. I, S. 3138)
sog.	sogenannte
str.	streitig
StGB	Strafgesetzbuch vom 15.5.1871 (RGBl. I, S. 127)
StVG	Straßenverkehrsgesetz vom 19.12.1952 (BGBl. I, S. 873)
sub	unter
THG	Gesetz zur Privatisierung und Reorganisation des volkseigenen Vermögens (Treuhandgesetz) vom 17.6.1990 (DDR-GBl. I Nr. 33, S. 300)
u.a.	und andere/unter anderem
UmwG	Umwandlungsgesetz vom 28.10.1994, (BGBl. I, S. 2310)
UmwStG	Umwandlungssteuergesetz vom 28.10.1994, (BGBl. I, S. 2367)
USD	US-Dollar
UStG	Umsatzsteuergesetz in der Neufassung vom 9.6.1999 (BGBl. I, S. 1270)
UWG	Gesetz gegen den unlauteren Wettbewerb vom 7.6.1909 (RGBl. I, S. 499)
v.	vom
Var.	Variante

Verf.	Verfasser
vGA	verdeckte Gewinnausschüttung
vgl.	vergleiche
VO	Verordnung
Vorbem.	Vorbemerkung
WEG	Wohnungseigentumsgesetz vom 15.3.1951 (BGBl. I, S. 175)
WM	Wertpapier-Mitteilungen, Zeitschrift für Wirtschafts- und Bankrecht (Zeitschrift)
WPg	Die Wirtschaftsprüfung (Zeitschrift)
z.B.	zum Beispiel
ZEuP	Zeitschrift für europäisches Privatrecht (Zeitschrift)
ZEV	Zeitschrift für Erbrecht und Vermögensnachfolge (Zeitschrift)
ZfIR	Zeitschrift für Immobilienrecht (Zeitschrift)
ZGR	Zeitschrift für Unternehmens- und Gesellschaftsrecht (Zeitschrift)
ZHR	Zeitschrift für das gesamte Handelsrecht und Wirtschaftsrecht (Zeitschrift)
zit.	zitiert
ZIP	Zeitschrift für Wirtschaftsrecht (Zeitschrift)
ZPO	Zivilprozeßordnung

Vgl. im Übrigen *Kirchner/Butz*, Abkürzungsverzeichnis der Rechtssprache, 5. Aufl. 2003

1. Teil: Einführung und Problemstellung

A. Einleitung

Im Jahr 2002 wurden in Deutschland insgesamt 84.428 Insolvenzen verzeichnet. Nach Mitteilung des Statistischen Bundesamts entfielen davon 37.579 auf den Unternehmensbereich. Damit war die Zahl der Insolvenzen bereits 2002 erheblich angestiegen. Die Gerichte bezifferten die offenen Forderungen aller Insolvenzgläubiger für 2002 auf 61,5 Mrd. EUR, darunter 51,8 Mrd. EUR gegen Unternehmen. Dabei muß in Betracht gezogen werden, daß sich im Jahr 2002 sieben der zehn größten europäischen Unternehmensinsolvenzen in Deutschland vollzogen haben. Die Entwicklung hat sich im Jahr 2003 noch verstärkt. Von Januar bis Juli 2003 wurden bisher 23.537 Unternehmens-Insolvenzen gezählt, das ist ein Anstieg von 9 % gegenüber dem entsprechenden Vorjahreszeitraum. Damit wird voraussichtlich ein Forderungsausfall von über 19,1 Mrd. EUR verbunden sein.[1] Zur Zeit ist kein Ende dieser Entwicklung abzusehen. Schätzungen erwarten 40.000 bis 44.000 Unternehmensinsolvenzen für das gesamt Jahr 2003.

Gerade vor diesem Hintergrund ist in den letzten Jahren eine zunehmende Bereitschaft der jeweiligen Anteilsinhaber zu erkennen, Schadensersatzansprüche gegen Organmitglieder von Aktiengesellschaften, Geschäftsführer von GmbHs und Gesellschafter-Geschäftsführer von Personengesellschaften gerichtlich geltend zu machen.[2] Im Blickpunkt der öffentlichen Diskussionen waren dabei – vor allem auch bedingt durch die Presseberichterstattung – die Schadensfälle bei der Metallgesellschaft, Bremer Vulkan, Bayerische HypoVereinsbank, Flowtex, Philipp Holzmann, EM.TV oder die in den vergangenen Monaten in die Öffentlichkeit gelangten Fälle von Mannesmann (Abfindung Esser), Bankgesellschaft Berlin AG, Deutsche Telekom AG, Bayer (Lipobay), Schmidt-Bank oder WestLB.[3]

Die verstärkte Wahrnehmung der Öffentlichkeit hat sicherlich zur erhöhten Bereitschaft der geschädigten Aktionäre bzw. Gesellschafter geführt, mögliche Ansprüche geltend zu machen und insoweit das „Schweigekartell" zwischen den Vorständen und den Kontrollgremien zu durchbrechen. Das Geltendmachen von Schadensersatzansprüchen gegen das Management der betroffenen Unternehmen ist aber dennoch sehr schwierig und zum Teil rechtlich überhaupt nicht

---

1 Pressemitteilung des Statistischen Bundesamtes vom 17.10.2003, Quelle: http://www.destatis.de/presse/deutsch/pm2003/p4210132.htm (Stand Oktober 2003).

2 Rechtsformübergreifend soll in den folgenden Ausführungen der Begriff des Geschäftsleiters für das Vorstandsmitglied in der AG, dem Geschäftsführungsmitglied in der GmbH und dem Gesellschafter-Geschäftsführer in der Personengesellschaft verwendet werden.

3 Jeweils m.w.N. zu den genannten Fällen, vgl. *Sieg*, DB 2002, 1759, 1760.

möglich.[4] Insbesondere aktienrechtliche Haftungstatbestände sind daher in der Vergangenheit schon als „zahnlose Papiertiger“ bezeichnet worden.[5]

Demgegenüber hält aber auch in Europa die Amerikanisierung des haftungsrechtlichen Umfelds von Geschäftsleitern Einzug. Ausgehend von der Tendenz, daß bei einem Fehlschlagen von Geschäften die Geschäftsleiter in Regreß genommen werden, ist die Entwicklung zu beobachten, daß z.B. bei vielen börsennotierten Aktiengesellschaften institutionelle Anleger die Geschäftspolitik der betroffenen Gesellschaften über die Kursbewegungen maßgeblich beeinflussen. Aber auch im Bereich der Start-up-Finanzierung spielen Venture Capital-Geldgeber[6] i.d.R. ihren Einfluß auf die am Anfang ihrer Geschäftstätigkeit stehenden Gesellschaften durch Einflußnahme auf deren operative Geschäftstätigkeit aus.

Naturgemäß stehen dabei im Interesse der Öffentlichkeit die Außenhaftungsprozesse der betroffenen Unternehmen. Wesentlichen Anteil an dieser Entwicklung haben insbesondere die Unternehmenszusammenbrüche der US-amerikanischen Konzerne Enron und Worldcom, über deren Vermögen das sog. *Chapter 11*-Verfahren[7] eröffnet wurde. In all diesen Fällen wurden Haftungsansprüche in Milliardenhöhe gegen das Management und die Geschäftsleitung sowie die Wirtschaftsprüfer geltend gemacht.[8]

Um die Risiken einer persönlichen Haftung als Geschäftsleiter zu vermeiden, haben sich daher seit Mitte der neunziger Jahre auch in Deutschland immer mehr die *„Director's and Officer's Liability Insurances“* (D&O-Versicherungen) am deutschen Versicherungsmarkt fest etabliert. Gegenwärtig wird deren Prämienaufkommen auf bis zu 200 Mio. EUR geschätzt.[9]

Allein diese beiden Entwicklungslinien zeigen, daß sich die Haftung von Mitgliedern von Gesellschaftsorganen in den letzten Jahren erheblich verschärft hat. In der vorliegenden Betrachtung soll nun nicht das Außenverhältnis gegenüber den außenstehenden Gesellschaftsgläubigern bzw. Aktionären im Vordergrund stehen, sondern aus der eben beschriebenen oft insolvenzgefährdenden Situation heraus, die Haftungsgrundlagen der Innenhaftung gegenüber der Gesellschaft

---

4 Vgl. nur die Diskussionen um eine direkte Aktionärsklage und den rechtspolitisch äußerst umstrittenen § 147 AktG.

5 So schon *Bayer*, NJW 2000, 2609, 2614.

6 Umfassend zu den wirtschaftlichen, rechtlichen und steuerrechtlichen Rahmenbedingungen bei Private Equity-Investments aus Investorensicht vgl. neuerdings *Jesch*, passim.

7 Vergleichbar dem deutschen Insolvenzplanverfahren nach §§ 217 ff. InsO.

8 Zu weiteren Beispielen siehe auch *Sieg*, DB 2002, 1759, 1760.

9 Eingehend zum Versicherungsschutz von D&O-Versicherungen *Kiethe*, BB 2003, 537 ff. Zur bisherigen Entwicklung der D&O-Versicherungsfälle, vgl. *Hopt*, in: Großkomm. AktG, § 93 Rn. 16 m.w.N.

für bestimmte Pflichtverletzungen von Geschäftsleitern und Aufsichtsorganen beleuchtet werden.

Das praktische Interesse hieran dürfte in der Erkenntnis liegen, daß die Geltendmachung von Schadensersatzansprüchen gegen Geschäftsleiter, soweit es schon zum Stadium der möglichen oder bevorstehenden Insolvenz gekommen ist, sehr schwierig ist und praktisch kaum zu einem positiven Ergebnis führt.

Existenziell ist daher für manche Gesellschaften die Möglichkeit, ihr Management für Fehler in der Geschäftsleitung rechtzeitig haftbar zu machen. Daher ist eine Vorverlagerung durch die zeitnahe Geltendmachung nach Pflichtverletzung des Geschäftsleitungsorgans durch die zuständige Kontrollgremien notwendig, um letztlich das Überleben des Unternehmens zu sichern.

Neben der eigentlichen Geschäftsleiterhaftung, die durch Vorstände bzw. Geschäftsführer verursacht werden, tritt dabei in letzter Zeit vermehrt eine Fallgestaltung auf, in der nicht am Unternehmen beteiligte Dritte wesentlichen Einfluß auf die Geschäftsführung der Unternehmen nehmen oder sich Geschäftschancen der Gesellschaft zu eigen machen und im Rahmen dieser Einflußnahme letztlich auch mitverantwortlich für etwaige Schäden der Gesellschaften sind. Zu nennen ist hierbei insbesondere der Fall, daß eine kreditgebende Bank dem Unternehmen in der Geschäftsleitung einen „Berater" zur Seite stellt, der zwar nicht offiziell, also auch rechtswirksam zum Organ der Gesellschaft bestellt ist, aber letztendlich doch die Entscheidungsbefugnis für die wesentlichen Fragen der Geschäftsführung hat.

Gemeinsam ist den genannten Fällen, daß sie aufgrund ihrer Öffentlichkeitswirkung für erhebliche Aufregung bei den jeweiligen Anteilseignern gesorgt haben. Tatsache ist jedoch auch, daß die durch kompetenzwidrige Einflußnahme auf die Geschäftsführung oder durch den Verstoß gegen das Verbot der Ausnutzung von *corporate opportunities*[10] geschädigten Gesellschafter eine hieraus resultierende Werteinbuße ihrer Beteiligungen hinnehmen müssen. Häufig erfahren sie davon aber erst in einem Stadium, in denen die betroffenen Unternehmen nicht mehr zu retten sind. Der Geltendmachung von Schadensersatzansprüchen gegen die Geschäftsleiter durch die zuständigen Kontrollorgane, namentlich der Gesellschafterversammlung im Personengesellschafts- und im GmbH-Recht sowie der Hauptversammlung[11] im Aktienrecht, sollte daher auch aus dem wohlverstandenen Interesse der Anteilseigner vermehrt Aufmerksamkeit geschenkt werden.

Vorliegende Untersuchung unternimmt den Versuch, die Haftungsgrundlagen für derartige Kompetenzverstöße grundlegend darzustellen und einen Beitrag zur verbesserten Durchsetzung im Innenverhältnis durch die Transformation

---

[10] Zum Begriff, siehe unten S. 162 f.

[11] In Ausnahmefällen auch durch den einzelnen Aktionär selbst.

des zivilrechtlichen Rechtsinstituts der Geschäftsführung ohne Auftrag in das Gesellschaftsrecht zu leisten.

B. Die Geschäftsführung ohne Auftrag und gesellschaftsrechtliche Haftungsfragen

Die Behandlung von organisationsrechtlichen Haftungsfragen im Gesellschaftsrecht ist ein weites Feld.[12] Gegenstand der vorliegenden Untersuchung sollen die grundlegenden Haftungsverhältnisse der einzelnen Gesellschaftsformen im Innenverhältnis der Gesellschafter bzw. Geschäftsführer gegenüber der Gesellschaft sein und nicht diejenigen des Außenverhältnisses gegenüber etwaigen Gesellschaftsgläubigern.

Nachdem sich die Gesellschaftsformen des deutschen Gesellschaftsrechts auf zwei Grundtypen (personen- oder körperschaftlich strukturierte Gesellschaften) reduzieren lassen, wird sich die Darstellung an dieser Einteilung, also bezogen auf das Personen- bzw. Kapitalgesellschaftsrecht anlehnen. Gegenstand sind daher insbesondere die Gesellschaft bürgerlichen Rechts, die oHG und KG aus dem Personengesellschaftsrecht sowie die AG und die GmbH aus dem Kapitalgesellschaftsrecht. Die dort gefundenen Ergebnisse lassen sich dann entsprechend auf die übrigen Gesellschaftsformen übertragen, da sich diese aus ihren jeweiligen Grundformen ableiten lassen.[13]

Ziel der Arbeit ist es, für die hier zu untersuchenden Haftungstatbestände[14] – der innenrechtswidrigen Geschäftsführung bzw. kompetenzwidrigen Ausnutzung von Geschäftschancen –, verursacht durch die jeweils denkbaren Haftungssubjekte[15] – Gesellschafter-Geschäftsführer, Gesellschafter bzw. nicht an der Gesellschaft beteiligte Dritte – ein für all diese Fälle geeignetes haftungsrechtliches Strukturprinzip, letztendlich auch mit Hilfe der Geschäftsführung ohne Auftrag, zu erarbeiten und zu belegen.

Die Anwendung des privatrechtlichen Rechtsinstituts der Geschäftsführung ohne Auftrag in derartigen Fragen des Gesellschaftsrechts ist seit langem umstritten. Voraussetzung für eine derartige Anwendung ist aber zu allererst, daß das

---

12 Allgemein dazu *Medicus*, GmbHR 1998, 9, 16.

13 Zwar ist die Grundform der körperschaftlich strukturierten Gesellschaften der nichtrechtsfähige Verein i.S. der §§ 21 ff. BGB (vgl. BGH, NJW 1991, 1727, 1729; siehe auch *Reichert*, Handbuch Vereinsrecht, Rn. 22 f.), dennoch soll dieser nur am Rande in die Untersuchung mit einbezogen werden, da sich die zu untersuchende Problematik hauptsächlich in den beiden für die hier in Frage stehende Praxis wichtigsten Gesellschaftsformen des Kapitalgesellschaftsrechts (AG und GmbH) wiederfindet.

14 Unter Haftungstatbestand ist der Haftungsgrund, also diejenige Handlung zu verstehen, für die gehaftet wird.

15 Unter Haftungssubjekt ist derjenige zu verstehen, der haftet.

allgemeine zivilrechtliche Regreßinstitut in organisationsrechtlichen Streitfragen überhaupt eingesetzt werden kann. Die höchstrichterliche Rechtsprechung kommt in zwei Ende der achtziger Jahre entschiedenen Fällen zu dem Ergebnis, daß Gesellschafter und Geschäftsführer, die ihre Geschäftsführungsbefugnis überschreiten, nicht aus Geschäftsführung ohne Auftrag und daher nicht aus § 678 BGB, sondern wegen schuldhafter Verletzung des Gesellschaftsvertrages oder des schuldrechtlichen Anstellungsvertrages,[16] eventuell mit dem gemilderten Haftungsmaßstab des § 708 BGB haften.[17] Die Ansicht der Rechtsprechung setzt einen (Gesellschafts-)Vertrag voraus, der den geschäftsführend Tätigen grundsätzlich zur Geschäftsführung berechtigt. Eine Überschreitung der darin eingeräumten Geschäftsführungsbefugnis sei dann ein Verstoß gegen eine vertragliche Pflicht und begründe keine außervertragliche, quasikontraktliche Haftung als Geschäftsführer ohne Auftrag.

Der Verf. unternimmt den Versuch, die bislang vertretenen verschiedenen Ansätze zu dieser Problematik, anhand der Einordnung der Geschäftsführung ohne Auftrag als subsidiäres zivilrechtliches Interessenausgleichsinstitut einem überzeugenden Haftungsmodell zuzuführen.

Die höchstrichterliche Rechtsprechung kommt aber letztlich zu keinem anderen Ergebnis als die Lösung über die Geschäftsführung ohne Auftrag. Der BGH prüft in seiner Entscheidung vom 4.11.1996 für den Fall der kompetenzwidrigen Geschäftsführung bei einer oHG hinsichtlich des Übernahmeverschuldens § 708 BGB, auf ein Ausführungsverschulden soll es dagegen aber nicht mehr ankommen.[18] Die höchstrichterliche Rechtsprechung wählt damit die gleiche dogmatische Konstruktion, wie sie in § 678 BGB angelegt ist. Bisher nicht zu behandeln hatte die Rechtsprechung dagegen die Fallkonstellationen, in denen ein nicht geschäftsführender Gesellschafter bzw. ein nicht an der Gesellschaft beteiligter Dritter (als sog. „faktischer" Geschäftsführer) in rechtswidriger Weise die Geschäftsführungsbefugnis an sich zieht.

Die eben genannten Sachverhaltskonstellationen können nach hier vertretener Ansicht aber nicht gleich behandelt werden. Sachgerecht ist es in letzterem Fall, ausschließlich die strenge Erfolgshaftung des § 678 BGB wie bei einer unberechtigten Geschäftsführung ohne Auftrag – ohne den Sorgfaltsmaßstab entsprechend § 708 BGB – anzuwenden und das Problem nicht durch Analogien der gesetzlichen Spezialtatbestände zu bewältigen. Die beim Gesellschafter parallel dazu vorliegende gesellschaftsrechtliche Treuepflichtverletzung tritt hier in den Hintergrund. Der nicht am Unternehmen beteiligte Dritte kann aber überhaupt

---

16 BGH, Urteil v. 11.1.1988, II ZR 192/87, WM 1988, 968 ff. zum geschäftsführenden Gesellschafter einer oHG; BGH, Urteil v. 12.6.1989, II ZR 334/87, WM 1989, 1335 ff. zum Geschäftsführer einer GmbH.

17 Jüngst BGH, Urteil v. 4.11.1996, II ZR 48/95, NJW 1997, 314 f.

18 BGH, a.a.O.

nicht vertraglich haften, da zwischen ihm und dem Unternehmen keine schuldvertragliche Sonderverbindung besteht.

Der entscheidende Wertungsunterschied zwischen den drei möglichen Haftungssubjekten liegt darin, daß der geschäftsführende Gesellschafter aufgrund des Gesellschafts- oder Anstellungsvertrages grundsätzlich zur Geschäftsführung berechtigt ist. Demgegenüber hat ein sog. „faktischer" Geschäftsführer überhaupt keine Geschäftsführungsbefugnis. Nicht erst ein Überschreiten der Geschäftsführungsbefugnis ist hier pflichtwidrig, sondern bereits jede Ausübung von Geschäftsführungstätigkeit ist rechtswidrig.

Im Ergebnis stellt letztgenannte Handlung eine Anmaßung von Geschäftsführungsbefugnis dar, welche die Einflußnahme auf die Geschäftsführung zwar nur faktisch ermöglicht, wozu sie aber nicht berechtigt.

Kommt man aufgrund dieser aus Sicht des Verf. maßgebenden Wertung zu dem Ergebnis, in gesellschaftsrechtlichen Haftungsfragen das scharfe Schwert der (Erfolgs-)Haftung des § 678 BGB zur Anwendung zu bringen, so führt das zur Sprengung der bisher diskutierten Haftungstatbestände des Gesellschaftsrechts. Mit dieser strengen Haftungsnorm des allgemeinen Zivilrechts lassen sich die verschiedenen in Betracht kommenden Haftungssubjekte aber, je nach Intensität ihrer innenrechtswidrigen Einflußnahme auf die Gesellschaft, angemessen zur Verantwortung ziehen.

So kommt eine Haftung des geschäftsführenden Gesellschafters genauso in Frage wie die des nicht geschäftsführungsbefugten Gesellschafters oder gar eines Dritten, wie z.B. der Hausbank eines notleidenden Unternehmens, die einen eigenen Mitarbeiter als „Quasi"-Geschäftsführer einsetzt.[19] Nach hier vertretener Ansicht ist, je nachdem, wer handelt, ein – bisher konzeptionell noch nicht gefundenes bzw. aufgestelltes – abgestuftes Haftungsmodell für die zu untersuchenden Fälle im Personal- bzw. Kapitalgesellschaftsrecht erforderlich.

Der Grundgedanke der vorliegenden Untersuchung lautet daher:

Je weiter jemand von der (berechtigten) Geschäftsführungsbefugnis entfernt ist, desto strenger haftet er bei unbefugter Einflußnahme auf die Geschäfte der Gesellschaft.

[19] Dies hat die Rspr. schon früh erkannt, siehe nur das Beispiel von RG, Urteil v. 2.6.1909, II 630/08, Recht 1909, Nr. 2938. In diesem Fall behandelte das erkennende Gericht denjenigen, der ohne in rechtsgültiger Weise zum Geschäftsführer einer GmbH bestellt zu sein, aber über Jahre hindurch die Stelle eines Geschäftsführers tatsächlich bekleidet hatte, diesen aufgrund des tatsächlichen Verhältnisses als Geschäftsführer ohne Auftrag, der für nachlässige Geschäftsbesorgung verantwortlich gemacht werden kann.

C. Gang der Untersuchung

Im allgemeinen Teil der Untersuchung werden die Grundlagen und wesentlichen Begrifflichkeiten der zu behandelnden Thematik vorangestellt.

Zu Beginn wird der Frage nachgegangen, ob das zivilrechtliche Rechtsinstitut der Geschäftsführung ohne Auftrag ein geeignetes Regreßinstitut im Gesellschaftsrecht sein kann. Dafür bedarf es der Darlegung der tatbestandlichen Voraussetzung der wesentlichen gesetzlichen Regelungen und der Vorstellung der sich aus den §§ 677 ff. BGB ergebenden Rechtsfolgen. Anschließend soll eine Abgrenzung der Geschäftsführung ohne Auftrag von den gesellschaftsrechtlichen Geschäftsführungsregelungen erfolgen.

Im Folgenden werden die verschiedenen in die Untersuchung einbezogenen Personen- und Kapitalgesellschaften tabellarisch dargestellt sowie die für die Frage der Haftung relevanten Beteiligungs- bzw. Anteilsverhältnisse erläutert.[20] Daran schließt sich eine Abgrenzung des Anwendungsbereiches der allgemeinen Treuepflichtverletzung bzw. vormals positiven Forderungsverletzung und der Geschäftsführung ohne Auftrag sowie deren Einordnung in das zivilrechtliche Haftungssystem an. Sodann wird die zu untersuchende Innenhaftungskonzeption von der Außenhaftung gegenüber den Gesellschaftsgläubigern abgegrenzt.

Im zweiten Abschnitt des allgemeinen Teils werden die Grundzüge des Innenverhältnisses der Gesellschafter hinsichtlich der Geschäftsführung getrennt nach Personen- und Kapitalgesellschaftsrecht dargestellt. In diesem Abschnitt wird dann auch eine rechtssystematische Einordnung der Personengesellschaften in Abgrenzung zu den Kapitalgesellschaften erfolgen, um die Zweigleisigkeit der Haftungsgrundlagen deutlich zu machen. Ebenso werden die grundsätzlich möglichen Fallgestaltungen der innenrechtswidrigen Überschreitung der Geschäftsführungsbefugnis und der an das Handeln der Geschäftsführer bzw. Gesellschafter anzulegende Sorgfaltsmaßstab vorgestellt. Den Abschluß des allgemeinen Teils bilden die Grundzüge der verbandsrechtlichen Treuepflicht, insbesondere die Vorstellung der Regelungen zum gesellschaftsrechtlichen Wettbewerbsverbot und dem Verbot der Ausnutzung von Geschäftschancen der Gesellschaft. Daran schließen sich mögliche steuerliche Implikationen des Verstoßes gegen die gesellschaftsrechtliche Treuepflichtverletzung an.

Im dritten Teil der Arbeit wird die haftungsbezogene Behandlung schadensverursachender Einflußnahme auf die Geschäftsführung getrennt nach den verschiedenen Haftungssubjekten im Personen- und Kapitalgesellschaftsrecht dar-

20 Die Untersuchung konzentriert sich im wesentlichen auf die GbR, die oHG und die KG aus dem Personengesellschaftsrecht sowie die AG und die GmbH aus dem Kapitalgesellschaftsrecht. Die dort gefundenen Ergebnisse lassen sich dann – wenigstens dem Grunde nach – entsprechend auf die übrigen Gesellschaftsformen übertragen, da sich diese aus den jeweiligen Grundformen ableiten lassen.

gestellt. Dabei wird die historische Entwicklung der Rechtsprechung und Rechtslehre exemplarisch nachgezeichnet, um anschließend die kompetenzwidrige Inanspruchnahme von Geschäftsführungsbefugnissen einem eigenen Haftungsmodell, getrennt nach der Person des Einflußnehmenden, der Art seiner Einflußnahme und dem jeweiligen Haftungstatbestand, zuzuführen.

2. Teil: Grundlagen

A. Allgemeine zivil- und gesellschaftsrechtliche Begrifflichkeiten

I. Das Rechtsinstitut der Geschäftsführung ohne Auftrag als geeignetes Regreßinstitut im Gesellschaftsrecht

Die frühere Rechtsprechung und noch heute teilweise in der Literatur vertretene Ansichten suchen bei kompetenzwidriger Inanspruchnahme von Geschäftsführungsbefugnissen die Lösung in den Vorschriften der Geschäftsführung ohne Auftrag. Mittlerweile hat der BGH Stellung bezogen und die Anwendbarkeit der Geschäftsführung ohne Auftrag in diesen Fällen grundsätzlich abgelehnt. Ein überzeugender dogmatischer Begründungsversuch für oder gegen dieses Vorgehen ist aber bis heute für die hier interessierenden Fallkonstellationen nicht gegeben worden,[1] teilweise wurde nur lapidar die Anwendbarkeit oder die Unanwendbarkeit der §§ 677 ff. BGB postuliert.[2]

Nach Vorstellung der grundlegenden Strukturen des zivilrechtlichen Rechtsinstituts der Geschäftsführung ohne Auftrag wird zu Beginn der Arbeit untersucht, ob dessen Regelungen, insbesondere der strenge Haftungstatbestand des § 678 BGB überhaupt zur Lösung von gesellschaftsrechtlichen Fragen verwendet werden können.

1. Begriff und Entwicklungsgeschichte der Geschäftsführung ohne Auftrag

Das altruistische Tätigwerden in einem fremden Rechts- und Geschäftskreis als soziale Erscheinung des Gemeinschaftslebens läßt naturgemäß in der Rechtspraxis Konfliktsituationen entstehen. Derjenige, der für eine andere Person Hilfe leisten will, wird vielfach ohne vorherige Befragung oder sonst in irgendeiner Weise autorisiert, meist sogar ohne Kenntnis des anderen, dessen Geschäfte von

---

1 So findet sich bei MünchKomm/*Seiler*, BGB, § 677 Rn. 42 im Falle der Überschreitung vertraglicher Befugnisse zur Konkurrenz zwischen Geschäftsführung ohne Auftrag und Leistungsstörungsrecht nur der Hinweis, daß letzteres eine *sachgerechte* Lösung dieses Problems biete.

2 Begrenzt auf das Personengesellschaftsrecht haben sich bereits *Bisinger* 1958, *Jagenburg* 1969 und *Glasenapp* 1970 in ihren jeweiligen Dissertationen dieser Problematik verdienstvoll, aber leider weitestgehend unbeachtet von der übrigen Rechtslehre angenommen. Einzig *Glasenapp* hat beispielsweise in die Neukommentierung der §§ 705 ff. BGB von *Habermeier* aus dem Jahr 2003 Eingang gefunden, vgl. Staudinger/*ders.*, BGB, § 709 Rn. 3. Aus der älteren Literatur, vgl. zu dieser Problematik auch *Gogos*, S. 3 ff., insbesondere S. 47 ff.

sich aus besorgen. Diese Art von „Not- oder Menschenhilfe"[3] kann aus Sicht des „Begünstigten" außerordentlich willkommen sein. Dementsprechend wird er dann bemüht sein, einen Interessenausgleich zu schaffen und dem Helfenden die durch die Geschäftsführung erwachsenen Nachteile auszugleichen.[4]

Im Gegensatz dazu kann die Einmischung in die eigenen (Vermögens-)Dispositionen aber auch zu höchst unerwünschten und unerfreulichen Belästigungen bzw. Schädigungen - sind sie anfänglich auch noch so gut gemeint - führen, vor denen jeder geschützt werden muß.[5] Aus Sicht mancher Zivilrechtsordnungen wird daher die auftragslose fremdnützige Geschäftsbesorgung als Einmischung in eigene Angelegenheiten angesehen und deren rechtliche Zulässigkeit generell abgelehnt.[6]

Aus diesen beiden grundsätzlich gegenläufigen Rechtsprinzipien der Geschäftsführung ohne Auftrag - einerseits Förderung allgemeiner Hilfsbereitschaft und andererseits Schutz vor unerwünschten Eingriffen anderer in eigene Angelegenheiten - werden die unterschiedlichen Sichtweisen und die Brüchigkeit ihres rechtsethischen oder auch rechtspolitischen Fundaments in der derzeit geltenden Fassung erkennbar.[7]

Während die Delikte und Kondiktionen ausnahmslos in allen Zivilrechtsordnungen der Neuzeit eine Regelung erfahren haben, stand man dem Erfordernis eines zusätzlichen gesetzlichen Schuldverhältnisses - z.B. bei Bezahlung fremder

---

3 Grundlegend *Kohler*, JherJb. 25 (1887), 1 ff., insbesondere 42 ff.; kritisch zu Recht *Wollschläger*, GoA, S. 26 f.; ebenso kritisch *Beuthien*, JuS 1987, 841, 843, der mit Hinweis auf die Materialien zum BGB zu Recht meint, daß auch der historische Gesetzgeber sich nicht ausschließlich auf den Ansatz der Menschenhilfe gestützt hat. Die Auffassung, nach der eine Menschenhilfe zu fordern wäre, die vom Geschäftsführer völlige Uneigennützigkeit und Freiwilligkeit verlange, habe sich der Gesetzgeber bewußt nicht angeschlossen, da wie er selbst konstatiert, „[...] *reine Menschlichkeit auf Erden selten anzutreffen ist.*"

4 Vgl. *Schubert*, AcP 178 (1978), 425, 430 m.w.N. in Fn. 26.

5 Vgl. *Esser/Weyers*, SchuldR II, § 46 I 1, S. 387; *Seiler*, JuS 1987, 363, 368; *Giesen*, Jura 1996, 225.

6 Von den engen Ausnahmen objektiv interessengemäßer Geschäftsbesorgung abgesehen, galt ein Verbot in Österreich (vgl. § 1035 ABGB von 1811; zum österreichischen Recht eingehend *Meissel*, S. 28 ff.) und für die preußischen Gebiete Deutschlands vor 1900, vgl. § 228 Abs. 1 Satz 13 ALR von 1794: „In der Regel ist niemand befugt, sich in die Geschäfte eines Andern ohne dessen Auftrag oder ein anderes besonders durch ausdrückliche Gesetze ihm beygelegtes Recht zu mischen." Zu den Durchbrechungen dieser Untersagung, vgl. *Seiler*, JuS 1987, 363, 368 Fn. 2 m.w.N.; im Ergebnis ähnlich wird dies auch so im größten Rechtskreis der Erde, dem Common Law gesehen, vgl. Staudinger/*Wittmann*, BGB, Vorbem. zu §§ 677 ff. Rn. 18 f. Vertiefend *Schubert*, AcP 178 (1978), 425, 427 f. m.w.N.; *Wittmann*, GoA, S. 8 ff.; zur Situation im anglo-amerikanischen Rechtskreis, vgl. *Schmid*, S. 24 ff.; siehe auch *Beuthien*, in: FS für Söllner, S. 125, 133, der einen kurzen Rechtsvergleich zum europäischen Umfeld unternimmt.

7 Siehe auch *Gehrlein*, in: Bamberger/Roth, BGB, § 677 Rn. 1.

Schulden – skeptisch gegenüber.[8] Die Lösung der anstehenden Probleme sollte aus dieser Sicht ausschließlich im Delikts- bzw. Kondiktionsrecht gesucht werden.[9] In der römischen Rechtstradition dagegen ist das Engagement der Menschen füreinander grundsätzlich erwünscht gewesen und durch die Bereitstellung eines eigenen Rechtsinstitutes gefördert worden. Die *negotiorum alterius gestio* regelte die Rechte aber auch Pflichten desjenigen, der fremdnützig tätig wurde.[10] Nachdem das Rechtsinstitut bereits im gemeinen Recht rezipiert wurde,[11] fand es schließlich als „treueste Tochter" des römischen Rechts Eingang in die Regelungen des Bürgerlichen Gesetzbuches von 1896.[12] Die Wahrnehmung fremder Angelegenheiten ist als „Geschäftsführung ohne Auftrag"[13] im BGB als elfter Titel des siebenten Abschnittes im Recht der Schuldverhältnisse kodifiziert.[14]

2. Die Geschäftsführung ohne Auftrag als subsidiäres zivilrechtliches Ausgleichs- und Regreßinstitut

Ein einheitliches dogmatisches Grundmotiv bzw. Rechtsprinzip der §§ 677 ff. BGB gibt es nicht.[15] Der Tatbestand ist so allgemein gehalten, daß er nach Ansicht *Schuberts* letztlich ein Einfallstor für Rechtsunsicherheit sei und so

---

8 Vgl. *Seiler*, JuS 1987, 363, 368.

9 Vgl. *Giesen*, Jura 1996, 225.

10 Einführender Überblick zu den historischen Grundlagen bei Staudinger/*Wittmann*, BGB, Vorbem. zu §§ 677 ff. Rn. 16 f.; aus römischrechtlicher Sicht siehe auch die Quellenexegese von *Muscheler*, JuS 1988, 627 ff.

11 Auch das gemeine Recht kannte im übrigen in mehrfacher Hinsicht keinen einheitlichen Tatbestand der GoA, vgl. dazu auch *Reichard*, AcP 194 (1993), 568, 585 ff.

12 Umfangreiche Nachweise der (auch älteren) Literatur finden sich in den Schrifttumsverzeichnissen bei Staudinger/*Wittmann*, BGB, Vorbem. zu §§ 677 ff., MünchKomm/*Seiler*, BGB, Vor § 677, *Larenz*, Schuldrecht BT II/1, § 57, S. 435 f. und Medicus, SchuldR BT/II, vor § 123, S. 289. Eingehend zur Entwicklungsgeschichte *Zimmermann*, S. 433 ff. Vertiefend zur Entstehungsgeschichte im BGB *Wollschläger*, GoA, S. 34 ff.

13 In dieser allgemein gebräuchlichen Formulierung kommt der Unterschied zum römischrechtlichen Vorläufer „Der Führung der Geschäfte eines anderen" zum Ausdruck; zu den Grundlagen des römischen Rechts, vgl. Staudinger/*Wittmann*, BGB, Vorbem. zu §§ 677 ff. Rn. 16.

14 Ebenso hat die Geschäftsführung ohne Auftrag im französischen (vgl. Artt. 1372 ff. Code Civil von 1804) und Schweizer Recht eine Regelung erfahren (siehe Artt. 419 ff. OR von 1912, dazu *Schmid*, S. 4 ff.); eingehend zur echten Geschäftsführung ohne Auftrag S. 57 ff. und zur unechten Geschäftsführung ohne Auftrag S. 237 ff.).

15 MünchKomm/*Seiler*, BGB, Vor § 677 Rn. 1; ebenso *Oppermann*, AcP 193 (1993), 497; *Giesen*, Jura 1996, 225, 226 m.w.N. in Fn. 13. Differenzierend Staudinger/*Wittmann*, BGB, Vorbem. zu §§ 677 ff. Rn. 6 f.

ist es auch nicht verwunderlich, daß der Anwendungsbereich dieses Normenkomplexes seit dem Inkrafttreten des BGB umstritten ist.[16]

Bis heute wird versucht, die Freiwilligkeit und Uneigennützigkeit des Einsatzes für seine Mitmenschen auf Seiten des Geschäftsführers zusammen mit der Hilfsbedürftigkeit des Geschäftsherrn als die wesentlichen Merkmale in den Vordergrund zu stellen (sog. Theorie der Menschenhilfe).[17] Sicherlich hat dieser Ansatz Leitbildcharakter,[18] um die Umrisse des Anwendungsbereichs überhaupt aufzuzeigen; ein probates Mittel zur Präzisierung des Tatbestandes ist er aber dennoch nicht.[19] Vielmehr hat die Geschäftsführung ohne Auftrag darüber hinausgehend[20] – vor allem durch die höchstrichterliche Spruchpraxis[21] – im Lauf der Zeit den Charakter eines Auffangtatbestandes bei Fehlen einer speziellen gesetzlichen (Geschäftsführungs-)Regelung erhalten,[22] „dessen Konturen weithin

---

16 So *Schubert*, AcP 178 (1978), 425.

17 Die Theorie der „Menschenhülfe im Privatrecht" wurde soweit ersichtlich von *Kohler*, JherJb. 25 (1887), 1 ff., insbesondere 42 ff. erstmals in den Mittelpunkt der Diskussion gerückt. Vgl. aus neuerer Zeit Staudinger/*Wittmann*, BGB, Vorbem. zu §§ 677 ff. Rn. 6; *Larenz*, Schuldrecht BT II/1, § 57, S. 436; in diese Richtung tendierend auch HK-BGB/*Schulze*, Vor §§ 677 - 687 Rn. 2; referierend Soergel/*Beuthien*, BGB, Vor § 677 Rn. 2; vgl. auch die Nachweise der weiteren Vertreter bei *Schubert*, AcP 178 (1978), 425, 428 Fn. 22.; ebenso die ältere Rechtsprechung in RGZ 167, 85, 88 f.; BGHZ 38, 270, 276. Eine Zusammenstellung der bisher in der Literatur unternommen Umschreibungsformeln für den Tatbestand der §§ 677 ff. BGB findet sich bei *Schubert*, AcP 178 (1978), 425, 429 in Fn. 23.

18 Zustimmend *Larenz*, Schuldrecht BT II/1, § 57, S. 436.

19 Auch die Verf. des BGB sind schon davon ausgegangen, daß rein altruistisches Verhalten des Geschäftsführers ohne Auftrag nicht gefordert werden sollte, vgl. den Wortlaut des von der zweiten Kommission gestrichenen § 759 Entwurf I, vgl. nachfolgend unten S. 44. Siehe auch *Mugdan*, Gesamte Materialien z. BGB, Band II, S. 477 ff. – Motive II, S. 854 ff.; vgl. auch *Schubert*, AcP 178 (1978), 425, 428 ff.; kritisch zur Theorie der Menschenhilfe auch *Wollschläger*, GoA, S. 24 ff., insbesondere S. 34 ff.; ebenso MünchKomm/*Seiler*, BGB, § 677 Rn. 12.

20 Schon bald wurde von einer Denaturierung bzw. Ausuferung geredet, vgl. *Rabel*, RheinZ 10 (1919/20), 89, 97; insbesondere 112 ff. m.w.N. aus der älteren Literatur; ebenso *Wittmann*, GoA, S. 106 ff.; vgl. auch die unten in Fn. 23 Genannten.

21 Vgl. zur grundlegenden Rechtsprechung des BGH die Nachweise unten S. 19 in Fn. 61. Eingehend zur Rechtsprechung *Wollschläger*, GoA, S. 28 ff.; vgl., auch *Griebe*, S. 93 ff. mit juristisch-ökonomischer Analyse der Rechtsprechung des BGH. Nachweise zur älteren Rechtsprechung finden sich auch bei *Oppermann*, AcP 193 (1993), 497 in Fn. 1.

22 Kritisch zu dieser Tendenz äußert sich das Schrifttum, vgl. nur *Medicus*, Bürgerliches Recht, Rn. 412 m.w.N. in Fn. 109; ebenso *Schubert*, AcP 178 (1978), 425, 431, der bei einem Verzicht auf das Leitbild der Freiwilligkeit die Gefahr einer allgemeinen Ausgleichsnorm sieht, welche die Wirkungen der gemeinrechtlichen Klage aus nützlicher Verwendung und der Versionsklage (*actio de in rem verso*) des ALR hätte, die der historische Gesetzgeber aber gerade nicht übernehmen wollte. Einen Verstoß gegen das Verbot des Vertrages zu Lasten Dritter sieht *Helm*, Gutachen zur GoA, S. 338, 394 in einem aus

undeutlich geworden sind".[23] Eine dogmatisch sinnvolle Reduktion des Anwendungsbereichs der §§ 677 ff. BGB und damit die Eindämmung der „Hypertrophie dieser Rechtsfigur"[24] läßt sich aber nur dann erreichen, wenn man das Recht der Geschäftsführung ohne Auftrag als subsidiäres zivilrechtliches Ausgleichs- und Regreßinstitut begreift, das bei Unzuständigkeit anderer Geschäftsführungsverhältnisse die erforderlichen Regelungen trifft, insbesondere Vorteile wie auch Lasten gerecht verteilt.[25] Die Verantwortlichkeit des Geschäftsherrn beruht dann auf der Inhaberschaft eines subjektiven Rechts, auf einer Pflichtenstellung oder auf einem haftungsbegründenden Interesse. Diese „höherrangige Zuständigkeit" ist dann der entscheidende Gesichtspunkt, weshalb der Geschäftsherr letztlich die Kosten und Lasten zu übernehmen habe (sog. Objektive Theorie oder Zuständigkeitstheorie).[26]

Als Teil der gesetzlichen Ausgleichsschuldverhältnisse bilden die so verstandenen §§ 677 ff. BGB die spezielle Interessenausgleichsordnung der Geschäftsführung zwischen dem Geschäftsherrn und dem in seine Rechtssphäre eingreifenden Geschäftsführer. Man kann diese als allgemeines Prinzip der Risikohaftung für Tätigkeiten begreifen, die im fremden Interesse ausgeübt werden.[27]

Innerhalb des Gefüges werden die folgenden gesetzgeberischen Ziele erkennbar:[28]

- Erfassung und Regelung nicht autorisierter Geschäftsbesorgung,
- Schutz des Geschäftsherrn vor Eingriffen in eigene Angelegenheiten,

---

§§ 683 Satz 1, 670 BGB abgeleiteten zusätzlichen Vergütungsanspruch gegen vertragsfremde Dritte. Zum Problem des „pflichtengebunden Geschäftsführers" eingehend unten S. 20 ff.

[23] So *Larenz*, Schuldrecht BT II/1, § 57, S. 436; *Esser/Weyers*, SchuldR II, § 46 I 2, S. 391.

[24] Kritisch gegenüber dieser Praxis insbesondere *Gursky*, AcP 185 (1985), 13 ff.; vgl. auch *Oppermann*, AcP 193 (1993), 497, 498 m.w.N. in Fn. 3.

[25] Vor allem *Wollschläger*, GoA, S. 318; ihm folgend noch Soergel/*Mühl*, BGB, 11. Aufl., Vor § 677 Rn 1; in diesem Sinne auch MünchKomm/*Seiler*, BGB, Vor § 677 Rn. 1; *Helm*, Gutachen zur GoA, S. 338, 363; zustimmend aus der neueren Literatur *Schwarz*, Gesetzliche Schuldverhältnisse, 2. Teil, § 2 Rn. 4; *Giesen*, Jura 1996, 225, 226; *Henssler*, JuS 1991, 924. Referierend Soergel/*Beuthien*, BGB, § 677 Rn. 2. Kritisch aber *Schubert*, AcP 178 (1978), 425, 455.

[26] Grundlegend *Wollschläger*, GoA, S. 24 ff. Ausnahmsweise sollen die §§ 677 ff. BGB dann entgegen der ständigen Rechtsprechung des BGH unanwendbar sein, wenn der Geschäftsführer zwar nicht dem Geschäftsherrn, wohl aber einem Dritten gegenüber zur Leistung verpflichtet ist oder wenn der Geschäftsführer aufgrund eines nichtigen Vertrages tätig wird. Zu diesen Abweichungen *ders.*, S. 67 f., 146 ff., 201 ff., 207 ff., 319 ff.

[27] Eingehend zu diesem Haftungssystem *Genius*, AcP 173 (1973), 481 ff., insbesondere 521 ff.

[28] Vgl. MünchKomm/*Seiler*, BGB, Vor § 677 Rn. 3.

- Betonung des Treuhandcharakters der Position des Geschäftsführers als Korrelat seiner Schadloshaltung und
- Privilegierung des Geschäftsführers bei Geschäftsbesorgungen im öffentlichen Interesse und in Gefahrenlagen.

3. Systematische Struktur des Tatbestands der Geschäftsführung ohne Auftrag

Rechtssystematisch ist die Geschäftsführung ohne Auftrag als gesetzliches Schuldverhältnis[29] ausgestaltet. Innerhalb der §§ 677 bis 687 BGB sind mehrere Tatbestände des schuldrechtlichen Innenausgleichs zwischen Geschäftsherrn und Geschäftsführer zusammengefaßt.[30] Sie gehört damit (u.a. neben dem Bereicherungsrecht, der *c.i.c.* und dem Eigentümer-Besitzer-Verhältnis) zu den zivilrechtlichen Ausgleichsschuldverhältnissen.[31] Innerhalb dieser gesetzlichen Ausgleichsschuldverhältnisse stellt sie die spezielle Ausgleichsordnung für Geschäftsbesorgungen dar, die nicht einvernehmlich durch Vertrag oder andere Rechtsverhältnisse geregelt werden.[32]

Aufgrund der fehlenden klassischen Einteilung in Tatbestand und Rechtsfolge, wie sie in den anderen Ausgleichsordnungen weitestgehend verbreitet ist, erschließt sich die gesetzliche Systematik der §§ 677 bis 687 BGB nur schwer. Innerhalb des elften Titels werden die Voraussetzungen (§ 677 BGB), Rechtsfolgen (§§ 678, 681, 683 BGB), Ausnahmen (§ 679 BGB) und Privilegierungen (§§ 680, 682 BGB) scheinbar unstrukturiert nebeneinander geregelt.

Die Regelung verschiedener Fallgruppen innerhalb eines Normkomplexes hat in der Vergangenheit dann auch zu der eingangs beschriebenen Kritik geführt.[33] Daß die Kritik unberechtigt ist, läßt sich aus dem Verständnis des § 677 BGB als dem elementaren Grundtatbestand der Geschäftsführung ohne Auftrag gewinnen. Besorgt ein Geschäftsführer ein Geschäft für einen anderen, ohne von ihm beauftragt oder sonst irgendwie berechtigt zu sein, so entsteht das gesetzliche Schuldverhältnis der Geschäftsführung ohne Auftrag.

---

29 Herkömmlicherweise orientiert sich die Einteilung am Entstehungsgrund des Schuldverhältnisses. Die Geschäftsführung ohne Auftrag entsteht nicht durch Vertrag, sondern durch Gesetz, vgl. auch MünchKomm/*Kramer*, BGB, Einleitung vor § 241 Rn. 60; ebenso HK-BGB/*Schulze*, Vor §§ 677 - 687 Rn. 3. Umfassend jetzt *Schwarz*, Gesetzliche Schuldverhältnisse, passim.

30 Die Stellung im Gesetz erklärt sich aus der inhaltlichen Ähnlichkeit der Rechtsfolgen zum Auftragsrecht (§§ 662 ff. BGB). Die Überschrift des ersten Entwurfes zum zweiten Buch 4. Abschnitt (§§ 749 ff.) lautete noch anders: „Einzelne Schuldverhältnisse aus anderen Gründen".

31 Zutreffend *Oppermann*, AcP 193 (1993), 497; MünchKomm/*Seiler*, BGB, Vor § 677 Rn. 3.

32 *Wollenschläger*, GoA, S. 42.

33 Vgl. die Nachweise oben S. 12 in Fn. 20.

Der so verstandene Grundtatbestand der Geschäftsführung ohne Auftrag kann dann weitere unterschiedliche Ausprägungen haben, die allesamt in den §§ 677 ff. BGB geregelt sind.

a) Echte und unechte Geschäftsführung ohne Auftrag

Die Regeln über die Geschäftsführung ohne Auftrag besitzen – wie oben festgestellt – kein einheitliches dogmatisches Grundmotiv. In erster Linie läßt sich dies dadurch erklären, daß die §§ 677 ff. BGB keinen einheitlichen Tatbestand, sondern vier verschiedene (Grund-)Typen oder Formen der Geschäftsführung ohne Auftrag mit unterschiedlichsten Rechtsfolgen regeln.[34] Um sich den Überblick über die gesetzliche Systematik zu erleichtern, wird üblicherweise eine Einteilung in „echte" und „unechte" Geschäftsführung ohne Auftrag vorgenommen.[35] Ersterer werden berechtigte (§ 683 BGB) und unberechtigte (§ 684 BGB) Geschäftsführung ohne Auftrag, letzterer die irrtümliche – oder auch vermeintliche – (§ 687 Abs. 1 BGB) und die angemaßte (§ 687 Abs. 2 BGB) Geschäftsführung ohne Auftrag zugeordnet.[36] Abgrenzungskriterium zwischen echter und unechter Geschäftsführung ohne Auftrag ist der Fremdgeschäftsführungswille.[37]

b) Berechtigte und unberechtigte Geschäftsführung ohne Auftrag

Zum besseren Verständnis wird als Ordnungsprinzip der §§ 677 ff. BGB die Unterscheidung zwischen der berechtigten und unberechtigten Geschäftsführung ohne Auftrag vorgenommen.[38] Eine berechtigte Geschäftsführung ohne Auftrag

---

[34] Die sog. „angewandte Geschäftsführung ohne Auftrag" (vgl. Staudinger/*Wittmann*, BGB, Vorbem. zu §§ 677 ff. Rn. 61) kann man als fünften Grundtyp ansehen, ebenso *Martinek/Theobald*, JuS 1997, 612, 615 in Fn. 10. Darunter sind Fälle zu verstehen, in denen die §§ 677 ff. BGB kraft spezialgesetzlicher Verweisung Anwendung finden. Vgl. z.B. §§ 450 Abs. 2, 547 Abs. 2, 581 Abs. 2, 601 Abs. 1 Satz 1, 994 Abs. 2, 1049 Abs. 1, 1216 Satz 1, 1959 Abs. 1, 1978 Abs. 1 Satz 2 und Abs. 3, 1991 Abs. 1, 2125 Abs. 1 BGB. Vgl. auch § 775 BGB für das Bürgschaftsrecht.

[35] Diese Unterscheidung ist schon früh so getroffen worden, vgl. nur Planck/*Lobe*, BGB, Vorbem. § 677, Anm. IV, S. 1210 m.w.N.

[36] Vgl. nur *Schwarz*, Gesetzliche Schuldverhältnisse, 2. Teil, § 2 Rn. 7 f.; *Martinek/Theobald*, JuS 1997, 612, 613; *Früh*, JuS 1995, 418, 419. Kritisch zum Begriff der unechten Geschäftsführung ohne Auftrag, vgl. Staudinger/*Wittmann*, BGB, Vorbem. zu §§ 677 ff. Rn. 5, der für die beiden Fälle des § 687 BGB die Terminologie „Nichtgeschäftsführung" verwendet, andere verwenden den Begriff „Eigengeschäftsführung", vgl. *Martinek/Theobald*, JuS 1997, 612, 615; HK-BGB/*Schulze*, Vor §§ 677 - 687 Rn. 7.

[37] Dazu sogleich unten S. 18.

[38] Statt aller *Larenz*, Schuldrecht BT II/1, § 57 I a, S. 436 f.; HK-BGB/*Schulze*, Vor §§ 677 - 687 Rn. 4. Dabei ist es unstrittig, daß diese Unterscheidung sich nicht eindeutig aus dem Gesetzeswortlaut ableiten läßt, vgl. nur *Helm*, Gutachen zur GoA, S. 338, 365 m.w.N.

liegt dann vor, wenn jemand (Geschäftsführer oder *gestor*)[39] eine Geschäftsbesorgung i.S. des § 677 BGB für einen anderen (Geschäftsherr oder *dominus negotii*)[40] vornimmt, deren Übernahme dem wirklichen oder mutmaßlichen Willen des Geschäftsherrn entspricht (vgl. §§ 677, 683 Satz 1 BGB).[41]

Handelt der Geschäftsführer entgegen dem wirklichen oder mutmaßlichen Willen des Geschäftsherrn, so handelt es sich gemäß § 684 Satz 1 BGB um eine unberechtigte Geschäftsführung ohne Auftrag. Die fehlende Interessenübereinstimmung kann der Geschäftsherr aber nach § 684 Satz 2 BGB durch seine Genehmigung ersetzen.[42] Zur Erfüllung des Tatbestandes der unberechtigten Geschäftsführung ohne Auftrag ist ein Verschulden nicht erforderlich, wodurch die Geschäftsführung ohne Auftrag gerade als Ausgleichsinstrument für die Praxis besonders attraktiv ist.

c) Tatbestandliche Voraussetzungen und Rechtsfolgen der Geschäftsführung ohne Auftrag

Hinsichtlich der tatbestandlichen Voraussetzungen und Rechtsfolgen ist je nach Art der Geschäftsführung ohne Auftrag zwischen dem Anspruchsinhaber und dem Anspruchsziel zu unterscheiden.

aa) Berechtigte Geschäftsführung ohne Auftrag

Die berechtigte Geschäftsführung ohne Auftrag steht als Idealtypus der fremdnützigen Geschäftsführung im Zentrum der §§ 677 ff. BGB.

(1) Geschäftsbesorgung

Der Begriff ist qualitativ und quantitativ – ebenso wie beim Auftrag i.S. des § 662 BGB – weit zu verstehen.[43] Eine Geschäftsbesorgung liegt dann vor, wenn der Geschäftsführer eine (rechtsgeschäftliche, rechtsgeschäftsähnliche, wirtschaftliche oder nichtwirtschaftliche bzw. tatsächliche) Handlung vornimmt, welche dem Geschäftsherrn zugute kommt.[44] Mit anderen Worten, es muß sich

---

[39] D.h. derjenige, der ein Geschäft besorgt.

[40] D.h. derjenige, für den ein Geschäft besorgt wird.

[41] Zum Verhältnis zwischen wirklichem und mutmaßlichem Willen vgl. unten S. 26 f.

[42] Gleiches gilt, wenn die Geschäftsführung im öffentlichen Interesse steht (§ 679 BGB).

[43] So BGHZ 38, 270, 275; ebenso statt aller Staudinger/*Wittmann*, BGB, Vorbem. zu §§ 677 ff. Rn. 20 mit zahlreichen Nachweisen.

[44] Allg. Ansicht, vgl. schon RGZ 167, 85 ff.; Nicht in den Anwendungsbereich fallen allerdings bloße Unterlassungen. Zum Ausschluß bei sittenwidrigen oder gesetzlich verbotenen Handlungen, vgl. MünchKomm/*Seiler*, BGB, Vor § 677 Rn. 5 m.w.N.

nur um irgendeine fremdnützige Tätigkeit handeln.[45] Unerheblich ist dabei, ob es sich um ein einzelnes oder mehrere Geschäfte handelt, ebenso muß die Geschäftsbesorgung nicht über längere Zeit andauern.[46]

(2) Fremdnützige Tätigkeit

(a) Zugehörigkeit zu einem fremden Rechts- oder Interessenkreis

Aus der Formulierung des § 677 BGB „[...] *für einen anderen* [...]" ergibt sich, daß sich die Geschäftsbesorgung dem Rechts- oder Interessenbereich einer anderen Person zuordnen lassen muß. Die Tätigkeit muß also der Sorge eines anderen obliegen.[47] Eine Konkretisierung dieser unbestimmten Formulierung - und damit der Fremdheit des Geschäfts - kann entweder aus objektiven oder subjektiven Gesichtspunkten gewonnen werden. Diese Vorgehensweise war schon vor Entstehung des BGB als Interpretationshilfe für die Bestimmung der Fremdheit des Geschäfts bekannt, wurde aber bewußt nicht in den Gesetzestext übernommen, da bereits der historische Gesetzgeber die genauere Präzisierung des Begriffs der Fremdheit für nahezu undurchführbar hielt.[48]

Dennoch bedient sich die heute überwiegende Ansicht dieser beiden Prüfungsebenen, die sich aus der systematischen Zusammenschau und dem Wortlaut der gesetzlichen Bestimmungen erschließen lassen.[49] Unterschieden wird einerseits nach dem Vorliegen eines objektiv fremden Geschäfts (objektive Ebene, vgl. § 677 BGB), also einem Geschäft, das nach seiner Natur, seinem Inhalt und äußeren Erscheinungsbild ausschließlich zu einem fremden Rechtskreis gehört (z.B. Reparatur fremder Sachen).[50] Andererseits kann aber auch ein objektiv neutrales Geschäft - besser „eigenes Geschäft" - (z.B. Kauf einer Sache) vorliegen, das aber durch die Willensrichtung des Geschäftsführers zu einem subjektiv fremden und damit für die berechtigte Geschäftsführung ohne Auftrag taugli-

---

45 Beispiele finden sich bei MünchKomm/*Seiler*, BGB, § 677 Rn. 2.

46 MünchKomm/*Seiler*, BGB, § 677 Rn. 2. Der Geschäftsführer kann sich zur Ausführung sogar eigener Leute oder Dritter bedienen (sog. Geschäftsführungsgehilfen); vgl. Soergel/*Beuthien*, BGB, § 677 Rn. 2 m.w.N.

47 So bereits die in der Folgezeit vielfach übernommene Formulierung von RGZ 97, 61, 66; vgl. nur MünchKomm/*Seiler*, BGB, § 677 Rn. 5 m.w.N. in Fn. 17.

48 Vgl. auch MünchKomm/*Seiler*, BGB, § 677 Rn. 5.

49 MünchKomm/*Seiler*, BGB, § 677 Rn. 10.

50 Staudinger/*Wittmann*, BGB, Vorbem. zu §§ 677 ff. Rn. 22; MünchKomm/*Seiler*, BGB, § 677 Rn. 5.

chen Geschäft wird.[51] Damit kommt für die Eingrenzung des Anwendungsbereichs der Geschäftsführung ohne Auftrag dem Zusammenspiel der Begriffe „fremdes Geschäft“ und „Fremdgeschäftsführungswille“ entscheidende Bedeutung zu.[52]

(b) Fremdgeschäftsführungswille

Ein Geschäftsführer handelt mit Fremdgeschäftsführungswillen (*animus pro domino gerendi*), wenn er durch sein beabsichtigtes Handeln die Angelegenheiten eines anderen in irgendeiner Weise fördern will.[53] Dieses ungeschriebene Tatbestandsmerkmal des § 677 BGB ergibt sich aus einem Umkehrschluß zu § 687 BGB[54] und gehört als maßgebliches Kriterium zum Wesen der Geschäftsführung ohne Auftrag.[55]

Bei der Bestimmung des Fremdgeschäftsführungswillens ist im einzelnen danach zu unterscheiden, ob ein objektiv fremdes – hierzu gehören gleichfalls die von der Rechtsprechung anerkannten sog. „auch-(objektiv)-fremden-Geschäfte“[56] – oder ein objektiv eigenes (neutrales) Geschäft vorliegt. Im ersten Fall wird der Fremdgeschäftsführungswille widerleglich vermutet,[57] letzterenfalls muß er äußerlich erkennbar in Erscheinung treten.[58]

---

51 BGHZ 40, 28, 31; 82, 323, 330 f.; Staudinger/*Wittmann*, BGB, Vorbem. zu §§ 677 ff. Rn. 22; MünchKomm/*Seiler*, BGB, § 677 Rn. 10 m.w.N.; *Larenz*, Schuldrecht BT II/1, § 57 I a, S. 439.

52 Zum Begriff des „fremden Geschäfts“ in Entstehungsgeschichte der §§ 677 ff. BGB siehe unten S. 43 f.

53 Ähnlich *Giesen*, Jura 1996, 225, 229.

54 Der Geschäftsführer muß nach § 687 Abs. 1 BGB zumindest das Bewußtsein haben, ein fremdes Geschäft zu führen, ansonsten finden die §§ 677 ff. BGB überhaupt keine Anwendung. Darüber hinaus ergibt sich bei der angemaßten Eigengeschäftsführung aus § 687 Abs. 2 BGB das Erfordernis, daß der Geschäftsführer das fremde Geschäft als eigenes behandeln muß. Folglich gehört zur echten GoA der Wille, das Geschäft „als Fremdes“ zu behandeln und zu führen, vgl. *Larenz*, Schuldrecht BT II/1, § 57 I a, S. 438 f.

55 In diesem Sinne auch BGHZ 65, 354, 357.

56 Im Hinblick auf die angesprochene Ausweitung des Anwendungsbereichs ist dies die umstrittenste Fallgruppe der Geschäftsführung ohne Auftrag. Daher bezweifeln manche die Fremdheit der sog. „auch-fremden-Geschäfte“, so *Schubert*, AcP 178 (1978), 425, 434. Uneinsichtig ist aber die einseitige Bevorteilung des Geschäftsherrn, wenn der Geschäftsführer zugleich im eigenen Interesse tätig wird.

57 So zum objektiv fremden Geschäft BGHZ 38, 270, 276; 40, 28, 31. Dem Ersatzanspruch aus Geschäftsführung ohne Auftrag wegen Selbstaufopferung im Straßenverkehr steht die Rechtslehre ablehnend gegenüber; statt anderer *Canaris*, Feststellung von Lücken im Gesetz, § 66, S. 74. Es handele sich richtigerweise nicht um ein objektiv fremdes, sondern um ein eigenes Geschäft des ausweichenden Autofahrers. Mit Hinweis auf § 7 Abs. 2 StVG ist dem aber zu entgegnen, daß der wegen eines unterstellten „unabwendbaren Ereignisses“ nicht haftende Halter, letztlich auch ein Geschäft des Geretteten besorge (zustimmend

Ein „auch-fremdes-Geschäft" liegt dann vor, wenn der Geschäftsführer mit seiner Tätigkeit gleichermaßen neben dem eigenen zugleich ein fremdes Geschäft führt.[59] Er muß also in dem Bewußtsein und dem Willen handeln, zumindest auch im Interesse eines anderen tätig zu werden.[60] In der Rechtspraxis ist dieses nicht mehr die Ausnahme, sondern zum Regelfall geworden.[61]

(c) Ausuferung des Anwendungsbereichs der §§ 677 ff. BGB durch das „auch-fremde-Geschäft"

Die Unschärfe der Begrifflichkeiten, insbesondere diejenige des „auch-fremden-Geschäfts" (sog. Auch-Gestion) und vor allem die bei solchen Geschäften von der Rechtsprechung grundsätzlich aufgestellte Fiktion des Fremdgeschäftsführungswillens, hat in erster Linie zur Ausweitung des Anwendungsbereichs der

auch *Medicus*, Bürgerliches Recht, Rn. 412). Jedenfalls folgt aus der von *Canaris*, a.a.O., zu Recht – aus welchem Rechtsgrund auch immer – unterstellten Verpflichtung des Autofahrers zur Durchführung des Ausweichmanövers nicht, daß dadurch eine Geschäftsführung, welche (auch) im Interesse eines anderen geführt werde, grundsätzlich auszuschließen sei. Vgl. zum sog. „auch-fremden-Geschäft" zudem BGHZ 98, 235, 240. Prozessual muß der Geschäftsherr nach § 292 ZPO die Vermutung durch den Gegenbeweis des Vorhandenseins eines Eigengeschäftsführungswillens beim Geschäftsführer widerlegen. Differenzierend *Larenz*, Schuldrecht BT II/1, § 57 I a, S. 442 f., der die Vermutung des Fremdgeschäftsführungswillens bei sog. „auch-fremden-Geschäften" nur dann aufrechterhalten will, wenn der Geschäftsführer „typischer Weise" das Interesse eines anderen im Auge hat; ähnlich *Gursky*, AcP 185 (1985), 13, 35 f.; ablehnend *Wollschläger*, GoA, S. 48, 99 ff. insbesondere S. 101, der auf den Fremdgeschäftsführungswillen gänzlich verzichten will.

58 Ebenso BGHZ 82, 323, 330 f.

59 Siehe nur HK-BGB/*Schulze*, § 677 Rn. 3.

60 Vgl. nur BGH, Urteil v. 23.9.1999, III ZR 322/98, NJW 2000, 72, 73 „Vergütungsanspruch eines Genealogen (Erbensuchers)" m.w.N.

61 Exemplarisch aus der ständigen Rspr. des BGH, vgl. nur BGHZ 16, 12, 16 „Ruinengrundstück"; BGHZ 40, 28, 31 „Löschung eines durch die Bundesbahn verursachten Waldbrandes"; BGHZ 52, 393 ff. „Kostenersatz für vorprozessuale Gebühren zugunsten von Abmahnvereinen"; BGHZ 54, 157, 160 „Unfallfolgenbeseitigung durch Behörde keine Geschäftsbesorgung zugunsten des Versicherungsträgers"; BGHZ 63, 167, 169 f. „Bergung eines umgestürzten Tankwagens"; BGHZ 65, 354, 357 „Beseitigung von Straßenverschmutzungen, welche von einem Gewerbebetrieb herrühren"; BGHZ 65, 384 ff. „Beseitigung von im Wasser treibenden Lukendeckel"; BGHZ 98, 235, 240 „Ölverunreinigungen durch den Zustandsstörer"; BGHZ 110, 313, 314 ff. „Beseitigung fremd eingelagerten Milchpulvers nach Brand der Lagerhalle"; BGHZ 114, 248, 249 f. „Verauslagung der Einfuhrumsatzsteuer einer Grenzspedition"; BGH, NJW 1997, 47 ff. „Rückabwicklung eines sittenwidrigen Adoptionsvertrages zur Vermittlung eines Adelstitels"; BGHZ 140, 102 ff. „Krankentransport als Sachleistung der gesetzlichen Krankenversicherung"; BGH, NJW 2000, 72 ff. „Vergütungsanspruch eines Genealogen (Erbensuchers)"; BGH, NJW 2000, 422 ff. „Kostenerstattungspflicht für vermeintliche Treuhand-Verwaltung nach dem Vermögensgesetz überführte ehemalige DDR-Grundstücke"; BGH, NVwZ 2002, 511 ff. „Ersatz von Erschließungskosten gegenüber der Gemeinde".

Geschäftsführung ohne Auftrag und damit zur letztlich vielfach beklagten Denaturierung dieses Rechtsinstituts geführt.[62] Andererseits steht in praktischer Hinsicht vor allem für die Rechtsprechung das Bedürfnis eines flexiblen Instruments[63] der Kostenhaftung für fremdnützige Geschäftsbesorgungen trotz aller dogmatischer Bedenken im Vordergrund, wenngleich es teilweise auf einen „Lastenausgleich aus Billigkeitsgründen"[64] hinausläuft.[65] Die notwendige Eingrenzung des Anwendungsbereichs ist bei einer derartigen Vorgehensweise am ehesten durch die Aussonderung bestimmter Fallgruppen zu erreichen.[66]

(d) Geschäftsführung ohne Auftrag trotz vertraglicher Verpflichtung gegenüber einem Dritten?

Schon seit Einführung des BGB war es umstritten, ob der Tatbestand der Geschäftsführung ohne Auftrag auch in solchen Fällen gegeben sein kann, in denen der Geschäftsführer mit der Geschäftsbesorgung gleichzeitig eine vertragliche Verpflichtung gegenüber einem Dritten erfüllt (sog. pflichtengebundener Geschäftsführer).[67]

Hier handelt es sich nicht um die eigentliche (gesellschaftsrechtliche) Problematik, daß der Geschäftsführer, neben der vertraglich geschuldeten Geschäftsführung, eine weitere tatbestandliche Geschäftsführung (ohne Auftrag) einem einzigen Geschäftsherrn gegenüber erfüllt. Der Geschäftsführer wird vielmehr für zwei

---

62 MünchKomm/*Seiler*, BGB, § 677 Rn. 10 ff.; Staudinger/*Wittmann*, BGB, Vorbem. zu §§ 677 ff. Rn. 35 ff.; *Esser/Weyers*, SchuldR II, § 46 II 2, S. 398 ff.; *Medicus*, Bürgerliches Recht, Rn. 412; *Schubert*, AcP 178 (1978), 425, 435; *Gursky*, AcP 185 (1985), 13, 26; kritisch auch *Stamm*, Jura 2002, 730 f.

63 Soweit der BGH sich genötigt sieht die Geister, die er durch die immer weiter ausufernde Anwendung der §§ 677 ff. BGB rief, wieder zu vertreiben, so behilft er sich meist mit allgemeinen Grundsätzen, wie derjenigen der Risikoverteilung bzgl. des Scheiterns von Vertragsverhandlungen im BGB (vgl. nur BGH, NJW 2000, 72, 73) oder mit Rettungsankern, wie dem Tatbestandsmerkmal des „Für-erforderlich-halten-dürfen" in § 670 BGB, um ergebnisorientiert einen Aufwendungsersatzanspruch bei nichtigen Verträgen ausschließen zu können (vgl. BGHZ 37, 258, 263 ff. oder zuletzt BGH, NJW 2000, 1560, 1562). Von einer einheitlichen Linie ist die Rechtsprechung, was schon im Hinblick auf die Rechtssicherheit dringend nötig erschiene, jedenfalls weit entfernt.

64 So die Bedenken von *Medicus*, Bürgerliches Recht, Rn. 412.

65 *Wollschläger*, GoA, S. 72 ff.; 321 ff.; *Giesen*, Jura 1996, 225, 230.

66 Vgl. MünchKomm/*Seiler*, BGB, § 677 Rn. 15 ff.; trotz der teilweise massiven Kritik der Rechtslehre, werden selten Wege aufgezeigt, in welcher Weise die tatbestandliche Einschränkung rechtstechnisch erfolgen soll. Eine Ausnahme bildet *Schubert*, AcP 178 (1978), 425, 435, der die Anwendbarkeit der §§ 677 ff. bei Erfüllung eigener Verbindlichkeiten grundsätzlich ablehnt.

67 Vgl. MünchKomm/*Seiler*, BGB, § 677 Rn. 9 und 15, der die Problematik unter dem Gesichtspunkt des sog. „auch-fremden-Geschäfts" diskutiert. Vgl. auch *Schwarz*, Gesetzliche Schuldverhältnisse, 2. Teil, § 8 Rn. 1 ff.

personenverschiedene Geschäftsherren (dem Vertragspartner und gleichzeitig einem Dritten gegenüber) tätig.[68]

Die Frage soll im Folgenden aber vor allem im Hinblick auf die Problematik des gleichzeitigen Vorliegens eines schuldrechtlichen Vertragsverhältnisses und einer tatbestandlichen Geschäftsführung ohne Auftrag skizziert werden, da in der Vergangenheit diese beiden Konstellationen nicht immer eindeutig auseinander gehalten wurden.[69] Im übrigen lassen sich für die Frage, ob Geschäftsführung ohne Auftrag ein geeignetes Korrekturinstrument für gesellschaftsvertragliche Fragen ist, fruchtbare Erkenntnisse gewinnen.[70]

Nachdem eine solche Möglichkeit des Vorliegens einer Geschäftsführung ohne Auftrag bereits im gemeinen Recht[71] bejaht wurde, hat die erste Kommission dies auch ausdrücklich in § 760 Entwurf I so festgelegt.

> § 760 Entwurf I lautet wörtlich:
>
> *„Wenn jemand ein fremdes Geschäft im Auftrage eines Dritten besorgt, so wird ihm der Geschäftsherr und er dem letzteren aus der Geschäftsbesorgung nicht verpflichtet, es sei denn, daß er zugleich in der Absicht gehandelt hat, als Geschäftsführer des Geschäftsherrn das Geschäft zu besorgen."*

Grundsätzlich ging die erste Kommission im Ausgangspunkt davon aus, daß der Beauftragte auch bei einem solchen Auftrag zur Besorgung der Geschäfte eines vertragsfremden Dritten regelmäßig nur das Mandat zu seinem bisherigen Vertragspartner erfülle. Allerdings sah man auch die Möglichkeit, daß der Geschäftsführer in der Absicht handele, nicht allein das Mandat zu erfüllen, sondern sich gleichzeitig als Geschäftsführer seinem zweiten Geschäftsherrn gegenüber aus der Geschäftsbesorgung zu verpflichten. Zwar wurden an diese Absicht höhere Anforderungen, mithin besondere Nachweispflichten gestellt, wenn sie aber festständen, so bestünden keine Bedenken, insoweit zwischen dem

---

68 Manche verwenden auch die Terminologie „Handeln im Doppelinteresse", vgl. nur Soergel/*Beuthien*, BGB, § 677 Rn. 5 und 9. Einen sachlichen Unterschied macht dies aber nicht.

69 Ungenau bzgl. des verwendeten Fallmaterials z.B. *Oppermann*, AcP 193 (1993), 497, 512.

70 Die seit BGHZ 37, 258 ff. „Nichtigkeit eines Geschäftsbesorgungsvertrages" und später BGHZ 55, 128 ff. „Flugreisefall" heftigst umstrittene Fallgruppe der „Anwendbarkeit der §§ 677 ff. BGB auf nichtige Verträge" wird wegen mangelnder Erkenntnisgewinnung für die Frage der Anwendbarkeit im Gesellschaftsrecht ausgeblendet. Der BGH hat seine Rechtsprechung insoweit aber über Jahrzehnte grundsätzlich bestätigt, vgl. nur BGH, NJW 1997, 47, 48; BGH, WM 2000, 973, 974 jeweils m.w.N.; ablehnend, im wesentlichen wegen der Umgehung der bereicherungsrechtlichen Rückabwicklungsvorschriften (z.B. §§ 814, 817 Satz 2, 818 ff. BGB) die ganz h.L., statt aller MünchKomm/*Seiler*, BGB, § 677 Rn. 41; Soergel/*Beuthien*, BGB, § 677 Rn. 16 und *Lorenz*, NJW 1996, 883, 886 jeweils m.w.N. dagegen kritisch *M. Wolf*, in: FS für Mühl, S. 703, 708 f.

71 *Kohler*, JherJb. 25 (1887), 1, 75 ff.; vgl. *Gursky*, AcP 185 (1985), 13, 36 m.w.N. zur damaligen h.L. in Fn. 102.

Geschäftsherrn und dem Geschäftsführer eine nach den allgemeinen Regeln zu beurteilende *negotiorum gestio* anzunehmen.[72]

Später wurde dieses in § 760 Entwurf I niedergelegte Prinzip von der überwiegenden Rechtslehre zu dem Lehrsatz verallgemeinert, daß eine vertragliche Verpflichtung des Geschäftsführers zu einem Dritten der Annahme einer gleichzeitigen Geschäftsführung ohne Auftrag nicht entgegensteht.[73] Die zweite Kommission war sich später aber bewußt, daß die in § 760 Entwurf I enthaltene Regelung zu Zweifeln Anlaß geben könnte.[74] Daher wurde die Problematik dann der Entscheidung durch die Rechtswissenschaft überlassen und die Vorschrift mit dem Argument der geringen praktischen Bedeutung als entbehrlich gestrichen.[75]

In der Folgezeit wurden in der Rechtslehre erhebliche Bedenken gegen die grundsätzliche Zulässigkeit der Regelungen der Geschäftsführung ohne Auftrag trotz vertraglicher Verpflichtung gegenüber einem Dritten vorgebracht.[76] Ausgangspunkt war die These, daß die Erfüllung einer eigenen Vertragspflicht nicht zugleich eine Geschäftsführung ohne Auftrag für einen vertragsfremden Dritten darstellen könne. Im wesentlichen wurde diese Ansicht damit begründet, daß ein pflichtgebundener Geschäftsführer mit Erbringung seiner Vertragsleistung schon objektiv nur ein eigenes Geschäft bzw. ein Geschäft seines Vertragspartners führen könne.[77] Darüber hinaus zweifelte man auch daran, ob der Vertragsschuldner bei einer solchen Konstellation überhaupt den erforderlichen Fremdgeschäftsführungswillen haben könne.[78] Als ein wesentliches Gegenargument ist immer wieder geltend gemacht worden, daß die Zulassung eines versionsrechtlichen Durchgriffs des Vertragsschuldners auf den vom Vertrag begünstigten „Geschäftsherrn" der Wertentscheidung, die der Gesetzgeber mit

---

72 Vgl. *Mugdan*, Gesamte Materialien z. BGB, Band II, S. 486 = Motive II, S. 869.

73 Vgl. nur Planck/*Lobe*, BGB, § 677, Anm. 2 b), S. 1215; einschränkend aber *Lent*, S. 153 ff.; siehe auch die weiteren Nachweise bei Gursky, AcP 185 (1985), 13, 37 in Fn. 104. Die höchstrichterliche Rechtsprechung hat dies im Grundsatz schon früh anerkannt, vgl. nur RGZ 82, 206 ff., insbesondere 214 ff. „Fuldaer Dombrandfall"; ebenso bestätigend BGHZ 16, 12, 16; 65, 354, 356; 98, 235, 240; 110, 313, 315; ablehnend jedoch OLG Koblenz NJW 1992, 2367, 2368. Bejahend ebenfalls die h.L., vgl. nur MünchKomm/*Seiler*, BGB, § 677 Rn. 8 f.; Jauernig/*Mansel*, BGB, § 677 Rn. 7; *Wollschläger*, GoA, S. 121.

74 Siehe *Schubert*, AcP 178 (1978), 425, 440 in Fn. 59.

75 Eingehend zur Entstehungsgeschichte, auch zu den römisch-rechtlichen Vorläufern des § 760 Entwurf I, *Schubert*, AcP 178 (1978), 425, 440 ff.

76 So vor allem *Schubert*, AcP 178 (1978), 425, 435; *Medicus*, Bürgerliches Recht, Rn. 414; differenzierend aber MünchKomm/*Seiler*, BGB, § 677 Rn. 15 f.; ebenso *M. Wolf*, in: FS für Mühl, S. 703, 712 ff.; vgl. auch *Gursky*, AcP 185 (1985), 13, 36 m.w.N. in Fn. 105.

77 *Wollschläger*, GoA, S. 204 f. Die betonend auch *Schwarz*, Gesetzliche Schuldverhältnisse, 2. Teil, § 8 Rn. 5.

78 *Neuffer*, S. 44 ff., insbesondere S. 81 ff.

Ablehnung der Versionsklage[79] getroffen habe, und den Prinzipien des modernen Bereicherungsrechts, nämlich dem grundsätzlichen Vorrang von Leistungsbeziehungen, letztlich zuwiderliefe.[80] Gegen einen aus den §§ 677, 683 Satz 1, 670 BGB abgeleiteten zusätzlichen Vergütungsanspruch gegen eine vertragsfremde dritte Partei wurde schließlich vorgebracht, daß dies letztlich auf einen Vertrag zu Lasten Dritter und damit auf einen Verstoß gegen ein wesentliches Postulat des Persönlichkeitsrechts hinausliefe.[81] Zudem bestünde – ausgehend von dem Grundsatz „jeder soll das Insolvenzrisiko seines eigenen Vertragspartners tragen" – das Risiko, daß dieses Insolvenzrisiko über Ansprüche aus Geschäftsführung ohne Auftrag auf einen Dritten abgewälzt werden könnte.[82]

Der BGH hat in seinem „Genealogen-Fall" den im Ergebnis unerwünschten Aufwendungsersatzanspruch bei Scheitern intendierter Verträge mit einer anderen, aber in die gleiche Richtung gehenden Begründung abgelehnt. Die Bejahung eines Aufwendungsersatzanspruches aus Geschäftsführung eines Erbensuchers gegen vermeintliche Erben wäre mit der auf den Grundsatz der Privatautonomie zurückzuführenden Risikoverteilung jedes potentiellen Vertragspartners nicht vereinbar und daher abzulehnen.[83] Dahinter steht der Gedanke, hier wie dort zu Recht, ungewünschte Vergütungsansprüche gegen Dritte und damit letztlich eine unberechtigte Schuldnervermehrung zu verhindern.

---

79 *Medicus*, Bürgerliches Recht, Rn. 414. Zu dieser siehe auch oben S. 12 Fn. 22.

80 Insoweit solle der bereicherungsrechtliche Satz gelten, „Wer leistet, hat gegenüber Dritten keinen Geschäftsführungswillen, sondern will nur gegenüber seinem Gläubiger erfüllen, jedenfalls wendet er gegenüber einem Dritten grundsätzlich nichts auf"; vgl. dazu insbesondere Soergel/*Beuthien*, BGB, § 677 Rn. 10. Im Ergebnis ebenfalls für einen tatbestandlichen Ausschluß der § 677 ff. BGB im Wege der teleologischen Reduktion eindringlich *Schubert*, AcP 178 (1978), 425, 435, 437, da dem Geschäftsherrn ansonsten durch den direkten Zugriff des Geschäftsführers die Einwendungen genommen werden würden, die ihm im Verhältnis zu seinem Vertragspartner zustehen.

81 Vgl. *Helm*, Gutachen zur GoA, S. 394; zu den Argumenten aus sozialrechtlicher Sicht vgl. auch *Weishaupt*, NJW 2000, 1002, 1003, der ebenfalls für eine teleologischer Reduktion des objektiven Tatbestandes des § 677 BGB eintritt. Die Frage der Höhe des Vergütungsanspruchs kann sich aus dem Verbot des Vertrages zu Lasten Dritter zwar nicht nach der Vereinbarung des Geschäftsführers mit seinem Vertragspartner richten. Maßstab kann daher nur die anderweitig zu bestimmende Üblichkeit der Vergütung (entsprechend § 612 Abs. 2 BGB) sein. Hat der Geschäftsführer mit seinem Vertragspartner jedoch eine unter dem üblichen Satz liegende Vergütung vereinbart, so ist der Anspruch der Höhe nach durch diese Vereinbarung begrenzt. Zur ökonomischen Analyse der erforderlichen Kosten i.S. des § 683 BGB eingehend *Griebe*, 75 ff.; vgl. auch *Kötz*, in: FS für Großfeld, S. 583, 585, der ebenfalls aus ökonomischer Sicht zwischen erwünschter und unerwünschter Geschäftsführung abgrenzen will. Die Führung eines fremden Geschäfts kann ökonomisch gedacht nur dann gewünscht sein, wenn feststeht, daß der Nutzen, den sie abzuwerfen verspricht, höher ist als die voraussichtlich verursachten Kosten.

82 *Wollschläger*, GoA, S. 66 f., 103, 108, 148.

83 Urteil v. 23.9.1999, III ZR 322/98, NJW 2000, 72, 73.

Eine im Vordringen befindliche vermittelnde Ansicht stellt darauf ab, ob der Gegenstand der Rechtspflicht gegenüber dem Dritten gerade die Geschäftsführung ist (wie z.B. bei der Geschäftsführung im Auftrag eines Dritten),[84] oder ob besondere äußere Umstände vorliegen, die eindeutig einen fremdgerichteten Geschäftsführungswillen belegen.[85]

Immer dann könne die Erfüllung einer vertraglichen Verpflichtung eine den §§ 677 ff. BGB unterfallende freiwillige - uneigennützige - Tätigkeit für einen vertragsfremden Geschäftsherrn sein.

Ein instruktives Beispiel für derartige Fälle findet sich bei *Gursky*:

> *A ist Eigentümer eines Hausgrundstückes. Aus natürlichen Gründen entsteht plötzlich die Gefahr eines schweren Erdrutsches, der die tiefergelegenen Gebäude des B und des C beschädigen würde. A, der zum Eingreifen nicht verpflichtet ist und auch kein eigenes Interesse an einer Verhinderung des Erdrutsches hat, erbietet sich gegenüber B zur Durchführung der erforderlichen Sicherungsmaßnahmen, wenn ihm die Unkosten erstattet werden. B sagt sofort zu, die Hälfte der Kosten tragen zu wollen und weist darüber hinaus darauf hin, daß der gegenwärtig auf Urlaubsreise befindliche C als vernünftiger und redlicher Mensch die andere Hälfte der Kosten doch wohl ohne weiteres bezahlen wird.*[86]

Aus diesem Beispiel wird deutlich, daß eine differenzierte Lösung[87] zur interessengerechten Lösung notwendig erscheint.

Für die Mehrzahl der Fälle trifft zu: Wer eine vertragliche Verpflichtung erfüllt, kann dabei normalerweise nicht zugleich als unbeauftragter Geschäftsführer eines Dritten handeln. Denn in erster Linie scheitert die Anwendung der §§ 677 ff. BGB bei der Erfüllung einer vertraglichen Pflicht schon am Erfordernis des Fremdgeschäftsführungswillens. Wer eine vertragliche Leistungspflicht erfüllt, aufgrund deren er zu einer bestimmten Tätigkeit verpflichtet ist, wird dabei fast immer aus eigenem Interesse handeln, nämlich letztlich aus dem Wunsch, von seiner Leistungspflicht befreit zu werden und die versprochene Gegenleistung zu erhalten.[88]

Sollte sich der Fremdgeschäftsführungswille einmal doch beweisen lassen, so wird der vermittelnden Ansicht entgegengehalten, daß der zusätzliche Aufwendungs-

---

84 *Wittmann*, GoA, S. 31, insbesondere S. 78.

85 MünchKomm/*Seiler*, BGB, § 677 Rn. 16 m.w.N.

86 *Gursky*, AcP 185 (1985), 13, 41.

87 Gegen einen grundsätzlichen Ausschluß des pflichtgebundenen Geschäftsführers aus dem Anwendungsbereich der §§ 677 ff. BGB daher zu Recht auch MünchKomm/*Seiler*, BGB, § 677 Rn. 15 f. m.w.N.; ebenso schon *M. Wolf*, in: FS für Mühl, S. 703, 720; *Gursky*, AcP 185 (1985), 13, 36 ff.; in gesellschaftsrechtlicher Hinsicht vgl. unten S. 49 ff.

88 Ebenso *Gursky*, AcP 185 (1985), 13, 38.

ersatzanspruch des Vertragsschuldners doch an den Voraussetzungen des § 683 Satz 1 BGB scheitern müsse. Es wird sicherlich nicht im Interesse des durch den Vertrag begünstigten Dritten liegen, daß der ohnehin zum Handeln verpflichtete Vertragsschuldner die geschuldete Tätigkeit nun auch noch als ein Geschäftsführer ohne Auftrag vornimmt.[89]

Wenn nun wie im oben genannten Beispiel auf dieser Basis ein Auftrag i.S. von § 662 BGB zwischen A und B abgeschlossen wird, dann geht dieser Vertrag ja gerade davon aus, daß A die versprochene Geschäftsbesorgung nicht nur für seinen Vertragspartner B, sondern zugleich als auftragsloser Geschäftsführer für C durchführen wird. Auch hier kann der Geschäftsführer A wieder der Überzeugung sein, daß sein gesamtes Handeln durchaus im Interesse des C liegt. Es besteht eine Gleichrangigkeit der Absicht der Vertragserfüllung und dem Ziel, die Interessen des dritten Geschäftsherrn zu wahren. Dies ist insbesondere dann sachgerecht, wenn der Vertragsgläubiger mit dem begünstigten Dritten nicht selbst wegen der Geschäftsbesorgung abrechnen will.

Daher ist im Ergebnis der differenzierenden Ansicht zuzustimmen, die eine Koinzidenz von Vertragserfüllung und Fremdgeschäftsführung für sinnvoll und notwendig erachtet.[90] Insbesondere gilt dies für die Fälle, in denen bereits der Vertrag selbst den Schuldner zu der Fremdgeschäftsführung für den Dritten verpflichtet oder ermächtigt[91] oder der subjektive Tatbestand des Fremdgeschäftsführungswillens eindeutig feststellbar ist.[92]

(3) Ohne Auftrag und ohne sonstige Berechtigung

Die berechtigte Geschäftsführung ohne Auftrag ist nach dem Wortlaut der §§ 683 i.V.m. 677 BGB nur dann einschlägig, wenn der Geschäftsführer dem Geschäftsherrn nicht in einer anderen Weise legitimiert oder gar verpflichtet ist. Ohne Auftrag oder sonstige Berechtigung i.S. des § 677 BGB meint grundsätz-

---

89 *Schubert*, AcP 178 (1978), S. 425, 441 f.

90 So *M. Wolf*, in: FS für Mühl, S. 703, 712 ff.; *Gursky*, AcP 185 (1985), 13, 40; Anders *Stamm*, Jura 2002, 730 ff., der die §§ 677 ff. BGB nur als Ausgleichsinstrument im Zwei-Personen-Verhältnis verstanden wissen will, sonstige Fälle der sog. „auch-fremden-Geschäfte" (Mehr-Personen-Verhältnis) über die Regeln der Gesamtschuld (§§ 421 ff. BGB) lösen will. Dieser Ansatz würde in der Tat wieder den Gesichtspunkt der altruistischen Hilfe für einen anderen in den Vordergrund der §§ 677 ff. BGB rücken. Für die Fragen der Anwendbarkeit im Gesellschaftsrecht hilft die Unterscheidung „Regreß im Zwei- oder Mehr-Personen-Verhältnis" dagegen nicht weiter.

91 Ähnlich der Konstruktion eines echten Vertrages zugunsten Dritter i.S. des § 328 BGB.

92 MünchKomm/*Seiler*, BGB, § 677 Rn. 16.

lich jede vertragliche,[93] vertragsähnliche,[94] gesetzliche[95] oder öffentlich-rechtliche Sonderregelung bzw. Berechtigung.[96]

(4) Gleichlauf des Interesses mit dem wirklichen oder mutmaßlichen Willen des Geschäftsherrn

Aus § 683 Satz 1 i.V.m. § 677 BGB ergibt sich die letzte Voraussetzung der berechtigten Geschäftsführung ohne Auftrag. Die Geschäftsführung muß dem Interesse (objektives Element) und dem wirklichen oder mutmaßlichen[97] Willen (subjektives Element) des Geschäftsherrn entsprechen.[98]

Nach allgemeiner Ansicht entspricht die Geschäftsführung durch den Geschäftsführer dem Interesse des Geschäftsherrn, wenn das Geschäft zu dem Zeitpunkt, in dem es von dem Geschäftsführer übernommen wird, für den Geschäftsherrn objektiv nützlich, d.h. sachlich vorteilhaft ist.[99] Die Beantwortung dieser Frage ist vom objektiven Standpunkt aus zu beantworten,[100] wobei das Interesse nicht vermögensrechtlicher Natur sein muß,[101] und auch ein daneben bestehendes Eigeninteresse des Geschäftsführers nicht schadet.[102]

Als subjektive Komponente verlangt § 683 Satz 1 BGB, daß die Geschäftsführung dem wirklichen oder mutmaßlichen Willen des Geschäftsherrn entspricht.

---

93 Vgl. zum Konkurrenzverhältnis eingehend unten S. 61 ff.

94 Zur Konkurrenz zwischen *c.i.c.* und den §§ 677 ff. BGB vgl. *Helm*, Gutachen zur GoA, S. 338, 384.

95 Eingehend unten S. 49 ff.

96 Dazu MünchKomm/*Seiler*, BGB, § 677 Rn. 36 ff.; Staudinger/*Wittmann*, BGB, Vorbem. zu §§ 677 ff. Rn. 40 ff.; Soergel/*Beuthien*, BGB, § 677 Rn. 12.

97 Beide Voraussetzungen müssen nach h.L. für die Fremdgeschäftsführung additiv vorliegen. Für Gleichstufigkeit *Larenz*, Schuldrecht BT II/1, § 57 I a, S. 444; MünchKomm/*Seiler*, BGB, § 677 Rn. 45 und § 683 Rn. 13, vgl. auch *Oppermann*, AcP 193 (1993), 497, 507 m.w.N. in Fn. 41. Zum Verhältnis dieser Tatbestandsmerkmale zueinander eingehend Staudinger/*Wittmann*, BGB, Vorbem. zu §§ 677 ff. Rn. 47 ff. Für den Vorrang des Willens *Medicus*, Bürgerliches Recht, Rn. 422; ebenso Soergel/*Beuthien*, BGB, § 683 Rn. 4; Staudinger/*Wittmann*, BGB, Vorbem. zu §§ 677 ff. Rn. 49; *Giesen*, Jura 1996, 288, 289 m.w.N. in Fn. 112. Soweit man dem Vorrang des Willens folgt, gibt es bis zur Grenze der pathologischen Verschwendung und des § 679 BGB keine „unvernünftige“ Geschäftsführung ohne Auftrag.

98 MünchKomm/*Seiler*, BGB, § 683 Rn. 3 ff.; Staudinger/*Wittmann*, BGB, Vorbem. zu §§ 677 ff. Rn. 47 ff.

99 So schon RGZ, 149, 205, 207; BGHZ 16, 12, 16; 47, 370, 372; ebenso MünchKomm/*Seiler*, BGB, § 683 Rn. 4.

100 Staudinger/*Wittmann*, BGB, Vorbem. zu §§ 677 ff. Rn. 27.

101 BGHZ 33, 251 ff.

102 BGHZ 63, 167 ff.; 109, 313 ff.

Ausgehend vom Wortlaut des Gesetzes soll es vorrangig auf den wirklichen Willen des Geschäftsherrn ankommen. Der wirkliche Wille könne dabei auch ausdrücklich oder konkludent geäußert werden und sei auch dann maßgebend, wenn aus objektiver Sicht die Geschäftsführung unvernünftig erscheint.[103]

Erst dann, wenn der wirkliche Wille nicht feststellbar ist, ist nach dem mutmaßlichen Willen des Geschäftsherrn zu fragen. Dabei handelt es sich um den Willen, den der Geschäftsherr bei objektiver Beurteilung aller Umstände und seiner besonderen Lage, insbesondere auch hinsichtlich seiner Vermögensverhältnisse, im Zeitpunkt der Übernahme geäußert haben würde.[104] Somit kommt es letztlich dazu, daß objektive Kriterien die Bestimmung des mutmaßlichen Willens im Rahmen des § 683 BGB voranbringen sollen.[105]

Die bloße irrtümliche Annahme des Geschäftsführers, seine Geschäftsführung sei berechtigt, genügt dagegen nicht.[106] Die Geschäftsführung ohne Auftrag ist ebenso berechtigt, wenn der Geschäftsherr sie nach § 684 Satz 2 BGB genehmigt oder ein entgegenstehender Wille nach §§ 683 Satz 2 i.V.m. 679 BGB unbeachtlich ist.

(5) Rechtsfolgen

Rechtsfolge der berechtigten Geschäftsführung ohne Auftrag ist das Entstehen eines gesetzlichen Ausgleichsschuldverhältnisses zwischen Geschäftsherrn und Geschäftsführer.[107] Hinsichtlich der Rechtsfolgen ist nach Anspruchsinhaber und Anspruchsinhalt zu differenzieren.

(a) Ansprüche des Geschäftsherrn

Der Geschäftsherr kann über § 681 Satz 2 BGB die gleichen Ansprüche wie im Auftragsrecht (§§ 666 bis 668 BGB) geltend machen, insbesondere kann er vom

---

103 Dafür, daß auch die unvernünftige, also interessenwidrige Geschäftsführung unter § 677 BGB fällt, streitet insbesondere § 684 Satz 2 BGB, wonach der Geschäftsherr eine derartige Geschäftsführung auch genehmigen und somit an sich ziehen kann. Nach BGHZ 138, 281, 287 ist daher der geäußerte Wille selbst dann maßgeblich, wenn er unvernünftig oder interessenwidrig ist.

104 Staudinger/*Wittmann*, BGB, Vorbem. zu §§ 677 ff. Rn. 29.

105 Dazu auch BGH, NJW 1972, 475, 476; eingehend *Griebe*, S. 68 f.

106 Vgl. *Larenz*, Schuldrecht BT II/1, § 57 I a, S. 443; ebenso Staudinger/*Wittmann*, BGB, Vorbem. zu §§ 677 ff. Rn. 42; Soergel/*Beuthien*, BGB, § 677 Rn. 18 jeweils m.w.N.; nach Ansicht der Rechtsprechung schließt dies die Anwendbarkeit der §§ 677 ff. BGB aber grundsätzlich nicht aus, vgl. nur BGH, NJW 2000, 422, 424 ff.; BGH, WM 2000, 973 f. Die irrtümliche Annahme der Berechtigung wird von der Rechtsprechung des BGH mit den Fällen der Nichtigkeit der Vertragsbeziehung gleichgesetzt.

107 Statt aller HK-BGB/*Schulze*, § 677 Rn. 12.

Geschäftsführer das aus der Geschäftsbesorgung Erlangte herausverlangen (§ 670 BGB). Verletzt der Geschäftsführer das infolge der berechtigten Geschäftsführung ohne Auftrag entstandene gesetzliche Schuldverhältnis schuldhaft (sog. Ausführungsverschulden),[108] so haftet er[109] nach den allgemeinen Grundsätzen des Leistungsstörungsrechts.[110] Für den Erfolg der Geschäftsbesorgung braucht er aber nicht einzustehen.[111]

(b) Ansprüche des Geschäftsführers

Der berechtigte Geschäftsführer ohne Auftrag hat wie ein Beauftragter einen Ersatzanspruch, wenn er seine Aufwendungen[112] für erforderlich halten durfte (§§ 683 Satz 1 i.V.m. 670 BGB).[113]

bb) Unberechtigte Geschäftsführung ohne Auftrag

(1) Tatbestand

Eine fremdnützige Geschäftsführung ohne Auftrag ist nach dem Umkehrschluß zu dem Wortlaut der §§ 683 Satz 1 und 684 Satz 2 BGB dann unberechtigt, wenn die Übernahme der Geschäftsbesorgung nicht dem Interesse bzw. dem

---

108 Grundsätzlich gilt der allgemeine Haftungsmaßstab des § 276 BGB. Bei Gefahr im Verzug greift die Haftungsmilderung des § 680 BGB.

109 Sowie für Hilfspersonen nach § 278 BGB.

110 § 286 BGB bzw. bei Schlechtleistung nach allgemeinen Grundsätzen, vgl. jetzt § 280 BGB wegen allgemeiner Pflichtverletzung. So schon mit Recht *Medicus*, Bürgerliches Recht, Rn. 426; ebenso Staudinger/*Wittmann*, BGB, § 677 Rn. 8; HK-BGB/*Schulze*, § 677 Rn. 12.

111 Staudinger/*Wittmann*, BGB, Vorbem. zu §§ 677 ff. Rn. 56.

112 Aufwendungen i.S. des Auftragsrechts sind alle Vermögensopfer, die der Beauftragte zum Zwecke der Ausführung des Auftrags freiwillig, auf Weisung des Auftraggebers oder als notwendige Folge der Auftragsausführung erbringt, vgl. BGH, ZIP 1988, 706, 707; Einzelheiten bei MünchKomm/*Seiler*, BGB, § 670 Rn. 6 ff. Zum allg. zivilrechtlichen Begriff der Aufwendungen i.S. des § 256 BGB, als freiwillig erbrachte Aufopferung von Vermögenswerten, die im Interesse eines anderen liegen vgl. nur MünchKomm/*Krüger*, BGB, § 256 Rn. 2; Palandt/*Heinrichs*, BGB, § 256 Rn. 1 m.w.N.

113 Ersatzfähig sind insbesondere die aus der Geschäftsbesorgung resultierenden zufälligen Schäden des Geschäftsführers (BGHZ 33, 251, 257, 38, 270. 277; MünchKomm/*Seiler*, BGB, § 683 Rn. 18; die a.A. stützt den Anspruch auf eine eigenständige Risikozurechnungshaftung, so BGHZ 89, 153, 157; *Larenz*, Schuldrecht BT II/1, § 57 I b, S. 449 m.w.N. in Fn. 51). Darüber hinaus wird ein Vergütungsanspruch entsprechend § 1835 BGB bei berufseinschlägiger Tätigkeit gewährt, Einzelheiten bei Staudinger/*Wittmann*, BGB, § 683 Rn. 3 ff.; für eine korrigierende Interpretation des § 683 BGB und Aufwendungsersatz auch für berufsfremde Tätigkeiten aber MünchKomm/*Seiler*, BGB, § 683 Rn. 24 f.

wirklichen oder mutmaßlichen Willen entspricht.[114] Für die rechtliche Einordnung kommt es weiterhin entscheidend auf das Verhalten des Geschäftsherrn an.

Genehmigt der Geschäftsherr die Geschäftsführung oder hat die Geschäftsbesorgung eine im öffentlichen Interesse liegende Pflicht oder eine gesetzliche Unterhaltszahlung des Geschäftsherrn zum Gegenstand (§ 679 BGB),[115] so wird die unberechtigte ausnahmsweise als berechtigte Geschäftsführung ohne Auftrag behandelt (§ 684 Satz 2 BGB). Ansonsten müssen die tatbestandlichen Voraussetzungen des § 677 BGB ebenso erfüllt sein.[116] Verweigert der Geschäftsherr seine Genehmigung, so hat er gegen den unberechtigten Geschäftsführer haftungsverschärfende Ansprüche aus §§ 678 und 677, 681 i.V.m. 666 ff. BGB.

Grundsätzlich begründet die unberechtigte Geschäftsführung ohne Auftrag ebenso wie die berechtigte Geschäftsführung ohne Auftrag ein besonderes, auftragsähnliches Rechtsverhältnis.[117]

(2) Rechtsfolgen

(a) Ansprüche des Geschäftsherrn

(aa) Schadensersatz gemäß § 678 BGB

Ist die Geschäftsbesorgung unberechtigt, so haftet[118] der Geschäftsführer nach § 678 BGB auf Schadensersatz.[119] Tatbestandlich greift § 678 BGB neben dem

---

[114] Ebenso Staudinger/*Wittmann*, BGB, Vorbem. zu §§ 677 ff. Rn. 4; MünchKomm/*Seiler*, BGB, § 684 Rn. 1.

[115] Die h.L. will § 679 BGB analog auf den Fall anwenden, daß der widersprechende Wille des Geschäftsherrn gegen die guten Sitten oder ein gesetzliches Verbot verstößt. Ablehnend zu Recht mit Hinweis Gesetzgebungsberatungen MünchKomm/*Seiler*, BGB, § 679 Rn. 13 m.w.N.

[116] *Giesen*, Jura 1996, 344.

[117] Über den in § 684 Satz 2 BGB ausdrücklich verwiesenen Aufwendungsersatzanspruch (§§ 683 Satz 1, 670 BGB) des Geschäftsführers hinaus, stehen andererseits dem Geschäftsherrn – ebenso wie bei berechtigter Geschäftsführung ohne Auftrag – die Ansprüche aus § 681 Satz 2 i.V.m. §§ 666 bis 668 BGB zu; so auch *Medicus*, Bürgerliches Recht, Rn. 432.

[118] Haften bedeutet in diesem Zusammenhang: Zugriffsobjekt in der Zwangsvollstreckung zu sein, zum Begriff und den verschiedenen Typen der Haftung allgemein MünchKomm/*Kramer*, BGB, Einleitung vor § 241 Rn. 41 ff.

[119] Für eine Restriktion des Anwendungsbereichs auf objektiv fremde Geschäfte *Gursky*, AcP 185 (1985), 13, 22 in Fn. 42; noch weitergehend *Batsch*, AcP 171 (1971), 218, 230 ff., der die Norm als deliktischen Sondertatbestand einordnet und auf die Schutzgüter des § 823 Abs. 1 BGB begrenzt; zum Verhältnis von § 678 zu §§ 823 ff. BGB siehe auch Staudinger/*Wittmann*, BGB, § 677 Rn. 8.

Fall der unberechtigten Geschäftsführung ohne Auftrag, auch bei angemaßter Eigengeschäftsführung – in entsprechender Anwendung wegen Fehlens des Fremdgeschäftsführungswillens – über die Verweisung des § 687 Abs. 2 BGB.[120]

Hat der Geschäftsführer bei der Übernahme (dem „Ob“) der Geschäftsführung den entgegenstehenden Willen des Geschäftsherrn nicht bzw. fahrlässig nicht erkannt[121] (sog. Übernahmeverschulden),[122] so haftet er auch für diejenigen Schäden, die bei der Durchführung der Geschäftsbesorgung entstanden. Ein zusätzliches Verschulden bei der Ausführung (dem „Wie“) ist in Bezug auf den eingetretenen Schaden – wie in § 677 BGB vorausgesetzt – aber bereits nach den allgemeinen Regeln der Äquivalenz und Adäquanz nicht erforderlich.[123]

---

120 *Medicus*, Bürgerliches Recht, Rn. 417 und Rn. 428 f. Auf § 684 Satz 2 BGB ist § 678 BGB aber nicht anwendbar, vgl. Staudinger/*Wittmann*, BGB, § 677 Rn. 2. Die überwiegende Ansicht in der Rechtslehre verneint die Anwendbarkeit des § 678 BGB im Wettbewerbsrecht, vgl. nur MünchKomm/*Seiler*, BGB, § 678 Rn. 9, 28; Erman/*Ehmann*, BGB, Bd. I, Vor § 677 Rn. 22 jeweils m.w.N.; bejahend aber BGHZ 52, 393, 399 „Fotowettbewerb“; ebenso zustimmend *Baumbach/Hefermehl*, Wettbewerbsrecht, Einl. UWG, Rn. 554 f., 560, der zugunsten des zu Unrecht Abgemahnten § 678 BGB anwenden will. Den Kostenerstattungsanspruch des wettbewerbsrechtlich Abmahnenden bejaht dagegen *Oppermann*, AcP 193 (1993), 497, 524, 526 f. im Ergebnis überzeugend durch eine teleologische Extension des Tatbestandsmerkmals der Übernahme des Fremdgeschäfts. Die Voraussetzung, daß der Geschäftsführer (Abmahnender) gerade für diesen bestimmten Geschäftsherrn (Abgemahnten) handelt und nicht nur das Geschäft überhaupt erledigt, wird aus rechtspolitischen Gründen (die wettbewerbsrechtliche Abmahnung sei ein unverzichtbarer Bestandteil des außergerichtlichen Wettbewerbsschutzes) fallen gelassen (vgl. BGHZ 115, 210 ff. „Verjährungsfrist für Abmahnkosten“). Nach h.L. fehlt es gerade beim Geschäftsherrn an seinem Willen und seinem wohlverstandenen Interesse, daß das Geschäft gerade für ihn besorgt werde, so *Medicus*, Bürgerliches Recht, Rn. 412; zustimmend *Gursky*, AcP 185 (1985), 13, 45 Fn. 136; eine teleologische Extension für diese Fälle lehnt Staudinger/*Wittmann*, BGB, § 677 Rn. 31 ab, da diese an die Funktionen der Geschäftsführung ohne Auftrag selbst anzuknüpfen habe und nicht an außerhalb ihres Anwendungsbereiches liegende Zwecke; ebenso ablehnend *Gehrlein*, in: Bamberger/Roth, BGB, § 677 Rn. 12. Der Gesetzgeber hat entgegen der angeführten Rechtsprechung mittlerweile Rechnung getragen und im UWG den Unterlassungsanspruch grundsätzlich anerkannt. Ein Ausschluß der Klagebefugnis ist nach § 13 Abs. 5 UWG nur dann gegeben, wenn die Geltendmachung überwiegend dazu dient, einen Ersatz beruflich veranlaßter Aufwendungen zu erhalten. Zu weiteren Einschränkungen siehe § 13 Abs. 2 Nr. 2 UWG.

121 Vgl. § 122 Abs. 2 BGB.

122 Bei Unkenntnis des entgegenstehenden Willens des Geschäftsherrn trifft den Geschäftsführer eine dem § 278 Abs. 1 Satz 2 BGB entsprechende Prüfungspflicht. Im Falle gefahrenabwehrender Geschäftsführung ist die Haftungsprivilegierung des § 680 BGB auf § 678 BGB anwendbar, vgl. BGH, NJW 1972, 475, Bestätigung von BGHZ 42, 188, 193.

123 Der Wortlaut des § 678 BGB a.E. ist also insoweit überflüssig; ebenso MünchKomm/*Seiler*, BGB, § 678 Rn. 8. Entgegen *Gummert*, WiB 1997, 583 hat diese Konstruktion aber nichts mit „Gefährdungshaftungscharakter“ zu tun.

Der unberechtigte Geschäftsführer haftet dagegen nicht für Zufallsschäden,[124] sondern er trägt „das Risiko des Fehlschlags“ seiner Geschäftsbesorgung,[125] auch wenn er „sein Bestes getan hat.“[126] Der Geschäftsführer haftet für die unautorisierte Geschäftsbesorgung über die Regelungen des Deliktsrechts hinaus verschärft.[127] Nachdem der rechtliche Kausalzusammenhang[128] zwischen Übernahme und Schadenseintritt festgestellt wurde,[129] ist in der Rechtsfolge des Anspruchs gemäß § 678 BGB der Geschäftsführer grundsätzlich zur Naturalrestitution (§ 249 BGB) verpflichtet;[130] ist diese nicht mehr möglich, so hat er Geldersatz (§ 251 BGB) zu leisten.[131] Der Vermögensschutz ist somit umfassend und damit weiter als der deliktische Vermögensschutz des § 823 Abs. 1 BGB.

Unternimmt man den Versuch, § 678 BGB in die zivilrechtliche Systematik des BGB einzuordnen, so ist die Ansicht geäußert worden, daß sich die Vorschrift des § 678 BGB von den Bestimmungen des allgemeinen Schuldrechts (Unmög-

---

[124] Die z.B. in Art. 736 des bayerischen Entwurfes oder in Art. 755 des hessischen Entwurfes zum BGB vorgeschlagene „Haftung für Zufall“ wurde explizit nicht in das BGB übernommen. Ausweislich der Motive haftet der Geschäftsführer – soweit er gegen die ihm obliegende Diligenzpflicht verstoßen hat – nach allgemeinen Grundsätzen für alle, nicht bloß für die vorauszusehenden Folgen der von ihm zu vertretenen Handlung oder Unterlassung. Er hat also zu prüfen, ob ein Verbot des Geschäftsherrn gegen die Einmischung besteht bzw. ob sich dessen „Intention überhaupt gegen die Einmischung oder die Art der Einmischung kundgegeben habe“; vgl. Motive II, S. 857. Dies ist also eine Verschuldens- und keine Zufallshaftung. Zu Recht daher Staudinger/*Wittmann*, BGB, § 678 Rn. 1; MünchKomm/*Seiler*, BGB, § 678 Rn. 1; *Batsch*, AcP 171 (1971), 218, 231; so auch schon Planck/*Lobe*, BGB, § 678, Anm. 2, S. 1219. Die Haftung gleicht aber derjenigen der Fälle des *versari in re illicita* (siehe heute §§ 287 Satz 2 und 848 BGB), so auch *Medicus*, Bürgerliches Recht, Rn. 432. Zumindest mißverständlich dagegen Jauernig/*Mansel*, BGB, § 678 Rn 2 oder HK-BGB/*Schulze*, § 678 Rn. 4; undifferenziert auch *Wenckstern*, AcP 200 (2000), 240, 241. Eine Zufallshaftung gibt es dagegen im Schweizerischen Recht, vgl. Art. 420 Abs. 3 OR.

[125] Staudinger/*Wittmann*, BGB, § 677 Rn. 1; abweichend zur dogmatischen Konstruktion mit Blick auf die Gesetzesmaterialien MünchKomm/*Seiler*, BGB, § 678 Rn. 1.

[126] MünchKomm/*Seiler*, BGB, § 678 Rn. 8.

[127] Im Rahmen des § 823 Abs. 1 BGB müßte neben der haftungsbegründenden Kausalität (Übernahmeverschulden) darüber hinausgehend auch die haftungsausfüllende Kausalität (Ausführungsverschulden) bejaht werden, vgl. MünchKomm/*Seiler*, BGB, § 678 Rn. 2. Zudem wäre eine fahrlässige Vermögensbeschädigung nicht ersatzfähig, zum ganzen Staudinger/*Wittmann*, BGB, § 678 Rn. 8.

[128] Grundlegend zu den Zurechnungskriterien MünchKomm/*Oetker*, BGB, § 249 Rn. 97 ff.; allgemein zur haftungsbegründenden Kausalität Rn. 99 f.

[129] Die Beweislast hat nach allgemeinen Grundsätzen der Geschäftsherr, vgl. Staudinger/*Wittmann*, BGB, § 678 Rn. 7.

[130] BGH, NJW 1986, 1676.

[131] Bei der Schadensberechnung sind die Grundsätze der Vorteilsausgleichung anzuwenden, Staudinger/*Wittmann*, BGB, § 678 Rn. 10; MünchKomm/*Seiler*, BGB, § 678 Rn. 7.

lichkeit, Verzug und Nicht- oder Schlechtleistung) dadurch unterscheidet, daß jene bereits vor Entstehung des Schadensersatzanspruchs ein zwischen den Beteiligten bestehendes Schuldverhältnis voraussetzen, während die Geschäftsführung ohne Auftrag ein solches Schuldverhältnis – ähnlich wie die Vorschriften der unerlaubten Handlung nach §§ 823 ff. BGB – überhaupt erst zustandebringt.

Dementsprechend wurde § 678 BGB als ein deliktischer Sondertatbestand gesehen, der (tatbestandlich) nur dann eingreifen soll, soweit die objektive Fremdheit des Geschäfts durch die Verletzung eines absoluten Rechts i.S. des § 823 Abs. 1 BGB[132] begründet wird.[133] Folgerichtig kann man nach dieser Ansicht die Mißachtung der Grenzen eines die Geschäftsführungsbefugnis des Geschäftsführers enthaltenen Schuldverhältnisses[134] zur tatbestandlichen Verletzung des § 678 BGB gerade nicht ausreichen lassen. Es fehlt zur Anwendbarkeit der Vorschrift des § 678 BGB die erforderliche Rechtsgutsverletzung zwischen dem Vermögen des Geschäftsherrn und dem vom unberechtigten Geschäftsführer übernommenen fremden Geschäfts.[135] Für die schuldhafte Überschreitung einer gesellschaftsrechtlichen Geschäftsführungsbefugnis ist demzufolge von vornherein nicht § 678 BGB, sondern allein die allgemeinen Regeln schuldhafter Schlechterfüllung des zwischen dem Geschäftsführer und dem Geschäftsherrn bestehenden Schuldverhältnisses anwendbar.[136]

Zuzugeben ist dieser Sichtweise des § 678 BGB als weiterem deliktischen Sondertatbestand, daß die Vorschrift an das Verschulden bei der Übernahme des Geschäfts anknüpft. Mithin beruht der Anspruch auf einem Tatbestand, der gerade die Nichtenstehung der rechtlichen Sonderverbindung der berechtigten Geschäftsführung ohne Auftrag voraussetzt.

Andererseits spricht gegen die deliktsrechtliche Natur des § 678 BGB, daß das BGB die Haftung für Übernahmeverschulden systematisch als Annexregelung zur berechtigten Geschäftsführung ohne Auftrag geregelt hat und diese eben nicht in den Vorschriften zur unerlaubten Handlung zu finden ist.[137] Im übrigen waren in § 749 Abs. 1 Entwurf I die tatbestandlichen Voraussetzungen des heutigen § 677 BGB geregelt und sollten nach Vorstellung des historischen Gesetzgebers bewirken, daß derjenige, der unautorisiert fremde Geschäfte besorge, ver-

---

132 Gleiches gilt für § 823 Abs. 2 BGB i.V.m. einem Schutzgesetz.

133 In diesem Sinne *Batsch*, AcP 171 (1971), 218, 230 ff.

134 Gleich ob vertraglicher, gesellschaftsrechtlicher oder gesetzlicher Natur.

135 So *Batsch*, AcP 171 (1971), 218, 233.

136 Daher hält *Batsch*, AcP 171 (1971), 218, 233 auch die grundlegende Entscheidung des RG, Urteil v. 22.10.1938, II 58/38, RGZ 158, 302 ff. für falsch, zumindest hinsichtlich der Anspruchsgrundlage.

137 So Staudinger/*Wittmann*, BGB, § 678 Rn. 1 a.E.

schuldensabhängig haften solle.[138] Aus der systematischen Stellung und dem Wortlaut des § 749 Abs. 2 Entwurf I („insbesondere"), der inhaltlich dem heutigen § 678 BGB entspricht, meinen deshalb andere, daß § 678 BGB keinen eigenen haftungsbegründenden Tatbestand darstellt, sondern lediglich klarstellt, was eigentlich schon in § 677 BGB zum Ausdruck kommt.[139]

Überzeugend ist letztlich allerdings nur die Ansicht, daß es sich bei § 678 BGB um einen selbständigen haftungsbegründenden Tatbestand handelt.[140] Der in zwei Absätzen zusammengefaßte Wortlaut der heutigen beiden Tatbestände der §§ 677 und 678 BGB hat eben gerade nicht in einer einzigen Vorschrift Eingang in die aktuelle Fassung des Gesetzes gefunden. Aus § 677 BGB alleine läßt sich das scharfe Schwert der Haftung für die Übernahme einer unberechtigten Geschäftsführung ohne Auftrag gerade nicht herauslesen.[141]

Im Ergebnis ist § 678 BGB daher als selbständiger haftungsbegründender Tatbestand zu verstehen, der die Übernahme einer unberechtigten Geschäftsführung ohne Auftrag mit einer strengen Haftungsfolge belegt. Für eine Einschränkung des Anwendungsbereichs der Vorschrift auf die Verletzung von absoluten Rechten i.S. des § 823 Abs. 1 oder Abs. 2 BGB besteht weder ein praktisches Bedürfnis, noch findet sich irgendein Anhaltspunkt im Wortlaut des Gesetzes.

(bb) Haftung nach §§ 677, 681 BGB

Umstritten ist, ob dem Geschäftsherrn - ebenso wie bei berechtigter Geschäftsführung ohne Auftrag - die Ansprüche aus §§ 677, 681 Satz 2 i.V.m. §§ 666 bis 668 BGB zustehen. Eine Unterscheidung zwischen berechtigter und unberechtigter Geschäftsführung ohne Auftrag bringt § 677 BGB nicht. Diese trifft erst § 683 Satz 1 BGB, aber nur bezogen auf den Aufwendungsersatz. Aus dem grundsätzlichen Verständnis, daß auch die unberechtigte Geschäftsführung ohne Auftrag ebenso wie die berechtigte Geschäftsführung ohne Auftrag ein besonderes, auftragsähnliches Rechtsverhältnis begründet, werden die §§ 677, 681 BGB von manchen auch bei unberechtigter Geschäftsführung ohne Auftrag angewendet.[142]

Die h.L. weist dagegen auf den fehlenden Berechtigungstatbestand hin, dessen Fehlen dazu führe, daß der Geschäftsführer die Geschäftsbesorgung gerade zu

---

[138] Vgl. Motive, S. 855.

[139] MünchKomm/*Seiler*, BGB, § 678 Rn. 1.

[140] So schon Soergel/*Mühl*, BGB, 11. Aufl., § 678 Rn 1; ebenso Erman/*Ehmann*, BGB, Bd. I, § 678 Rn. 1.

[141] Ebenso MünchKomm/*Seiler*, BGB, § 678 Rn. 1; zustimmend auch Soergel/*Beuthien*, BGB, § 678 Rn. 1.

[142] *Wollschläger*, GoA, S. 45 ff.; MünchKomm/*Seiler*, BGB, Vor § 677 Rn. 15, § 677 Rn. 43, insbesondere § 681 Rn. 2 ff.; Palandt/*Sprau*, BGB, Einf. v § 677 Rn. 5, § 677 Rn. 12.

unterlassen habe und er deshalb nicht zu deren sorgfältiger Durchführung verpflichtet werden könne.[143] Das gesetzliche Schuldverhältnis wie das der berechtigten Geschäftsführung ohne Auftrag, entstehe für den Fall der unberechtigten Geschäftsführung ohne Auftrag gerade nicht zwischen den Beteiligten.[144]

Die Begründung der letztgenannten Ansicht überzeugt aber nicht.[145] Auch ein nichtberechtigter Geschäftsführer kann gesetzlich zur Wahrung der Belange des Geschäftsherrn verpflichtet werden, bei deren Verletzung er einstehen muß.[146] Im Übrigen wäre eine solche Bevorzugung des unberechtigten Geschäftsführers ohne Auftrag auch ein Wertungswiderspruch zu den Regelungen der §§ 683, 684 BGB.[147] Darüber hinaus ist nicht einzusehen, weshalb dem Geschäftsherrn ausgerechnet bei der unberechtigten Geschäftsführung ohne Auftrag gegen den unberechtigten Geschäftsführer statt eines Erlösherausgabeanspruchs nach §§ 681 Satz 2 i.V.m. 667 BGB[148] nur einen Anspruch aus Eingriffskondiktion (§ 812 Abs. 1 Satz 1 Alt. 2 BGB) zustehen solle, über den sich die Herausgabe eines vom auftragslosen Geschäftsführers erzielten Übererlöses gerade nicht erreichen ließe.[149] Hier würde ansonsten der Widerspruch zur *ratio legis* des § 687 Abs. 2 BGB deutlich, der selbst bei vorsätzlicher Einmischung in fremde Angelegenheiten auf § 681 BGB verweist und damit die Herausgabe des gesamten Erlöses ermöglicht.[150]

---

[143] So die überwiegende Ansicht in der Rechtslehre vgl. Staudinger/*Wittmann*, BGB, Vorbem. zu §§ 677 ff. Rn. 1 f.; *Larenz*, Schuldrecht BT II/1, § 57, S. 437 m.w.N. in Fn. 3; *Esser/Weyers*, SchuldR II, § 46 I 2, S. 391 und § 46 III 2, S. 410. Dem Geschäftsherrn stünden gegen den unberechtigten Geschäftsführer dementsprechend nur ein allgemeiner Auskunftsanspruch aus Treu und Glauben (§ 242 BGB) und ein Anspruch auf Herausgabe des Erlangten aus Eingriffskondiktion (§ 812 Abs. 1 Satz 1 Alt. 2 BGB) zu.

[144] Aus neuerer Zeit: Erman/*Ehmann*, BGB, Bd. I, Vor § 677 Rn. 29; *Helm*, Gutachen zur GoA, S. 366 und die in Fn. 143 Genannten.

[145] Eingehend zu dieser Streitfrage *Klatt*, S. 49 ff., insbesondere S. 51 ff., der mit überzeugenden Begründungen zu dem zutreffenden Ergebnis gelangt, daß es entgegen der bisher h.L. ein einheitliches gesetzliches Schuldverhältnis der Geschäftsführung ohne Auftrag gibt. Innerhalb dieses einheitlichen Rechtsverhältnisses hat die Unterscheidung in berechtigte und unberechtigte Geschäftsführung ohne Auftrag nur im Hinblick auf die konkrete Ausgestaltung der möglichen Anspruchsinhalte für die Rechtsanwendung Bedeutung.

[146] Ebenso *Helm*, Gutachen zur GoA, S. 338, 406.

[147] So auch *Beuthien*, in: FS für Söllner, S. 125, 128.

[148] Vgl. insofern den Wortlaut des § 667 BGB: „alles".

[149] Im Ergebnis aber ohne Begründung auch BGH, NJW 1984, 1461, 1462. Vgl. auch *Wollschläger*, GoA, S. 45 ff.; MünchKomm/*Seiler*, BGB, § 681 Rn. 2; *Beuthien*, in: FS für Söllner, S. 125, 128.

[150] Vom Standpunkt der h.L. (oben Fn. 143) hält MünchKomm/*Seiler*, BGB, Vor § 677 Rn. 12 a.E. daher § 678 BGB dogmatisch für nicht erklärbar.

Im Ergebnis gilt § 681 BGB daher auch bei der unberechtigten Geschäftsführung ohne Auftrag.

(b) Ansprüche des Geschäftsführers

Nach § 684 Satz 1 BGB hat der Geschäftsführer einen bereicherungsrechtlichen Anspruch gemäß §§ 684 Satz 1, 812 Abs. 1 Satz 1 Alt. 2, 818 Abs. 2 BGB auf Abschöpfung der beim Geschäftsherrn tatsächlich eingetretenen Vermögensvorteile. Anders als beim Aufwendungsersatzanspruch bei berechtigter Geschäftsführung ohne Auftrag trägt er aber das volle wirtschaftliche Risiko seines (unberechtigten) Handelns.[151] Folglich kann der Geschäftsführer nur einen Anspruch auf Ersatz der den Geschäftsherrn bereichernden Aufwendungen haben, da der Geschäftsherr bei der unberechtigten und nicht von ihm genehmigten Geschäftsführung selbst nicht tätig geworden wäre und daher das Risiko nutzloser Aufwendungen nicht eingegangen wäre.[152]

cc) Irrtümliche und angemaßte Geschäftsführung ohne Auftrag

(1) Tatbestände der unechten Geschäftsführung ohne Auftrag

Die unechte Geschäftsführung ohne Auftrag[153] ist gewissermaßen die Umkehrung der echten, altruistischen: „Wer etwas tut, das sich dann, wenn er es mit Fremdgeschäftsführungswillen für einen anderen täte, als Geschäftsführung für diesen darstellen würde, haftet erst recht, wenn er es trotz Kenntnis des Fremdbezugs im eigenen Interesse tut."[154] In § 687 BGB sind tatbestandlich zwei unterschiedliche Fälle der unechten Geschäftsführung ohne Auftrag geregelt.[155] Funktionell läßt sich § 687 BGB dahin umschreiben, daß „bei wissentlichem Eingriff Gewinnherausgabe nach § 687 Abs. 2 BGB, bei unwissentlicher Verwendung fremden Gutes nur Wertersatz" nach Bereicherungsrecht zu erfolgen habe.[156]

---

[151] Zutreffend MünchKomm/*Seiler*, BGB, § 684 Rn. 9. Ob es sich bei der Verweisung auf die §§ 812 ff. BGB um eine Rechtsgrund- oder Rechtsfolgenverweisung handelt, ist streitig, für ersteres MünchKomm/*Seiler*, BGB, § 684 Rn. 4, für letzteres Staudinger/*Wittmann*, BGB, § 684 Rn. 1. Praktische Auswirkung hat dieser Streit nur für die Anwendbarkeit bereicherungsrechtlicher Wertungen (vgl. §§ 814, 815 und 817 Satz 2 BGB).

[152] *Beuthien*, in: FS für Söllner, S. 125, 129.

[153] Oder auch Geschäftsanmaßung oder angemaßte Eigengeschäftsführung genannt.

[154] So *Reichard*, AcP 194 (1993), 568, 581.

[155] Zum Begriff vgl. oben S. 14.

[156] So *v. Caemmerer* zitiert nach *Larenz*, Schuldrecht BT II/1, § 57 II b Fn. 62, S. 453.

(a) Irrtümliche Geschäftsführung ohne Auftrag

Führt der Geschäftsführer ein objektiv fremdes Geschäft nicht nur ohne Fremdgeschäftsführungswillen, sondern auch ohne Kenntnis von der Fremdheit, so handelt es sich nach § 687 Abs. 1 BGB um eine Eigengeschäftsführung, welche gerade nicht dem Anwendungsbereich der §§ 677 ff. BGB unterfällt.

(b) Angemaßte Geschäftsführung ohne Auftrag

Soweit der Geschäftsführer das Geschäft darüber hinaus in positiver Kenntnis seiner Fremdheit als sein eigenes führt, greift § 687 Abs. 2 BGB. Diese Vorschrift stärkt die Rechtsstellung des Geschäftsherrn bei der vorsätzlichen Verletzung seiner Rechte über den daneben bestehenden Schutz der §§ 812 ff., 823 ff. und 987 ff. BGB hinaus.[157]

Kurz gesagt, die Geschäftsanmaßung nach § 687 Abs. 2 BGB als bewußte Behandlung eines fremden Geschäfts als ein eigenes gibt dem „Geschäftsherrn" das Recht, gegen den vermeintlichen „Geschäftsführer" dieselben Ansprüche geltend zu machen, wie er sie auch bei einer echten Geschäftsführung ohne Auftrag inne haben würde.[158]

(2) Rechtsfolgen

(a) Irrtümliche Geschäftsführung ohne Auftrag

Die Abwicklung der irrtümlichen Geschäftsführung ohne Auftrag richtet sich nach den §§ 812 ff. BGB, bei schuldhaftem Irrtum nach §§ 823 ff. BGB oder nach §§ 978 ff. BGB.[159]

(b) Angemaßte Geschäftsführung ohne Auftrag

(aa) Ansprüche des Geschäftsherrn

Dem Geschäftsherrn steht über § 687 Abs. 2 Satz 1 BGB ein Schadensersatzanspruch nach § 678 BGB zu.[160] Des weiteren erklärt § 687 Abs. 2 Satz 1 BGB über § 681 Satz 2 BGB die §§ 666 bis 668 BGB für anwendbar, was insbesonde-

---

[157] Zur deliktsrechtlichen Einordnung der Geschäftsanmaßung eingehend *Wenckstern*, AcP 200 (2000), 240, 263 ff. Zur Verletzung vertraglicher Unterlassungspflichten vgl. *Chen*, S. 104 ff.

[158] Eingehend zur Funktion der Geschäftsanmaßung des § 687 Abs. 2 BGB im privatrechtlichen Anspruchssystem vgl. *Ebert*, passim.

[159] Vgl. *Medicus*, Bürgerliches Recht, Rn. 416; MünchKomm/*Seiler*, BGB, § 687 Rn. 7 m.w.N.

[160] Das erforderliche Übernahmeverschulden liegt bei der Geschäftsanmaßung regelmäßig vor, *Medicus*, Bürgerliches Recht, Rn. 417. Eingehend zu § 678 BGB oben S. 29 ff.

re hinsichtlich des Herausgabeanspruchs (§ 667 BGB) von Bedeutung ist. Dieser ermöglicht die Gewinnabschöpfung[161] des Geschäftsherrn beim Geschäftsführer über das Delikts- und Bereicherungsrecht hinaus.[162]

(bb) Ansprüche des Geschäftsführers

Nach § 687 Abs. 2 Satz 1 BGB wird der Geschäftsführer – aber nur wenn der Geschäftsherr seinerseits die in § 687 Abs. 2 Satz 1 BGB genannten Ansprüche geltend macht – auf die Rechte aus § 684 Abs. 1 BGB verwiesen. Die Verweisung auf die Herausgabe des Erlangten darf aber nach allgemeiner Ansicht[163] nicht wörtlich genommen werden, denn ansonsten würde es zu Wertungswidersprüchen kommen. Im Wege der Aufwendungskondiktion hat der Geschäftsherr somit nur dasjenige herauszugeben, was als Ergebnis der Aufwendungen des Geschäftsführers bei ihm noch verblieben ist.[164]

4. Anwendbarkeit der §§ 677 ff. BGB im Gesellschaftsrecht

a) Allgemeines

Versteht man wie nach hier vertretener Auffassung die Regeln der Geschäftsführung ohne Auftrag als die allgemeine zivilrechtliche Interessenausgleichsordnung einer Geschäftsführung, so stellt sich die Frage, ob die Normen auch bei gesellschaftsrechtlichen Problemen zur Anwendung gebracht werden können und wenn ja, mit welcher Rechtsfolge.[165] Im Mittelpunkt steht dabei die Anwendbar-

---

161 Also über § 252 BGB hinaus. Siehe auch Erman/*Ehmann*, BGB, Bd. I, § 687 Rn. 3. Die Herausgabepflicht beschränkt sich nicht auf den objektiven Wert der Geschäftsbesorgung, vgl. auch *Giesen*, Jura 1996, 344, 347 m.w.N. Umfassend *Chen*, passim.

162 Einzelheiten sind in der bereicherungs- und deliktsrechtlichen Diskussion noch immer umstritten, vgl. *Larenz*, Schuldrecht BT II/1, § 57 II b, S. 453; *Medicus*, Bürgerliches Recht, Rn. 418 und 726; *Helm*, Gutachen zur GoA, S. 338, 360 m.w.N. Zu den Rechtsfolgen im einzelnen vgl. Soergel/*Beuthien*, BGB, § 687 Rn. 6.

163 Vgl. statt aller MünchKomm/*Seiler*, BGB, § 687 Rn. 11; ebenso *Medicus*, Bürgerliches Recht, Rn. 419.

164 Der Geschäftsherr hat also die wertsteigernden Aufwendungen nach Bereicherungsrecht zu ersetzen, vgl. MünchKomm/*Seiler*, BGB, § 687 Rn. 11. Einzelheiten bei *Medicus*, Bürgerliches Recht, Rn. 419, 895 ff.; 946 f.

165 Zu Konkurrenzfragen der §§ 677 ff. BGB zu anderen Rechtsbereichen wie zu Hilfeleistung in Seenot oder zum Familienrecht vgl. MünchKomm/*Seiler*, BGB, Vor § 677 Rn. 20 f. In der Rechtsprechung des BGH ist anerkannt, daß z.B. Aufwendungsersatzansprüche nach den §§ 677 ff. BGB dann nicht gegeben sind, wenn besondere Bestimmungen des bürgerlichen Rechts das Verhältnis zwischen Geschäftsführer und Geschäftsherrn abweichend regeln (vgl. BGHZ 98, 235, 242 f.). Gleiches gilt, wenn das Gesetz den Handelnden zum unentgeltlichen Tätigwerden verpflichtet, d.h. wenn er die Aufwendungen kraft seiner besonderen Verpflichtung selbst tragen soll (vgl. BGHZ 40, 28, 32) oder wenn

keit des Haftungstatbestandes nach § 678 BGB zu Lasten desjenigen, der in (innen-)rechtswidriger Weise Geschäftsführungsbefugnis, sei es als Geschäftsführer, Gesellschafter oder Dritter, in Anspruch nimmt.

b) Spezielle Regelungen des Geschäftsführungsverhältnisses

Grundsätzlich geht ein spezielles (quasi-) vertragliches oder gesetzliches[166] Geschäftsführungsverhältnis den §§ 677 ff. BGB vor, wenn ein solches zwischen Geschäftsherrn und Geschäftsführer existiert.[167] In Betracht kommen zwei Bezugspunkte für den Ausschluß der §§ 677 ff. BGB in gesellschaftsrechtlichen Fragestellungen.

aa) Gesellschaftsvertragliche Regelungen des Geschäftsführungsverhältnisses

Existieren in der gesellschaftsvertragliche Sonderverbindung Bestimmungen zum Geschäftsführungsverhältnis unter den Gesellschaftern, so genießen diese grundsätzlich Vorrang vor den gesetzlichen Regelungen, da letztere dispositiven Charakter haben.[168]

bb) Gesetzliche Regelungen des Geschäftsführungsverhältnisses

Sind derartige gesellschaftsvertraglichen Regelungen nicht vorhanden, finden die entsprechenden gesetzlichen Regelungen über die Geschäftsführung bei den einzelnen Gesellschaftsformen Anwendung.

Vorschriften des öffentlichen Rechts eine erschöpfende Regelung vorsehen, die einen Rückgriff auf die Grundsätze über die Geschäftsführung ohne Auftrag nicht erlaubt (vgl. BGHZ 30, 162, 169 ff.); vgl. dazu auch S. 17 f.

166 Kraft Gesetzes entsteht beispielsweise ein besonderes Geschäftsführungsverhältnis bei der Vormundschaft (§§ 1773 ff. BGB), Testamentsvollstreckung (§§ 2197 ff. BGB) und beim Fund (§§ 965 ff. BGB); Einzelheiten bei Staudinger/*Wittmann*, BGB, vor § 678 Rn. 33 m.w.N. Zu den teils äußerst umstrittenen Konkurrenzen der §§ 677 ff. BGB zu den §§ 812 ff., 823 ff., 987 ff. BGB, vgl. z.B. MünchKomm/*Seiler*, BGB, Vor § 677 Rn. 15 ff. m.w.N.; Staudinger/*Wittmann*, BGB, § 678 Rn. 8; § 683 Rn. 6; § 684 Rn. 2 m.w.N.; Palandt/*Sprau*, BGB, Einf. v § 677 Rn. 8 ff.

167 Staudinger/*Wittmann*, BGB, Vorbem. zu §§ 677 ff. Rn. 40; MünchKomm/*Seiler*, BGB, § 677 Rn. 36. Nach *Medicus*, Bürgerliches Recht, Rn. 404 gehört dazu insbesondere die Gesellschaft.

168 Vgl. nur §§ 709 Abs. 2, 710 BGB, 109, 114 Abs. 2, 163 HGB, 77 Abs. 1 Satz 2 AktG, 37 Abs. 1 GmbHG.

(1) Personengesellschaftsrecht

Fehlt es also an einer gesellschaftsvertraglichen Modifizierung der Zuständigkeitsordnung, so finden sich im Personengesellschaftsrecht Sonderregelungen, insbesondere in den §§ 705 ff. BGB, die das Innenverhältnis bzw. den Innenausgleich unter den Gesellschaftern im einzelnen regeln. Entsprechendes ist bei den Personenhandelsgesellschaften in den §§ 105 ff. bzw. 161 ff. HGB normiert.[169] Soweit keine gesellschaftsvertragliche Vereinbarung getroffen ist, bestimmen sich die Rechte und Pflichten der geschäftsführenden Gesellschafter bei der Gesellschaft bürgerlichen Rechts über § 713 BGB nach Auftragsrecht (§§ 664 bis 670 BGB). Bei den Personenhandelsgesellschaften ist das Innenverhältnis – ebenso grundsätzlich subsidiär – in den §§ 110 bis 122 HGB geregelt. In den nicht spezialgesetzlich geregelten Fällen bleibt es über §§ 105 Abs. 3 HGB i.V.m. 713 BGB bei der Anwendung des Auftragsrechts (§§ 664 bis 669 BGB).

Als Sanktion für die Verletzung der Geschäftsführungsbefugnis durch den Gesellschafter-Geschäftsführer stellt das Gesetz im Personengesellschaftsrecht nur den Entzug seines Mitverwaltungsrechts zur Verfügung (vgl. §§ 712 BGB, 117 HGB). Einen eigenen Haftungstatbestand für den Fall der kompetenzwidrigen Inanspruchnahme von Geschäftsführungsbefugnis stellt das Gesetz aber weder für die oHG bzw. KG,[170] noch für die Gesellschaft bürgerlichen Rechts bereit. Ebenso wenig findet sich eine Regelung über § 713 BGB bzw. §§ 105 Abs. 3 HGB i.V.m. 713 BGB in den §§ 664 bis 670 BGB.[171]

---

[169] Speziellere vertragliche Verhältnisse sind neben dem zivilrechtlichem Auftrags- und Geschäftsbesorgungsverhältnis (§§ 662 ff. bzw. 675 BGB) auch die Kommission und Spedition des Handelsrechts (§§ 338 ff. bzw. 407 ff. HGB). Ein spezieller Aufwendungs- und Schadensersatzanspruch ist beispielsweise in § 110 HGB normiert. Dennoch wird die Anwendbarkeit der Geschäftsführung ohne Auftrag auch in diesem Zusammenhang diskutiert, vgl. *Ulmer*, in Großkomm. HGB, § 110 Rn. 9, ablehnend für den Fall des §110 HGB aber Schlegelberger/*Martens*, HGB, § 110 Rn. 14. Eingehend zu § 110 HGB und dem dahinter stehenden allgemeinen Haftungsprinzip für die geschäftsführungsspezifischen Risiken (vgl. auch § 745 HGB a.F., jetzt § 743 Abs. 1 Nr. 6 HGB zur Festlegung der Höhe des Bergelohnes bei einer Havarie), vgl. *Genius*, AcP 173 (1973), 481 ff., insbesondere 512.

[170] Ebenso wird die Partnerschaftsgesellschaft behandelt, vgl. § 6 Abs. 3 Satz 2 PartGG. Dagegen hat der Gesetzgeber für die EWIV eine dem Kapitalgesellschaftsrecht entsprechende Regelung in § 5 EWIV-AusfG getroffen (vgl. sogleich unten Fn. 175); vgl. dazu auch *Schwarz*, Europäisches Gesellschaftsrecht, Rn. 1056.

[171] Nichts anderes ergibt sich aus den Regeln über die (Bruchteils-)Gemeinschaft. Die §§ 741 ff. BGB sind, da es sich um eine gesellschaftsähnliche Gemeinschaft handelt (vgl. MünchKomm/*Ulmer*, Vor § 705 Rn. 103) auf alle Gesellschaftsformen subsidiär anwendbar (vgl. Palandt/*Sprau*, BGB, § 705 Rn. 2) und haben als Minimalregelungen Auffangcharakter, ebenso Jauernig/*Stürner*, BGB, § 705 Rn. 5.

(2) Kapitalgesellschaftsrecht

Für den bürgerlich-rechtlichen Verein – als der körperschaftlichen Grundform – gilt über § 27 Abs. 3 BGB – soweit keine Modifikationen in der Satzung vorgesehen sind – ebenfalls Auftragsrecht (§§ 664 bis 670 BGB).[172]

Im Kapitalgesellschaftsrecht[173] ist bei der AG die Geschäftsführung des Vorstands in § 77 AktG geregelt, bei der GmbH des Geschäftsführers in §§ 6 i.V.m. 37 GmbHG[174] und bei der Genossenschaft des Vorstands in § 27 GenG als bestehend vorausgesetzt. Im Falle der Verletzung von Geschäftsführungsbefugnis sind in den §§ 93 AktG, 43 GmbHG, 34 GenG spezialgesetzlich Haftungstatbestände geregelt.[175] Im Vereinsrecht findet sich allerdings keine gesetzliche Regelung,[176] welche den Fall der kompetenzwidrigen Inanspruchnahme von Geschäftsführungsbefugnissen regeln würde.[177]

---

172 Nach § 40 BGB ist u.a. § 27 Abs. 3 BGB grundsätzlich abdingbar; eingehend dazu MünchKomm/*Reuter*, BGB, § 27 Rn. 38 ff.; Staudinger/*Weick*, BGB, § 26 Rn. 25.

173 Der Fall von RGZ 64, 187 ff. betraf den Übergang von Verbindlichkeiten einer Vorgenossenschaft auf die Genossenschaft. Nach Ansicht des Berufungsgerichts war der Geschäftsführer der zu gründenden Gesellschaft als Geschäftsführer ohne Auftrag zu behandeln, wenn er eine Geschäftsbesorgung für die zu gründende Gesellschaft vornimmt, vgl. auch *Gogos*, S. 4 Fn. 8 m.w.N.; ablehnend *Müller-Erzbach*, S. 191 f. Heute wird dieses Problem des Übergangs der Verbindlichkeiten durch die Figur der Vorgesellschaft gelöst. Die Vorgesellschaft ist nach heute h.M. selbst rechtsfähig, vgl. BGHZ 117, 323, 326. Zur Verlustausgleichshaftung im Innenverhältnis vgl. BGHZ 134, 333 ff. Zum ganzen eingehend *Karsten Schmidt*, Gesellschaftsrecht, § 34 III 3, S. 1016 ff.

174 Zur GmbH vgl. Hachenburg/*Mertens*, GmbHG, § 37 Rn. 3 ff.; Rowedder/Schmidt-Leithoff/*Koppensteiner*, GmbHG, § 37 Rn. 2 ff.

175 Zum Konkurrenzverhältnis im Kapitalgesellschaftsrecht zwischen pVV (eingehend zum Begriff unten S. 56 f.) und GoA auch *Karsten Schmidt*, Gesellschaftsrecht, § 36 II 4 a, S. 1078 m.w.N. in Fn. 52. Gilt auch für die EWIV (vgl. auch Fn. 170). Bei den supranationalen Gesellschaftsformen (EUV, EUGEN, EUGGES ist die zivilrechtliche Haftung im jeweiligen Verordnungsvorschlag aufgenommen (vgl. Artt. 33 EUV-VOV; 46 EUGEN-VOV; 42 EUGGES-VOV). Siehe auch den Vorschlag für die EG-Strukturrichtlinie, insbesondere Artt. 14 ff. 5. RiL-V von 1991; dazu eingehend *Schwarz*, Europäisches Gesellschaftsrecht, Rn. 735 ff.

176 Zur Regelung beim EUV vgl. Art. 33 EUV-VOV.

177 Ausführlich zur Innenhaftung des Vorstands gegenüber dem Verein *Grunewald*, ZIP 1989, 962, 964; siehe auch *Schwarz*, in: Bamberger/Roth, BGB, § 27 Rn. 20 m.w.N. zur Schadensersatzhaftung der Vorstandsmitglieder für schuldhafte Pflichtverletzung des organschaftlichen Rechtsverhältnisses und ggf. des Anstellungsvertrages nach § 280 Abs. 1 BGB; vgl. auch zur Rechtsnatur des Anstellungsvertrages im Falle der Entgeltlichkeit als Dienstvertrag in Form eines Geschäftsbesorgungsvertrages (§§ 611 ff. i.V.m. 675 BGB). Im Falle der Unentgeltlichkeit ergibt sich die Anspruchsgrundlage aus § 280 BGB i.V.m. dem Auftragsverhältnis (§§ 662 ff. BGB), siehe nur *Reichert*, Handbuch Vereinsrecht, Rn. 1238 ff. und 1923 f.

c) Ausschluß der Geschäftsführung ohne Auftrag?

Im Ausgangspunkt gilt der Grundsatz „*lex specialis derogat legi generali*“, allerdings nur insoweit, als die Rechte und Pflichten auch geregelt sind.[178] Andererseits können sich aber auch Regelungskomplexe überschneiden,[179] vor allem dann, wenn es um die Behandlung von nicht erfaßten Fällen - wie z.B. der Einflußnahme Dritter - geht.

aa) Grundsatz der Subsidiarität der §§ 677 ff. BGB

Im Personengesellschaftsrecht stellt sich somit die Frage der Anspruchskonkurrenz im Verhältnis von vertraglicher (§ 280 Abs. 1 BGB bzw. pVV) und außervertraglicher Schadenshaftung (Geschäftsführung ohne Auftrag).[180] Im Kapitalgesellschaftsrecht ist das Verhältnis zwischen gesetzlicher (§§ 93 AktG, 43 GmbHG) bzw. vertraglicher (§ 280 Abs. 1 BGB bzw. pVV) Haftung und außervertraglicher Geschäftsführung ohne Auftrag zu bestimmen.

Bedingt durch das Fehlen bzw. die Unvollständigkeit gesetzlicher Bestimmungen - vor allem im Personengesellschaftsrecht - hat die frühere Rechtsprechung versucht, diese Fallkonstellationen den Grundsätzen der Geschäftsführung ohne Auftrag zu unterstellen.[181] Dieser Weg wird in der Rechtslehre auch heute noch zum Teil beschritten.[182]

Ein anderer Lösungsansatz sieht in der kompetenzwidrigen Geschäftsführung eine gesellschaftsvertragliche Pflichtverletzung, bei der die Regeln über die pVV[183] anzuwenden sind.[184] Das Bestehen des Gesellschaftsvertrages - und die aus seiner Verletzung folgende positive Vertragsverletzung - führe ebenso wie die gesetzlichen Haftungstatbestände des Kapitalgesellschaftsrechts begrifflich zur Berechtigung des Geschäftsführers i.S. des § 677 BGB.

Aufgrund ihrer Subsidiarität kann auf den ersten Blick keine Geschäftsführung ohne Auftrag vorliegen. Dennoch kommt es nach allgemeiner Ansicht bei Über-

---

178 Grundlegend zur Konkurrenz von Tatbeständen mehrerer Rechtssätze oder Regelungen *Larenz/Canaris*, Methodenlehre, S. 263 ff., zu den Voraussetzungen der Analogie vgl. *dies.*, Methodenlehre, S. 191 ff., 202 und *Canaris*, Feststellung von Lücken im Gesetz, § 3, S. 16 und § 14, S. 25.

179 Aus zivilrechtlicher Sicht hat sich für den Fall, daß mehrere anspruchsbegründende Normen auf den selben Sachverhalt anwendbar sind, die Terminologie „Anspruchskonkurrenz“ durchgesetzt, vgl. *Medicus*, BGB AT, § 11, Rn. 76.

180 Allgemein *Larenz/Canaris*, Methodenlehre, S. 269 f.; zur Beeinflussung von Deliktsansprüchen durch das Vertragsrecht *Medicus*, Bürgerliches Recht, Rn. 639.

181 Eingehend unten S. 186 ff.

182 Siehe unten S. 221 ff.

183 Vgl. dazu unten S. 56 ff.

184 Nachweise unten S. 212 ff.

schreitung der Geschäftsführungsbefugnis zu Konkurrenzproblemen mit anderen (spezialgesetzlichen) Anspruchsgrundlagen, da in diesem Fall eine Geschäftsführung ohne Auftrag vorliegen soll.[185] Die Einzelheiten der unterschiedlichen Entwicklungen und Begründungsversuche in Rechtsprechung und Literatur werden später getrennt nach Personen- und Kapitalgesellschaftsrecht dargestellt.

Gegen eine Anwendung der §§ 677 ff. BGB auf gesellschaftswidrige Geschäftsführungsmaßnahmen sind aber auch grundsätzliche und dogmatische Bedenken geäußert worden.[186] Diese sollen zuvor ausgeräumt werden.

bb) Tatbestandlicher Ausschluß der §§ 677 ff. BGB

Anknüpfungspunkte eines früher vertretenen Ansatzes[187] waren die Tatbestandsmerkmale der Geschäftsbesorgung „für einen anderen" und die Geschäftsführung nach dem Willen des Geschäftsherrn in § 677 BGB.

(1) Der maßgebliche alleinige Wille des Geschäftsherrn

Tatbestandlich setzen die §§ 677 ff. BGB wie beschrieben voraus,[188] daß das Geschäft so zu führen ist, wie das Interesse des Geschäftsherrn mit Rücksicht auf dessen wirklichen oder mutmaßlichen Willen es erfordert.

Insoweit ist für die gesellschaftsrechtliche Geschäftsführung eines Mitgesellschafters behauptet worden, daß eine Anwendung der §§ 677 ff. BGB bei gesellschaftsrechtlicher Geschäftsführung nicht möglich sei, weil der Gesellschafter-Geschäftsführer im Verbund mit seinen Mitgesellschaftern zugleich auch Geschäftsherr sei. Insoweit kann die Geschäftsführung „dem alleinigen Willen des Geschäftsherrn" nicht entsprechen und sich somit nicht allein am wirklichen oder mutmaßlichen Willen des Geschäftsherrn ausrichten.[189]

Gegen diese Sichtweise spricht schon der eindeutige Gesetzeswortlaut. In § 677 BGB steht nicht *„auf dessen alleinigen wirklichen oder mutmaßlichen Willen"*, sondern

---

[185] Insbesondere im Personengesellschaftsrecht. So *Helm*, Gutachen zur GoA, S. 338, 384 f. mit Verweis auf Fn. 159.

[186] Weitergehend aber *Bertzel*, S. 78, der den Geschäftsführer (ohne Auftrag) aus der Ähnlichkeit mit den sog. „privaten Ämtern" wie Testamentsvollstreckung, Vormundschaft und Pflegschaft, diesen gleichsetzen will. Die GoA berechtigt demnach zur Sachwaltung bzw. Personenfürsorge und ist auch Rechtfertigungsgrund für das Eindringen in einen fremden Rechtskreis. Der Notgeschäftsführer ist dann als Repräsentant des Geschäftsherrn anzusehen, der mit Wirkung im Außenverhältnis zu Dritten diesen rechtswirksam verpflichten kann, vgl. eingehend *Bertzel*, S. 74 ff.

[187] *Müller-Erzbach*, S. 36; *Gogos*, S. 5 f. Diesen insoweit folgend *Bisinger*, S. 44.

[188] Vgl. oben S. 12 ff.

[189] *Müller-Erzbach*, S. 36; *Gogos*, S. 5 f.

daß die Geschäftsführung so zu erfolgen habe, *„wie das Interesse des Geschäftsherrn mit Rücksicht auf dessen wirklichen oder mutmaßlichen Willen es erfordert."*

Im übrigen geht auch der Hinweis auf die Willensbindung in der Gesellschaft fehl. Daß hier der Gesellschafter sowohl in seiner Eigenschaft als Privatperson wie auch als Gesellschafter einen Willen bildet, führt nicht dazu, daß diese Willensbindung unteilbar wäre. Zutreffend ist, daß grundsätzlich jeder Gesellschafter an der Willensbindung der Gesellschaft beteiligt ist.[190] Ob es dabei auf seinen Willen auch rechtlich ankommt, ist eine Frage der gesellschaftsvertraglichen bzw. gesetzlich geregelten Geschäftsführung.

Auch hier kann der geschäftsführende Gesellschafter grundsätzlich nicht schlechter stehen als ein von der Geschäftsführung der Gesellschaft ausgeschlossener Gesellschafter. Bei letzterem würde es hinsichtlich der Willensbindung kein Bestreiten der Teilbarkeit geben. Dies hätte zur Folge, daß das Geschäft soweit es dem wirklichen oder mutmaßlichen Willen des Geschäftsherrn entsprechen sollte, für diesen bindend ist. Nur weil in diesem Fall der geschäftsführende Mitgesellschafter - angeblich - neben seinem gesellschaftlichen Willen auch einen eigenen privaten Willen als Geschäftsführer bildet, kann ihm die Anwendbarkeit der Geschäftsführung ohne Auftrag nicht verwehrt werden.

Eine derartige Aufspaltung des Willensbindungsprozesses wäre unnatürlich und ist letztlich auch nicht vom Wortlaut des § 677 BGB gefordert. Es genügt, wenn die Geschäftsführung dem Willen des Geschäftsherrn auch entspricht. Insoweit ist ein tatbestandlicher Ausschluß der §§ 677 ff. BGB unzutreffend und zu Recht nicht weiter zu verfolgen.[191]

(2) Die Geschäftsbesorgung für einen anderen

Voraussetzung ist weiterhin ein fremdes Geschäft, was entgegen der - bereits früher herrschenden - Ansicht[192] nur dann vorliegen solle, wenn das Geschäft allein den Interessen des Geschäftsherrn diene. Dies sei aber bei gesellschaftsrechtlicher Geschäftsführung gerade nicht der Fall, weil der Geschäftsführer zugleich eigene Interessen verfolge.[193]

Dem wurde aber schon damals zu Recht die Entstehungsgeschichte der §§ 677 ff. BGB entgegengehalten, da bereits der § 759 BGB Entwurf I vorsah, daß die gleichzeitige Verfolgung eigener Interessen die auftragslose Geschäftsführung nicht ausschließe.

---

[190] Dies ergibt sich schon aus der gesellschaftsvertraglichen Verbundenheit.

[191] Ebenso schon *Jagenburg*, S. 95.

[192] Vgl. die Nachweise zu Rechtsprechung und Schrifttum bei *Jagenburg*, S. 96 in Fn. 2.

[193] So bereits *Gogos*, S. 5 f.; ebenso *Müller-Erzbach*, S. 36.

§ 759 Entwurf I lautete wörtlich:

„Die Anwendung der Vorschriften der §§ 749 - 758 wird nicht dadurch ausgeschlossen, daß der Geschäftsführer zu der Geschäftsbesorgung durch ein eigenes Interesse oder durch das Interesse eines Dritten bestimmt worden ist."

Letztlich trug diese Bestimmung dem Umstand Rechnung, daß der Geschäftsführer fast immer auch ein eigenes Interesse verfolgt.[194] Würde man die Geschäftsführung ohne Auftrag auf die rein fremdnützige Geschäftsführung beschränken, so blieben kaum noch Fälle für die Anwendung der §§ 677 ff. BGB.[195]

cc) Dogmatische Wesensverschiedenheit?

Es ist der grundlegenden Arbeit *Jagenburgs* zu verdanken, daß zumindest für das Personengesellschaftsrecht eingehend untersucht wurde, ob es strukturelle Unterschiede in der Art der Interessenverknüpfung bei auftragsloser und gesellschaftsrechtlicher Geschäftsführung gebe und falls ja, ob man daraus nicht folgern müsse, daß der Regelungskomplex der §§ 677 ff. BGB aufgrund seiner dogmatischen Wesensverschiedenheit dann nicht auf gesellschaftsrechtliche Geschäftsbesorgungen angewendet werden dürfe.[196]

(1) Gemeinsames Interesse als Abgrenzungskriterium

Es sei dem Gesellschafter-Geschäftsführer zwar unbenommen, im Rahmen der gesellschaftsvertraglichen oder gesetzlichen Möglichkeiten durch seine Mitwirkung bei der Geschäftsführung auf das gemeinsame Interesse der Gesellschaft einzuwirken, dieses mitzubestimmen und mitzugestalten.[197] Es handele sich aber um ein gemeinsames Interesse und nicht um zwei verschiedenen Personen zuordnenbare Interessen.

Darüber hinaus wird mit Verweis auf den historischen Gesetzgeber die Parallele zur Bruchteilsgemeinschaft gemäß §§ 741 ff. BGB gezogen. Aus dem Anwendungsbereich der Geschäftsführung ohne Auftrag seien diejenigen Fälle auszuscheiden, in denen das fremde Geschäft mit dem eigenen in derart

---

194 Die Vorschrift wurde dann in der zweiten Lesung des Entwurfs als entbehrlich gestrichen, weil dies eine Selbstverständlichkeit sei und keiner besonderen Hervorhebung bedürfe, vgl. auch *Mugdan*, Gesamte Materialien z. BGB, Band II, S. 485 = Motive II, S. 868.

195 Nach Auswertung der Rechtsprechung ist dies durch die Rechtspraxis der letzten 150 Jahre belegt, denn in gerade zwei Entscheidungen war der Ansatz der „Menschenhilfe" das entscheidende Motiv, vgl. insofern *Wollschläger*, GoA, S. 24 ff., 38 ff., 319. Ihm folgend MünchKomm/*Seiler*, BGB, § 677 Rn. 12.

196 Zum Folgenden *Jagenburg*, S. 98 ff. m.w.N. zu den Ansätzen in der älteren Literatur.

197 *Jagenburg*, S. 103 f. im Anschluß an *Gogos*, S. 5; früher schon *Müller-Erzbach*, S. 36.

untrennbarer Verbindung steht, daß „zwischen Geschäftsführer und Geschäftsherrn ein Gemeinschaftsverhältnis vorliegt".[198]

Auch dieses Argument vermag nicht zu überzeugen. Bei der Bruchteilsgemeinschaft halten die Gemeinschafter einen einzelnen Gegenstand. Hier kann es keine Interessenlage geben, die über das ursprünglich vereinbarte gemeinsame Halten eines Gegenstandes hinausgeht. Bei der gesellschaftsrechtlichen Geschäftsführung im Rahmen z.B. des § 705 BGB geht es um die Verfolgung eines gemeinsamen Zwecks. Hinsichtlich dessen wird die Geschäftsführung gemeinsam oder jedem einzelnen Gesellschafter gesellschaftsvertraglich zuerkannt. Nach diesem gemeinsamen Zweck hat sich die Willensbindung der Gesellschaft grundsätzlich auszurichten. Nur dies kann der Bezugspunkt für die Beurteilung sein, ob eine Geschäftsführung für die Gesellschaft dem „Willen" der anderen Gesellschafter dienlich ist. Eine typologische Unterscheidung zwischen der Geschäftsführung ohne Auftrag als Interessenwahrung und andererseits der gesellschaftsrechtlichen Geschäftsführung als einem Fall der Interessengemeinschaft, welche die in ihr enthaltenen Elemente der Interessenwahrung überlagert und transformiert, ist daher in der Sache nicht weiterführend.

Richtig ist, daß sich Fremd- und Eigeninteresse bei der gesellschaftsrechtlichen Geschäftsführung untrennbar verbinden, nämlich letztlich durch die Verfolgung eines gemeinsamen Zwecks. Damit ist aber noch nicht gesagt, daß die Regelungen über die Geschäftsführung ohne Auftrag nur deshalb nicht Anwendung finden können, weil verschiedene Interessenrichtungen verfolgt werden.[199]

(2) Die Interessenverknüpfung als Abgrenzungskriterium

Aus dem Zusammenhang zwischen dem „eigenen und fremden Interesse" heraus, entwickelte *Jagenburg* die bereits vorher vertretene Differenzierung nach Art der Interessenverknüpfung weiter in eine typologische Unterscheidung der Interessenverknüpfung nach Strukturtypen.

(a) Die Art der Interessenverknüpfung als Abgrenzungskriterium

Man könne zum einen die Art der Interessenverknüpfung bei auftragsloser und gesellschaftsrechtlicher Geschäftsführung graduell, also nach dem Verhältnis Fremd- und Eigeninteresse oder aber auch nach verschiedenen Strukturtypen, also typologisch unterscheiden. Eine Unterscheidung zwischen Fremdinteressenwahrung und Interessenverknüpfung ist aber nur dann durchführbar, wenn

---

198 So schon Gogos mit Verweis auf die *Mugdan*, Gesamte Materialien z. BGB, Band. II, Motive II, S. 485 = Mugdan II, S. 868; *Jagenburg*, S. 104.

199 Gegen *Jagenburg*, S. 105.

man eine genaue Abgrenzung zwischen Fremd- und Eigeninteressen vornehmen kann.[200]

Diese Aufspaltung versagt insbesondere dann, wenn gleichzeitig fremden, aber auch eigenen Interessen gedient wird und damit keine unterscheidbare Interessenverknüpfung gegeben ist. Untrennbarkeit von Fremd- und Eigeninteresse bei der gesellschaftsrechtlichen Geschäftsführung kann somit nicht zur Unanwendbarkeit der §§ 677 ff. führen.[201]

(b) Die verschiedenen Strukturtypen der Interessenverknüpfung als Abgrenzungskriterium

Zum anderen sollte bei der typologischen Unterscheidung der Interessenverknüpfung nach den Grundtatbeständen i.S. von Strukturtypen zu unterscheiden sein.[202]

Ein Strukturtypus dient als Mittel zur Erfassung und Darstellung von Rechtsverhältnissen, insbesondere ermöglicht er die typologische Betrachtung, die strukturellen Unterschiede einzelner typischer Lebensverhältnisse zu erkennen und daraus Folgerungen zu ziehen.[203] Aus dieser Überlegung hat sich in der Rechtslehre eine Einteilung aller auf einem Rechtsgeschäft beruhenden Beziehungsverhältnisse auf drei Grundformen (Synallagma, Gesamthand und Treuhand) herausgebildet, die in der Folgezeit weiterentwickelt wurde.[204]

Danach lassen sich strukturell folgende Grundtatbestände der Interessenverknüfung unterscheiden:

1. Tatbestände des Interessengegensatzes ⇒ Leistungsaustauschgeschäfte,
2. Tatbestände der Interessenwahrung ⇒ Geschäftsbesorgungsfälle,
3. Tatbestände der Interessengemeinschaft ⇒ Gesellschaft i.w.S.

Das Rechtsinstitut der Geschäftsführung ohne Auftrag sei, basierend auf dem Verständnis, es handle sich um die Fälle der sog. „Menschenhilfe“,[205] den Tatbeständen der Interessenwahrung zuzurechnen. Die gesellschaftsrechtliche Geschäftsführung dagegen sei vom Typus her den Fällen der Interessengemeinschaft zuzuordnen. Der Gesellschafter-Geschäftsführer nehme nicht, wie dies

---

200 So auch *Bisinger*, S. 38, 42 ff.

201 Dieser Ansatz wird daher von *Jagenburg*, S. 99 f. zu Recht nicht weiterverfolgt.

202 Siehe *ders.*, S. 102 ff.

203 Vgl. *Larenz/Canaris*, Methodenlehre, S. 338, 348.

204 So bereits *Beyerle*, S. 16; weiterentwickelt von *Würdinger*, Gesellschaften, 1. Teil, S. 9, 10 ff.; übernommen von *Rittner*, S. 112.

205 Dazu oben S. 9 f.

beim auftragslosen Geschäftsführer sein kann, eigene und zugleich fremde Interessen wahr, vielmehr handle er aufgrund gemeinsamen Interesses, zwecks dessen Verfolgung die Gesellschafter gemeinsame Mittel aufgebracht und sich zu einer Gesellschaft zusammengeschlossen haben.[206] Diese Differenzierung lässt Gesellschaft und Geschäftsführung mithin als Gegensatzpaar erscheinen.

Richtig an diesem Ansatz ist, daß dieser so verstandene Zusammenschluß zu gemeinsamer Interessenwahrung, die Gesellschaft als Interessengemeinschaft typologisch die Tatbestände der Interessenwahrung überlagert und sie letztendlich auch aus diesem Kreis heraushebt. Wer gemeinsames Interesse verfolge, handle also nicht aus eigenem und zugleich fremdem Interesse.

(c) Stellungnahme

Aus dieser Typusverschiedenheit die Unanwendbarkeit der §§ 677 ff. BGB auf gesellschaftsrechtliche Geschäftsführung zu folgern,[207] ist zwar ein im ersten Anschein starkes Argument gegen die Anwendung der Regelungen der Geschäftsführung ohne Auftrag im Gesellschaftsrecht, kann aber letztlich doch nicht überzeugen.

Die Einteilung in Strukturtypen hat zum einen nur bedingte Aussagekraft. Zwar kann sie zur grundsätzlichen Unterscheidung einzelner Rechtsverhältnisse nötig und sinnvoll sein, eine starre Abgrenzung ist indes nicht möglich, da die Tatbestände zwar graduell unterschiedlich sind aber trotzdem in mannigfacherweise ineinander übergehen.[208]

Andererseits ist die Einteilung auch davon abhängig, wie der Anwendungsbereich der Geschäftsführung ohne Auftrag zu sehen ist. Ausgangspunkt der Sicht von *Müller-Erzbach*, *Gogos* und *Jagenburg* ist der Ansatz der Menschenhilfe. Versteht man die §§ 677 ff. BGB aber – wie nach hier vertretener Auffassung – als allgemeine, subsidiäre Interessenausgleichsordnung der Geschäftsführung bei Tätigwerden in fremdem Interesse, so ist die Unterscheidung zwischen den Strukturtypen Interessenwahrung und Interessengemeinschaft nur eine – in erster Linie – definitorische, läßt eine sachgerechte Lösung bestimmter Konstellationen aber nicht zu.

Handelt z.B. ein nicht an der Gesellschaft beteiligter Dritter im Interesse der Gesellschaft, so bestimmen sich seine Rechte nach den §§ 677 ff. BGB. Fehlen für das Handeln eines Gesellschafter-Geschäftsführers aber gesetzliche Regelungen, so soll die Geschäftsführung ohne Auftrag nur aufgrund – vermeintlich – ver-

---

206 So *Jagenburg*, S. 103.

207 In diesem Sinne aber *Jagenburg*, S. 105.

208 Dies erkennen auch die Vertreter dieser Einteilung, vgl. nur *Würdinger*, Gesellschaften, 1. Teil, S. 12; *Rittner*, S. 112.

schiedener, typologisch unterschiedlicher Struktur nicht anwendbar sein und der geschäftsführende Gesellschafter damit im Ergebnis rechtlos gestellt werden.

Versteht man die so verstandene Geschäftsführung ohne Auftrag als allgemeines Prinzip der Risikohaftung für Tätigkeiten in zumindest auch fremdem Interesse, so sind die §§ 677 ff. BGB schon aufgrund des allgemein – gerade im Gesellschaftsrecht – anerkannten Subsidiarätsprinzips[209] bei nicht oder noch nicht autorisierter Geschäftsbesorgung anwendbar.

Dem könnte man entgegenhalten, dass die Geschäftsführung ohne Auftrag auch in dieser Funktion ein Instrument zur Bewältigung fremdwirkenden Handelns bleibt und von dem Bereich der Interessenverknüfung ausgeschlossen bleibt, der durch gemeinschaftlich wirkendes Handeln geprägt ist.

Aber das Argument, es gäbe nur ein gemeinsames und kein fremdes Interesse ist vordergründig, denn die Gesellschaft kann selbst ohnehin keinen Willen bilden. Der Wille wird durch die handelnden Organpersonen gebildet, bei denen man nicht – schon gar nicht ex-post – zwischen privater und gesellschaftlicher Seite der Willensbildung trennen kann. Das subjektive Element der Geschäftsführung ist daher im Sinne eines fremden, durch die gesellschaftsrechtliche Verbindung zugleich auch gemeinsamen Interesses zu verstehen.[210]

Überwinden lässt sich der Gegensatz der von Interessenwahrung und Interessengemeinschaft der bisher herrschenden Lehre nur durch den inzwischen festgestellten Gruppenstatus der (Personen-)Gesellschaft.[211]

Soweit die Personengesellschaft als Gruppe verselbständigt – und mithin rechtsfähig – ist, steht der ihr der einzelne Gesellschafter ebenso wie bei der Kapitalgesellschaft als Fremder, also wie ein unbeteiligter Dritter gegenüber. Ungeachtet der Richtigkeit einer Unterscheidung zwischen Grundtypen der Interessenverknüfung, können dann auch im Gesellschaftsrecht die Regelungen über fremdwirkendes Handeln Anwendung finden.

In der Rechtslehre wird überdies darauf hingewiesen, daß ein für die Gesellschaft geführtes Geschäft nur deshalb ein „auch-eigenes" ist, weil es eben ein Geschäft der Gesellschaft ist und der Gesellschafter – vermittelt durch sein Mitgliedschaftsrecht – ein Teil derselben ist. Ein Rückschluß auf die Kategorie des „auch-fremden-Geschäfts" sei daher gar nicht notwendig.

Ob man selbst das Vorliegen des „auch-fremden-Geschäfts" verneinen muß, kann letztlich dahinstehen, jedenfalls scheidet aus der Art der gesellschaftsrechtlichen Interessenverknüpfung die Anwendbarkeit der §§ 677 ff. BGB schon auf-

---

209 Vgl. nur die gesetzlichen Verweisungen der einzelnen Gesellschaftsformen auf die gesetzlichen Grundtypen, wie z.B. in §§ 105 Abs. 2, 161 Abs. 2 HGB, § 7 Abs. 2 PartGG.

210 So *Müller-Graf*, AcP 191 (1991), 475, 487.

211 Dazu im einzelnen sogleich unten S. 67 ff.

grund der rechtlichen Selbständigkeit der jewiligen Gruppe bzw. juristischen Person nicht aus.

d) Fehlen des Berechtigungsverhältnisses

Die Vorschriften der Geschäftsführung ohne Auftrag sind nach § 677 BGB nur dann anwendbar, wenn der Geschäftsführer tätig wird, *„ohne* [...] *beauftragt oder* [...] *sonst dazu berechtigt zu sein."*

Daher kann es an sich auf den ersten Blick nicht zu einer Konkurrenz zwischen einer vertraglichen Haftung und einer Haftung aus Geschäftsführung ohne Auftrag kommen. Das Vorhandensein einer vertraglichen Beziehung bewirkt die Berechtigung des Geschäftsführers i.S. des § 677 BGB und schließt folglich die Geschäftsführung ohne Auftrag aus.[212]

aa) Das Überschreiten gesellschaftlicher Geschäftsführungsbefugnisse

In der Rechtspraxis war und ist das Konkurrenzproblem, insbesondere bei Überschreitung der Geschäftsführungsbefugnis durch einen Geschäftsführer, in der Diskussion.

Unter einem Berechtigungsverhältnis sind alle vertraglichen, vertragsähnlichen und gesetzlichen Sonderregelungen zu verstehen, welche die Geschäftsführung regeln.[213] Das Recht des Gesellschafters zur Geschäftsführung und damit seine Geschäftsführungsbefugnis beruht entweder primär auf Gesellschaftsvertrag oder subsidiär kraft gesetzlicher Zuweisung (z.B. §§ 709, 710 BGB, 114 HGB) und ist daher grundsätzlich als Berechtigungsverhältnis i.S. des § 677 BGB anzusehen.

bb) Das kompetenzwidrige Handeln als tatbestandliche Geschäftsführung ohne Auftrag

In der älteren Rechtsprechung und Literatur war man, um die Regelungen der Geschäftsführung ohne Auftrag doch zur Anwendung zu bringen, im Falle des Überschreitens der Grenzen der Geschäftsführungsbefugnis zu der Ansicht gekommen, daß ein Gesellschafter, welcher erkennt oder erkennen muß, daß er den Rahmen sprengt, innerhalb dessen er allein handeln darf, nicht mehr eine (vertragliche) Gesellschafterverpflichtung erfüllt und auch nicht mehr aus dem

---

212 Statt anderer HK-BGB/*Schulze*, Vor §§ 677 - 687 Rn. 1.

213 Vgl. schon oben S. 25 f.

Gesellschaftsrecht heraus gewürdigt werden darf, sondern vielmehr als Geschäftsführer ohne Auftrag zu behandeln ist.[214]

cc) Stellungnahme

Rechtssystematisch ist dies aber zumindest für Gesellschafter-Geschäftsführer nicht überzeugend. Schuldrechtlich ist die Überschreitung der Geschäftsführungsbefugnis ein (Unter-)Fall der Schlechterfüllung der gesellschaftsvertraglichen Leistungspflichten. Im Falle der Nicht - oder Schlechterfüllung - z.B. wenn er überhaupt nicht tätig wurde oder aber unsorgfältig oder nachlässig seine Pflichten erfüllt - kommt man auch nicht auf den Gedanken, diese Handlungen oder Unterlassungen nicht aus dem Gesellschaftsrecht heraus zu beurteilen.[215] Zwar wird dies im Gesetz nicht explizit bestimmt, die Schadensersatzpflicht jedes geschäftsführenden Gesellschafters für schuldhafte Schlecht- oder Nichterfüllung seiner Geschäftsführungspflicht folgt aber bereits aus den allgemeinen Grundsätzen der Haftung für schuldhafte Verletzung von (Gesellschafts-)Vertragspflichten.[216]

dd) Die Grenze zwischen Vertragshaftung und auftragsloser Geschäftsführung bei Überschreitung eines Berechtigungsverhältnisses

Wo liegt nun aber die Grenze zwischen Vertragshaftung und auftragsloser Geschäftsführung?[217]

Hier muß man grundsätzlich zwischen der nicht berechtigten (auftragslosen) Geschäftsführung und der Vornahme eines Geschäfts in Überschreitung eines Rechts- bzw. Verpflichtungsverhältnisses, z.B. eines Vertrages unterscheiden.

(1) Innerer Zusammenhang mit einem Vertrag oder einem sonstigen Berechtigungsverhältnis

Man könnte nun auf den Gedanken kommen, daß in jeder dieser Überschreitungen an und für sich eine auftragslose Geschäftsführung gesehen werden kann. Dann wäre der Anwendungsbereich der Geschäftsführung ohne Auftrag aber mit Sicherheit weit überspannt, denn es müßte so jeder

---

214 So RGZ 159, 302, 313. Eingehend zur Entwicklung in der Rechtsprechung und Rechtslehre vgl. unten S. 180 ff.

215 Zu Recht *Jagenburg*, S. 108.

216 So schon *A. Hueck*, oHG, § 10 VI, S. 139 ff. Nach HK-BGB/*Schulze*, § 677 Rn. 10 begründet das Überschreiten vertraglich eingeräumter Befugnisse generell keine Geschäftsführung ohne Auftrag.

217 Siehe auch *Jagenburg*, S. 110 ff.

Vertragsbruch, jede Pflichtverletzung bzw. Überschreitung eines Vertragsverhältnisses nach den Regeln der auftragslosen Geschäftsführung beurteilt werden.[218] Dementsprechend sei die Abgrenzung zwischen auftragsloser Geschäftsführung und einer Vertragsverletzung anhand des konkreten Geschäfts vorzunehmen. Geschäftsführung ohne Auftrag scheide immer dann aus, wenn das Geschäft in irgendeinem inneren Zusammenhang mit einem Vertrag oder einem sonstigen Berechtigungsverhältnis steht.[219] Wie weit der Rahmen dieses Verhältnisses zu ziehen ist, ist in Auslegung des Vertrages nach §§ 133, 157 BGB zu ermitteln. Allein auf den Vertragswillen sei abzustellen, soweit der Geschäftsführer den Rahmen dieses Verhältnisses durch seine Tätigkeit überschreite, mache dies sein Handeln noch zu keinem außervertraglichen. Insoweit sei dann der Anwendungsbereich der Geschäftsführung ohne Auftrag begrifflich nicht eröffnet und die Tätigkeit dem Bereich der auftragslosen Geschäftsbesorgung entzogen.[220]

(2) Stellungnahme

Diese Abgrenzungsversuche zwischen der auftragslosen Geschäftsführung einerseits und dem Vorliegen eines Berechtigungsverhältnisses andererseits verlagern den Schwerpunkt zu sehr auf subjektive Elemente, sofern auf den Willen und die Vorstellung des Geschäftsführers allein abgestellt wird.[221] Gleiches muß gelten, wenn man auf den inneren Zusammenhang zwischen dem Berechtigungsverhältnis und den §§ 677 ff. BGB abstellt. Ob das vom Geschäftsführer ohne Auftrag vorgenommene Geschäft etwas völlig „anderes" darstellt, ist letztlich kein taugliches Abgrenzungskriterium. Man müßte nämlich ex-post die subjektive Vorstellung des Geschäftsführers mit seiner eigenen ersetzen, um entscheiden zu können, ob das vorgenommene Geschäft mit dem zugrundeliegenden Berechtigungsverhältnis noch im „inneren Zusammenhang" steht oder bereits völlig außerhalb dieses Rahmens ist.

(3) Abgrenzung nach dem Außenverhältnis

Eine sehr viel klarere und praxistauglichere Abgrenzung zwischen den Regeln der Geschäftsführung ohne Auftrag und der gesellschaftsvertraglichen

---

218 Vgl. *ders.*, S. 110, m.w.N.

219 *Brückmann*, S. 67.

220 *Brückmann*, S. 73. Dem grundsätzlich folgend *Lent*, S. 160 ff., der zu dem Ergebnis gelangt, daß der enge Zusammenhang, in welchem das Handeln mit dem Vertrag steht, gegen die Annahme einer auftragslosen Geschäftsführung spricht. Diese vertragliche Beziehung sei weiterhin die Veranlassung für die Tätigkeit des Geschäftsführers, er handele mit dem Willen, seine vertragliche Verpflichtung zu erfüllen und nicht ein neues außervertragliches Rechtsverhältnis einzugehen.

221 *Jagenburg*, S. 113.

Pflichtverletzung andererseits ergibt sich, wenn man insoweit das Außenverhältnis betrachtet.

Grundsätzlich beschreibt die Geschäftsführungsbefugnis im Rahmen der Geschäftsführung den Umfang des rechtswirksamen Handelns für die Gesellschaft im Innenverhältnis. Im Außenverhältnis korrespondierend damit die Vertretung bzw. die Vertretungsmacht. Die Überschreitung einer Vollmacht (sog. Mandatsexzeß) beschreibt grundsätzlich einen Fall der Vertretung ohne Vertretungsmacht (§ 179 BGB), mit der Folge, daß das Geschäft als Eigengeschäft des Vertreters ohne Vertretungsmacht zu behandeln ist. In Ausnahmefällen kann über die Grundsätze der Duldungsvollmacht bzw. Anscheinsvollmacht der „Vertretene" rechtswirksam verpflichtet werden.

Davon ausgehend hat *Jagenburg* zu Recht ein Geschäft so lange der vertraglichen Sphäre zugeordnet, soweit der Geschäftsführer im Außenverhältnis in der Lage ist, den Geschäftsherrn zu verpflichten. Aus diesem Innenverhältnis ist dann die Überschreitung der vertraglichen Grenzen als Vertragsverletzung anzusehen und die Anwendbarkeit der Regeln über die Geschäftsführung ohne Auftrag insoweit ausgeschlossen.[222]

Richtig ist an dieser Sichtweise – bezogen auf die gesellschaftsrechtliche Geschäftsführung –, daß ein Handeln des Gesellschafter-Geschäftsführers solange, wie es überhaupt noch im Außenverhältnis die Gesellschaft wirksam verpflichten kann, also die Vertretungsmacht des Gesellschafter-Geschäftsführers reicht, nicht Geschäftsführung ohne Auftrag ist.

Überschreitet der Gesellschafter-Geschäftsführer nun im Innenverhältnis die Grenzen seiner Geschäftsführungsbefugnis, so wird er dadurch nicht zum auftragslosen Geschäftsführer, sondern er verletzt seine gesellschaftsvertragliche Pflicht.[223]

ee) Ansichten in der Rechtsprechung

(1) Grundlagenurteile des Reichsgerichts bzw. des Bundesgerichtshofes

Das RG hat sich in seiner Grundsatzentscheidung vom 22. Oktober 1938 (Bürgschaftsübernahme und Grundstücksverkaufs-Fall)[224] erstmals für die Anwendung der Geschäftsführung ohne Auftrag als Haftungsgrundlage für den Kompetenzverstoß eines Gesellschafters ausgesprochen.

---

222 So ausdrücklich *ders.*, S. 115.

223 Vgl. *Jagenburg*, S. a.a.O.

224 RG, Urteil v. 22.10.1938, II 58/38, RGZ 158, 302 ff.

Der BGH hat in seinem Urteil vom 11. Januar 1988 dem RG zwar zugestanden, daß ein Gesellschafter-Geschäftsführer bei einem Überschreiten seiner Geschäftsführungsbefugnis nicht in Erfüllung seiner gesellschaftsvertraglichen Verpflichtung handele, hieraus folge aber keine außervertragliche, quasikontraktliche Haftung, da der Pflichtverstoß in der Verletzung der Verpflichtung bestehe, die gesellschaftsvertraglich gezogene Grenze der Geschäftsführungsbefugnis zu beachten und die unbefugte Maßnahme zu unterlassen, also vertraglichen Ursprungs sei.[225]

In diesem Fall handelt der Gesellschafter also aufgrund eines Berechtigungsverhältnisses, was die primäre Anwendbarkeit der §§ 677 ff. BGB grundsätzlich ausschließt.

(2) Stellungnahme

Es soll bereits an dieser Stelle begründet werden, warum die Ansicht des BGH indes nur für die Fälle richtig sein kann, in denen ein Geschäftsführer an einer Gesellschaft überhaupt beteiligt ist oder aufgrund eines Dienst- bzw. Anstellungsvertrages handelt. Jedem Dritten kann eine vertragliche Pflichtverletzung nicht zum Vorwurf gemacht werden.

Nicht erst ein Überschreiten der Geschäftsführungsbefugnis ist dann pflichtwidrig, sondern bereits jede Ausübung von Geschäftsführungstätigkeit. Denn z.B. hat der Mehrheitsgesellschafter einer AG oder GmbH – soweit er nicht selbst als Geschäftsleiter fungiert – keinerlei Berechtigung, in irgendeiner Weise geschäftsführend tätig zu sein oder auf die Geschäftsführung Einfluß zu nehmen. Jede Einflußnahme auf die Geschäftsführung ist unberechtigt, weil innenrechtswidrig; sie stellt daher eine Anmaßung von Geschäftsführungsbefugnis dar, was die Einflußnahme auf die Geschäftsführung nur faktisch ermöglicht, aber wozu sie nicht berechtigt. Fehlt es also an einer spezialgesetzlichen Regelung innerhalb der einzelnen Gesellschaftsformen, so ergibt sich die Rechtsfolge wegen kompetenzwidriger Geschäftsführung aus quasivertraglichen Ansprüchen: entweder nach den Grundsätzen der pVV bzw. der allgemeinen Pflichtverletzung oder aus Geschäftsführung ohne Auftrag.[226]

e) Ergebnis

Rechtssystematisch kann es also zu einem Spannungsverhältnis von Geschäftsführung ohne Auftrag und den Regeln über die Gesellschaften bzw. sonstigen

[225] Grundlegend BGH, Urteil v. 11.1.1988, II ZR 192/87, WM 1988, 968 ff.

[226] Für eine „modifizierende Konkurrenz" *Helm*, Gutachen zur GoA, S. 338, 384 f. Zur älteren einschlägigen Rechtsprechung und Literatur vgl. auch *Jagenburg*, S. 110, in Fn. 1.

Rechtsgemeinschaften[227] kommen. Von einer Unanwendbarkeit des zivilrechtlichen Rechtsinstitutes der Geschäftsführung ohne Auftrag in gesellschaftsrechtlichen Sachverhalten kann jedenfalls nicht generell ausgegangen werden. Es kommt vielmehr darauf an, wer die Schranken der internen Zuordnung der Geschäftsführungsbefugnisse überschreitet bzw. ob derjenige überhaupt gesellschaftsrechtlich beteiligt ist.

II. Personen- und Kapitalgesellschaften

Die Untersuchung orientiert sich an der grundlegenden (gesetzlichen) Einteilung gesellschaftsrechtlicher Rechtsformen. Das deutsche Gesellschaftsrecht ist privatrechtliches Kooperationsrecht.[228]

Begrifflich versteht man allgemein unter einer Gesellschaft jeden rechtsgeschäftlichen Zusammenschluß von mindestens einer oder mehreren Personen mit gemeinsamer Zweckförderung (Gesellschaften i.w.S.)[229] und unterscheidet strukturell zwischen Personengesellschaften und Körperschaften.[230]

Gesetzlicher Grundtypus der Personengesellschaften im bürgerlichen Recht ist die „Gesellschaft" i.S. der §§ 705 ff. BGB (Gesellschaft bürgerlichen Rechts) und bei den Vereinen (Körperschaften) der rechtsfähige Verein.[231] Aus handelsrechtlicher Sicht werden die Personengesellschaften als Personenhandelsgesellschaf-

---

227 Hierunter fallen die Bruchteilsgemeinschaft (§§ 741 ff. BGB), die Wohnungseigentümergemeinschaft (§§ 16 ff. WEG) und die Erbengemeinschaft (§§ 2032 ff. BGB). Nach richtiger Ansicht sind hier die §§ 677 ff. BGB bei Maßnahmen des einzelnen Teilhabers entgegen dem Grundsatz des § 744 Abs. 1 BGB dann anwendbar, soweit sie den Rahmen des Erhaltungsrechts (vgl. §§ 748, 2032 Abs. 2 Satz 1 BGB, 16 Abs. 2 WEG) überschreiten (siehe auch § 744 Abs. 2 BGB). Grund hierfür ist die Gleichstellung mit jedem Dritten, der unzweifelhaft Geschäftsführer zugunsten der Gemeinschaft sein könnte und Abwehr von unerwünschten Geschäftsbesorgungen durch den strengen Maßstab des § 683 BGB ausreicht. Vgl. MünchKomm/*Seiler*, BGB, Vor § 677 Rn. 19 m.w.N.

228 *G. Hueck*, Gesellschaftsrecht, § 1 I, S. 1.

229 Vgl. statt aller MünchKomm/*Ulmer*, BGB, Vor § 705 Rn. 1 m.w.N.; kritisch zu der terminologisch überfrachteten Einteilung *Karsten Schmidt*, Gesellschaftsrecht, § 3 I, S. 45 f. Keine Gesellschaften sind die öffentlich-rechtlichen juristischen Personen, wie z.B. Körperschaften, Anstalten und Stiftungen des öffentlichen Rechts i.S. des § 89 BGB, siehe nur Baumbach/*Hopt*, HGB, Einl. v. § 705 Rn. 1. Ebenso nicht die Miterbengemeinschaft (a.A. namentlich *Karsten Schmidt*, Handelsrecht, § 5 I b, S. 104 ff.) und grundsätzlich auch Bruchteilsgemeinschaft (§§ 741 ff. BGB), soweit es an der rechtsgeschäftlichen Begründung fehlt; vgl. *Hopt/Hehl/Vollrath*, Gesellschaftsrecht, Rn. 1 m.w.N.

230 Statt anderer *Karsten Schmidt*, Gesellschaftsrecht, § 3 I c, S. 47.

231 Siehe Baumbach/*Hopt*, HGB, Einl. v. § 705 Rn. 1. Zu den Mischformen der „körperschaftlich" strukturierten Sondertypen der Personengesellschaften wie GmbH & Co. KG oder Publikumsgesellschaften eingehend *Karsten Schmidt*, Gesellschaftsrecht, § 56, S. 1621 ff.; § 57, S. 1665 ff.

ten (oHG und KG)[232] und die Körperschaften als Kapitalgesellschaften (AG, GmbH, KGaA)[233] bezeichnet.[234]

Nachfolgende Tabelle soll die Gesellschaftsformen des deutschen Gesellschaftsrechts unterschieden nach ihren jeweiligen Grundformen nochmals darstellen.[235]

III. Beteiligungs-/Anteilsverhältnisse

Das Beteiligungs- bzw. Anteilsverhältnis an einer Personen- bzw. Kapitalgesellschaft läßt sich über die Höhe der jeweiligen Anteile bestimmen. Ob es sich dabei um Aktien einer AG, Geschäftsanteile einer GmbH oder Gesellschaftsanteile am Gesellschaftsvermögen von Personengesellschaften handelt, ist unerheblich.[236]

In welcher Höhe die Beteiligung besteht, läßt sich entweder durch Anteilsmehrheit oder Stimmenmehrheit bestimmen. Dabei ist unter Anteilsmehrheit die Mehrheit der Kapitalanteile und bei Stimmenmehrheit die Mehrheit der aus den Anteilen folgenden Stimmrechte, die bei Willensbildung in der Gesellschafterversammlung oder Hauptversammlung ausgeübt werden können, zu verstehen.[237]

Hinsichtlich der möglichen Einflußnahme auf die Gesellschaft ist zwischen einfacher, qualifizierter und mehrheitlicher Beteiligung zu unterscheiden.

Die einfache Beteiligung an einer Gesellschaft ist grundsätzlich mit Inhaberschaft eines Gesellschaftsanteils gegeben. Diese Inhaberschaft ist dann qualifiziert, wenn der jeweilige Gesellschaftsanteil durch die Ausgestaltung des Gesellschaftsvertrages bzw. der Satzung eine qualifizierte Mehrheit erbringt, mit welcher der jeweilige Inhaber in der Lage ist, die jeweilige Unternehmenspolitik entscheidend mitzubestimmen.

---

232 Vgl. die Legaldefinition in §§ 3 Nr. 1, 191 Abs. 1 Nr. 1 UmwG.

233 Vgl. §§ 100 Abs. 2 Nr. 3 AktG; 3 Nr. 2, 191 Abs. 1 Nr. 2 UmwG (Legaldefinition); aus dem Steuerrecht nur § 1 Abs. 1 Nr. 1 KStG.

234 Ein Überblick über die begrifflichen Grundlagen findet sich bei *Hirte*, Kapitalgesellschaftsrecht, Rn. 1 ff.

235 Siehe auch *Hüffer*, Gesellschaftsrecht, § 2 (3.), S. 9 m.w.N.

236 Vgl. *Hüffer*, AktG, § 16 Rn. 2.

237 Sowohl im Kapitalgesellschaftsrecht als auch im Personengesellschaftsrecht können Gesellschaftsanteile mit unterschiedlichen Stimmrechten ausgestattet werden. So kann es Divergenzen bei der Ausgabe von Vorzugsaktien ohne Stimmrecht (§§ 12 Abs. 1 Satz 2, 139 ff. AktG) oder z.B. bei Mehrstimmrechten geben.

Eine mehrheitliche Beteiligung liegt bei Kapitalgesellschaften dann vor, soweit der Inhaber die Mehrheit der Kapitalanteile bzw. die Mehrheit der aus den Anteilen folgenden Stimmrechte, also jeweils mehr als 50 % besitzt.[238]

Bei Personengesellschaften ist nach den jeweiligen Abstimmungsregeln zu unterscheiden. Soweit in der Gesellschaft das gesetzliche Leitbild[239] der Einstimmigkeit gilt, ist die jeweilige Stimmenmehrheit nicht entscheidend, weil die Gesellschafter bei jeder einzelnen Maßnahme einstimmig handeln müssen. Soweit gesellschaftsvertraglich abweichende Regelungen getroffen werden, wie z.B. die Abstimmung nach Kapitalanteilen, folgt aus der Anteilsmehrheit zugleich die Stimmenmehrheit i.S. des § 16 Abs. 1 AktG.[240]

Aus dieser Unterscheidung bzgl. der Höhe der jeweiligen Gesellschaftsanteile folgt für die hier in Rede stehende Problematik der kompetenzwidrigen Inanspruchnahme von Geschäftsführungsbefugnissen, daß den Gesellschafter bzw. Anteilsinhaber je nach Höhe seiner Beteiligung entsprechende Loyalitäts- und Treuepflichten seiner Gesellschaft gegenüber treffen. Der Grad der Beteiligung korreliert insofern mit den Anforderungen, die grundsätzlich an die Haftung für eine kompetenzwidrige Beeinflussung der Geschäftsführung gestellt werden.

IV. Positive Forderungsverletzung und allgemeine Pflichtverletzung

1. Rechtslage bis zum 31. Dezember 2001

Das Überschreiten von Geschäftsführungsbefugnissen seitens geschäftsführender Gesellschafter stellt - nach wie vor - grundsätzlich eine gesellschaftsvertragliche Nebenpflichtverletzung dar. Diese Treuepflichtverletzung wurde als Schutzpflichtverletzung bis zur Schuldrechtsreform vom 1. Januar 2002[241] über das Institut der pVV gelöst.[242]

---

[238] Vgl. § 16 AktG.

[239] Entsprechend §§ 119 Abs. 1, 161 Abs. 2 HGB, § 709 Abs. 1 BGB.

[240] Vgl. *Hüffer*, AktG, § 16 Rn. 5.

[241] Überblick bei *Zimmer*, NJW 2002, 1, 6 f.

[242] Der Begriff der „positiven Vertragsverletzung" ist in zweifacher Hinsicht ungenau: Zum einen gelten die Grundsätze der Schlechtleistung auch bei gesetzlichen Schuldverhältnissen und zum anderen kann die Vertragsverletzung auch durch ein Unterlassen verwirklicht werden, vgl. *Medicus*, Bürgerliches Recht, 18. Aufl., Rn. 307. Treffender ist daher der vielfach verwendete Begriff der „positiven Forderungsverletzung" gewesen, vgl. Staudinger/*Löwisch*, BGB, Vorbem. zu §§ 275 ff. Rn. 22 f.; MünchKomm/*Emmerich*, Vor § 275 Rn. 203.

Bemerkenswert ist allerdings, daß der allgemein als „Entdecker"[243] der pVV bezeichnete *Hermann Staub* - auch - einen gesellschaftsrechtlichen Sachverhalt wählte, um nachzuweisen, daß es Fälle von Vertragspflichtverletzungen gibt, die weder eine Unmöglichkeit der Leistung bewirken, noch einen Schuldnerverzug darstellen. *Staub* nahm damals an, in der Verletzung von vertraglichen Schutzpflichten einen dem BGB immanenten allgemeinen Rechtsgrundsatz entdeckt zu haben, der im Gesetz nirgendwo ausgesprochen sei.[244] Sein gesellschaftsrechtliches Beispiel lautete sinngemäß:

> *Soweit der Gesellschafter in den ersten zwei Wochen des ihm für die Bilanzaufstellung zur Verfügung stehenden Zeitraums von einem Vierteljahr, eine unrichtige Bilanz aufstellt, so wird die von ihm geschuldete Leistung dadurch nicht unmöglich, denn es ist ihm noch möglich, die richtige Bilanz aufzustellen. Andererseits begründet die unrichtige Bilanzaufstellung auch keinen Schuldnerverzug, denn es stehen ihm noch weitere zweieinhalb Monate zur rechtzeitigen Aufstellung zur Verfügung. Dennoch liegt in der unrichtigen Bilanzaufstellung gleichwohl eine Vertragsverletzung, denn der Gesellschafter ist zur Aufstellung einer richtigen Bilanz verpflichtet.*[245]

Konsequenz war, daß *Staub* jede, durch einen Gesellschafter schuldhaft herbeigeführte Verletzung des Gesellschaftsvertrages als eine positive Vertragsverletzung begriff.[246] Die gesellschaftsrechtliche Vertragsverletzung ist also durch die Verletzung einer gesellschaftsvertraglichen Haupt- bzw. Nebenleistungspflicht begründet.[247] Dies war und ist auch heute noch der richtige Ansatzpunkt.

---

243 Vgl. nur MünchKomm/*Emmerich*, Vor § 275 Rn. 205; Staudinger/*Löwisch*, BGB, Vorbem. zu §§ 275 ff. Rn. 22; *A. Pohlmann*, S. 78; *Zimmer*, NJW 2002, 1, 6 f.

244 Vgl. *ders.*, in: FS für den 26. DJT, S. 31, 32.

245 Beispiel nach *Staub*, in: FS für den 26. DJT, S. 31, 36 ff. Aufgrund dieser positiven Zuwiderhandlung gegen eine vertragliche Verpflichtung bezeichnet er diese Art der Vertragsverletzungen als „positive Vertragsverletzungen". In Abgrenzung zu den Fällen von Vertragsverletzungen, die wie die Unmöglichkeit oder der Verzug negative Auswirkungen auf das Vertragsverhältnis haben, nämlich in der Weise, daß die vertraglich geschuldete Leistung überhaupt unterbleibt oder die rechtzeitige Leistungserbringung nicht erfolgt.

246 Beispiele sind die Aufstellung einer unrichtigen Bilanz durch einen Gesellschafter mit der Folge, daß die anderen Gesellschafter zu unrichtigen Dispositionen veranlaßt werden, die Verletzung von Mitwirkungspflichten wie namentlich der Pflicht zur Geschäftsführung, der Verstoß gegen Konkurrenzverbote, der Verrat von Geschäftsgeheimnissen sowie die Entnahme einer zu hohen Geschäftsführervergütung durch die Geschäftsführer (weiteres Beispiel: BGH, NJW 1983, 1188 ff. „Vernachlässigung des Vertriebs durch den dafür zuständigen Gesellschafter").

247 Da es sich bei einem Gesellschaftsvertrag nicht um einen synallagmatischen Vertrag handelt, ist die Unterscheidung zwischen Hauptleistung- oder Nebenleistungspflicht letztlich nicht entscheidend. Der Gesellschaftsvertrag nach § 705 BGB ist ein solcher, der wechselseitige Verpflichtungen unter den Gesellschaftern begründet. Es handelt sich also um ei-

Allerdings muß man auch festhalten, daß eine bis zum 1. Januar 2002 fehlende ausdrückliche Bestimmung im BGB nicht den Schluß zuläßt, daß der historische Gesetzgeber eine allgemeine vertragliche Verschuldenshaftung nicht kannte.[248] Eine Verschuldenshaftung war bereits im gemeinen Recht selbstverständlich und auch der historische Gesetzgeber hat in § 224 Abs. 1 Entwurf I eine Verschuldenshaftung wegen nicht vollständiger Leistung ausdrücklich festgeschrieben.[249]

Der Ausgangsthese *Staubs* wird entgegengehalten, daß die „positiven Vertragsverletzungen" neben der Unmöglichkeit und dem Verzug keine dritte, eigenständige Gruppe von vertraglichen Pflichtverletzungen darstellen. Dies ergibt sich daraus, daß auch Unmöglichkeit und Verzug Regelungen der Nichterfüllung einer Leistungspflicht sind. Ein vertraglicher Schadensersatzanspruch des Gläubigers resultiert aus dieser Nichterfüllung aber nur dann, wenn dem Schuldner bzgl. derselben ein Verschulden zur Last fällt, d.h. wenn die Nichterfüllung der vertraglich geschuldeten Leistungspflicht adäquat kausal auf einer vertraglichen Schutzpflichtverletzung basiert. Insofern gilt das Prinzip der Verschuldenshaftung also auch in den Fällen einer Schadensersatzpflicht aufgrund von Unmöglichkeit und Verzug.[250]

Dies zugrundegelegt wird deutlich, daß sich hinter der Kategorie der pVV ein im BGB nur für den Fall der Unmöglichkeit, des Verzuges und der spezialgesetzlichen Sachmängelgewährleistungsvorschriften ausdrücklich geregeltes, in den übrigen Fällen ein allgemein anerkanntes und dem BGB immanentes Prinzip zu verstehen ist, welches eine Schadensersatzpflicht wegen schuldhafter Verletzung von vertraglichen Schutzpflichten proklamiert.[251]

---

nen Gemeinschaftsvertrag, der auf die Förderung eines gemeinsamen Zwecks gerichtet ist und nicht um einen gegenseitigen Vertrag; vgl. nur *Ulmer*, Gesellschaft bürgerlichen Rechts, § 705 Rn. 138. Die Gesellschafter schließen sich daher nicht zu einem *„do ut des"* i.S. eines funktionellen oder konditionellen Synallagmas (zum Begriff *Medicus*, Bürgerliches Recht, 16. Aufl., Rn. 219 und Rn. 222) der §§ 320 ff. BGB zusammen. Anders aber *Karsten Schmidt*, Gesellschaftsrecht, § 20 III 1, S. 578 ff., der für eine modifizierte Anwendbarkeit der §§ 320 ff. BGB eintritt, die nach gestörten Einlage- und Beitragsleistungen und dem Organisationsstatut der Gesellschaft im übrigen unterscheidet; auf letzteres finden die §§ 320 ff. BGB keine Anwendung.

248 Vgl. Soergel/*Wiedemann*, BGB, vor § 275 Rn. 360.

249 Siehe MünchKomm/*Emmerich*, Vor § 275 Rn. 204; *A. Pohlmann*, S. 79 m.w.N. zur Entstehungsgeschichte. Die Generalklausel des § 224 Abs. 1 Entwurf I wurde aufgrund ihrer Selbstverständlichkeit später aber nicht ins BGB übernommen. Auch heute ist dieses Konzept noch vereinzelt im Gesetz erkennbar, vgl. z.B. die §§ 339 Satz 1, 425 Abs. 2 Satz 1 und 767 Abs. 1 Satz 2 BGB oder auch § 113 Abs. 1 Halbs. 1 HGB.

250 Vgl. *A. Pohlmann*, S. 79 m.w.N.

251 Die pVV wird daher als Bsp. einer anfänglichen unbewußten Regelungslücke gesehen, vgl. Palandt/*Heinrichs*, BGB, Einleitung Rn. 47.

2. Rechtslage ab dem 1. Januar 2002

Der Gesetzgeber hat mittlerweile durch das Schuldrechtsmodernisierungsgesetz (SMG)[252] die von der Rechtslehre und Rechtsprechung entwickelten Grundsätze der positiven Forderungsverletzung – insbesondere hinsichtlich einer etwaigen Schlechtleistung von Haupt- und Nebenleistungspflichten sowie einer möglichen Schutzpflichtverletzung[253] – in § 241 Abs. 2 BGB ausdrücklich kodifiziert und in § 280 Abs. 1 BGB einen korrespondierenden allgemeinen Schadensersatzanspruch bei deren Verletzung geschaffen.[254]

Aus der expliziten Erwähnung der Schutzpflichten in § 241 Abs. 2 BGB ergibt sich nun grundsätzlich, daß sich aus einem Schuldverhältnis für die daran Beteiligten auch Sorgfaltspflichten im Hinblick auf die Rechte und Rechtsgüter des anderen Vertragsteils ergeben können. Verletzt einer der Beteiligten diese Pflichten schuldhaft, kann dies – entsprechende haftungsbegründende und haftungsausfüllende Kausalität vorausgesetzt – einen Schadensersatzanspruch aus § 280 Abs. 1 Satz 1 BGB auslösen.

Damit ist das bisher gewohnheitsrechtlich anerkannte Institut der positiven Forderungsverletzung durch § 241 Abs. 2 BGB i.V.m. § 280 Abs. 1 BGB gesetzlich normiert.[255]

---

252 Gesetz zur Modernisierung des Schuldrechts vom 26.11.2001, BGBl. I, S. 3138.

253 Zu den unterschiedlichen Sachverhalten der positiven Forderungsverletzung eingehend MünchKomm/*Emmerich*, Vor § 275 Rn. 207 ff., 240 ff.; 247 ff.; 253 ff.; 261 ff.; 268 ff. Vgl. auch Staudinger/*Löwisch*, BGB, Vorbem. zu §§ 275 ff. Rn. 23, 27 ff.

254 Vgl. *Zimmer*, NJW 2002, 1, 6 f.

255 Die bisherige h.M. in der Rechtsprechung (BGHZ 11, 80 ff.) und Rechtslehre (statt vieler *Medicus*, Bürgerliches Recht, 16. Aufl., Rn. 316) nahm als Rechtsgrundlage der pVV eine Rechtsanalogie vor allem zu den Rechtssätzen aus §§ 280, 286, 325, 326 BGB a.F. an. Insoweit handelt es sich methodisch um einen Fall der Lückenergänzung und nicht um einen solchen der gesetzlichen Fehlerberichtigung, vgl. *Canaris*, Feststellung von Lücken im Gesetz, § 24, S. 35 m.w.N. in Fn. 84. Ein Schadensersatzanspruch aus pVV ergab sich demnach dann, wenn eine Pflicht aus einem Schuldverhältnis in zu vertretender Weise verletzt wurde. Insbesondere das RG hatte die Rechtsgrundlage der pVV in § 276 BGB erblickt, da in dieser Vorschrift der allgemeine Rechtsgrundsatz enthalten sei, nach dem der Schuldner für jede schuldhafte Verletzung seiner Vertragspflicht einzustehen habe; vgl. RGZ 52, 18, 19; 53, 200, 209 f.; 66, 289, 291; 106, 22, 25 f.; so auch im Ansatz auch noch MünchKomm/*Emmerich*, Vor § 275 Rn. 205. Dem folgte BGHZ 11, 80, 83 ausdrücklich nicht, da § 276 BGB nur einen Haftungsmaßstab beinhalte und nichts über den Haftungsgrund aussagt. Ebenso schon *Staub*: *„§ 276 BGB gibt nichts weiter als eine Definition der civilrechtlichen Schuld"*, der diesen Ansatz als „Gefühlstheorie" bezeichnet und zutreffend ablehnt, vgl. *ders.*, in: FS für den 26. DJT, S. 31, 33 f. Kritisch *A. Pohlmann*, S. 80, der darauf hinweist, daß die §§ 276 und 278 BGB nur den Verschuldensmaßstab definieren und nicht die zivilrechtliche Schuld an sich. Die Ausführungen *Staubs* sind aber gerade auch in diese Richtung zu verstehen. Jedenfalls kann § 276 BGB schon aufgrund seines Wortlauts keine Anspruchsgrundlage für einen Schadensersatzanspruch wegen einer vertraglichen Schutz-

Der zentrale Haftungstatbestand des § 280 Abs. 1 BGB soll damit künftig – von § 311 a Abs. 2 BGB als Sonderregel für die anfängliche Unmöglichkeit abgesehen – die einzige Anspruchsgrundlage für Schadensersatz auf Grund eines Vertrags oder eines anderen Schuldverhältnisses sein. Er löst damit die bisherigen Vorschriften der §§ 280 und 286 BGB ab und stellt – auch i.V.m. den §§ 281 bis 283 n.F. BGB – die (einzige) Anspruchsgrundlage für die sich bisher aus den §§ 325, 326 BGB sowie den in der Rechtsprechung entwickelten Grundsätzen über die Haftung aus positiver Forderungsverletzung dar.[256]

Damit steht allerdings nur fest, daß Schutzpflichten in einem Vertragsverhältnis existieren können. Ob überhaupt, wann und in welchem Umfang sie entstehen, ist damit allerdings nicht gesagt.[257] Die Antwort auf diese Frage ist jeweils in dem konkreten Schuldverhältnis zu suchen.

3. Zusammenfassung

Im Grundsatz gilt das Gesagte auch bei Überschreitung der Geschäftsführungsbefugnis durch einen Gesellschafter. Soweit ein Gesellschafter-Geschäftsführer oder ein von der Geschäftsführung ausgeschlossener Mitgesellschafter kompetenzwidrig Geschäftsführungsbefugnisse an sich zieht, ist darin grundsätzlich eine (positive oder negative) gesellschaftsrechtliche Vertragsverletzung zu sehen.[258] Die Anwendung dieser gesellschaftsvertraglichen Haftungsregeln beschränkt sich allerdings nicht nur auf das Personengesellschaftsrecht, sondern umfaßt ebenso die Kapitalgesellschaften, soweit bei ihnen heute Treuepflichten der Gesellschafter untereinander oder gegenüber der Gesellschaft anerkannt sind.[259]

Die Anspruchsgrundlage für den Schadensersatzanspruch wegen der gesellschaftsvertraglichen Pflichtverletzung ergibt sich somit heute grundsätzlich aus § 280 Abs. 1 Satz 1 BGB, da sich für diese Pflichtverletzungen in den §§ 705 ff. BGB keine entsprechende Regelung finden läßt. Das Schuldverhältnis als Haftungsgrundlage i.S. der §§ 280 Abs. 1 Satz 1, 311 Abs. 1 Var. 1 BGB resultiert dabei aus dem Gesellschaftsvertrag. Eines Rückgriffs auf die bisher gewohn-

---

pflichtverletzung darstellen, da eine derartige Rechtsfolge in dieser Norm gerade nicht ausgesprochen wird.

256 Vgl. *Dauner-Lieb/Heidel/Lepa/Ring*, Neues Schuldrecht, § 2 Rn. 16.

257 Zu den dogmatischen Grundlagen der Schutzpflichten eingehend *A. Pohlmann*, passim.

258 Eine Verdrängung der gesellschaftsvertraglichen Schlechtleistung durch die Regeln über die Geschäftsführung ohne Auftrag ist für diese Fälle zu verneinen. Vgl. grundlegend BGH, NJW-RR 1988, 995, 996; zustimmend auch MünchKomm/*Emmerich*, Vor § 275 Rn. 239.

259 Vgl. insofern das Beispiel von LG Düsseldorf, AG 1991, 409, 410.

heitsrechtlich anerkannten Grundsätze der pVV bedarf es daher nicht mehr. Sie ist nun in Gesetzesform gegossen.[260]

V. Die Einordnung der Geschäftsführung ohne Auftrag und des Tatbestandes der allgemeinen Pflichtverletzung in das zivilrechtliche Haftungssystem

1. Ausschluß der §§ 677 ff. BGB durch das Vorliegen einer schuldvertraglichen Beziehung?

Grundsätzlich steht der Anwendbarkeit der Geschäftsführung ohne Auftrag nicht entgegen, daß Rechtsbeziehungen zwischen dem Geschäftsführer und dem Geschäftsherrn existieren, die den Geschäftsführer zur Vornahme einer anderen Handlung berechtigen oder verpflichten.

Das Tatbestandsmerkmal „ohne sonstige Berechtigung", d.h. die Auftragslosigkeit der Geschäftsführung darf nicht abstrakt, sondern muß konkret im Hinblick auf die jeweils vorgenommene Handlung begriffen werden.[261] Die Anwendbarkeit der §§ 677 ff. BGB kann tatbestandlich nicht schon daran scheitern, daß der Geschäftsführer zufällig dem Geschäftsherrn gegenüber aufgrund einer schuldrechtlichen Vertragsbeziehung zur Vornahme anders gearteter Handlungen berechtigt oder verpflichtet gewesen ist.

Letztlich kann gegen die Anwendbarkeit der Geschäftsführung ohne Auftrag in diesen Fällen allein der Umstand entscheidend sein, daß die Geschäftsführung sich zugleich als Leistungsstörung innerhalb eines bestehenden Schuldverhältnisses darstellt, aus dem sich der Ausschluß des Tatbestandmerkmals der Auftragslosigkeit ergibt.[262] Gegen den generellen Ausschluß der §§ 677 ff. BGB bei Vorliegen einer vertraglichen Leistungsstörung spricht, daß die Geschäftsführung ohne Auftrag anderenfalls in sachlich nicht zu rechtfertigender Weise eingeschränkt wird.

Eine Handlung kann sich nämlich sehr wohl zugleich als positive Forderungsverletzung/allgemeine Pflichtverletzung und als Geschäftsführung ohne Auftrag darstellen, wobei es sich in diesen Fällen nur um eine unberechtigte Geschäftsführung i.S. der §§ 684, 678 BGB handeln kann, da nach herrschender Lehre die

---

260 Siehe die Begründung zum SMG zur Neufassung der §§ 280 bis 288 BGB, BT-Drucks. 14/6040, S. 133 f.

261 So auch *Ebert*, S. 448, der dies aus dem Wort „dazu" in § 677 BGB herleitet, das auch vor „beauftragt" hinzugedacht werden müsse.

262 *Ebert*, S. 448.

berechtigte Geschäftsführung ohne Auftrag einen Rechtfertigungsgrund für die vertragliche Pflichtverletzung darstellen würde.[263]

Das Zusammentreffen von vertraglicher Leistungsstörung und den Regeln über die Geschäftsführung ohne Auftrag zeigt sich z.B. auch daran, daß der Anspruch auf das stellvertretende Kommodum aus § 285 BGB mit den Ansprüchen aus Geschäftsführung ohne Auftrag konkurrieren kann, wenn beispielsweise der Verkäufer einer Sache diese vor Übereignung für Rechnung des Käufers zu einem besonders hohen Preis an einen Dritten veräußert.[264] Weiterhin sind Fälle denkbar, in denen eine vertragliche Leistungsstörung mit einer Geschäftsanmaßung i.S. des § 687 Abs. 2 BGB zusammentreffen kann, etwa wenn der Entleiher einer Sache dies für eigene Rechnung an einen Dritten veräußert.[265]

2. Ansicht des Bundesgerichtshof

Indessen ist der BGH in seiner Entscheidung vom 12. Juni 1989[266] der Auffassung, daß in der Überschreitung der gesellschaftsrechtlichen Geschäftsführungsbefugnisse nur ein Verstoß gegen vertragliche Pflichten, aber keine Geschäftsführung ohne Auftrag gesehen werden könne, da der vertraglich gebundene Geschäftsführer nicht wie der vertraglich ungebundene ohne einen erteilten Auftrag handele.

Diese Behauptung ist in der so vorgetragenen Art und Weise zu pauschal. Dies zeigt sich schon daran, daß der „Geschäftsführer“, soweit er in vertraglichen Pflichten mit dem „Geschäftsherrn“ steht, nicht schlechter stehen darf als ein am Vertrag unbeteiligter Dritter, dem beim Vorliegen einer derartigen Geschäftsbesorgung Ansprüche aus Geschäftsführung ohne Auftrag zustünden. Im übrigen ist bei Vorliegen einer unberechtigten Geschäftsführung ohne Auftrag auch aus Sicht der Gesellschaft als „Geschäftsherrn“ die Haftungsfolge des § 678 BGB unter Umständen, insbesondere hinsichtlich des im Gegensatz zum vertraglichen Anspruch nicht notwendigen „Ausführungsverschuldens“[267] wesentlich günstiger.

---

263 Staudinger/*Wittmann*, BGB, Vorbem. zu §§ 677 ff. Rn. 8 m.w.N.

264 Für diesen Fall vertrat *Lent*, S. 172 f. die Ansicht, daß die Vertragsverletzung gänzlich ausscheiden müsse, wenn die Handlung sich zugleich als Geschäftsführung ohne Auftrag und als Vertragsverletzung darstelle. Auch in umgekehrter Weise kann dies aber nicht richtig sein.

265 Zutreffend *Ebert*, S. 449.

266 BGH, Urteil v. 12.6.1989, II ZR 334/87, WM 1989, 1335 ff.

267 Im Bereich des allgemeinen Schadensersatzrechts handelt es sich dabei genauer gesagt um die haftungsausfüllende Kausalität zwischen Rechtsgutsverletzung und dem daraus resultierenden Schaden.

3. Stellungnahme

Es ist zu differenzieren: Die Regeln der Geschäftsführung ohne Auftrag sind immer dann anwendbar, wenn die Tätigkeit mit dem Vertrag in keinem inneren Zusammenhang steht. Nicht dagegen, wenn es sich um eine bloße schuldvertragliche Pflichtverletzung und damit verbundene Abweichung von der Erfüllungspflicht handelt.[268]

Für die Abgrenzung zwischen schuldvertraglicher Leistungsstörung und den Regeln über die Geschäftsführung ohne Auftrag ist also entscheidend, ob die Tätigkeit sich im Rahmen der Vertragserfüllung bewegt.

Dies soll das folgende Beispiel verdeutlichen:

> Verwendet der Werkunternehmer, der eine fremde Sache zu reparieren hat, statt der vereinbarten Ersatzteile andere, so liegt keine Geschäftsführung ohne Auftrag, sondern nur eine positive Vertragsverletzung vor. Bemerkt der Unternehmer bei der Reparatur der Sache aber einen ganz anderen Fehler und repariert er diesen in der Annahme, der Besteller werde hiermit schon einverstanden sein, falls er diesen ebenfalls behebt, so steht dies der Anwendung der §§ 677 ff. BGB grundsätzlich nicht entgegen.[269]

Warum sollte der werkvertraglich Leistende aber schlechter stehen als ein unbeauftragter Dritter? Der Werkunternehmer ist also nur insoweit nicht „Beauftragter oder in sonstiger Weise Berechtigter". Folglich kann er auch in diesem Maße gleichzeitig Geschäftsführer ohne Auftrag sein. Für eine Schlechterstellung gegenüber Dritten ist kein Grund ersichtlich.[270]

Soweit also die vorgenommene Handlung als Geschäftsbesorgung nicht zur Verwirklichung des bestehenden Vertragszwecks geschuldet gewesen ist, so sind die Regeln über die Geschäftsführung ohne Auftrag anwendbar, andernfalls dagegen ausgeschlossen.[271] Dies wird insbesondere bei den Eingriffen nicht geschäftsführungsbefugter Gesellschafter oder nicht an der Gesellschaft beteiligter Dritter in die Geschäftsführung der Gesellschaft deutlich. Die Eingriffshandlungen können niemals in Erfüllung einer vertraglichen Verpflichtung geschehen.

---

268 Ebenso *Lent*, S. 169 ff. Im Ansatz auch *Brückmann*, S. 67 ff.

269 Beispiel nach *Ebert*, S. 450.

270 Soweit man einen Vergütungsanspruch des Werkunternehmers im Ergebnis über eine ergänzende Vertragsauslegung gemäß §§ 133, 157 BGB herbeiführen wollte, so handelt es sich insoweit um eine bloße Fiktion. Die Parteien brauchen sich darüber bei Vertragsschluß noch überhaupt keine Gedanken gemacht zu haben.

271 Zu weitgehend ist die Ansicht von *Wollschläger*, GoA, S. 267, der die §§ 677 ff. BGB tatbestandlich bereits deshalb für ausgeschlossen hält, weil ein anderes Geschäftsbesorgungsverhältnis die bloße Möglichkeit geschaffen hat, auf fremdes Vermögen schädigend einzuwirken.

4. Zusammenfassung

Insgesamt scheitert die Anwendung der Regel über die Geschäftsführung ohne Auftrag an dem Tatbestandsmerkmal der Auftragslosigkeit der Geschäftsführung nur dann, wenn die Handlung Pflichten aus einem anderen Schuldverhältnis verletzt, vorausgesetzt, daß die Handlung der Erfüllung des zwischen diesen Parteien bestehenden Schuldverhältnisses dienen soll.[272] Ob und wann eine Handlung zur vertraglichen Pflichterfüllung dienlich ist, wird anhand des Vertragszweckes im Wege der (ggf. ergänzenden) Vertragsauslegung zu ermitteln sein.

VI. Abgrenzung zu anderen (Außen-)Haftungstatbeständen

Nicht in die Untersuchung miteinbezogen werden sollen andere Haftungstatbestände aus dem Personen- bzw. Kapitalgesellschaftsrecht, die insbesondere die Außenhaftung der Geschäftsleiter gegenüber den Gesellschaftsgläubigern bzw. sonstigen Dritten betreffen.

Die Vorschriften der Geschäftsführung ohne Auftrag sind auf derartige Konstellationen grundsätzlich nicht anwendbar, jedenfalls dann nicht, wenn der Geschäftsführer ohne Auftrag einerseits im Interesse der Gesellschaft, andererseits aber auch im eigenen Interesse handelt. Soweit stattdessen in einem Drittinteresse gehandelt wird, kann dies keine Haftungsfolge zugunsten gesellschaftsfremder Gläubiger gegenüber der Gesellschaft haben. Eine andere Frage ist, ob bei derartigen Konstellationen seitens außenstehender Gesellschaftsgläubiger ein Anspruch gegen den kompetenzwidrig handelnden Gesellschafter in Frage kommt.[273]

Soweit eine Außenhaftung der Gesellschaft selbst gegenüber den Gesellschaftsgläubigern im Raum steht, soll diese ebenfalls nicht in die vorliegende Darstellung einbezogen sein.

Die maßgeblichen Regelungen der Innenhaftung des Geschäftsleiters gegenüber der Gesellschaft befinden sich im Kapitalgesellschaftsrecht in den §§ 93 Abs. 2 AktG, 43 Abs. 2 GmbHG. Den außenstehenden Gesellschaftsgläubigern kann dieser Haftungsanspruch nur mittelbar nützen, indem durch den Schadensersatzanspruch die jeweilige Haftungsmasse der Gesellschaft vergrößert wird und sie sich ersteren im Vollstreckungsverfahren nach §§ 829, 835 ZPO pfänden und überweisen lassen könnten.[274]

---

[272] Ebenso *Ebert*, S. 450.

[273] Insofern sei auf ausführliche Darstellungen der Außenhaftung in den jeweiligen Gesellschaftsformen verwiesen; siehe z.B. *Klasen*, S. 6 ff. (OHG); 120 ff. (KG); 219 ff. (GmbH).

[274] Vgl. *Medicus*, GmbHR 1993, 533. Nach h.M. stellen die §§ 93 AktG und 43 GmbHG kein Schutzgesetz i.S. des § 823 Abs. 2 BGB dar, so daß auch auf diesem Weg keine Außenwir-

Dagegen sind die Außenhaftungstatbestände der Geschäftsleiter von Kapitalgesellschaften im Gesetz nur vereinzelt geregelt.[275] Die Haftung von Geschäftsleitern für vorsätzliche bzw. fahrlässige Verletzung ihrer Sorgfaltspflichten richtet sich daher nach den allgemeinen Vorschriften des bürgerlichen Rechts im übrigen.[276]

B. Das Innenverhältnis der Anteilseigner

Grundlegend geht die Leitungsmacht in den privatrechtlichen Verbänden des Personen- und Kapitalgesellschaftsrechts von den Mitgliedern aus.[277] Wesentlich ist dabei, daß die Leitungsbefugnis als Befugnis zur Geschäftsführung auf der mitgliedschaftlich verankerten Sonderverbindung der Mitglieder[278] fußt.[279] Soweit dieses mitgliedschaftliche Sonderrecht kompetenzwidrig ausgeübt wird, resultieren hieraus zu Gunsten des jeweiligen Verbandes Schadensersatzansprüche.

Um eine Parallelität in den Haftungsgrundlagen bei verschiedenen Gesellschaftsformen darstellen zu können, ist erst einmal festzustellen, welche Rechtsnatur die jeweilige Gesellschaft besitzt. Nur wenn diese jeweils strukturell in ihrer Rechtsfähigkeit bzw. Rechtssubjektivität[280] vergleichbar sind, wird auch die Antwort auf die Frage nach einer gemeinsamen Haftungsgrundlage für die kompetenzwidrige Geschäftsführung bzw. kompetenzwidrige Ausnutzung von Geschäftschancen, verursacht entweder durch einen Geschäftsführer, einen Gesellschafter oder einen nicht an der Gesellschaft beteiligten Dritten, denkbar sein.

---

kung der Geschäftsführungspflichten seitens der Geschäftsleiter zu erzielen ist; vgl. BGH, ZIP 1994, 867, 870; Scholz/*Schneider*, GmbHG, § 43 Rn. 218 (für § 43 GmbHG); BGH, WM 1979, 853, 853; *Hüffer*, AktG, § 93 Rn. 20 (für § 93 AktG).

275 Vgl. *Medicus*, GmbHR 1993, 533.

276 Ein Überblick über die Eigenhaftung von GmbH-Geschäftsführern geben z.B. *Nölle*, S. 71 ff.; *Meyke*, Rn. 124 ff.; eine rechtsvergleichende Betrachtung zwischen der Haftung des *directors* einer englischen Kapitalgesellschaft und einem deutschen Geschäftsleiter einer AG bzw. GmbH nach deutschem Recht findet sich bei *Hartlieb*, S. 49 ff. Zur persönlichen Haftung eines GmbH-Geschäftsführers gegenüber den Gesellschaftsgläubigern vgl. auch *Lutter*, DB 1994, 129, 131 ff. und statt anderer Michalski/*Haas*, GmbHG, § 43 Rn. 283 ff. Eine Auswahl der einschlägigen Literatur findet sich auch bei *Karsten Schmidt*, Gesellschaftsrecht, § 36 II 5, S. 1082.

277 Vgl. *Karsten Schmidt*, Gesellschaftsrecht, § 16 I 1, S. 450.

278 Im Folgenden rechtsformübergreifend auch „Anteilseigner" genannt.

279 Siehe nur *Karsten Schmidt*, Gesellschaftsrecht, § 21 I, S. 601.

280 Unter Rechtssubjektivität ist die Existenz einer natürlichen, juristischen oder ansonsten rechtsfähigen Person zu verstehen. Zur Unterscheidung der Rechtsfähigkeit von juristischen Personen und Gesamthandsgesellschaften, vgl. unten S. 82 ff. Siehe auch *Huber*, in: FS für Lutter, S. 107, 108 ff., insbesondere 113 f. dar. Zu Inhalt um Umfang im Vereinsrecht eingehend, *Reichert*, Handbuch Vereinsrecht, Rn. 233 ff.

Soweit man mit der im Folgenden dargestellten Entwicklung in Rechtsprechung und Rechtslehre die bisherige grundsätzliche Dichotomie von Personengesellschaft und Kapitalgesellschaft durch die umfassende Gleichstellung der rechtsfähigen Personengesellschaft mit den juristischen Personen aufheben wollte,[281] könnte dies auch im Hinblick auf die Frage nach der einschlägigen Haftungsgrundlage zu einer entsprechenden Anwendung der organschaftlichen Haftungstatbestände der §§ 93 Abs. 2 AktG und 43 Abs. 2 GmbHG führen.[282]

I. Grundlagen

Die Gesellschaftsformen des deutschen Gesellschaftsrechts lassen sich auf zwei Grundtypen (personen- oder körperschaftlich strukturierte Gesellschaften) reduzieren.[283]

Hinsichtlich der Geschäftsführung der Anteilseigner wird zuerst das Innenverhältnis in den Grundstrukturen im Personen- und sodann im Kapitalgesellschaftsrecht aufgezeigt, um anschließend die haftungsrechtlichen Folgen der Verletzung dieses Innenverhältnisses eingehend zu beleuchten.

II. Personengesellschaftsrecht

1. Rechtssystematische Einordnung der Personengesellschaften

Im Personengesellschaftsrecht sind die Gesellschaft bürgerlichen Rechts, die Personenhandelsgesellschaften (oHG und KG)[284] sowie die Partnerschaftsgesellschaft und EWIV in die Untersuchung einbezogen. Die genannten Gesellschaftsformen unterfallen alle dem Oberbegriff der Personengesellschaften.[285]

---

[281] So bereits früher *Th. Raiser*, AcP 194 (1994), 495 ff.; *ders.*, in: FS für Zöllner, S. 469 ff.; zustimmend *Timm*, NJW 1995, 3209, 3214. Dem folgend *Glockemann*, S. 88 ff., insbesondere S. 98.

[282] Überdies ist die Frage des Gruppenstatuses der Personengesellschaft ebenso für die Frage der grundsätzlichen Anwendbarkeit der §§ 677 ff. BGB im Gesellschaftsrecht von entscheidender Bedeutung, vgl. dazu eingehend oben S. 47 ff.

[283] Statt aller *Karsten Schmidt*, Gesellschaftsrecht, § 3 I 2, S. 46; Baumbach/*Hopt*, HGB, Einl. v. § 105 Rn. 1.

[284] Die stille Gesellschaft (§§ 230 ff. BGB) bleibt bei der Betrachtung unberücksichtigt.

[285] Ebenso *Karsten Schmidt*, Gesellschaftsrecht, § 43, S. 1285.

a) Die Personenhandelsgesellschaften

Die Personenhandelsgesellschaften oHG und KG sind als Gesamthandsgesellschaften konzipiert.[286] Die Rechtsfähigkeit ist für die oHG und KG in § 124 Abs. 1 bzw. §§ 161 Abs. 2 i.V.m. 124 Abs. 1 HGB[287] ausdrücklich festgelegt. Die heute überwiegende Ansicht in der Rechtslehre folgert daraus, daß die Personenhandelsgesellschaften selbst – von den einzelnen Gesellschaftern zu unterscheidene – Rechtssubjekte im Außenverhältnis sind.[288] Die Personenhandelsgesellschaften sind also rechtsfähige Gesamthandsgesellschaften.[289] Ob sie damit mit den juristischen Personen[290] als Gegensatz zu den natürlichen Personen zu begreifen sind, ist damit noch nicht gesagt.

b) Die Gesellschaft bürgerlichen Rechts

Nachdem der lebhafte Streit um die Rechtsnatur der Gesamthandsgesellschaften – insbesondere ging es dabei um die Gesellschaft bürgerlichen Rechts[291] – seit

---

286 Allg. Ansicht vgl. nur *Habersack*, in: Großkomm. HGB, § 124 Rn. 2 m.w.N.; *Huber*, in: FS für Lutter, S. 107, 109 f.; *Ensthaler/Fahse*, HGB, § 124 Rn. 1.

287 Die Partnerschaftsgesellschaft und EWIV werden jeweils über die Verweisung auf § 124 Abs. 1 HGB (vgl. §§ 7 Abs. 2 PartGG, 1 EWIV-AusfG) ebenso behandelt.

288 Vgl. nur *Karsten Schmidt*, Gesellschaftsrecht, § 46 II 1, S. 1362 f. Bereits mit Urteil v. 9.7.1968, V ZR 80/66, BGHZ 50, 309, 312 hat der BGH angenommen, daß die damalige Ausnahmeregelung des § 1059 a Nr. 1 BGB, welche die Übertragbarkeit eines dinglichen Vorkaufsrechts auf eine juristische Person regelte, auf die oHG entsprechend angewendet werden könne, da diese durch § 124 HGB mit weitgehend der rechtlichen Selbständigkeit einer juristischen Person angenähert ist. Weitergehend *Th. Raiser*, Kapitalgesellschaftsrecht, § 3 Rn. 9 und R. 11 a.E., der letztlich keinen Unterschied zwischen der unbeschränkten Rechtsfähigkeit der Personen(außen-)gesellschaften und denen der juristischen Personen ausmachen kann. Hinsichtlich der Rechtsfähigkeit gebe es sachlich keinen Unterschied mehr zwischen rechtsfähigen Personengesellschaften und juristischen Personen. Dies läßt sich auch aus den maßgeblichen Bestimmungen des Umwandlungsrechts entnehmen, die nicht mehr zwischen Gesamthandsgesellschaften und juristischen Personen unterscheiden, vgl. §§ 2, 124, 191 UmwG, dazu auch *Karsten Schmidt*, Handelsrecht, § 5 II 2 a, S. 109 f. Der BGH hat jetzt ausdrücklich die Gleichstellung verworfen und geht aus einer Zusammenschau von §§ 21, 22, 54 BGB einerseits und § 14 Abs. 2 BGB andererseits davon aus, daß es rechtsfähige Gesamthandsgesellschaften gebe, die nicht den Status von juristischen Personen besitzen (vgl. BGHZ 146, 341, 347). Vgl. eingehend zum Theorienstreit *Karsten Schmidt*, Gesellschaftsrecht, § 8 II, S. 186 ff. und unten S. 69 ff.

289 So die h.L., vgl. nur Schlegelberger/*Martens*, HGB, § 161 Rn. 42; Baumbach/*Hopt*, HGB, § 124 Rn. 1.

290 Zu den verschiedenen Arten der juristischen Personen vgl. *Schwarz*, in: Bamberger/Roth, BGB, Vor § 21 Rn. 3 f.

291 Weitere Gesamthandsgesellschaften neben der GbR sind der nichtrechtsfähige Verein, die Erbengemeinschaft, die Gütergemeinschaft, die Personenhandelsgesellschaften (OHG/KG), die Partnerschaftsgesellschaft, die EWIV, die Partenreederei (vgl. nur *Schwarz*, in: Bamberger/Roth, BGB, Vor § 21 Rn. 2; eingehend jeweils *Karsten Schmidt*, Ge-

Anfang der siebziger Jahre des letzten Jahrhunderts etwas abgeflacht war, hat der Gesetzgeber und die Rechtsprechung diesen Stein neuerdings wieder ins Rollen gebracht. Die Rechtslehre war und ist seit Jahrzehnten tief gespalten.[292] Letztlich geht es um die Frage, wem die im Zuge der gesellschaftlichen Aktivitäten begründeten Rechte und Pflichten zuzuordnen sind. Der Gesamthand per se oder den einzelnen Gesellschaftern persönlich?

Die vertretenen Standpunkte erstrecken sich von der Deutung des Instituts der Gesamthand als ein Instrument der gesamthänderischen Bindung eines den Gesamthandsgesellschaftern zustehenden unselbständigen Sondervermögens, über die grundsätzliche Anerkennung der (Teil-)Rechtsfähigkeit der gesamthänderischen Gesellschaft bürgerlichen Rechts bis hin zur Einstufung der Gesamthandsgesellschaft als juristische Person.

Der Streit soll an dieser Stelle nicht nochmals in allen Einzelheiten[293] aufbereitet, sondern nur hinsichtlich der grundsätzlichen Standpunkte dargestellt werden. Notwendig ist dies zum einen um die Anspruchsgrundlage und den richtigen Anspruchsinhaber für die Haftung für kompetenzwidrige Geschäftsführungsmaßnahmen zu bestimmen.

Sollte man bei der damit verbundenen Betrachtung der Rechtsnatur der Personengesellschaften, insbesondere der Gesellschaft bürgerlichen Rechts, zu der Ansicht gelangen, daß es sich bei diesen ebenfalls um juristische Personen handelt, dann verletzt ein Organ konsequenterweise bei Überschreitung seiner Geschäftsführungsbefugnisse seine organschaftlichen Kompetenzen und haftet dann entsprechend dem Haftungsregime des Kapitalgesellschaftsrechts (§§ 93 Abs. 2 AktG, 43 Abs. 2 GmbH).[294]

---

sellschaftsrecht, § 8 III 3, S. 200 ff.). Darüber hinaus zählt auch die Gemeinschaft der Miteigentümer an Wertpapieren bei der Wertpapiersammelverwaltung zu den Gesamthandsgesellschaften (vgl. *Schulze-Osterloh*, S. 163 ff.). Zu den Gesamthandsgesellschaften als mögliche Unternehmensträger eingehend *Karsten Schmidt*, Handelsrecht, § 5 I, S. 102 ff.

292 Siehe aus neuerer Zeit nur *Ulmer*, AcP 198 (1998), 113 ff.; *ders.*, ZIP 1999, 509 ff.; *ders.*, ZIP 1999, 554 ff.; *Zöllner*, in: FS für Kraft, S. 701 ff.; *Mülbert*, AcP 199 (1999), S. 38 ff.; *Kirberger*, in: FS für Leser, S. 219 ff., vgl. auch *Kindl*, NZG 1999, 517 ff. m.w.N.; *Berndt/Boin*, NJW 1998, 2854 ff. m.w.N.; *Cordes*, JZ 1998, 545 ff.; *Hüffer*, Gesellschaftsrecht, § 7 (2.), S. 46 ff. m.w.N.

293 Die Frage der rechtlichen Einordnung gehört zu den umstrittensten Fragen der modernen Zivilrechtsdogmatik (vgl. *Karsten Schmidt*, Gesellschaftsrecht, § 8 III, S. 196). Daher ist die Meinungsvielfalt in der Literatur zur Gesamthandslehre nahezu unübersehbar geworden. Einen (kurzen) Überblick über die Entwicklung bieten *Huber*, in: FS für Lutter, S. 107 ff. und *Karsten Schmidt*, NJW 2001, 993, 994 ff.

294 So ausdrücklich *Bergmann*, S. 181 Fn. 583.

Die wegweisende Grundlagenentscheidung des BGH,[295] sowie daran anschließend mehrere Folgeentscheidungen,[296] hat diese Frage der grundsätzlichen Rechtsfähigkeit der Gesellschaft bürgerlichen Rechts, zumindest aus Sicht der Folgen von kompetenzwidriger Inanspruchnahme von Geschäftsführungsbefugnissen eindeutig geklärt.

c) Traditionelle (Gesamthands-)Lehre

Die traditionelle Lehre[297] betrachtet die Gesamthandsgesellschaft bzgl. ihrer Organisationsform dogmatisch als eine bloße Vermögensgemeinschaft ohne eigene Rechtsfähigkeit, aber mit ungeteilter, jedoch dinglich gebundener Mitberechtigung aller Gesellschafter am Gesamthands- (oder Sonder-)vermögen (sog. individualistischer Ansatz).[298] Folgt man der bisher herrschenden Ansicht in der Rechtslehre,[299] so können nur die Gesellschafter der Gesellschaft bürgerlichen Rechts selbst berechtigt und verpflichtet werden.

d) Die „Gruppen"- Lehre oder Lehre von der (Teil-)Rechtsfähigkeit

Die von *Flume* in die Diskussion um die Gesamthandsgesellschaft wiedereingeführte Lehre von der (Teil-)Rechtsfähigkeit[300] versteht dagegen die Ge-

---

295 BGH, Urteil v. 29.1.2001, II ZR 331/00 „Weißes Roß I", BGHZ 146, 341 ff. = AG 2001, 307 ff. = BB 2001, 374 ff. = DB 2001, 423 ff. = DNotZ 2001, 234 ff. = DStR 2001, 310 ff. = NJW 2001, 1056 ff. = NZG 2001, 311 ff. = WM 2001, 408 ff. = ZIP 2001, 330 ff.

296 BGHZ 148, 201 ff., BGHZ 150, 1 ff.; BGH, ZIP 2003, 664 ff.; BGH, ZIP 2003, 899 ff. Dazu sogleich im Text.

297 Nach *Karsten Schmidt*, NJW 2001, 993, 994 ist dies die Auffassung aus „vorreformatorischer Zeit".

298 Siehe nur *Huber*, S. 61 ff., 89 ff.; *Schulze-Osterloh*, S. 14 ff.; *Buchner*, AcP 169 (1969), 483 ff.

299 Grundlegend *Schulze-Osterloh*, S. 14 ff.; *Huber*, S. 61 ff., 89 ff.; *Buchner*, AcP 169 (1969), 483 ff.; dem folgend insbesondere *Zöllner*, in: FS für Gernhuber, S. 563 ff. m.w.N. der (älteren) Apologeten in dessen Fn. 1; *ders.*, in: FS für Claussen, S. 423 ff.; *ders.*, in: FS für Kraft, S. 701 ff.; ebenso *Fickentscher*, Schuldrecht, Rn. 964, 987; *Medicus*, SchuldR BT/II, Rn. 481 f.; *Berndt/Boin*, NJW 1998, 2854 ff.; *Cordes*, JZ 1998, 545 ff. Aus der gesellschaftsrechtlichen Spezialliteratur folgend *G. Hueck*, Gesellschaftsrecht, § 3 II und § 5 I 5; *ders.*, in: FS für Zöllner, S. 275, 277. *Hopt/Hehl/Vollrath*, Gesellschaftsrecht, Rn. 5, 65, 68, 176 ff.; *Kraft/Kreutz*, Gesellschaftsrecht, C 1 d, S. 102 ff.; *Kübler*, Gesellschaftsrecht, § 4 III, S. 27 ff., § 6 III 3 c, S. 53; *Beuthien/Ernst*, ZHR 156 (1992), 227, 231 ff.

300 Vgl. *Flume*, ZHR 136 (1972), 177, 193 ff. sowie *ders.*, Personengesellschaft, § 4 II, S. 54 ff. und § 5, S. 68 ff.; *Ulmer*, Gesellschaft bürgerlichen Rechts, § 705 Rn. 127 ff., insbesondere 132 und *ders.*, AcP 198 (1998), 113 ff. Historischer Vorläufer *Flumes* war die deutschrechtliche Gesamthandslehre des 19. Jahrhunderts, die maßgeblich von *Otto v. Gierke* im Anschluß an *Georg Beseler* entwickelt wurde, vgl. *v. Gierke*, Genossenschaftstheorie,

samthandsgesellschaft als Personenvereinigung, der als solcher Rechtsfähigkeit zuzuerkennen ist (sog. kollektivistischer Ansatz).[301] Die (Außen-)Gesellschaft bürgerlichen Rechts kann demnach grundsätzlich als Gruppe am Rechtsverkehr teilnehmen und – entsprechend § 124 HGB – Träger von Rechten und Pflichten sein. Systematisch nimmt sie dann als dritte Rechtsträgerkategorie eine Mittelstellung zwischen den natürlichen und juristischen Personen ein.[302]

Die Konsequenz dieser Einordnung ist, daß den beiden möglichen Haftungsmassen (Gesellschafts- bzw. Gesamthandsvermögen und Privatvermögen) dann auch realitätsgerecht zwei Haftungssubjekte (Gesellschaft und Gesellschafter) gegenüber stehen.[303] Es gibt nämlich denklogisch kein Sondervermögen[304] ohne eine der Vermögenssonderung entsprechende Rechtsubjektivität der „Gruppe" der Gesamthänder.[305] Gegen diese „Propaganda" der Neuerer wendet sich ein Vertreter der individualistischen Ansicht eindringlich mit dem Hinweis, daß sich

---

S. 339 ff. und *ders.*, Deutsches Privatrecht I, S. 480 f. und S. 663 ff. (dort Fn. 1 mit Hinweisen auf die ältere Literatur). Unpräzise ist es daher, *Flume* als den „Begründer der modernen Gesamthandslehre" zu bezeichnen (vgl. z.B. *Dauner-Lieb*, DStR 2001, 356 Fn. 3), ebenso *Huber*, in: FS für Lutter, S. 107, Fn. 2 m.w.N. Dennoch bezeichnet *Karsten Schmidt* (NJW 2001, 993, 994) zu Recht *Otto v. Gierke*, *Werner Flume* und *Peter Ulmer* als die „Reformatoren" der überkommenen Lehre.

301 Grundsätzlich zustimmend MünchKomm/*Ulmer*, BGB, § 705 Rn. 127 ff.; *Reiff*, S. 29 f.; *Mülbert* AcP 199 (1999), S. 38; differenzierend *Karsten Schmidt*, Gesellschaftsrecht, § 8 III, insbesondere S. 203 ff.; *Hüffer*, Gesellschaftsrecht, § 7 (2.), S. 46 ff.; siehe auch *Kindl*, NZG 1999, 517 m.w.N. aus neuerer Zeit in Fn. 6. Zustimmend auch neuestens *Huber*, in: FS für Lutter, S. 107, 122 ff.

302 *Flume* hat folgerichtig die Gesamthandspersonengesellschaft aufbautechnisch nicht dem Besonderen Schuldrecht des BGB, sondern dem Allgemeinen Teil des BGB, genauer dem Personenrecht zugeordnet, vgl. *Flume*, Personengesellschaft, Vorwort, S. VII.

303 Ob darüber hinaus auch eine persönliche Verpflichtung der Gesellschafter neben der Verpflichtung der Gesellschaft bestand, war lange Zeit äußerst streitig. Die bislang herrschende Doppelverpflichtungstheorie verlangte, daß es eines besonderen Verpflichtungsgrundes bedürfe, wenn der Gesellschafter auch mit seinem Privatvermögen haften solle. Die entgegengesetzte Ansicht verlangte – entsprechend § 128 HGB – eine Haftung der Gesellschafter auch mit dem Privatvermögen (sog. Akzessorietätstheorie). Ob diese Haftung auch für deliktische Verbindlichkeiten der Gesellschaft oder darüber hinaus auch für die Haftung für Altschulden beigetretener Gesellschafter gelten sollte, war bis BGHZ 146, 341 ff. und den Folgeurteilen, die sich grundsätzlich zur akzessorischen Haftung der Gesellschafter hingewendet haben, ebenfalls lange umstritten. Zum aktuellen Stand der Entwicklung eingehend *Ulmer*, ZIP 2003, 1113 ff., *Schäfer*, ZIP 2003, 1225 ff. und *Wössner*, ZIP 2003, 1239 ff.

304 Im Gesetz wird dieser Begriff an keiner Stelle ausdrücklich erwähnt; eingehend zur Terminologie *Dauner-Lieb*, S. 37 ff.

305 Ebenso MünchKomm/*Ulmer*, BGB, § 705 Rn. 129; *Hüffer*, Gesellschaftsrecht, § 7 (2.), S. 48.

die „Postulierung sog. Rechtsfähigkeit" einfach nicht mit der geltenden Gesetzeslage vereinen lasse[306] und es doch letztlich gleichgültig sei, welcher Theorie man bei den anstehenden konstruktiven Sachproblemen folge.[307]

e) Lehre von der Gesamthand als juristische Person

Noch weiter als die Gruppenlehre geht aber die zunehmend vertretene Theorie von der juristischen Person, die alle Gesamthandsgemeinschaften den juristischen Personen[308] vollständig gleichstellt, um im Ergebnis der strukturellen Zweiteilung des Gesellschaftsrechts in Gesamthand und juristische Person den Boden zu entziehen.[309]

Die Vertreter eines einheitlichen Verbandsrechts[310] stützen diese Technik der Vermögenssonderung und die damit versuchte Überwindung der „dualistischen

---

306 Vgl. den Wortlaut des § 718 Abs. 1 BGB, der vom gemeinschaftlichen Vermögen der Gesellschafter spricht. Andererseits vgl. § 714 BGB (der Gesellschafter wird vertreten), siehe auch §§ 715, 719 BGB deren Wortlaut für das gesamthänderische Prinzip streitet.

307 *Zöllner*, in: FS für Kraft, S. 701, 718; früher schon *ders.*, in: FS für Gernhuber, S. 563, 576.

308 Vgl. zu den zum Begriff und Wesen der juristischen Person vertretenen Theorien nur MünchKomm/*Reuter*, BGB, Vor § 21 Rn. 13; *Schwarz*, in: Bamberger/Roth, BGB, Vor § 21 Rn. 1; siehe auch rechtsvergleichend zum Begriff der juristischen Person im US-amerikanischen Recht *Meissner*, S. 88 ff., insbesondere 107 ff.

309 Stellvertretend *Th. Raiser*, AcP 194 (1994), 495, 511; *ders.*, in: FS für Zöllner, S. 469, 470; ebenso *Timm*, ZGR 1996, 247, 251.

310 So zuerst *Th. Raiser*, AcP 194 (1994), 495, 511; jüngst *ders.*, AcP 199 (1999), 104, 36 ff., nochmals bekräftigend mit dem Hinweis, daß die Geschichte nun doch endgültig zu Ende sei (vgl. *ders.*, in: FS für Zöllner, S. 469, 486), ebenso *Timm*, NJW 1995, 3209, 2312, *ders.*, ZGR 1996, 247, 251 ff.; so auch schon *Hadding*, in: FS für Kraft, S. 137, 142 ff., 145; *Bälz*, in: FS für Zöllner, S. 35, 58 ff., 62; zustimmend auch *Bogenschütz/Kestler*, Hdb. der Internationalen Steuerplanung, S. 849, 854 in Fn. 14. Diese Ansicht ist indes auf entschiedenen Widerstand in der Rechtslehre gestoßen (vgl. beispielhaft MünchKomm/*Ulmer*, BGB, § 705 Rn. 131 m.w.N.; *ders.*, AcP 198 (1998), 113, 121 m.w.N.; ebenso *Kraft/Kreutz*, Gesellschaftsrecht, IV 4 a, S. 85 und C I 1 c cc, S. 102 ff.; *Habersack*, in: Großkomm. HGB, § 124 Rn. 2 m.w.N.); *Berndt/Boin*, NJW 1998, 2854, 2861; *Cordes*, JZ 1998, 545, 552; nur eine mögliche „terminologische" Neubesinnung für die Zukunft sieht darin *Karsten Schmidt*, Gesellschaftsrecht, § 8 I 3, S. 184, lehnt sie aber, insbesondere augrund des geltenden positiven Rechts und aus dogmengeschichtlichen Gründen als derzeit zuweitgehende „terminologische Radikalkur", ab. Differenzierend *Mülbert* AcP 199 (1999), S. 38, 43 ff., 66, der den genannten gesetzlichen Regelungen die Gleichstellung der Personenhandelsgesellschaften mit den juristischen Personen und der GbR die „abstrakte" Rechtsfähigkeit i.S. der Gruppen-Lehre entnimmt. Die Rechtsprechung ließ in BGHZ 136, 254, 257 die Frage, ob der GbR umfassende Rechtsfähigkeit als juristischer Person zukommt, noch offen. In seiner Entscheidung vom 29.1.2001 lehnte der II. Zivilsenat die Gleichstellung mit einem Hinweis auf § 14 Abs. 2 BGB (aber ansonsten ohne Begründung) ab, vgl. Nachweise unten S. 76 in Fn. 336.

Lehre“[311] in erster Linie auf die gesetzgeberischen „Federstriche“[312] im Umwandlungsgesetz von 1994 (vgl. §§ 191 Abs. 2 Nr. 1 UmwG[313]), in der Insolvenzordnung von 1999 (vgl. § 11 Abs. 2 Nr. 1 InsO[314]) und schließlich auf die Definition der rechtsfähigen Personengesellschaft in § 14 Abs. 2 BGB.[315]

Das Umwandlungsgesetz regelt die formwechselnde Umwandlung und kennzeichnet diese durch das Prinzip der Identität des Rechtsträgers (personelle Identität, vgl. §§ 190 Abs. 1, 202 Abs. 1 Nr. 1 UmwG), der Kontinuität des Vermögens (wirtschaftliche Identität) und der Diskontinuität der organisatorischen Verfassung.[316] Das Gesetz statuiert in § 191 Abs. 2 Nr. 1 UmwG die Umwandlungsfähigkeit der Gesellschaft bürgerlichen Rechts als Zielgesellschaft. Aus der Fähigkeit Rechtsträger[317] zu sein, schließen daher die Protagonisten der radikalen Variante der Gruppenlehre dann auf die Eigenschaft als Rechtssubjekt und damit juristische Person.[318]

Nach §§ 11 Abs. 2 Nr. 1, 15 Abs. 1 InsO[319] bilden die juristischen Personen begrifflich zwar den Gegensatz zu den Personengesellschaften, die „Gesellschaften ohne Rechtspersönlichkeit“[320] genannt werden, dennoch haben Personengesell-

---

311 Dazu *Karsten Schmidt*, Gesellschaftsrecht, § 8 IV 1, S. 206.

312 Dazu *Kirberger*, in: FS für Leser, S. 219, 236 ff. und *Cordes*, JZ 1998, 545, 549 ff.

313 In der Bekanntmachung vom 28.10.1994, BGBl. I, S. 2310.

314 Gesetz v. 5.10.1994, BGBl. I, S. 2866. Die InsO ist insgesamt erst am 1.1.1999 in Kraft getreten, vgl. Art. 110 EGInsO.

315 Eingefügt durch Art. 2 Abs. 1 des Gesetzes vom 27.6.2000, BGBl. I, S. 897 in Umsetzung der RiL 97/7/EG, ABl.EG Nr. L 144 vom 4.6.1997, S. 19 ff. – NJW 1998, 212 ff.

316 Vgl. *Karsten Schmidt*, Gesellschaftsrecht, § 13 II 1 c, S. 370. Allgemein zur Identität beim Rechtsformwechsel *Wiedemann*, ZGR 1999, 569 ff.

317 Allerdings hat der Begriff „Rechtsträger“ nur spezifische umwandlungsrechtliche Bedeutung, weil die tatsächlich erfaßten Rechtsträger spezialgesetzlich definiert sind oder bei den einzelnen Umwandlungsarten festgelegt sind (§§ 3, 124, 175, 191 UmwG). Dennoch ergibt sich die Rechtssubjektivität der Gesamthandsgesellschaften letztlich aus dem Identitätsgrundsatz des § 202 Abs. 1 Nr. 1 UmwG, der nicht nur ein gesetzestechnisches Mittel, sondern materielle Kontinuität darstellt. Aus umwandlungsrechtlicher Sicht vertiefend *Glockemann*, S. 88, 90, 94 f.

318 Vgl. *Kirberger*, in: FS für Leser, S. 219, 236 f. und insbesondere die Nachweise oben S. 71 in Fn. 310.

319 Nach bisherigem Recht war die GbR nicht insolvenzrechtsfähig, vgl. §§ 207 bis 236 c KO. Dazu *Ulmer*, Gesellschaft bürgerlichen Rechts, § 705 Rn. 134a.

320 Andererseits setzt § 1059 a Abs. 2 BGB in einer Legaldefinition den juristischen Personen aber wieder die rechtsfähigen Personengesellschaften gleich; ebenso §§ 1092 Abs. 3 Satz 1, 1098 Abs. 3 BGB, vgl. auch § 124 Abs. 1 (OHG) bzw. §§ 161 Abs. 2, 124 Abs. 1 (KG); nach MünchKomm/*Petzoldt*, BGB, § 1059 a Rn. 2 erstreckt sich der Anwendungsbereich auch auf die GbR, das Gegenteil vertrat dagegen früher Palandt/*Bassenge*, BGB, 59. Aufl., § 1059 a Rn. 1. Bei dieser „glücklichen Schöpfung“ muß sich der geneigte Jurist, wie *Zöllner* treffend ausführt, als Artist in der Zirkuskuppel fühlen (vgl. *ders.*, in: FS für Claussen,

schaften wie alle inzolvenzrechtsfähigen Gesellschaftsformen insoweit materiellrechtlich eigene Rechtssubjektivität.[321]

In § 14 Abs. 2 BGB hat der Gesetzgeber die rechtsfähige Personengesellschaft jetzt als eine Personengesellschaft legaldefiniert, welche mit der Fähigkeit ausgestattet ist, Rechte zu erwerben und Verbindlichkeiten einzugehen. Die Versetzung der Definition aus § 1059 a Abs. 2 BGB a.F. (betreffend den Nießbrauch einer juristischen Person an Sachen) in den Allgemeinen Teil des BGB erfolgte wohl aus gesetzgebungstechnischen Gründen. Ob damit eine Anerkennung der Gesellschaft bürgerlichen Rechts als rechtsfähige Personengesellschaft gewollt ist, wird jedenfalls aus dem Gesetzeswortlaut nicht ersichtlich.[322]

Die mehr als drei (berichtigenden) Worte des Gesetzgebers in § 14 Abs. 2 BGB[323] ließen zwar nicht ganze Bibliotheken zu Makulatur werden,[324] die Rechtsfähigkeits-Diskussion ist damit für die Gesellschaft bürgerlichen Rechts jedenfalls nicht abgeschlossen gewesen. *De lege lata* ist die rechtsfähige Personengesellschaft aber auch nicht den juristischen Personen zuzuordnen.

S. 423, 429 in Fn. 17), zu Recht meint daher *Blaurock*, ZEuP 1998, 460, 474, die jüngere deutsche Gesetzgebung sei ein Spiegel für die in juristischen Umbruchzeiten stattfindende Begriffsvermischung.

321 Ebenso *Brandani*, S. 35.

322 Neuerdings vertritt Palandt/*Heinrichs*, BGB, § 14 Rn. 3 die Ansicht, die GbR nach der neuen Rechtsprechung des BGH (NJW 2001, 1656 ff.) falle unter den Unternehmensbegriff des § 14 Abs. 2 BGB; ebenso BGH, NJW 2001, 1056, 1058 sub I 4. Der BGH behandelt jetzt auch eine sog. Scheinauslandsgesellschaft [„*pseudo foreign corporation*", im entschiedenen Fall eine als „*limited company (Ltd.)*" nach dem Recht der Kanalinsel Jersey gegründete Gesellschaft], die ihren Verwaltungssitz ins Inland verlegt, nun nicht mehr als rechtliches Nullum, sondern als rechtsfähige Personengesellschaft nach § 14 Abs. 2 BGB, vgl. dazu BGH, Urteil v. 1.7.2002, II ZR 380/00, DB 2002, 2039 ff. mit Besprechung von *Leible/Hoffmann* DB 2002, 2203 ff. Eine Durchgriffshaftung analog § 128 HGB auf die Gesellschafter der englischen Ltd. wegen unzureichender Kapitalausstattung bejaht jetzt AG Hamburg, DStR 2003, 1763 f. mit ablehnender Anm. von *Lürken*. Vgl. auch unten S. 91 in Fn. 409.

323 Die Begrifflichkeit aus § 14 Abs. 2 BGB stimmt mit europäischem Sekundärrecht überein (Art. 2 Nr. 3 Fernabsatzrichtlinie, Art. 1 II lit. b Verbraucherkreditrichtlinie, Art. 2 zweiter Spiegelstrich Haustürgeschäfterichtlinie, Art. 2 lit. c Missbräuchliche-Klauseln-Richtlinie, Art. 2 dritter Spiegelstrich Time-Sharing-Richtlinie). Eingehend zum Unternehmensbegriffs und der Bestimmung des funktionalen Anwendungsbereichs des § 14 BGB vgl. *Struck*, MittBayNot 2003, 259, 261 f.

324 So der berühmte Stoßseufzer von *Julius v. Kirchmann* zur Wertlosigkeit der Jurisprudenz als Wissenschaft vor dem Hintergrund des überwiegenden Interesses der Rechtslehre an den Lücken, Zweideutigkeiten, Widersprüchen, dem Unwahren, Veralteten und Willkürlichem der positiven Gesetze. Siehe *v. Kirchmann*, S. 24 f.

f) Entwicklung der Rechtsprechung

Die höchstrichterliche Rechtsprechung hat die eben aufgezeigten Entwicklungsansätze in der Rechtslehre von der ausschließlichen Rechtszuständigkeit der Gesellschafter hin zur eigenen Rechtsfähigkeit der Gesamthand mittlerweile in einer Rechtsfortbildung *praeter legem* vollständig nachvollzogen.[325]

Im Anschluß an die Rechtsprechung des RG[326] vertrat der BGH zunächst die strikt individualistische Auffassung und lehnte die Existenz der Gesellschaft bürgerlichen Rechts als solche damit grundsätzlich ab.[327] Der BGH verstand die Gesellschaft bürgerlichen Rechts also immer nur als Gesamtheit ihrer Gesellschafter.[328] Infolgedessen war die Gesellschaft weder Träger des Gesellschaftsvermögens noch als Schuldner der Gesellschaftsverbindlichkeiten anzusehen.[329]

Ende der siebziger Jahre des vergangenen Jahrhunderts wich der BGH von dieser Rechtsprechung dann ab. Zwei aufeinander folgende Entscheidungen brachen mit der individualistischen Sichtweise. Er wandte sich von dem Standpunkt ab, daß die Gesellschaft als solche nicht existiere und es sich bei den Gesellschaftsschulden um nichts anderes als gemeinschaftliche Schulden der Gesamtheit aller Gesellschafter handelte. Der BGH ging nach seinem Richtungswechsel davon aus, daß „der Vertragspartner die Gesellschaft bürgerlichen Rechts sei und die Gesellschafter“ für „diese Verbindlichkeiten der Gesellschaft“ auch persönlich hafteten bzw. „das Gesellschaftsvermögen“ den Vertragspartnern der Gesellschafter auch dann weiterhafte, wenn es nach dem Vertragsschluß zum Gesellschafterwechsel komme.[330] Zwar ließ sich diesen Entscheidungen nicht explizit entnehmen, daß die Gesellschaft per se rechtsfähig sei, es sich mithin um eigene Schulden der Gesellschaft handele und gerade dieser Umstand auch die Forthaftung des bisherigen Gesellschaftsvermögens begründete. Hierzu hatte der BGH aber auch keinen Anlaß, denn in den beiden Entscheidungen ging es letztlich allein um die persönliche Inanspruchnahme der Gesellschafter. Den-

---

325 Grundlegend zur gesetzlichen Lücke als Voraussetzung der richterlichen Rechtsfortbildung in Ergänzung des geltenden Rechts, siehe *Canaris*, Feststellung von Lücken im Gesetz, § 5 ff., S. 17 ff.

326 RGZ 49, 340, 343 (OHG); 56, 206, 209 (GbR); 65, 21, 23 (OHG); 85, 157, 158 f. (GbR); 136, 236, 241 (GbR); 155, 7587 (OHG).

327 Vgl. BGH, Urteil v. 14.2.1957, VII ZR 250/56, BGHZ 23, 307, 313: „*Als Gesellschaft bürgerlichen Rechts besaß die* [...] *keine eigene Rechtspersönlichkeit. Sie hatte* [...] *kein Gesellschaftsvermögen im eigentlichen Sinne und ebensowenig hatte sie Gesellschaftsschulden als solche* [...]. *Ging der vertretungsberechtigte Geschäftsführer (§ 709 BGB) eine Verpflichtung namens der Gesellschaft ein, so richtete sich die daraus folgende Forderung also nicht gegen die Gesellschaft selbst.*“

328 Vgl. BGHZ 17, 340, 342; BGHZ 23, 307, 313; BGHZ 34, 293, 296; BGHZ 59, 179, 184; BGHZ 61, 69, 67.

329 BGHZ 23, 307, 313.

330 BGHZ 72, 267, 271; BGHZ 74, 240, 241.

noch legte die Formulierung, daß die Gesellschaft „Vertragspartner" war, nahe, daß sich auch beim BGH die Erkenntnis langsam durchsetzen würde, daß die Gesellschaft bürgerlichen Rechts selbst als Träger der aus dem Vertrag resultierenden Rechte und Pflichten anzusehen sei.

Im Jahre 1980 hatte der BGH dann den für die individualistische Auffassung problematischen Fall des Gesellschafterwechsels zu entscheiden. Dabei führte er aus, daß sich die Eigenart der gesamthänderischen Verpflichtung nicht etwa darin erschöpfe, daß Verbindlichkeiten begründet werden, für die zwei Vermögensmassen hafteten. Dies stünde im Widerspruch dazu, daß „als Folge des Gesamthandsprinzips die Gesellschafter gemeinsam als Gesellschaft, diese allerdings ohne Verselbständigung gegenüber ihren Mitgliedern mit Wirkung für und gegen das Gesellschaftsvermögen im Rechtsverkehr handeln können und § 718 BGB dementsprechend die durch die Geschäftsführung erworbenen Gegenstände, also auch die Rechte und Pflichten aus einem im Namen der Gesellschaft abgeschlossenen Vertrag dem Gesellschaftsvermögen zuweist".[331] Konsequenz daraus ist, daß der Vertragspartner gegenüber Dritten die Gesellschaft ist. Dies bleibt sie auch, wenn eine ihrer Gesellschafter seinen Anteil überträgt. Von einem Mitgliederwechsel wird der Bestand der Gesellschaft und ihre Rechte und Pflichten daher nicht berührt.[332]

In seinem Urteil vom 4.11.1991 stellte der BGH schließlich anläßlich der Beteiligung einer Gesellschaft bürgerlichen Rechts an einer Genossenschaft ausdrücklich dar:

> *„Als Gesamthandsaußengesellschaft kann die (Außen-)Gesellschaft bürgerlichen Rechts nach heutiger Auffassung als Teilnehmer am Rechtsverkehr grundsätzlich, d.h. soweit nicht spezielle rechtliche Gesichtspunkte entgegenstehen, jede Rechtsposition einnehmen."*[333]

In einer weiteren Aufsehen erregenden Entscheidung zur persönlichen Gesellschafterhaftung für rechtsgeschäftliche Gesellschaftsverbindlichkeiten stellte der zuständige gesellschaftsrechtliche Senat am 27.9.1999 dann die persönliche Haftung kraft Gesetzes der Gesellschafter einer Gesellschaft bürgerlichen Rechts fest und erteilte der durch gesellschaftsvertragliche Haftungsbeschränkungen gekennzeichneten sog. „Gesellschaft bürgerlichen Rechts mbH" eine eindeutige

---

331 BGHZ 79, 374, 378 f.

332 BGHZ 79, 374, 379.

333 So ausdrücklich BGHZ 116, 86, 88 ff.; vgl. auch die Besprechung von *Beuthien/Ernst*, ZHR 156 (1992), 227, 228. Ebenso bejaht BGHZ 118, 83, 89 ff. die Mitgliedschaftsfähigkeit einer GbR für die AG und BGH, NJW 1998, 376 f. in einer anderen GbR; ebenso schon RGZ 136, 236, 240 (für GbR); 142, 13, 21; dem zustimmend MünchHdb. GesR I/*Happ/Brunkhorst*, § 5 Rn. 21; *Karsten Schmidt*, Gesellschaftsrecht, § 59 I 1 b, S. 1731 und § 45 I 1 b, S. 1327; MünchKomm/*Ulmer*, BGB, § 705 Rn. 67.

Absage.[334] Zur Begründung der Entscheidung führte der erkennende II. Zivilsenat des BGH sowohl die individualistische Lehre als auch die neue Lehre in Kombination mit der Akzessorietätstheorie an.[335] Die 1999 angedeutete „Umwälzung" der Haftungsverfassung der Gesellschaft bürgerlichen Rechts durch Übergang von der sog. Doppeltverpflichtungs- zur sog. Akzessorietätstheorie vollzog der BGH schließlich endgültig im Jahr 2001.

In seiner Entscheidung vom 29. Januar 2001[336] stellt wiederum der II. Zivilsenat hinsichtlich einer Wechselverpflichtung einer Gesellschaft bürgerlichen Rechts unmißverständlich fest:

> *„Nach neuerer Rechtsprechung des BGH kann die Gesellschaft bürgerlichen Rechts grundsätzlich, d.h. soweit nicht spezielle Gesichtspunkte entgegenstehen, jede Rechtsposition einnehmen. Soweit sie in diesem Rahmen eigene Rechte und Pflichten begründet, ist sie (ohne juristische Person zu sein) rechtsfähig (vgl. § 14 Abs. 2 BGB)."*[337]

---

334 BGH, Urteil v. 27.9.1999, II ZR 371/98, BGHZ 142, 315 ff. = NJW 1999, 3483 ff. Vgl. dazu die Anm. von *Altmeppen*, ZIP 1999, 1758 ff.; *Ulmer*, ZGR 2000, 339 ff.; *Huber*, in: FS für Lutter, S. 107, 114 ff.; *Reiff*, NZG 2000, 281 ff. und *Hadding*, ZGR 2001, 712, 713 m.w.N. in Fn. 13.

335 Zur Begründung führte der BGH aus, daß die Gesellschafter für im Namen der Gesellschaft begründete Verbindlichkeiten mit ihrem Privatvermögen hafteten und sie diese Haftung nur im Einvernehmen mit den Gläubigern ausschließen könnten, folge bei ausschließlicher Rechtsfähigkeit der Gesellschafter (individualistischer Ansatz) ohne weiteres aus dem Grundsatz der unbeschränkten Vermögenshaftung. Zum selben Ergebnis gelange man aber auch, gehe man von der Rechtsfähigkeit der Gesellschaft aus, mit Hilfe der Akzessorietätstheorie.

336 BGH, Urteil v. 29.1.2001, II ZR 331/00 „Weißes Roß I", BGHZ 146, 341 ff. Das Urteil ist überwiegend auf positive Resonanz gestoßen. Besprochen wird das Urteil von *Karsten Schmidt*, NJW 2001, 993 ff.; *Goette*, DStR 2001, 315; *Ulmer*, ZIP 2001, 585 ff., *Hadding*, ZGR 2001, 712 ff.; *Römermann*, DB 2001, 428 ff.; *H.P. Westermann*, NZG 2001, 289 ff.; *Reiff*, VersR 2001, 515 ff., *Habersack*, BB 2001, 477 ff.; *Dauner-Lieb*, DStR 2001, 356 ff., *Wiedemann*, JZ 2001, 661 ff.; *Gesmann-Nuissl*, WM 2001, 973 ff.; *Ann*, JA 2001, 441 ff.; *ders.*, MittBayNot 2001, 197 f.; kritisch allerdings *Pfeiffer*, NZG 2001, 296 ff.; *Heil*, NZG 2001, 300 ff. Vgl. auch BGH, Urteil v. 18.2.2002, II ZR 331/00 „ARGE Weißes Roß II", DStR 2002, S. 686 ff. mit Anm. *Goette*.

337 BGHZ 146, 341. Die Scheckrechtsfähigkeit hatte der XI. Zivilsenat des BGH bereits mit Urteil v. 15.7.1997, BGHZ 136, 254, 257 f. = NJW 1997, 2754, 2755 (unter Aufgabe der früheren Rechtsprechung in BGHZ 61, 59, 62) anerkannt. Somit ist die Wertpapierrechtsfähigkeit der GbR anerkannt. Eingehend auch Staudinger/*Habermeier*, BGB, Vorbem. zu §§ 705 - 740 Rn. 18 f. *Hadding* folgert daraus auch zu Recht, daß die GbR somit – entgegen der bisherigen Praxis – selbst kontofähig ist, mithin Beteiligte eines Giroverhältnisses oder eines Kreditverhältnisses gegenüber einem Kreditinstitut sein kann, vgl. *ders.*, ZGR 2001, 712, 722 m.w.N.

Gleichzeitig billigte der BGH konsequenterweise für den streitgegenständlichen Wechselprozeß der Gesellschaft bürgerlichen Rechts die aktive und passive Parteifähigkeit im Zivilprozeß zu.[338]

In Umsetzung der neuen Rechtsprechung zur Rechtsfähigkeit der Gesellschaft bürgerlichen Rechts und den damit zur veränderten Haftungsverfassung zusammenhängenden Fragestellungen sind in der Folgezeit weitere vier Grundsatzentscheidungen des II. Zivilsenats ergangen, welche die weiteren offen gebliebenen Problembereiche klären sollten.

Diese Entscheidungen[339] betrafen die Mitgliedschaftsfähigkeit bei einer Personenhandelsgesellschaft,[340] die Haftung für Abfindungsansprüche ausgeschiede-

---

[338] Vgl. BHGZ 146, 341 (2. Leitsatz) unter Aufgabe von BGHZ 80, 222, 227, die sich in ihrer Begründung in wesentlichen Punkten auf die Habilitationsschrift von *Wertenbruch* (insbesondere dort S. 122 ff.) stützt. Ablehnend vorher MünchKomm/*Ulmer*, BGB, Vor § 705 Rn. 8, § 718 Rn. 42 f.; *Stein/Jonas/Bork*, ZPO, § 50 Rn. 17 m.w.N., eingehend *Müther*, MDR 1998, 625 ff. Die Bejahung der Parteifähigkeit hat infolge der Entscheidung aber Zustimmung in der Literatur gefunden, vgl. *Karsten Schmidt*, NJW 2001, 993 ff.; *Goette*, DStR 2001, 315; *Ulmer*, ZIP 2001, 585 ff., *Wertenbruch*, NJW 2002, 324 ff.; *H.P. Westermann*, NZG 2001, 289 ff.; *Habersack*, BB 2001, 477 ff.; *Dauner-Lieb*, DStR 2001, 356 ff., *Wiedemann*, JZ 2001, 661 ff. Kritik allerdings bei *Pfeiffer*, NZG 2001, 296 ff.; *Heil*, NZG 2001, 300 ff. Eingehend zu den Folgen des Urteils in zivilprozessualer Hinsicht und für die freiwillige Gerichtsbarkeit *P. Pohlmann*, WM 2002, 1421 ff. Die Namenrechtsfähigkeit der GbR ist mit dieser Entscheidung „Weißes Roß I" ebenfalls implizit anerkannt worden, vgl. dazu Staudinger/*Habermeier*, BGB, Vorbem. zu §§ 705 - 740 Rn. 23 und *Glockemann*, S. 99 ff. eingehend zum bisherigen Meinungsstand. Zivilprozessual ist bei anhängigen Verfahren, in denen die Gesellschafter einer GbR entsprechend der bisherigen Rechtsprechung als notwendige Streitgenossen eine Gesamthandsforderung eingeklagt haben, in Folge der Parteifähigkeit kein Parteiwechsel erforderlich. Nach BGH, Urteil v. 15.1.2003, XII ZR 300/99, ZIP 2003, 667, 668 ist eine Rubrumsberichtigung der zulässige und richtige Weg der Rechtsfähigkeit der GbR Rechnung zu tragen.

[339] Das BVerfG, Beschluß v. 2.9.2002, 1 BvR 1103/02, NJW 2002, 3533 hat inzwischen die Grundrechts- und Parteifähigkeit der GbR entsprechend Art. 19 Abs. 3 GG ausdrücklich anerkannt.

[340] Bejahend für eine Kommanditbeteiligung an einer KG der Vorlagebeschluß des BayObLG v. 18.10.2000, 3Z BR 164/00, BB 2001, 737 ff. m. Anm. *Wertenbruch* = DStR 2001, 1162 ff. mit Anm. *Steinbeck* = JA 2001, 185 ff. mit Anm. *Ann* = JZ 2001, 417 ff. mit Anm. *Piepenstock* = ZIP 2000, 2165 ff. gegen die bisherige Rechtsprechung von BGHZ 46, 291, 296; BGH, NJW-RR 1987, 416; BGH, WM 1990, 586, 587; OLG Zweibrücken, OLGZ 1982, 155 ff.; ablehnend noch immer mit dem Hinweis auf die fehlende Registerpublizität *Koller/Roth/Morck*, HGB, § 105 Rn. 19. Der BGH hat mittlerweile die Rechtsansicht des BayObLG bestätigt, vgl. BGH, Beschluß v. 16.07.2001, II ZB 23/00, BB 2001, 1966 f. = DB 2001, 1983 f. = NJW 2001, 3121 ff. = WM 2001, 1764 ff. = ZIP 2001, 1713 ff. mit zustimmender Anm. von *Ulmer*. Auch der Gesetzgeber hat inzwischen die Eintragungspflicht aller Gesellschafter in der Neufassung des § 162 Abs. 1 Satz 2 HGB durch das ERJuKoG (Gesetz v. 10.12.2001, BGBl. I, S. 3422) anerkannt. Vgl. dazu *Seibert*, BB 2001, 2494, 2495. Das LG Berlin, Beschluß v. 8.4.2003, II ZB 23/00, hat in Fortführung der Rechtsprechung des BGH die Fähigkeit einer GbR bejaht, persönlich haftende Gesell-

ner Gesellschafter seitens der übrigen,[341] die Haftungsbeschränkungen für Anlagegesellschafter geschlossener Immobilienfonds in Form einer Gesellschaft bürgerlichen Rechts,[342] die Haftung der Gesellschafter für Schadensersatzansprüche Dritter gegen die Gesellschaft bürgerlichen Rechts und der übrigen Mitgesellschafter wegen deliktischen Organhandels eines Gesellschafters[343] und

schafterin (Komplementärin) einer KG zu sein. Bei einem Gesellschafterwechsel sei dann § 162 Abs. 1 Satz 2 HGB entsprechend anzuwenden.

341 BGHZ Urteil v. 2.7.2001, II ZR 304/00, BGHZ 148, 201 ff. = BB 2001, 1806 f. = DB 2001, 1775 ff. = DStR 2001, 1355 ff. = NJW 2001, 2718 ff. = ZIP 2001, 1364 ff.

342 BGH, Urteil v. 21.1.2002, 2/00, BGHZ 150, 1 ff. = BB 2002, 1061 ff. = DB 2002, 1042 ff. = DStR 2002, 816 ff. mit Anm. *Goette* = NJW 2002, 1642 ff. = ZIP 2002, 815 ff. Mit diesem Urteil wird die Absage der Entscheidung vom 27.9.1999 (BGHZ 142, 315 ff.) an eine „GbR mbH" für den Bereich von geschlossenen Immobilienanlagefonds und Bauherrengemeinschaften - entgegen der grundsätzlichen akzessorischen Haftung - wieder erheblich eingeschränkt. Zugelassen wird die (in AGB) vorformulierte Haftungsbeschränkung von Fondbeteiligten mit Gesellschaftsgläubigern. Die Haftung in künftigen Bauherrengemeinschaften soll von der Rechtsprechungsänderung aus dem Jahre 1999 ebenfalls nicht berührt werden. Insoweit soll es bei der quotalen Haftung jedes Gesellschafters für die sog. „Aufbauschulden" bleiben. Zu dieser Entscheidung vgl. *Ulmer*, ZIP 2003, 1113, 1117 f. und kritischen Besprechungen von *Reiff*, ZGR 2003, 551 ff., *Wälzholz*, MittBayNot 2003, 35 ff. und *Casper*, JZ 2002, 1112 f. Zustimmend aber *Karsten Schmidt*, NJW 2003, 1897, 1901 f. und *Langenfeld*, BWNotZ 2003, 1, 3 f.

343 BGH, Urteil v. 24.2.2003, II ZR 385/99, NJW 2003, 1445 ff. = NZG 2003, 428 ff. = ZIP 2003, 664 ff. Als Begründung für die Anwendbarkeit hat der BGH (unter Aufgabe seiner Standpunktes in BGHZ 45, 311 ff.) den Gesichtspunkt des Gläubigerschutzes für die deliktisch Geschädigten, die sich den Schuldner nicht aussuchen könnten, angeführt. Darüber hinaus sei die Haftung für die an der unerlaubten Handlung unbeteiligten Gesellschafter angesichts ihres Einflusses auf die Tätigkeit der deliktisch handelnden Organmitglieder auch gerechtfertigt; vgl. BGH, ZIP 2003, 664, 666 im Anschluß an die Argumentation von *Ulmer*, ZIP 2001, 585, 597; zustimmend auch bei *Karsten Schmidt*, NJW 2003, 1897, 1899. Gegen eine deliktische Haftung der Mitgesellschafter unter Berufung auf die Entstehungsgeschichte der §§ 31 BGB und 128 HGB und einer entsprechenden teleologischen Reduktion des § 128 HGB aber *Altmeppen*, NJW 2003, 1553, 1556 f. Ebenso *Medicus*, Bürgerliches Recht, Rn. 795 wonach § 31 BGB keine persönliche Haftung der Gesellschafter begründen könne. Dagegen wiederum *Ulmer*, ZIP 2003, 1113, 1115, der die Unzumutbarkeit der deliktischen Mithaftung eines an der unerlaubten Handlung unbeteiligten Gesellschafters mit dem Hinweis verneint, daß das deliktische Handeln des geschäftsführenden Organs „in Ausführung der ihm zustehenden Verrichtung" begangen wird und diese damit grundsätzlich im Dienste bzw. Interesse der Gesellschaft erfolgt sei. Für eine persönliche Haftung der Gesellschafter auch *Karsten Schmidt*, NJW 2003, 1897, 1899, der mit der Unterdeckungshaftung der Mitgesellschafter entsprechend ihrer Verlustanteile aus §§ 735, 739 BGB argumentiert, soweit der deliktische handelnde Gesellschafter nicht in der Lage ist, die Gesellschaft und seine Mitgesellschafter von der Haftung im Innenverhältnis freizustellen.

schließlich die Haftung beigetretener Gesellschafter für Altverbindlichkeiten einer Gesellschaft bürgerlichen Rechts entsprechend § 130 HGB.[344]

Nach diesen Entscheidungen ist die Grundsatzfrage nach der Haftungsverfassung in der (Außen-)Gesellschaft bürgerlichen Rechts aus Sicht der höchstrichterlichen Rechtsprechung im Grunde geklärt.[345] Der BGH hat sich für die Rechtsfähigkeit der Gesellschaft bürgerlichen Rechts entschieden und favorisiert bzgl. der Haftungsverfassung das Modell der akzessorischen Gesellschafterhaftung entsprechend der oHG.[346]

In diesen Folgeentscheidungen brachte der BGH auch die §§ 128 bis 130 HGB und den – vorher von der Rechtslehre schon lange geforderten – § 31 BGB auf die Verbindlichkeiten einer Gesellschaft bürgerlichen Rechts gegenüber Dritten zur Anwendung, ohne daß es auf den jeweiligen Rechtsgrund[347] dieser Verpflichtung ankommt.[348] Diese Haftung trifft grundsätzlich auch den beitretenden Gesellschafter; für eine Ausnahme betreffend Altverbindlichkeiten ist auch in der Freiberuflersozietät kein Raum.[349]

---

344 BGH, Urteil v. 7.4.2003, II ZR 56/02, BB 2003, 1081 ff. mit Anm. *Römermann* = DB 2003, 1164 ff. mit Anm. *Hasenkamp* = NJW 2003, 1803 ff. = NZG 2003, 577 ff. = ZIP 2003, 899. Unter Aufgabe seines Standpunktes in BGHZ 74, 270 ff. begründet der II. Zivilsenat die Anwendbarkeit des § 130 HGB im wesentlichen damit, daß die durch das Fehlen jeglicher Kapitalerhaltungsregeln korrelierende persönliche Haftung im Personengesellschaftsrecht nicht vor einem neu hinzutretenden Gesellschafter halt machen könne. Im übrigen käme es auch zu Abgrenzungsschwierigkeiten bei Verbindlichkeiten aus laufenden Dauerschuldverhältnissen. Mit einem positivistischen Verweis auf § 735 BGB zustimmend *Karsten Schmidt*, NJW 2003, 1897, 1901. Nach § 735 BGB wird auch im Liquidationsfall bei einer bestehenden Unterdeckung kein Unterschied zwischen Neu- und Altschulden für den Innenausgleich unter den Gesellschaftern gemacht. Vgl. aber auch die kritische Besprechung von *Boehme*, NZG 2003, 764 ff.

345 Ebenso *Ulmer*, ZIP 2003, 1113, 1114.

346 Auch andere Senate des BGH sind dem mittlerweile gefolgt. „*Als rechtsfähige Gesamthandsgesellschaft wird die GbR aus den sie treffenden Schuldverhältnissen unmittelbar selbst berechtigt und verpflichtet. Die daneben in Analogie zu §§ 128 ff. BGB bestehende akzessorische Haftung ihrer Gesellschafter erfaßt* [...] *grundsätzlich sämtliche Verbindlichkeiten der Gesamthand.*“ Vgl. BGH, Urteil v. 23.7.2003, XII ZR 16/00; Quelle: http://www.rws-verlag.de/bgh-free/volltext6/vo-95272.htm (Stand Oktober 2003).

347 Sei es vertraglicher oder deliktischer Natur.

348 BGHZ 45, 311, 312 hatte die Anwendbarkeit des § 31 BGB aufgrund der wenig körperschaftlichen Struktur der GbR noch verneint. Diese Sicht war schon seit Jahrzehnten in der Rechtslehre bestritten worden, vgl. nur *Ulmer*, Gesellschaft bürgerlichen Rechts, § 705 Rn. 218 m.w.N. in Fn. 626 und *Medicus*, Bürgerliches Recht, Rn. 795.

349 Zu den Möglichkeiten des Ausschlusses oder einer Beschränkung der Gesellschafterhaftung vgl. *Ulmer*, ZIP 2003, 1113, 1116 ff.

Derzeit werden von der Rechtsprechung noch die Markenrechtsfähigkeit,[350] die Arbeitgeberfähigkeit,[351] die Grundbuchfähigkeit,[352] die Erbfähigkeit der Gesellschaft bürgerlichen Rechts[353] sowie die Anwendbarkeit des § 28 HGB im Falle des Beitritts zu einem kleingewerblichen oder freiberuflichen Unternehmen bzw. der Einbringung eines freiberuflichen Unternehmens in eine Gesellschaft bürgerlichen Rechts abgelehnt.[354]

Als Begründung für die Ablehnung der Grundbuchfähigkeit der Gesellschaft bürgerlichen Rechts, diente im wesentlichen der Satz von *Karsten Schmidt*, daß *„jede Registerpublizität des Objekts, die Publizität des Subjekts"* voraussetze.[355]

Inzwischen hat das BayObLG[356] in dieser Frage wie folgt entschieden:

> *„Eine Gesellschaft bürgerlichen Rechts ist nicht grundbuchfähig; sie kann nicht unter ihrem Namen als Eigentümerin eines Grundstücks oder als Berechtigte eines beschränkten dinglichen Rechts in das Grundbuch eingetragen werden."*

---

350 Die Markenrechtsfähigkeit i.S. des § 7 Nr. 3 MarkenG hat der I. Zivilsenat des BGH (DB 2000, 2117 ff. = NJW-RR 2001, 114 ff.) in Unkenntnis des Grundlagenurteils vom 29.1.2001 verneint. Ablehnend *Karsten Schmidt*, NJW 2001, 993, 998 m.w.N. in Fn. 80. Für eine umfassende Fähigkeit der Inhaberschaft von gewerblichen Schutzrechten auch Staudinger/*Habermeier*, BGB, Vorbem. zu §§ 705 - 740 Rn. 10. Vgl. nunmehr BGH, NJW 2002, 1207 f. Der II. Zivilsenat scheint sich gegenüber dem I. Zivilsenat durchgesetzt zu haben.

351 Ablehnend bisher BAG, NJW 1989, 3034, 3035; vgl. auch BGH, NJW 2002, 1207, 1208.

352 Die Grundbuchfähigkeit bejahend schon *Flume*, Personengesellschaft, § 5, S. 70; *Huber*, in: FS für Lutter, S. 107, 128 ff.; *Wertenbruch*, S. 172 f., insbesondere S. 261, 264; *ders.*, NJW 2002, 324, 239 m.w.N. in Fn. 65; *Ulmer/Steffek*, NJW 2002, 330 ff.; *Demuth*, BB 2002, 1555, 1558; *P. Pohlmann*, WM 2002, 1421, 1429; bejahend aus der grundbuchrechtlichen Schrifttum auch *Eickmann*, ZfIR 2001, 433, 436 f.; schwankend *Lautner*, MittBayNot 2001, 425, 430 ff.; ablehnend *Stöber*, MDR 2001, 545, 546; *Demharter*, Rpfleger 2001, 329, 330; *Münch*, DNotZ 2001, 535, 540; *Heil*, NJW 2002, 2158, 2159 f. Grundsätzlich zurückhaltend auch Staudinger/*Habermeier*, BGB, Vorbem. zu §§ 705 - 740 Rn. 26.

353 Vgl. dazu MünchKomm/*Ulmer*, BGB, § 705 Rn. 131 ff.; *ders.*, ZIP 1999, 509, 511, in Fn. 18; jetzt grundsätzlich für die Erbfähigkeit *ders.*, ZIP 2001, 585, 596; so schon MünchHdb. GesR I/*Gummert*, § 9 Rn. 32 ff., 46 ff., der sowohl Eintragungsfähigkeit im Wege des § 47 GBO, als auch aktive und passive Parteifähigkeit vor der Entscheidung des BGH vom 29.1.1999 angenommen hatte (Bezeichnung der Gesellschafter im Rubrum in Analogie zu § 47 GBO. Vertiefend zum formellen Grundstücksrecht *Wenz*, MittRhNotK 1996, 377 ff.; *Karsten Schmidt*, ZIP 1998, 2, 7. Vgl. auch Staudinger/*Habermeier*, BGB, Vorbem. zu §§ 705 - 740 Rn. 21.

354 Die Anwendbarkeit des § 28 HGB verneinend z.B. noch BGHZ 143, 314, 317 f.; dem folgend bisher die h.L., vgl. nur Baumbach/*Hopt*, HGB, § 28 Rn. 2; *Koller/Roth/Morck*, HGB, § 28 Rn. 5. Für eine Anwendbarkeit des § 28 HGB aber *Karsten Schmidt*, NJW 2003, 1897, 1903.

355 Vgl. *ders.*, ZIP 1998, 2, 7; *ders.*, NJW 2001, 993, 1002; dazu auch OLG München, NZG 2001, 26.

356 Beschluß v. 31.10.2002, 2Z BR 70/02, DNotZ 2003, 52 ff. = NZG 2003, 26 ff.

Zur Begründung trägt das BayObLG im wesentlichen vor, daß die Gesellschaft bürgerlichen Rechts nicht nur im Hinblick auf ihre fehlende Registerpublizität ein verhältnismäßig informelles Gebilde darstellt. Im formellen Grundbuchrecht führe dies dazu, daß die Eintragung der Gesellschaft bürgerlichen Rechts unter ihrem Namen nach der GBO nicht möglich ist, da weder das Grundbuch selbst noch die Grundakten als Ersatz dienen und so ein fehlendes Register ersetzen könnten. Weiterhin könne auch der Nachweis des Bestehens und der Verfügungsbefugnis mangels Registerpublizität für eine Gesellschaft bürgerlichen Rechts nicht geführt werden. Letztlich könne im Ergebnis nur der Gesetzgeber die Voraussetzungen für die Eintragung der Gesellschaft bürgerlichen Rechts ins Grundbuch schaffen.[357]

Des weiteren führt das BayObLG aus, daß die fehlende Eintragung der Gesellschaft bürgerlichen Rechts in ein Register zu nicht überwindbaren Problemen hinsichtlich der Prüfung von Identität und Vertretungsbefugnis der einzelnen Gesellschafter führt, da die Nachweise über das Bestehen der Gesellschaft und die Vertretungsbefugnis häufig nicht in Form des § 29 Abs. 1 Satz 2 GBO erbracht werden können. Der Einwand von *Ulmer/Steffek*, daß das Grundbuch bzw. die Grundakten als Ersatz für ein fehlendes Register für die Gesellschaft bürgerlichen Rechts dienen können,[358] ist nicht durchschlagend, da gesetzliche Vorschriften insofern nicht bestehen.[359]

Abschließend weist das erkennende Gericht darauf hin, daß die fehlende Grundbuchfähigkeit der Gesellschaft bürgerlichen Rechts den Schluß nahe legen könnte, daß die Gesellschaft als solche kein Eigentum und keine beschränkten dinglichen Rechte erwerben kann. Dies führt sicherlich dann zu materiell-rechtlichen Schwierigkeiten, wenn die Gesellschaft bürgerlichen Rechts grundstücksbezogene Rechtsgeschäfte vornimmt. Als Ausweg hin zur Grundbuchfähigkeit der Gesellschaft bürgerlichen Rechts kann es daher nur Sache des Gesetzgebers sein, die registerrechtlichen Voraussetzungen zu schaffen. Dazu ist es aus Sicht des BayObLG unverzichtbar, die Eintragung der Gesellschaft bürgerlichen Rechts in ein

---

[357] Dabei setzt sich der 2. Zivilsenat mit dieser Rechtsprechung bewußt in Gegensatz zu einer Entscheidung des 3. Zivilsenats des BayObLG, Beschluß v. 7.5.2002, 3Z BR 55/02, NZG 2002, 882 ff., in der in einer Kostensache die Auffassung vertreten wird, bei Eintragung der Gesellschafter einer GbR mit dem Zusatz „als Gesellschafter bürgerlichen Rechts" als Eigentümer eines Grundstücks, sei die GbR als Eigentümerin eingetragen und damit Rechtsträger, nicht aber die einzelnen Gesellschafter in ihrer Verbundenheit durch das Gesamthandsvermögen. Der erkennende 2. Zivilsenat sieht hierin formal keinen Widerspruch, da es ja um die Frage gehe, ob die GbR als Eigentümerin erstmalig in das Grundbuch eingetragen werden kann.

[358] *Ulmer/Steffek*, NJW 2002, 330, 336.

[359] BayObLG, DNotZ 2003, 52, 55.

öffentliches Register für den Fall vorzusehen, daß sie beabsichtigt, sich am Grundbuchverkehr zu beteiligen.[360]

Inzwischen hat der XII. Zivilsenat des BGH zur Frage der Rechtsfähigkeit der Erbengemeinschaft entschieden, daß diese nicht rechts- und parteifähig ist.[361] Begründet hat der BGH seine Entscheidung im wesentlichen damit, daß die Entstehung der Erbengemeinschaft nicht auf einem Rechtsgeschäft, sondern ex lege erfolge. Zudem entfalte die Erbengemeinschaft keine werbende Tätigkeit, sondern sei allein auf ihre Auseinandersetzung und Abwicklung gerichtet. Schließlich unterscheidet sich die Handlungsorganisation der Erbengemeinschaft von der einer (gewöhnlichen) Personengesellschaft, ihr fehle namentlich ein auf Dauer angelegter Handlungszweck.[362]

g) Umfassende Rechtsfähigkeit - Aufgabe des Dualismus zwischen rechtsfähigen Personengesellschaften und juristischen Personen?

Wie vorstehend dargestellt, läuft das bisherige Vorgehen der Rechtsprechung und Rechtslehre - die Rechtsubjektsqualität der Gesellschaft bürgerlichen Rechts allmählich auf die verschiedensten Rechtstätigkeitsfelder zu erweitern - auf nichts anderes als die Anerkennung der umfassenden Rechtsfähigkeit hinaus.[363] Was ist nun aber Rechtsfähigkeit? Kann sie Unterscheidungsmerkmal zwischen juristischen Personen und Gesamthandsgesellschaften sein?

Grundsätzlich versteht man darunter die Fähigkeit, Träger von Rechten und Pflichten sein zu können.[364] Wenig weiterführend sind die in der Frage der Rechtsfähigkeit der Gesellschaft bürgerlichen Rechts verwendeten uneinheitlichen und unpräzisen Begrifflichkeiten. Häufig wird die Gesellschaft bürgerlichen Rechts als „partiell", „relativ", „teil-" oder „als solche" rechtsfähig bezeichnet.

---

360 BayObLG, DNotZ 2003, 52, 56. Vgl. auch *Langenfeld*, BWNotZ 2003, 1, 5 f. und die Besprechung von *Schöpflin*, NZG 2003, 117 f.

361 Urteil v. 11.9.2002, XII ZR 187/00, MittBayNot 2003, 228 ff.

362 Kritisch zu dieser Argumentation *Ann*, MittBayNot 2003, S. 193 ff.

363 Die Steuerrechtsfähigkeit der GbR als eigenständiges Besteuerungssubjekt ergibt sich aus § 5 Abs. 1 Satz 3 GewStG, ebenso in §§ 13 Abs. 2 Nr. 1 i.V.m. 2 Abs. 1 UStG und § 13 Nr. 6 GrEStG. Vertiefend *Ruban*, in: FS für Döllerer, S. 515, 516 ff. Allerdings ist die GbR nicht selbst Körperschaftsteuersubjekt, sondern der einzelne Gesellschafter selbst ist als Mitunternehmer i.S. des § 15 Abs. 1 Satz 1 Nr. 2 EStG mit seinen aus der Mitunternehmerschaft erzielten Einkünften einkommensteuerpflichtig.

364 Statt aller *Medicus*, BGB AT, § 63, Rn. 1039 und *Hadding*, ZGR 2001, 712, 718 f. Anders *Huber*, in: FS für Lutter, S. 107, 109 f., der bzgl. der Rechtsfähigkeit der GbR zu dem in §§ 20, 21, 54 BGB verwendeten Begriff der Rechtsfähigkeit abgrenzen will.

Andererseits wird graduell zwischen Rechtsfähigkeit und Rechtssubjektivität, i.S. von Rechtspersönlichkeit unterschieden.[365]

Ebenso mißverständlich ist die Postulierung der Rechtsfähigkeit einer (Außen-)Gesellschaft bürgerlichen Rechts, „soweit sie durch Teilnahme am Rechtsverkehr eigene Rechte und Pflichten begründet". Diese Einschränkung ist wenig weiterführend. Denn es ist gleichgültig, ob man bei der (Außen-)Gesellschaft die Offenlegung des Gesellschaftsverhältnisses, die Teilnahme am Rechtsverkehr[366] oder die Rechtsträgerschaft oder eine Kombination dieser Elemente für maßgeblich erklärt. In jedem Fall geht es um die Begründung von Rechten und Pflichten gegenüber Dritten.[367] Mit den Begriffen partieller-, relativer- oder Teilrechtsfähigkeit wurde bisher in der Rechtslehre versucht, die Gesamthandsgesellschaft bürgerlichen Rechts als Zuordnungsobjekt eigener Rechte und Pflichten von den natürlichen Personen einerseits, andererseits aber auch von den juristischen Personen abzugrenzen.[368]

Es gibt zwei grundsätzliche Möglichkeiten, dieses Einordnungsproblem zu lösen. Entweder man hält die Unterscheidung zwischen natürlichen und juristischen Personen aufrecht und erkennt unter Einbeziehung der zusätzlichen Kategorie der rechtsfähigen Gesamthandsgesellschaften den Dualismus zwischen rechtsfähigen Personengesellschaften und juristischen Personen an. Konsequenz ist dann, daß eine dritte (Gattungs-)Art von Rechtssubjekten existiert. Andererseits wäre, quasi als Gegenmodell, eine Ausweitung des Begriffs der juristischen Person[369] im Privatrecht möglich, der ebenso alle rechtsfähigen Gesamthandsgesellschaften unter den Begriff der juristischen Person faßt.

---

[365] Zur Unterscheidung der Begriffe im Sinne eines Stufenverhältnisses vgl. *Pfeifer*, NZG 2001, 296, 297, der Rechtssubjektivität als „reduzierte Rechtsfähigkeit versteht und die §§ 11 Abs. 2 InsO und 14 Abs. 2 BGB als Beispiele anführt. Der BGH verwendet die Begriffe Rechtsfähigkeit und Rechtssubjektivität dagegen synonym, vgl. nur BGHZ 146, 341 ff. Zutreffend Michalski/*Michalski*, GmbHG, § 13 Rn. 4, der die Rechtssubjektivität, d.h. die Eigenschaft als Person am Rechtsverkehr teilnehmen zu können, als notwendige Voraussetzung der Rechtsfähigkeit begreift. Umgekehrt folgt dagegen nicht aus der Rechtsfähigkeit auch die Rechtssubjektivität, vgl. dazu auch *Karsten Schmidt*, Gesellschaftsrecht, § 8 I 2, S. 182 ff.

[366] Vgl. *Hadding*, ZGR 2001, 712, 715.

[367] Siehe nur *Derleder*, BB 2001, 2485, 2487.

[368] Vgl. *Mülbert*, AcP 199 (1999), 38, 44 ff.; *Ulmer*, ZIP 2001, 585, 588 ff.; *Karsten Schmidt*, NJW 2001, 993, 997.

[369] Begrifflich versteht man allgemein unter einer juristischen Person eine Zusammenfassung von Personen oder Sachen zu einer rechtlich geregelten und zweckgebundenen Organisation, der die Rechtsordnung Rechtsfähigkeit verliehen hat und die dadurch als Träger eigener Rechte und Pflichten rechtlich verselbständigt ist, vgl. statt anderer *Schwarz*, in: Bamberger/Roth, BGB, Vor § 21 Rn. 1 m.w.N.

Der BGH hat in seiner Grundlagenentscheidung[370] zur Rechtsnatur der Gesellschaft bürgerlichen Rechts ausdrücklich festgehalten, daß die Gesellschaft bürgerlichen Rechts grundsätzlich rechtsfähig ist, allerdings ohne juristische Person zu sein.[371]

Der Dualismus zwischen juristischen Personen einerseits und rechtsfähigen Gesamthandsgesellschaften andererseits wird in der derzeitigen Diskussion von vielen geteilt.[372] Insbesondere sprechen für diese Ansicht einige neue gesetzliche Bestimmungen. Namentlich § 19 Abs. 1 und 3 InsO enthält die Unterscheidung zwischen „juristischen Personen" und „Gesellschaften ohne Rechtspersönlichkeit".[373] Auch aus der nach § 202 Abs. 1 Satz 1 UmwG bestehenden grundsätzlichen Möglichkeit der identitätswahrenden Umwandlung zwischen Personengesellschaften und juristischen Personen wurde die Schlußfolgerung abgeleitet, daß auch die umwandlungsfähigen Gesamthandsgesellschaften als juristische Personen zu behandeln seien.[374]

Gegen die Aufgabe der Unterscheidung zwischen Kapitalgesellschaften und Personengesellschaften spricht insbesondere, daß bei einem Formwechsel zwischen diesen Grundtypen steuerrechtlich ein Vermögensübergang unterstellt wird, vgl. § 14 UmwStG i.V.m. § 3 ff. UmwStG (Formwechsel von Kapitalgesellschaft/Genossenschaft in Personengesellschaft) bzw. aus § 25 UmwStG mit Verweis auf den 8. Teil des UmwStG[375] für den umgekehrten Fall. Für diese Fälle folgt das Steuerrecht nicht dem Gesellschaftsrecht, da Kapitalgesellschaften selbst nach § 1 KStG Steuersubjekt sind, hingegen der Gewinn von Personengesellschaften unmittelbar der Einkommen- bzw. Körperschaftsteuer der Gesellschafter unterworfen wird. Folglich wird der Wechsel von juristischer Person zur Personengesellschaft, auch zur Gesellschaft bürgerlichen Rechts, nur wie ein identitätswahrender Wechsel behandelt.[376]

Gegen die Preisgabe der Dichotomie zwischen Gesamthandsgesellschaften und juristischen Personen werden überdies strukturelle Gründe ins Feld geführt.[377]

---

370 BGH, Urteil v. 29.1.2001, II ZR 331/00 „Weißes Roß I", BGHZ 146, 341 ff.

371 So ausdrücklich BGHZ 146, 341.

372 Vgl. nur Baumbach/*Hopt*, HGB, Einl. v. § 705 Rn. 12.

373 Allerdings findet sich bei der Frage der Grundrechtsfähigkeit der GbR insofern eine Durchbrechung dieses Prinzips, da dieser entgegen dem Wortlaut des Art. 19 Abs. 3 GG grundsätzlich Grundrechtsfähigkeit zuzuerkennen ist. Vgl. auch oben S. 77 in Fn. 338.

374 Vgl. insbesondere *Th. Raiser*, AcP 194 (1994), 495; *ders.*, in: FS für Zöllner, S. 469; zustimmend *Timm*, NJW 1995, 3209, 3214. Dem folgend *Glockemann*, S. 88 ff., insbesondere S. 98.

375 In der Neufassung vom 24.10.2002 (BGBl. I, S. 4133).

376 Dies betont *Beck*, S. 41 zu Recht. Vgl. auch *Timm*, NJW 1995, 3209 ff.

377 Insbesondere *Ulmer*, AcP 198 (1998), 113, 119 ff.

Zum einen werden als Grenzen der rechtlichen Verselbständigung der Gesamthand, die existenzielle Abhängigkeit der Gesellschaft vom Verbund der Gesamthänder, die fehlende Möglichkeit einer Mehrfachbeteiligung eines Gesamthands-Gesellschafters[378] bzw. der Einmann-Personengesamthandsgesellschaft[379] sowie die personalistische Organisation der Gesamthandsgesellschaften geltend gemacht.[380] Strukturelle Unterscheidungskriterien sollen nach *Ulmer*[381] die fehlende freie Übertragbarkeit der Gesellschaftsanteile, der Fortbestand der Kapitalgesellschaft bei Rückgang der Mitgliederzahl auf eine Person, die ausschließliche Möglichkeit des Erwerbs eigener Anteile im Kapitalgesellschaftsrecht, die prinzipielle Geltung des Mehrheitsprinzips in der Kapitalgesellschaft im Unterschied zu dem in der Personengesellschaft vorherrschenden Einstimmigkeitsprinzip sowie der bislang lediglich für das Personengesellschaftsrecht maßgebliche Grundsatz der Selbstorganschaft sein.[382]

---

[378] Grundlegend BGHZ 24, 106, 108. Die bislang herrschende Einheitstheorie verneint die Möglichkeit, daß ein Gesamthänder mehrfaches Mitglied einer Gesamthandsgesellschaft sein kann und er somit auch nur einen Anteil an der Gesamthandsgesellschaft halten kann, vgl. *Karsten Schmidt*, Gesellschaftsrecht, § 8 IV 2 c, S. 210. Zu den in der Literatur vertretenen Ansichten eingehend *Karsten*, S. 27 ff. *Maunz*, S. 35 m.w.N. in Fn. 126. Abweichend vom Einheitsgrundsatz werden zutreffend Ausnahmen für die Fälle zugelassen, in denen das Verbot der Mehrfachbeteiligung mit Drittinteressen unvereinbar wäre, wie beispielsweise die der Nacherben, Pfandrechtsgläubiger oder Nießbrauchsberechtigten, eingehend *Maunz*, passim, sowie *Karsten*, passim.

[379] Grundsätzlich kann nach derzeit h.M. eine Einmann-Gesamthand nicht originär gegründet werden, noch nachträglich durch Vereinigung in einer Hand entstehen (vgl. *Karsten Schmidt*, Gesellschaftsrecht, § 8 IV 2 b, S. 209 f.) Eine Ausnahme der grundsätzlichen Konfusion der Anteile bei Vereinigung in einer Hand (und der damit verbundenen Auflösung der Gesamthand), ist für die Fälle zuzulassen, in denen die Interessen gesellschaftsfremder Dritter geschützt werden müssen und es sich um ungleichartige Gesamthandsanteile handelt. Dies ist bei sachen- und erbrechtlichen Belastungen und Beschränkungen zugunsten gesamthandsfremder Dritter, wie bei Pfand- bzw. Nießbrauchsrecht und Vorerbschaft oder Testamentsvollstreckung (vgl. dazu ausführlich *Maunz*, S. 84 ff.). Nach *Maunz*, S. 125, soll eine Gegenausnahme allerdings für die KG zu machen sein. Ein Gesamthänder könne angeblich nicht zugleich Komplementär und Kommanditist sein. Mit Blick auf die KGaA kann dieses Haftungsargument nicht überzeugen. Der persönlich haftende Gesellschafter einer KGaA kann selbstverständlich auch Kommanditaktionär sein, vgl. überzeugend *Karsten*, S. 21 ff. (zum Einheitsdogma), insbesondere S. 150 f. (zur Haftung). Daß es eine Einmann-Fortbestandsgesellschaft geben kann, zeigt auch Art. 31 Abs. 3 EWIV-VO (bei Verminderung der Mitgliederzahl auf eins ist ein Auflösungsbeschluß des verbleibenden Mitglieds geboten. Zur Zulässigkeit einer Einmann-OHG, vgl. auch BGHZ 98, 48 ff. Die Gründung einer Einmann-Personengesellschaft ist ohne gesetzliche Zulassung nicht möglich, so zu Recht *Karsten*, S. 176 ff., 187.

[380] Eingehend *Karsten Schmidt*, Gesellschaftsrecht, § 8 IV 2, S. 207 ff.

[381] Vgl. *Ders.*, ZIP 2001, 585, 588.

[382] Gegen das Prinzip der Selbstorganschaft im Personengesellschaftsrecht überzeugend *Bergmann*, passim und *Sennau*, passim. Auch im Kapitalgesellschaftsrecht gilt das Prinzip

Allerdings sind alle diese Differenzierungen im einzelnen diskussionsbedürftig und eröffnen zahlreiche Angriffsflächen.[383]

Letztlich bieten die genannten Kriterien nur (und das auch nur teilweise) die Möglichkeit, zwischen Kapitalgesellschaften und Personengesellschaften zu unterscheiden.[384] Zutreffend leitet *Huber* die Unterscheidung zwischen der Rechtsfähigkeit von juristischen Personen und der Rechtsfähigkeit von Gesamthandsgesellschaften daraus ab, daß es bei einer Personenmehrheit, soweit ihr von Rechts wegen – mit der Handelsregistereintragung als Stichtag – der Status einer juristischen Person zuerkannt wurde, außer den Anteilseignern noch eine „andere Person", nämlich die juristische Person selbst gibt. Sie ist also niemals mit der Gesamtheit ihrer Mitglieder identisch. Die Gesamthandsgesellschaft ist dagegen zu jedem Zeitpunkt ihrer Existenz mit der Gesamtheit ihrer Mitglieder identisch.[385]

Nimmt man den Gesetzgeber beim Wort, so muß man nach § 14 Abs. 2 BGB eine dritte Rechtsträgerkategorie anerkennen.[386] Die Gesellschaft bürgerlichen Rechts hat umfassende Rechtsfähigkeit, damit ist jedoch noch nicht gesagt, daß der Gesellschaft bürgerlichen Rechts auch jede Rechtsposition zukommen kann. Auch eine juristische Person kann nicht jede Rechtsposition inne haben.

Indes ist es vielmehr so, daß Rechte und Pflichten einer Personen- oder Sachgesamtheit genauso wie einer natürlichen Person immer nur im begrenzten Umfang zustehen.[387] Begründet ist diese Sichtweise letztlich in der Tatsache, daß

---

der Fremdorganschaft nicht ausnahmslos. Das zeigt sich insbesondere bei der eingetragenen Genossenschaft, die als körperschaftliche strukturierte Personengesellschaft mit Selbstorganschaft, kraft Gesetzes (§ 17 Abs. 1 GenG) eine juristische Person ist. Selbst- oder Fremdorganschaft ist daher als Abgrenzungskriterium nicht tauglich; zutreffend *Hadding*, ZGR 2001, 712, 719 in Fn. 38.

383 Eingehend Staudinger/*Habermeier*, BGB, Vorbem. zu §§ 705 - 740 Rn. 29.

384 Vgl. *Karsten Schmidt*, Gesellschaftsrecht, § 8 IV 1, S. 206 f. Ebenso auch *Hadding*, ZGR 2001, 712, 720.

385 *Huber*, in: FS für Lutter, S. 107, 113. D.h. selbstverständlich nicht, daß es einen Mitgliederwechsel nicht geben könne. Entscheidend ist die Identität der Gesamthandsgesellschaft mit dem jeweiligen Mitgliederbestand. Dieser „Verbundgedanke" der Gesamthänder, insbesondere bei den §§ 705 ff. BGB und den daraus resultierenden vermögensrechtlichen Folgen, wie Abwachsung und Anwachsung bei Eintritt oder Ausscheiden eines (neuen/alten) Gesellschafters, wird auch von *Karsten Schmidt*, Gesellschaftsrecht, § 8 IV 1, S. 207 betont. *Ulmer*, in Großkomm. HGB, § 105 Rn. 41, spricht insoweit von einer verbandsrechtlichen „Wirkungseinheit", die von der gesellschaftsvertraglichen Verbundenheit getragen ist.

386 Ebenso *Karsten Schmidt*, Gesellschaftsrecht, § 8 I 3, S. 184; Michalski/*Michalski*, GmbHG, § 13 Rn. 4; *Karsten*, S. 172 f.

387 So z.B. für die Mitgliedschaftsfähigkeit im Vorstand einer AG die Regelung des § 76 Abs. 3 AktG, in personenrechtlicher Hinsicht grundsätzlich die Vorschriften des Erb- und Familienrechts oder des allgemeinen Wahlrechts zeigen, die eine natürliche Person voraus-

Rechte den Personenmehrheiten von unserer Rechtsordnung lediglich „gewährt" und nicht, wie den natürlichen Personen, im Kern von der Verfassung „gewährleistet" sind. Der Gesetzgeber allein kann frei entscheiden, ob und in welchem zeitlichen und sachlichen Umfang eine gesellschaftsrechtliche, „künstliche" Organisation mit Rechten und Pflichten ausgestattet wird.[388]

Soweit man der Gesellschaft bürgerlichen Rechts somit grundsätzlich Rechtsfähigkeit zuerkennt, so wird einzig und allein zum Ausdruck gebracht, daß die Gesamthandsgesellschaft an sich generell in der Lage ist, im Verhältnis zu Dritten selbständig Rechtspositionen einzunehmen, sie also grundsätzlich selbst Träger von Rechten und Pflichten sein kann.

Damit ist im Einzelfall aber noch nicht gesagt, daß die Gesamthandsgesellschaft auch in der Lage ist, eine derartige Rechtsposition einzunehmen.[389] Dies hängt entscheidend von Art und Natur der Rechtsbeziehung, als auch vom Wesen und der Struktur der Gesamthandsgesellschaft ab. Insoweit sollte man den Begriff der Rechtsfähigkeit weder zur „Teilrechtsfähigkeit" herabstufen, noch zur „Vollrechtsfähigkeit" steigern. Soweit eine Personenmehrheit oder ein gesamthänderisches Sondervermögen, entweder – *de lege lata* – durch Eintragung in ein öffentliches Register oder durch staatliche Verleihung oder einfach durch Gesetz Rechtsfähigkeit erlangt, dann gibt es insoweit keine graduellen, quantitiven oder qualitativen Abstufungen der Rechtsfähigkeit.[390]

Die Gesamthandsgesellschaft ist somit rechtsfähig, soweit ihr von Rechts wegen die jeweiligen Rechte oder Pflichten zugewiesen sind. Auf die Gesellschaft bürgerlichen Rechts bezogen bedeutet dies, daß grundsätzlich jede (Außen-)Gesellschaft bürgerlichen Rechts über Rechtsfähigkeit verfügt.

---

setzen (Ausnahme aber in §§ 2044 Abs. 2, 2101 Abs. 2, 2105 Abs. 2; 2163 Abs. 2). Nach § 56 Abs. 1 InsO kann eine juristische Person auch nicht das Amt eines Insolvenzverwalters ausüben, vgl. auch mit weiteren Bsp. MünchKomm/*Reuter*, BGB, Vor § 21 Rn. 13. Zu Recht verwehrt sich *Medicus*, BGB AT, § 65, Rn. 1099 dagegen, insofern von „beschränkter (relativer) Rechtsfähigkeit" juristischer Personen zu sprechen. Ebenso *Schwarz*, in: Bamberger/Roth, BGB, Vor § 21 Rn. 8 in Fn. 14 m.w.N. Eine Beschränkung der Rechtsfähigkeit nach dem Satzungszweck oder aufgrund sonstiger gesetzlicher Bestimmungen, wie sie in der anglo-amerikanischen *„ultra-vires doctrine"* vertreten wird, gibt es im deutschen Recht nicht; dazu eingehend *Schwarz*, Europäisches Gesellschaftsrecht, Rn. 350; vgl. auch *Reichert*, Handbuch Vereinsrecht, Rn. 240.

388 Vgl. auch *Dreier*, in: Dreier, GG, Art. 19 Abs. 3 Rn. 24 m.w.N. in Fn. 64; grundlegend *Dürig*, in: Maunz/Dürig, GG, Art. 19 Abs. 3 Rn. 9, insbesondere Rn. 29.

389 Wie sich z.B. daran zeigt, daß eine Ärzte-Personengesellschaft de lege lata nicht Inhaberin einer Vertragsarztzulassung sein kann (§ 3 Abs. 2 ZulassungsVO für Kassenärzte). Diese kann nur einem Arzt persönlich erteilt werden. Zu den Möglichkeiten eine Vertragsarztzulassung durch gesellschaftsvertragliche Regelungen an eine rechtsfähige Personengesellschaft zu binden, vgl. *Wertenbruch*, NJW 2003, 1904 ff.

390 So zutreffend *Hadding*, ZGR 2001, 712, 718.

Bloße Innengesellschaften bürgerlichen Rechts und stille Gesellschaften i.S. der §§ 230 ff. HGB sind dagegen nicht rechtsfähig. Eine derartige Gesellschaft, die per Definition nicht nach außen auftritt, die mithin nicht durch Teilnahme am Rechtsverkehr eigene Rechte und Pflichten begründet, erschöpft sich in einem bloßem Schuldverhältnis.[391] Letztlich sollte man den Eingrenzungsversuchen von *Karsten Schmitt*[392] und *Peter Ulmer*[393] im Hinblick auf die Rechtsprechung des BGH zu §§ 128 ff. HGB und seine Anwendung auf die Gesellschaft bürgerlichen Rechts, eine klare Absage erteilen und die Anwendung der §§ 128 ff. HGB - soweit man es mit der Rechtsfähigkeit ernst meint - konsequenterweise auf alle Arten der (Außen-)Gesellschaft bürgerlichen Rechts ausdehnen.[394]

Dabei sollte man sich an der Dreiteilung von § 14 BGB orientieren, der natürliche Personen, juristische Personen und andere rechtsfähige Personengesellschaften unterscheidet. Jedes dieser Rechtssubjekte ist auch rechtsfähig, wobei dies gleichbedeutend mit dem Begriff der grundsätzlichen

---

391 Vgl. nur *Habersack*, BB 2001, 477, 479.

392 Ob den möglichen Formen der GbR die Rechtsubjektsqualität zuerkannt wird, hängt nach *Karsten Schmidt* davon ab, ob es sich um eine unternehmenstragende (Mitunternehmer-)Gesellschaft handelt, vgl. *ders.*, Gesellschaftsrecht, § 58 II 4, S. 1698 ff.; § 60 I 1, S. 1763 ff. Neuerdings räumt auch *Karsten Schmidt* ein, daß gegen eine „Haftungsexklave" de lege lata und damit eine Beschränkung auf bestimmte Typen der (Außen)Gesellschaft insbesondere § 105 Abs. 2 HGB spricht; vgl. *ders.*, NJW 2003, 1897, 1904. Auch der BGH ist der vorgeschlagenen Unterscheidung im Urteil v. 24.2.2003, II ZR 385/99, NJW 2003, 1445 ff. nicht gefolgt. Insofern fordert *Karsten Schmidt* auch für diesen Fall ein Einschreiten des Gesetzgebers de lege ferenda, um das Recht der GbR zu bereinigen und an die heutigen Bedürfnisse der Praxis anzupassen, vgl. *ders.*, NJW 2003, 1897, 1904.

393 Bei der rechtsfähigen GbR handelt es sich um eine (Außen-)Gesellschaft, die neben einer geregelten Handlungsorganisation im Außen-, einer gesonderter Haftungsmasse im Innenverhältnis und über eine eigene Identitätsausstattung (Sitz, Name) verfügt. Siehe auch *ders.*, AcP 198 (1998), 113, 126 m.w.N. in Fn. 65). Die Rechtsprechung bejaht die grundsätzliche Fähigkeit der GbR Träger von Rechten und Pflichten zu sein (vgl. die Nachweise oben S. 75 in Fn. 333).

394 Grundsätzlich sollte jeder (Außen-)Gesellschaft Rechtsfähigkeit zuzuerkennen sein. Das gesteht auch *Ulmer* im Hinblick auf die Analogie des § 128 HGB zu, vgl. *Ulmer*, ZIP 2003, 1113, 1116 m.w.N. Der BGH beschränkt die entsprechende Anwendung des § 128 HGB aber entgegen wesentlicher Stimmen in der Literatur, nicht auf einen bestimmten Kreis von (Außen-)GbRs, siehe auch *Derleder*, BB 2001, 2485, 2487. Zum Schutz für andere vermögensverwaltende (Außen-)GbRs will *Wälzholz*, MittBayNot 2003, 35, 39, die Rechtsprechung des BGH zu geschlossenen Immobilienfonds auch auf diese ausdehnen; also auf solche GbRs, die keine gewerbliche oder selbständige berufliche Tätigkeit ausüben; so die begriffliche Anlehnung an § 13 BGB.

Rechtssubjektivität zu verstehen ist.[395] Ein Unterschied zwischen Rechtssubjektivität und Rechtsfähigkeit besteht insoweit nicht.[396]

Zuzugeben ist allerdings, daß die Schwäche dieser terminologischen Unterscheidung in der fehlenden Abstimmung mit den §§ 21, 22, 54 BGB liegt.[397] Sieht man § 54 Satz 1 BGB aber, wie *Hadding* treffend herausgearbeitet hat, in seinem systematischen Zusammenhang, so dient dieser nur dazu, gegenüber denjenigen Vereinen abzugrenzen, die Rechtsfähigkeit durch Eintragung in das Vereinsregister (§ 21 BGB) oder durch staatliche Verleihung (§§ 22, 23 BGB) erhalten, d.h. Rechtsfähigkeit als juristische Person erlangt haben.[398] Versteht man den Wortlaut des § 54 BGB in dieser abgrenzenden Funktion, so ist damit noch nicht gesagt, daß Vereinen, die nicht rechtsfähig sind, nicht etwa auf anderem Wege Rechtssubjektivität zukommen kann. Die gesetzliche Bezeichnung der Vereine, die nicht rechtsfähig sind, hindert demnach nicht, daß auch der nicht eingetragene Verein und ebenso der nicht konzessionierte Verein jeweils selbst Träger von Rechten und Pflichten sein können.[399] Diese Sicht paßt auch in das System der Abgrenzung zwischen juristischer Person und Gesamthand, wonach der Unterschied in der körperschaftlichen Struktur einerseits und andererseits im Gesamthandsprinzip liegen soll.[400] Der nichteingetragene Verein nimmt dann eben eine Zwitterstellung ein: Er ist eine Körperschaft mit Gesamthandsprinzip.[401] Über seine mögliche Rechtsfähigkeit ist damit noch nichts gesagt.

h) Stellungnahme

Aus heutiger Sicht liegt die Problematik in dem Verständnis der Gesamthand als bloßes Vermögenszuordnungprinzip an die einzelnen Mitgesellschafter und der daraus folgenden Deutung derjenigen gesetzlichen Bestimmungen des BGB, in denen dieses Prinzip zum Ausdruck kommt. Grundsätzlich ist die Ge-

---

[395] In diesem umfassenden Sinn auch *Karsten Schmidt*, NJW 2001, 993, 997 und *Ulmer*, ZIP 2001, 585, 589.

[396] Auch der BGH trifft eine derartige Differenzierung in seiner Entscheidung vom 29.1.2001 nicht. Zutreffend *Derleder*, BB 2001, 2485, 2487. Vgl. aber auch oben S. 86 in Fn. 365.

[397] Vgl. *Ulmer*, ZIP 2001, 585, 589. Eingehend *Huber*, in: FS für Lutter, S. 107, 109 f. und *Hadding*, ZGR 2001, 712, 727 f.

[398] Im übrigen sollte durch die Verweisung des § 54 BGB in die §§ 70 ff. BGB, die für den Verein und seine Mitglieder nachteilig sind, ein indirekter Druck ausgeübt werden, sich durch Registrierung staatlicher Kontrolle zu unterwerfen, vgl. nur *Reichert*, Handbuch Vereinsrecht, Rn. 24. Diese äußert unbefriedigende Rechtsfolge wurde daher auch durch die Rechtsprechung nach und nach beseitigt, vgl. z.B. BGHZ 50, 325, 328 f.

[399] So zu Recht *Hadding*, ZGR 2001, 712, 728.

[400] In diesem Sinne Soergel/*Hadding*, BGB, § 54 Rn. 17.

[401] Siehe auch *Schwarz*, in: Bamberger/Roth, BGB, Vor § 21 Rn. 6 in Fn. 10.

samthandsgesellschaft per se als Rechtsfigur der rechtlichen Verselbständigung fähig, aber nicht jede gesamthänderische Rechtsform nimmt auch an dieser Verselbständigung teil.[402]

Wie die Entwicklung gezeigt hat, besteht heute aber – schon im Hinblick auf die zahlreichen Publikumsgesellschaften – ein praktisches Bedürfnis nach Anerkennung einer rechtsfähigen Personengesellschaft. Letztlich entwickelte sich der gordische Knoten daraus, daß man versucht hat, ein neues – strukturell anderes – Prinzip bestehenden gesetzlichen Regelungen gleichsam überzustülpen, die nachweislich auf ein anderes (gemeinrechtliches) System zugeschnitten sind bzw. waren.

Daher bleibt die vollständige „Enträtselung"[403] der Gesamthandsgesellschaft des BGB für sämtliche Einzelfragen wohl weniger der Rechtswissenschaft, als vielmehr dem Gesetzgeber, z.B. durch die Schaffung eines entsprechenden Registers vorbehalten. Mit dem „Paukenschlag" vom 29. Januar 2001 hat der BGH jedenfalls die Diskussion um die Rechtsnatur der Gesamthand nach heutigem Stand noch nicht beenden können. Vielmehr hat er eine grundsätzliche Richtung vorgegeben, wobei sich die jeweiligen Protagonisten in den offen gebliebenen Einzelfragen weiterhin streiten werden.[404]

Für den weiteren Gang der Untersuchung bleibt festzuhalten, daß die am Rechtsverkehr teilnehmende Gesellschaft bürgerlichen Rechts trotz ihrer rechtlichen Natur als Gesamthandsgesellschaft grundsätzlich rechtsfähig und als rechtsfähige Personengesellschaft gesicherte gesellschaftsrechtliche Praxis geworden ist.[405] Der Dualismus von Personengesellschaft und Kapitalgesellschaft wird durch diese Einstufung aber (noch) nicht beseitigt.[406] Soweit es sich bei Per-

---

402 So treffend *Karsten Schmidt*, Gesellschaftsrecht, § 8 III 2 b, S. 200.

403 Ebenso *Ulmer*, ZIP 2001, 585 ff.

404 Ablehnend immer noch mit Verweis auf die bessere dogmatische Stimmigkeit Jauernig/*Stürner*, BGB, § 705 Rn. 1.

405 Auch *Ulmer* bezeichnet die Anerkennung der Rechtsfähigkeit der Gesamthandsgesellschaft als definitiv: *„Roma locuta causa finita"*, vgl. *ders.*, ZIP 2003, 1113, 1114. Ebenso *Karsten Schmidt*, NJW 2003, 1897.

406 Zu den strukturellen Unterschieden im einzelnen schon *Ulmer*, AcP 198 (1998), 113, 119 ff.; ebenso *Habersack*, in: Großkomm. HGB, § 124 Rn. 2 in Fn. 2; Baumbach/*Hopt*, HGB, Einl. v. § 705 Rn. 14. Diese bieten aber genügend Angriffsfläche, so daß die Unterscheidung nach und nach an Bedeutung verlieren wird. Insbesondere sind die Punkte der Grundrechtsfähigkeit auch für Personengesellschaften (entgegen dem eindeutigen Wortlaut des Art. 19 Abs. 3 GG), dem im Personengesellschaftsrechts neuerdings bestrittenen Grundsatz der Selbstorganschaft (Eingehend zur Übertragbarkeit von Geschäftsführungsbefugnissen auf Dritte und Frage der Vereinbarkeit mit dem Prinzip der Selbstorganschaft *Semrau*, S. 330 ff.) und das umstrittene Verbot der „Einmann-GbR" (vgl. die Nachweise bei Staudinger/*Habermeier*, BGB, Vorbem. zu §§ 705 - 740 Rn. 29 a) zu nennen (vgl. dazu schon oben S. 85 in Fn. 382). Eingehend zum ganzen auch *Ulmer*, ZIP 2001, 585, 588;

sonengesellschaften um rechtsfähige Gesellschaften handelt, steht die weniger körperschaftliche Struktur der Gesellschaftsformen aber im Vordergrund und rechtfertigt bzgl. der Haftungsfrage die grundsätzliche Annahme einer gesellschaftsvertraglichen Pflichtverletzung. Eines Rückriffs auf eine entsprechende Anwendung der §§ 93 Abs. 2 AktG und 43 Abs. 2 GmbHG bedarf es indes nicht.

Sofern insbesondere aufgrund der umwandlungsrechtlichen Neuerung gefordert wird, daß verbandsrechtlich eine neue Begrifflichkeit zu gelten habe, nämlich diejenige daß „Verbände – soweit es sich nicht um bloße Innengesellschaften handelt – juristische Personen" sind, ist dies in dieser Pauschalität abzulehnen.[407] Darüber hinaus habe bei einer Verletzung der organschaftlichen Geschäftsführungskompetenzen eine Organhaftung in Analogie zu den Haftungstatbeständen des Kapitalgesellschaftsrechts (§§ 43 Abs. 2 GmbH, 93 Abs. 2 AktG) zu erfolgen.[408] Auch dies geht schon im Ansatz fehl.

Zwar soll hier nicht geleugnet werden, daß es in der Tat wünschenswert wäre, aus Praktikabilitäts-, Vereinfachungsgründen und nicht zuletzt mit dem Blick auf die Wettbewerbsfähigkeit des deutschen Gesellschaftsrechts im internationalen Vergleich,[409] ein solch einheitliches Verbandsrecht in Deutschland zu besitzen.[410] Hier ist aber der Wunsch alleine Vater des Gedankens und nicht eine positivistische Erkenntnis.

---

vorsichtig für eine Gleichbehandlung Staudinger/*Habermeier*, BGB, Vorbem. zu §§ 705 - 740 Rn. 28 f. Aus umwandlungsrechtlicher Sicht (vgl. § 191 Abs. 2 Nr. 1 und 2 UmwG) eingehend *Glockemann*, S. 88 ff., insbesondere S. 98.

407 Für ein einheitliches Verbandsrecht, insbesondere *Glockemann*, S. 98.

408 Explizit für eine entsprechende Anwendung *Bergmann*, S. 181 Fn. 583.

409 Hier sei insbesondere vor dem Hintergrund der aktuellen europäischen Entwicklung der Hinweis auf die dringend nötige Wettbewerbsfähigkeit des deutschen Gesellschaftsrechts im Vergleich zu den anderen nationalen EU-Rechtsordnungen erlaubt. Nach der „Überseering"-Entscheidung des EuGH [Urteil v. 5.11.2002, Rs. C-208/00 „Überseering", DB 2002, 2425 ff. = NJW 2002, 3614 ff. = ZIP 2002, 2037 ff.] sind die zweiwöchentlichen Gründungszahlen englischer *limited companies* um ca. 30 % gestiegen, vgl. *Kleinert/Probst*, DB 2003, 2217, 2218 in Fn. 10. Auch nach der jüngsten Absage des EuGH an mögliche Sonderanknüpfungen bei der Eintragung von (Schein-)Auslandgesellschaften in nationale Register [Urteil v. 30.9.2003, Rs. C-167/01 „Inspire Art", DB 2003, 2219 ff.] wird das deutsche Gesellschaftsrecht nicht von selbst zum „Exportschlager". Auch im Steuerrecht ist die Rechtsentwicklung nach dem „Überseering"-Urteil des EUGH bereits höchstrichterlich nachvollzogen worden. Nach BFH, Urteil v. 29.1.2003, I R 6/99, DB 2003, 1200 ff. kann eine US-Kapitalgesellschaft trotz statutarischem Sitz in den USA und Verlegung der tatsächlichen Geschäftsleitung nach Deutschland, als Organträgerin einer inländischen Kapitalgesellschaft fungieren. Der Schutz der Artt. 43 und 48 EGV wird im Verhältnis zur USA insoweit über Art. 24 Abs. 4 DBA-USA 1989 hergestellt. Die besagte Vorschrift enthält ein bilaterales Diskriminierungsverbot. Vgl. auch oben S. 73 in Fn. 322.

410 Siehe nur *Karsten Schmidt*, Gesellschaftsrecht, § 8 I a, S. 184.

Aber solche „wünschenswerten" Ziele können nicht einfach von der Rechtsprechung und einer zustimmenden Rechtslehre gleichsam in geltendes Recht transformiert werden. Hier ist der Gesetzgeber und nur er allein gefragt. Alles andere ist unzulässige Rechtsfortbildung *contra legem* und sie verstößt gegen die Bindung des Richters an Recht und Gesetz. Sie ist damit als Verstoß gegen das Rechtsstaatsprinzip aus Art. 20 Abs. 3 GG abzulehnen.[411] Die Auswirkungen eines derartigen Paradigmenwechsels wären *de lege lata*, insbesondere im Steuerrecht,[412] unübersehbar. Es erscheint wohl als überaus unwahrscheinlich, daß auch nur ein Finanzbeamter in Deutschland eine Personengesellschaft selbst – und nicht die Gesellschafter als steuerliche Mitunternehmer entgegen dem eindeutigen Wortlaut des § 15 Abs. 1 Nr. 2 EStG – zum Körperschaftsteuersubjekt machen würde, nur weil die Gesamthands-Doktrin ausgedient hat.[413]

Selbst wenn man – etwa zukünftig der Gesetzgeber – den Paradigmenwechsel positivistisch nachvollziehen sollte und dann nach den einschlägigen Haftungstatbeständen sucht, ist die analoge Anwendung der §§ 93 Abs. 2 AktG, 43 Abs. 2 GmbH trotzdem – schon aus methodischer Sicht – abzulehnen. Hier wird die grundlegende Unterscheidung zwischen einem (rechtspolitischen) Fehler und einer gesetzlichen Lücke verkannt.[414] Selbst wenn man die Dogmatik des Gesamthandsprinzip des gemeinen Rechts nach den neuesten Entwicklungen für „nachhaltig geschwächt" oder „zurückgedrängt" erachtet und der Gesamthandsgesellschaft „gleichsam der Boden entzogen" ist,[415] so kann diesen rechtspoliti-

---

[411] Statt anderer *Canaris*, Feststellung von Lücken im Gesetz, § 21, S. 33.

[412] Unterstellt das Steuerrecht würde dem Zivilrecht insoweit überhaupt folgen.

[413] Auch wenn der Gesetzgeber in Zukunft durch die Integration der Körperschaftsteuer in die Einkommensteuer alle Gesellschaftsformen gleich behandeln sollte, ist der „Tod der Personengesellschaften" selbst nach dem Reformvorschlag der Unternehmensbesteuerung von *Paul Kirchhof* nicht zu befürchten. Der von ihm im Entwurf eingeführte neue Begriff der „steuerjuristischen Person" knüpft als steuerrechtliches Rechtsinstitut an das Zivilrecht an und erfaßt jeden wirtschaftlichen Organismus, in dem sich zivilrechtlich eine Personenmehrheit organisiert. Demgemäß wird jede zivilrechtliche Organisationseinheit – von der BGB-Gesellschaft bis zum Weltkonzern – allein für die Besteuerung zum Steuersubjekt, um dem verfassungsrechtlichen Gebot der rechtsformneutralen Besteuerung Rechnung zu tragen. Die steuerjuristische Person versteuert ihren Gewinn selbst. Die Weitergabe des Gewinns an die hinter ihr stehenden Beteiligten ist dann ein Transfer von versteuertem Einkommen, also von Vermögen, das keiner weiteren Ertragsbesteuerung unterworfen ist. Die Körperschaftsteuer würde damit überflüssig. Dies ist heute aber noch „Zukunftsmusik". Vgl. zum Entwurf des Bundessteuergesetzbuch http://www.bundessteuergesetzbuch.de (Stand Oktober 2003).

[414] Vgl. *Canaris*, Feststellung von Lücken im Gesetz, § 21, S. 33.

[415] *Glockemann*, S. 98; auch der Untertitel der Diss. von *Bergmann* ist in diesem Zusammenhang eindeutig: „Beitrag zur Überwindung des Dualismus von Personengesellschaften und Körperschaften".

schen „Fehler“ nur der legitimierte Gesetzgeber beheben und endlich die schon lange geforderte Reform des Gesellschaftsrechts in Angriff nehmen.

Auf dem Boden des geltenden Rechts mangelt es aber schon an der Grundvoraussetzung einer zulässigen Rechtsfortbildung *praeter legem*. Es fehlt an der Feststellung einer gesetzlichen Lücke im Sinne einer planwidrigen Unvollständigkeit innerhalb des positiven Rechts (d.h. des Gesetzes im Rahmen seines möglichen Wortsinnes und des Gewohnheitsrechts) gemessen am Maßstab der gesamten geltenden Rechtsordnung.[416]

Soweit es sich im weitesten Sinne um eine gesellschaftsvertragliche Treuepflichtverletzung handelt, war bisher die kompetenzwidrige Einflußnahme auf die Geschicke der Gesellschaft mit den Grundsätzen der pVV bzw. nach neuer Rechtslage mit dem Schadensersatzanspruch aus allgemeiner Pflichtverletzung nach § 280 Abs. 1 BGB zu lösen. Soweit ein nicht an der Gesellschaft beteiligter Dritter den Haftungstatbestand verwirklicht, kann auf die Regelungen der Geschäftsführung ohne Auftrag zurückgegriffen werden. Hier stellt das BGB subsidiäre Regelungen für den Ausgleich von Geschäftsführungsmaßnahmen zur Verfügung. Das Schweigen im Personengesellschaftsrecht ist insoweit „beredt“; es besteht gerade keine offene oder verdeckte Lücke.[417]

Ein Rückgriff auf die §§ 93 Abs. 2 AktG, 43 Abs. 2 GmbH, allein mit dem Argument der Sachnähe, ist daher verfehlt.[418]

i) Ergebnis

Zusammenfassend sollte man nach den Entwicklungen in der neueren Rechtsprechung des BGH der (Außen-)Gesellschaft bürgerlichen Rechts, gleich den Personenhandelsgesellschaften, der Partnerschaftsgesellschaft und der EWIV als deren gemeinsames Grundmodell, terminologisch die volle Rechtsfähigkeit zuerkennen, wobei Rechtsfähigkeit bedeutet, daß die (Außen-)Gesellschaft bürgerlichen Rechts selbst Trägerin eigener Rechte und Pflichten sein kann.[419] Sie kann daher auch selbst im Innenverhältnis gegenüber ihren Gesellschaftern oder auch gegenüber Dritten durch schuldrechtliche gesetzliche Verbindlichkeiten, wie z.B.

---

416 Grundlegend *Canaris*, Feststellung von Lücken im Gesetz, a.a.O.

417 Siehe *Canaris*, Feststellung von Lücken im Gesetz, § 29, S. 39.

418 Dies zeigt auch ein vergleichender Blick in das Vereinsrecht. Auch hier sind die kapitalgesellschaftsrechtlichen Haftungsbestimmungen der §§ 93, 117 AktG, 43 GmbHG, 34 GenG nicht entsprechend anwendbar. Es ist vielmehr auf die allgemeinen schuldrechtlichen Grundlagen der Schlechterfüllung zurückzugreifen, vgl. nur *Reichert*, Handbuch Vereinsrecht, Rn. 1923 f. und a.a.O. in Fn. 78.

419 Ebenso *Huber*, in: FS für Lutter, S. 107, 139.

durch solche aus Geschäftsführung ohne Auftrag selbst berechtigt und verpflichtet werden.[420]

2. Begriffliche Grundlagen

Die Frage nach der Haftung stellt sich nur dann, wenn ein Gesellschafter die Innenschranken seiner Zuständigkeit im Rahmen der jeweiligen Gesellschaftsform überschreitet. *De lege lata* ist lediglich die Befugnis zur Geschäftsführung formal ausgestaltet, eine Definition von gesellschaftlicher Geschäftsführung läßt sich weder dem AktG, GmbHG, HGB noch dem BGB entnehmen.

a) Geschäftsführung

Die Geschäftsführung umfaßt jedes bewußte und gewollte Tätigwerden im Rechtskreis oder Interesse der Gesellschaft, sei es als objektiv der Gesellschaft zugeordnetes Handeln, sei es als objektiv neutrales oder dem Geschäftskreis der Gesellschaft aufgrund des Geschäftsführerwillens zuzuordnendes Geschäft.[421]

Nach anderer Begriffsbestimmung umfaßt die Geschäftsführung jede zur Förderung des Gesellschaftszweckes bestimmte, für die Gesellschaft wahrgenommene Tätigkeit, sofern hierdurch Grundlagen der Gesellschaft nicht berührt werden.[422]

---

[420] Zutreffend *Hadding*, ZGR 2001, 712, 725 m.w.N.

[421] So die Definition im Bereich der Personenhandelsgesellschaften von *Ulmer*, in: Großkomm. HGB, § 114 Rn. 11, mit ausdrücklichem Hinweis auf die Anlehnung an die Definition der Geschäftsführung in § 677 BGB; siehe insofern auch MünchKomm/*Seiler*, BGB, § 677 Rn. 5. Gegen die definitorische Anlehnung spricht allerdings, daß dann der Fremdgeschäftsführungswille entgegen der gesetzlichen Regelungen im Personengesellschaftsrecht (vgl. §§ 109, 711 BGB, 114 HGB) Tatbestandsmerkmal wäre. Wenn z.B. bei treuwidrigem Ausnutzen einer Geschäftschance der Fremdgeschäftsführungswille gerade nicht mehr vorliegen sollte (vgl. *Ulmer*, in: Großkomm. HGB, § 116 Rn. 11 in Fn. 12), würde das konsequenterweise bedeuten, daß überhaupt keine Geschäftsführung mehr vorliegt. Damit werden aber erneut die Grenzen zwischen Geschäftsführung und Nicht-mehr-Geschäftsführung unscharf. Will man die Abgrenzung nicht auch noch mit der Problematik des sog. „auch-fremden-Geschäfts" und der damit verbundenen Vermutung des Fremdgeschäftsführungswillens überfrachten, so sollte gelten: Handelt ein geschäftsführungsberechtigter Gesellschafter innenrechtswidrig, ist das immer Geschäftsführung für die Gesellschaft. Ob er sich damit im Innenverhältnis wegen Überschreitens der ihm gesellschaftsvertraglich gesetzten Grenzen schadensersatzpflichtig macht, steht auf einem anderen Blatt. Dieses Handeln muß aber nicht schon tatbestandlich aus der Geschäftsführung ausgeschlossen werden.

[422] Statt anderer *A. Hueck*, oHG § 10 I 1, S. 115 f.; RGRK/*v. Gamm*, BGB, § 709 Rn. 2; Schlegelberger/*Martens*, HGB, § 114 Rn. 4; *v. Gerkan*, in: Röhricht/Ammon, HGB, § 311 Rn. 1; siehe auch *Michalski*, GmbHR 1991, 349 Fn. 1 m.w.N. Für das Personengesellschaftsrecht ebenso MünchKomm/*Ulmer*, BGB, § 709 Rn. 7; Staudinger/*Habermeier*, BGB, § 709 Rn. 1.

Kurz gesagt also jede Tätigkeit – gleich ob tatsächlicher oder rechtlicher Natur – im Interesse der Gesellschaft.

Die Abgrenzung zum Grundlagenbereich der Gesellschaft ergibt sich aus der notwendigen Schutzfunktion den (nicht geschäftsführenden) Mitgesellschaftern gegenüber.[423] Eine tatsächliche oder bloß faktische Änderung des gemeinsamen Gesellschaftsvertrages steht nicht zur Disposition der Geschäftsführer. Interne Struktur und Organisation,[424] Zusammensetzung der Gesellschaft durch Aufnahme oder Ausschluß von (neuen) Gesellschaftern, Gegenstand oder Änderung des Gesellschaftszwecks und etwaige Beitragserhöhungen gehören beispielsweise zu den „höchstpersönlichen" Geschäften der Gesamtheit aller Gesellschafter.[425]

b) Geschäftsführungsbefugnis

Terminologisch wird zwischen der Geschäftsführung als einer Tätigkeit im Namen der Gesellschaft und der Geschäftsführungsbefugnis unterschieden. [426] Die Rechtsgrundlage der Geschäftsführungsbefugnis als Mitgliedschaftsrecht bildet der Gesellschaftsvertrag bzw. die Satzung, subsidiär die §§ 709 ff. BGB, 114 bis 116 HGB, 76 Abs. 1 AktG, 37 Abs. 1 GmbHG.[427]

Unter dem Begriff der Geschäftsführungsbefugnis versteht man die Kompetenz des Gesellschafters zum Handeln für die Gesellschaft (sein „rechtliches Dürfen"), d.h. ob der Gesellschafter im Verhältnis zu seinen Mitgesellschaftern für die Tätigkeit zuständig ist. Soweit inhaltlich und den Umfang der Geschäftsführungsbefugnis betreffend keine Regelungen im Gesellschaftsvertrag vorhanden sind, sind maßgebende Gesichtspunkte der Gesellschaftszweck und die jeweilige gesetzliche Bestimmung der einzelnen Gesellschaftsform.

c) Vertretung und Vertretungsmacht

Die Regelungen der Vertretung sind sowohl im Personen- als auch im Kapitalgesellschaftsrecht von den Bestimmungen bzgl. der Geschäftsführung getrennt. Ausgehend von dieser quasi-gesetzlichen Gegenüberstellung unterscheidet man allgemein zwischen Geschäftsführung – für das Tätigwerden im Innenverhältnis – und Vertretung – für die Betätigung im Außenverhältnis im rechtsgeschäftlichen Verkehr mit Dritten. Dabei darf diese Gegenüberstellung jedoch nicht als

---

[423] Einhellige Ansicht, vgl. statt aller MünchKomm/*Ulmer*, BGB, § 709 Rn. 10.

[424] Einschränkend zu Recht bei Organisationsmaßnahmen, die sich am gemeinsamen Zweck des Gesellschaftsvertrages orientieren, MünchKomm/*Ulmer*, BGB, § 709 Rn. 11.

[425] Weitere Beispiele finden sich bei MünchKomm/*Ulmer*, BGB, § 709 Rn. 11.

[426] Vgl. Schlegelberger/*Martens*, HGB, § 114 Rn. 4; Soergel/*Hadding*, BGB, 11. Auflage, § 709 Rn. 14.

[427] Vgl. *Ulmer*, in: Großkomm. HGB, § 114 Rn. 16.

eine Teilung in Handlungen der Geschäftsführung einerseits und Vertretungsakte andererseits verstanden werden. Die Vertretung ist nämlich dabei nicht eine von der Geschäftsführung zu differenzierende Tätigkeit, sondern derjenige Aspekt der Geschäftsführung, der das rechtsgeschäftliche Außenhandeln des Geschäftsführers erfaßt.[428] Daraus folgt, daß alle Maßnahmen gegenüber Dritten, aus denen die Gesellschaft berechtigt und verpflichtet wird, nach innen betrachtet gleichzeitig immer Geschäftsführungsmaßnahmen sind. Der Begriff der Geschäftsführung ist somit umfassender als der Begriff der Vertretung.

Während also die Geschäftsführungsbefugnis das „rechtliche Dürfen" bestimmt, versteht man unter Vertretungsmacht das „rechtliche Können" als externe Handlungskompetenz. Der Begriff der Vertretungsmacht entspricht folglich im Außenverhältnis dem Begriff der Geschäftsführungsbefugnis für das Innenverhältnis.[429]

d) Notgeschäftsführungsbefugnis jedes Gesellschafters

Im Recht der Bruchteilsgemeinschaft (§§ 741 ff. BGB) ist gesetzlich anerkannt, daß jeder Teilhaber zur Vornahme derjenigen Maßnahmen (ohne Zustimmung der anderen Teilhaber) berechtigt ist, die zur Erhaltung[430] des gemeinschaftlichen Gegenstandes erforderlich sind (vgl. § 744 Abs. 2 BGB). Der handelnde Teilhaber hat einen (klagbaren) Anspruch gegen die nicht handelnden Teilhaber darauf, daß diese ihre Einwilligung zu einer solchen Maßregel im voraus erteilen.[431]

Diese Vorschrift ist nach h.M. auch im Recht der Personengesellschaften entsprechend anwendbar.[432] Der einzelne, auch nicht geschäftsführungsberechtigte Gesellschafter hat dann analog § 744 Abs. 2 BGB das Recht zur Notgeschäftsführung, wenn bei Gefahr im Verzug (entsprechend §§ 115 Abs. 2 und 116

---

[428] So MünchKomm/Ulmer, BGB, § 709 Rn. 9.

[429] Siehe auch *Mack*, S. 191.

[430] Damit sind die notwendigen Erhaltungsmaßnahmen gemeint, welche die Substanz oder die Nutzungsmöglichkeit des gemeinschaftlichen Gegenstandes betreffen, MünchKomm/*Karsten Schmidt*, BGB, §§ 744, 745 Rn. 35.

[431] Ebenso BFH, Urteil, v. 16.12.1997, VII R 30/97, BStBl. 1998 II, S. 319, 320 ff.

[432] So die h.M. seit BGH, Urteil v. 4.5.1955, IV ZR 185/54, BGHZ 17, 181, 183 f.; ebenso BFH, Urteil v. 10.8.1989, V R 36/84, BFH/NV 1990, 386, 387; BayObLG, ZIP 1980, 904, 905; zustimmend *Ulmer*, Gesellschaft bürgerlichen Rechts, § 709 Rn. 18 und 21; *ders.*, in: Großkomm. HGB, § 114 Rn. 34 und § 116 Rn. 17; Schlegelberger/*Martens*, HGB, § 116 Rn. 23; Baumbach/*Hopt*, HGB, § 114 Rn. 7; Staudinger/*Habermeier*, BGB, § 709 Rn. 15; *Stengel*, in: Hdb. Personengesellschaften, § 3 Rn. 95; Palandt/*Sprau*, BGB, § 709 Rn. 1; ebenso schon BGHZ 17, 181 ff.; BayObLG, ZIP 1980, 904; einschränkend aber MünchKomm/*Karsten Schmidt*, BGB, §§ 744, 745 Rn. 41; Verneinend BGHZ 39, 14, 20; dem folgend Staudinger/*Langhein*, BGB, § 744 Rn. 31 mit Verweis auf die vorrangigen gesellschaftsvertraglichen Regelungen.

Abs. 3 HGB)[433] die Maßnahme zum Erhalt eines Gegenstandes des Gesellschaftsvermögens[434] oder – im Wege der teleologischen Extension – zum Erhalt der Gesellschaft per se notwendig erscheint.[435]

Folglich kann jeder Gesellschafter, auch der nur Gesamtgeschäftsführungsbefugte oder der gesellschaftsvertraglich von der Geschäftsführung ausgeschlossene Gesellschafter sowie der Kommanditist in der KG, die erforderlichen Maßnahmen ergreifen, um eine akute Gefahr für die Erhaltung eines Gegenstandes des Gesellschaftsvermögens oder der Gesellschaft selbst abzuwehren.[436]

Legitimierend für die Berechtigung des handelnden Gesellschafters im Innenverhältnis ist seine Mitberechtigung am Gesamthandsvermögen.[437] Dieses Notgeschäftsführungsrecht steht jedem einzelnen Gesellschafter zu, auch wenn er aufgrund gesetzlicher oder gesellschaftsvertraglicher Bestimmung von der Geschäftsführung ausgeschlossen ist, und ist zwingender Natur.[438] Es kann weder durch Gesellschaftsvertrag noch durch Widerspruch eines Gesellschafters eingeschränkt werden.[439]

Durch die berechtigte Notgeschäftsführung im Innenverhältnis kann der Gesellschafter allerdings nicht die Gesellschaft im Außenverhältnis berechtigen oder verpflichten.[440] Soweit der handelnde Gesellschafter dementsprechend selbst Vertragspartei wird, so kann er die Rechte aus dem Vertragsverhältnis nur im

---

433 Wenn z.B. der geschäftsführungsberechtigte Gesellschafter nicht rechtzeitig erreichbar ist.

434 Hier ist z.B. an den Erhalt einer Gesellschafts-Forderung zu denken, die wegen bevorstehenden Ablaufs einer Verjährungs- oder Ausschlußfrist unterzugehen droht, vgl. auch *Bork/Oepen*, ZGR 2001, 515, 547.

435 Vgl. BGHZ 17, 181, 184; offen gelassen noch von RGZ 158, 302, 311; vgl. statt anderer auch *Ulmer*, in: Großkomm. HGB, § 116 Rn. 17; Staudinger/*Habermeier*, BGB, § 709 Rn. 15; MünchHdb. GesR II/*Wirth*, § 3 Rn. 89 f.; MünchHdb. GesR I/*v. Ditfurth*, § 7 Rn. 74. Andere stellen nicht auf „Gefahr im Verzug" i.S. der §§ 115 Abs. 2 und 116 Abs. 3 HGB ab, sondern lassen eine entsprechende „akute Gefahr" (so *Ulmer*, Gesellschaft bürgerlichen Rechts, § 709 Rn. 18) oder einen „bevorstehenden Eintritt eines Schadens" (in diesem Sinne Schlegelberger/*Martens*, HGB, § 116 Rn. 23) ausreichen.

436 Neben der Notwendigkeit der Sicherung eines Gegenstandes des Gesellschaftsvermögens sollte die zeitliche Komponente kumulativ berücksichtigt werden, ebenso auch Schlegelberger/*Martens*, HGB, § 116 Rn. 23.

437 Vgl. *Ulmer*, Gesellschaft bürgerlichen Rechts, § 711 Rn. 8.

438 Siehe nur MünchKomm/*Karsten Schmidt*, BGB, §§ 744, 745 Rn. 30; *Ulmer*, Gesellschaft bürgerlichen Rechts, § 711 Rn. 8 m. w. N; MünchHdb. GesR I/*v. Ditfurth*, § 7 Rn. 74.

439 Statt anderer Schlegelberger/*Martens*, HGB, § 116 Rn. 23; MünchHdb. GesR II/*Wirth*, § 3 Rn. 91; MünchHdb. GesR I/*v. Ditfurth*, § 7 Rn. 74; *Stengel*, in: Hdb. Personengesellschaften, § 3 Rn. 96.

440 So schon BGHZ 17, 181, 184 f.; BGHZ 41, 367, 368; zustimmend MünchKomm/*Karsten Schmidt*, BGB, §§ 744, 745 Rn. 35; Schlegelberger/*Martens*, HGB, § 116 Rn. 23.

eigenen Namen geltend machen und muß ggf. im eigenen Namen, aber mit dem Antrag auf Leistung an die Gesellschaft Klage erheben.[441]

Soweit der handelnde Gesellschafter aber im Innenverhältnis aufgrund des Notgeschäftsführungsrechts zur Vornahme der entsprechenden Handlung berechtigt gewesen ist, hat er gegen die Gesellschaft entsprechend § 257 BGB einen Freistellungsanspruch oder kann seine erforderlichen Aufwendungen analog § 110 HGB im Innenverhältnis erstattet verlangen.[442] Im Außenverhältnis handelt er jedoch auf eigenes Risiko.[443]

Damit stellt das Handeln aufgrund eines Notgeschäftsführungsrechts[444] einen weiteren Fall des zulässigen Geschäftsführungshandelns außerhalb des gesetzlich vorgesehenen oder gesellschaftsvertraglich vereinbarten Rahmens[445] neben den Regeln der Geschäftsführung ohne Auftrag dar.[446]

e) Verhältnis zwischen Vertretung (Vertretungsmacht) und Geschäftsführung (Geschäftsführungsbefugnis)

Systematisch ist grundsätzlich zwischen Vertretung und Geschäftsführung zu unterscheiden. Das Tätigwerden für die Gesellschaft aus der Sicht des Innenverhältnisses ist Geschäftsführung, vom Außenverhältnis betrachtet Vertretung.[447] Geschäftsführung und Vertretung kennzeichnen nur verschiedene Aspekte ein und derselben gesellschaftlichen Handlung. Die Vertretung stellt demzufolge nur

---

441 Siehe BGHZ 17, 181.

442 Ebenso für § 110 HGB: *Ulmer*, in: Großkomm. HGB, § 114 Rn. 34; MünchHdb. GesR II/*Wirth*, § 3 Rn. 93. Generell für einen Aufwendungsersatzanspruch auch *Stengel*, in: Hdb. Personengesellschaften, § 3 Rn. 96.

443 Vgl. Schlegelberger/*Martens*, HGB, § 116 Rn. 23.

444 Der BFH hat aber in Anbetracht des zivilrechtlichen Ausnahmecharakters der Vorschrift des § 744 Abs. 2 BGB ein entsprechendes (steuerliches) Notgeschäftsführungsrecht des Gesellschafters einer GbR zur Anfechtung eines gegen die Gesellschaft gerichteten Steuerbescheides analog § 744 Abs. 2 BGB verneint, vgl. BFH, Urteil v. 16.12.1997, VII R 30/97, BStBl. 1998 II, S. 319 ff. Offen gelassen auch in BGH, WM 1980, 1141, 1143.

445 Zu den Voraussetzungen der Zulässigkeit einer Einzelklage entsprechend § 744 Abs. 2 BGB gegen einen Mitgesellschafter als Maßnahme der Notgeschäftsführung, vgl. *Bork/Oepen*, ZGR 2001, 515, 547, 551 m.w.N., die im Ergebnis aber als Rechtsgrundlage eine (zumindest konkludente) gesellschaftsvertragliche Ermächtigung favorisieren.

446 Vgl. *Ulmer*, Gesellschaft bürgerlichen Rechts, § 709 Rn. 21; dem folgend Staudinger/*Habermeier*, BGB, § 709 Rn. 15.

447 *G. Hueck*, Gesellschaftsrecht, § 8 I 2, S. 56 f.; *Hüffer*, Gesellschaftsrecht, § 9 (2.), S. 62.

einen Teilbereich der Geschäftsführung dar und bezeichnet das Handeln im Außenverhältnis.[448]

Die Geschäftsführung bezieht sich im Innenverhältnis auf die Beziehungen der Gesellschafter untereinander und zur Gesellschaft. Das Außenverhältnis betrifft spiegelbildlich die Beziehungen der Gesellschaft zu Dritten. Für die Einordnung der Aktivitäten eines geschäftsführenden Gesellschafters als Geschäftsführungsmaßnahme ist es unabhängig, ob das Handeln sich auf das Innenverhältnis beschränkt oder Außenwirkung gegenüber Dritten hat, insbesondere ob die Vertretungsmacht im Verhältnis zu Dritten rechtswirksam besteht.[449]

Weiterhin ist das Tätigwerden im Interesse der Gesellschaft von der Geschäftsführungsbefugnis[450] zu unterscheiden. Diese beinhaltet die Rechtsmacht, also die Berechtigung für die Gesellschaft zu handeln. Bildlich gesprochen ist die Geschäftsführung der äußere Rahmen, innerhalb dessen die Geschäftsführungsbefugnis bestehen kann. Deshalb kann die Geschäftsführungsbefugnis auch niemals weiter reichen als das, was zur Geschäftsführung gehört. Dagegen kann sie innerhalb der Grenzen der Geschäftsführung sowohl in persönlicher als auch sachlicher Hinsicht eingeschränkt werden.[451] Die Geschäftsführungsbefugnis des Geschäftsführers als „rechtliches Dürfen“ und die Vertretungsmacht als „rechtliches Können“ ist also mit dem Verhältnis zwischen Auftrag und Vollmacht vergleichbar.[452]

Ihre mögliche Ausgestaltung entweder als Gesamt- oder Einzelgeschäftsführungsbefugnis wird bei den einzelnen Gesellschaftsformen im Folgenden gesondert dargestellt.

Schließlich bleibt noch grundsätzlich festzuhalten, daß die Tätigkeiten der Geschäftsführer außerhalb ihrer Kompetenz letztlich – zumindest für das Innenverhältnis – Geschäftsführungsmaßnahmen darstellen, so z.B. wenn Geschäftsgrundlagen berührt sind oder es an der Zustimmung der Mitgesellschafter fehlt.[453] Aus der Verletzung der Grenzen der Geschäftsführung (Innenverhältnis)

---

448 Unpräzise ist daher die Gegenüberstellung von Geschäftsführung als Handeln im Innenverhältnis und Vertretung als Außenhandeln im Verhältnis zu Dritten; vgl. nur Staudinger/*Habermeier*, BGB, § 709 Rn. 5.

449 MünchKomm/*Ulmer*, BGB, § 709 Rn. 7, auch in Abgrenzung zur Beitragsleistungspflicht.

450 Der Geschäftsführungsbefugte macht ein fremdes Recht (das der Gesellschaft; Bsp. Kündigung) in fremdem Namen (für die Gesellschaft) geltend. Das Recht aus der Mitgliedschaft macht den Gesellschafter nur zum Geschäftsführungsbefugten.

451 Statt anderer z.B. Staudinger/*Habermeier*, BGB, § 709 Rn. 6 ff.; zu den Einschränkungen im GmbH-Recht durch Gesetz, Satzung oder Gesellschafterbeschluß vgl. Michalski/*Lenz*, GmbHG, § 37 Rn. 7 ff.

452 In diesem Sinne auch *Kübler*, Gesellschaftsrecht, § 6 III 1 a, S. 50; MünchKomm/*Ulmer*, BGB, § 709 Rn. 9; Staudinger/*Habermeier*, BGB, § 709 Rn. 5.

453 MünchKomm/*Ulmer*, BGB, § 709 Rn. 8 und 25.

resultiert zwar eine Schadensersatzpflicht des kompetenzwidrig handelnden Gesellschafters gegenüber der Gesellschaft, das in Vertretung der Gesellschaft abgeschlossene Geschäft berechtigt und verpflichtet diese im Außenverhältnis dagegen vollumfänglich.[454] Denn der Geschäftspartner soll sich nicht darum kümmern müssen, ob sich der jeweilige Geschäftsführer an die, aus dem Innenverhältnis ergebenden Schranken seiner Befugnis hält. Dem redlichen Rechtsverkehr sollen insoweit Nachforschungen erspart bleiben.[455] Auf diesen Verkehrsschutzgesichtspunkten fußen die §§ 126 Abs. 2 HGB, 82 Abs. 1 AktG, 37 Abs. 2 GmbHG.

Soweit ein Mißbrauch der Vertretungsmacht vorliegt, beschreibt das Handeln des Vertreters ohne Vertretungsmacht (§§ 179 ff. BGB)[456] das Außenverhältnis, Geschäftsführung ohne Auftrag dagegen das Innenverhältnis.[457] Sie laufen meist, aber nicht notwendig parallel.

f) Gesetzliches Leitbild der einzelnen Gesellschaftsformen

aa) Gesellschaft bürgerlichen Rechts

Nach dem im § 709 Abs. 1 BGB niedergelegten gesetzlichen Leitbild steht bei der Gesellschaft bürgerlichen Rechts die Geschäftsführung und Geschäftsführungsbefugnis grundsätzlich allen Gesellschaftern gemeinschaftlich zu. Das bedeutet, daß für jede Geschäftsführungsmaßnahme grundsätzlich die – ggf. auch nur stillschweigend erteilte – Zustimmung aller Gesellschafter erforderlich ist. Dies gilt im Gegensatz zum Recht der Personenhandelsgesellschaften[458] bei der

---

[454] Vgl. nur *Karsten Schmidt*, Gesellschaftsrecht, § 47 V 1 d, S. 1393; *Westermann*, Hdb. d. PersonenGes, 1. Teil Rn. 252; allg. zum Mißbrauch der organschaftlichen Vertretungsmacht *Karsten Schmidt*, Gesellschaftsrecht, § 10 II 2, S. 265 ff. m.w.N. Zu den Ausnahmen Kollusion, Evidenz und Drittgeschäfte von Gesellschaftern, vgl. auch *Mack*, S. 162 ff., insbesondere 186.

[455] So ausdrücklich BGH, Urteil v. 5.12.1983, II ZR 56/82, NJW 1984, 1461, 1462.

[456] Im einzelnen siehe *Michalski*, GmbHR 1991, 349 ff.; *Hüffer*, AktG, § 78 Rn. 9; Hachenburg/*Mertens*, GmbHG, § 37 Rn. 33 ff.; *Lutter/Hommelhoff*, GmbHG, § 35 Rn. 12. Nach a.A. entfällt die Vertretungsmacht und das Geschäft ist nach § 138 BGB nichtig. Die kollusiv zusammenwirkenden Geschäftsführer und Geschäftspartner haften der Gesellschaft gegenüber nach § 826 BGB, siehe Hachenburg/*Mertens*, GmbHG, § 37 Rn. 35; vgl. auch Baumbach/*Hopt*, HGB, § 127 Rn. 11. m.w.N.

[457] Palandt/*Heinrichs*, BGB, § 178 Rn. 4. Zum Sonderfall des sog. „Mandatsexzeß" und GoA vgl. BGH, NJW 1984, 1461 f. bei Einschaltung eines Dritten; dazu auch *Karsten Schmidt*, Gesellschaftsrecht, § 36 II 2 c, S. 1076. Zur Begrenzung der unbeschränkbaren Vertretungsmacht unter dem Gesichtspunkt des Missbrauches der Vertretungsmacht im einzelnen BGH, NJW 1994, 2082, 2083 und *Sandmann*, S. 265 m.w.N. zum Meinungsstand in Fn. 36.

[458] Vgl. §§ 115 Abs. 2 und 116 Abs. 3 HGB.

Gesellschaft bürgerlichen Rechts selbst dann, wenn Gefahr im Verzug ist. Ausnahmsweise ist die Zustimmung der übrigen Mitgesellschafter dann entbehrlich, wenn eine zur Erhaltung der Gesellschaft notwendige und unaufschiebbare Maßnahme in Frage steht. Für diesen Fall ist die dem Gemeinschaftsrecht angehörende Bestimmung des § 744 Abs. 2 BGB entsprechend anzuwenden mit der Folge, daß hier jeder Gesellschafter (im eigenen Namen) zur Vornahme der erforderlichen Abwehrhandlung für die Gesellschaft berechtigt ist.[459]

Neben der Gesamtgeschäftsführung aller Gesellschafter nach § 709 BGB, bietet § 710 BGB die Möglichkeit, die Geschäftsführung auf einzelne Mitgesellschafter zu übertragen sowie § 711 BGB diejenige der Einzelgeschäftsführung.

Im Gesellschaftsvertrag kann vereinbart werden, daß zwar alle Gesellschafter zur Geschäftsführung befugt sein sollen, daß aber die Zulässigkeit einer Geschäftsführungsmaßnahme nicht nur von der Zustimmung aller, sondern nur von der Zustimmung der Mehrheit der Gesellschafter abhängig sein soll (vgl. § 709 Abs. 2 BGB). Soweit alle Gesellschafter einzeln und unabhängig voneinander zur Geschäftsführung befugt sein sollen (Einzelgeschäftsführung), ist jeder Gesellschafter berechtigt, alleine zu handeln, muß aber die von ihm beabsichtigte Maßnahme dann unterlassen, wenn ein insoweit gleichberechtigter Mitgesellschafter hiergegen Widerspruch erhoben hat (vgl. § 711 BGB).

Ausgehend von der Erkenntnis, daß die Ausübung des Widerspruchs in der Geschäftsführungsbefugnis wurzelt,[460] gelten insofern die gleichen Grundsätze wie für sonstige Geschäftsführungsmaßnahmen. Grundsätzlich muß der widersprechende Gesellschafter sich an den Interessen der Gesellschaft orientieren, wobei ihm bei der Interessenabwägung letztlich ein weiter Entscheidungsspielraum verbleibt.[461] Soweit dem geschäftsführungsberechtigten Gesellschafter also ein Widerspruchsrecht zusteht, hat er dieses in den Grenzen des Sorgfaltsmaßstabes des § 708 BGB auszuüben.[462]

Problematisch ist allerdings, wann ein erhobener Widerspruch im Einzelfall pflichtwidrig ist und er deshalb als unbeachtlich anzusehen ist.[463] Nach mittlerweile h.M. wird ein die gesellschaftsrechtliche Treuepflicht verletzender

---

459 Dazu ausführlich oben S. 96 ff.

460 In diesem Sinne auch *Ulmer*, Gesellschaft bürgerlichen Rechts, § 711 Rn. 1.

461 BGH, NJW 1986, 844; BGH, WM 1988, 968, 970; ebenso zustimmend *Ulmer*, Gesellschaft bürgerlichen Rechts, § 711 Rn. 10.

462 Im Einzelfall kann auch eine Pflicht zum Widerspruch des geschäftsführungsbefugten Gesellschafters im Interesse der Gesellschaft gegeben sein. Vgl. *Ulmer*, Gesellschaft bürgerlichen Rechts, § 711 Rn. 10.

463 Vgl. dazu die Fälle von BGH, NJW 1986, 844; WM 1988, 968, 970. Zum Meinungsstand bzgl. des gegen Gesellschaftsinteressen verstoßenden Widerspruchs vgl. *Jagenburg*, S. 18 f. m.w.N. zu den Protagonisten in der älteren Literatur und zur gleichen Problematik in Art. 1 ADHGB.

Widerspruch dann als unbeachtlich angesehen, wenn er willkürlich und unter offensichtlichen Verstoß gegen die gesellschaftsrechtliche Treuepflicht erklärt wird.[464]

Die Gestaltungsmöglichkeiten der Gesellschafter sind bzgl. der Geschäftsführungsbefugnis durch diese bereits im Gesetz ausdrücklich angesprochenen Regelungsmöglichkeiten aber nicht abschließend erschöpft.[465] Die Gesellschafter können vielmehr auch andere, insbesondere differenziertere Kompetenzverteilungen vornehmen und daher verschiedene Formen der Geschäftsführungsbefugnis im Gesellschaftsvertrag festlegen. Eine Kombination zwischen Einzelgeschäftsführungsbefugnis und Gesamtgeschäftsführungsbefugnis bei mehreren Gesellschaftern oder eine unterschiedliche Regelung der Geschäftsführungsbefugnis hinsichtlich einzelner Ressorts, wie in kaufmännischen oder technischen Bereichen, ist jeder Zeit zulässig, soweit sie nicht gegen ein gesetzliches Verbot verstößt oder mit dem Wesen der Gesellschaft bürgerlichen Rechts nicht zu vereinbaren ist.[466]

Eine den Umfang der Geschäftsführungsbefugnis einschränkende Regelung, wie sie im Personengesellschaftsrecht in § 116 HGB existiert, ist den §§ 705 ff. BGB dagegen fremd. Soweit die von den geschäftsführungsbefugten Gesellschaftern intendierte Maßnahme nicht den Grundlagengeschäften der Gesellschaft zuzuordnen ist, richtet sich der Umfang der Geschäftsführungsbefugnis grundsätzlich nach dem Gesellschaftszweck.[467] Eine Unterscheidung zwischen gewöhnlichen und außergewöhnlichen Geschäften entsprechend § 116 Abs. 2 HGB scheitert für das Personengesellschaftsrecht schon an der planwidrigen gesetzlichen Regelungslücke.[468]

Sofern sich also gesellschaftsvertraglich keine entsprechenden Beschränkungen hinsichtlich der Geschäftsführung finden, erstreckt sich die Geschäftsführungsbefugnis auch auf ungewöhnliche Handlungen. Eine Einschränkung ist allerdings für den Fall zu machen, in denen die Maßnahmen

---

[464] *Ulmer*, Gesellschaft bürgerlichen Rechts, § 711 Rn. 11.

[465] Zu den abweichenden gesellschaftsvertraglichen Gestaltungen siehe Staudinger/*Habermeier*, BGB, § 709 Rn. 5.

[466] Sog. funktionell beschränkte Einzelgeschäftsführung; vgl. *Ulmer*, Gesellschaft bürgerlichen Rechts, § 709 Rn. 17; Staudinger/*Habermeier*, BGB, § 709 Rn. 13; Soergel, BGB § 709 Rn. 18.

[467] Statt aller *Ulmer*, Gesellschaft bürgerlichen Rechts, § 709 Rn. 23; Staudinger/*Habermeier*, BGB, § 709 Rn. 3.

[468] Nach *Jagenburg*, S. 26 enthielt bereits die Denkschrift zum HGB eine Bemerkung, angesichts der für die GbR geltenden gesetzlichen Regeln der gemeinsamen Geschäftsführung aller Gesellschafter für die Unterscheidung zwischen gewöhnlichen und ungewöhnlichen Handlungen kein Bedürfnis bestehe. Vgl. zum ganzen auch *Ulmer*, Gesellschaft bürgerlichen Rechts, § 709 Rn. 24.

den Gesellschaftszweck gefährden und zu einer Veränderung der Gesellschaftsvertragsgrundlagen führen.[469] Beispielsweise sind deshalb etwaige Änderungen im Mitgliederbestand oder Handlungen, die zur stillen Liquidation der Gesellschaft (z.B. durch Verkauf des gesamten Gesellschaftsvermögens) führen, von der Geschäftsführungsbefugnis nicht mehr gedeckt.

Soweit nach dem Gesellschaftsvertrag die Geschäftsführungsbefugnis einem, mehreren oder allen Gesellschaftern zusteht, wird über die Vorschrift des § 711 BGB zum Schutze der Interessen aller Gesellschafter den mitgeschäftsführungsberechtigten Gesellschaftern ein Widerspruchsrecht gegenüber den speziellen Maßnahmen eines Einzelgeschäftsführers zugebilligt. Das Gesetz ersetzt also auf diese Weise die bei Einzelgeschäftsführungsbefugnis aller Mitgesellschafter gemäß § 709 BGB notwendige Zustimmung der übrigen Mitgesellschafter.[470] Um ihr Widerspruchsrecht auch ausüben zu können, besteht gegenüber den mitgeschäftsführungsberechtigten Gesellschaftern eine Unterrichtungspflicht, soweit die Bedeutung der vorzunehmenden Maßnahme ein Informationsinteresse grundsätzlich nahe legt.

Bezogen auf das Innenverhältnis bewirkt der Widerspruch im Innenverhältnis, daß der handelnde Geschäftsführer die Geschäftsführungsmaßnahme unterlassen muß. Soweit der geschäftsführende Mitgesellschafter sich unter Verletzung der eigenüblichen Sorgfalt nach § 708 BGB über den pflichtgemäßen Widerspruch hinwegsetzt – und er sich auch nicht auf ein Notgeschäftsführungsrecht entsprechend § 744 Abs. 2 BGB berufen kann – so haftet er auf Schadensersatz. Ob die Haftungsgrundlage in diesem Fall positive Forderungsverletzung oder Geschäftsführung ohne Auftrag ist, kann an dieser Stelle noch dahingestellt bleiben.[471]

Eine Außenwirkung des pflichtgemäßen Widerspruchs gegenüber einem dritten Geschäftspartner erfolgt allerdings nicht.[472] Begründet wird dies im wesentlichen damit, daß jede Änderung oder Beschränkung der Geschäftsführungsbefugnis, die im Rahmen der Auslegungsregel gemäß § 714 BGB eine Begrenzung der Vertretungsmacht nach sich ziehen würde, als Eingriff in das Organisationsstatut der Gesellschaft eines Gesellschafterbeschlusses bedarf. Ohne einen dementsprechenden Gesellschafterbeschluß entfaltet der erfolgte Widerspruch selbst bei Kenntnis des Geschäftspartners keine Außenwirkung. Eine Ausnahme

---

469 Zutreffend Staudinger/*Habermeier*, BGB, § 709 Rn. 4.

470 Statt anderer Soergel/*Hadding*, BGB, § 711 Rn. 1.

471 Dazu *Ulmer*, Gesellschaft bürgerlichen Rechts, § 711 Rn. 13; für Anspruchskonkurrenz Soergel/*Hadding*, BGB, § 711 Rn. 4.

472 Ganz h.M., vgl. schon BGHZ 16, 394, 398 f.; zustimmend RGRK/*v. Gamm*, BGB, § 711 Rn. 3; Schlegelberger/*Martens*, HGB, § 115 Rn. 21; Soergel/*Hadding*, BGB, § 711 Rn. 6; Staudinger/*Habermeier*, BGB, § 711 Rn. 4.

wird insofern nur für die Fälle des Mißbrauchs der Vertretungsmacht zugebilligt.[473]

bb) Personenhandelsgesellschaften

Die Einzelgeschäftsführung ist nach §§ 117 Abs. 1 und 115 Abs. 1 HGB der Grundtypus der Geschäftsführung in der Personenhandelsgesellschaft. Weitere Gestaltungsmöglichkeiten bietet das Gesetz in den §§ 114 Abs. 2, 115 Abs. 2 HGB an. Diese und weitere Varianten können gesellschaftsvertraglich vereinbart werden.

Die Regelung des § 114 Abs. 1 HGB ergänzt den Grundsatz der Einzelgeschäftsführungsbefugnis dahingehend, daß grundsätzlich alle Gesellschafter zur Geschäftsführung berechtigt und verpflichtet sind. Daraus folgt, daß jeder einzelne Gesellschafter für sich und unabhängig von anderen Gesellschaftern befugt ist, alle Handlungen vorzunehmen, die unter den Begriff der Geschäftsführung fallen. Die Grundkonzeption der Einzelgeschäftsführungsbefugnis jedes Gesellschafters läßt sich aus dem Gesellschaftszweck der Personenhandelsgesellschaften erklären, der sich an den Bedürfnissen des Handelslebens orientiert und aus der erforderlichen Bewegungsfreiheit und dem Vertrauensverhältnis unter den Gesellschaftern, die grundsätzlich gleichberechtigt sind, resultiert.[474]

Andererseits berücksichtigt das Handelsgesetzbuch die Gleichberechtigung aller Gesellschafter in § 115 Abs. 1 HGB, ohne das der Beschleunigung dienende Prinzip der Einzelgeschäftsführungsbefugnis aufzugeben. Neben der Möglichkeit, gesellschaftsvertraglich Gesamtgeschäftsführungsbefugnis festzulegen (§ 115 Abs. 2 HGB), dient das Widerspruchsrecht nach § 115 Abs. 1 Halbs. 2 HGB als Ausgleichsinstrumentarium für die mit der Alleingeschäftsführungsbefugnis verbundene Gefahr, daß durch Verhandlungen eines einzelnen Gesellschafters eine Schädigung der Gesellschaft und damit der übrigen Gesellschafter eintritt. Somit hat letztlich jeder geschäftsführende Gesellschafter nach § 115 Abs. 1 Halbs. 2 HGB die Möglichkeit, einer beabsichtigten Handlung eines anderen geschäftsführenden Gesellschafters zu widersprechen. Da der Widerspruch selbst eine Maßnahme der Geschäftsführung darstellt, steht er dem widersprechenden Gesellschafter deshalb nur im Rahmen seiner eigenen Geschäftsführungsbefugnis zu. Zudem ist die Ausführung des Widerspruchsrechts an den Interessen der Gesellschaft auszurichten. Das Widerspruchsrecht kann sich auch nur auf Geschäftsführungsmaßnahmen beziehen, die gewöhnliche Geschäfte des Handelsbetriebs betreffen (vgl. § 116 Abs. 1 HGB).

---

[473] *Ulmer*, Gesellschaft bürgerlichen Rechts, § 711 Rn. 14; zum ganzen auch *Mack*, S. 196 f.

[474] *Mack*, S. 147.

Zu beachten ist, daß nach § 116 Abs. 2 HGB zum Abschluß von ungewöhnlichen Geschäften[475] ein Gesellschafterbeschluß sämtlicher, auch der nicht geschäftsführenden Gesellschafter erforderlich ist.

Ist der Widerspruch eines Mitgesellschafters erfolgt, so hat die beabsichtigte Maßnahme der Geschäftsführung zu unterbleiben. Führt der geschäftsführende Gesellschafter eine Geschäftsführungsmaßnahme trotz erklärten Widerspruchs durch, so handelt er pflichtwidrig. Zu beachten ist allerdings, daß der Widerspruch grundsätzlich gegenüber Dritten im Außenverhältnis keine Wirkung entfaltet. Es besteht lediglich die Pflicht des handelnden Gesellschafters, das widerspruchswidrige Geschäft rückabzuwickeln. Übt ein Gesellschafter einen Widerspruch gesellschaftsrechts- bzw. treuwidrig aus, so kann dies ebenso wie die Nichtbeachtung eines bestehenden Widerspruchs Schadensersatzansprüche auslösen.[476]

In der KG obliegt die Geschäftsführung ausschließlich den Komplementären als den persönlich haftenden Gesellschaftern. Soweit keine abweichenden gesellschaftsvertraglichen Bestimmungen getroffen sind, sind die Kommanditisten nach § 164 HGB von der Geschäftsführung ausgeschlossen. Wie auch bei der oHG hat jeder geschäftsführungsbefugte Gesellschafter einer KG gegen die Vornahme eines gewöhnlichen Geschäfts nach §§ 161 Abs. 2, 115 Abs. 2 Halbs. 2 HGB ein Widerspruchsrecht. Soweit dem Kommanditisten gesellschaftsvertraglich kein Geschäftsführungsrecht eingeräumt wurde,[477] hat der Kommanditist nach § 164 Satz 1 Halbs. 2 HGB selbst dann kein Widerspruchsrecht gegen Maßnahmen der geschäftsführenden Gesellschafter, soweit diese über den gewöhnlichen Betrieb des Handelsgewerbes hinausgehen.

Nach allgemeiner Ansicht ist aber auch für diesen Fall § 116 Abs. 2 HGB (trotz der fehlenden Verweisungen in § 164 Satz 2 HGB, der nur auf § 116 Abs. 3 HGB verweist) im Rahmen der Kommanditgesellschaft anwendbar, so daß ein Beschluß sämtlicher, auch der nicht geschäftsführungsberechtigten Gesellschafter, also einschließlich der Kommanditisten, notwendig ist.[478]

cc) Partnerschaftsgesellschaft

Nach § 1 Abs. 1 Satz 1 PartGG ist die Partnerschaftsgesellschaft eine Gesellschaftsform, in der sich Angehörige freier Berufe zur Ausübung ihrer Berufe

---

[475] Zur Unterscheidung zwischen gewöhnlichen und ungewöhnlichen Geschäften; siehe auch *Karsten Schmidt*, Gesellschaftsrecht, § 47 V 1 c, S. 1392; vgl. eingehend unten S. 204 ff.

[476] Vgl. dazu auch Heymann/Horn/*Emmerich*, HGB § 115 Rn. 2 ff. m.w.N.

[477] Vgl. *Karsten Schmidt*, Gesellschaftsrecht, § 53 III 2 a, S. 1537 m.w.N.

[478] So schon RGZ 158, 305, diesem Grundlagenurteil ist die h.M. gefolgt, vgl. *Karsten Schmidt*, Gesellschaftsrecht, § 53 III 2 b, S. 1539 m.w.N. in Fn. 20.

zusammenschließen können.[479] Die Vorschriften über die Geschäftsführung der Partner ist weitestgehend dispositives Recht. Grundsätzlich kann nach § 6 Abs. 2 PartGG kein Partner von der Geschäftsführung ausgeschlossen werden, da ihm die Erbringung seiner beruflichen Leistung gestattet sein muß.[480] Im übrigen wird für die Rechte und Pflichten der Partner im Innenverhältnis auf das Recht der oHG verwiesen, vgl. § 6 Abs. 3 PartGG.[481] Dies betrifft insbesondere die Geschäftsführung (§§ 114 bis 117 HGB), aber auch das Wettbewerbsverbot (§§ 112 f. HGB).

dd) EWIV

Die Europäische wirtschaftliche Interessenvereinigung ist als supranationale Rechtsform zur Ermöglichung der grenzüberschreitenden Kooperation in das deutsche Gesellschaftsrecht inkorporiert worden.[482]

Die EWIV ist in ihrer grundlegenden Struktur eine (deutsche) oHG mit Fremdgeschäftsführung.[483] Organ der Geschäftsführung bei der EWIV sind die Geschäftsführer, die durch den Gründungsvertrag oder durch einen Beschluß der Mitglieder bestellt werden (vgl. Art. 19 Abs. 1 EWIV-VO). Im Falle der schuldhaften Pflichtverletzung sind die Geschäftsführer der EWIV im Innenverhältnis schadensersatzpflichtig (vgl. § 5 EWIV-AusfG[484]). Das EWIV-Ausführungsgesetz bezieht sich im wesentlichen auf das für die oHG geltende Recht (vgl. insbesondere § 1 EWIV-AusfG), somit kann auch grundsätzlich auf die oben zur oHG gemachten Ausführungen für das Innenverhältnis der Mitglieder verwiesen werden.

g) Abweichende gesellschaftsvertragliche Regelungen

Die eben genannten Regelungen der Geschäftsführung im Personengesellschaftsrecht sind grundsätzlich im vollen Umfang dispositiver Natur. Grundsätzlich können jederzeit im Gesellschaftsvertrag abweichende Regelungen hinsichtlich der Geschäftsführung getroffen werden. Allerdings muß der vom jeweiligen

---

[479] Eingehend *Karsten Schmidt*, Gesellschaftsrecht, § 64, S. 1877 ff.

[480] Dazu MünchHdb. GesR I/*Salger*, § 35 Rn. 18 f.

[481] Siehe auch MünchHdb. GesR I/*Salger*, § 35 Rn. 14 ff.

[482] Eingehend *Schwarz*, Europäisches Gesellschaftsrecht, Rn. 966 ff.; vgl. auch das deutsche Ausführungsgesetz zur EWG-Verordnung über die europäische wirtschaftliche Interessenvereinigung (EWIV-AusfG) vom 14.4.1988, BGBl. I, S. 514 ff.

[483] Vgl. nur *Schwarz*, Europäisches Gesellschaftsrecht, Rn. 982; MünchHdb. GesR I/*Salger/Neye*, § 87 Rn. 21.

[484] Die Vorschrift ist § 93 AktG nachempfunden, vgl. amtl. Begründung zum Regierungsentwurf, BT-Drucks. 11/352, S. 9.

gesetzlichen Leitbild abweichende Wille der Parteien im Gesellschaftsvertrag eindeutig geregelt sein.[485]

In der Praxis besonders bedeutsam ist die funktionell beschränkte Einzelgeschäftsführung der Gesellschafter. Anstelle der grundsätzlich gemeinschaftlichen Verantwortung und entsprechender Mitsprachemöglichkeit aller Gesellschafter-Geschäftsführer zielt diese Art der Einzelgeschäftsführung auf eine funktionelle, nach Tätigkeitsbereichen unterschiedene Aufteilung der Geschäftsführung.[486] Im Bereich der Personenhandelsgesellschaften ist das gesamte Geschäftsführungsrecht der §§ 114 bis 117 HGB nach § 109 HGB ebenso dispositiv. Im Gesellschaftsvertrag kann dementsprechend grundsätzlich jede Art der Geschäftsführung vereinbart werden.[487]

3. Überschreitung der Geschäftsführungsbefugnis

Im wesentlichen lassen sich die Fälle der Überschreitung der Geschäftsführungsbefugnis in fünf Grundformen einteilen:[488]

1. Für den Fall der Gesamtgeschäftsführungsbefugnis, wenn ein Gesellschafter eine Handlung des gewöhnlichen Geschäftsbetriebs der Gesellschaft ohne Zustimmung der übrigen Gesellschafter vornimmt, sei es, daß die Mitgesellschafter ihre Zustimmung verweigert haben oder daß der handelnde Gesellschafter, obwohl keine Gefahr in Verzug war, die Zustimmung nicht eingeholt hat;
2. für den Fall der Einzelgeschäftsführungsbefugnis, wenn ein geschäftsführender Gesellschafter eine Handlung des gewöhnlichen Geschäftsbetriebs der Gesellschaft gegen den erhobenen oder zu erwartenden[489] Widerspruch eines anderen geschäftsführenden

---

485 Ebenfalls ausreichend ist ein entsprechender Gesellschafterbeschluß oder die langjährige, im Einverständnis aller Gesellschafter praktizierte Übung, vgl. *Ulmer*, Gesellschaft bürgerlichen Rechts, § 705 Rn. 49.

486 Vgl. dazu *Ulmer*, Gesellschaft bürgerlichen Rechts, § 709 Rn. 17.

487 Beispielsweise die Geschäftsführung auf Zeit oder unter bestimmten Voraussetzungen bzw. Bestellung durch Mehrheitsbeschluß. Die Grenzen der abweichenden gesellschaftsvertraglichen Vereinbarung resultieren aus dem Abspaltungsverbot, dem Gebot der Selbstorganschaft, aus dem Verbot des Eingriffs in den Kernbereich, vgl. zum ganzen Baumbach/*Hopt*, HGB, § 114 Rn. 20.

488 Vgl. zu den möglichen Tatbeständen auch *Glasenapp*, S. 24 f.; *Ulmer*, Gesellschaft bürgerlichen Rechts, § 711 Rn. 25; *ders.*, in: Großkomm. HGB, § 114 Rn. 57.

489 Nach BGHZ 76, 168 gibt es keinen Anspruch auf Unterlassung von die Geschäftsführungsbefugnis überschreitenden Maßnahmen; differenzierend HK-HGB, *Stuhlfelner*, § 114 HGB Rn. 4; a.A. Jauernig/*Stürner*, BGB, § 713 Rn. 6 (Feststellungsklage).

Gesellschafters vornimmt[490] oder sich bzgl. der vorgenommenen Handlung eine gesellschaftsvertragliche Beschränkung besteht;

3. für den Fall der Einzel- oder Gesamtgeschäftsführungsbefugnis, wenn ein (geschäftsführender) Gesellschafter eine über den gewöhnlichen Betrieb des Geschäftsbetriebs der Gesellschaft hinausgehende Handlung ohne entsprechenden Beschluß sämtlicher, auch der nicht geschäftsführenden Gesellschafter vornimmt, sei es aufgrund verweigerter Zustimmung der Mitgesellschafter oder sei es, daß der handelnde Gesellschafter einen solchen Beschluß nicht herbeigeführt hat;
4. für den Fall, daß ein von der Geschäftsführung ausgeschlossener Gesellschafter eine Geschäftsführungshandlung vornimmt oder falls er die pflichtwidrige Geschäftsführungsmaßnahme des geschäftsführenden Gesellschafters maßgeblich beeinflusst oder – trotz positiver Kenntnis – durch Unterlassen nicht behindert;
5. oder für den Fall, daß ein nicht an der Gesellschaft beteiligter Dritter eine Geschäftsführungshandlung vornimmt.

Zwar sind die beiden letztgenannten Fälle sprachlich nicht unter den Begriff „Überschreitung" der Geschäftsführungsbefugnis zu subsumieren, da der Gesellschafter bzw. Dritte hier gänzlich von der Geschäftsführung ausgeschlossen ist. Wie oben bereits dargelegt, werden jedoch auch für diese Fälle, in denen ein nicht geschäftsführungsbefugter Gesellschafter oder Dritter in die Geschäftsführung der Gesellschaft eingreift, in die Betrachtung mit einbezogen. Dies rechtfertigt sich insbesondere aus der Annahme, daß bei ungewöhnlichen Geschäften auch dem ausgeschlossenen Gesellschafter ein Recht an Geschäftsführungsbefugnis verbleibt, welches unausschließbar und unentziehbar ist.[491]

Die vorstehend aufgezeigten fünf Fälle der Überschreitung der Geschäftsführungsbefugnis stellen aber nicht nur eine beispielhafte Aufzählung dar, sondern sind hinsichtlich der theoretisch möglichen Formen der Überschreitung abschließend. Alle anders gearteten Fälle lassen sich als Abwandlungen bzw. Varianten einer der genannten fünf Grundformen darstellen.

Insbesondere gilt dies für den von *A. Hueck* erwähnten Fall,[492] daß ein Gesellschafter mit vertraglich beschränkter Geschäftsführungsbefugnis außerhalb des Rahmens seiner Berechtigung handelt. Die Beschränkungen der Geschäftsführungsbefugnis in dieser Art finden sich häufig in Gesellschaftsverträgen. Dabei

490 BGH, NJW 1986, 844; vgl. auch *Hadding*, HGB-Klausur, S. 130.

491 In diesem Sinne auch *Jagenburg*, S. 30.

492 Dieser Fall ist unter die Nr. 2 der Aufzählung zu fassen.

werden besonders wichtige Geschäfte für die Gesellschaft, auch wenn sie dem gewöhnlichen Geschäftsbetrieb angehören, von der Genehmigung oder der Mitwirkung eines anderen Gesellschafters oder eines Gesellschaftsgremiums abhängig gemacht, obwohl der an sich einzelvertretungsberechtigte Geschäftsführer diese vornehmen könnte.[493]

Im Ergebnis läßt sich somit jeder wie auch immer ausgestaltete Sonderfall unter eine der fünf Grundformen der Überschreitung der Geschäftsführungsbefugnis subsumieren.[494]

Zu beachten ist allerdings, daß für die weitere Untersuchung diejenigen Fälle ausscheiden, in denen das vorgenommene Geschäft die Gesellschaft nach außen hin nicht bindet, weil es letztlich an einer wirksamen Vertretung der Gesellschaft fehlt. Dies betrifft insbesondere die Konstellationen, in denen bereits der Rahmen der Geschäftsführung und Vertretung überschritten wird und dies letztlich deshalb auch auf das Außenverhältnis durchschlägt, weil es sich z.B. um Grundlagengeschäfte handelt oder die Beziehungen der Gesellschafter untereinander umgestaltet werden.

Denn selbst für den Fall der unbeschränkbaren Vertretungsmacht im Außenverhältnis (vgl. § 126 HGB) gibt es auch im Bereich der Personenhandelsgesellschaften Fälle, in denen das vorgenommene Geschäft zwar noch im Rahmen der Vertretungsmacht liegt, diese mithin also nicht überschritten wird, das Geschäft aber im Außenverhältnis nicht wirksam für die Gesellschaft abgeschlossen werden kann, da für den dritten Geschäftspartner ein erkennbarer Mißbrauch der Vertretungsmacht bzw. sogar kollusives Zusammenwirken, d.h. vorsätzliches Zusammenwirken mit dem Dritten zum Schaden der Gesellschaft, vorliegt.[495]

Für diese Fälle tritt das Problem der gesellschaftsrechtlichen Innenhaftung des handelnden Gesellschafters gegenüber der Gesellschaft im Ergebnis nicht auf, da es an einer wirksamen Vertretung im Außenverhältnis fehlt. In Betracht kommt für ein solches Geschäft als Vertragspartner/Haftender, abgesehen von den Ausnahmefällen des § 179 Abs. 3 BGB, der handelnde Gesellschafter allein nach § 179 BGB als *falsus procurator*.[496]

---

[493] Dabei handelt es sich letztlich um eine Teilung der Geschäftsführungsbefugnis im Gegensatz zur bloßen Geschäftsverteilung.

[494] Vgl. *Jagenburg*, S. 36.

[495] Die Kollusion gibt der Gesellschaft immer den Arglisteinwand mit der Folge, daß der Dritte sich auf die Vertretungsmacht des Gesellschafters nicht berufen kann.

[496] Fraglich ist in diesen Fällen vielmehr, ob dem Vertreter ohne Vertretungsmacht hier nicht ein Freistellungsanspruch entsprechend § 257 BGB gegenüber der Gesellschaft besteht.

4. Sorgfaltsmaßstab

Die Haftungsrisiken von Gesellschaftern einer Personengesellschaft beschränken sich nicht auf die Haftung für Gesellschaftsschulden. Jeder Gesellschafter ist im Innenverhältnis zur Gesellschaft, insbesondere aufgrund der Verletzung von Treuepflichten, einem erheblichen Haftungsrisiko ausgesetzt. Daher ist es aus Sicht der Gesellschafter wünschenswert, Möglichkeiten zu suchen, dieses Risiko zu verringern.

Neben dem allgemeinen Haftungsmaßstab des § 276 BGB kommt dabei die Anwendung des für die Mitglieder einer Gesellschaft bürgerlichen Rechts vorgesehener Sorgfaltsmaßstab des § 708 BGB in Betracht.

a) Gesetzliches Leitbild des § 276 BGB

Grundlegend für den in einem Schuldverhältnis anzuwendenden Sorgfaltsmaßstab ist die Regelung des § 276 BGB. Der Schuldner hat nach § 276 Abs. 1 Satz 1 BGB, sofern eine strengere oder mildere Haftung weder bestimmt, noch aus dem sonstigen Inhalt des jeweiligen Schuldverhältnisses zu entnehmen ist, im Rahmen der Erfüllung seiner vertraglichen Pflichten grundsätzlich vorsätzliches und fahrlässiges Handeln zu vertreten. Ein Fahrlässigkeitsvorwurf ist dem Schuldner dabei gemäß § 276 Abs. 2 BGB dann zu machen, wenn er die im Verkehr erforderliche Sorgfalt außer Acht gelassen hat. Ausgehend vom Verschuldensprinzip hat das SMG aber in § 280 Abs. 1 Satz 2 BGB die diesbezügliche Beweislast nun grundsätzlich dem Schuldner auferlegt. Der Schadensersatz wegen der allgemeinen Pflichtverletzung ist dann ausgeschlossen, wenn der Schuldner darlegen und beweisen kann, daß er die Pflichtverletzung i.S. der §§ 276 ff. BGB nicht zu vertreten hat.[497]

Eine Haftungsbeschränkung kann sich aber gemäß § 277 BGB für eine Vernachlässigung der eigenüblichen Sorgfalt ergeben, soweit dies gesetzlich[498] vorgesehen ist oder im Rahmen vertraglicher Haftungsbeschränkungen bis zur Grenze des § 276 Abs. 3 BGB zulässig ist.[499]

Im Personengesellschaftsrecht wird die Vorschrift des § 276 BGB durch § 708 BGB modifiziert.

---

[497] Zu den weiteren sachlichen und redaktionellen Veränderungen des § 276 BGB durch das SMG, vgl. Palandt/*Heinrichs*, BGB, § 276 Rn. 3.; siehe auch HK-BGB/*Schulze*, § 276 Rn. 2.

[498] Vergleichbare Regelungen finden sich in den §§ 346 Abs. 3 Satz 1 Nr. 3, 347 Abs. 1 Satz 2, 690, 1359; 1664; 2131 BGB.

[499] Statt anderer HK-BGB/*Schulze*, § 276 Rn. 24 f.

b) Haftungsbeschränkung des § 708 BGB

Grundsätzlich haftet jeder geschäftsführende Gesellschafter einer Gesellschaft bürgerlichen Rechts, offenen Handelsgesellschaft oder Kommanditgesellschaft der Gesellschaft für schuldhafte Schlechterfüllung seiner Geschäftsführungspflicht auf Schadensersatz.[500]

Als Korrelat für die gesellschaftsrechtliche Kompetenz trifft den geschäftsführenden Gesellschafter eine gesellschaftsrechtliche Verantwortlichkeit. Als Besonderheit ist dabei zu beachten, daß abweichend vom allgemeinen zivilrechtlichen Haftungsmaßstab des § 276 BGB nach § 708 BGB eine Haftungserleichterung gewährt wird.[501]

aa) Funktion des § 708 BGB

Nach § 708 BGB hat ein Gesellschafter einer Gesellschaft bürgerlichen Rechts bis zur Grenze der groben Fahrlässigkeit nur für die *diligentia quam in suis [rebus adhibere solet]*, einzustehen. Er hat also bei der Erfüllung der ihm obliegenden gesellschaftsrechtlichen Verpflichtungen nur für diejenige Sorgfalt einzustehen, die er in eigenen Angelegenheiten anwendet.[502]

Der allgemeine Haftungsmaßstab des § 276 Abs. 2 Satz 1 BGB, der sich an einem objektiven, am verkehrsrichtigen Verhalten orientierten Maßstab anpaßt, wird durch einen am subjektiven Verhalten des Schuldners orientierten Maßstab ersetzt, ohne allerdings von der Haftung für grobe Fahrlässigkeit zu entbinden.[503]

Folge ist, daß an die Pflichterfüllung des Gesellschafters, der in eigenen Angelegenheiten im allgemeinen nachlässig ist, für die Gesellschaft kein höherer Maßstab angelegt werden kann. Der Wortlaut des § 708 BGB deutet also darauf hin, daß damit ein Sorgfaltsmaßstab gemeint ist, der unterhalb der im Verkehr üblichen Sorgfalt anzusiedeln ist. Diese Norm stellt daher eine Erleichterung des üblichen Sorgfaltsmaßstabes dar und ist somit nach allgemeiner Ansicht als Haftungsprivilegierung einzustufen.[504]

---

500 Siehe rechtsformvergleichend bzgl. der Haftungsmaßstäbe auch *Müller-Graf*, AcP 191 (1991), 475, 484 f.

501 Aufgrund der Verweisung der §§ 161 Abs. 2, 105 Abs. 3 HGB gelten die §§ 708, 277 BGB auch für die oHG und KG, vgl. nur Baumbach/*Hopt*, HGB, § 161 Rn. 14 f.; Münch-Komm/*Ulmer*, BGB, § 708 Rn. 5.

502 Die Gesellschafter sollen sich so nehmen, wie sie nun einem sind; vgl. statt anderer RGRK/*v. Gramm*, BGB, § 708 Rn. 3; *Schmitt*, S. 130 ff.

503 *Müller-Graff*, AcP 191 (1991), 475, 476. Der erleichterte Haftungsmaßstab für eigenübliche Sorgfalt findet sich außerdem noch in den §§ 690, 1359, 1664, 2131 BGB. Die Regelung entstammt dem römischen Recht und ist von hier aus in die „moderne“ Gesetzgebung übergegangen (z.B. Artikel 94 ADHGB, ALR § 211). Eingehend auch *Bergmann*, S. 181 ff.

504 *A. Hueck*, oHG, § 9 IV S. 114; *Müller-Graff*, AcP 191 (1991), 475, 478.

Konsequenz daraus ist, daß die Haftung für einen Gesellschafter, der in seinen eigenen Angelegenheiten einen besonders hohen Sorgfaltsmaßstab anzuwenden pflegt, nicht erst über § 708 BGB begründet wird.[505] Ein Gesellschafter, der in eigenen Angelegenheiten überdurchschnittlich sorgfältig ist, haftet in Gesellschaftsangelegenheiten nur bei normaler, nicht bereits bei der Verletzung der eigenen, ansonsten überdurchschnittlichen Sorgfalt.[506] Soweit er im persönlichen Bereich nachlässig ist, so kann an sein Tätigwerden für die Gesellschaft kein höherer Sorgfaltsmaßstab angelegt werden.

Zu beachten ist dabei allerdings, daß eine Haftung für grobe Fahrlässigkeit, also einen besonders schweren Verstoß gegen die im Verkehr erforderliche Sorgfalt,[507] nicht ausgeschlossen ist. Dies ergibt sich aus der ausdrücklichen Regelung des § 277 BGB, wonach derjenige, der nur für die Sorgfalt einzustehen hat, die er in eigenen Angelegenheiten normalerweise anwendet, von der Haftung wegen grober Fahrlässigkeit nicht befreit wird.

bb) Ratio legis des § 708 BGB

Rechtspolitisch ist die Regelung des § 708 BGB höchst fragwürdig und es wurde auch schon deren Streichung *de lege ferenda* gefordert.[508] Kritiker halten der Regelung entgegen, daß mit der Beschränkung auf den Haftungsmaßstab der *diligentia quam in suis* bis zur Schmerzgrenze des § 277 BGB eine Prämierung von „Faulheit und Nachlässigkeit" einhergeht.[509] Die Bedenken und die Kritik an der Vorschrift des § 708 BGB sind ebenso alt wie das BGB selbst. Seit dem in Kraft treten am 1. Januar 1900 sind immer wieder Bedenken, insbesondere gegen die Sinnhaftigkeit des Normzwecks, Kritik an der ungewöhnlichen dogmatischen Struktur des Haftungsmaßstabes, die daraus resultierenden Auswirkungen auf das Sozialverhalten und dessen praktische Handhabbarkeit, geäußert worden.[510]

Für die gesellschaftsrechtlichen Fragestellungen wurde an § 708 BGB vor allem kritisiert, daß die Verantwortlichkeit beschränkt werde, obwohl ein Gesellschafter neben seinen eigenen zugleich auch die Interessen der Mitgesellschafter, also Fremdinteressen, wahrnehme. Schließlich wurde auf den Widerspruch zu den Erfordernissen eines arbeitsteiligen, auf sorgfältiger Erfüllung von Aufgaben angewiesenen Geschäftsverkehrs hingewiesen und letztlich die Unanwendbarkeit

---

505 MünchKomm/*Ulmer*, BGB, § 708 Rn. 14.

506 So schon Soergel/*Hadding*, BGB, § 708 Rn. 7.

507 Vgl. MünchKomm/*Hanau*, BGB, § 277 Rn. 2 ff.

508 Zu diesem Ergebnis kommt auch *Karsten Schmidt*, Gutachen zur GbR, S. 525 ff., insbesondere S. 528.

509 Zustimmend auch *Bergmann*, S. 183.

510 Vgl. zu alledem *Müller-Graff*, AcP 191 (1991), S. 475, 476 f.

der Regelung für diejenigen Gesellschaftsformen kritisiert, die weniger persönlich, sondern mehr körperschaftlich strukturiert sind.[511]

Diejenigen Stimmen in Literatur und Rechtsprechung, die in der rechtspolitischen Diskussion die Abschaffung des § 708 BGB fordern, möchten durch eine einschränkende Auslegung des Anwendungsbereichs, die selbige - möglichst schon *de lege lata* – vorwegnehmen.[512]

cc) Einschränkung des § 708 BGB bei Organtätigkeit

Nach der *ratio legis* des § 708 BGB müssen die Gesellschafter sich in der Tat darauf einstellen und damit abfinden, daß sie sich mit anderen zu einer Arbeits- und Haftungsgemeinschaft zusammengeschlossen haben. Was jeder erbringt und beisteuern kann, verspricht er nach Maß eigenen Vermögens und eigener Fähigkeit. Das sollte aber dann nicht mehr den Ausschlag geben, wenn nicht der Beitrag aus dem eigenen Vermögen, sondern die Tätigkeit für die Gemeinschaft, also die der Geschäftsführung im Vordergrund steht.[513]

Wird in einer mitgliederreichen Personengesellschaft (z.B. Publikums-KG) ein Gesellschafter zum Geschäftsführer gewählt, so erwartet die Gesellschafterversammlung von ihm im Zweifel höchstmögliche Sorgfalt und keine eigenübliche Sorgfalt i.S. des § 708 BGB. Dagegen darf sich jeder Mitgesellschafter bei der Erfüllung von gesellschaftlichen Mitgliedschaftspflichten darauf berufen, er handle zunächst im eigenen Interesse. Die Geschäftsführung des gemeinsamen Unternehmens dagegen sollte sich aber - selbst durch einen Mehrheitsgesellschafter - ausschließlich an den Interessen der Gemeinschaft orientieren. Geschäftsführung ist stets Organtätigkeit mit entsprechender Organverantwortung.[514] Die Grenze zwischen der Erfüllung von Mitgliedspflichten und der Wahrnehmung von Gemeinschaftsaufgaben wird man dort ziehen müssen, wo das Gesetz die Delegation auf einzelne Gesellschafter zuläßt, also zwischen § 709 und § 710 BGB. Die gemeinsame Verwaltung durch alle beteiligten Gesellschafter ist noch Mitgliedsbeitrag, die Ermächtigung einzelner Gesellschafter dagegen schon Organtätigkeit.

Daher ergibt sich folgende Konsequenz. Im Falle des § 709 BGB handelt der geschäftsführende Gesellschafter im Rahmen seiner mitgliedschaftlichen Aufgaben, § 708 BGB ist daher grundsätzlich anwendbar. Soweit Einzelgeschäftsfüh-

---

[511] So *Müller-Graff*, AcP 191 (1991), S. 425, 477.

[512] Vgl. nur Erman/*H.P. Westermann*, BGB, Bd. I, § 708 Rn. 1.

[513] Zutreffend *Wiedemann*, WM 1992, Sonderbeilage Nr. 7, S. 16.

[514] Die geschäftsführenden Gesellschafter einer Personengesellschaft sind Organe; zutreffend daher für die Existenz von Organen in den Personengesellschaften *Semmau*, S. 88 ff., 99, 113; ebenso im Ergebnis die Anwendbarkeit des § 708 BGB ablehnend *Bergmann*, S. 208, soweit es sich um eine fremdorganschaftliche verfaßte Personengesellschaft handelt.

rungsbefugnis nach § 710 BGB erteilt ist, handelt er als Organ der Gesellschaft und der Haftungsmaßstab des § 708 BGB ist folglich nicht mehr anwendbar.[515] Soweit im Personengesellschaftsrecht die Möglichkeit der Fremdorganschaft ausdrücklich zugelassen ist, kann man direkt auf den Maßstab der Sorgfalt eines ordentlichen und gewissenhaften Geschäftsleiters zurückgreifen, vgl. § 5 Abs. 1 EWIV-AusfG.

5. Wirksamkeit des kompetenzwidrigen Geschäfts im Außenverhältnis

Grundsätzlich wird das Problem der Haftung eines Geschäftsführers gegenüber der Gesellschaft bei innenrechtswidriger Geschäftsführung in den Fällen relevant, in denen der Gesellschafter in Ausübung seiner Vertretungsmacht im Außenverhältnis Verträge mit Wirkung für die Gesellschaft abschließt. Der handelnde Gesellschafter gibt aufgrund seiner jeweiligen Vertretungsmacht im Rahmen der direkten Stellvertretung (§§ 164 ff. BGB) für die Gesellschaft eine eigene Willenserklärung in fremdem Namen ab.

Die rechtliche Wirkung des abgeschlossenen Geschäfts kann der Gesellschaft gegenüber aber ausnahmsweise wegen des Mißbrauchs der Vertretungsmacht[516] zu verneinen sein[517] und als Eigengeschäft des Gesellschafters, der als *falsus procurator* nach § 179 BGB haftet, behandelt werden, falls der Geschäftspartner in seinem Vertrauen auf den Bestand der Vertretungsmacht nicht schutzwürdig ist.[518]

Daher werden in der vorliegenden Untersuchung diejenigen Fälle nicht betrachtet, in denen das vorgenommene Geschäft die Gesellschaft im Außenverhältnis nicht verpflichtet. Die Frage der Wirksamkeit der geschäftsführungswidrigen Handlung im Außenverhältnis kann für die einzelnen Gesellschaftsformen nicht einheitlich beantwortet werden.[519]

a) Gesellschaft bürgerlichen Rechts

Für die Vertretungsmacht eines Gesellschafters einer Gesellschaft bürgerlichen Rechts bestimmt § 714 BGB, daß einem Gesellschafter im Zweifel nur in dem-

[515] Vgl. *Wiedemann*, WM 1992, Sonderbeilage Nr. 7, S. 16.

[516] Zum evidenten Mißbrauch der Vertretungsmacht, vgl. auch *Medicus*, BGB AT, § 57, Rn. 967.

[517] Oder von der Genehmigung der Gesellschaft nach § 184 BGB abhängig macht.

[518] Nach richtiger Ansicht muß sich die Evidenz des Mißbrauchs der Vertretungsmacht für den Dritten geradezu aufdrängen; ähnlich BGHZ 113, 315, 320 m.w.N. Der Vertreter muß nach h.M. nicht vorsätzlich zu Lasten des Vertretenen handeln, vgl. *Emde*, WM 1996, 1205, 1206 m.w.N. in Fn. 8.

[519] Eingehend dazu schon *Glasenapp*, S. 35 ff.

jenigen Umfang Vertretungsmacht zusteht, wie er auch im Innenverhältnis zur Geschäftsführung befugt ist.

Soweit sich also Existenz und Umfang der Vertretungsmacht und der Geschäftsführungsbefugnis aufgrund fehlender abweichender gesellschaftsvertraglicher Regelungen decken, so soll die Überschreitung der Geschäftsführungsbefugnis hinsichtlich von Rechtshandlungen, die sich auf die Grundlagen der Gesellschaft erstrecken oder außerhalb des Gesellschaftszwecks stehen, zugleich auch eine Überschreitung der Vertretungsmacht darstellen.[520] Folge wäre dann ausnahmsweise, daß eine wirksame, die Gesellschaft – mit Blick auf § 114 HGB regelmäßig – im Außenverhältnis bindende Vertretung nicht vorliegt.[521]

Dieser Ansicht ist aber entschieden zu widersprechen. Sie würde letztlich quasi eine Anerkennung der *ultra-vires* Lehre des anglo-amerikanischen Rechtskreises im Personengesellschaftsrecht bedeuten.[522] Die Frage, ob die geschäftsführenden Gesellschafter die in Frage stehende Handlung nach dem Gesellschaftszweck vornehmen dürfen oder nicht, ist ausschließlich für das Innenverhältnis relevant. Schon aus Gründen des Verkehrsschutzes kann die Rechtsfähigkeit bzw. die Handlungsfähigkeit von (rechtsfähigen) Personengesellschaften durch den jeweiligen Gesellschaftszweck nicht eingegrenzt werden.[523] Die Inkonsequenz der bislang herrschenden Ansicht zeigt sich schon daran, daß die Vertretungsmacht im Außenverhältnis dann über die „Hintertür" der Rechtscheingrundsätze von Anscheins- und Duldungsvollmacht herbeigeführt wird, um dem Verkehrsschutzgedanken doch Rechnung tragen zu können.[524]

Ein Schutz der Mitgesellschafter vor kompetenzwidriger Geschäftsführung kann nur durch die Schadensersatzpflicht der handelnden Gesellschafter im Innenverhältnis gewährleistet werden. Insoweit sind Geschäfts- bzw. Vertragspartner der Gesellschaft schutzwürdiger.[525]

Daher gilt: Jede im Innenverhältnis kompetenzwidrige Geschäftsführung schlägt – mit Ausnahme des kollusiven Zusammenwirkens des Geschäftsführers mit

---

[520] Bislang h.M. Staudinger/*Habermeier*, BGB, § 714 Rn. 8; MünchKomm/*Ulmer*, BGB, § 714 Rn. 17; a.A. vor allem *Karsten Schmidt*, Gesellschaftsrecht, § 8 V 2, S. 214 f.

[521] Vgl. Staudinger/*Habermeier*, BGB, § 714 Rn. 8 m.w.N. Ebenso auch schon *Glasenapp*, S. 35 ff.

[522] Siehe bereits oben S. 86 in Fn. 387; eingehend zur Begrenzung der Rechtsfähigkeit im englischen Gesellschaftsrecht durch die sog. *„objects clause"* in der Gründungsurkunde, vgl. *Hartlieb*, S. 192 ff.

[523] Gegen die h.M. zu Recht *Karsten Schmidt*, Gesellschaftsrecht, § 8 V 2, S. 214 ff.

[524] Siehe nur Staudinger/*Habermeier*, BGB, § 714 Rn. 8 m.w.N.

[525] Abzulehnen daher auch *Glasenapp*, S. 36.

dem am Vertrag beteiligten Dritten[526] - nicht auf die Vertretungsmacht des handelnden Geschäftsführers durch.

b) Personenhandelsgesellschaften

Eine dem § 714 BGB entsprechende Vorschrift kennt das Recht der Personenhandelsgesellschaften nicht. Vielmehr bestimmt § 126 Abs. 2 HGB ausdrücklich, daß eine Beschränkung der Vertretungsmacht Dritten gegenüber grundsätzlich unwirksam ist. Möglich ist allerdings, daß bei der oHG und KG ein Gesellschafter von der Geschäftsführung und Vertretung ausgeschlossen ist (vgl. § 125 Abs. 1 HGB) oder gesellschaftsvertraglich Gesamtgeschäftsführungsbefugnis und Gesamtvertretungsmacht vorgesehen wird (§ 125 Abs. 2 HGB) und dieses ins Handelsregister einzutragen ist (§ 125 Abs. 4 HGB).

Aufgrund der *ratio legis* des § 126 Abs. 2 HGB hat der mit der Gesellschaft kontrahierende Vertragspartner grundsätzlich nicht zu prüfen bzw. das Risiko dafür zu übernehmen, daß dem handelnden Gesellschafter überhaupt eine entsprechende Geschäftsführungsbefugnis zusteht oder auch wieweit diese reicht. So haben gesellschaftsinterne Befugnisbeschränkungen, fehlende aber gesellschaftsvertraglich notwendige Zustimmungen der Mitgeschäftsführer oder Mitgesellschafter sowie etwaige beachtenswerte Widersprüche der Mitgeschäftsführer oder Gesellschafter auf die Wirksamkeit des abgeschlossenen Geschäfts keinen Einfluß.[527]

III. Kapitalgesellschaftsrecht

1. Geschäftsführung

Wie bereits dargestellt, fehlt nicht nur im BGB bzw. im HGB sondern auch im Kapitalgesellschaftsrecht, insbesondere im AktG und GmbHG, eine Legaldefinition der Geschäftsführung.[528]

a) Begriffliche Grundlagen

Inhaltlich wird, je nach Rechtsform der Begriff der Geschäftsführung für die AG bzw. GmbH unterschiedlich verstanden. Dies liegt daran, daß im GmbH-Recht Maßnahmen, welche die Grundlagen der Gesellschaft betreffen, also z.B. die

---

[526] Ebenso BGH, WM 1985, 997, 998; zustimmend Staudinger/*Habermeier*, BGB, § 714 Rn. 8. Entsprechendes gilt für Evidenzfälle.

[527] So insbesondere der Fall des § 116 Abs. 2 HGB, vgl. *Glasenapp*, S. 43.

[528] Zum Einfluß Dritter auf die Organbesetzung und Geschäftsführung bei Vereinen, Kapitalgesellschaften und Genossenschaften, vgl. schon *Beuthien/Gätsch*, ZHR 157 (1993), 483 ff.

Ausgestaltung der körperschaftlichen Organisation der Gesellschaft, die Änderung des Gesellschaftsvertrages oder die Wahrnehmung von Gesellschafterrechten (sog. Grundlagengeschäfte), grundsätzlich den Gesellschaftern als Anteilseignern vorbehalten sind.[529]

Dagegen existiert im Aktienrecht keine Unterscheidung zwischen Geschäftsführungsakten, welche die Grundlagen der Gesellschaft betreffen bzw. die besonders wichtig oder ungewöhnlich sind.[530] Die Befugnis zur Geschäftsführung des Vorstands ist vielmehr umfassend und dem Vorstand als dem alleinigen Geschäftsführungsorgan zugewiesen, soweit es gesetzlich oder statuarisch an einer anderweitigen Kompetenzverteilung zugunsten eines anderen Gesellschaftorgans, insbesondere der Hauptversammlung nach § 119 AktG, fehlt.[531]

b) Gesetzliches Leitbild

Der Vorstand einer AG leitet die Gesellschaft nach § 76 Abs. 1 AktG in eigener Verantwortung und ist dabei grundsätzlich unabhängig von Weisungen der Anteilseigner. Im Unterschied dazu sind in der GmbH die Gesellschafter nach § 35 GmbHG nur zur laufenden Geschäftsführung berechtigt und verpflichtet. Die Gesellschafter sind selbst für die Grundlagenentscheidung der Gesellschaft zuständig. Sie können der Geschäftsführung nach § 37 Abs. 1 GmbHG auch jederzeit Weisungen erteilen.

aa) Aktiengesellschaft

Grundsätzlich umfaßt die Geschäftsführung in der AG jede tatsächliche oder rechtsgeschäftliche Tätigkeit des Vorstandes für die Gesellschaft.[532] Als herausgehobenen Teilbereich umfaßt sie grundsätzlich die Leitung der AG sowie jede Einzelmaßnahme, die der Vorstand intern oder im Außenverhältnis gegenüber Dritten trifft.[533]

Die Unterscheidung zwischen Geschäftsführung und Vertretung ist bei der AG ebenso wie bei den Personengesellschaften vorzunehmen. Der Begriff der Geschäftsführungsbefugnis umfaßt also das Handeln des Vorstandes nur unter

---

[529] So auch Hachenburg/*Mertens*, GmbHG, § 37 Rn. 3; ähnlich *Lutter/Hommelhoff*, GmbHG, § 37 Rn. 3.

[530] *Hüffer*, AktG, § 77 Rn. 4.

[531] Siehe *Mertens*, in: Kölner Kommentar zum AktG, § 77 Rn. 2.

[532] Vgl. statt aller *Mertens*, in: Kölner Kommentar zum AktG, § 77 Rn. 2; *Hüffer*, AktG, § 77 Rn. 3.

[533] In diesem Sinne auch MünchHdb. GesR IV/*Wiesner*, § 22 Rn. 1.

dem Aspekt gesellschaftsinterner Zulässigkeit, während sich die Wirksamkeit von Vertretungsakten im Außenverhältnis nach § 78 AktG richtet.[534]

Die Befugnis des Vorstands zur Geschäftsführung ist in § 77 AktG vorausgesetzt und folgt der gedanklichen Zusammenschau der §§ 76 Abs. 1, 78, 82 Abs. 2 AktG.[535] Grundsätzlich ist die Geschäftsführungsbefugnis des Vorstandes kraft Gesetzes durch die §§ 111 Abs. 4, 119 Abs. 2 AktG und durch die Bestimmungen der jeweiligen Satzung über den Unternehmensgegenstand nach § 23 Abs. 3 Nr. 2 AktG begrenzt.[536]

Das gesetzliche Leitbild in § 77 Abs. 1 Satz 1 AktG geht für den mehrgliedrigen Vorstand von der Gesamtgeschäftsführung durch den Vorstand aus. Somit darf der Vorstand nur dann handeln, wenn alle Mitglieder der Maßnahme ausdrücklich oder konkludent zugestimmt haben. Die Willensbildung erfolgt insofern durch einen einstimmigen Beschluß. Soweit Maßnahmen im Raum stehen, die wegen Gefahr im Verzug besonders dringlich erscheinen, enthält § 77 AktG keine explizite Regelung. Es sind daher auf die gemeinschaftliche Geschäftsführung bei der AG die §§ 115 Abs. 2 HGB und § 744 Abs. 2 BGB entsprechend anwendbar. Somit kann also bei Gefahr im Verzug auf die Zustimmung der nicht mehr rechtzeitig erreichbaren Vorstandsmitglieder verzichtet werden, und ein Vorstandsmitglied kann eine solche Maßnahme, die zur Erhaltung eines Gegenstands des Gesellschaftsvermögens notwendig ist, selbst treffen.[537] Die übrigen Vorstandsmitglieder können bei nächster Gelegenheit davon unterrichtet werden und der vorgenommenen Maßnahme widersprechen, solange die Durchführung derselben noch aussteht.

bb) GmbH

Allgemein werden unter der Geschäftsführung diejenigen Entscheidungen und Maßnahmen verstanden, welche zur Verfolgung des statutarischen Gesellschaftszwecks (§ 3 Abs. 1 Nr. 2 GmbHG) erforderlich sind.[538] Im GmbH-Recht ergibt sich diese Verpflichtung der Geschäftsführer zum einen daraus, daß die Anweisungen der Gesellschafter zu befolgen sind (§ 37 Abs. 1 GmbHG), und zum anderen aus dem Umstand, daß abweichend von § 76 AktG keine eigene Leitungsmacht für die Geschäftsführer im GmbHG festgeschrieben ist.

---

534 Vgl. statt aller *Mertens*, in: Kölner Kommentar zum AktG, § 77 Rn. 2; *Hüffer*, AktG, § 77 Rn. 3.

535 Vgl. *Hüffer*, AktG, § 77 Rn. 5.

536 Das gilt aber nicht für das Außenverhältnis.

537 Vgl. *Mertens*, in: Kölner Kommentar zum AktG, § 77 Rn. 7; *Hüffer*, AktG, § 77 Rn. 6.

538 Siehe nur *Lutter/Hommelhoff*, GmbHG, § 37 Rn. 3; Baumbach/Hueck/*Zöllner*, GmbHG, § 35 Rn. 3.

In der GmbH ist grundsätzlich allen Geschäftsführern die Geschäftsführung zugewiesen.[539] Nach allgemeiner Ansicht ergibt sich dies im Wege der extensiven Auslegung aus § 37 Abs. 1 GmbHG, da aus der Befugnis, die Gesellschaft im Außenverhältnis zu vertreten, im Innenverhältnis auf die Geschäftsführung geschlossen wird.[540]

Anerkannt ist dies für alle Handlungen, die in den Bereich der gewöhnlichen Geschäfte der Gesellschaft und des Unternehmensgegenstandes fallen.[541] Ungeschriebene Einschränkungen der Geschäftsführung gegenüber anderen Gesellschaftstypen ergeben sich aber aus der gesetzlichen Kompetenzverteilung zwischen Geschäftsführern und Gesellschaftern.[542] Zunächst sind die Geschäftsführer an die Festlegung des Unternehmensgegenstandes durch die Gesellschafter gebunden (vgl. § 3 Abs. 1 Nr. 2 GmbHG).[543] Insofern besitzen die Gesellschafter nach herrschender Ansicht aus ihrer gesetzlichen Finanz-, Personal- und Überwachungskompetenz (vgl. den Katalog des § 46 GmbHG) auch die Zuständigkeit für die Festlegung der Grundsätze der Unternehmenspolitik.[544]

Demnach fallen nach h.M. - ausgehend von der Differenzierung des § 116 HGB - nicht in die Kompetenz der Geschäftsführer die „außergewöhnlichen" Geschäfte der Gesellschaft.[545] Insoweit verbleibt die Zuständigkeit bei den Gesellschaftern. Dazu gehören insbesondere Maßnahmen, die nicht vom Unternehmensgegenstand gedeckt sind, die den Grundsätzen der Geschäftspolitik widersprechen, die wegen ihrer Bedeutung oder ihres unternehmerischen Risikos Ausnahmecharakter haben, sowie Maßnahmen, bei denen mit einem Widerspruch der Gesellschafter zu rechnen wäre, wenn sie hiervon Kenntnis hätten.[546]

---

539 Statt vieler Hachenburg/*Mertens*, GmbHG, § 37 Rn. 4.

540 Zu den ungeschriebenen Grenzen der Geschäftsführungsbefugnis in der GmbH, vgl. eingehend auch *Semrau*, S. 205 ff. und *Ziemons*, S. 11 ff.

541 Siehe *Lutter/Hommelhoff*, GmbHG, § 37 Rn. 10 f.

542 Dazu Scholz/*Schneider*, GmbHG, § 37 Rn. 5 ff.

543 BGH, Urteil v. 25.2.1991, II ZR 76/90, BB 1991, 714 f. = GmbHR 1991, 197 f. = NJW 1991, 1681 ff. = ZIP 1991, 509 ff.; bestätigt von BGH, Urteil v. 24.2.1992, II ZR 79/91, BB 1992, 802 ff. = GmbHR 1992, 299 ff.

544 Vgl. BGH, Urteil v. 25.2.1991, II ZR 76/90, NJW 1991, 1681, 1682. zustimmend die Rechtslehre, vgl. *Lutter/Hommelhoff*, GmbHG, § 37 Rn. 10; Scholz/*Schneider*, GmbHG, § 37 Rn. 5 und 10 jeweils m.w.N., Meyer-Landrut/*Miller*/Niehus, GmbHG, §§ 35 - 38 Rn. 73; siehe auch *Karsten Schmidt*, Gesellschaftsrecht, § 36 I 2 b, S.1069; vorsichtig mit dem Begriff der ungewöhnlichen Maßnahme aber Rowedder/Schmidt-Leithoff/*Koppensteiner*, GmbHG, § 37 Rn. 11.

545 Siehe Rowedder/Schmidt-Leithoff/*Koppensteiner*, GmbHG, § 37 Rn. 10 f.; kritisch *Kort*, ZIP 1991, 1274, 1278.

546 Vgl. *Lutter/Hommelhoff*, GmbHG, § 37 Rn. 10 f.

Nach einer im Vordringen befindlichen Ansicht ist aus dem Fehlen einer des § 116 Abs. 1 und Abs. 2 HGB entsprechenden Regelung im GmbH-Recht zu folgern, daß es keine Unterscheidung zwischen gewöhnlichen und außergewöhnlichen Geschäften zur Begrenzung der Geschäftsführung geben könne.[547] Dies hat zur Folge, daß die Geschäftsführungsbefugnis de Geschäftsführer über die gewöhnlichen Geschäfte hinaus auch die außergewöhnlichen Geschäfte miterfaßt werden.[548]

Selbst wenn man der letztgenannten Ansicht folgt, welche die ungeschriebenen Grenzen der Geschäftsführungsbefugnis der Geschäftsführer grundsätzlich verneint, besteht seitens der Geschäftsführer unter Beachtung ihrer Sorgfaltspflicht nach § 43 Abs. 1 GmbH bei bedeutsamen und risikoreichen Maßnahmen eine Vorlagepflicht entsprechend §§ 49 Abs. 2 i.V.m. 46 Nr. 6 GmbHG.[549]

c) Geschäftsführungsbefugnis

Auch im Kapitalgesellschaftsrecht wird terminologisch zwischen der Geschäftsführung als einer Tätigkeit im Namen der Gesellschaft und der Geschäftsführungsbefugnis unterschieden. Die Geschäftsführungsbefugnis regelt begrifflich die Frage, ob der Geschäftsleiter als Organ unter dem Gesichtspunkt der gesellschaftsinternen Zuständigkeitsverteilung zulässig gehandelt hat.[550]

d) Notgeschäftsführungsrecht im Kapitalgesellschaftsrecht

Soweit die Geschäftsleiter im Kapitalgesellschaftsrecht zur Gesamtgeschäftsführung berechtigt sind, so z.B. bei der AG im mehrgliederigen Vorstand gemäß § 77 Abs. 1 Satz 1 AktG oder bei Gesamtgeschäftsführungsbefugnis mehrerer GmbH-Geschäftsführer, kann sich auch für diejenigen Maßnahmen, die wegen

---

[547] So Baumbach/Hueck/*Zöllner*, GmbHG, § 37 Rn. 6a; Hachenburg/*Mertens*, GmbHG, § 37 Rn. 4 und 11; vorsichtig Rowedder/Schmidt-Leithoff/*Koppensteiner*, GmbHG, § 37 Rn. 8; dazu auch *Sandmann*, S. 267 m.w.N.

[548] So schon *Kort*, ZIP 1991, 1274, 1278; zustimmend *Semrau*, S. 208.

[549] Ebenso Hachenburg/*Mertens*, GmbHG, § 37 Rn. 10 in Fn. 11; MünchHdb. GesR III/*Marsch-Barner/Diekmann*, § 44 Rn. 54. Ebenso *Semrau*, S. 208. Soweit dort auch auf die Vorlageverpflichtung aus gesellschaftsvertraglicher Treuepflicht verwiesen wird, gilt letztgenannte nur für den Gesellschafter-Geschäftsführer. Soweit ein nicht an der Gesellschaft beteiligter Dritter – das wäre grundsätzlich nach dem das Kapitalgesellschaftsrecht beherrschende Prinzip der Fremdorganschaft zulässig – als Geschäftsführer fungiert, versagt die gesellschaftsvertraglich geschuldete Vorlagepflicht an die Gesellschafterversammlung. Insofern bleibt es dann bei einem entsprechenden Rückgriff auf § 49 Abs. 2 GmbHG.

[550] Vgl. *Mertens*, in: Kölner Kommentar zum AktG, § 77 Rn. 2; *Lutter/Hommelhoff*, GmbHG, § 37 Rn. 2; *Hüffer*, AktG, § 77 Rn. 5. Positiv formuliert sind damit alle erforderlichen Maßnahmen und Entscheidungen gemeint, die den Gesellschaftszweck fördern; siehe nur Baumbach/Hueck/*Zöllner*, GmbHG, § 37 Rn. 2.

Gefahr im Verzug dringend erforderlich sind, durch die entsprechende Anwendung der §§ 115 Abs. 2 HGB, 744 Abs. 2 BGB ein Notgeschäftsführungsrecht ergeben.[551] Insoweit kann auf die Zustimmung des nicht mehr rechtzeitig erreichbaren Geschäftsleiters verzichtet werden. Der notgeschäftsführungsberechtigte Geschäftsleiter kann dann solche Maßnahmen treffen, die zur Erhaltung eines Gegenstandes des Gesellschaftsvermögens oder der Gesellschaft selbst erforderlich sind. Das Notgeschäftsführungsrecht ist auch nicht in der Satzung, einer Geschäftsordnung oder im Anstellungsvertrag des Geschäftsleiters beschränkbar (vgl. auch §§ 82 Abs. 1 AktG und 37 Abs. 2 GmbHG).[552]

e) Vertretung und Geschäftsführung

Die Unterscheidung zwischen den Regelungen der Vertretung und denen der Geschäftsführung existiert auch im Kapitalgesellschaftsrecht.[553] Der Begriff der Vertretung betrifft die Frage, ob der Geschäftsleiter die Kapitalgesellschaft rechtswirksam berechtigen und verpflichten kann, ihm also im Außenverhältnis entsprechende Vertretungsmacht zusteht (vgl. §§ 78 Abs. 1 und Abs. 2 AktG, 35 Abs. 1 und 37 Abs. 2 GmbHG). Inwieweit der Geschäftsleiter dies auch im Innenverhältnis darf, betrifft dagegen die Geschäftsführung.[554]

f) Verhältnis zwischen Vertretung (Vertretungsmacht) und Geschäftsführung (Geschäftsführungsbefugnis)

Vertretung und Geschäftsführung, mit der entsprechenden Vertretungsmacht bzw. Geschäftsführungsbefugnis, kennzeichnen nur verschiedene rechtlichen Perspektiven ein und derselben gesellschaftlichen Handlung.[555]

g) Abweichende gesellschaftsvertragliche Regelungen

Eine der aktienrechtlichen Regelung des § 77 AktG entsprechende Vorschrift fehlt im Recht der GmbH. Lediglich für das Außenverhältnis statuiert § 35 Abs. 1 GmbHG die Gesamtvertretung als gesetzliche Regel. In entsprechender Anwendung des § 77 Abs. 1 Satz 1 AktG wird somit nach allgemeiner Auffassung

---

[551] Vgl. *Hüffer*, AktG, § 77 Rn. 6; Hachenburg/*Mertens*, GmbHG, § 35 Rn. 106.

[552] BayObLG, ZIP 1986, 93, 95; zustimmend Hachenburg/*Mertens*, GmbHG, § 35 Rn. 42; Scholz/*Schneider*, GmbHG, § 35 Rn. 23.

[553] Insoweit kann auf die Ausführungen zum Personengesellschaftsrecht verwiesen werden, vgl. oben S. 98 f.

[554] Statt aller Hachenburg/*Mertens*, GmbHG, § 35 Rn. 43; *Mertens*, in: Kölner Kommentar zum AktG, § 78 Rn. 2; *Hüffer*, AktG, § 77 Rn. 3.

[555] Siehe nur *Hüffer*, AktG, § 77 Rn. 3.

gefolgert, daß auch im Innenverhältnis Gesamtgeschäftsführung für mehrere Geschäftsführer gilt.[556]

Der Grundsatz der Gesamtgeschäftsführung mehrerer Geschäftsführer steht allerdings zur Disposition der Gesellschafter. Gesellschaftsvertraglich können sie abweichende Regelungen treffen. Die gesetzlichen Regelungen der Geschäftsführung haben grundsätzlich dispositiven Charakter.

Es können Regelungen hinsichtlich der Willensbildung getroffen werden, wonach Vorstandsbeschlüsse mit einfacher oder qualifizierter Mehrheit wirksam sind. Zum anderen gibt es die Möglichkeit der Geschäftsverteilung innerhalb des Vorstandes. Insbesondere bei größeren Gesellschaften lassen sich die zahlreichen vom Vorstand zu behandelnden Geschäftsführungsmaßnahmen nicht von allen Vorstandsmitgliedern gemeinschaftlich wahrnehmen. Erforderlich ist daher eine Verteilung der anfallenden Geschäftsführungsmaßnahmen auf die einzelnen Vorstandsmitglieder. Im Rahmen der jeweiligen Geschäftsverteilung kann daher bestimmt werden, daß an die Stelle einer Gesamtgeschäftsführung durch sämtliche Mitglieder des Vorstandes eine Regelung tritt, daß jedes einzelne Mitglied oder einige Mitglieder zusammen oder ein Mitglied oder mehrere Mitglieder nur gemeinsam mit einem Prokuristen die jeweiligen Geschäfte ihres Ressorts mit Wirkung für die AG führen können und sollen.[557]

Der Grundsatz der Gesamtgeschäftsführung kann hier in zahlreicher Art und Weise modifiziert werden. Es ist z.B. möglich, das Mehrheitsprinzip, d.h. die Geschäftsführung durch die Mehrheit der Geschäftsführer zu vereinbaren oder Gesamtgeschäftsführung durch Gruppen von mehreren Geschäftsführern oder beliebige Paare von je zwei Geschäftsführern zur Verwirklichung des Vier-Augen-Prinzips festzulegen. Darüber hinaus gibt es noch die Möglichkeit der sog. unechten Gesamtgeschäftsführung, bei der ein Geschäftsführer nur zusammen mit einem Prokuristen oder Handlungsbevollmächtigten geschäftsführungsbefugt ist. Im Gegensatz dazu können die Gesellschafter auch beschließen, daß alle, mehrere oder ein Geschäftsführer Einzelgeschäftsführungsbefugnis besitzen.[558]

Die grundsätzliche Alleinzuständigkeit der Gesellschafter wird durch die Vorschrift des § 46 GmbHG begrenzt, wonach einige wichtige Maßnahmen der Gesellschafterversammlung vorbehalten sind. Hier hat die Gesellschafterversammlung vom Gesetzgeber bereits die alleinige Entscheidungskompetenz über die wesentlichen Fragen im Finanz- und Personalbereich zugewiesen

---

[556] Ebenso Scholz/*Schneider*, GmbHG, § 37 Rn. 21 m.w.N.; In diesem Sinne auch Hachenburg/*Mertens*, GmbHG, § 35 Rn. 106, allerdings ohne entsprechende Anwendung des § 77 AktG.

[557] Hierzu werden im wesentlichen zwei verschiedene Systeme angewandt: Die funktionale Gliederung und die Spartenorganisation.

[558] Vgl. Scholz/*Schneider*, GmbHG, § 37 Rn. 24; Baumbach/Hueck/*Zöllner*, GmbHG, § 37 Rn. 16 f.

bekommen, wie die Feststellung des Jahresabschlusses, die Ergebnisverwendung, die Bestellung, Entlastung und Abberufung von Geschäftsführern bzw. die Maßregeln zur Prüfung und Überwachung der Geschäftsführung. Außerhalb der gesetzlichen Bestimmungen fallen die Fragen, welche den Grundlagenbereich wie die Struktur der Gesellschaft sowie die Mitgliederstellung der Gesellschafter berühren, ebenfalls in den Kompetenzbereich der Gesellschafterversammlung.

Zu beachten ist daher, daß sich z.B. aus den §§ 9 a Abs. 1, 30, 33, 35 Abs. 1, 41, 42, 43 Abs. 3, 49 Abs. 3, 64 Abs. 2 Satz 3 GmbHG, § 34 Abs. 1 AO[559] ein unentziehbarer und unverzichtbarer Mindestbereich von Kompetenzen und Pflichten ergibt, die jedem Geschäftsführer gesetzlich zustehen.[560] Die Stellung der Geschäftsführer darf daher nur bis auf dieses rechtlich zulässige Minimum reduziert werden.[561]

2. Überschreiten der Geschäftsführungsbefugnis

Der Geschäftsleiter ist im Kapitalgesellschaftsrecht nach §§ 93 AktG, 43 GmbHG seiner Gesellschaft gegenüber im Innenverhältnis zum Schadensersatz verpflichtet, soweit er seine Organleitungspflichten schuldhaft verletzt und dies zu einem Schaden der Gesellschaft geführt hat.[562]

3. Die organschaftliche Sorgfaltspflicht

Im Unterschied zum Personengesellschaftsrecht, in dem ein am Individualverhalten ansetzender Haftungsmaßstab für die Geschäftsführung angelegt wird, orientiert sich die Frage der Haftung im Kapitalgesellschaftsrecht – bedingt vor allem durch den Grundsatz der Fremdorganschaft – an einem objektiveren Sorgfaltsmaßstab.[563] Fremdgeschäftsleiter, die im Kapitalgesellschaftsrecht oft aufgrund ihrer Fach- und Führungskompetenz engagiert werden, haben sich daher an der Sorgfalt zu orientieren, die ein verantwortlicher und seinen Aufgaben gewachsener Geschäftsleiter eines nach Art, Größe und Branche vergleichbaren

---

559 Weitere Bsp. für die Leitungspflicht des Geschäftsführers finden sich bei *Goette*, Die GmbH, § 8 Rn. 54.

560 Ebenso Hachenburg/*Mertens*, GmbHG, § 37 Rn. 15; *Goette*, Die GmbH, § 8 Rn. 56.

561 Sog. „Zölibats-Geschäftsführer“, vgl. *Lutter/Hommelhoff*, GmbHG, § 37 Rn. 39; Scholz/*Schneider*, GmbHG, § 37 Rn. 37; Michalski/*Lenz*, GmbHG, § 37 Rn. 12; dagegen Baumbach/Hueck/*Zöllner*, GmbHG, § 37 Rn. 9 aus Furcht vor „Vertretungsmarionetten“.

562 Siehe nur *Schneider*, in: FS für Werner, S. 795, 799.

563 Statt vieler *Goette*, DStR 1998, 1308, 1309; eingehend auch *Sandmann*, S. 326 ff.

Unternehmens anwendet.[564] Der Geschäftsleiter kann sich nicht darauf berufen, daß er seinen unternehmerischen Aufgaben nicht gewachsen war.[565]

a) Das zivilrechtliche Leitbild nach § 276 BGB und die Haftungsverschärfung im AktG und GmbHG

Der Geschäftsführer einer GmbH hat in den Angelegenheiten der Gesellschaft nach § 43 Abs. 1 GmbHG die Sorgfalt eines ordentlichen Geschäftsmannes anzuwenden. Dies entspricht der Sache nach nahezu wörtlich dem Sorgfaltsmaßstab des ordentlichen und gewissenhaften Geschäftsleiters i.S. des § 93 Abs. 1 AktG.[566] Insofern handelt es sich um eine Verschärfung des Maßstabs der Sorgfalt eines ordentlichen Kaufmannes i.S. des § 347 Abs. 1 HGB, als der (Fremd-)Geschäftsführer nicht nur seine eigenen, sondern auch fremde Vermögensinteressen zu wahren hat, und zwar in der Weise, wie man es von einem Verwalter in verantwortlicher, leitender Position erwarten kann.[567]

Somit erfährt der allgemeine Verschuldensmaßstab des § 276 Abs. 1 BGB, wonach der Schuldner grundsätzlich Vorsatz und Fahrlässigkeit zu vertreten hat, im Bereich der Geschäftsleiterhaftung im Kapitalgesellschaftsrecht eine Modifizierung. Die einzuhaltende Sorgfalt wird an der des verantwortlich leitenden Verwalters fremden Vermögens bzw. an dem eines selbständigen treuhänderischen Verwalters fremder Vermögensinteressen gemessen.[568] Die Anforderungen an Geschäftsleiter im Kapitalgesellschaftsrecht werden daher allgemein höher als bei einem ordentlichen Kaufmann im Handelsrecht nach § 347 Abs. 1 HGB eingestuft, da der (Fremd-)Geschäftsführer nicht seine eigenen

---

564 In diesem Sinne schon RGZ 64, 254, 257, vgl. auch *Lutter/Hommelhoff*, GmbHG, § 43 Rn. 21; Hachenburg/*Mertens*, GmbHG, § 43 Rn. 16; *Goette*, Die GmbH, § 8 Rn. 253 m.w.N.; *Ebenroth/Lange*, GmbHR 1992, 69, 70.

565 So OLG Zweibrücken, Urteil v. 22.12.1998, 8U 98/98, GmbHR 1999, S. 15 (nicht rechtskräftig).

566 Die Vorschrift des § 43 GmbHG ist, genauso wie §§ 93 AktG und 43 GenG, seit Inkrafttreten des GmbH-Gesetzes 1892 im Wortlaut nahezu unverändert. Vgl. Hachenburg/*Mertens*, GmbHG, § 43 Rn. 1.

567 Siehe auch BGH, WM 1981, 440, 441; OLG Koblenz, GmbHR 1991, 416, 417; *Hopt*, in: Großkomm. AktG, § 93 Rn. 78; *Lutter/Hommelhoff*, GmbHG, § 43 Rn. 21; Roth/*Altmeppen*, GmbHG, § 43 Rn. 3; Hachenburg/*Mertens*, GmbHG, § 43 Rn. 16; *ders.*, in: *Mertens*, in: Kölner Kommentar zum AktG, § 93 Rn. 98 f; Rowedder/Schmidt-Leithoff/*Koppensteiner*, GmbHG, § 43 Rn. 7; *Goette*, DStR 1998, 1308, 1309.

568 OLG Zweibrücken, Urteil v. 22.12.1998, 8U 98/98, GmbHR 1999, S. 15 (nicht rechtskräftig). Ebenso schon RGZ 64, 254, 257, vgl. auch *Lutter/Hommelhoff*, GmbHG, § 43 Rn. 17; *Ebenroth/Lange*, GmbHR 1992, 69, 70.

Vermögensinteressen wie ein handelsrechtlicher Kaufmann, sondern die eines anderen zu wahren hat.[569]

In Abweichung zu § 276 Abs. 1 Satz 2 BGB ist damit klargestellt, daß dieser Maßstab ein objektiver ist und eine Versubjektivierung des Fahrlässigkeitsbegriffs im Kapitalgesellschaftsrecht grundsätzlich nicht in Betracht kommt. Allerdings enthält § 43 Abs. 1 GmbHG inhaltlich dennoch keine Verschärfung gegenüber der „Einhaltung der im Verkehr erforderlichen Sorgfalt" des § 276 Abs. 1 Satz 2 BGB. Denn auch § 276 Abs. 1 Satz 2 BGB orientiert sich grundsätzlich an einem objektiven Sorgfaltsmaßstab, bei dem es grundsätzlich nicht auf die individuellen Fähigkeiten, sondern auf die jeweils notwendigen Sorgfaltsanforderungen ankommt.[570]

Im Rahmen des § 276 Abs. 1 Satz 2 BGB wird ebenso ein bereichs- und berufsspezifischer Sorgfaltsmaßstab angelegt.[571] Insofern können die §§ 93 Abs. 1 AktG, 43 Abs. 1 GmbHG nur klarstellende Funktion, aber letztlich keine darüber hinausgehenden Anforderungen für sich in Anspruch nehmen.[572]

b) Die Rechtsnatur der Haftung nach §§ 93 AktG, 43 GmbHG

Die früher herrschende Ansicht ging davon aus, daß die Haftung nach den Vorschriften der §§ 93 AktG, 43 GmbHG[573] aus dem Anstellungsvertrag folgend vertraglicher Natur seien und damit einen gesetzlich kodifizierten Fall der pVV darstelle.[574] Ausgehend von dem Ansatz der Vertragshaftung war es schwierig, für den Fall der fehlerhaften organschaftlichen Bestellung oder des fehlerhaften Anstellungsvertrages die Haftung der handelnden Person zu begründen.

Besonders zu erwähnen ist hier das Urteil vom 2. Juli 1909, in dem das RG entschied, daß derjenige, der ohne in rechtsgültiger Weise zum Geschäftsführer einer GmbH bestellt zu sein, aber Jahre hindurch die Stellung des Geschäftsführers tatsächlich begleitet, aufgrund dieses tatsächlichen Verhältnisses als Ge-

569 Vgl. Hachenburg/*Mertens*, GmbHG, § 43 Rn. 16; Roth/*Altmeppen*, GmbHG, § 43 Rn. 3; siehe auch *Hopt*, in: Großkomm. AktG, § 93 Rn. 78 m.w.N. in Fn. 216 zu abweichenden Ansichten in Bezug auf § 93 AktG.

570 Vgl. *Sandmann*, S. 326 m.w.N. in Fn. 314.

571 Siehe nur MünchKomm/*Hanau*, BGB, § 276 Rn. 78 ff.

572 So zu Recht *Sandmann*, S. 326 f.

573 Gleiches gilt für § 34 GenG.

574 Siehe nur RGZ, Urteil v. 9.10.1936, II 43/36, RGZ 152, 273, 278. In diese Richtung auch BGHZ 41, 282, 287.

schäftsführer ohne Auftrag für nachlässige Geschäftsbesorgung verantwortlich gemacht werden kann.[575]

Heute geht die ganz herrschende Ansicht in Rechtsprechung und Rechtslehre davon aus, daß die Haftung der §§ 93 AktG, 43 GmbHG[576] an die organschaftliche Sonderbeziehung zwischen den geschäftsleitenden Organpersonen und der Gesellschaft anknüpft.[577]

Somit hat sich, zumindest aus verbandsrechtlicher Sicht, die zutreffende Ansicht durchgesetzt, daß die Haftung von Organen auf Gesetz beruht und an die Organstellung des jeweiligen Organmitglieds bzw. der jeweiligen Organperson anknüpft.[578]

Strittig ist aber nach wie vor das Verhältnis der gesetzlichen Haftung zur vertraglichen Haftung aus dem Anstellungsvertrag.

Einerseits wird vertreten, daß die gesetzliche Haftung die schuldrechtlichen Ansprüche aus dem Anstellungsvertrag konsumiere,[579] oder man nimmt eine Anspruchskonkurrenz der organschaftlichen Haftung mit der vertraglichen Haftung aus dem Anstellungsverhältnis an.[580]

Letztgenannter Ansicht ist zuzustimmen. Grundsätzlich können neben die organschaftlichen Ansprüche vertragliche Ansprüche aus der Verletzung von Pflichten aus dem schuldrechtlichen Anstellungsverhältnis treten.

Zwar knüpft der organisationsrechtliche Haftungstatbestand allein an die organschaftliche Stellung der Organperson in der Handlungsorganisation des Verbandes an und besteht daher grundsätzlich unabhängig von einem Anstellungsvertrag. Dies wird auch dadurch erkennbar, daß diejenige Organperson, die ohne schuldrechtlichen Anstellungsvertrag als Träger organschaftlicher Machtbefug-

---

575 Vgl. RG, Urteil v. 2.7.1909, II 630/08, Das Recht, 1909 Nr. 2938. Später behalf sich die Rechtsprechung des RG mit der Begründung eines konkludent geschlossenen Geschäftsbesorgungsvertrages (vgl. RGZ 152, 273, 277 f. zum Aufsichtsratsmitglied einer Genossenschaft) oder übertrug später die zur Anwendung für das fehlerhafte Arbeitsverhältnis entwickelten Grundsätze auf den fehlerhaften Anstellungsvertrag (vgl. BGHZ 41, 282, 286 f.). Soweit ersichtlich, ist dieses Urteil die erste zivilrechtliche Entscheidung zum sog. „faktischen“ Geschäftsführer.

576 Gleiches gilt für § 34 GenG.

577 Vgl. nur BGH, Urteil v. 10.2.1992, II ZR 23/91, WM 1992, 691, 692.

578 Siehe nur Hachenburg/*Mertens*, GmbHG, § 43 Rn. 4; Scholz/*Schneider*, GmbHG, § 43 Rn. 12; *Bergmann*, S. 177. A.A. wohl *Semrau*, S. 191 in Fn. 648.

579 BGH, Urteil v. 12.6.1989, II ZR 334/87, WM 1989, 1335, 1337. Statt anderer aus der Rechtslehre *Lutter/Hommelhoff*, GmbHG, § 43 Rn. 3; Hachenburg/*Mertens*, GmbHG, a.a.O.; *Goette*, Die GmbH, § 8 Rn. 196.

580 Scholz/*Schneider*, GmbHG, § 43 Rn. 13; *Fleck*, ZHR 149 (1985), 387, 397; ebenso *Schneider*, in: FS für Werner, S. 795, 803 f.

nisse fungiert, der organisatorischen Haftung als Konsequenz der Wahrnehmung organschaftlicher Kompetenzrechte unterliegt. Begründbar ist dies schon mit den Wortlauten der §§ 93 Abs. 2 Satz 1 AktG, 43 Abs. 2 GmbHG oder auch 34 Abs. 2 Satz 1 GenG, die tatbestandlich an die organschaftliche Stellung anknüpfen. Das Gesetz spricht insoweit von Vorstandsmitgliedern oder Geschäftsführern; eine Bezugnahme auf ein mögliches schuldrechtliches Anstellungsverhältnis besteht dagegen nicht.

Soweit die Ansprüche inhaltlich gleichartige Pflichtverletzungen sanktionieren, ist im Hinblick auf die fünfjährige Verjährungsregel für Organpflichtverstöße die vertragsrechtliche Haftungsgrundlage ohne eigenständige Bedeutung.[581] Die gesetzlichen Tatbestände verdrängen allerdings die vertraglichen Haftungsgrundlagen nur solange, wie ihnen keine eigenständige Bedeutung zukommt, was der Fall sein kann, wenn der gesetzliche Tatbestand einen weiteren oder gleichen Anwendungsumfang hat, nicht aber dann, wenn durch den Anstellungsvertrag zusätzliche Pflichten des Geschäftsführers festgeschrieben werden, der Anstellungsvertrag drittschützend ist oder aber mit einem Dritten abgeschlossen wurde.[582]

c) Der allgemeine organschaftliche Haftungsmaßstab

aa) Der Sorgfaltsmaßstab der §§ 93 AktG, 43 GmbHG

Ausgangspunkt für einen Verstoß gegen den geforderten Sorgfaltsmaßstab ist also, daß grundsätzlich jede Abweichung von der Sorgfalt, die von einem ordentlichen und gewissenhaften Geschäftsleiter erwartet werden muß, zum Schuldvorwurf genügt. Die Anforderungen an diese Sorgfaltspflicht dürfen aber nicht überspannt werden.[583] Daher ist bei der Beurteilung, ob einem Geschäftsleiter der Vorwurf eines schuldhaften pflichtwidrigen Verhaltens gegenüber der Gesellschaft gemacht werden kann, zu berücksichtigen, daß dem geschäftsführenden Vertreter bei der Leitung der Geschäfte der Gesellschaft ein weiter – gerichtlich nur eingeschränkt überprüfbarer – Handlungsspielraum

---

581 Der Schadensersatzanspruch aufgrund gesellschaftsvertraglicher Treuepflichtverletzung verjährt – bei gegenüber der alten Regelung (siehe § 198 Satz 1 BGB) abgeändertem Verjährungsbeginn (§ 199 Abs. 3 BGB) – nach § 195 BGB in drei Jahren. Soweit der Gesellschafter-Geschäftsführer darüber hinaus gemäß § 43 Abs. 2 GmbHG haftet, wird die längere Verjährungsfrist des § 43 Abs. 4 GmbHG nicht verdrängt, vgl. dazu auch Baumbach/Hueck/*Fastrich*, GmbHG, § 13 Rn. 31; Roth/*Altmeppen*, GmbHG, § 13 Rn. 48. Zum ganzen vgl. auch MünchHdb. GesR III/*Marsch-Barner/Diekmann*, § 46 Rn. 44.

582 Zum Streitstand auch Michalski/*Haas*, GmbHG, § 43 Rn. 6.

583 Zu der Frage der möglichen Haftungsmilderungen für Vorstandsmitglieder und Geschäftsführer im Falle von fehlerhafter Unternehmensleitung, vgl. *Schneider*, in: FS für Werner, S. 795, 800 ff. Ausführlich jetzt *Sandmann*, passim.

zugebilligt werden muß. Insbesondere gehört dazu neben dem bewußten Eingehen geschäftlicher Risiken grundsätzlich auch die Gefahr von Fehlbeurteilungen und Fehleinschätzungen, der jeder Unternehmensleiter, mag er auch noch so pflichtbewußt und verantwortungsbewußt handeln, ausgesetzt ist.[584]

Zusammenfassend schreiben die Regelungen des Sorgfaltsmaßstabes des ordentlichen Geschäftsleiters im Kapitalgesellschaftsrecht einen hohen Sorgfaltsmaßstab vor. Allerdings hat der Geschäftsleiter auch nur in dem für ihn typischen Pflichtenkreis die entsprechend von ihm geforderte Sorgfalt zu beachten.[585] Der Sorgfaltsmaßstab der §§ 93 Abs. 1 Satz 1 AktG und 43 Abs. 1 GmbHG ist gleichsam als Verschuldensmaßstab anzusehen.[586]

bb) Anwendbarkeit des § 708 BGB

In Anbetracht der grundsätzlich vergleichbaren Form des Fehlverhaltens von Geschäftsleitern, wie z.B. der eigennützigen Geschäftsführung zu Lasten der Gesellschaft oder der Vornahme von Eigengeschäften zum wettbewerblichen Nachteil der Gesellschaft,[587] stellt sich die Frage,[588] ob und in welchem Umfang der subjektive Maßstab des § 708 BGB auf kompetenzwidrige Geschäftsführungsmaßnahmen im Kapitalgesellschaftsrecht Anwendung finden kann.[589]

Grundsätzlich gilt, daß der erleichterte Haftungsmaßstab des § 708 BGB aufgrund seiner *ratio legis* bei jeder kapitalistisch-strukturierten, nicht auf einer engen persönlichen Bindung der Gesellschafter und gegenseitigen Vertrauen beruhenden Gesellschaftsform unanwendbar ist.[590]

Die Unanwendbarkeit des § 708 BGB auf Kapitalgesellschaften liege an dem der Vorschrift zugrunde liegenden Gedanken, daß Personen, die miteinander einen Gesellschaftsvertrag eingehen und damit ein persönliches Vertrauensverhältnis begründen, sich gegenseitig so nehmen sollten, wie sie allgemein sind. Jeder Teil dürfe deshalb vom anderen nur erwarten, daß er in den gemeinschaftlichen Ange-

---

584 Vgl. *Bergmann*, S. 179 ff.

585 Vgl. *Klasen*, S. 431.

586 Vgl. nur Hachenburg/*Mertens*, GmbHG, § 43 Rn. 55; zur normativen Unterscheidung zwischen Pflichten und Sorgfaltsverstoß, siehe Baumbach/Hueck/*Zöllner*, GmbHG, § 43 Rn. 17.

587 *Ulmer*, Gesellschaft bürgerlichen Rechts, § 708 Rn. 16.

588 Vgl. auch Michalski/*Haas*, GmbHG, § 43 Rn. 196.

589 Dies gilt nur dann, soweit keine abweichende Haftungsregelung im Gesellschaftsvertrag getroffen wurde.

590 So schon RGZ 143, 212, 215, vgl. auch *Ulmer*, Gesellschaft bürgerlichen Rechts, § 708 Rn. 5; *Karsten Schmidt*, Gesellschaftsrecht, § 59 III 2 b, S. 1744.

legenheiten die gleiche Sorgfalt übe, wie in seinen eigenen.[591] Das Unternehmensrisiko welches durch die Handlungen der geschäftsführungsberechtigten Gesellschafter vermittelt wird, ist nicht identisch mit dem Unternehmensleitungsrisiko eines Geschäftsleiters im Kapitalgesellschaftsrecht, der nicht selbst Anteilseigner an der Gesellschaft sein muß.[592]

Der BGH hat in der Frage des Haftungsmaßstabes von Organpersonen einer Publikumsgesellschaft ebenso mit dem Sinn und Zweck des § 708 BGB argumentiert, und die Anwendung der eigenüblichen Sorgfalt auf diese Fälle wegen der Außerachtlassung der schützenswerten Interessen der Mitgesellschafter grundsätzlich abgelehnt. Dort wo keine gegenseitige Kontrolle der Gesellschafter mehr möglich ist und den Gesellschaftern nur geringe Mitwirkungsrechte zustehen, sie also auf den Gang der Gesellschaft wenig Einfluß nehmen können, bleibt für die Anwendung des § 708 BGB kein Raum.[593]

In der Rechtslehre hat sich eine differenzierte Sichtweise durchgesetzt. Insbesondere bei der Frage der Haftung von Gesellschaftern bzw. Gesellschafter-Geschäftsführern einer GmbH & Co. KG wegen kompetenzwidriger Geschäftsführung geht es nicht um ein Vorrangverhältnis von § 708 BGB einerseits oder §§ 93 AktG, 43 GmbHG. Die Anwendbarkeit der eigenüblichen Sorgfalt des § 708 BGB richtet sich vielmehr nach der personalistischen oder kapitalistischen Struktur der jeweiligen Gesellschaftsform.[594]

cc) Sonstige Reduzierbarkeit des organschaftlichen Haftungsmaßstabes

Die überwiegende Ansicht lehnt die Übertragung der vom BAG entwickelten Grundsätze des sog. innerbetrieblichen Schadensausgleichs, die zu einer gerechteren Risikoverteilung im Rahmen eines Arbeitsverhältnisses entwickelt wurden, sowohl in direkter als auch in entsprechender Anwendung auf den organschaftlichen Geschäftsführer und Vorstand ab.[595] Letztlich bleibt nur die Möglichkeit der Einschränkung durch sog. vertragliche Freistellungsvereinbarungen.[596]

---

591 *Ziemons*, S. 161 m.w.N. in Fn. 436 zur Ansicht des BGH, der § 708 BGB analog anwendet. Eingehend auch *Klasen*, S. 309 ff., 375 ff.

592 Zutreffend *Sandmann*, S. 337.

593 Vgl. BGH, NJW 1995, 1353, 1355.

594 Vgl. *Ulmer*, Gesellschaft bürgerlichen Rechts, § 708 Rn. 5.

595 Dazu Michalski/*Haas*, GmbHG, § 43 Rn. 181; statt anderer *Lutter/Hommelhoff*, GmbHG, § 43 Rn. 2; Scholz/*Schneider*, GmbHG, § 43 Rn. 180 ff.

596 Zu diesen vgl. Michalski/*Haas*, GmbHG, § 43 Rn. 9. Eine gesetzliche Haftungsfreistellung von Geschäftsleitern zu Lasten der Bundesanstalt für vereinigungsbedingte Sonderaufgaben (früher Treuhandanstalt) findet sich in § 16 Abs. 2 THG. Hintergrund dieser Haftungsfreistellung war die Förderung der Entscheidungsfreudigkeit der Leitungsorgane

4. Wirksamkeit des kompetenzwidrigen Geschäfts im Außenverhältnis

Grundsätzlich ist die Vertretungsmacht von Geschäftsleitern im Kapitalgesellschaftsrecht Dritten gegenüber im Außenverhältnis nicht beschränkbar. Dieser Gedanke, daß der Handelsverkehr auf dem Gebiet der rechtsgeschäftlichen und organschaftlichen Vertretung klare Verhältnisse erfordert und einem Dritten nicht zugemutet werden kann, in jedem Einzelfall sich über die Reichweite der Vertretungsmacht des jeweiligen Geschäftsleiters zu informieren, ist in § 82 Abs. 1 AktG und § 37 Abs. 2 Satz 1 GmbHG gesetzlich geregelt.[597]

Der Geschäftsführer einer GmbH hat z.B. die Beschränkungen, die sich der Gesellschaft gegenüber aus dem Gesellschaftsvertrag oder aus den Weisungen der Gesellschafter ergeben, zu beachten (§ 37 Abs. 1 GmbHG). Diese im Innenverhältnis bestehende Einschränkung schlägt aber nicht auf das Außenverhältnis durch. Nach außen ist die organschaftliche Vertretungsmacht des GmbH-Geschäftsführers grundsätzlich unbeschränkbar (vgl. § 37 Abs. 2 GmbHG).

Die Unbeschränkbarkeit der organschaftlichen Vertretungsmacht im Außenverhältnis ist Ausfluß des Verkehrsschutzes, da ansonsten z.B. bei einer Weisung der Gesellschafter das vom Geschäftsführer kompetenzwidrig abgeschlossene Geschäft im Außenverhältnis entsprechend § 177 BGB schwebend unwirksam wäre.[598] Folglich handelt der Geschäftsführer, der in Überschreitung seiner internen Geschäftsführungsbefugnis ein Geschäft im Namen der Gesellschaft abschließt, nicht als Vertreter ohne Vertretungsmacht. Ausnahmsweise kann der Mißbrauch der Vertretungsmacht allerdings auch im Außenverhältnis durchschlagen, nämlich dann, wenn der Mißbrauch der Vertretungsmacht für den Geschäftspartner evident ist, oder dieser mit dem kompetenzwidrig handelnden Geschäftsführer kollusiv zusammenwirkt.[599]

---

durch die Reduzierung des Haftungsrisikos in der schwierigen Übergangszeit der Wiedervereinigung, vgl. auch KG Berlin, NZG 1999, 400, 402; Michalski/*Haas*, GmbHG, § 43 Rn. 20.

[597] *Mertens*, in: Kölner Kommentar zum AktG, § 82 Rn. 2 f.; *Lutter/Hommelhoff*, GmbHG, § 37 Rn. 2. Zu möglichen Durchbrechungen dieses Prinzips durch die Regelung des Mißbrauchs der Vertretungsmacht, vgl. *Lutter/Hommelhoff*, § 35 Rn. 12 ff. und Hachenburg/*Mertens*, GmbHG, § 37 Rn. 34 f.

[598] Ebenso Hachenburg/*Mertens*, GmbHG, § 37 Rn. 50; *Sandmann*, S. 265.

[599] Vgl. BGH, NJW 1984, 1461 ff.; zu alledem auch *Karsten Schmidt*, Gesellschaftsrecht, § 36 II 3 c, S. 1076; siehe auch S. 81 Fn. 456.

IV. Personeller Anwendungsbereich – Zuständigkeit zur Geschäftsführung im Verbandsrecht

Rechtsfähige Personengesellschaften und juristische Personen handeln abhängig von ihrem gesetzlichen bzw. gesellschaftsvertraglichen Organisationsmodell mittels ihrer Organe. Die jeweiligen geschäftsführenden Organmitglieder führen je nach statuarischer Ausgestaltung die Geschäfte der Gesellschaft. Die möglichen und zulässigen Gestaltungsvarianten werden getrennt nach den jeweiligen Gesellschaftsformen erläutert.

Über den ordnungsgemäß bestellten Geschäftsleiter hinaus ist umstritten, ob in den persönlichen Anwendungsbereich der organisationsrechtlichen Haftungstatbestände auch das sog. „faktische" Organ, also der „faktische" Geschäftsleiter oder Gesellschafter mit einzubeziehen ist.[600]

Seit einigen Jahren wird daher in der rechtswissenschaftlichen Diskussion des allgemeinen Verbandsrechts um die Anerkennung der Lehre vom sog. „faktischen" Organ in den Grundlagen und Rechtsfolgen heftig gestritten.

1. Das sog. „faktische" Organ

Das Rechtsinstitut des sog. „faktischen" Organs ist aber bisher weder hinsichtlich seiner Voraussetzungen noch der möglichen Rechtsfolgen dogmatisch widerspruchsfrei geklärt.[601] Im Schrifttum wird der Bezeichnung des sog. „faktischen" Geschäftsleiters sogar „mythische Kraft als Quelle freier Rechtsfindung" beigemessen.[602]

In der Rechtsprechung und Rechtslehre wurden bisher vor allem Fälle von faktischem Geschäftsleiterhandeln im GmbH-Recht, Aktienrecht, Steuerstrafrecht bzw. im allgemeinen Strafrecht diskutiert.[603] In gesellschaftsrechtlicher Hinsicht hat der BGH in seiner Rechtsprechung bisher nur den Fall ausdrücklich entschieden, daß eine Person, die zwar rechtlich nicht dem geschäftsführenden Or-

600 Zum Meinungsstand Michalski/*Haas*, GmbHG, § 43 Rn. 25 f; *Hopt*, in: Großkomm. AktG, § 93 Rn. 49 f. Scholz/*Schneider*, GmbHG, § 43 Rn. 18; *Mertens*, in: Kölner Kommentar zum AktG, § 93 Rn. 12; generell ablehnend *Hüffer*, AktG, § 93 Rn. 12; differenzierend Baumbach/Hueck/*Zöllner*, GmbHG, § 43 Rn. 3. Eingehend auch *Stein*, S. 33 ff., 143 ff.; anders *Ziemons*, S. 70 ff., die in den Fällen eines gesellschaftswidrigen Weisungsbeschlusses der Gesellschafterversammlung, der geschädigten GmbH einen Schadensersatzanspruch aus der Verletzung der gesellschafterlichen Treuepflichtverletzung (§ 280 Abs. 1 BGB i.V.m. dem Gesellschaftsvertrag) gegen die handelnden Gesellschafter gewähren will.

601 Vgl. dazu insbesondere *Karsten Schmidt*, Gesellschaftsrecht, § 14 III 4 a, S. 419 f., wonach die Rechtsfigur des sog. „faktischen" Organs zu juristischer Ungenauigkeit verleitet.

602 So die Kritik von Baumbach/Hueck/*Zöllner*, GmbHG, § 43 Rn. 3.

603 Ein Überblick über die bisherige Rspr. findet sich bei *Stein*, S. 6 ff.; aus jüngster Zeit *Geißler*, GmbHR 2003, S. 1106, 1108 f. m.w.N.

gan einer Kapitalgesellschaft angehört, tatsächlich wie ein Organmitglied auftritt und handelt, ebenso die Insolvenzantragspflicht nach § 64 Abs. 1 GmbHG trifft.[604] Im übrigen hält er sich zumeist vornehm zurück.[605]

Soweit man den sog. „faktischen" Geschäftsleiter wie einen formellen Geschäftsleiter behandelt, befindet man sich im Spannungsverhältnis zwischen den Gläubigerschutzinteressen bzw. Gesellschaftsinteressen einerseits und dem jeweils gesetzlich vorgeschriebenen Organisations- und Haftungsmodell der einzelnen Gesellschaftsformen andererseits.

Eine die gesamte Rechtsordnung überspannende Begriffsbestimmung des sog. „faktischen" Geschäftsleiters ist letztlich aber dogmatisch nicht überzeugend zu begründen. Im Strafrecht verhindert dies bereits das Analogieverbot des Art. 103 Abs. 2 GG. Aber auch im Bereich des Gesellschaftsrechts ist eine einheitliche dogmatische Begriffsdefinition bisher nicht gefunden. Eine solche Begriffsbestimmung kann aber in der vorliegenden Arbeit schon deshalb nicht geleistet werden, da dies die Grenzen der Untersuchung sprengen würde. Sie muß daher anderen Arbeiten vorbehalten bleiben. Letztlich ist dies für die hier interessierenden Fälle auch nicht nötig.

Für die eingangs beschriebene Haftungsproblematik ist nur entscheidend ist, ob ein gesellschaftsfremder Dritter die Rolle eines sog. „faktischen" Geschäftsleiters übernehmen kann und entsprechend seiner Kompetenzanmaßung auch wie ein ordnungsgemäß bestellter Geschäftsleiter haften soll bzw. muß. Insofern gilt für die gesellschaftsrechtliche Begriffsbestimmung des sog. „faktischen" Gesellschafters bzw. Geschäftsleiters das Folgende:

Soweit man mit der Mehrzahl der vertretenen Ansichten davon ausgeht, daß es sich bei den Fragen des sog. „faktischen" Geschäftsleiters um ein Normanwendungsproblem handelt, wird für jede – hier in Frage stehende – gesellschaftsrechtliche Haftungsgrundlage die Möglichkeit der Haftung des sog. „faktischen" Geschäftsleiters getrennt nach den jeweiligen Gesellschaftsformen untersucht.

2. Rechtsprechung zum sog. „faktischen" Organ

Die zivilrechtliche Rechtsprechung hat die im Strafrecht entwickelten Grundsätze zum sog. „faktischen" Organ im wesentlichen übernommen.[606] Vor allem der

---

604 BGH, Urteil v. 31.3.1988, II ZR 194/87, BGHZ 104, 44, 46 = NJW 1988, 1789; vgl. auch *Henze*, Höchstrichterliche Rechtsprechung z. AktG, Rn. 477.

605 So z.B. BGH, Urteil v. 25.2.2002, II ZR 196/00, DStR 2002, 1010, 1012: „*Die Frage der Haftung des faktischen Organs braucht auch nicht im vorliegenden Fall entschieden zu werden*".

606 Vgl. BGH, Urteil v. 24.10.1973, VIII 82/72, WM 1973, 1354, 1355; BGH, Urteil v. 9.7.1979, II ZR 118/77, BGHZ 75, 96, 106; BGH, Urteil v. 21.3.1988, II ZR 194/87, BGHZ 104, 44, 46. Grundlegend im Strafrecht zum sog. „faktischen" Organ, vgl. RG, Urteil v. 15.3.1937, 5 D 927/36, RGSt 71, 112, 113; diese Rechtsprechung wurde auch bald

für das Gesellschaftsrecht zuständige II. Zivilsenat hat in der Vergangenheit stets betont, daß es für eine haftungsauslösende sog. „faktische" Geschäftsführung nicht darauf ankomme, daß der nach Gesetz und Gesellschaftsvertrag berufene Geschäftsführer völlig aus der ihm zugewiesenen Geschäftsführung verdrängt wird.[607]

Die Grundlage für die zivilrechtliche Verantwortlichkeit und damit Haftung des sog. „faktischen" Geschäftsführers erkennt der BGH darin, daß derjenige, der – ohne dazu berufen zu sein – wie ein Geschäftsführer handelt, auch die Verantwortung eines Geschäftsführers tragen und wie ein solcher haften muß, wenn nicht der Schutzzweck der entsprechenden Vorschrift (vgl. z.B. der §§ 64 GmbHG, 130 h, 177 a HGB) gefährdet werden soll.[608]

Aus diesem Überblick vor allem zur grundlegenden Rechtsprechung des BGH wird deutlich, daß es eine einheitliche dogmatische Grundlage für die Lehre vom sog. „faktischen" Organ in der derzeitigen Diskussion nicht geben kann. Grund ist, daß das sog. „faktische" Organ gesellschaftsrechtlich außerhalb der abstrakten Handlungsverfassung steht. Es ist weder ein Gesellschaftsorgan noch ein fehlerhaft bestellter Organwalter, dem die Organverfassung organschaftliche Rechte und Pflichten zugewiesen hat. Soweit sich also das sog. „faktische" Organ außerhalb der abstrakten Handlungsverfassung befindet, stellt sich die Haftungsfrage jeweils nur im Zusammenhang mit der konkreten Haftungsnorm. Für die hier interessierenden Fälle der Organhaftung im Personengesellschaftsrecht und Kapitalgesellschaftsrecht wird daher an der jeweiligen Stelle diese Frage untersucht.

3. Fallgruppen des sog. „faktischen" Organs

Im Ausgangspunkt kann die Eigenschaft als sog. „faktisches" Organmitglied zu handeln natürlichen Personen, rechtsfähigen Personengesellschaften und juristische Personen zukommen. Letztere handeln dann aber wieder durch ihre Organe, nämlich unbeschränkt geschäftsfähige natürliche Personen.[609]

---

vom BGH übernommen: „*Geschäftsführer ist auch, wer ohne förmlich dazu bestellt oder im Handelsregister eingetragen zu sein, im Einverständnis der Gesellschaft die Stellung eines Geschäftsführers tatsächlich einnimmt*", vgl. BGH, Urteil v. 24.6.1952, 1 StR 132/52, BGHSt 3, 32. Vgl. auch *Bergmann*, S. 481 ff. m.w.N. zur strafrechtlichen und zivilrechtlichen Rechtsprechung. Ungenau insofern Rowedder/Schmidt-Leithoff/*Schaal*, GmbHG, § 82 Rn. 11.

607 BGH, Urteil v. 21.3.1988, II ZR 194/87, BGHZ 104, 44, 47.

608 Vgl. BGH, a.a.O.

609 Unzutreffend daher *Geißler*, GmbHR 2003, S. 1106, 1107 m.w.N in Fn. 12, der die Ausführungen in BGH, Urteil v. 25.2.2002, II ZR 196/00, DStR 2002, 1010, 1012 und von Rowedder/Schmidt-Leithoff/*Schaal*, GmbHG, § 82 Rn. 10 in diese Richtung verstanden wissen will. Richtig ist vielmehr, daß auch in Konzernlagen z.B. die Muttergesellschaft als sog. „faktischer" Geschäftsführer agieren kann. Aber auch jener ist es wiederum nur mög-

Zunächst sind systematisch zwei Fallgruppen voneinander zu unterscheiden. Bei der ersten handelt es sich schlicht um eine fehlerhafte Organbestellung.[610] Die zweite Fallgruppe ist dadurch gekennzeichnet, daß der gesellschaftsfremde Dritte von vornherein formell nicht ordnungsgemäß in die Geschäftsleitung eingebunden werden soll, weil die Organstellung entweder nicht gewollt oder rechtlich bzw. tatsächlich nicht möglich ist. Die zugrundeliegenden Motive können vielfältiger Natur sein, beispielsweise könnte der wirtschaftliche Unternehmer seine Zugehörigkeit zum Unternehmen nicht über das Handelsregister (§ 10 GmbHG) öffentlich machen wollen, oder es sollen Einkünfte verschleiert oder Vollstreckungszugriffe vereitelt werden, oder es liegt ein sog. „Strohmann-Fall" vor.[611]

Nach einer Ansicht muß daher von dem fehlerhaft Berufenen und dem sog. „faktische" Geschäftsführer unterschieden werden, welcher ohne einen Bestellungsakt Leitungskompetenzen in der Gesellschaft ausübt.[612] Von der strafrechtlichen Relevanz des § 14 Abs. 3 StGB ausgehend fordert die Gegenansicht zumindest einen unwirksamen Bestellungsakt, um einen gesellschaftsfremden Dritten überhaupt in die Verantwortung ziehen zu können.[613] Nach einer weiteren Ansicht soll es einer derartigen Differenzierung überhaupt nicht bedürfen.[614]

4. Stellungnahme

Entscheidend für die Beantwortung der Frage, ob jemand als sog. „faktischer" Geschäftsleiter tätig wird, ist aber vielmehr, ob derjenige in das gesellschaftsrechtliche Organisationsstatut, also z.B. in die Geschäftsführung der Gesellschaft, aktiv eingegriffen hat. Dieses kompetenzwidrige Tätigwerden ist das ent-

---

lich, durch ihre natürlichen Organmitglieder zu handeln. Die handelnden natürlichen Organmitglieder der beherrschenden Gesellschaft haften grundsätzlich nicht persönlich, sondern immer die Obergesellschaft, für welche sie auch handeln.

610 Dies kann z.B. der Fall sein, wenn zu der Gesellschafterversammlung, welche die Geschäftsführerbestellung zum Gegenstand hatte (§ 46 Nr. 5 GmbHG), Ladungs- oder Einberufungsfehler vorliegen. Oder der Bestellungsbeschluß gegen statutarisches Recht verstößt, was z.B. der Fall ist, wenn die Gesellschafterversammlung unzuständig für die Bestellung von Geschäftsführern ist und diese Befugnis gesellschaftsvertraglich z.B. einem Beirat übertragen ist. Zum ganzen eingehend *Geißler*, GmbHR 2003, S. 1106, 1107.

611 Die formelle Bestellung des sog. „faktischen" Geschäftsführers scheitert schon aus Rechtsgründen, z.B. etwa an § 6 Abs. 2 GmbHG, § 35 GewO, weswegen dem Rechtsverkehr gegenüber ein registertauglicher Dritter als Geschäftsführer vorgezogen werden muß, vgl. *Karsten Schmidt*, Gesellschaftsrecht, § 14 III 4 a, S. 420.

612 So Baumbach/Hueck/*Zöllner*, GmbHG, § 35 Rn. 6a.

613 Siehe *Stein*, S. 194; in diesem Sinne auch *Karsten Schmidt*, Gesellschaftsrecht, § 14 III 4, S. 419.

614 Vgl. OLG Düsseldorf, Urteil v. 20.10.1999, 15U 221/96, NZG 2000, 312, 313; ebenso Roth/*Altmeppen*, GmbHG, § 43 Rn. 69.

scheidende Wertungskriterium, um jemanden als sog. „faktischen" Gesellschafter bzw. Geschäftsleiter einzustufen.

Darüber hinausgehend wird in der Rechtslehre vertreten, daß es dabei auch auf den ausdrücklich oder zumindest konkludent geäußerten Willen der Gesellschafter ankommen soll.[615] Demnach soll anerkannt sein, daß derjenige nicht als sog. „faktischer" Geschäftsführer bezeichnet und behandelt werden kann, der ohne Wissen und Wollen der Gesellschafter für diese tätig ist.[616]

So wird auch hier das bereits mehrfach in dieser Untersuchung angesprochene Beispiel der kreditgebenden Bank als Beleg angeführt. Danach soll es keineswegs seltene Praxis sein, daß Repräsentanten der kreditgebenden Bank kontrollierend und auch initiativ auf Geschäftsführungs- und Managemententscheidungen Einfluß nehmen und so die strategische Ausrichtung des Unternehmens maßgeblich steuern.[617] Aber gerade für diese Fälle soll erstaunlicherweise die Verletzung von Geschäftsführerpflichten „nicht unbedingt" naheliegen.[618] Wann aber dann?

Dieser Ansicht ist daher entgegenzuhalten, daß es letztlich nicht darauf ankommen darf, ob die Einflußnahme auf die Geschäftsführung mit Wissen und Wollen der Gesellschafter erfolgt. Das vorgetragene subjektive Kriterium wird weder den Verkehrsschutzgesichtspunkten, noch dem Gläubigerinteresse an dem Erhalt des Gesellschaftsvermögens gerecht.[619] Wollte man Schadensersatzansprüche gegen sog. „faktische" Geschäftsleiter nur durch die Tatsache ausschließen, daß sie mit Wissen und Wollen der Gesellschafter handeln, so würde die Haftungsmasse des Gesellschaftsvermögens in unzulässiger Weise verkürzt.

5. Sonderfall der sog. „faktischen" Gesellschafter-Stellung in einer Turnaround-Finanzierung

Typischerweise ist eine derartige, gegen den Willen der Gesellschafter vorliegende „faktische" Einflußnahme auf die Geschäftsleitung z.B. in den Fällen einer Turnaround-Finanzierung gegeben.

Vor dem Hintergrund der neuen Eigenkapitalrichtlinien für Kreditinstitute (Basel II) mehren sich die Fälle, in denen die kreditgebenden Banken Einfluß auf die Geschäftsführung des kreditnehmenden Unternehmens ausüben. In derartigen

615 So *Geißler*, GmbHR 2003, 1106, 1108.

616 Vgl. auch Michalski/*Haas*, GmbHG, § 43 Rn. 25; siehe auch *Hopt*, in: Großkomm. AktG, § 93 Rn. 50.

617 *Geißler*, GmbHR 2003, 1106, 1109.

618 Vgl. *ders.*, a.a.O.

619 Es ist wohl auch eher aus der strafrechtlichen Judikatur entlehnt, vgl. die Nachweise bei Michalski/*Haas*, GmbHG, a.a.O.

Turnaround-Situationen ist es das Ziel der Banken, unter der Androhung der unmittelbar bevorstehenden Kreditkündigung ihre ausstehenden Kredite zu sichern. Als Mittel zur dann allseits geforderten Beschleunigung des Entschuldungsprozesses der Unternehmen nehmen die Banken Einfluß auf die operative Geschäftsführung.

In der Literatur wird nun die Ansicht vertreten, daß durch diese Einflußnahme auf die operative Geschäftsführung die Banken in die Stellung des sog. „faktischen" Gesellschafters geraten können.[620] Der haftungsauslösende und damit kritische Punkt der Einflußnahme sei dann erreicht, wenn die operative Einwirkung das bloße Drittsicherungsinteresse der Banken übersteigt.[621]

Der Einstieg wird in der Praxis über die neben dem eigentlichen Kreditverhältnis bestehenden und überlicherweise verwendeten „Kreditbereitschaftsvoraussetzungen"[622] erreicht. Diese werden von den kreditgebenden Banken eingesetzt, um dadurch eine einseitige, oftmals kurzfristige Rückführung der Kreditlinien zu ermöglichen und den damit auf Seiten des Unternehmens entstandenen Liquiditätsdruck zur rigorosen Entschuldung zu nutzen. Dazu werden seitens der Banken Interimsmanager, Unternehmensberater, M&A-Berater oder sonstige Spezialberater in das Unternehmen gebracht, die formal der Restrukturierung des Unternehmens verpflichtet sind, aber letztlich, so der Vorwurf, eine sog. „Zerschlagung am lebenden Objekt" vornehmen.[623]

Die rechtlichen Folgen eines derartigen „Beauflagungsexzesses" gegenüber dem „entmachteten" Gesellschafter sind vielfältig. So können z.B. die Gesellschaftsanteile bereits an die kreditgebende Bank zur Sicherheit verpfändet worden sein, sämtliche wichtige Entscheidungen bedürfen der Zustimmung seitens der kreditgebenden Bank oder ein auf Vorschlag der Bank eingesetzter Unternehmensberater greift in die operative Geschäftsführung des Unternehmens ein. In derartigen Sachverhaltskonstellationen sei nun die Gefahr für die kreditgebende Bank groß, als sog. „faktischer" Gesellschafter angesehen zu werden, da sie sich wie ein unternehmerisch tätiger Gesellschafter geriert habe.[624]

---

620 So insbesondere *Geißler*, GmbHR 2003, 1106 ff.

621 Vgl. dazu den Grundlagenfall von BGH, Urteil v. 13.7.1992, II ZR 251/91, BGHZ 119, 191 ff. = GmbHR 1992, 656 = NJW 1992, 3035.

622 Sog. *„Financial Covenants"* als zusätzlicher Bestandteil von Kreditverträgen, eingehend zum Begriff *Wittig*, in: Karsten Schmidt/Uhlenbruck, Die GmbH in Krise, Sanierung und Insolvenz, Rn. 148 ff.

623 Instruktiv zu diesem Problemkreis *Fromm*, GmbHR 2003, 1114 ff.

624 *Geißler*, GmbHR 2003, 1106, 1108. Besondere Auswirkungen ergeben sich überdies im Eigenkapitalersatzrecht. Die bisher ausgegebenen Kredite werden als Gesellschafterdarlehen eingestuft und als Eigenkapital ersetzend qualifiziert (vgl. § 32 a Abs. 1 GmbHG). Sie sind daher in der Unternehmenskrise wie Eigenkapital zu behandeln und dürfen, solange sie zur Erhaltung des Stammkapitals nötig sind, nicht an den kreditgebenden Gesellschaf-

Soweit die Kreditinstitute allerdings als reine Fremdkapitalgeber mit den üblichen Sicherungspositionen und Kreditverschaffenskonditionen Finanzmittel gewährt haben, bleibt dies gesellschafts- und insolvenzrechtlich ohne Bedeutung. Die kreditgebenden Banken haben hiermit keine Verantwortung für die ordnungsgemäße Unternehmensfinanzierung übernommen. Insoweit ist die Lage eindeutig.

Anders soll es dagegen in denjenigen Fällen sein, in denen ein solcher Kreditgläubiger „quasi" wie ein Gesellschafter operativen Einfluß auf die Geschäftsführung nimmt und so den Unternehmer aus seiner ureigenen Finanzierungsverantwortung verdrängt. Kommt es in der Folge zur Insolvenz des Unternehmens, darf der sog. „faktische" Gesellschafter wie ein Gesellschafter ansonsten auch seine eigenen Kreditmittel nicht zurückführen. Tut er dies doch, hat er sie wieder dem insolventen Unternehmen zur Verfügung zu stellen (§ 32 a Abs. 1, § 32 b GmbHG).

Das in die Gesellschaft darlehensweise gegebene Fremdkapital mutiert zu Eigenkapital. Die kreditgebende Bank erlebt also einen unfreiwilligen „*Debt-Equity-Swap*" was bei dem kreditnehmenden Unternehmen zu einem „Eigenkapital-Freuden-Sprung" führt.[625] Das ausgereichte Kapital der als sog. „faktischer" Gesellschafter qualifizierten Bank ist dann nicht mehr ohne weiteres insolvenzauslösend. Vielmehr gilt es entsprechend §§ 32 a Abs. 1, 32 b GmbHG im Überschuldungsstatus nicht als Fremdkapital und darf daher nicht zurückgezahlt werden.

Dieser Befund kann für das Eigenkapitalersatzrecht noch hingenommen werden. Er ist auch sachgerecht, denn soweit sich die kreditgebende Bank wie ein Unternehmer geriert, muß sie sich auch der Pflicht zur ordnungsgemäßen Unternehmensfinanzierung stellen. Will Sie das vermeiden, so muß sie dem Management der Gesellschaft das Feld überlassen, ansonsten droht die Ausschüttungssperre des § 32 a GmbHG.

Fraglich ist allerdings, ob durch diese sog. „faktische" Gesellschafterstellung der kreditgebenden Banken auch ein operatives Mitspracherecht in der Gesellschaft einhergeht. Soweit die kreditgebende Bank aber nur aus eigenkapitalersatzrechtlichen Gründen einem Gesellschafter gleichgestellt ist, hat dies auf die ansonsten herrschende Unternehmensverfassung keinen Einfluß. Eine tatsächliche Gesellschafterstellung und eine damit einhergehende organisationsrechtliche Schadensersatzhaftung kann damit schon aufgrund der ansonsten

ter zurückfließen. Die Ausschüttungssperre des § 32 a GmbHG erfaßt auch die Einbeziehung dritter Personen und darlehensähnlicher Gestaltungen (vgl. § 32 a Abs. 2 und 3 GmbHG).

[625] So treffend *Fromm*, GmbHR 2003, 1114, 1118.

drohenden Sprengung der verbandsrechtlichen Haftungsverfassung nicht verbunden sein.[626]

6. Abgrenzung zur unzulässigen Einwirkung auf die Geschäftsführung

Wo liegt nun aber die Grenze zwischen beratender Tätigkeit, unterstützender Hilfestellung und kompetenzwidriger Inanspruchnahme von Geschäftsleiterstellung?

Grundsätzlich gilt für die Abgrenzung zwischen der Position als Kreditgeber und sog. „faktischem" Gesellschafter folgendes: Je mehr Einfluß (mittelbar oder unmittelbar) auf die operative Geschäftsführung genommen wird, desto wahrscheinlicher wird die Gefahr der Übernahme einer sog. „faktischen" Gesellschafterstellung.

Die Problematik ist hier, die Qualität und Intensität genau zu bestimmen, welche die übernommene Tätigkeit kennzeichnen muß, um ihr Haftungsrelevanz beizumessen.

Der BGH hat vor kurzem in einem insolvenzrechtlichen Fall klargestellt, daß die Pflicht, rechtzeitig einen Insolvenzantrag nach § 64 Abs. 1 GmbHG zu stellen auch diejenigen Personen erfasse, die zwar rechtlich nicht dem geschäftsführenden Organ einer Kapitalgesellschaft angehören, aber tatsächlich wie ein Organmitglied auftreten und wie ein solches handeln.[627]

Bereits in früheren Entscheidungen hat der BGH darüber hinaus ein zusätzliches Kriterium für die sog. „faktische" Geschäftsleiterfunktion aufgestellt. Demnach genügte ein internes Einwirken auf den satzungsgemäßen Geschäftsleiter für eine Haftung nicht aus, vielmehr müsse auch ein eigenes, nach außen hervortretendes, üblicherweise der Geschäftsführung zurechenbares Handeln vorliegen.[628]

In der Rechtslehre hat diese Rechtsprechung sogleich Zustimmung erfahren.[629] Restriktivere Vertreter möchten die sog. „faktische" Geschäftsleiterhaftung aber nur dann eingreifen lassen, wenn hierdurch den Gläubigern der Schutz gesetzmäßiger Pflichterfüllung durch den regulären Geschäftsführer genommen wird.[630]

---

626 Ebenso *Karsten Schmidt*, Gesellschaftsrecht, § 18 III 4 b, S. 533.

627 Vgl. BGH, Urteil v. 25.2.2002, II ZR 196/00, GmbHR 2002, 549, 552.

628 So schon BGH, Urteil v. 21.3.1988, II ZR 194/87, GmbHR 1988, 299, 300.

629 Siehe nur Rowedder/Schmidt-Leithoff/*Schaal*, GmbHG, § 82 Rn. 11; Scholz/*Schneider*, GmbHG, § 43 Rn. 15.

630 So auch der Ansatz von *Stein*, S. 184 ff.; vgl. Michalski/*Haas*, GmbHG, § 43 Rn. 30; zu Recht restriktiv aber Baumbach/Hueck/*Zöllner*, GmbHG, § 43 Rn. 3; *Hüffer*, AktG, § 93 Rn. 12.

Eine eingehende Untersuchung der Abgrenzungskriterien kann hier nicht vorgenommen werden, da dies den Rahmen der Arbeit sprengen würde. Sicher ist jedenfalls, daß die Frage der sog. „faktischen“ Gesellschafter- bzw. Geschäftsführerstellung nicht davon abhängen kann, ob ein Gesellschaftsvertrag oder ein Anstellungsvertrag rechtsfehlerhaft begründet oder bereits wieder beendet worden ist.[631] Denn es ist grundsätzlich nach der Trennungstheorie anerkannt, daß die Organstellung bzw. das Anstellungsverhältnis rechtlich getrennt und selbständig nebeneinander bestehen.[632]

Dennoch dürfte als gemeinsame Grundlage für eine Klassifizierung als sog. „faktische“ Geschäftsführer bzw. Gesellschafter ausreichend bzw. auch notwendig sein, daß derjenige in einem nicht völlig nebensächlichen Art und Weise über eine gewisse Dauer hinweg Leitungsaufgaben des Unternehmens übernommen hat. Ob hierbei die gesellschaftsrechtliche Bestellung nur rechtsfehlerhaft war oder von vornherein bewußt unterblieben ist, ist für die haftungsrechtliche Einordnung nicht entscheidend.

Für die Frage der Haftung sind vielmehr Art, Umfang und Intensität der ausgeübten Leitungsfunktion maßgeblich. Bei dieser Prüfung sollten sich die Wertungskriterien bei unwirksamer Organbestellung an dem Kernbereich der gesetzlich vorgeschriebenen Geschäftsleiteraufgaben und -funktionen orientieren.[633]

Hierunter sind dann auch explizit anlaßbezogene Aktivitäten zu verstehen, wie sie z.B. in der Führung von Sanierungsverhandlungen oder in der Steuerung des Managements in einer Sanierungs- bzw. Umbruchphase seitens von kreditgebenden Banken möglich sind. Auch sie können die Haftung als sog. „faktischer“ Geschäftsführer begründen.[634]

Soweit die Organbestellung von vornherein wissentlich unterblieben ist, sind folgende Wertungskriterien zu beachten. Ausgangspunkt der Frage, ob eine gesellschaftsfremde Person als sog. „faktischer“ Gesellschafter bzw. Geschäftsführer angesehen werden kann, müssen die Bestimmungen im Gesellschaftsvertrag bzw. in der Satzung des Unternehmens sein. Soweit der Dritte die gesellschaftsvertrags- bzw. satzungsgemäß zustehenden Aufgaben der Geschäftsführung

---

631 So auch BGH, Urteil v. 16.9.2002, II ZR 107/01, NJW 2002, 3777 ff. = BB 2002, 2407 ff.= DB 2002, 2480 f. = DStR 2002, 2046 ff. mit Anm. *Altmeppen* = ZIP 2002, 2128 ff.

632 Vgl. nur BGH, Urteil v. 28.10.2002, II ZR 146/02, BB 2002, 2629 ff. = DB 2002, 2705 f. = DStR 2002, 2182 ff.; siehe auch *Hüffer*, AktG, § 93 Rn. 12.

633 Dazu gehören insbesondere die Bestimmung der Unternehmenspolitik, der Unternehmensorganisation, die Anstellung von Mitarbeitern, die Geschäftsbeziehung zu Vertragspartner, Verhandlungen mit Kreditgebern, die Richtlinienkompetenz in Steuerangelegenheiten und in der Buchhaltung sowie die Höhe des Gehalts der Geschäftsleiter. Vgl. BGH, Urteil v. 28.9.1992, II ZR 299/91, GmbHR 1993, 38, 39.

634 A.A. *Geißler*, GmbHR 2003, 1106, 1111, ebenso Michalski/*Haas*, GmbHG, § 43 Rn. 27.

wahrnimmt, ist dies ein deutlicher Hinweis auf seine quasi Gesellschafter-Geschäftsführer Stellung. Darüber hinaus kann auch auf den Katalog der originären Geschäftsführungsaufgaben der strafrechtlichen Judikatur zurückgegriffen werden.[635]

Hinsichtlich der Art und Intensität der Dritteinflußnahme ist aber grundsätzlich nicht erforderlich, daß der Handelnde die gesetzliche Geschäftsführung gänzlich verdrängt. Für eine Haftung genügt es vielmehr, daß er die Geschicke der Gesellschaft maßgeblich in die Hand genommen hat.[636] Infolgedessen kann ein sog. „faktischer" Geschäftsleiter auch dann vorhanden sein, wenn er neben einem formellen Geschäftsleiter auf die Geschicke der Gesellschaft in erheblichem Maße einwirkt.

Darüber hinaus wurde bislang von der h.M. gefordert, daß die Geschäftsführungshandlungen auch nach außen für den Rechtsverkehr erkennbar sein müssen, eine rein interne Einwirkung auf die satzungsmäßigen bzw. gesellschaftsvertraglich bestellten Geschäftsleiter soll nicht ausreichend sein.[637]

Dieser These ist jedoch nur im Ausgangspunkt zu folgen, denn auch ein ordnungsgemäß bestellter Geschäftsleiter, der nach außen hin nie in Erscheinung getreten ist, kann – falls er gegen seine organschaftlichen Pflichten verstoßen hat – in Haftung genommen werden. Zuzugeben ist allerdings, daß bei Vorliegen derartiger interner Vorgänge, die jeglichen Außenbezug vermissen lassen, ein kompetenzwidriges Geschäftsführungshandeln nur schwer beweisbar ist.

Dies ist jedoch eine zu einseitige Betrachtung aus dem Blickwinkel des Außenverhältnisses. Für die hier in Frage stehende kompetenzwidrige Inanspruchnahme von Geschäftsführungsbefugnissen bzw. die Verletzung von gesellschaftsrechtlichen Treuepflichten ist aber vielmehr das Innenverhältnis zwischen dem Geschäftsleiter und der Gesellschaft entscheidend. Gerade der Gesellschafter, gegen dessen Willen ein Dritter auf seine Geschäftsführung Einfluß nimmt – der diese kompetenzwidrige Inanspruchnahme aber aus faktischen Gründen nicht abwehren kann – weiß von den Tatsachen und kann diese im Zweifel auch beweisen. Folglich ist es für seine Haftungsansprüche von elementarer Bedeutung, ob man einen gesellschaftsfremden Dritten auch unter diesen Gesichtspunkten als sog. „faktischen" Gesellschafter bzw. Geschäftsleiter ansehen kann.

---

635 Vgl. hierzu BayObLG, Urteil v. 20.2.1997, 5 StR 1955/96, GmbHR 1997, 453.

636 So ausdrücklich BGH, Urteil v. 25.2.2002, II ZR 196/00, GmbHR 2002, 549, 552.

637 Vgl. BGH, a.a.O.

7. Exkurs: Der sog. „faktische Geschäftsführer" in ausländischen Rechtsordnungen

Neben den ordnungsgemäß bestellten Mitgliedern der Geschäftsführungsorgane existiert auch in ausländischen Rechtsordnungen die Rechtsfigur des sog. „faktischen" Geschäftsführers.

Nach einer in Frankreich von Rechtsprechung und Rechtslehre allgemein anerkannten Definition[638] versteht man unter *„dirigeant de fait"* eine Person, die in eigener Souveränität, frei und unabhängig durch positives Tun tatsächlich die Geschäfte leitet.[639]

In England wird die nachteilige Einflußnahme (*„wrongful trading"*) außenstehender Dritter auf die Geschäftsführung des Unternehmens – insbesondere bei Konzernsachverhalten – über die Rechtsfigur des sog. *„shadow directors"* gelöst.[640] Auch nach dem Gesellschaftsrecht des Staates New York[641] haftet derjenige als *„de facto director"*, der wesentliche Geschäftsführungsbefugnisse an sich zieht.[642]

8. Ergebnis

Aufgrund dieser im einzelnen doch erheblich voneinander abweichenden Sachverhalte ist in der Rechtslehre und Rechtsprechung bisher keine einheitliche Tendenz für eine Gleichbehandlung derartiger Fallgestaltungen ersichtlich. Einige befürchten, daß durch die Rechtsfigur des sog. „faktischen" Geschäftsführers die gesetzlichen Organisationsmodelle des Verbandsrechts auf den Kopf gestellt werden.[643] In der Tat ist grundsätzlich Zurückhaltung geboten. Soweit das Verbandsrecht Haftungsfolgen an unternehmerisches Handeln knüpft, ist die Tren-

---

638 Siehe *Ebenroth/Reiner*, BB 1992, Beilage 13, S. 1, 27 m.w.N. in Fn. 117.

639 Zur Haftung vgl. Art. 1382 CC (deliktsrechtliche Generalklausel für den sog. *„dirigeant de fait"*); eingehend zur insolvenzrechtlichen Ausfallhaftung des sog. *„dirigeant de fait"* im französischen Konzernrecht *Ebenroth/Reiner*, BB 1992, Beilage 13, S. 1, 27.

640 Siehe hierzu vertiefend *Forum Europaeum Konzernrecht*, ZGR 1998, 672, 756, wobei aus der konzerndimensionalen Haftung der Muttergesellschaft gegenüber ihrer abhängigen Tochtergesellschaft deutlich wird, daß der Begriff des sog. *„shadow directors"* nicht ausschließlich natürliche Personen umfaßt. Gleiches gilt für Konzernlagen im französischen Recht; auch hier kann der sog. *„dirigeant de fait"* eine natürliche oder juristische Person sein, vgl. *Forum Europaeum Konzernrecht*, ZGR 1998, 672, 758.

641 Im US-amerikanischen Recht gibt es grundsätzlich kein einheitliches nationales Gesellschaftsrecht. Jeder Bundesstaat hat sein eigenes *Corporation Law*.

642 So die zu *Sec. 701 New York Business Corporation Law* ergangene Rechtsprechung. Grundsätzlich unterliegt der *director* einer *corporation* keiner persönlichen Haftung soweit sich sein Handeln in Einklang mit der gegenüber der *corporation* bestehenden *duty of loyalty* and *duty of care* befindet, vgl. beispielsweise auch *Sec.* 701 und *Sec.* 717 *para.* 3 *New York Business Corporation Law*.

643 Vgl. Michalski/*Haas*, GmbHG, § 43 Rn. 27.

nung zwischen dem Haftungssubjekt Gesellschaftsvermögen und Privatvermögen des Handelnden, wie in § 13 Abs. 2 GmbHG ausdrücklich statuiert, zu beachten. Die handelnde natürlich Person ist vor Übernahme von Leitungsbefugnissen auf mögliche persönliche Haftungsrisiken hinzuweisen und entsprechend notariell zu belehren.[644] Soweit die Einflußnahme auf die Geschicke der Kapitalgesellschaft aber Formen annimmt, die aus objektiver Sicht im Einzelfall die Einstufung als sog. „faktischer“ Geschäftsleiter rechtfertigt, hat das Gläubigerinteresse den Vorrang. Die organisationsrechtlichen Haftungstatbestände können aber dennoch nicht entsprechend angewendet werden, da es als Voraussetzung für eine Analogie an einer planwidrigen Gesetzeslücke fehlt. Die Gläubigerinteressen können über die Anwendbarkeit der Vorschriften der Geschäftsführung ohne Auftrag geschützt werden. Für den Bereich der Personenhandelsgesellschaften gilt aufgrund der fehlenden Haftungsbeschränkung grundsätzlich das Gleiche.

V. Verbandsrechtliche Treuepflicht

1. Die organschaftliche Treuepflicht als allgemeiner Grundsatz des Verbandsrechts

Gleich ob es sich um einen geschäftsführenden Gesellschafter einer Personengesellschaft oder einen Geschäftsführer einer GmbH handelt, trifft die Geschäftsleiter im Verbandsrecht die organschaftliche Pflicht, sich der Gesellschaft gegenüber treu zu verhalten und ihre organschaftlichen Befugnisse nicht zu mißbrauchen, sowie die Pflicht, dem Verband gegenüber mit der Sorgfalt eines ordentlichen und gewissenhaften Geschäftsleiters zu handeln.[645]

Obwohl im Personengesellschaftsrecht nicht allgemein definiert, finden sich vereinzelt allgemein formulierte Verhaltenspflichten (vgl. z.B. §§ 705, 723 Abs. 2 BGB) der Gesellschafter. Die Treuepflicht im Personengesellschaftsrecht ist als Rechtsprinzip aber allgemein anerkannt.[646]

Die Verantwortlichkeit und Sorgfaltspflicht der Vorstandsmitglieder und Geschäftsführer ist in den §§ 93 AktG, 43 GmbHG, 34 GenG geregelt.[647]

---

[644] Siehe § 17 Abs. 1 BeurkG und §§ 2 i.V.m. 8 Abs. 1 Nr. 1, 39 Abs. 2 i.V.m. 8 Abs. 3 GmbHG; vgl. auch *Lutter/Hommelhoff*, GmbHG, § 38 Rn. 8.

[645] Ebenso wie im US-Recht ist also zwischen der organschaftlichen Treuepflicht („*duty of loyalty*“) und der organschaftlichen Sorgfaltspflicht („*duty of care*“) zu unterscheiden.

[646] Vertiefend *Winter*, S. 8 ff.; siehe auch *Wiedemann*, WM 1992, Sonderbeilage Nr. 7, S. 17 ff.

[647] Abzulehnen ist daher, daß der BGH (vgl. BGHZ 69, 207, 217) die Organperson einer Personengesellschaft in entsprechender Anwendung des § 93 AktG haften läßt. Dazu auch *Bergmann*, S. 171.

Als weiteren Ausfluß der organschaftlichen Treuepflicht i.w.S. trifft die Organpersonen der Verbände insbesondere das Wettbewerbsverbot der §§ 88, AktG, 112, 113 HGB.[648]

Die organschaftliche Treuepflicht gebietet es den Organpersonen der Gesellschaft, loyal zu dienen. Sie haben ihre Organtätigkeit im ausschließlichen Interesse der Gesellschaft und zu deren Vorteil auszuüben, ohne verbandsfremde Interessen zu berücksichtigen. Daher verbietet es die Treuepflicht den „Amtsträgern“, ihre organschaftlichen Machtbefugnisse zugunsten gesellschaftsfremder, insbesondere eigennütziger Interessen einzusetzen.[649]

a) Die Rechtsnatur der organschaftlichen Treuepflicht

Die frühere Rechtsprechung leitete die organschaftliche Treuepflicht allein aus dem schuldrechtlichen Anstellungsvertrag zwischen dem Verband und dem Organ her. In dem Bestellungsakt allein sah man dafür keine ausreichende Grundlage.[650] Dieser Sichtweise entsprach auch, daß die Haftung gemäß der §§ 93 AktG, 43 GmbHG, 34 GenG früher überwiegend als vertragliche Haftung aus Verletzung des Anstellungsvertrages gesehen wurde.[651]

Mittlerweile geht der BGH aber davon aus, daß sich die Organpflichten direkt aus dem Gesetz ergeben, und daß die Haftung der Organpersonen aus §§ 93 AktG, 43 GmbHG, 34 GenG an die organschaftliche Sonderrechtsbeziehung zwischen dem Verband und der Organperson anknüpfe.[652] Die gesetzlichen Haftungsnormen nehmen damit aber in der Folge auch die Haftung aus der Verletzung des Anstellungsvertrages in sich auf.[653] Soweit man sich die Frage nach der Rechtsnatur und dem Entstehungsgrund der organschaftlichen Treuepflichten stellt, ist in funktioneller und rechtsdogmatischer Hinsicht zu unterscheiden.[654]

In funktioneller Hinsicht ist die organschaftliche Treuepflicht das Fundament der pflichtgemäßen Einbindung der Organperson in die Handlungsorganisation des Verbandes. Als Korrektiv für die weitreichenden Machtbefugnisse der Organperson korrespondiert dementsprechend eine ausdifferenzierte Pflichtenbindung, die das Tätigwerden der Organperson an dem Interesse der Gesellschaft

---

648 Vgl. zum ganzen *Bergmann*, S. 171, 172.

649 BGH, Urteil v. 23.9.1985, II ZR 257/84, BB 1986, 487, vgl. auch *Bergmann* S. 172 m.w.N.

650 Vgl. BGH, Urteil v. 9.11.1967, II ZR 64/67, BGHZ 49, 30, 31 f.

651 Vgl. schon RGZ 152, 273, 278; *Bergmann*, S. 174 m.w.N. in Fn. 543.

652 Vgl. BGH, Urteil v. 10.2.1992, II ZR 23/91, GmbHR 1992, 303 (betrifft § 43 Abs. 2 GmbHG). Für das Aufsichtsratsmitglied der AG, vgl. BGH, Urteil v. 25.3.1991, II ZR 188/89, BGHZ 114, 127, 129.

653 BGH, Urteil v. 9.12.1996, II ZR 240/95, GmbHR 1997, 163, 164; ebenso BGH, Urteil v. 12.6.1989, II ZR 334/87, WM 1989, 1335, 1337.

654 Zum ganzen *Bergmann*, S. 174 m.w.N.

ausrichtet und bei einem Verstoß gegen diese Pflichten Schadensersatzansprüche begründet.

Rechtsdogmatischer Anknüpfungspunkt der Treuepflicht ist die Struktur des Verbandes.[655] Ein Verband kann nur handeln, soweit er entweder seine organschaftlichen Kompetenzen einem abstrakten Organ zuweist, das wiederum mit Organmitgliedern besetzt wird (Vorstand, Aufsichtsrat) oder durch Zuweisung unmittelbar an bestimmte Gesellschafter selbst (geschäftsführende Gesellschafter einer Personengesellschaft). Der Verband bleibt solange handlungsunfähig, wie keine Einbindung von natürlichen Personen in die Handlungsverfassung stattfindet. Durch den Bestellungsakt zum Organwalter oder konkludent mit der unmittelbaren Zuweisung der organschaftlichen Befugnisse durch den jeweiligen Gesellschaftsvertrag tritt die Organperson in ein umfassendes organschaftliches Rechtsverhältnis ein. Aus diesem resultiert dann die organschaftliche Treuepflicht.

Darüber hinaus ist ein zusätzlich bestehender Anstellungsvertrag lediglich ein weiterer Anknüpfungspunkt für die organschaftliche Treuepflicht.[656]

b) Organschaftliche und mitgliedschaftliche Treuepflicht

Von der organschaftlichen ist die mitgliedschaftliche Treuepflicht zu unterscheiden. Die organschaftliche Treuepflicht resultiert aus der Stellung als Organperson, während die mitgliedschaftliche Treuepflicht andererseits an eine Mitgliedschaft im Verband anknüpft.[657]

Soweit ein Gesellschafter einer Personengesellschaft als Organperson fungiert, können beide Pflichten zusammentreffen. Soweit eine gesellschaftsfremde Person organschaftliche Befugnisse ausübt, trifft diese dagegen nur die organschaftliche Treuepflicht. Diese Unterscheidung ist insbesondere für den Inhalt der verschiedenen Treuepflichten entscheidend. So muß ein Verstoß gegen eine organschaftliche Treuepflicht nicht gleichbedeutend einen Verstoß gegen die mitgliedschaftliche Treuebindung darstellen,[658] andererseits können sich auch hinsichtlich der Rechtsfolgen, insbesondere hinsichtlich der Verjährung, erhebliche Unterschiede ergeben.[659]

---

655 *Kübler*, Gesellschaftsrecht, § 15 III 5 a, S. 187; unzutreffend *Bergmann*, S. 175, der die organschaftliche Treuepflicht aus der „Organschaft“ herleiten will, ohne diesen grundsätzlich im steuerrechtlichen Schrifttum verwandten Begriff genauer zu definieren.

656 Ein Anstellungsvertrag ist nicht mal unbedingt erforderlich, vgl. *Karsten Schmidt*, Gesellschaftsrecht, § 14 III 2 b, S. 416.

657 Vgl. *Karsten Schmidt*, Gesellschaftsrecht, § 20 IV 1 b, S. 588.

658 Vgl. *Bergmann*, S. 176.

659 Bisher unterlag die Verletzung der gesellschaftlichen Treuepflicht der regelmäßigen Verjährungsfrist von 30 Jahren nach § 195 n.F. BGB, dagegen die organschaftliche Treue-

2. Grundlagen der gesellschaftsrechtlichen Treuepflicht

Bereits seit langem ist allgemein anerkannt, daß aus jedem, insbesondere vertraglichen Schuldverhältnis für die daran Beteiligten gegenseitige Schutz-, Mitwirkungs-, Treue-, Fürsorge-, Obhuts-, Aufklärungs-, Anzeige- und sonstige Verhaltenspflichten (Treuepflichten i.w.S.) resultieren können.[660]

Das gesellschaftsrechtliche Schuldverhältnis der Mitgliedschaft[661] begründet dabei einerseits eine Sonderrechtsverbindung zwischen den Mitgliedern und dem Verband und andererseits auch unter den Mitgliedern selbst.[662] Gerade hier im gesellschaftlichen Schuldverhältnis existieren Treuepflichten i.w.S. und haben erhebliche Bedeutung für die Funktionsfähigkeit des Verbandes.[663]

Die mitgliedschaftliche Treuepflicht i.w.S. als Oberbegriff einer Vielzahl von gegenseitigen gesellschaftsrechtlichen Förderungs-, Loyalitäts- und Rücksichtspflichten ist als übergreifendes verbands- bzw. personengesellschaftsrechtliches Prinzip heute allgemein anerkannt.[664] Trotz des strukturellen Unterschiedes zwischen rechtsfähigen Personengesellschaften einerseits und den juristischen Personen andererseits lassen sich die im Personengesellschaftsrecht[665] entwickelten Grundsätze auch auf das Kapitalgesellschaftsrecht und z.T. auch in umgekehrter Weise übertragen.[666]

---

pflichtverletzung der fünfjährigen Verjährung, vgl. § 43 Abs. 4 GmbHG. Zum bisherigen Streitstand *Goette*, Die GmbH, § 8 Rn. 167, 262; Michalski/*Haas*, GmbHG, § 43 Rn. 7 und 232. Siehe auch *Bergmann*, S. 176 m.w.N. in Fn. 557, 558. Zur Haftung des Geschäftsführers und der Verjährung bei gleichzeitigem Verstoß gegen die gesellschaftsrechtliche Treuepflicht), vgl. BGH, Urteil v. 14.9.1998, II ZR 175/97, GmbHR 1999, 186 f. = NJW 1999, 781.

660 Vertiefend, auch zur Geltung im römischen Recht, siehe *Anders*, S. 162 ff.

661 Darunter versteht man im Gesellschaftsrecht die Rechtsstellung einer natürlichen oder juristischen Person, welche aus der Zugehörigkeit zu einem Verband resultiert; ähnlich *Karsten Schmidt*, Gesellschaftsrecht, § 19 I 1, S. 547.

662 Zutreffend *Karsten Schmidt*, Gesellschaftsrecht, § 19 III 1 a, S. 552 m.w.N.

663 Statt anderer *Lutter/Hommelhoff*, GmbHG, § 13 Rn. 18 ff.; Hachenburg/*Th. Raiser*, GmbHG, § 14 Rn. 52 ff.; Scholz/*Winter*, GmbHG, § 14 Rn. 50 ff.

664 Eingehend *Winter*, passim; dazu auch *ders.*, in: Scholz, GmbHG, § 14 Rn. 50 ff.; vgl. auch Rowedder/Schmidt-Leithoff/*Pentz*, GmbHG, § 13 Rn. 35 ff.; MünchHdb. GesR III/*Schiessl*, § 32 Rn. 12; siehe auch *Ziemons*, S. 75 ff.; *Daumke/Keßler*, S. 188.

665 Grundlegend BGHZ 30, 195, 201; 64, 253, 257; 68, 81, 82; in jüngster Zeit zur GbR, vgl. BGH, Urteil v. 9.9.2002, II ZR 198/00, DB 2002, 2708 ff. Zur KG, vgl. Schlegelberger/*Martens*, HGB, § 161 Rn. 76.

666 Vgl. *Karsten Schmidt*, Gesellschaftsrecht, § 20 IV, S. 589 f. Modifizierungen ergeben sich hier vor allem im Aktienrecht. Nach BGHZ 129, 136, 162, setzt die Haftung eines Aktionärs für eine Treuepflichtverletzung durch Stimmrechtsausübung Vorsatz voraus. Im GmbH-Recht genügt dagegen einfache Fahrlässigkeit, vgl. Rowedder/Schmidt-

a) Begriff der Treuepflicht

Aus dem gesellschaftsrechtlichen Zusammenschluß mehrerer Personen zur Verfolgung eines gemeinsamen Zwecks ergeben sich im Rahmen einer gesellschaftsrechtlichen Sonderrechtsverbindung gegenseitige Förderungs-, Loyalitäts- und Rücksichtspflichten.[667] Die allgemeine Treuepflicht ist dabei die wichtigste Verhaltenspflicht jedes Gesellschafters.[668]

Die Gesellschafter sind verpflichtet, in Ausübung ihrer im Gesellschaftsinteresse begründeten mitgliedschaftlichen Befugnisse diejenigen Handlungen vorzunehmen, die der Förderung des Gesellschaftszwecks dienen, und zuwiderlaufende Maßnahmen zu unterlassen. Bei der Ausübung eigennütziger Mitgliedsrechte sind die Schranken einzuhalten, die sich aus dem Verbot einer willkürlichen oder unverhältnismäßigen Rechtsausübung ergeben. Auf die mitgliedschaftlichen Interessen anderer Gesellschafter ist angemessen Rücksicht zu nehmen.[669]

Der II. Zivilsenat des BGH spricht dies im Leitsatz seines Urteils vom 9. September 2002 für die Konkretisierung der Treuepflicht im Personengesellschaftsrecht nochmals beispielhaft aus:

> *„Die gesellschaftsrechtliche Treuepflicht verlangt von dem Gesellschafter einer Gesellschaft bürgerlichen Rechts, daß er seine Mitgesellschafter im Rahmen der Auseinandersetzung über Umstände, die deren mitgliedschaftliche Vermögensinteressen berühren, zutreffend und vollständig informiert.“*[670]

b) Rechtliche Grundlagen und Anknüpfungspunkte der Treuepflicht

Der Geltungsgrund und damit die Rechtsgrundlage der gesellschaftsrechtlichen Treuepflicht sind umstritten.[671] Unterschieden wird in mannigfacher Weise, je nach Bezugspunkt zwischen gesellschafts- und gesellschafterbezogenen[672] Treuepflichten, in der Personen- oder Kapitalgesellschaft.[673]

Leithoff/*Pentz*, GmbHG, § 13 Rn. 82 und 85. Zur Treuepflicht im Aktienrecht siehe auch *Henze*, BB 1996, 489 ff.

667 Siehe auch *Karsten Schmidt*, Gesellschaftsrecht, § 19 III 1 a, S. 552 und § 20 IV, S. 589 f.

668 Ebenso MünchHdb. GesR III/*Schiessl*, § 32 Rn. 12.

669 Siehe nur *Karsten Schmidt*, Gesellschaftsrecht, § 20 IV, S. 589.

670 So BGH, Urteil v. 9.9.2002, II ZR 198/00, DB 2002, 2708.

671 Eingehend zum ganzen *Ziemons*, S. 75 ff.

672 Vgl. nur BGHZ 65, 15, 18; 80, 346, 349; BGH, NJW 1992, 368, 369; kritisch aber Roth/*Altmeppen*, GmbHG, § 13 Rn. 48.

673 Siehe nur BGHZ 98, 276, 279 f.; Rowedder/Schmidt-Leithoff/*Pentz*, GmbHG, § 13 Rn. 35 und ausführlich § 14 Rn. 50 ff.; Scholz/*Winter*, GmbHG, § 14 Rn. 50; Baum-

Nach überkommener Auffassung beruhen die Treuepflichten als besondere gesellschaftsrechtliche Ausprägungen auf dem Grundsatz von Treu und Glauben gemäß § 242 BGB.[674] Nach anderer Ansicht in der Rechtslehre wurzelt die gesellschaftsrechtliche Treuepflicht in der im Gesellschaftsvertrag nach § 705 BGB liegenden Zweckförderungspflicht und ist nicht jedenfalls bloße Schutzpflicht i.S. des § 241 Abs. 2 BGB.[675] Eine vermittelnde Ansicht stellt darauf ab, daß die gesellschaftsrechtliche Treuepflicht das Ergebnis richterlicher Rechtsfortbildung aus der Zusammenschau mehrerer gesellschafts- und zivilrechtlicher Bestimmungen sei.[676]

Die Rechtsfortbildung *praeter legem* legitimiere sich aus den verschiedenen Normen des Zivil- und Gesellschaftsrechts, wie z.B. §§ 242, 705 BGB, aus den Wettbewerbsverboten der §§ 112, 113 HGB sowie aus den Begrenzungen des Entnahmerechts eines Gesellschafters nach § 122 Abs. 1 Halbs. 2 HGB.[677] Darüber hinaus wird hinsichtlich der Art der jeweiligen Treuepflicht unterschieden. Soweit es sich um Verhaltenspflichten handelt, wird die allgemeine Förderungspflicht in § 705 BGB herangezogen, soweit es sich um Ausübungsschranken der Mitgliedschaft und das Rücksichtsnahmegebot handelt, ist § 242 zu rekrutieren.[678] Dies gilt sowohl im Verhältnis zwischen der Gesellschaft und den Gesellschaftern, als auch im Verhältnis der Gesellschafter untereinander.[679]

Ausgangspunkt für einen gesellschaftsrechtlichen Zusammenschluß mehrerer Personen ist das Ziel, einen gemeinsamen Zweck zu erreichen. Hierfür ist ein besonderes Maß an gegenseitigen Rücksichtnahme-, Förder- und Loyalitätspflichten notwendig, um das im Gesellschaftsvertrag vereinbarte Ziel gemeinsam zu erreichen.[680] Wesentlicher Anknüpfungspunkt der Treuepflicht ist damit aus funktionaler Sicht die durch die Mitgliedschaft vermittelte Sonderrechtsbeziehung zwischen dem Anteilseigner und dem jeweiligen Verband bzw. der rechtsfähigen Personengesellschaft.[681]

---

bach/Hueck/*Zöllner* GmbHG, § 13 Rn. 21 ff.; *Lutter/Hommelhoff*, GmbHG, § 13 Rn. 15 ff.; Hachenburg/*Th. Raiser*, GmbHG, § 14 Rn. 52 ff.

674 MünchKomm/*Roth*, BGB, § 242 Rn. 61, 117; Roth/*Altmeppen*, GmbHG, § 13 Rn. 49; vgl. auch *Karsten Schmidt*, Gesellschaftsrecht, § 20 IV, S. 588.

675 So Baumbach/*Hopt*, HGB, § 109 Rn. 23.

676 Siehe *Henze*, ZHR 162 (1998), 186, 191.

677 *Ulmer*, in: Großkomm. HGB, § 105 Rn. 233.

678 Siehe Rowedder/Schmidt-Leithoff/*Pentz*, GmbHG, § 13 Rn. 36 m.w.N. in Fn. 57.

679 Siehe auch BGH, NJW 1992, 2698; ebenso Rowedder/Schmidt-Leithoff/*Pentz*, GmbHG, § 13 Rn. 36.

680 Zu den Treuepflichten von Nichtgesellschaftern im Konzern, vgl. Rowedder/Schmidt-Leithoff/*Pentz*, GmbHG, § 13 Rn. 36 und 70 ff. und Anhang zu § 52; *Schmitt*, S. 126 ff.

681 Siehe *Karsten Schmidt*, Gesellschaftsrecht, § 20 IV 1 b, S. 588; vgl. auch *Ziemons*, S. 78 ff.

Nach dem Grundsatz, daß eine spezialgesetzliche Regelung die allgemeinere verdrängt, hat der in § 242 BGB normierte allgemeine Rechtsgedanke von Treu und Glauben dort zurückzustehen, wo speziellere (gesellschaftsrechtliche) und damit sachnähere Regelungen vorhanden sind. Insofern ist in der Formulierung des § 705 BGB, wonach sich die Gesellschafter im Gesellschaftsvertrag verpflichten, einen gemeinsamen Zweck in der durch den Vertrag bestimmten Weise zu fördern, die speziellere Regelung zu sehen. Sie stellt somit einen sachnäheren Anknüpfungspunkt für die Treuepflichten dar, jedenfalls in größerem Maße als der generalklauselartige Tatbestand des allgemeinen Schuldrechts in § 242 BGB.

Primär ist damit der Gesellschaftsvertrag als Grundlage der gesellschaftsrechtliche Treuepflicht heranzuziehen, da Umfang und Intensität der gesellschaftsrechtlichen Einzelpflichten den Standard des § 242 BGB übersteigen.[682] Die in § 705 BGB wurzelnden gesellschaftsrechtlichen Treuepflichten überlagern folglich die allgemeinen vertraglichen aus § 242 BGB.

Soweit sich aus dieser vertraglichen Vereinbarung bzw. aus dem gesetzlichen Leitbild der §§ 705 ff. BGB eine weitere Verdichtung der gegenseitigen Loyalitäts- und Förderungspflichten nicht erreichen läßt, ist auf den allgemeinen Teil des BGB-Schuldrechts und damit auf § 242 BGB als Konkretisierung dieses Grundsatzes von Treu und Glauben zurückzugreifen. Vor dem Hintergrund der vorhandenen gesellschaftsrechtlichen bzw. allgemein zivilrechtlichen Normen zur Begründung von gesellschaftsrechtlichen Treuepflichten ist es daher im Ergebnis nicht erforderlich, als Quelle der gesellschaftlichen Treuepflicht – mangels ausdrücklicher gesetzlicher Kodifizierung – die Rechtsfortbildung *praeter legem* heranzuziehen.[683]

Sachgerecht läßt sich nach hier vertretener Ansicht die Rechtsgrundlage der jeweiligen mitgliedschaftsrechtlichen Treuepflicht bestimmen, in dem zwischen gesellschafts- und gesellschafterbezogenen Treuepflichten unterschieden wird.[684] Soweit es sich um Treuepflichten gegenüber der jeweiligen Gesellschaft handelt, stellt die in § 705 BGB niedergelegte mitgliedschaftliche Zweckförderungspflicht einen gesetzlichen Anknüpfungspunkt der allgemeinen Treuepflicht zur Gesellschaft dar und ist insofern auch als ausreichende Rechtsgrundlage für andere aus der allgemeinen Zweckförderungspflicht resultierende und ableitbare Treuepflichten anzusehen.[685] Ausgehend von der Mitgliedschaft als rechtlicher Anknüpfungspunkt ist für die Bestimmung und Ausgestaltung der Treuepflicht un-

---

682 BGHZ 49, 30, 31 (zur AG); ebenso *Mertens*, in: Kölner Kommentar zum AktG, § 93 Rn. 57. *Hüffer*, AktG § 88 Rn. 9.

683 So aber *Henze*, ZHR 162 (1998), 186, 191.

684 In diesem Sinne auch *Ulmer*, in Großkomm. HGB, § 105 Rn. 239 und 241.

685 Ebenso *Ziemons*, S. 80.

ter den Gesellschaftern – wie für jede schuldrechtliche Sonderverbindung – § 242 BGB maßgebend.[686]

c) Inhalt und Dauer der Treuepflicht

Inhaltlich ist die Treuepflicht der einzelnen Gesellschafter also durch die Wahrnehmung der Gesellschaftsinteressen geprägt. Insofern müssen die persönlichen Interessen der einzelnen Mitgesellschafter hintenan stehen, sofern das im Hinblick auf die Zusammenarbeit der Gesellschafter und im Hinblick auf den Gesellschaftserfolg geboten ist.[687]

Allgemein folgt daraus, daß die Gesellschafter die Handlungen vornehmen müssen, die der Gesellschaft zum Vorteil gereichen und alles zu unterlassen haben, was ihr schadet. Generell formuliert bedeutet dies, daß bei personalistisch strukturierten Gesellschaftsformen die gesellschaftsrechtliche Treuepflicht auf der einen Seite an die von gegenseitigem Vertrauen getragene persönliche Verbundenheit der Gesellschafter sowie die Einflußmöglichkeiten des Gesellschafters auf die Geschicke der Gesellschaft durch den Gesellschaftsvertrag andererseits anknüpft.[688] Trotz der personenrechtlichen Trennung zwischen den juristischen Personen (vgl. §§ 1 Abs. 1 Satz AktG, 13 Abs. 1 GmbHG) und ihren Gesellschaftern als natürliche Personen sind mittlerweile Treuepflichten sowohl zwischen der Gesellschaft und den Gesellschaftern, als auch unter den Gesellschaftern bei körperschaftlich strukturierten Gesellschaften im Grundsatz anerkannt.[689]

Rechtsdogmatisch lassen sich die mitgliedschaftsrechtlichen Treuepflichten organisationsrechtlich als Bestandteile des Mitgliedschaftsverhältnisses verste-

---

686 Zutreffend *Ziemons*, S. 81.

687 BGHZ 30, 201 ff., 34, 84 ff.

688 *Klasen*, S. 64 m.w.N. in Fn. 149 und 150.

689 Grundlegend für die Anerkennung der Treuepflichten eines GmbH-Gesellschafters war die „ITT"- Entscheidung des BGH in BGHZ 65, 15 ff. Seit der „Linotype"- Entscheidung des BGH (BGHZ 103, 184 ff.) waren diese auch für die AG anerkannt (bestätigt zuletzt von BGH, Urteil v. 25.11.2002, II ZR 49/01 „Hypo-Vereinsbank" [für BGHZ bestimmt], AG 2003, 619 ff. = NJW 2003, 970). Die Treuepflichten wirken aber nicht nur in Richtung eines Minderheitenschutzes, sondern es ist seit der „Girmes"-Entscheidung des BGH, vgl. BGHZ 129, 136 ff. anerkannt, daß auch den Minderheitsgesellschafter eine Treuebindung gegenüber der Gesellschaft trifft. Vgl. auch Scholz/*Emmerich*, GmbHG, § 13 Rn. 36. Zu den gesellschaftsrechtlichen Treuepflichten, vgl. neuestens BGH, Urteil v. 21.7.2003, II ZR 109/02, AG 2003, 625 ff. zur Treuepflicht des Mehrheitsaktionärs bei einem Gewinnabführungsvertrag; BGH, Urteil v. 7.7.2003, II ZR 235/01, NZG 2003, 867 ff. = ZIP 2003, 1540 ff. zur Treuepflicht von Mitgesellschaftern im GmbH-Recht bei der Mitwirkung an einer „heilenden" Änderung einer Einlagendeckung von der Bar- zur Sacheinlagendeckung (vgl. dazu auch BGHZ 132, 141, 148 ff.).

hen.[690] Nachdem sich die Treuepflichten zu einem tragenden Rechtsprinzip des Gesellschaftsrechts entwickelt haben, spricht *Karsten Schmidt* zu Recht von den Treuepflichten als einem wesentlichen Teil der „ungeschriebenen Legalordnung" im Gesellschaftsrecht.[691]

Aufgrund der mannigfaltigen Erscheinungsformen der Treuepflichten innerhalb der einzelnen Gesellschaftsformen ist es nur möglich, die Treuepflichten abstrakt generell zu bestimmen. Sie sind ausgehend vom allgemeinen Rechtsprinzip der mitgliedschaftlichen Treuebindung im jeweiligen Einzelfall zu konkretisieren und anhand der gesellschaftsrechtlichen Spezifika zu bestimmen.[692]

Allgemein lassen sich die Treuepflichten der einzelnen Gesellschaftsmitglieder dahingehend umschreiben, alles zu unterlassen, was der Gesellschaft Schaden zufügen könnte und andererseits die Verpflichtung der Gesellschafter, die Interessen der Gesellschaft wahrzunehmen.[693] Das Ziel der gemeinsamen Zweckförderung bildet innerhalb der Gesellschaft die Grundlage für die jeweiligen Einzelpflichten und ist damit wesentliches Kennzeichen und Bestandteil der Mitgliedschaft in der Gesellschaft per se.[694]

Aus dieser allgemeinen Treuepflicht der Gesellschaftsmitglieder, der mitgliedschaftlichen Treuepflicht, resultieren die gegenseitigen Förder-, Fürsorge-, Loyalitäts- und Rücksichtnahmeverpflichtungen, die zur Förderung des Gesellschaftszwecks im Einzelfall erforderlich sind. Dabei handelt es sich sowohl um Pflichten gegenüber dem Personenverband per se als auch zwischen den einzelnen Gesellschaftern untereinander und dem einzelnen Gesellschafter gegenüber.[695] Aufgrund der allgemeinen Begrifflichkeit der Treuepflicht ist es jedoch eindeutig, daß eine Verletzung nur einzelfallbezogen festgestellt werden kann und die Ausprägungen der Treuepflicht jeweils unterschiedlich konkretisiert werden müssen.

Andererseits sind den gesellschaftsrechtlichen Treuepflichten dort Grenzen gesetzt, wo berechtigte eigene gesellschaftsrechtliche bzw. sonstige private Interessen entgegenstehen.[696] Die Dauer der Treuepflicht beschränkt sich grundsätzlich auf die Dauer der Mitgliedschaft des einzelnen Gesellschafters in der Gesell-

---

690 *Karsten Schmidt*, Gesellschaftsrecht, § 20 IV, S. 588 m.w.N.

691 *Karsten Schmidt*, Gesellschaftsrecht, § 20 IV, S. 588.

692 Ebenso Rowedder/Schmidt-Leithoff/*Pentz*, GmbHG, § 13 Rn. 40; zu den Konkretisierungen der Treuepflicht, vgl. Scholz/*Winter*, GmbHG, § 14 Rn. 53.

693 So schon RG JW 1935, 1773; siehe auch Soergel/*Hadding*, BGB, § 705 Rn. 60.

694 Vgl. BGH, ZIP 1995, 819, 823 für die AG.

695 Zu Recht daher die Unterscheidung hinsichtlich der einzelnen Schutzrichtungen bei *Karsten Schmidt*, Gesellschaftsrecht, § 20 IV, S. 589; Scholz/*Emmerich*, GmbHG, § 13 Rn. 36.

696 Dabei unterscheidet die herrschende Lehre zwischen uneigennützigen und eigennützigen Gesellschaftsrechten, zu diesen *Ulmer*, in Großkomm. HGB, § 105 Rn. 239.

schaft. Denn nach § 705 BGB sind die Gesellschafter nur verpflichtet, den gemeinsamen Zweck während der Dauer der Gesellschaft zu fördern. Aber auch im Vorfeld der Errichtung der Gesellschaft bzw. nach Beendigung der Gesellschaft wirken Treuepflichten auf die jeweiligen beteiligten Personen. Die allgemeinen zivilrechtlichen Prinzipien der *c.i.c.* und der *culpa post contractum finitum* sind auch auf die gesellschaftsrechtlichen Rechtsverhältnisse zu übertragen.[697]

d) Intensität und Umfang der Treuepflicht

Allgemein läßt sich sagen, daß es hinsichtlich des Umfangs der Treuepflichten nicht entscheidend auf die Organ- bzw. Gesellschafterstellung des einzelnen Gesellschafters ankommt; die Dichte der Treuepflichten hängt vielmehr entscheidend von der Möglichkeit der Einflußnahme auf das von den Gesellschaftern gebildete Gesellschaftervermögen ab.[698]

Intensität und Umfang der Treuepflicht bei den einzelnen Gesellschaftsformen hängen *sogleich* davon ab, inwieweit die einzelnen Gesellschafter persönlich zur Erreichung des jeweiligen Gesellschaftszwecks beitragen und dabei eine entsprechende Verantwortung tragen. Insofern ist dies von der strukturellen Natur der jeweiligen Gesellschaftsform abhängig.[699]

Die gesellschaftlichen Treuepflichten i.w.S. sind resultierend aus dem gesellschaftsvertraglichen Sonderrechtsverhältniss die wesentlichen Hauptpflichten der Mitglieder.[700]

Bei der Personengesellschaft fußen die jeweiligen Treuepflichten der Gesellschafter aufgrund des personalistischen Aufbaus (Geschäftsführung, Vertretung und Beschlußfassung bei den Gesellschaftern der oHG bzw. KG gemäß §§ 114, 125, 163 HGB, der persönlichen Haftung der Gesellschaftsmitglieder auch mit dem Privatvermögen nach § 128 HGB) grundsätzlich umfassender als diejenigen Treuepflichten von Gesellschaften körperschaftlich strukturierter Gesellschaftsformen, die lediglich anteilsmäßig an der Gesellschaft beteiligt sind und z.B. nur mit ihrem jeweiligen Gesellschaftsanteil haften.

Darüber hinaus hat auch die Funktion des einzelnen Gesellschafters Auswirkungen auf die gesellschaftsrechtliche Treuepflicht. So ist es einleuchtend, daß geschäftsführungsberechtigte Gesellschafter, welche die Gesellschaft berechtigen aber auch verpflichten können, im besonderen Maße gesellschaftsrechtliche Treuepflichten treffen. Das Recht zur Geschäftsführung und Vertretung der je-

---

697 Vgl. nur *Karsten Schmidt*, Gesellschaftsrecht, § 20 IV, S. 588.

698 Vgl. *Winter*, S. 16 ff.; *Klasen*, S. 73 m.w.N. in Fn. 189.

699 Ebenso Hachenburg/*Th. Raiser*, GmbHG, § 14 Rn. 52 ff.; *Lutter/Hommelhoff*, GmbHG, § 14 Rn. 15; MünchHdb. GesR III/*Schiessl*, § 32 Rn. 13.

700 Statt anderer *Karsten Schmidt*, Gesellschaftsrecht, § 20 I 2, S. 566.

weiligen Gesellschaft korreliert insofern nicht mit dem eigenen Interesse, sondern dem Interesse der Gesellschaft.

Deshalb treffen die geschäftsführenden Gesellschafter in größerem Maße Treuepflichten als die lediglich kapitalseitig beteiligten Gesellschafter, die auf die Geschäftsführung bzw. Vertretung keinerlei Einfluß haben. Zu beachten ist dabei allerdings, daß auch den übrigen Gesellschaftern im Rahmen ihrer Beteiligungsrechte Treuepflichten obliegen. Auch nicht geschäftsführungsberechtigte Gesellschafter unterliegen mit ihren sonstigen Beteiligungs- und Kontrollrechten gesellschaftsrechtlichen Treuepflichten.

e) Treuepflicht bei Einpersonengesellschaften

Lange umstritten war, ob auch einen Alleingesellschafter gegenüber seiner eigenen Gesellschaft irgendwelche Treuepflichten treffen.[701] Nach grundsätzlich zutreffender Ansicht sind der Wille der Gesellschaft und ihres Alleingesellschafters allerdings identisch, d.h. ein von den Interessen des Gesellschafters abweichendes Eigeninteresse der Gesellschaft besteht daher grundsätzlich nicht.[702] Folglich gibt es auch keine korrespondierende Treuepflicht des Alleingesellschafters gegenüber „seiner" GmbH, denn der Wille des Alleingesellschafters entspricht dem Willen der Gesellschaft.[703] Die Einmann-GmbH ist daher richtigerweise als ausschließliche wirtschaftliche Veranstaltung ihres einzigen Gesellschafters zu begreifen.[704]

Allerdings ist der einzige Gesellschafter, insbesondere der einer GmbH, verpflichtet, das auf Existenzsicherung bzw. den Bestandserhalt gerichtete Eigeninteresse der GmbH zu wahren.[705] Insoweit hat sich der BGH für Einzelfälle eine Rückzugsmöglichkeit offen gelassen.[706]

Die Grenze zur Innenhaftung des Alleingesellschafters gegenüber der Gesellschaft kann daher im Gläubigerinteresse wohl bei existenzgefährdenden Maß-

701 Vgl. BGH, Urteil v. 10.5.1993, II ZR 74/92, BGHZ 122, 333, 336; ebenso schon BGHZ 119, 257, 259 f. Zustimmend aus der Literatur *Lutter/Hommelhoff*, GmbHG, § 13 Rn. 24; Rowedder/Schmidt-Leithoff/*Pentz*, GmbHG, § 13 Rn. 38; a.A. *Ziemons*, S. 97 ff. m.w.N.

702 Ständige Rspr. seit BGHZ 31, 258, 278; 119, 257, 261; 122, 333, 336; zustimmend Rowedder/Schmidt-Leithoff/*Koppensteiner*, GmbHG, § 43 Rn. 30; Scholz/*Schneider*, GmbHG, § 43 Rn. 108; *Lutter/Hommelhoff*, GmbHG, Anhang § 6 Rn. 20; *Mertens/Cahn*, in: FS für Heinsius, S. 545, 561. Kritisch aber z.B. *Priester*, ZGR 1993, 512, 531 f., der auf die Bindung des Alleingesellschafters sich selbst gegenüber verweist.

703 MünchHdb. GesR III/*Schiessl*, § 32 Rn. 14.

704 Treffend *Röhricht*, WPg 1992, 766, 785.

705 Rowedder/Schmidt-Leithoff/*Pentz*, GmbHG, § 13 Rn. 38 a.E.; ebenso MünchHdb. GesR III/*Schiessl*, § 32 Rn. 14.

706 Siehe BGHZ 122, 333, 336; dazu auch *Röhricht*, WPg 1992, 766, 785.

nahmen gezogen werden, soweit sie aus gezielten Eingriffen in das Gesellschaftsvermögen resultieren.[707]

Für die Abgrenzung zwischen zulässiger, wenn auch risikoreicher Geschäftsführung und haftungsauslösender Einflußnahme könnten insoweit die Grundsätze der neuen Rechtsprechung des BGH zum sog. „qualifiziert-faktischen" Konzern dienen. Auf der Grundlage der *„Bremer Vulkan"*-Entscheidung hat der BGH nunmehr ausdrücklich eine Pflicht des Alleingesellschafters zur Wahrung des gesellschaftlichen Bestandsschutzes durch angemessene Rücksichtnahme auf die Eigenbelange der Gesellschaft postuliert.[708] Der dafür notwendige, gezielte und schädigende Eingriff in das Gesellschaftsvermögen sollte allerdings die einzige Fallgruppe der Schadensersatzpflicht wegen Treuepflichtverletzung in der Einpersonengesellschaft darstellen.[709]

---

707 So etwa BGH, NZG 1999, 1001 f.; BGHZ 122, 333, 336; ebenso Michalski/*Haas*, GmbHG, § 43 Rn. 181.

708 Vgl. BGHZ 149, 10 ff. = NJW 2001, 3622; das Urteil wurde u. a. besprochen von *Altmeppen*, ZIP 2001, 1837 ff. und *ders.*, NJW 2002, 321 ff.; *Ulmer*, ZIP 2001, 2021 ff., und *Karsten Schmidt*, NJW 2001, 3577 ff.; siehe auch Rowedder/Schmidt-Leithoff/*Pentz*, GmbHG, § 13 Rn. 113. In zwei weiteren darauffolgenden Urteilen des BGH wurden die Voraussetzungen der Haftung weiter präzisiert. Danach muß ein Vermögensentzug durch offene oder verdeckte Entnahme vorliegen, der in einem ins Gewicht fallenden Ausmaß die Fähigkeit der GmbH zur Befriedigung ihrer Gläubiger beeinträchtigt, insbesondere bei Vorliegen einer Unterbilanz; vgl. BGH, Urteil v. 24.6.2002, II ZR 300/00 „KBV", GmbHR 2002, 902 ff. und BGH, Urteil v. 25.2.2002, II ZR 196/00 „Ausfallhaftung", BGHZ 150, 61 ff. = BB 2002, 1012 ff. = NJW 2002, 1803 ff. = ZIP 2002, 848 ff. Zum unterschiedlichen Haftungsmaßstab zwischen Geschäftsführer und Gesellschafter bei Herbeiführung existenzieller Schäden, vgl. *Karsten Schmidt*, Gesellschaftsrecht, § 49 III 3 c, S. 1257.

709 Vgl. zu alledem MünchHdb. GesR III/*Schiessl*, § 32 Rn. 14. a.E. Allerdings stellt der BGH an die Haftung des Alleingesellschafters hohe Anforderungen. So soll es nach BGH, Urteil v. 31.1.2000, II ZR 189/99, NJW 2000, 1571 ff. = NZG 2000, 544 = WM 2000, 575 = ZIP 2000, 493 nicht ausreichend sein, daß der Alleingesellschafter seine GmbH mit derart hohen Schadensersatzforderungen gegenüber Dritten belastet, daß hierdurch die Insolvenz der Gesellschaft ausgelöst wird. Eine Haftung wegen existenzgefährdender Maßnahmen kommt nach NJW 2000, 1571, 1572 nur dann in Betracht, soweit durch diese der Gesellschaft unter Mißachtung der Regeln einer geordneten Liquidation die für ihr Überleben wesentlichen Vermögenswerte zum Nachteil der Gesellschaftsgläubiger entzogen werden, oder auch soweit durch spekulative Geschäfte, deren Risiken außer Verhältnis zu den Vermögensverhältnissen der Gesellschaft stehen und deshalb im Verwirklichungsfall die Gläubiger treffen müssen.

f) Treuepflicht und Pflicht zur ordnungsgemäßen Geschäftsführung

aa) Grundsätzliche Unterscheidung

Die Pflicht zur ordnungsgemäßen Geschäftsführung ergänzt die grundsätzliche Pflicht zur ordnungsgemäßen Unternehmensleitung und stellt das Korrelat zu den weitreichenden Befugnissen eines geschäftsführenden Gesellschafters bzw. eines Gesellschaftsorgans dar.[710]

Dabei ist grundsätzlich die Pflicht zur ordnungsgemäßen Geschäftsführung von der allgemeinen gesellschaftlichen Treuepflicht zu unterscheiden. Letztere will als organschaftliche Pflicht die gesellschaftswidrige Inanspruchnahme fremder Vermögenswerte durch den Geschäftsleiter verhindern. Den Geschäftsleiter trifft die aus seiner Organstellung resultierende Pflicht, mit den der Gesellschaft im Gesellschaftsvermögen zustehenden Vermögenswerten sorgsam umzugehen. Insofern ist die gesellschaftsrechtliche Treuepflicht der Pflicht zur sorgsamen und ordnungsgemäßen Geschäftsführung letztlich vorgelagert.[711]

Die Unterscheidung zwischen diesen beiden Pflichtenkreisen ist insbesondere hinsichtlich der Haftungsintensität von praktischer Bedeutung. Anders als bei der Pflicht zur ordnungsgemäßen Geschäftsführung ist im Rahmen von gesellschaftlichen Treuepflichten kein Raum für einen unternehmerischen Handlungsspielraum.[712] Würde man einen solchen zugestehen, dann würde die gerichtlich eingeschränkte Überprüfbarkeit der Pflicht zur ordnungsgemäßen Unternehmensleitung gerade für die Fälle eines Interessenkonflikts eine erhebliche Gefahr für den Bestand und das Wohlergehen der Gesellschaft bedeuten.[713]

Für die Frage, ob überhaupt eine Interessenkollision vorliegt, haben grundsätzlich die Mitgesellschafter in der Gesellschafterversammlung abschließend zu beschließen. Insoweit ist der Geschäftsleiter auch verpflichtet, alle Interessenkonflikte offen zu legen, um der Gesellschafterversammlung eine entsprechende Entscheidung zu ermöglichen.[714]

Soweit die Gesellschafterversammlung über das Vorliegen und die Lösung eines potentiellen Interessenkonflikts zu befinden hat, hat sie auch die Möglichkeit, die

---

[710] Ebenso Baumbach/Hueck/*Zöllner*, GmbHG, § 43 Rn. 20; Roth/*Altmeppen*, GmbHG, § 43 Rn. 10; *Schiessl*, GmbHR 1988, 53.

[711] Vgl. Rowedder/Schmidt-Leithoff/*Pentz*, GmbHG, § 13 Rn. 113; Michalski/*Haas*, GmbHG, § 43 Rn. 88.

[712] Siehe Michalski/*Haas*, GmbHG, § 43 Rn. 89.

[713] So auch Michalski/*Haas*, GmbHG, a.a.O.

[714] Vgl. Hachenburg/*Mertens*, GmbHG, § 43 Rn. 44; *Hopt*, in: Großkomm. AktG, § 93 Rn. 185; *Mertens*, in: Kölner Kommentar zum AktG, § 93 Rn. 72.

aus der Treuepflicht resultierenden einzelnen Verpflichtungen zu modifizieren, d.h. entweder zu erweitern oder zu beschränken.[715] Das gilt sowohl für die Abgrenzung der dem Geschäftsführer zugewiesenen Geschäftschancen zu denen der Gesellschaft sowie für die sachliche Reichweite eines Wettbewerbsverbots, worin ein wesentlicher Unterschied zur Pflicht der ordnungsgemäßen Geschäftsführung liegt.

bb) Beispiel aus der Rechtsprechung

Wie eng das Verhältnis zwischen Treuepflicht und der Pflicht zur ordnungsgemäßen Geschäftsführung im (Personen-)Gesellschaftsrecht ist, zeigt ein Fall der höchstrichterlichen Rechtsprechung aus dem Jahre 1985.

Gegenstand der Klage eines oHG-Gesellschafters war ein Schadensersatzbegehren gegen seine mittlerweile aus der Gesellschaft ausgeschiedenen geschäftsführenden Mitgesellschafter wegen schuldhafter Verletzung ihrer Geschäftsführerverpflichtungen. Der Entscheidung des BGH lag folgender Sachverhalt zugrunde:

Die gemeinsame oHG betrieb als wichtigsten Teil des Gesellschaftsunternehmens ein Textileinzelhandelgeschäft in einem Gebäude, welches samt Grundstück im Eigentum einer Erbengemeinschaft stand. Mit dieser Erbengemeinschaft wurde ein Pachtvertrag abgeschlossen, der später durch einen Mietvertrag ersetzt wurde. Pächter und Mieter wurde der später beklagte Gesellschafter-Geschäftsführer. Den vereinbarten Pacht- und Mietzins zahlte allerdings die oHG, und nicht der Gesellschafter-Geschäftsführer persönlich. Der Mietvertrag enthielt eine Vereinbarung, wonach der Vermieter dem Mieter das Geschäftsgrundstück im Verkaufsfalle zuerst anbieten sollte. Insofern bot die Erbengemeinschaft dann auch später dem beklagten Gesellschafter-Geschäftsführer das Grundstück zum Verkauf an. Daraufhin erwarb die Ehefrau des Beklagten die Immobilie, wobei der Beklagte den Kaufpreis samt Nebenkosten selbst bezahlte. Das von der Ehefrau anschließend gekündigte Mietverhältnis mit der Gesellschaft wurde gegen die Entrichtung eines höheren Mietzinses bis zum Ausscheiden des beklagten geschäftsführenden Gesellschafters aber fortgesetzt. Später kündigte der beklagte Gesellschafter-Geschäftsführer gleichzeitig das Gesellschaftsverhältnis und gemeinsam mit seiner Ehefrau das Mietverhältnis über das Geschäftsgrundstück zum Termin eines Ausscheidens aus der Gesellschaft. Der beklagte Geschäftsführer war nämlich mit seinen Familienangehörigen an einer anderen Gesellschaft beteiligt, die anschließend in den Räumen des Geschäftshauses ebenfalls ein Textileinzelhandelgeschäft unterhielt.

Im Ausgangspunkt ging der BGH davon aus, daß der beklagte Gesellschafter-Geschäftsführer sowohl seine gesellschaftsrechtliche Treuepflicht als auch seine

---

[715] Michalski/*Haas*, GmbHG, § 43 Rn. 90.

Pflicht zur ordnungsgemäßen Geschäftsführung verletzt habe. Im einzelnen führte das Gericht dazu aus, daß der geschäftsführende Gesellschafter in allen das Interesse der Gesellschaft berührenden Angelegenheiten nur deren und nicht das eigene Wohl im Auge haben dürfe. Sich der Gesellschaft bietende Erwerbschancen dürfe der geschäftsführende Gesellschafter nicht für sich ausnutzen, andernfalls würde er sich in Höhe des dadurch entstandenen Schadens schadensersatzpflichtig machen. Ausdrücklich wies das Gericht in diesem Zusammenhang auf das besondere Vertrauen hin, welches die Mitgesellschafter dem Geschäftsführer entgegenbringen dürften, und daß dieser durch Einsatz für den gemeinsamen vereinbarten Gesellschaftszweck unter Hintenanstellung eigener Interessen rechtfertigen müsse.[716] Im konkreten Fall hätte der Beklagte die Möglichkeit eines Erwerbs des Gesellschaftsgrundstücks seitens der Gesellschaft durch sämtliche ihm zur Verfügung stehenden Maßnahmen realisieren müssen. Dabei hätte er auch die Unsicherheiten, die mit einem auch langfristigen Mietvertrag verbunden seien, beseitigen können. Insofern hätten dazu auch im Falle einer unzureichenden Eigenkapitalausstattung der Gesellschaft die Auslotung sämtlicher Möglichkeiten der Fremdkapitalbeschaffung zur Finanzierung des Kaufvorhabens gehört. Keinesfalls hätte er unter Hintergehung der Mitgesellschafter seiner Ehefrau das Grundstück zukommen lassen dürfen, um anschließend mit ihr und anderen Familienangehörigen nach seinem Ausscheiden aus der oHG ein Konkurrenzgeschäft in dem ursprünglich von der oHG betriebenen Geschäftslokal zu eröffnen und deren Kundenstamm insoweit auch an sich zu ziehen.[717]

Der hier angeführte Beispielsfall verdeutlicht die generell bestehenden Loyalitäts- und Fürsorgepflichten der einzelnen Gesellschafter bzw. Geschäftsführer gegenüber ihren Mitgesellschaftern und der Gesellschaft per se. Dies wird zwar im Rahmen einer personalistisch strukturierten Gesellschaft wie der oHG besonders deutlich, ist aber auch auf die anderen Gesellschaftsformen zu übertragen.[718] Grundsätzlich wächst der Maßstab der Treuepflicht mit dem Einflußbereich des beteiligten Gesellschafters. Er hat im besonderen Maße aufgrund seiner gestei-

---

716 BGH, NJW 1986, 584, 585.

717 Der BGH verwies die Entscheidung zur Sache an das zuständige Berufungsgericht zurück, insbesondere zur Klärung der Frage, ob das Grundstück für die Gesellschaft hätte erworben werden können. Aus der Begründung des BGH wird aber deutlich, daß bei einer entsprechend positiven Beantwortung dieser Frage, der beklagte Gesellschafter zur Zahlung von Schadensersatz in Höhe von DM 900.000,00 nebst Zinsen zu verurteilen gewesen wäre.

718 Weiteres Bsp.: BGH, NJW 1973, 2198 ff. (Veranlassung des KG-Geschäftsführers zu pflichtwidrigem Handeln durch einen Kommanditisten); vgl. auch *Ulmer*, in Großkomm. HGB, § 105 Rn. 239 m.w.N. in Fn. 489.

gerten Handlungs- und Einflußmöglichkeiten auf die Geschicke der Gesellschaft das vorrangige gesellschaftliche Wohl zu berücksichtigen.[719]

Soweit die Anteilseigner die gesellschaftlichen Treuepflichten i.w.S. verletzen, können daraus Schadensersatzansprüche resultieren: Für eine schuldhafte Verletzung können sich die Mitglieder untereinander nach dem Vorbild der pVV bzw. jetzt § 280 Abs. 1 BGB schadensersatzpflichtig machen.[720]

g) Zusammenfassung

Der unbestimmte Rechtsbegriff der mitgliedschaftlichen Treuepflicht läßt sich nach dem eben Gesagten nur anhand des jeweiligen Einzelfalles bestimmen und konkretisieren. Eine etwaige zum Schadensersatz verpflichtende Treuepflichtverletzung kann somit dem Grunde nach in mannigfacher Weise erfolgen. Für die vorliegende Darstellung soll daher einschränkend die Geschäftsführungsverpflichtung und das allgemeine Schädigungsverbot, insbesondere in Form des Wettbewerbsverbotes und des Verbotes der Ausnutzung von Geschäftschancen der Gesellschaft, der möglichen Treuepflichtverletzung tatbestandlich zu Grunde gelegt werden.[721]

3. Das allgemeine Wettbewerbsverbot

a) Inhalt

Es ist heute allgemeine Meinung, daß das gesetzliche Wettbewerbsverbot eine Ausprägung und Konkretisierung der allgemeinen Treuepflicht ist. Als gesellschaftsrechtliche Pflicht hat sie ihre Wurzeln im Gesellschaftsvertrag und kann somit jeden Gesellschafter unabhängig von der konkreten Gesellschaftsform treffen.[722]

Grundsätzlich gilt daher bei allen Gesellschaftern, außer dem oHG-Gesellschafter und dem Komplementär einer KG, der Grundsatz der Wettbewerbsfreiheit, welcher durch ein sich aus der allgemeinen Treuepflicht ergeben-

---

[719] So schon RGZ 113, 188, 196; 132; 149, 163; 169, 330, 338; BGHZ 95, 330, 340; zustimmend Baumbach/Hueck/*Fastrich*, GmbHG, § 13 Rn. 23; Scholz/*Winter*, GmbHG, § 14 Rn. 53.

[720] Ausdrücklich auch auf die gesellschaftsvertragliche Haftungsgrundlage rechtsähnlich der pVV verweisend, *Karsten Schmidt*, Gesellschaftsrecht, § 19 III 1 a, S. 553.

[721] Zu den umfangreichen möglichen Einzelfällen, vgl. Rowedder/Schmidt-Leithoff/*Pentz*, GmbHG, § 13 Rn. 43 ff.

[722] Vgl. nur *Armbrüster*, ZIP 1997, 1269, 1275 m.w.N.

des Wettbewerbsverbot eingeschränkt werden kann.[723] Dagegen ist beim oHG-Gesellschafter und beim Komplementär einer KG das Wettbewerbsverbot über § 112 HGB die gesetzliche Regel.[724]

Unmittelbar aus der treuhänderischen Bindung des Geschäftsleiters und seiner daraus resultierenden „Treuepflicht“ als Organwalter gegenüber seiner Gesellschaft folgt eine ausdrückliche oder stillschweigende Vereinbarung eines Wettbewerbsverbots im Tätigkeitsbereich der Gesellschaft.[725] Häufig findet sich eine anstellungsvertragliche Regelung des Wettbewerbsverbots, was bei einem Fehlen derselben auf die grundsätzliche Treuepflicht des Geschäftsleiters gegenüber der Gesellschaft keinerlei Einfluß hat. Grundsätzlich hat der Geschäftsleiter seine eigenen Interessen durchweg hinter die Belange der Gesellschaft zurückzustellen.[726]

b) Umfang

Der in der Satzung festgelegte Gegenstand des Unternehmens (vgl. § 3 Abs. 1 Nr. 2 GmbHG) bestimmt im wesentlichen Umfang und Reichweite des Wettbewerbsverbots. Ob die Gesellschaft die konkrete Tätigkeit derzeit auch tatsächlich ausübt, ist für die Frage des Wettbewerbsverbots nicht entscheidend. Ein solches Wettbewerbsverbot umfaßt vielmehr auch solche Geschäftsbereiche, welche auf der „Entwicklungslinie“ der Gesellschaft liegen.[727] Das Wettbewerbsverbot, dem die Geschäftsleiter unterliegen, trägt im wesentlichen dem Schutz der in der Gesellschaft manifestierten Interessen der jeweiligen Gesellschafter Rechnung. Die Gesellschafter können zwar als Inhaber des geschützten Interesses in gewissen Grenzen über das Wettbewerbsverbot zu Lasten der Geschäftsleiter verfügen, es bedarf aber für die Wirksamkeit einer ausdrücklichen Regelung im diesbezüglichen Gesellschaftsvertrag. Eine Bestimmung im Anstellungsvertrag reicht nach h.M. nicht aus.[728]

---

723 Das gilt insbesondere für den Kommanditisten, der Einfluß auf die Geschäfte der Gesellschaft nehmen kann, vgl. BGHZ 89, 162 ff.; BGH, NJW 2002, 1047; ebenso Baumbach/*Hopt*, HGB, § 165 Rn. 3; gleiches gilt für den GmbH-Gesellschafter vgl. nur BGHZ 104, 246, 251 f.

724 *Armbrüster*, ZIP 1997, 1269.

725 BGH, Urteil v. 9.11.1967, BGHZ 49, 30, 31.

726 Zum Problematik beim Gesellschafter-Geschäftsführer einer Einmann-GmbH vgl. oben S. 152 f.

727 Vgl. BGH, Urteil v. 5.12.1993, BGHZ 89, 162, 170.

728 *Lutter/Hommelhoff*, GmbHG, Anhang § 6 Rn. 23.

c) Gesetzliche Regelungen im Personengesellschaftsrecht

Gesetzlich ist ein Wettbewerbsverbot nur im Recht der Personenhandelsgesellschaften geregelt. Nach § 112 HGB unterliegt jeder oHG-Gesellschafter sowie über § 161 Abs. 2 HGB auch jeder Komplementär einer KG einem Wettbewerbsverbot.[729]

Eine ausdrückliche Regelung des Wettbewerbsverbots existiert in den §§ 705 ff. BGB nicht. Aber auch ohne eine entsprechende Anwendung des § 112 HGB auf die Gesellschaft bürgerlichen Rechts oder einer entsprechenden gesellschaftsvertraglichen Regelung unterliegen die Gesellschafter einer Gesellschaft bürgerlichen Rechts ihrer gesellschaftsvertraglichen Treuepflicht.[730] Zur Förderung und Verwirklichung des gemeinsamen Zwecks hat dabei jeder Gesellschafter die Belange der Gesellschaft und seiner Mitgesellschafter zu berücksichtigen und seine eigenen Interessen hinter denjenigen der Gesellschaft zurückzustellen.[731]

Dabei unterscheiden sich die den einzelnen Gesellschafter treffenden Treuepflichten, die als gesellschaftsvertragliche Nebenpflichten aus dem Gesellschaftsvertrag resultieren, graduell nach der Berechtigung zur Geschäftsführung. Eindeutig ist dies für den geschäftsführenden Gesellschafter einer Gesellschaft bürgerlichen Rechts, den grundsätzlich eine Unterlassungspflicht hinsichtlich derjenigen Geschäfte trifft, die vom Gesellschaftszweck erfaßt werden und daher an sich der Gesellschaft zustehen.[732]

Bei dem von der Geschäftsführung ausgeschlossenen Gesellschafter ist allerdings ein niedrigerer Maßstab an die Treuepflicht anzulegen. Da sie grundsätzlich, abgesehen von denen ihnen zustehenden Informations- und Einsichtsrechten, von der Geschäftsführung ausgeschlossen sein können, kann ihre Treuepflicht nur insoweit wirken, als sie die aus ihrer Mitgliederstellung gewonnenen Erkenntnisse zum Schaden der Gesellschaften verwerten. Soweit die Informations- und Kontrollrechte des nicht geschäftsführungsberechtigten Gesellschafters im Gesellschaftsvertrag auf das nach § 716 Abs. 2 BGB zulässige Minimum be-

---

[729] Wegen § 165 HGB findet § 112 HGB auf den Kommanditisten keine Anwendung.

[730] Vgl. nur *Ulmer*, Gesellschaft bürgerlichen Rechts, § 705 Rn. 186 und 194. Zur Frage eines Wettbewerbsverbotes für Gesellschafter, die von der Geschäftsführung ausgeschlossen sind, vgl. *ders.*, Gesellschaft bürgerlichen Rechts, Rn. 195.

[731] Siehe nur *Karsten Schmidt*, Gesellschaftsrecht, § 59 III 1 b, S. 1743; *Ulmer*, Gesellschaft bürgerlichen Rechts, § 705 Rn. 186, 194; früher schon *Soergel/Hadding*, BGB, § 705 Rn. 58, 60.

[732] Allg. Ansicht, vgl. *Ulmer*, Gesellschaft bürgerlichen Rechts, § 705 Rn. 194; *Soegel/Hadding*, BGB, § 705 Rn. 62; Staudinger/*Habermeier*, BGB, § 705 Rn. 52. Dabei ist allerdings zu beachten, daß sich das Wettbewerbsverbot ähnlich wie im Personenhandelsgesellschaftsrecht auch auf mögliche Betätigungsfelder der Gesellschaft erstreckt.

schränkt worden sind, ist nach überwiegender Ansicht für ein sich aus der gesellschaftsvertraglichen Treuepflicht ergebendes Wettbewerbsverbot kein Raum.[733]

d) Gesetzliche Regelungen im Kapitalgesellschaftsrecht

Für den Bereich der AG ist das Wettbewerbsverbot für Vorstandsmitglieder in § 88 AktG normiert. Auch dieses Wettbewerbsverbot ist eine gesetzliche Konkretisierung der Treuepflicht.[734] Die entsprechende Anwendung des § 88 AktG auf die Ausnutzung von Geschäftschancen der AG ist ebenso grundsätzlich anerkannt.[735]

Ein gesetzliches Wettbewerbsverbot existiert im GmbH-Recht nicht. Dennoch ist es für den Geschäftsführer[736] und den Gesellschafter einer GmbH[737] anerkannt, daß sie im Geschäftszweig der Gesellschaft keine eigenen Geschäfte tätigen dürfen.[738] Für den Gesellschafter ergibt sich dies aus seiner allgemeinen gesellschaftsvertraglichen Treuepflicht und für den Geschäftsführer einer GmbH wird diese Frage für die Dauer seiner Tätigkeit und ggf. darüber hinaus zumeist in der Satzung oder auch im Anstellungsvertrag geregelt.[739] In beiden Fällen wird die entsprechende Anwendung des § 88 AktG zur Begründung aber abgelehnt.[740] Rechtsgrundlage ist die gesellschaftsrechtliche Treuepflicht.[741]

---

733 *Ulmer*, Gesellschaft bürgerlichen Rechts, § 705 Rn. 195.

734 Vgl. statt aller *Hüffer*, AktG § 88 Rn. 1.

735 Vgl. *Hopt*, in: Großkomm. AktG, § 93 Rn. 166 ff.

736 So bereits BGHZ 40, 30, 31; zustimmend die Rechtslehre Scholz/*Schneider*, GmbHG, § 43 Rn. 126; Rowedder/Schmidt-Leithoff/*Koppensteiner*, GmbHG, § 43 Rn. 19 mit umfangreichen Nachweisen in Fn. 82.

737 So bereits BGHZ 40, 30, 31; zustimmend die Rechtslehre, vgl. Scholz/*Schneider*, GmbHG, § 43 Rn. 126; Rowedder/Schmidt-Leithoff/*Koppensteiner*, GmbHG, § 43 Rn. 19 mit umfangreichen Nachweisen in Fn. 82.

738 Statt anderer MünchHdb. GesR III/*Marsch-Barner/Diekmann*, § 44 Rn. 54.

739 Aufgrund ihrer Loyalitätspflicht gegenüber der Gesellschaft gilt dies bei Geschäftsführern überdies sogar dann, wenn sich keine ausdrückliche Regelung in der Satzung oder im Anstellungsverhältnis befindet, vgl. BGHZ 89, 162, 165; zustimmend Scholz/*Schneider*, GmbHG, § 43 Rn. 126; MünchHdb. GesR III/*Marsch-Barner/Diekmann*, § 43 Rn. 60.

740 Die Vorschrift des § 88 AktG greift nicht für Geschäftsführer, da die Gesellschafter durch ihr Weisungsrecht jederzeit die Möglichkeit haben, auf eine Vernachlässigung der Dienstpflichten des Geschäftsführers zu reagieren. Für Gesellschafter-Geschäftsführer paßt § 88 AktG ebensowenig, da die Gesellschafter – im Gegensatz zu einem Vorstandsmitglied einer AG – ihre Arbeitskraft der Gesellschaft nur im gesellschaftsvertraglich vereinbarten Umfang schulden, vgl. *Armbrüster*, ZIP 1997, 1269, 1272 und 1276.

741 Grundlegend für den GmbH-Gesellschafter BGH in BGHZ 65, 15 ff. „ITT". Für den Geschäftsführer folgt es aus der Wohlverhaltenspflicht als Konkretisierung der allgemeinen Treuepflicht, vgl. *Armbrüster*, ZIP 1997, 1269, 1276.

4. Geschäftschancenlehre

Die allgemeine Treuepflicht eines Anteilseigners verlangt grundsätzlich, Privatinteressen hinter die der Gesellschaft zurückzustellen. Den wesentlichen Kern der gesellschaftlichen Treuepflicht bildet damit das Gebot, die Geschäftschancen einer Gesellschaft ausschließlich zugunsten der Gesellschaft und nicht zu eigenen Zwecken wahrzunehmen.[742]

Wie auch das allgemeine Wettbewerbsverbot ist das Verbot der Ausnutzung von Geschäftschancen der Gesellschaft folglich ein Ausfluß der allgemeinen gesellschaftlichen Loyalitätspflicht der Gesellschafter bzw. Geschäftsleiter gegenüber ihrer Gesellschaft.[743]

a) Allgemeines

Bei dem Verbot der Ausnutzung gesellschaftlicher Geschäftschancen handelt es sich um eine gesellschaftsvertragliche Treuepflichtverletzung, die durch Vereitelung, Zunichtemachung oder durch Überleitung von Geschäftschancen durch bzw. auf einen Gesellschafter-Geschäftsführer oder einen sonstigen Gesellschafter gekennzeichnet ist.[744]

Die im deutschen Recht nicht ausdrücklich kodifizierte Geschäftschancenlehre[745] orientiert sich an der amerikanischen Lehre der *„corporate opportunities"*.[746]

Aufgrund der fehlenden Existenz eines Wettbewerbsverbotes für Gesellschafter oder Vorstände entsprechend § 112 HGB und § 88 AktG im amerikanischen Gesellschaftsrecht wurde das Verbot *„corporate opportunities"* an sich zu ziehen und so zum eigenen Vorteil zu verwerten, entwickelt, um einerseits Geschäfte der

---

[742] BGH, NJW 1986, 584, vgl. auch *Karsten Schmidt*, Gesellschaftsrecht, § 20 IV 2 a, S. 590 in Bsp. 23 und § 47 II, S. 1377, Fn. 9 m.w.N.; *Ulmer*, in: Großkomm. HGB, § 114 Rn. 46 und 59; *Lawall*, NJW 1997, 1742; *Hopt*, in: Großkomm. AktG, 4. Aufl., § 93 Rn. 166 ff.

[743] Vgl. *Ulmer*, in: Großkomm. HGB, § 114 Rn. 46; *Karsten Schmidt*, Gesellschaftsrecht, § 20 V 3, S. 599; Scholz/*Schneider*, GmbHG, § 43 Rn. 144.

[744] Ähnlich Rowedder/Schmidt-Leithoff/*Pentz*, GmbHG, § 13 Rn. 91.

[745] Der Begriff der Geschäftschancenlehre geht – soweit – ersichtlich auf *Timm*, GmbHR 1981, 177 ff. zurück.

[746] Die Geschäftschancenlehre ist mittlerweile in der Rechtslehre allgemein anerkannt, vgl. nur *Fleischer*, DStR 1999, 1249 ff.; *Merkt*, ZHR 159 (1995), S. 423 ff.; *Haas/Holler*, DStR 2001, 1042 ff. *Paefgen*, AG 1993, 457 ff.; *Kübler*, in: FS für Werner, S. 437 ff.; *Schiessl*, GmbHR 1988, 53 ff.; *Weisser*, Corporate Opportunities, 1991 und *ders.*, DB 1989, 2010 ff.; vgl. aber auch die grundlegenden rechtsvergleichenden Arbeiten von *Mestmäcker*, Verwaltung, Konzerngewalt und Rechte der Aktionäre, 1958, S. 166 ff.; *Immenga*, Die Personalistische Kapitalgesellschaft, S. 156 ff.

Gesellschaft und andererseits den Privatbereich der Gesellschaftsorgane voneinander abzugrenzen.[747]

Die Besonderheit gegenüber dem Wettbewerbsverbot des § 112 HGB ist neben der Unverzichtbarkeit abweichend von § 112 Abs. 2 HGB, darüber hinaus die Geltung für Geschäfte außerhalb des Handelszweigs der Gesellschaft. Die Geschäftschancenlehre ist daher nicht als Unterfall der Verletzung des allgemeinen Wettbewerbsverbots zu sehen, sondern hat eigenständige Bedeutung.[748]

b) Geltung im Personen- und Kapitalgesellschaftsrecht

Dem Verbot der treuwidrigen Ausnutzung von Geschäftschancen unterliegen aber nicht nur die Vorstandsmitglieder einer AG, die geschäftsführenden Gesellschafter einer GmbH[749] sowie die geschäftsführenden Gesellschafter einer Personengesellschaft[750] als Leitungsorgane der Gesellschaft, sondern auch die nicht geschäftsführungsbefugten Mitgesellschafter können pflichtwidrig handeln, wenn sie sich eigenmächtig und gesellschaftsvertragswidrig eine Geschäftschance der Gesellschaft für eigene Rechnung zunutze machen.[751]

c) Begriff der Geschäftschance

Die deutsche Fassung der „*corporate opportunity doctrine*" umfaßt generalklauselartig alle Geschäfte, die ein Gesellschafter oder ein Geschäftsleiter im eigenen Namen und für eigene Rechnung abschließt, obwohl für die Gesellschaft die Möglichkeit bestanden hätte, das Geschäft selbst abzuschließen.[752] Oder kurz: Aufgrund seiner

---

[747] In den USA wurde die „*corporate opportunities doctrine*" insbesondere im Hinblick auf die Geschäftsführungsorgane der *corporation* entwickelt. Die Rechtssätze der „*corporate opportunity*" betreffen illoyales Verhalten, vor allem der Unternehmensverwaltung, unabhängig davon, ob die Verwaltung der Gesellschaft mitgliedschaftlich verbunden ist, vgl. *Timm*, GmbHR 1981, 177, 178. Die „*corporate opportunity doctrine*" ist dogmatisch eine Konkretisierung der „*fiduciary duty of loyalty*", welche die *directors* und *officers* ihrer Gesellschaft, der *corporation* schulden. Inhaltlich werden sämtliche Erwerbschancen der Gesellschaft zugeordnet, die sie selbst hätte wahrnehmen können. Das Verbot wird auch auf Geschäftszweige ausgedehnt, in denen die Gesellschaft zwar bislang nicht tätig war, auf die sie ihren Tätigkeitsbereich aber hätten ausdehnen können. Im amerikanischen Recht ist ebenso anerkannt, daß das Verbot der treuwidrigen Ausnutzung von Geschäftschancen aus Gründen des Minderheitenschutzes auch gegenüber den Mitgesellschaftern gilt.

[748] Statt anderer Scholz/*Schneider*, GmbHG, § 43 Rn. 144 a.E.

[749] BGH, NJW 1986, 585; vgl. auch Michalski/*Michalski*, GmbHG, § 13 Rn. 249 ff.

[750] BGH, NJW 1986, 584.

[751] Vgl. *Karsten Schmidt*, Gesellschaftsrecht, § 20 V 3, S. 599.

[752] So auch schon *Immenga*, S. 157.

vertraglichen Treuepflicht ist es dem Geschäftseiter verboten, Geschäftschancen, die der Gesellschaft gebühren, als Eigengeschäft wahrzunehmen.[753]

Andere versuchen, den Begriff der Geschäftschancen nach objektiven und subjektiven Gesichtspunkten zu konkretisieren.

Die „objektive Geschäftschance kraft Gegenstandes", die der Gesellschaft gebührt, besteht nur insoweit, als sie sich entweder im üblichen Geschäftsbereich der Gesellschaft befindet oder die Gesellschaft ein nicht unerhebliches Interesse an der Wahrnehmung der Geschäftschance hat.[754]

Eine „subjektive Geschäftschance durch Konkretisierung" besteht zudem, wenn entsprechende interne Planungen bestehen; wenn ein entsprechender Gesellschafterbeschluß gefaßt wurde, die Chance wahrzunehmen; wenn die Gesellschaft selbst schon Interesse an der Maßnahme, insbesondere dem Geschäft geäußert hat; wenn die Gesellschaft in Vertragsverhandlungen eingetreten war; oder wenn der Gesellschaft ein Angebot unterbreitet wurde.[755]

d) Abgrenzung zwischen Gesellschaftssphäre und Privatsphäre des Gesellschafters

Die Grenzziehung der Geschäftschancenlehre zwischen der „Gesellschaftssphäre" der Gesellschaft einerseits und der „Privatsphäre" der Gesellschafter und Geschäftsleiter andererseits ist im Einzelfall sehr schwierig. Im Grundsatz ist anerkannt, daß sowohl ein Gesellschafter als auch ein Geschäftsleiter zur Ausführung privater Geschäfte befugt sind.[756] Andererseits können aber auch Geschäfte, die ein Geschäftsleiter für eigene Rechnung in eigenem Namen abschließt, dem Verbot des Ausnutzens von Geschäftschancen zu Lasten der Gesellschaft unterfallen. Dies ist insbesondere dann der Fall, wenn dem Gesellschafter oder Geschäftsleiter sich aus Anlaß des Gesellschaftsverhältnisses oder in Ausübung seiner Tätigkeit für die Gesellschaft, Möglichkeiten und Chancen ergeben, die er zu seinem privaten Vorteil nutzt. Im Ergebnis würden dann die gesellschaftsrechtlichen Rechte der übrigen Gesellschafter gefährdet. Der Gesellschaft entgehen Einnahmen, die der Gesellschafter durch die private Wahrnehmung der Geschäfte erzielt, aber eigentlich ihr gebührt hätten. Daneben werden auch die mitgliedschaftlichen Interessen der anderen Gesellschafter gefährdet, die sich durch ihren Gesellschaftsanteil bzw. ihre Kapitaleinlage an der

---

753 *Kübler*, in: FS für Werner, S. 437, 438 f.; Scholz/*Schneider*, GmbHG, § 43 Rn. 144; in diesem Sinne auch *Timm*, GmbHR 1981, 177, 178 f.

754 Siehe Scholz/*Schneider*, GmbHG, § 43 Rn. 144a.

755 Scholz/*Schneider*, GmbH, § 43 Rn. 144b.

756 Selbstverständlich ist dies für die Geschäfte des persönlichen Lebensbedarfs, aber auch für die aus anderen privaten Gründen motivierten Geschäften, wie z.B. private Kapitalanlagen.

Gesellschaft beteiligt haben durch die entsprechende Wertminderung ihrer Anteile beeinträchtigt.

Im einzelnen sehr umstritten ist aber, nach welchen Kriterien ein Geschäft der Gesellschaft oder dem Geschäftsleiter zuzurechnen ist.[757] Auf die Frage, welche Vermögenswerte und Erwerbschancen der Gesellschaft zuzurechnen sind, soll im weiteren nicht eingegangen werden. Für die vorliegende Untersuchung soll unterstellt werden, daß eine verbotswidrige Ausnutzung von Geschäftschancen zu Lasten der Gesellschaft bzw. Mitgesellschafter seitens der Geschäftsleiter bzw. des geschäftsführenden Gesellschafters tatbestandlich vorliegt. Im weiteren soll allein der Frage nachgegangen werden, ob die Geschäftsführung ohne Auftrag eine geeignete Anspruchsgrundlage im Falle des Ausnutzens von *„corporate opportunities"* zu Lasten der Gesellschaft bzw. Mitgesellschafter seitens der geschäftsführenden Gesellschafter bzw. Geschäftsleiter darstellen kann.

5. Steuerrechtliche Folgen eines Verstoßes gegen die gesellschaftsrechtliche Treuepflicht

a) Verstoß gegen die gesellschaftsrechtliche Treuepflicht und verdeckte Gewinnausschüttung im Steuerrecht

Der BFH geht in ständiger Rechtsprechung davon aus, daß eine Aneignung von Geschäftschancen oder der Verstoß gegen ein gesellschafts- bzw. anstellungsvertraglich vereinbartes Wettbewerbsverbot durch einen GmbH-Geschäftsführer (körperschafts-)steuerlich eine verdeckte Gewinnausschüttung (vGA) darstellt und zu einer (außerbilanziellen) Gewinnkorrektur bei der betroffenen Gesellschaft führen kann.[758]

b) Begriff der verdeckten Gewinnausschüttung

Dabei ist nach gefestigter Rechtsprechung im Körperschaftsteuerrecht unter dem Begriff einer vGA i.S. des § 8 Abs. 3 Satz 2 KStG eine Vermögensminderung (verhinderte Vermögensmehrung) bei einer Kapitalgesellschaft zu verstehen, die durch das Gesellschaftsverhältnis veranlaßt ist, sich auf die Höhe des Einkommens auswirkt und in keinem Zusammenhang zu einer offenen Aus-

[757] Vgl. dazu *Merkt*, ZHR 159 (1995), 423, 424; eingehend auch *Lawall*, NJW 1997, 1742, 1743; *Kübler*, in: FS für Werner, S. 437, 439 ff.

[758] BFHE 178, 371 ff.; als beschränkte Auswahl aus dem steuerrechtlichen Schrifttum, vgl. *Fleischer*, DStR 1999, 1249 ff.; *Gosch*, DStR 1997, 442 ff.; *Lange*, GmbHR 1999, 327, 331 ff.; *Lawall*, DStR 1996, 605 ff., *ders.*, NJW 1997, 1742 ff.; *Wassermeyer*, DStR 1997, 681 ff.; *Weisser*, GmbHR 1997, 429 ff. Aus der Kommentarliteratur, vgl. nur Schmidt/*Heinicke*, EStG, § 20 Rn. 60 ff.; vgl. auch Michalski/*Michalski*, GmbHG, § 13 Rn. 290 ff. m.w.N.

schüttung steht.[759] Für den größten Teil der entschiedenen Fälle hat der BFH die Veranlassung durch das Gesellschaftsverhältnis angenommen, wenn die Kapitalgesellschaft ihrem Gesellschafter einen Vermögensvorteil zuwendet, den sie bei der Sorgfalt eines ordentlichen und gewissenhaften Geschäftsleiters[760] einem Nichtgesellschafter nicht gewährt hätte.[761] Ist der begünstigte Gesellschafter in einer beherrschenden Stellung, kann eine vGA auch dann vorliegen, wenn die Kapitalgesellschaft eine Leistung an ihn erbringt, für die es an einer klaren, im voraus getroffenen, zivilrechtlich wirksamen und tatsächlich durchgeführten Vereinbarung fehlt.

Eine Verletzung eines Wettbewerbsverbots liegt nach Ansicht des BFH[762] dann vor, wenn ein beherrschender Gesellschafter, ein Geschäftsführer oder ein Gesellschafter-Geschäftsführer einer Kapitalgesellschaft, insbesondere einer GmbH, im satzungsmäßigen Bereich der Gesellschaft ohne Erlaubnis Geschäfte für eigene oder fremde Rechnung tätigt und damit unter Verstoß gegen seine Treuepflicht als Gesellschafter oder seine Verhaltenspflicht als Geschäftsführer eigennützig Informationen oder Geschäftschancen der Kapitalgesellschaft nutzt, für deren Überlassung ein fremder Dritter ein Entgelt zahlen würde.[763]

Dagegen ist es grundsätzlich nicht erforderlich, daß die betreffende Geschäftschance zum typischen Betätigungsfeld der Gesellschaft gehört, sofern es sich um eine mehr oder weniger risikolose Einmalchance handelt.[764]

Eine Konkurrenzsituation kann sich zwischen GmbH und Gesellschafter z.B. dann ergeben, wenn beide Seiten in gleichen oder ähnlichen Geschäftsbereichen tätig sind. In der Regel gebührt in diesen Fällen den Belangen der GmbH der Vorrang. Da der Geschäftszweck einer GmbH in der Satzung (Gegenstand des Unternehmens i.S. des § 3 Abs. 1 Nr. 2 GmbHG) fest umrissen wird, sollte im

---

759 Vgl. nur BFH, Urteil v. 27.3.2001, I R 27/99, BFH/NV 2001, 1086 ff.

760 Rechtsvergleichend zum Begriff des ordentlichen Geschäftsleiters im deutschen und ausländischen Recht auch *Becker*, in: FS für Döllerer, S. 17 ff.

761 Ständige Rspr. seit BFH, Urteil v. 16.3.1967, Az. I 261/63, BFHE 89, 208 ff. = DStR 1967, 1659 ff.; vgl. nur BFH, Urteil v. 30.1.2002, Az. I R 13/01, BFH/NV 2002, 1172 ff. = DStRE 2002, S. 896 ff.

762 Vgl. nur BFH, Urteil v. 12.6.1997, I R 14/96, DStR 1997, 1360 ff.; BFH, Urteil v. 13.11.1996, I R 1949/94, BB 1997, 508 ff. = GmbHR 1997, 315 ff. = NJW 1997, 1806 f.; vgl. auch BFH, Urteil v. 30.8.1995, I R 155/94, GmbHR 1996, 58 ff. =NJW 1996, 950 ff.; bestätigt von BFH, Urteil v. 12.10.1995, I R 127/94, BB 1996, 466 ff. = DB 1996, 507 ff. = GmbHR 1996, 219 ff. = NJW 1996, 1559 f.; siehe auch Abschn. 31 Abs. 3, insbesondere die Bsp. in Nr. 1 bis 13 KStR.

763 Siehe auch *Gosch*, DStR 1997, 442 ff.

764 BFHE 183, 459, 464.

Allgemeinen eine klare Abgrenzung durch formelle Zuordnung der Geschäftschancen möglich sein.[765]

Ist diese Abgrenzung im Einzelfall nicht möglich und wurde dem Gesellschafter-Geschäftsführer von der GmbH keine wirksame Befreiung vom Wettbewerbsverbot erteilt, ergibt sich eine vGA, wenn die GmbH auf Geltendmachung eines Schadensersatzanspruchs verzichtet.[766]

Soweit man mit der h.M. im Gesellschaftsrecht die Möglichkeit eines zivilrechtlichen Wettbewerbsverbots in einer eingliedrigen Gesellschaft verneint, kann es einen Schadensersatzanspruch der betroffenen Gesellschaft, an dessen Nichtgeltendmachung oder (konkludenten) Verzicht man eine vGA mit der Rechtsfolge des § 8 Abs. 3 Satz 2 KStG knüpfen könnte, eigentlich nicht geben.[767] Die jüngere Rechtsprechung des BFH ist dem Ansinnen des Gesellschaftsrechts insoweit aber nicht gefolgt und hat auch für den Fall des Fehlens eines zivilrechtlichen Schadensersatzanspruches die steuerrechtliche Möglichkeit einer vGA bejaht.[768]

Im Personengesellschaftsrecht sollte man den Begriff der vGA nicht verwenden und wohl besser bei den hier in Frage stehenden Sachverhalten (gesellschaftsrechtlich) von der Gewährung von Sondervorteilen sprechen. Eine Gewährung von Sondervorteilen stellt sich einerseits gesellschaftsrechtlich als ein Verstoß gegen den Gleichbehandlungsgrundsatz dar[769] und ist andererseits steuerrechtlich als Entnahme zu werten. Grund dafür ist, daß es steuerlich in der Personengesellschaft mangels Ausschüttung keine vGA geben kann. Soweit die Geschäfts-

---

[765] Vgl. zu diesem formalen Kriterium *Fleischer*, DStR 1999, 1249, 1254. Dagegen aber *Thiel*, DStR 1993, 1801, 1803.

[766] Vgl. BMF, Schreiben v. 4.2.1992, BStBl. 1992 I, S. 137.

[767] Aus gesellschaftsrechtlicher Sicht siehe Michalski/*Michalski*, GmbHG, § 13 Rn. 296.

[768] Insoweit hat sich der BFH der gesellschaftsrechtlichen Sichtweise nicht angeschlossen, die eine generelle Treuepflicht des Alleingesellschafter-Geschäftsführer gegenüber seiner GmbH verneint. Dazu eingehend oben S. 152 f. Vgl. BFH, Urteil v. 30.8.1995, I R 155/94, BFHE 178, 371, 375 = NJW 1996, 950, 951: *„Sollte die Existenz eines zivilrechtlichen Anspruchs auf Vorteilsherausgabe und/oder Schadensersatz zu verneinen sein, so würde dies noch nicht die Annahme einer vGA i.S. des § 8 Abs. 3 Satz 2 KStG ausschließen."* Steuerrechtlich ausreichend sei vielmehr, daß die Geschäftschance einem Dritten üblicherweise nur gegen Entgelt überlassen würde. Für eine autonome Teleologie des Körperschaftsteuerrechts und dem BFH daher grundsätzlich zustimmend *Fleischer*, DStR 1999, 1249, 1253 m.w.N. in Fn. 62. Dies läßt sich letztlich mit einer Zusammenschau der Gewinnkorrekturvorschriften der §§ 8 Abs. 3 Satz 2 KStG, 4 Abs. 1 EStG und 1 Abs. 1 AStG begründen, welche die Gewinnermittlung nach Maßgabe der Leistungsfähigkeit eines Steuerpflichtigen sicherstellen wollen und denen daher gerade in den Fällen, in denen die Gefahr der Gewinnverschiebung am größten ist, nämlich bei Alleingesellschafter-Geschäftsführern und „deren" Unternehmen, zur Geltung verholfen werden muß.

[769] Für das Personengesellschaftsrecht MünchKomm/*Ulmer*, BGB, § 705 Rn. 207; Staudinger/*Habermeier*, BGB, § 705 Rn. 56.

chance sich im Betriebsvermögen befindet, kann es nur durch eine Entnahme zu einer steuerlichen Gewinnrealisierung kommen.

c) Vermeidung einer verdeckten Gewinnausschüttung

Soweit der Gesellschafter-Geschäftsführer außerhalb seiner Tätigkeit für die Gesellschaft einer Konkurrenztätigkeit nachgeht und eine klare und eindeutige Aufgabenabgrenzung festgelegt oder eine Befreiung vom zivilrechtlichen Wettbewerbsverbot seitens der Gesellschaft erteilt wurde, wird die Tätigkeit außerhalb der Gesellschaft grundsätzlich steuerlich nicht als eine vGA der Gesellschaft gewertet.[770] Voraussetzung ist allerdings, daß die Vereinbarung zivilrechtlich wirksam im voraus getroffen worden sein muß und eine angemessene Gegenleistung vereinbart wurde.[771]

Eine vGA aufgrund einer solchen zivilrechtlichen Befreiung wird nach einem anderen Ansatz jedoch nur dann vermieden, wenn der Gesellschafter nicht konkrete Informationen oder Geschäftschancen der GmbH nutzt, obwohl die GmbH aufgrund ihrer personellen, sachlichen, organisatorischen und finanziellen Mittel selbst dazu in der Lage gewesen wäre (materielle Beurteilung der Geschäftschance).[772] Das gilt letztendlich unabhängig davon, ob ein Wettbewerbsverbot auch tatsächlich besteht oder nicht.

d) Kapitalerhaltungsgebot und verdeckte Gewinnausschüttung

Ein weiterer gesellschaftsrechtlicher Problemkreis, der mit der steuerlichen Figur der vGA zusammenhängt, ist das Kapitalerhaltungsgebot der §§ 30, 31 GmbHG. Eine verbotene Auszahlung im Sinne von § 30 GmbHG und damit kein neutrales Geschäft liegt z.B. dann vor, wenn die Gesellschaft für die Leistung des Gesellschafters zu viel zahlt oder für ihre eigene Leistung ein zu geringes Entgelt erhält. Der aus Gründen der Kapitalerhaltung gebotene Vergleich der Leistung

---

[770] Dazu BFH, Urteil v. 24.3.1998, I R 93/96, DStR 1998, 1354 f.; GmbHR 1998, 946 f. = NJW 1998, 3663 f. = NZG 1998, 908 f.; vgl. auch BMF, Schreiben v. 4.2.1992, BStBl. I 1992, S. 137; BMF, Schreiben v. 15.12.1992, BStBl. I 1993, S. 24 und BMF, Schreiben v. 29.6.1993, BStBl. I 1993, S. 556.

[771] BMF, Schreiben v. 4.12.1992, BStBl. I 1992, S. 137.

[772] So *Thiel*, DStR 1993, 1801, 1804. In diese Richtung vorsichtig BFHE 183, 459, 462. Vgl. eingehend zum Versuch der Konkretisierung nach Art der vermögenswerten Rechtsposition *Fleischer*, DStR 1999, 1249, 1255 ff. Der BFH geht nun mittlerweile – ausgehend von den formalen Indizien – zu einer materiellen Zuordnung der Geschäftschancen über; vgl. *Gosch*, DStR 1997, 442, 443 mit einem entsprechenden Fragenkatalog.

an die Gesellschafter mit einem gleichwertigen, korrespondierenden Gegenwert bei der Gesellschaft hat nach dem Verkehrswert zu erfolgen.[773]

Der aus dem Steuerrecht entlehnte Begriff der „verdeckten Gewinnausschüttung", wird zum Teil verwendet, um Zahlungen für Leistungen des Gesellschafters, denen keine entsprechende Gegenleistung der Gesellschaft gegenübersteht, gesellschaftsrechtlich in den Griff zu bekommen.[774]

Der BGH hatte eine diese Problematik betreffende Fallgestaltung mit Urteil vom 13. November 1995 zu entscheiden. Dem lag folgender Sachverhalt zu Grunde:

> Die Gesellschafter A, R und K waren zu gleichen Teilen an der klagenden GmbH beteiligt, welche für die beklagte GmbH, deren Gesellschafter nur A und R waren, Planungsleistungen erbracht hatte. Gegenüber der Klage hat die beklagte GmbH u. a. eingewandt, die Erfüllung der Ansprüche stelle eine vGA dar.[775]

Der BGH hat sich aber gegen eine entsprechende Anwendung der Kapitalerhaltungsvorschriften der §§ 30, 31 GmbHG entschieden. In seiner Urteilsbegründung führt das erkennende Gericht aus, daß eine nach den Grundsätzen der §§ 30 ff. GmbHG zu behandelnde „vGA" in jeder außerhalb der förmlichen Gewinnverwendung vorgenommenen Leistung der Gesellschaft aus ihrem Vermögen an einen ihrer Gesellschafter liegen kann, soweit ihr keine gleichwertige Gegenleistung gegenübersteht. Die Abgrenzung, ob im Einzelfall ein normales Austauschgeschäft oder eine „vGA" von Gesellschaftsvermögen vorliegt, richtet sich aber danach, ob ein gewissenhaft nach kaufmännischen Grundsätzen handelnder Geschäftsführer das Geschäft unter sonst gleichen Umständen zu den gleichen Bedingungen auch mit einem Nichtgesellschafter abgeschlossen hätte; ob die Leistung also durch betriebliche Gründe gerechtfertigt war.[776]

Mit einer ähnlichen Begründung hat der zuständige II. Zivilsenat in einem weiteren Fall die Anwendung der steuerrechtlichen Rechtsfigur abgelehnt. Für die nach dem Kapitalerhaltungsgebot der §§ 30, 31 GmbHG allein wesentliche Frage, ob ein Erstattungsanspruch der Gesellschaft gegen den Gesellschafter besteht, ist mit der Heranziehung der steuerlichen Figur der „verdeckten Gewinnausschüttung" nichts gewonnen. Entscheidend sei vielmehr allein, ob die Auszahlung an den Gesellschafter – mag sie offen oder verdeckt vorgenommen worden sein – das Stammkapital und damit das Gesellschaftsvermögen substantiell angreift oder eine schon bestehende Unterbilanz oder Überschuldung ver-

[773] Der ansonsten verwendete Begriff der „bilanzneutralen Leistungen" ist daher nicht ganz präzise, vgl. *Götte*, Die GmbH, § 3 Rn. 30.

[774] Vgl. *Karsten Schmidt*, Gesellschaftsrecht, § 37 III 2 d, S. 1140.

[775] BGH, Urteil v. 13.11.1995, II ZR 113/94, NJW 1996, 589.

[776] BGH, NJW 1996, 589.

tieft. Soweit die verdeckten Zahlungen an die Gesellschafter aus dem gebundenen Vermögen geleistet werden können, sind sie aus der hier allein maßgeblichen (gesellschaftsrechtlichen) Sicht des Kapitalerhaltungsgebots unbedenklich.[777]

Der Ablehnung der Kapitalerhaltungsregelungen für derartige Fälle ist uneingeschränkt zuzustimmen. Gesellschaftsrechtlich handelt es sich bei den Fällen vielmehr um „verdeckte Sondervorteile".[778]

Soweit es zu derartigen Zuwendungen kommt, wird wegen des unausgeglichenen Austauschverhältnisses nicht das allein dem Gläubigerschutz dienende Kapitalerhaltungskonzept der §§ 30, 31 GmbHG – soweit es nicht zu einer Unterbilanz kommt – verletzt.[779] Die für die betreffende Gesellschaft nachteilige Auszahlung stellt jedoch vielmehr einen Verstoß gegen das aus der allgemeinen gesellschaftsrechtlichen Treuepflicht resultierende Gleichbehandlungsgebot[780] dar. Die Mißachtung der förmlichen Gewinnverteilungsverfahren stellt eine zum Schadensersatz führende gesellschaftsvertragliche Pflichtverletzung dar, die durch den kompetenzwidrigen Eingriff in das Gesellschaftsvermögen begründet wird.[781] Kommt es zu derartigen innenrechtswidrigen Auszahlungen im Rahmen von Geschäftsführungshandlungen einzelner Gesellschafter, so stellt auch dies eine gesellschaftsvertragliche Pflichtverletzung dar. Für eine analoge Anwendung der §§ 30, 31 GmbHG ist daher kein Raum.[782] Soweit ein Gesellschaftsfremder derartige Auszahlungen veranlaßt, können dann ebenfalls wieder die Vorschriften über die Geschäftsführung ohne Auftrag helfen.

e) Zusammenfassung

Der BFH engt die eben dargelegten Grundsätze bzgl. des Vorliegens einer vGA zu Gunsten des Gesellschafters stark ein. Danach ergibt sich aus einer Konkurrenzsituation zwischen einem Gesellschafter und der Gesellschaft dann keine vGA, solange der Gesellschafter der GmbH nicht Vermögen entzieht, das diese

---

777 Vgl. BGH, Urteil v. 23.6.1997, II ZR 220/95, BGHZ 136, 125 ff. = NJW 1997, 2599.

778 Richtig *Götte*, Die GmbH, § 3 Rn. 33.

779 So auch *Karsten Schmidt*, Gesellschaftsrecht, § 37 III 2 d, S. 1140; *Götte*, Die GmbH, § 3 Rn. 33. Allerdings hat der BGH bisher ausdrücklich nicht entschieden, ob auch bei bestehender oder entstehender Unterbilanz bzw. Überschuldung der Verzicht einer GmbH auf einen möglichen Gewinn, dessen Realisierung die Unterbilanz oder Überschuldung vermindern würde, gegen das Kapitalerhaltungsverbot des § 30 GmbH verstößt; vgl. BGH, Urteil v. 1.12.1986, II ZR 306/85, NJW 1987, 1194.

780 Vgl. BGH, Urteil v. 13.11.1995, II ZR 113/94, NJW 1996, 589.

781 Ebenso nur eine Auswirkung für das Innenverhältnis bejahend *Götte*, Die GmbH, § 3 Rn. 33; *Karsten Schmidt*, Gesellschaftsrecht, § 37 III 2 d, S. 1140.

782 Ebenso *Karsten Schmidt*, Gesellschaftsrecht, § 37 III 2 d., S. 1141.

zur Deckung des Stammkapitals benötigt[783] sowie für den Fall, daß der Geschäftsführer schon früher für die GmbH als Subunternehmer tätig gewesen ist und beide Parteien an diesem dauerschuldähnlichem Zustand festhalten wollen.[784]

Nur für diese Fälle werden an die gesellschaftsrechtlich kompetenzwidrige Treuepflichtverletzung gewinnkorrigierende steuerliche Konsequenzen geknüpft.

C. Zusammenfassung 2. Teil

Als Teil der gesetzlichen Ausgleichsschuldverhältnisse bilden die §§ 677 ff. BGB die spezielle Interessenausgleichsordnung der Geschäftsführung zwischen dem Geschäftsherrn und dem in seine Rechtssphäre eingreifenden Geschäftsführer. Daraus läßt sich auch das eigentliche Grundmotiv der Regelungen über die Geschäftsführung ohne Auftrag ersehen. Die Vorschriften des zivilrechtlichen Rechtsinstitutes der Geschäftsführung ohne Auftrag beruhen auf dem allgemeinen Prinzip der Risikohaftung für Tätigkeiten, die im fremden Interesse ausgeübt werden.

Die so verstandene Geschäftsführung ohne Auftrag ist - soweit gesellschaftsrechtliche Regelungen fehlen - aufgrund des Subsidiarätsprinzips bei nicht oder nicht so autorisierter Geschäftsbesorgung im Gesellschaftsrecht grundsätzlich anwendbar.

Die in der Literatur aufgestellte These, die Geschäftsführung ohne Auftrag könne auf gesellschaftsrechtliche Sonderrechtsbeziehungen keine Anwendung finden, ist abzulehnen. Die Abgrenzung zwischen den Strukturtypen Interessenwahrung und Interessengemeinschaft ist nur eine definitorische und inzwischen durch die Entwicklungen in der Rechtslehre zum Gruppenstatus der Personengesellschaft überholt. Der Gesellschafter und die (Personen-)Gesellschaft stehen sich wie im Kapitalgesellschaftsrecht auch, als von einander zu trennende natürliche und juristische Person bzw. rechtsfähige Gruppe gegenüber.

Überdies ließe die Abgrenzung nach dem Kriterium der Interessenverknüfung eine sachgerechte Lösung bestimmter Fallkonstellationen nicht zu. Dies wird insbesondere durch einen Vergleich zwischen einem Gesellschafter-Geschäftsführer und einem nicht an der Gesellschaft beteiligten Dritten deutlich, die beide im wohlverstandenen Interesse der Gesellschaft tätig werden. Soweit gesetzliche Regelungen für das Handeln eines Gesellschafter-Geschäftsführers fehlen, so soll die Geschäftsführung ohne Auftrag nur aufgrund verschiedener typologisch unterschiedlicher Strukturtatbestände nicht anwendbar sein. Für eine

---

783 So ausdrücklich BFH, Urteil v. 30.8.1995, I R 155/94, NJW 1996, 950, 951 unter Aufgabe seines bisherigen Standpunktes.

784 BFH, Urteil v. 12.10.1995, I R 127/94, NJW 1996, 1559, 1560.

Unterscheidung nach typologischen Strukturtypen gibt es aber – neben dem entscheidenden Argument des Gruppenstatuses der Gesellschaft – auch aus Gründen des schützenswerten Interesses des Gesellschafter-Geschäftsführers keine sachliche Legitimation.

Die schuldhafte Überschreitung der Geschäftsführungsbefugnis ist grundsätzlich ein (Unter-)Fall der Schlechterfüllung der gesellschaftsvertraglichen Leistungspflichten.

Rechtssystematisch kann es also zu einem Spannungsverhältnis von Geschäftsführung ohne Auftrag und den Regeln über die Gesellschaften kommen. Von einer generellen Unanwendbarkeit des zivilrechtlichen Rechtsinstitutes der Geschäftsführung ohne Auftrag in gesellschaftsrechtlichen Sachverhalten kann nicht ausgegangen werden. Es kommt vielmehr darauf an, wer die Schranken der internen Zuordnung der Geschäftsführungsbefugnisse überschreitet bzw. ob derjenige überhaupt gesellschaftsrechtlich beteiligt ist.

Jede Einflußnahme auf die Geschäftsführung eines an der Gesellschaft unbeteiligten Dritten ist unberechtigt. Dies widerspricht dem gesetzlichen Leitbild der Gesellschaftsorganisation und stellt daher eine Anmaßung von Geschäftsführungsbefugnis dar. Fehlt es an einer spezialgesetzlichen Regelung, so ergibt sich die Rechtsfolge wegen kompetenzwidriger Geschäftsführung entweder nach den Grundsätzen der pVV bzw. der allgemeinen Schutzverletzung oder aus Geschäftsführung ohne Auftrag.

Die Anwendung der Regeln über die Geschäftsführung ohne Auftrag scheitert an dem Tatbestandsmerkmal der Auftragslosigkeit der Geschäftsführung allerdings dann, wenn die Handlung Pflichten aus einem anderen (vertraglichen) Schuldverhältnis verletzt. Voraussetzung dafür ist aber, daß die Handlung der Erfüllung des zwischen diesen Parteien bestehenden Schuldverhältnisses dienen soll.

Die Rechtssubjekte des Zivil- und Gesellschaftsrechts lassen sich in drei Rechtsträgerkategorien einteilen. Angelehnt an die Einteilung des § 14 BGB sind dies natürliche Personen, juristische Personen und andere rechtsfähige Personengesellschaften. Jedes dieser Rechtssubjekte ist auch rechtsfähig. Der Dualismus zwischen Gesamthandsgesellschaft und juristischen Personen besteht *de lege lata* fort.

Die von Rechtslehre und Rechtsprechung bislang fallweise entwickelte Rechtsfigur des sog. „faktischen" Organs ist als Verstoß gegen zwingende Vorschriften der organisationsrechlichen Handlungs- und Haftungsverfassung abzulehnen. Für die Fälle der faktischen Einflußnahme entstehen hierdurch aber keine Haftungslücken. Die Gläubigerinteressen können über die Anwendbarkeit der Vorschriften der Geschäftsführung ohne Auftrag geschützt werden.

Die allgemeine Treuepflicht eines Anteilseigners verlangt grundsätzlich, Privatinteressen hinter diejenigen der Gesellschaft zurückzustellen. Das allgemeine gesellschaftsrechtliche Wettbewerbsverbot und das Verbot der Ausnutzung von Geschäftschancen der Gesellschaft sind Ausfluß der allgemeinen gesellschaftlichen Loyalitätspflicht der Gesellschafter bzw. Geschäftsleiter gegenüber ihrer Gesellschaft.

Für den Fall, daß die zuständigen Gesellschaftsorgane eine Geltendmachung der Haftungsansprüche aus kompetenzwidriger Treuepflichtverletzung gegen die innenrechtswidrig handelnden Geschäftsleiter unterlassen, werden daran im Kapitalgesellschaftsrecht gewinnkorrigierende steuerliche Konsequenzen geknüpft. Der Verzicht seitens der Gesellschaft führt steuerrechtlich zu einer verdeckten Gewinnausschüttung. Insbesondere bei der Einflußnahme eines Dritten auf die Geschicke einer Kapitalgesellschaft kann eine vGA in dem Verzicht auf den Anspruch aus Geschäftsführung ohne Auftrag liegen.

3. Teil: Haftungsbezogene Behandlung schadensverursachender Einflußnahme auf die Geschäftsführung

Im folgenden Teil der Arbeit wird die haftungsbezogene Behandlung innenrechtswidriger Überschreitungen bzw. die kompetenzwidrige Inanspruchnahme von Geschäftsführungsbefugnissen im Personengesellschaftsrecht dargestellt.

Dabei wird hinsichtlich des Haftungssubjekts jeweils nach dem Gesellschafter-Geschäftsführer, dem nicht geschäftsführungsberechtigten Gesellschafter und einem nicht an der Gesellschaft beteiligten Dritten unterschieden. Bezogen auf den jeweiligen Haftungstatbestand erfolgt eine Differenzierung zwischen der Überschreitung der Geschäftsführungsbefugnis und dem Verstoß gegen ein Wettbewerbsverbot bzw. eine pflichtwidrige Ausnutzung von Geschäftschancen.

A. Personengesellschaftsrecht

Einbezogen in die Betrachtung ist neben den Personenhandelsgesellschaften (oHG und KG) auch die Gesellschaft bürgerlichen Rechts.[1] Die für die Grundformen der Personengesellschaft gefundenen Ergebnisse lassen sich dann aufgrund der Strukturgleichheit grundsätzlich auf die anderen Gesellschaftsformen wie die Partnerschaftsgesellschaft und die EWIV übertragen.[2]

I. Gesellschaftsvertragliche Pflichten der Gesellschafter

Das aus der gesellschaftsrechtlichen Mitgliedschaft wurzelnde Recht zur Geschäftsführung berechtigt und verpflichtet den Gesellschafter zum Tätigwerden im Interesse der Gesellschaft sowie zu deren Leitung in Verfolgung des gemein-

---

1 Der gelegentlich verwendete Begriff der Personalgesellschaft als Gegenstück zur Körperschaft ist in der Sache letztlich nicht weiterführend, so zu Recht *Wiedemann/Frey*, Gesellschaftsrecht § 2 sub 3, S. 101; a.A. aber *Hadding*, HGB-Klausur, S. 108 in Fn. 5.

2 Gleiches gilt im übrigen auch im Recht der stillen Gesellschaft (§§ 230 ff. HGB), soweit der Geschäftsinhaber dem stillen Gesellschafter als Teilhaber neben den gesetzlich vorgesehenen Kontroll- und Einsichtsrechten und der gesellschaftsvertraglichen Vermögensbeteiligung hinaus sonstige Mitwirkungsrechte, wie das Recht zur Geschäftsführung, einräumt. Wird dem stillen Gesellschafter insoweit ein Mehr an Rechtsmacht eingeräumt, handelt es sich um eine vom gesetzlichen Leitbild abweichende „atypisch stille Gesellschaft"; vgl. dazu auch *Karsten Schmidt*, Gesellschaftsrecht, § 62 II 2 c bb, S. 1847. Die Unterscheidung zwischen typisch und atypisch stiller Gesellschaft ist insbesondere im Steuerrecht relevant; gesellschaftsrechtlich ist der typisch stille Gesellschafter Darlehensnehmer und bezieht steuerrechtlich Einkünfte aus § 20 Abs. 1 Nr. 4 EStG; dagegen übt der atypisch stille Gesellschafter, insbesondere durch die Beteiligung an den stillen Reserven, mitunternehmerische Funktionen – quasi als „Innenkommanditist" aus – und bezieht daher steuerrechtlich Einkünfte aus § 15 Abs. 1 Nr. 2 EStG; vgl. dazu statt anderer *Bogenschütz/Kestler*, Hdb. der Internationalen Steuerplanung, S. 849, 854 in Fn. 23 m.w.N.

samen Gesellschaftszwecks. Damit steht die gemeinsame Zweckverfolgung der Gesellschafter der Ausnutzung von Geschäftschancen der Gesellschaft zu privaten Zwecken entgegen.[3]

1. Geschäftsführungsrecht und gesellschaftliche Zweckförderung

Die Haftungsfrage eines Gesellschafters im Personengesellschaftsrecht bei kompetenzwidriger Geschäftsführung stellt sich insbesondere dann, wenn der Gesellschafter in Ausübung seiner gesetzlichen bzw. gesellschaftsvertraglichen Vertretungsmacht[4] im Außenverhältnis rechtswirksam Verträge mit Wirkung für die jeweilige Gesellschaft abschließt, sich aber im Innenverhältnis zu seinen Mitgesellschaftern über die Innenschranken seiner Geschäftsführungsbefugnis hinwegsetzt.

Der geschäftsführende Gesellschafter verletzt also durch die Inanspruchnahme seines Mitverwaltungsrechts seine gesellschaftlichen Pflichten, wenn er sich nicht an die gesetzlich vorgegebene oder gesellschaftsvertraglich modifizierte Regelung in Bezug auf Inhalt und Umfang der Geschäftsführung für die jeweilige Gesellschaftsform hält.[5] Die ihm gesetzlich oder gesellschaftsvertraglich eingeräumte Rechtsstellung als geschäftsführender Gesellschafter bedeutet allerdings keinesfalls einen kompetenzrechtlichen „Freibrief". Das wesentliche Ziel der Gesellschafter soll die Verwirklichung des gesellschaftsvertraglichen Zwecks sein, woraus zwingend folgt, daß mit der Einräumung der Geschäftsführungsbefugnis auch untrennbar eine Pflicht der betroffenen Gesellschafter zur „ordnungsgemäßen" Geschäftsführung besteht.

Neben der aus der allgemeinen gesellschaftsrechtlichen Treuepflicht resultierenden generellen Verpflichtung zur Geschäftsführung existieren aber auch noch eine besondere Sorgfalts-, Interessenwahrungs- und Loyalitätspflicht, nämlich diejenige, die gesellschaftsvertraglich oder gesetzlich eingeräumte Geschäftsführungsbefugnis nicht zur Verfolgung und Ausnutzung privater Interessen einzusetzen. Folglich hat sich die Leitung der Gesellschaft durch die Gesellschafter – in den Grenzen der von ihnen geschuldeten eigenüblichen Sorgfalt des § 708 BGB – grundsätzlich und allein am Wohl der Gesellschaft zu orientieren.[6]

Diese im Kapitalgesellschaftsrecht seit langem anerkannten Grundsätze sind grundsätzlich auch auf die Leitung von Personengesellschaften übertragbar.[7]

---

3 Siehe auch *Ulmer*, in: Großkomm. HGB, § 114 Rn. 28.

4 Vgl. §§ 714 BGB; 125 ff., 161 Abs. 2, 170 HGB; § 7 Abs. 3 PartGG.

5 Die entsprechenden gesetzlichen Bestimmungen finden sich in den §§ 709 bis 711 BGB; §§ 115, 116 HGB; §§ 162 Abs. 2, 164 HGB; § 6 Abs. 3 PartGG.

6 Ähnlich *Ulmer*, in: Großkomm. HGB, § 114 Rn. 37.

7 Statt anderer *Schlegelberger/Martens*, HGB, § 114 Rn. 29.

2. Leitung der Gesellschaft und unternehmerisches Ermessen

Die geschäftsführende Leitung einer Personengesellschaft hat sich grundsätzlich am Wohl der Gesellschaft zu orientieren. Die geschäftsführenden Gesellschafter müssen sich – in den Grenzen des § 708 BGB – bzgl. ihres Geschäftsführungshandelns einerseits an den Gesellschaftszweck bzw. Unternehmensgegenstand und andererseits an die gesellschaftsvertragliche Ausgestaltung der Geschäftsführung halten.[8] In diesen Grenzen steht den geschäftsführenden Gesellschaftern dann allerdings ein entsprechender – gerichtlich nur eingeschränkt überprüfbarer – Ermessensspielraum zu. Naturgemäß ergibt sich hieraus – insbesondere aus der ex-post-Betrachtung – ein Spannungsverhältnis zwischen der Reichweite des unternehmerischen Ermessens und andererseits der Pflichtenbindung des geschäftsführenden Gesellschafters, insbesondere durch das Verbot der schädigenden Einflußnahme zu Lasten der Gesellschaft.

Ebenso wie im Kapitalgesellschaftsrecht haben auch im Personengesellschaftsrecht die Größe, die Art der Geschäfte und der Unternehmensgegenstand einer Gesellschaft sowie die gesellschaftsvertraglichen Regelungen der Geschäftsführung einen erheblichen Einfluß auf die Reichweite und die Ausfüllung des unternehmerischen Ermessens der geschäftsführenden Gesellschafter infolge der Ausübung ihrer Leitungsfunktionen.[9]

Die für das Kapitalgesellschaftsrecht entwickelten Grundsätze für die Eingrenzung des unternehmerischen Ermessens lassen sich grundsätzlich auch auf die Geschäftsführung im Personengesellschaftsrecht übertragen.[10] Insoweit handelt es sich um rechtsformübergreifende Grundsätze, die auch im Personengesellschaftsrecht Anwendung finden können.[11] Soweit sie für die Geschäftsführung von Personengesellschaften von Bedeutung sind, können sie an dieser Stelle dargestellt werden.

In seinem richtungsweisenden „*ARAG/Garmenbeck*"- Urteil[12] hat der BGH ausgeführt, daß ein zum Schadensersatz verpflichtender Sorgfaltsverstoß bei Leitung

---

8 Vgl. *Ulmer*, in: Großkomm. HGB, § 114 Rn. 37.

9 Eingehend zur Abgrenzung Aktienrecht *Horn*, ZIP 1997, 1129 1133 ff.; siehe auch *Kindler*, ZHR 162 (1998), 101 ff.; für das Personengesellschaftsrecht vgl. auch *Ulmer*, in: Großkomm. HGB, § 114 Rn. 40.

10 Siehe statt anderer *Mertens*, in: Kölner Kommentar zum AktG, § 93 Rn. 6 f.; Hachenburg/*Mertens*, GmbHG, § 43 Rn. 15 ff.; ausführlich zum unternehmerischen Ermessen und Kontrolldichte bei Wahrnehmung der Geschäftsführung, vgl. Michalski/*Haas*, GmbHG, § 43 Rn. 70 ff.

11 Allgemeine Ansicht, vgl. nur *Ulmer*, in: Großkomm. HGB, § 114 Rn. 37; Schlegelberger/*Martens*, HGB, § 114 Rn. 29.

12 Dort ging es im wesentlichen um die Pflicht zur Geltendmachung eines Schadensersatzanspruches gegen den Vorstand (vgl. § 111 Abs. 1 AktG). Der BGH begrenzte die (Abwehr-)Pflicht des Aufsichtsrates vor gesellschaftsschädigender Geschäftsführung

eines Unternehmens nicht schon dann in Betracht kommt, wenn der Vorstand einer AG sich beim Eingehen geschäftlicher Risiken trotz sorgfältiger Tatsachenermittlung von Fehleinschätzungen hat leiten lassen oder wenn ihm das nötige Gespür für eine erfolgreiche Unternehmensführung fehlt.[13]

Damit billigte der BGH erstmals ausdrücklich den Geschäftsleitern einen weiten unternehmerischen Beurteilungsspielraum bei Ausübung ihrer Leitungsmacht und beim Eingehen geschäftlicher Risiken zu, ohne daß sie insoweit ihre Sorgfaltspflicht verletzen. Anerkannt wurde im deutschen Recht damit letztlich das grundsätzliche strategische Handlungsermessen der Geschäftsleitung i.S. der US-amerikanischen *„Business Judgement Rule"*.[14]

Ähnlich formulierte der II. Zivilsenat des BGH zur Sorgfaltspflicht eines Vorstands einer Genossenschaftsbank bei der Kreditvergabe.

> *„Den Beklagten sei bei der Führung der Vorstandsgeschäfte ein weiter Handlungsspielraum zuzubilligen, wobei die Vergabe von Bankkrediten als kaufmännische Risikoentscheidung der gerichtlichen Nachprüfung weitestgehend entzogen sei.* [...] *Dabei ist zwar dem Vorstand im Grundsatz bei der Leitung der Geschäfte ein weiter Handlungsspielraum zuzubilligen, ohne den eine unternehmerische Tätigkeit schwerlich denkbar ist.*[15] *Dieser Handlungsspielraum kann auch im Ansatz das bewußte Eingehen geschäftlicher Risiken mit der Gefahr von Fehlbeurteilungen und Fehleinschätzungen umfassen. Er ist jedoch dann überschritten, wenn aus der Sicht eines ordentlichen und gewissenhaften Geschäftsleiters einer Genossenschaftsbank das hohe Risiko*

durch den Vorstand dabei nicht nur auf die laufende bzw. künftige, sondern vor allem auf abgeschlossene Geschäftsvorfälle, vgl. auch *Hüffer*, AktG, § 111 Rn. 4.

13 BGHZ 135, 244, 253 = NJW 1997, 1926 „ARAG/Garmenbeck". Streitgegenständlich begehrte die Klägerin die Feststellung der Nichtigkeit eines Aufsichtsratsbeschlusses, durch den die Heranziehung des Vorstandsvorsitzenden zum Ausgleich eines durch Finanztransaktionen entstandenen Verlustes abgelehnt worden war; vgl. eingehend zu dieser Entscheidung auch *Henze*, NJW 1998, 3309 ff.; *Hopt*, in: Großkomm. AktG, § 93 Rn. 81 ff.; *Hüffer*, AktG, § 111 Rn. 4a jeweils m.w.N.

14 Dazu *Hopt*, in: Großkomm. AktG, § 93 Rn. 83 m.w.N. zum US-amerikanischen Gesellschaftsrecht; Scholz/*Schneider*, GmbHG, § 43 Rn. 46 ff.; siehe auch *Karsten Schmidt*, Gesellschaftsrecht, § 14 V 1, S. 425; für eingeschränkte Übertragbarkeit aber *ders.*, Gesellschaftsrecht, § 36 II 4 a, S. 1079, soweit der Geschäftsführer (einer GmbH) in besonderem Maße an das Vertrauen der Gesellschafter gebunden ist; vgl. zum ganzen auch *Grooterhorst*, ZIP 1997, 1117, 1123.

15 Fortführung von BGHZ 135, 244, 253.

> *eines Schadens unabweisbar ist und keine vernünftigen geschäftlichen Gründe dafür sprechen, es dennoch einzugehen. So ist eine Pflichtverletzung insbesondere dann gegeben, wenn das Vorstandsmitglied gegen die in dieser Branche anerkannten Erkenntnisse und Erfahrungsgrundsätze verstößt.* [Dabei bedeutet] *das Gebot, Risiken nur in sinnvoller kaufmännischer Interessenabwägung einzugehen, für Vorstandsmitglieder einer Genossenschaftsbank, daß sie Kredite grundsätzlich nicht ohne übliche Sicherheiten gewähren dürfen und zudem für die ordnungsgemäße Bewertung der Sicherheiten sowie die Beachtung der Richtlinien über Beleihungsobergrenzen Sorge zu tragen haben.*"[16]

Einen vorwerfbaren Sorgfaltspflichtverstoß kann dem Geschäftsleiter zusammenfassend erst dann unterstellt werden, wenn entweder die Grenzen des unternehmerischen Ermessens deutlich überschritten sind, in denen sich ein verantwortungsbewußtes, auf sorgfältige Ermittlung der Entscheidungsgrundlagen beruhendes unternehmerisches Handeln bewegen muß, oder wenn die Bereitschaft des Geschäftsleiters, unternehmerische Risiken einzugehen, unverantwortlich übersteigert worden ist oder schließlich das Verhalten des Vorstandes aus anderen Gründen als pflichtwidrig gelten muß.[17]

Der letztgenannte Auffangtatbestand der „Pflichtwidrigkeit aus anderen Gründen" kann im Personengesellschaftsrecht[18] insbesondere dann gegeben sein, wenn der Geschäftsführer die Innenrechtsschranken seiner Geschäftsführungsbefugnis überschreitet, ihm ein Verstoß gegen das Wettbewerbsverbot des § 112 HGB, die Ausnutzung von Geschäftschancen der Gesellschaft im eigenen Interesse sowie die sonstige Verletzung der gesellschaftsvertraglichen Treuepflicht schuldhaft vorwerfbar ist.[19]

II. Haftung gegenüber der Gesellschaft wegen kompetenzwidriger Einflußnahme auf die Geschäftsführung

1. Die historische Entwicklung

Über 125 Jahre sind seit dem – soweit ersichtlich – ersten Urteil des ROHG zur Frage der Konsequenzen des Überschreitens von Geschäftsführungsbefugnissen im Personengesellschaftsrecht vergangen. Anschließend hatten sowohl das RG als auch der BGH sich in mehreren Entscheidungen mit dieser Frage zu beschäftigen.

---

16 Vgl. BGH, Urteil v. 3.12.2001, II ZR 308/99, BB 2002, 220, 222.

17 So zusammenfassend *Ulmer*, in: Großkomm. HGB, § 114 Rn. 40.

18 Für das Kapitalgesellschaftsrecht schlägt *Henze*, NJW 1998, 3309, 3311 einen Rückriff auf den Katalog des § 93 Abs. 3 AktG vor.

19 Zutreffend *Ulmer*, in: Großkomm. HGB, a.a.O.

Die höchstrichterliche Rechtsprechung hat aber im Verlauf der Jahre die Frage nach der Haftungsgrundlage für derartiges Fehlverhalten anscheinend nicht befriedigend beantworten können.[20] Denn seit Jahrzehnten schwelte der Streit in der Rechtslehre um die Frage der Haftungskonzeption bei kompetenzwidriger Geschäftsführung von geschäftsführenden Gesellschaftern im Personengesellschaftsrecht.[21]

Dies liegt zum einen an der fehlerhaften Interpretation der frühen Entscheidungen des Reichsgerichts, die seitens der Rechtslehre bis in die heutige Zeit andauert, zum anderen aber auch daran, daß sich die Protagonisten im rechtswissenschaftlichen Schrifttum nicht in der gebotenen Tiefe mit den historischen Literaturmeinungen auseinandergesetzt haben.

Eine Ausnahme bildet freilich die umfassende Darstellung des Problemkreises, insbesondere hinsichtlich der geschichtlichen Entwicklungen in Rechtsprechung und Rechtslehre, in der Dissertation von *Jagenburg* aus dem Jahre 1970. Leider hat diese nicht die entsprechende Berücksichtigung in der weiteren Diskussion gefunden.[22]

Daher muß im Folgenden nochmals auf die wesentlichen Eckpunkte der Entwicklung in der Judikatur und Rechtslehre eingegangen werde, denn nur sie gewährleisten eine richtige Interpretation der historischen Rechtsprechung und der hierzu damals vertretenen Rechtslehre. Ohne dies ist eine sachgerechte Beurteilung des heutigen Streitstandes nicht möglich – bzw. wie zu zeigen sein wird – werden bis heute mit Verweis auf die ältere Rechtsprechung Ansichten vertreten, die sich so nicht begründen lassen.

2. Die gesetzlichen Grundlagen und deren Vorläufer

Das Problem der Haftung eines Geschäftsführers gegenüber der Gesellschaft bei innenrechtswidriger Geschäftsführung wird in den Fällen relevant, in denen der

---

[20] Zur Haftungsordnung bei kompetenzwidriger Geschäftsführung eines Gesellschafters einer Personengesellschaft eingehend auch *Häuser*, in: FS für Kraft, S. 147 ff.

[21] Dies konstatiert *Ulmer* noch im Jahre 1997, vgl. MünchKomm/*Ulmer*, § 708 Rn. 8. *Glasenapp* meinte schon 1970, die Frage nach der Haftungsgrundlage und deren Umfang im Falle Überschreitung der Geschäftsführungsbefugnis gehörte schon damals „zu einem der umstrittensten Probleme des Gesellschaftsrechts“, vgl. *ders.*, S. 57. Daß sich daran dem Grunde nach wenig geändert hat, zeigt auch die aktuelle Neukommentierung des Problemkreises bei Staudinger/*Habermeier*, BGB, § 708 Rn. 19 ff., der auch im Jahr 2003 bemerkt, daß die jahrzehntelangen Auseinandersetzungen um diese Frage noch andauern.

[22] Weder in den Beiträgen von *Häuser* aus dem Jahre 1998 (vgl. *ders.*, in: FS für Kraft, S. 147 ff.), noch z.B. in der dieses Problem darstellenden Kommentierung des § 114 HGB (Stand 1.9.1999) von *Ulmer* (vgl. *ders.*, in: Großkomm. HGB, § 114 Rn. 57 ff.) oder der aktuellsten von *Habermeier* aus dem Jahre 2003 (Staudinger/*ders.*, BGB, § 708 Rn. 19 ff.) findet sich ein Hinweis auf *Jagenburg*.

Gesellschafter in Ausübung seiner Vertretungsmacht im Außenverhältnis Verträge mit Wirkung[23] für die Gesellschaft[24] abschließt, deren Abschluß im Innenverhältnis aber nicht von seiner Geschäftsführungsbefugnis gedeckt ist.[25]

Der Gesellschafter richtet die Wahrnehmung seines Mitverwaltungsrechts also nicht an den Innenschranken der Zuständigkeitsordnung seiner Gesellschaft aus. Ob ein innenrechtswidriges Handeln des Gesellschafters in concreto vorliegt, richtet sich entweder nach dem gesetzlichen Leitbild der Geschäftsführung des jeweiligen Gesellschaftstyps[26] oder nach deren gesellschaftsvertraglicher Modifizierung.

De lege lata kann die Verletzung der Geschäftsführungsbefugnis nur in Ausnahmefällen mit der Entziehung des Mitverwaltungsrechts zu Lasten des innenrechtswidrig handelnden Gesellschafters sanktioniert werden.[27] Da weder das BGB noch das HGB einen eigenen Haftungstatbestand für derartige Kompetenzverstöße vorsehen, gehen die Ansichten im Spannungsverhältnis von Entscheidungskompetenz und Kompetenzmißbrauch sowohl über Haftungsgrund als auch den Haftungsmaßstab seit langem diametral auseinander.

Die fehlende gesetzliche Regelung der Überschreitung von Geschäftsführungsbefugnissen ist insofern ungewöhnlich, als in einigen partikular-rechtlichen Gesetzesentwürfen der Mitte des 18. Jahrhundert derartige Fälle ausdrücklich normiert waren.[28] Interessant ist auch die entsprechende Regelung im bürgerlichen Gesetzbuch für das Königreich Sachsen von 1863, die für Geschäftsführungsmaßnahmen, welche von einem von der Geschäftsführung ausgeschlossenen Gesellschafter vorgenommen wurden, in § 1369 folgende Regelung traf:

> *„Haben einzelne Gesellschafter Geschäfte der Gesellschaft ohne Auftrag geführt, so ist ihr Verhältnis zu den übrigen Gesellschaftern nach den Vorschriften über die Geschäftsführung ohne Auftrag zu beurteilen."*

---

23 Dazu schon S. 91 f.

24 Der Gesellschafter gibt im Rahmen der direkten Stellvertretung für die Gesellschaft eine eigene Willenserklärung in fremdem Namen mit Vertretungsmacht ab (vgl. §§ 164 ff. BGB).

25 Zu den relevanten Fallkonstellationen vgl. schon oben S. 107 f.

26 Vgl. §§ 709 bis 711 BGB (GbR), §§ 115 f. (OHG), 161 Abs. 2, 164 HGB (KG), §§ 6 Abs. 3 PartGG i.V.m. 115 f. HGB (Partnerschaftsgesellschaft). Zum Umfang der Geschäftsführung vgl. oben S. 100 ff.

27 Siehe §§ 112, 117 HGB.

28 So z.B. die Bestimmungen § 387 des Entwurfs eines bürgerlichen Gesetzbuches für das Großherzogtum Hessen (1842 bis 1853), § 565 des Entwurfs eines Gesetzbuches für das Königreich Bayern (1861) und § 780 des Entwurfs eines für die deutschen Bundesstaaten gemeinsamen Gesetzbuches über Schuldverhältnisse von 1866 (sog. Dresdner Entwurf), vgl. dazu *Jagenburg*, S. 37.

Diese Regelung aus dem sächsischen BGB verdient deshalb Erwähnung, weil sie für die Fälle der Überschreitung einer Geschäftsführungsbefugnis in den Motiven zum BGB Erwähnung findet:

> „*Ein Gesellschafter, welcher ohne Berufung durch den Gesellschaftsvertrag* [...] *Geschäfte für die Gesellschaft führt*", [unterstehe] „*den allgemeinen Vorschriften über die Geschäftsführung ohne Auftrag* [...]."[29]

Jedoch haben diese Vorgängerregelungen allesamt keinen Eingang in die entsprechenden Regelungskomplexe des ADHGB, HGB oder BGB gefunden. So blieb es in der Folgezeit allein der Rechtsprechung und Rechtslehre überlassen, die Grundsätze der Behandlung von kompetenzwidriger Inanspruchnahme von Geschäftsführungsbefugnissen zu entwickeln.

3. Entwicklungen in der Rechtsprechung

a) Rechtsprechung des Reichsoberhandelsgerichts

Das ROHG hatte bereits in seinem Urteil vom 25. März 1876,[30] noch unter der Geltung des ADHGB, - soweit ersichtlich - den ersten Fall der Überschreitung von Geschäftsführungsbefugnissen in der oHG zu entscheiden.[31]

In dem vom Gericht zu entscheidenden Sachverhalt ging es um eine Ausschließungsklage gegen den Gesellschafter-Geschäftsführer einer oHG. Dieser hatte, ohne Zustimmung seiner Mitgesellschafter, eine unmittelbar vor der Zwangsvollstreckung stehende Fabrik für die oHG erworben. Zwar konnte sich die oHG den Erwerb finanziell nicht leisten, allerdings wollte der geschäftsführende Gesellschafter verhindern, daß die Gesellschaft als nachrangige Konkursgläubigerin mit ihren noch offenen Forderungen gegen dieses nahezu insolvente Unternehmen ausfalle.

In seinen Entscheidungsgründen hat das ROHG die Ausschließungsklage der übrigen oHG-Mitgesellschafter im Ergebnis für begründet gehalten, da der beklagte Gesellschafter-Geschäftsführer ohne die Zustimmung der übrigen Gesellschafter ein solches über den gewöhnlichen Betrieb des Handelsgewerbes der Gesellschaft hinausgehendes Geschäft selbst dann nicht hätte vornehmen dürfen, wenn Gefahr im Verzug gewesen wäre. Da letztere nach tatrichterlicher Feststellung im damaligen Fall nicht gegeben war, hätte der geschäftsführende Gesellschafter hinreichend Zeit gehabt, sich mit den übrigen Gesellschaftern zu

29 Vgl. *Mugdan*, Gesamte Materialien z. BGB, Band. II, S. 340. - Motive II, S. 608.

30 ROHG 20, 244 ff.

31 Zum Stand der Meinungen in der Rechtslehre vor Inkrafttreten des HGB und BGB vgl. eingehend *Jagenburg*, S. 41 ff.

beraten. Folglich treffe ihn bei diesem Vorgehen der Vorwurf, daß er durch eigenmächtige Vornahme eines außergewöhnlichen und gewagten Unternehmens sich über Gesetz und Vertrag hinweggesetzt habe.[32] Im Ergebnis sah das ROHG dieses Verschulden selbst dann als ausreichenden Grund für die Begründetheit der Ausschließungsklage an, wenn das erworbene Unternehmen einen geschäftlichen Erfolg und nicht einen Verlust in der eigenen oHG bewirkt hätte.

Mit der Formulierung des Sich-Hinwegsetzens über „Gesetz und Vertrag" und wohl in Kenntnis der damaligen Entwürfe – insbesondere des § 1369 Sächsischen BGB – ist die Entscheidung des ROHG für den Fall der Überschreitung der Geschäftsführungsbefugnis eher als gesellschaftsvertragliche Pflichtverletzung zu sehen.[33] Die Geschäftsführung ohne Auftrag spielte für die Entscheidung des ROHG jedenfalls keine Rolle; das erkennende Gericht erwähnte sie in keinem Wort.

b) Erkenntnisse in der Rechtsprechung des Reichsgerichts

Bereits früh nachdem das ADHGB durch das HGB ersetzt wurde und das BGB in Kraft getreten ist, hatte sich nun das RG mit den Fällen der gesellschaftsvertragswidrigen Geschäftsführung zu beschäftigen.

aa) Anfänge der Rechtsprechung des Reichsgerichts

(1) Grundstücksersteigerungs-Fall I

Bereits 1903 beschäftigte sich das RG[34] erstmals mit der Frage der kompetenzwidrigen Geschäftsführung bei der oHG.

Der allein geschäftsführungs- und vertretungsberechtigte Gesellschafter einer oHG hatte im Rahmen einer Zwangsversteigerung ein Grundstück im Namen der Gesellschaft erworben. Die Mittel für die Erfüllung dieser Gesellschaftsverbindlichkeit hatte der Gesellschafter aus der Gesellschaftskasse entnommen und das Grundstück auf den Namen der Gesellschaft im Grundbuch eintragen lassen. Später klagten die Mitgesellschafter auf Rückzahlung der aus der Gesellschaftskasse entnommenen Mittel und auf Befreiung von der Hypothek. In der Revisionsinstanz bestand nur noch Streit darüber, ob der beklagte Gesellschafter die Rückerstattung der aus der Gesellschaftskasse entnommenen Beträge und die Befreiung der Gesellschaft von der Verpflichtung aus der Übernahme der Hypo-

---

32 ROHG 20, 244, 247 f.

33 Zutreffend *Jagenburg*, S. 44 f.

34 RG, Urteil v. 8.4.1903, I 429/02, RGZ 54, 237 ff.

thek nur Zug um Zug gegen Auflassung des Grundstücks an ihn zu leisten habe.[35]

Bei der Prüfung, ob dem beklagten Gesellschafter ein Zurückbehaltungsrecht gemäß §§ 273, 274 BGB zustand, führt der erkennende I. Zivilsenat aus, daß durch die unberechtigte Entnahme und Verwendung der Beträge aus der Gesellschaftskasse der Beklagte lediglich Schuldner der Gesellschaft und seine Mitgesellschafter dessen Kläger wurden.

Einen konnexen (Gegen-)Anspruch i.S. des § 273 BGB könne der beklagte Gesellschafter aus dieser unberechtigten Handlung gegen seine Mitgesellschafter dagegen nicht erwerben. Weiter führt das Gericht aus, daß in dem rechtlichen Verhältnis zwischen den übrigen Gesellschaftern und dem kompetenzwidrig handelnden Gesellschafter der Erwerb materiell ein Erwerb des beklagten Gesellschafters ist, aus dem er Schuldner der Gesellschaft geworden sei, weil er die Mittel der Gesellschaft dazu verwendet hat. Anders liege der Fall nur dort, wo der Vertreter, Beauftragte oder Geschäftsführer ohne Auftrag etwas mit eigenen Mitteln für einen anderen erworben hat und der andere den Erwerb genehmigt oder zu genehmigen verpflichtet ist. Damit werde nämlich der Genehmigende Gläubiger des Anspruchs auf das Erworbene, zugleich aber auch Schuldner desjenigen, der für den Erwerb etwas aufgewendet hat.[36]

Dies ist die einzige Erwähnung der Geschäftsführung ohne Auftrag in den gesamten Urteilsgründen. Zutreffend stellt das Gericht im nächsten Satz wörtlich fest: *„Davon ist hier nicht die Rede."*[37]

Vielmehr hat der geschäftsführende Mitgesellschafter das Grundstück ja nicht mit eigenen Mitteln im Namen der Gesellschaft erworben, sondern er hat hierfür Gesellschaftsmittel verwendet. Konsequenterweise meint das erkennende Gericht daher, daß der beklagte Gesellschafter aus der unberechtigten Ersteigerung des Grundstücks keinen Anspruch gegen die Gesellschaft oder die übrigen Mitgesellschafter erworben hat, vielmehr ist er nur Schuldner der Gesellschaft und der übrigen Mitgesellschafter geworden, nicht deren Gläubiger. Durch diese widerrechtliche, willkürliche und vertragswidrige Maßnahme allein kann eine Verpflichtung der Gesellschaft oder gar der Mitgesellschafter dagegen nicht begründet werden. Die Gesellschaft und die übrigen Mitgesellschafter werden erst dann zum Schuldner des beklagten Gesellschafters, wenn der kompetenzwidrig handelnde Gesellschafter dasjenige zurückerstattet hat, was er unberechtigt aus der

---

35 Vgl. RG, Urteil v. 8.4.1903, I 429/02, RGZ 54, 237, 238.

36 In diesem Sinne RG, Urteil v. 8.4.1903, I 429/02, RGZ 54, 237, 239.

37 Vgl. RG, a.a.O.

Gesellschaftskasse entnommen und die Gesellschaft und die Mitgesellschafter von der Verpflichtung aus der Hypothekenübernahme befreit hat.[38]

Das RG hat dieses ebenfalls in Überschreitung der Geschäftsführungsbefugnis vorgenommene ungewöhnliche Geschäft ausdrücklich als „vertragswidrig" gekennzeichnet und eine Überprüfung der Handlung des kompetenzwidrig handelnden Gesellschafters nach den Regeln der Geschäftsführung ohne Auftrag nicht vorgenommen.[39] Die Frage der Haftungsgrundlage ist insoweit noch nicht ausdrücklich geklärt gewesen, ja nicht einmal explizit angesprochen worden. Zumindest kann man festhalten, daß das Gericht von einer widerrechtlichen, willkürlichen, vertragswidrigen Maßnahme ausging, was den Schluß nahe legt, daß eine Vertragshaftung des beklagten Gesellschafter-Geschäftsführers im Raum stand.

(2) Grundstücksersteigerungs-Fall II

Im Mittelpunkt der reichsgerichtlichen Entscheidungspraxis steht aber ein Urteil des II. Zivilsenats vom 12.6.1913.[40]

Der Entscheidung des RG lag ebenfalls ein Fall zugrunde, in dem der betreffende Gesellschafter einer oHG im Wege der Zwangsversteigerung ein Grundstück im Namen der Gesellschaft ersteigerte, um den Ausfall einer Gesellschaftsforderung, die durch eine zweitrangige Sicherungshypothek gesichert gewesen ist, zu verhindern. Die oHG erhielt in der Zwangsversteigerung schließlich den Zuschlag und verpachtete anschließend das auf dem Grundstück befindliche Hotel an einen Dritten weiter. Über zwei Jahre nach dem Erwerb des Grundstücks erhob der Mitgesellschafter Klage, daß der beklagte geschäftsführende Mitgesellschafter verpflichtet gewesen sei, den durch die Ersteigerung des Grundstücks entstandenen und noch zukünftig entstehenden Schaden der Gesellschaft zu ersetzen.

Ins Zentrum der Entscheidung des RG rückte dabei die Bestimmung des § 116 HGB. Entscheidend für die streitgegenständliche Frage war nach Auffassung des Gerichts, ob für die Ersteigerung des Grundstücks – auch unter Berücksichtigung etwaiger besonderer Umstände nach § 116 Abs. 2 HGB –, ein Beschluß

---

[38] Siehe RG, a.a.O.

[39] Unzutreffend ist allerdings die Behauptung *Jagenburgs*, daß die Geschäftsführung ohne Auftrag an keiner Stelle in der Entscheidung erwähnt werde, vgl. *ders.*, S. 54. Die Erwähnung der „Geschäftsführung ohne Auftrag" bezog sich in der Entscheidung aber allein auf die Frage, ob ein konnexer Gegenanspruch i.S. des § 273 BGB vorliegt, die Haftungsgrundlage wurde damit aber nicht diskutiert, vgl. RG, a.a.O.

[40] RG, Urteil v. 12.6.1913, II 130/13, LZ 1914, 580 f. Nr. 9. Die Entscheidungsgründe sind ausführlicher abgedruckt in *Gruchot*, Bd. 18 (58. Jahrgang/1914) Nr. 17, S. 444 ff.

sämtlicher Mitgesellschafter erforderlich war, weil die Ersteigerung über den gewöhnlichen Betrieb der von der oHG betriebenen Möbelfabrik hinausging.

Der erkennende II. Zivilsenat kam zu dem Ergebnis, daß es sich (objektiv) bei der Ersteigerung eines Grundstücks nicht mehr um ein gewöhnliches Geschäft i.S. des § 116 Abs. 1 HGB handele und es auf den Beweggrund des Gesellschafters – die Rettung der zum Gesellschaftsvermögen gehörenden hypothekarisch gesicherten Forderung – im Ergebnis nicht ankomme. Soweit der beklagte Gesellschafter die Zustimmung seines Mitgesellschafters nicht habe, *„so ging das Geschäft im Verhältnis des Beklagten zur Gesellschaft nicht für deren Rechnung, sondern für Rechnung des Beklagten, als hätte er es für sich alleine abgeschlossen. Er trug die Gefahr des Geschäfts.“*[41]

Damit beantwortete das RG die haftungsrechtliche Frage nach den Rechtsfolgen der Überschreitung von Geschäftsführungsbefugnissen jedoch ebenfalls nicht. Beachtet man das streitgegenständliche Begehren des klagenden Mitgesellschafters, der letztlich eine Freistellung der Gesellschaft von diesem für die Gesellschaft im Außenverhältnis wirksamen, aber ungewöhnlichen und vor allem defizitären Geschäft begehrte, überrascht es nicht, daß das RG die Rechtswirkungen der Ersteigerung nur auf den innenrechtswidrigen Geschäftsführer bezog. Den Einwand des beklagten Gesellschafters, er habe zur Rettung der Gesellschaftsforderung das Gebot in der Zwangsversteigerung abgegeben, verwarf das RG mit einem Hinweis auf § 116 HGB als unwesentlich. Ob den Beklagten in Beurteilung der ganzen Lage ein Verschulden treffe, ist für die Abgrenzung zwischen einem gewöhnlichen und ungewöhnlichen Geschäft unbeachtlich. Es genüge für das die Haftungsfolge auslösende und ihm vorwerfbare Verschulden,[42] daß ihm ein Beschluß aller Gesellschafter zum Erwerb des Grundstücks in der Zwangsversteigerung nicht zur Seite stand. Für diesen Fall mußte er den Erwerb entweder unterlassen oder die Gefahr, die der Erwerb mit sich brachte, fiele auf ihn.[43]

Darüber hinaus verwirft das RG in seiner Begründung auch den Hinweis der Revision auf die Haftungsminderung nach § 708 BGB, die dem handelnden Gesellschafter nicht zur Seite stünde. Denn selbst wenn der Gesellschafter bei seinem Entschluß, in der Zwangsversteigerung zu bieten, die eigenübliche Sorgfalt beachtet habe, so folge daraus keineswegs, daß die Gesellschaft das Geschäft dem handelnden Gesellschafter gegenüber als für ihre Rechnung geschlossen hätte gelten lassen müssen. Zudem begünstige den handelnden Gesellschafter auch nicht die Haftungserleichterung des § 680 BGB, denn es gehe bei dem Kompetenzverstoß letztlich nicht darum, ob der Gesellschafter bei dem was er

---

[41] RG, in: *Gruchot*, Bd. 18 (58. Jahrgang/1914) Nr. 17, S. 444, 446.

[42] Richtig *Martens*, ZHR 147 (1983), 377, 397: „das RG setze die schuldhafte Verletzung der Gesellschafterkompetenz voraus“.

[43] RG, in: *Gruchot*, Bd. 18 (58. Jahrgang/1914) Nr. 17, S. 444, 447.

zum vermeintlichen Nutzen der Gesellschaft getan hat, die erforderliche Sorgfalt walten ließ und sich jedenfalls keiner groben Fahrlässigkeit schuldig machte, sondern allein darum, ob der Mitgesellschafter zugestimmt habe oder nicht. Die fehlende Zustimmung würde auch nicht dadurch ersetzt, daß der Beklagte ohne Fahrlässigkeit annehmen durfte, das Geschäft werde zum Nutzen der Gesellschaft ausschlagen oder es sei im Interesse der Gesellschaft geradezu erforderlich. Wieso insoweit § 678 BGB dem Beklagten zur Seite stehen solle, sei ebenso nicht ersichtlich.[44] Vielmehr war es nach Ansicht des RG gleichgültig, ob der Beklagte das Einverständnis seines Mitgesellschafters mutmaßen konnte oder gemutmaßt habe. Es dürfe weder von dem klagenden Mitgesellschafter der Beweis gefordert werden, daß der Mitgesellschafter seine Zustimmung versagt habe, noch dem beklagten Gesellschafter die Möglichkeit gegeben werden, den Beweis des Gegenteils zu führen. Aufgrund der insoweit zweifelsfreien Vorschrift des § 116 Abs. 2 HGB haftet der Mitgesellschafter – im Innenverhältnis zur Gesellschaft – für die aus dem Rahmen des Gewerbebetriebs herausfallenden Handlungen nur dann, wenn er zugestimmt hat, nicht auch dann schon, wenn er, falls er gefragt worden wäre, zugestimmt haben würde. Auf so schwankenden Boden habe sich das Gesetz nicht stellen wollen.[45]

(3) Fabrikvergrößerungs-Fall

Das RG bestätigt in seinem Urteil vom 10. Oktober 1924 seine grundsätzliche Rechtsauffassung aus den Grundstücksersteigerungs-Fällen.[46]

Der II. Zivilsenat hatte einen Sachverhalt zu entscheiden, in dem ein geschäftsführender Gesellschafter einer oHG namens der Gesellschaft einen Vertrag über die Erweiterung der von der oHG betriebenen Fabrik abgeschlossen hatte, obwohl der Mitgesellschafter gemäß § 115 Abs. 2 Halbs. 2 HGB widersprochen hatte. Der beklagte Mitgesellschafter berief sich darauf, „nur im Interesse der Gesellschaft" gehandelt zu haben.

In seiner Entscheidung führt das RG aus, daß der oHG-Gesellschafter ein ungewöhnliches Geschäft unter Mißachtung ausdrücklicher Widersprüche seines Mitgesellschafters (vgl. § 115 Abs. 1 Halbs. 2 HGB) getätigt habe, und daß die Frage der Zweckmäßigkeit des Vorgehens des beklagten Gesellschafters nicht nachzuprüfen sei.[47] Vielmehr habe sich der Beklagte durch sein eigenmächtiges

---

[44] Das OLG Stuttgart war in seinem Berufungsurteil noch davon ausgegangen, daß eine Ersteigerung ohne Zustimmung der Mitgesellschafter dem Gesellschaftsvertrag widersprach; es sei daher § 678 BGB (unmittelbar oder entsprechend) anzuwenden. Vgl. auch *Jagenburg*, S. 71 m.w.N.

[45] Vgl. RG, in: *Gruchot*, Bd. 18 (58. Jahrgang/1914) Nr. 17, S. 444, 447.

[46] RG, Urteil v. 10.10.1924, II 456/23, RGZ 109, 56 ff.

[47] RG, Urteil v. 10.10.1924, II 456/23, RGZ 109, 56, 59.

Vorgehen der Gesellschaft gegenüber schadensersatzpflichtig gemacht und müsse diese ohne weiteres schadlos halten. Dies habe in der Weise zu geschehen, daß er ihr die entzogenen baren Mittel erstattet und sie von der übernommenen Verbindlichkeit befreit.[48] Eine Anspruchsgrundlage nennt das Gericht aber auch hier ausdrücklich nicht.

(4) Aktienverkaufs-Fall

In diesem Sachverhalt hatte ein oHG-Gesellschafter gesellschaftseigene Eisenbahnaktien ohne die Zustimmung seines Mitgesellschafters veräußert.[49] Im Anschluß an seine bisherige Rechtsprechung beschränkte sich das RG in seinem Urteil vom 22. November 1929 auf die Feststellung, daß der Verkauf der Aktien ein ungewöhnliches Geschäft gewesen sei und nach § 116 Abs. 2 HGB der Zustimmung des anderen Gesellschafters bedurft hätte.[50] Der eigenmächtig und kompetenzwidrig handelnde Gesellschafter wurde zur Wiederbeschaffung der Aktien verurteilt.

Eine Anspruchsgrundlage nennt das RG allerdings wieder nicht. *Flechtheim*[51] weist in seiner Anmerkung zu diesem Urteil darauf hin, daß sich eine derartige Schadensersatzpflicht „ohne sonstiges Verschulden" aus § 678 BGB ergeben würde, wenn sich der beklagte Mitgesellschafter bewußt sein mußte, daß diese Transaktion nicht die Billigung des Mitgesellschafters finden würde. Wie *Flechtheim* selbst einräumt, sind dazu aber im Urteil keine Feststellungen getroffen.[52]

bb) Die Grundlagenentscheidung des Reichsgerichts im Bürgschaftsübernahme- und Grundstücksverkaufs-Fall

In dieser Grundsatzentscheidung vom 22. Oktober 1938 setzte sich der damals zuständige II. Zivilsenat des RG erstmals grundlegend und ausführlich mit der Haftungsfrage bei kompetenzwidriger Geschäftsführung auseinander.[53]

Dem Urteil lag folgender Sachverhalt zugrunde:

---

48 RG, Urteil v. 10.10.1924, II 456/23, RGZ 109, 56, 61.

49 RG, Urteil v. 22.11.1929, II 129/29, JW 1930, 705 (ff.) Nr. 7.

50 RG, Urteil v. 22.11.1929, II 129/29, JW 1930, 705, 706.

51 *Ders.*, JW 1930, 706 zu Nr. 7.

52 Insofern ist der Hinweis von MünchKomm/*Ulmer*, BGB, § 708 Rn. 8 in Fn. 21 unzutreffend, der dieses Urteil als Beleg für die Haftung wegen Geschäftsführung ohne Auftrag verstanden wissen wollte (gleichfalls ungenau z.B. Heymann/Horn/*Emmerich*, HGB, § 114 Rn. 20 in Fn. 47 oder auch *Müller-Graff*, AcP 191 (1991), 475, 487 in Fn. 74). Richtig jetzt aber *Ulmer*, in: Großkomm. HGB, § 114 Rn. 58. Dieses Urteil heute noch falsch interpretierend aber Staudinger/*Habermeier*, BGB, § 708 Rn. 20.

53 RG, Urteil v. 22.10.1938, II 58/38, RGZ 158, 302 ff.

Der Beklagte war Komplementär und geschäftsführender Gesellschafter einer KG, in deren Namen er ohne die Zustimmung der Kommanditisten eine selbstschuldnerische Bürgschaft übernahm. Als die KG aus der Bürgschaft in Anspruch genommen wurde, verkaufte der Komplementär ein Grundstück der Gesellschaft, um damit die gegen die Gesellschaft gerichtete Forderung zu bedienen.

Zum einen lag die Besonderheit des Falles darin, daß der Komplementär die Bürgschaft namens einer AG übernommen hatte, mit der aus steuerlichen Gründen eine Betriebsaufspaltung[54] gewählt wurde. Die KG fungierte dabei als Grundbesitzgesellschaft, die ihre Grundstücke und Betriebsanlagen an die AG verpachtet und ihre gesamten Roh- und Fertigfabrikate der AG in Verwahrung gegeben hatte. Insofern erschien dem RG bei Auslegung des § 116 HGB schon zweifelhaft, ob es sich bei dieser besonderen Konstellation überhaupt um ein über den gewöhnlichen Betrieb des Handelsgewerbes der KG hinausgehendes Geschäft handelte.[55]

Erstmals ging das RG auf den damaligen Streitstand hinsichtlich der Beurteilung der Überschreitung von Geschäftsführungsbefugnissen ein.

---

[54] Bei der Betriebsaufspaltung handelt es sich um eine gesellschaftsrechtlich bislang nicht gesondert geregelte Unternehmensform. Die Betriebsgesellschaft führt als aktiver Part das operative Unternehmen, dem Besitzunternehmen als passivem Part obliegt die Verwaltung der wesentlichen Betriebsgrundlagen, wie z.B. der Betriebsgrundstücke. Nach gefestigter Rechtsprechung des BFH erfordert die Betriebsaufspaltung eine miet- oder pachtweise Überlassung von Wirtschaftsgütern (Sachen oder Rechte) durch ein Besitzunternehmen an ein Betriebsunternehmen zur gewerblichen Nutzung, für welches die Wirtschaftsgüter eine wesentliche Grundlage des Betriebs darstellen (sog. sachliche Verflechtung, ständige Rechtsprechung des BFH, vgl. z.B. BFH, Urteil v. 15.1.1998, IV R 8/97, DStR 1998, 1009 ff. = BStBl II 1998, 478 ff.; Urteil v. 6.3.1997, XI R 2/96, DStR 1997, 956 ff. = BStBl II 1997, 460 ff. jeweils m.w.N.), und zugleich die hinter der Betriebsgesellschaft und hinter dem Besitzunternehmen stehenden Personen einen einheitlichen geschäftlichen Betätigungswillen haben (personelle Verflechtung durch Beherrschungs- bzw. Beteiligungsidentität, vgl. nur BFH, Urteil v. 24.2.2000, IV R 62/98, BFH/NV 2000, 913 ff. = DStR 2000, 816 ff. dort m.w.N.).

[55] Aus der steuerlichen Organisation in Form einer Betriebsaufspaltung nahm das RG gesellschaftsrechtlich eine Art „Doppelgesellschaft“ zwischen der KG und der AG an. Aus dem Umstand, daß das gesamte Gesellschaftsvermögen auf zwei Gesellschaften verteilt wurde, die beide demselben wirtschaftlichen Zweck, nämlich dem Betrieb der Seidenweberei dienten, könne demnach folgen, daß die Übernahme der Bürgschaft kein ungewöhnliches Geschäft i.S. des § 164 HGB sei. Insoweit hob das RG die Vorentscheidung auf und verwies die Sache zur erneuten Verhandlung an das Berufungsgericht zurück. vgl. RG, Urteil v. 22.10.1938, II 58/38, RGZ 158, 302, 309.

Der II. Zivilsenat bezeichnet die Frage nach der gesetzlichen Grundlage der Haftung des geschäftsführenden Gesellschafters einer oHG oder KG im Falle der Überschreitung seiner Geschäftsführungsbefugnisse ausdrücklich als streitig.[56]

Zuerst wendet sich das erkennende Gericht der im damaligen Schrifttum vertretenen Ansicht zu, wonach der geschäftsführende Gesellschafter auch im Falle der Überschreitung seiner Befugnisse der Gesellschaft nur aus „Gesellschafterverschulden nach § 708 BGB" haftbar sei.[57]

Aber auch hier verneint das RG in Fortsetzung seiner bisherigen Rechtsprechung die Anwendbarkeit des § 708 BGB auf derartige Fälle.[58] Das erkennende Gericht verweist auf seine früheren Entscheidungen, wonach das unbefugt vorgenommene Geschäft im Verhältnis des Geschäftsführers zur Gesellschaft nicht für deren Rechnung, sondern für Rechnung des Geschäftsführers gehe, als hätte dieser es für sich allein abgeschlossen. Insofern trage der Geschäftsführer die Gefahr des Geschäfts.[59] In der Beurteilung des Falles sei es für das Eingreifen des § 116 HGB unerheblich, ob den Geschäftsführer ein Vorwurf treffe oder nicht. Vielmehr genüge es, daß dem Geschäftsführer insofern kein Gesellschafterbeschluß zur Seite gestanden habe. Folglich habe der Geschäftsführer das Geschäft unterlassen müssen, oder die Gefahr, die das Geschäft mit sich gebracht habe, gehe zu seinen Lasten.[60] Deshalb könne § 708 BGB nicht herangezogen werden. Selbst wenn man diesen privilegierten Haftungsmaßstab anwenden würde, folge daraus nicht, *„daß die Gesellschaft das Geschäft ihnen gegenüber, als für ihre Rechnung geschlossen gelten lassen müsse"*.[61] Der erkennende II. Zivilsenat hält also an seiner Ansicht insoweit fest, als er grundsätzlich die Anwendung des § 708 BGB abgelehnt hat.

In seiner Entscheidungsbegründung wendet sich das RG nun einem anderen Aspekt des § 708 BGB zu. Nach dieser Vorschrift erstrecke sich die Beschränkung der Haftung des Gesellschafters nur auf die Erfüllung der ihm obliegenden Verpflichtungen, also auf diejenigen Fälle, in denen die Erfüllung einer gesellschaftlichen Verpflichtung in Frage stehe. Die Handlung, die ein Gesellschafter aber außerhalb seiner Geschäftsführungsbefugnis für die Gesellschaft vornehme, ist unberechtigt und dann nicht mehr als Erfüllung seiner gesellschaftlichen Ver-

---

56 RG, Urteil v. 22.10.1938, II 58/38, RGZ 158, 302, 311.

57 Dies wurde in seiner damaligen Auflage u.a. von *Baumbach*, HGB, § 116 Anm. 2 und § 115 Anm. 2 b vertreten; vgl. auch RG, Urteil v. 22.10.1938, II 58/38, RGZ 158, 302, 312 und *R. Fischer*, in: Großkomm. HGB, 3. Aufl., § 116 Anm. 29 jeweils m.w.N.

58 RG, Urteil v. 22.10.1938, II 58/38, RGZ 158, 302, 312 mit Verweis auf RG LZ 1914, Spalte 580 Nr. 9 und JW 1930, S. 705 Nr. 7.

59 Siehe RG, in: *Gruchot*, Bd. 18 (58. Jahrgang/1914) Nr. 17, S. 444, 446.

60 RG, Urteil v. 22.10.1938, II 58/38, RGZ 158, 302, 312.

61 Vgl. RG, a.a.O.

pflichtung anzusehen.[62] Da im Außenverhältnis nun die Vertretungsbefugnis des Beklagten weitergehe als seine Geschäftsführungsbefugnis im Innenverhältnis, wurde die KG durch die Übernahme der selbstschuldnerischen Bürgschaft gegenüber der Bank selbst verpflichtet, woraus ihr auch ein Schaden entstanden sei.[63]

Nach Darlegung dieser Grundsätze verweist der erkennende II. Zivilsenat auf seine bisherige Rechtsprechung und führt aus, daß die auf den gesetzgeberischen Zweck der §§ 161 Abs. 2, 164 Abs. 2 und § 116 HGB stützende Rechtsansicht bewirkt, daß die aus der Bürgschaft in Anspruch genommene KG von den Folgen dieses Geschäfts von dem kompetenzwidrig handelnden Gesellschafter ohne weiteres freizustellen sei. Und zwar ohne Rücksicht darauf, ob er schuldhaft gehandelt hat oder ohne Verschulden der Meinung sein konnte, daß die andere Teilhaber zustimmen würden oder zugestimmt hätten.[64] Eine solche Auslegung des § 116 HGB wahre die Belange der Mitgesellschafter besser und sicherer, als wenn der geschäftsführende Gesellschafter nach den Vorschriften über die Geschäftsführung ohne Auftrag unter Umständen von der Haftung freigestellt wird, sei es, weil er mit der erforderlichen Sorgfalt vorgegangen ist, oder weil er die Zustimmung der übrigen Gesellschafter mit Grund annehmen durfte, oder weil diese, wenn sie gefragt worden wären, zugestimmt hätten.[65]

Daher war der II. Zivilsenat der Meinung, daß seine bisherige strenge Auffassung eine zu einseitige Überspannung des Rechtsschutzbedürfnisses der von der Geschäftsführung ausgeschlossenen Gesellschafter bedeute, bei der berechtigte Belange der Gesellschaft und des geschäftsführenden Gesellschafters zu leicht zu Schaden kommen könnten.[66]

In der Rechtsfolge stellt das erkennende Gericht den Fall der Überschreitung von Geschäftsführungsbefugnissen und seine Rechtsansicht zur damit zusammenhängenden Frage der Anspruchsgrundlage, auf eine neue Grundlage:

> *„Der geschäftsführende Gesellschafter, der ein außergewöhnliches Geschäft ohne die erforderliche Zustimmung der Mitgesellschafter vornimmt, handelt eben als Geschäftsführer ohne Geschäftsführungsbefugnis und haftet folgerichtig ebenso wie ein Geschäftsführer ohne Auftrag."*[67]

---

[62] RG, a.a.O. mit m.w.N.

[63] RG, a.a.O.

[64] RG, a.a.O.

[65] RG, a.a.O.

[66] RG, a.a.O.

[67] RG, Urteil v. 22.10.1938, II 58/38, RGZ 158, 302, 313.

Diese Rechtsfolge trete auch dann ein, wenn der Geschäftsführer irrtümlich angenommen habe, daß seine Geschäftsführungsbefugnisse auch den Abschluß des streitgegenständlichen Bürgschaftsvertrages mit umfassen sollten.[68]

Im Anschluß daran führt das Gericht weiter aus, daß nach der Grundregel des § 677 BGB der Geschäftsführer ohne Auftrag bei Ausführung des Geschäfts gemäß § 276 BGB für jedes Verschulden hafte. Von dieser (nur für die berechtigte Geschäftsführung ohne Auftrag) geltenden Grundregel macht § 678 BGB insofern eine Ausnahme, als die Haftung des Geschäftsführers wegen seiner ganzen Tätigkeit auch auf den im übrigen unverschuldeten Schaden ausgedehnt wird, wenn die Übernahme der Geschäftsführung mit dem wirklichen oder dem mutmaßlichen Willen des Geschäftsherrn in Widerspruch steht und der Geschäftsführer das bei Anwendung der erforderlichen Sorgfalt erkennen mußte.[69]

c) Zusammenfassung der historischen Rechtsprechung des Reichsoberhandelsgerichts und des Reichsgerichts

Zusammenfassend ist festzuhalten, daß die bisher aufgeführten Entscheidungen des ROHG und des RG im wesentlichen nur die Vornahme eines ungewöhnlichen Geschäfts ohne entsprechenden Beschluß der übrigen Gesellschafter, d.h. ohne deren erforderliche Zustimmung, betroffen haben.

Bis zur Entscheidung des RG vom 22. Oktober 1938 hat sich die Rechtsprechung nicht ausdrücklich zur Haftungsgrundlage bei kompetenzwidriger Inanspruchnahme von Geschäftsführungsbefugnissen geäußert. Jedoch schien die reichsgerichtliche Rechtsprechung im Hinblick auf die grundlegende Entscheidung des ROHG von einer vertraglichen Haftung desjenigen Gesellschafters auszugehen, der bei einem ungewöhnlichen Geschäft ohne einen § 116 Abs. 2 HGB entsprechenden Beschluß seiner Mitgesellschafter handelt.[70] Nach dieser Entscheidung sollte ein innenrechtswidrig handelnder Gesellschafter wie ein Geschäftsführer ohne Auftrag behandelt werden.

---

68 RG, a.a.O. m.w.N.

69 RG, a.a.O. Ob den geschäftsführenden Gesellschafter ein derartiges Übernahmeverschulden tatsächlich getroffen habe, konnte das erkennende Gericht nicht ohne weitere tatsächliche Aufklärung selbst entscheiden. Auch hinsichtlich dieser Frage hat er daher die Sache zur erneuten Verhandlung an das Berufungsgericht zurückverwiesen. Dies mit der Maßgabe, daß die Frage des Übernahmeverschuldens zusammen mit der Frage nach dem Vorliegen eines außergewöhnlichen Geschäfts nochmals tatrichterlich zu prüfen sei.

70 Vgl. in diese Richtung auch *Jagenburg*, S. 83.

d) Erkenntnisse in der Rechtsprechung des Bundesgerichtshofs

aa) Anfänge der Rechtsprechung des Bundesgerichtshofs

Soweit ersichtlich hatte der BGH erstmals im Jahr 1973[71] Gelegenheit, die Frage der Konsequenzen einer kompetenzwidrigen Inanspruchnahme von Geschäftsführungsbefugnissen in einer Personengesellschaft zu entscheiden.[72]

Der erkennende II. Zivilsenat hatte damals den (vereinfacht dargestellten) Fall zu entscheiden, daß der Komplementär in Zusammenwirken mit dem Kommanditisten einen Prokuristen der KG arbeitsrechtlich gekündigt hat, obwohl der Gesellschaftsvertrag vorsah, daß die Ernennung und Abberufung von Prokuristen als ungewöhnliche Geschäftsführungsmaßnahmen der Zustimmung der Gesellschafterversammlung bedurfte. Der KG entstand durch die arbeitsgerichtlich erfolgreich angefochtene Kündigung und der damit einhergehenden Auflösung des Arbeitsverhältnisses ein Schaden, den der Komplementär nun im eigenen Namen mit Leistung an die KG geltend machte.

In seiner Urteilsbegründung nimmt der erkennende II. Zivilsenat mit keinem Wort zu der seit dem Urteil des RG vom 22. Oktober 1938 umstrittenenen Frage nach der Haftungsgrundlage bei kompetenzwidriger Geschäftsführung Stellung.

Die Besonderheit des Falles lag zum einen darin, daß hier ein nicht geschäftsführungsbefugter Gesellschafter (Kommanditist) eine pflichtwidrige Geschäftsführungsmaßnahme des geschäftsführenden Gesellschafters (Komplementär) maßgeblich unterstützt und beeinflußt hat. Der BGH ging auch bei dieser Konstellation davon aus, daß ein sich gerade Geschäftsführungskompetenzen anmaßender Mitgesellschafter (Kommanditist) zum Schadensersatz der Gesellschaft gegenüber verpflichtet sein kann.

Das erkennende Gericht stellte hinsichtlich des Klagebegehrens schlicht und einfach fest, daß der Beklagte durch die ohne vorherige Zustimmung der Gesellschafterversammlung ausgesprochene Kündigung des Arbeitsverhältnisses zumindest fahrlässig gegen seine gesellschaftsvertraglichen Pflichten verstoßen habe.[73] Weiterhin führte der BGH aus, daß die beklagten Gesellschafter ihre Pflichten aus dem Gesellschaftsvertrag objektiv verletzt haben. Zur allgemeinen Verpflichtung des Gesellschafters, den Gesellschaftsvertrag einzuhalten, gehört – so die Besonderheit in dem zu entscheidenden Fall – aber auch die Pflicht, alles zu

---

71 BGH, Urteil v. 2.7.1973, II ZR 94/71, BB 1973, 1506 ff. = NJW 1973, 2198 ff.

72 Weitere Nachweise *Fleck*, ZIP 1991, 1269, 1271 in Fn. 27.

73 Vgl. BGH, NJW 1973, 2198, 2199.

unterlassen, was eine Vertragsverletzung durch Mitgesellschafter veranlaßt, fördert oder unterstützt.[74]

Der BGH geht hier von einer grundsätzlichen vertraglichen Haftung der kompetenzwidrig handelnden Mitgesellschafter gegenüber der Gesellschaft aus. An keiner Stelle des Urteils finden sich Anmerkungen bzw. Hinweise auf die möglicherweise anwendbaren §§ 677 ff. BGB. Wie der BGH die streitgegenständliche Frage auf dem Boden der gesellschaftsvertraglichen Haftung der kompetenzwidrig handelnden Gesellschafter verstanden wissen wollte, ist jedenfalls aus den Urteilsgründen offensichtlich. Den Streit um die Haftungsgrundlage zwischen vertraglicher Haftung und Geschäftsführung ohne Auftrag hat er allerdings nicht explizit aufgegriffen.

bb) Grundlagenentscheidungen des Bundesgerichtshofs

Fast 50 Jahre nach dem Grundlagenurteil des RG hatte sich der BGH dann erneut mit der Frage nach der Anspruchsgrundlage für die kompetenzwidrige Inanspruchnahme von Geschäftsführungsbefugnissen in der Personengesellschaft auseinander zu setzen. Dabei nutze der BGH im wesentlichen zwei Entscheidungen[75] um zu den aufgeworfenen Problemen bei kompetenzwidriger Geschäftsführung grundlegend Stellung zu nehmen. Es wird sich aber noch zeigen, ob der Grundsatz *„Roma (Karlsruhe) locuta, causa finita“* auch hier gilt.[76]

(1) Anstellungsvertrags-Fall

In der Entscheidung vom 11. Januar 1988[77] ging es um die Frage, ob ein oHG-Gesellschafter durch den Abschluß eines Anstellungsvertrages für den firmeneigenen Justiziar seine gesellschaftsrechtlichen Geschäftsführungsbefugnisse überschritten und sich somit schadensersatzpflichtig gemacht hatte. Nach der gesellschaftsvertraglichen Regelung bedurfte der Abschluß dieses Anstellungsvertrages der Zustimmung der übrigen beiden Mitgesellschafter. Nachdem die beiden Mit-

---

[74] Vgl. BGH, NJW 1973, 2198, 2200.

[75] Grundlegend BGH, Urteil v. 11.1.1988, II ZR 192/87, BB 1988, 1205 ff. = DB 1988, 1377 ff. = NJW-RR 1988, 995 f. = WM 1988, 968 ff. = ZIP 1988, 843 ff. = EWiR § 115 HGB 1/88, 803 f. m. Anm. *Weipert* = WuB II E. § 115 HGB 1.88 m. Anm. *Lange*, fortgeführt von BGH, Urteil v. 12.6.1989, II ZR 334/87, AG 1989, 354 ff. = BB 1989, 1637 ff. = DB 1989, 1762 ff. = EWiR § 43 GmbHG 1/89, 779 f. m. Anm. *Grauenhorst* = NJW 1989, 2697 (LS) = NJW-RR 1989, 1255 ff. = WM 1989, 1335 ff. = WuB II C. § 43 GmbHG 1.90 m. Anm. *Teichmann* = ZIP 1989, 1390 ff., vgl. auch die Besprechung von *Fleck*, ZIP 1991, 1269 ff.

[76] *S. Augustin*, Sermones 131, 10 zitiert nach *Liebs*, S. 193 R 62.

[77] BGH, Urteil v. 11.1.1988, II ZR 192/87, BB 1988, 1205 ff. = DB 1988, 1377 ff. = EWiR § 115 HGB 1/88, 803 f. m. Anm. *Weipert* = NJW-RR 1988, 995 f. = WM 1988, 968 ff. = WuB II E. § 115 HGB 1.88 m. Anm. *Lange* = ZIP 1988, 843 ff.

gesellschafter ihren schriftlichen Widerspruch gegen den Abschluß des Anstellungsvertrages erklärten, kündigten sie namens der Gesellschaft das Anstellungsverhältnis fristlos. Nachdem sich der Justiziar erfolgreich gegen die Kündigung gewehrt hatte, nahm einer der Mitgesellschafter im Wege der *actio pro socio* den seine Geschäftsführungsbefugnisse überschreitenden Gesellschafter auf die Erstattung des der Gesellschaft entstandenen Schadens in Anspruch. Der klagende Mitgesellschafter war der Ansicht, daß der beklagte Gesellschafter schadensersatzpflichtig sei, weil ihm für den Abschluß des Anstellungsvertrages die Geschäftsführungsbefugnis gefehlt habe.

In der Begründung seiner Entscheidung führt der erkennende II. Zivilsenat aus, daß die Mitgesellschafter dem beklagten Gesellschafter gegenüber in jedem Fall rechtswirksam i.S. des § 115 Abs. 1 Halbs. 2 HGB widersprochen hätten. Der beklagte Mitgesellschafter habe daher seine Geschäftsführungsbefugnis überschritten.

Hinsichtlich der Rechtsfolge stellt der BGH wörtlich fest:

> *„Der Beklagte hat daher seine Geschäftsführungsbefugnis überschritten und sich wegen schuldhafter Verletzung des Gesellschaftsvertrages schadensersatzpflichtig gemacht."*[78]

Für den Fall, daß ein geschäftsführender Gesellschafter bei Vornahme einer Handlung für die Gesellschaft den Rahmen seiner Geschäftsführungsbefugnis überschreitet, verstößt er gegen seine vertraglichen Pflichten. Ausdrücklich wendet er sich der gegenteiligen Ansicht des RG[79] zu, wonach der Geschäftsführer unter diesen Umständen wie ein Geschäftsführer ohne Auftrag hafte, weil er ohne Geschäftsführungsbefugnis gehandelt habe und lehnt diese ab.

Zur Begründung führt der BGH an, daß sich aus der kompetenzwidrigen Geschäftsführung keine außervertragliche, quasi-kontraktliche Haftung ergebe. Im Ergebnis könne nicht zweifelhaft sein, daß der Pflichtverstoß in der Verletzung der Verpflichtung besteht, die gesellschaftsvertraglich gezogene Grenze der Geschäftsführungsbefugnis zu beachten und die unbefugte Maßnahme zu unterlassen.[80]

Bei der Überschreitung der gesellschaftsvertraglichen Pflichten hat der handelnde Gesellschafter nach Feststellung des erkennenden Gerichts auch schuldhaft gehandelt. Er mußte zu der in der Vergangenheit viel diskutierten Frage der Anwendbarkeit des § 708 BGB und seines Sorgfaltsmaßstabes auf das Handeln eines geschäftsführenden Gesellschafters insofern nicht eingehen, da im Gesellschaftsvertrag eine abweichende Regelung getroffen war. Nach der Bestimmung

---

78 BGH, Urteil v. 11.1.1988, II ZR 192/87, WM 1988, 968, 969.

79 RGZ 159, 302, 313.

80 BGH, Urteil v. 11.1.1988, II ZR 192/87, WM 1988, 968, 970.

des Gesellschaftsvertrages schuldet jeder Gesellschafter die Sorgfalt eines ordentlichen Kaufmanns.[81] Die geschädigte Gesellschaft müsse daher zum Ersatz des Vermögensschadens aufgrund des kompetenzwidrigen Vertragsschlusses nur ihren Aufwand für die Erfüllung des innenrechtswidrig zustande gekommenen Geschäfts darlegen. Die Beweislast, daß ein Schaden der Gesellschaft wegen der erhaltenen Gegenleistung im Sinne einer Vorteilsausgleichung ausgeschlossen oder gemindert sei, obliege dagegen dem kompetenzwidrig handelnden Gesellschafter. Der die Gesellschaft schädigende Gesellschafter muß den Nachweis erbringen, daß die Gesellschaft die Gegenleistung bzw. Teile von ihr ohnehin beansprucht hätte oder daß sie aus der gesellschaftsvertraglich verbotenen Maßnahme andere vermögenswerte Vorteile erlangt hat, die ihr ansonsten vorenthalten geblieben wären.[82]

(2) Patentübertragungs-Fall

Diesem Beschluß des BGH vom 10. Oktober 1994 lag folgender Sachverhalt zugrunde:[83]

Der beklagte Gesellschafter ist zusammen mit seinem Sohn Gesellschafter einer oHG. Dem beklagten Gesellschafter standen persönlich seit Jahren zwei Patente zu, die er der Gesellschaft unentgeltlich zur Nutzung überlassen hatte. Der beklagte Gesellschafter hatte, ohne seinen Mitgesellschafter darüber zu informieren, die Patente auf seinen nicht an der oHG beteiligten weiteren Sohn übertragen und mit diesem im Namen der Gesellschaft einen Lizenzvertrag geschlossen. Aus diesem Vertrag stand dem zweiten Sohn des beklagten Gesellschafters ein Zahlungsanspruch gegen die oHG zu. Mit seiner Klage begehrte der Mitgesellschafter Schadensersatz in entsprechender Höhe und sogleich Freistellung von gegenwärtigen und zukünftigen Ansprüchen aus dem Lizenzvertrag.

Seinem Nichtannahmebeschluß hat der erkennende II. Zivilsenat trotzdem folgende Begründung hinsichtlich der Folgen der Überschreitung der Geschäftsführungsbefugnis beigefügt.

Nach den gesellschaftsvertraglichen Bestimmungen, die im wesentlichen mit der gesetzlichen Bestimmung des § 116 HGB übereinstimmten, durfte der beklagte Gesellschafter keine ungewöhnlichen Handlungen vornehmen. Der Abschluß eines die Pflicht, nunmehr Lizenzgebühren für die bisher gebührenfrei genutzten Patente zahlen zu müssen, auslösenden Nutzungsvertrages ist ein ungewöhnliches Geschäft, das der Beschlußfassung durch die Gesellschafterversammlung

---

81 Entsprechend den organschaftlichen Regelungen der §§ 93 AktG und 43 GmbHG.

82 Vgl. BGH, WM 1988, 168, 970.

83 BGH, Beschluß v. 10.10.1994, II ZR 2/94, DStR 1994, 1622 f. mit Anm. *Goette*.

bedurft hätte. Daß der beklagte Gesellschafter dies verkannt haben will, hat ihm das Berufungsgericht mit Recht als grob fahrlässiges Verhalten angelastet.[84]

Hinsichtlich der Anspruchsgrundlage für die entsprechende Schadensersatzpflicht geht der BGH nochmals auf die bisherige Rechtsprechung und insbesondere auf die von der Vorinstanz[85] vertretenen Ansicht ein, wonach der handelnde Gesellschafter in einem solchen Fall nach §§ 677, 678 BGB auf Schadensersatz hafte. Der BGH führt weiter aus, daß nach der neueren Rechtsprechung des II. Zivilsenats, die Ersatzpflicht jedoch nicht eine solche aus Geschäftsführung ohne Auftrag sei, sondern, da es um eine schuldhafte Überschreitung der gesellschaftsrechtlichen Kompetenzzuordnung geht, als gesellschaftsvertragliche Haftung einzuordnen sei.[86]

Einen Anlaß, diesen Streit im konkreten Fall entscheiden zu müssen, gab es für den erkennenden II. Zivilsenat allerdings nicht, da es nach beiden Haftungsgrundlagen zu einer Haftung des beklagten Gesellschafters gekommen wäre, weil die grobe Fahrlässigkeit des beklagten Gesellschafters auch das Ausführungsverhalten beträfe. Der beklagte Gesellschafter, der nicht ohne Grund hinter dem Rücken des Mitgesellschafters gehandelt hat, habe nicht annehmen können, daß dieser mit dem Abschluß eines Lizenzgebühren verursachenden Vertrages einverstanden gewesen wäre.

(3) Teilungserklärungs-Fall

In diesem Fall des BGH[87] ging es um die Klage von Gesellschaftern einer Gesellschaft bürgerlichen Rechts gegen ihren aufgrund des Gesellschaftsvertrages geschäftsführungsbefugten Mitgesellschafter. Die Gesellschafter der Gesellschaft bürgerlichen Rechts hielten jeweils einen Miteigentumsanteil an einem Grundstück verbunden mit dem Sondereigentum an den darauf errichteten Seniorenwohnungen. Der geschäftsführende Gesellschafter schloß mit einer weiteren Gesellschaft bürgerlichen Rechts, deren Mitgesellschafter er ebenfalls war, eine Aufbauvereinbarung für die auf dem Grundstück zu errichtenden Seniorenwohnungen. Der beklagte Gesellschafter-Geschäftsführer änderte später unter Mitwirkung von weiteren beteiligten Gesellschaftern die Teilungserklärungen bzgl.

---

[84] BGH, Beschluß v. 10.10.1994, II ZR 2/94, DStR 1994, 1622, 1623.

[85] OLG Hamm, Urteil v. 22.11.1993, 8U 271/92. im Anschluß an die frühere Auffassung, der die Vorinstanz ohne nähere Begründung gefolgt sei.

[86] Vgl. BGH, Urteil v. 11.1.1988 und BGH, Urteil v. 12.6.1989; vgl. dazu auch Schlegelberger/*Martens*, HGB, § 114 Rn. 36 f.

[87] BGH, Beschluß v. 28.11.1994, II ZR 54/94, NJW-RR 1995, 547 ff. = DStR 1995, 66 f. m. Anm. *Goette*. Vgl. Palandt/*Sprau*, BGB, § 713 Rn. 11 mit Verweis auf Vorinstanz OLG Köln NJW-RR 1995, 547 ff., das sich ohne die Anwendbarkeit der §§ 677 ff. BGB zu problematisieren, einen Schadensersatzanspruch aus §§ 705, 276 i.V.m. § 708 BGB angenommen hat.

des Sondereigentums in der Weise, daß sie zugunsten der Mitglieder der anderen Gesellschaft bürgerlichen Rechts geändert wurden. Infolgedessen hatte sich die Kostentragungspflicht der klagenden Gesellschafter zu ihren Lasten verändert, weshalb sie ihren Ausgleichsanspruch gegen den geschäftsführenden Gesellschafter damit begründeten, daß dieser schuldhaft seine Pflichten als geschäftsführender Gesellschafter verletzt und ihnen dadurch Schaden zugefügt habe.

Zur Frage der Anspruchsgrundlage der Haftung des geschäftsführenden Gesellschafters, falls dieser die Geschäftsführungsbefugnis überschreitet, beschreibt der erkennende II. Zivilsenat anschließend den bisherigen Meinungsstand. Voraussetzung für diese Schadensersatzpflicht des beklagten geschäftsführenden Gesellschafters der Gesellschaft bürgerlichen Rechts sei es, daß dieser nur solche Handlungen hätte vornehmen dürfen, die das Investitionsvorhaben und der gewöhnliche Geschäftsbetrieb mit sich bringt.[88]

Bei der Beurteilung dieser Frage hat sich der BGH erneut an den Maßstäben des § 116 HGB orientiert, wonach ungewöhnliche Geschäftsführungsmaßnahmen solche sind, die nach Inhalt und Zweck über den Rahmen des bisherigen Geschäftsbetriebs hinausgehen und deswegen Ausnahmecharakter haben, weil sie für die Gesellschaft besonders bedeutsam sind und Risiken entstehen lassen. Die Vorinstanz hatte durch die abgeänderten Teilungserklärungen eine dauernde Zweckänderung der jeweiligen Sondereigentumseinheiten gesehen. Diese dauernde Zweckänderung wurde vom erkennenden Gericht aber – ebenso wie dies schon das Berufungsgericht getan hatte – als ungewöhnliches Geschäft eingeordnet. Das war auch für den handelnden Gesellschafter-Geschäftsführer so offensichtlich erkennbar gewesen, daß er sich zu seinen Gunsten nicht einmal auf den weniger strengen Haftungsmaßstab des § 708 BGB hätte berufen können, sich vielmehr hätte vorhalten lassen müssen, sogar die Sorgfalt in eigenen Angelegenheiten nicht angewendet zu haben.[89]

(4) Unternehmerischer Fehlentscheidungs-Fall

Den oben dargelegten Rechtsprechungswandel aus dem Jahre 1988, von der Geschäftsführung ohne Auftrag hin zur gesellschaftsvertraglichen Haftungsgrundlage, bestätigte der wiederum zuständige II. Zivilsenat und führte seine Ansicht mit Urteil vom 4. November 1996 noch fort.[90]

Die klagende alleingeschäftsführungsbefugte Gesellschafterin betrieb zusammen mit ihrer weiteren Gesellschafterin eine Klosterbrauerei in der Rechtsform einer

---

[88] BGH, Beschluß v. 28.11.1994, II ZR 54/94, DStR 1995, 66, 67.

[89] BGH, a.a.O.

[90] BGH, Urteil v. 4.11.1996, II ZR 48/95, DStR 1997, 80 ff. m. Anm. *Goette* = EWiR § 708 BGB 1/97, 213 f. m. Anm. *Kirberger* = NJW 1997, 314 f. = WiB 1997, 582 f. m. Anm. *Gummert* = WM 1996, 2340 f. = ZIP 1996, 2164 f. = ZEV 1997, 35 f. m. Anm. *Kummer*.

oHG. Aufgrund einer gesellschaftsvertraglichen Regelung bedurfte die alleingeschäftsführungsbefugte Gesellschafterin in Grundstücksangelegenheiten der Zustimmung ihrer Mitgesellschafterin. Die beiden Gesellschafterinnen schlossen einen Erbvertrag, wonach der Gesellschaftsanteil der alleingeschäftsführungsbefugten Gesellschafterin nach deren Tode der später klagenden Mitgesellschafterin vermächtnisweise zugewandt werden sollte. Die nunmehrige Alleingesellschafterin richtete ihre Klage gegen die Alleinerbin der bisher alleingeschäftsführungsbefugten Mitgesellschafterin, da diese ihre gesellschaftsvertraglichen Kompetenzen als Geschäftsführerin überschritten und in zahlreichen Fällen unternehmerische Fehlentscheidungen getroffen habe. Den der Gesellschaft insoweit entstandenen Schaden verlangte sie nun klageweise von der Alleinerbin der bisherigen Mitgesellschafterin.

Zur Begründung seiner Entscheidung führt der BGH im wesentlichen aus, daß es für die Frage der Ersatzpflicht eines seine gesellschaftsvertraglich eingeräumten Befugnisse überschreitenden geschäftsführenden Gesellschafters einer oHG entscheidend darauf ankomme, ob ihm der Kompetenzverstoß – gemessen am Haftungsmaßstab des § 708 BGB – vorgeworfen werden kann; demgegenüber ist es ohne Bedeutung, ob dem geschäftsführenden Gesellschafter ein Verschulden hinsichtlich der Bedingungen, zu denen er für die Gesellschaft das Rechtsgeschäft vornimmt, zur Last gelegt werden kann.[91] Die Tatsache, daß er sorgfältig geprüft hat, ob die zustimmungspflichtige Maßnahme für die Gesellschaft erforderlich ist, befreit ihn hingegen nicht von der Schadensersatzpflicht. Grundsätzlich hat er das Risiko dafür zu tragen, daß seine Prognosen nicht eingetreten sind, weil er seinem Mitgesellschafter nicht die Möglichkeit gegeben hat, durch Verweigerung der Zustimmung von der – wie sich ex-post herausgestellt hat – schadensstiftenden Maßnahme abzusehen.[92] Demzufolge ist ebenso wie bei § 678 BGB kein Ausführungsverschulden erforderlich.

Zu der bis zur Entscheidung des BGH vom 11. Januar 1988 heftig umstrittenen Frage, ob in einem solchen Fall der geschäftsführende Gesellschafter als Geschäftsführer ohne Auftrag nach § 678 BGB hafte, oder ob, wie der BGH in dieser Entscheidung annimmt, es sich allein um eine gesellschaftsvertragliche Haftung handelt, hat der BGH nicht mehr ausdrücklich Stellung bezogen.[93]

e) Zusammenfassung der Rechtsprechung des Bundesgerichtshofes

Die zu der Frage der kompetenzwidrigen Inanspruchnahme von Geschäftsführungsbefugnissen ergangene Rechtsprechung der vergangenen 150 Jahre hat ei-

---

[91] Vgl. BGH, Urteil v. 4.11.1996, II ZR 48/95, DStR 1997, 80 f.

[92] Vgl. BGH, Urteil v. 4.11.1996, II ZR 48/95, DStR 1997, 80, 82.

[93] So ausdrücklich BGH, a.a.O.

nen erheblichen Wandel erfahren. Ausgehend von der bloßen Feststellung der Haftung wegen Überschreitung der Geschäftsführungsbefugnis trat die Rechtsprechung anschließend mit Rücksicht auf die Interessenlage des innenrechtswidrig handelnden Gesellschafters für eine Haftung des Geschäftsführers nach den Grundsätzen der Geschäftsführung ohne Auftrag einschließlich der verschärften Haftung nach § 678 BGB bei schuldhafter unberechtigter Übernahme der Geschäftsführung ein. Anfangs versagte die Rechtsprechung dem innenrechtswidrig handelnden Gesellschafter noch das Privileg der eigenüblichen Sorgfalt i.S. des § 708 BGB. Den erleichterten Haftungsmaßstab der *diligentia quam in suis* zieht die Rechtsprechung erst in ihre Überlegungen mit ein, nachdem sie einen Wechsel in der Haftungsgrundlage hin zur gesellschaftsvertraglichen Pflichtverletzung vollzogen hat.

Soweit man die unterschiedlichen Rechtsprechungsansätze von RG und BGH mit Blick auf die Ergebnisse vergleicht, so fällt folgende Übereinstimmung ins Auge:

Das RG nahm seit der Entscheidung vom 22. Oktober 1938 bei schuldhafter Überschreitung der gesellschaftsvertraglichen Kompetenz regelmäßig eine unberechtigte Geschäftsführung ohne Auftrag mit der – ohne ein weiteres Ausführungsverschulden erfordernden – Haftung nach § 678 BGB an.[94] Im Anschluß an die Kommentierung des ehemaligen Vorsitzenden Richters des II. Zivilsenats *R. Fischer* im Großkommentar zum HGB[95] vertrat der für das Gesellschaftsrecht zuständige II. Zivilsenat in den Fällen der kompetenzwidrigen Inanspruchnahme von Geschäftsführungsbefugnissen eine gesellschaftsvertragliche Haftungsgrundlage. Der Gesellschafter hafte für den von ihm zu vertretenen Kompetenzverstoß für Nachteile aus dem Geschäft unabhängig davon, ob er weitere Fehler zu vertreten habe oder nicht.

Seit der Entscheidung aus dem Jahre 1996 setzt der BGH für eine Haftung des kompetenzwidrig handelnden Geschäftsführers ein Übernahmeverschulden voraus und wendet darauf die Haftungsprivilegierung des § 708 BGB an.

Als Unterschied zwischen den Ansätzen bleibt, daß das RG die Haftungsminderung gemäß § 708 BGB gänzlich verneint, während sich dieses Privileg bei der Frage des Übernahmeverschuldens für den BGH offensichtlich als notwendige Folge der allgemeinen Pflichtverletzung des Gesellschaftsvertrages ergibt.

---

94 A.A. *Häuser*, in: FS für Kraft, S. 147, 156 der auf § 687 BGB verweist.

95 *R. Fischer*, in: Großkomm. HGB, 3. Aufl., § 116 Anm. 29.

4. Ansichten in der Rechtslehre

Nach welchen Grundsätzen die Frage der Überschreitung der Geschäftsführungsbefugnis zu behandeln sei, war schon zum Zeitpunkt des Inkrafttretens des BGB bzw. HGB im Schrifttum äußerst streitig.[96]

a) Ansichten im älteren Schrifttum

Die herrschende Lehre im Schrifttum ging zur Zeit der Entscheidung des ROHG vom 25. März 1876[97] davon aus, daß derjenige Gesellschafter, der seine Geschäftsführungsbefugnis überschreitet, nicht als Geschäftsführer ohne Auftrag anzusehen sei, sondern wegen Vertragsverletzung, letztlich der Verletzung seiner gesellschaftsvertraglichen Pflichten haftbar sei.[98]

Wie kam es aber zu der Anwendung der Vorschriften der Geschäftsführung ohne Auftrag in derartigen Fällen? Dazu ist eine Entdeckung interessant, die *Jagenburg* in seiner Arbeit ausführlich geschildert hat. Sie soll an dieser Stelle kurz skizziert werden, um die weiteren Zusammenhänge in der neueren Literatur entsprechend nachvollziehen zu können.

Zwischen der Entscheidung des ROHG und dem Urteil des RG vom 12. Juni 1913 führte die von *Jagenburg* vorgenommene Analyse der Literaturansichten dazu, daß die frühe Rechtsprechung des RG Anfang des 20. Jahrhunderts ohne Einfluß auf die im damaligen Schrifttum vertretenen Ansichten blieb.[99] Wer hat nun aber die Vorschriften über die Geschäftsführung ohne Auftrag in die rechtswissenschaftliche Diskussion eingeführt?

Jagenburg hat bei der Durchsicht einer damals wie heute führenden Kommentarliteratur – dem Großkommentar zum ADHGB bzw. zum späteren HGB – folgende überraschende Entdeckung gemacht.

Staub schrieb in seiner Kommentierung zu Art. 103 ADHGB:[100]

> *„Die Folge des Nichtzustandekommens des Beschlusses ist, daß das Geschäft unterbleiben muß, selbst wenn es noch so wichtig und heilbringend, die Unterlassung aber noch so unheilvoll für die Gesellschaft wäre. Doch ist zu beachten, daß der Beschluß*

---

[96] Einen umfassenden und aufschlußreichen Überblick über damals vertretenen Meinungen hat schon *Jagenburg* in seiner Arbeit aus dem Jahr 1970 gegeben, vgl. *ders.*, S. 41 ff.

[97] Vgl. ROHG 20, S. 244 ff.

[98] So auch der Schluß von *Jagenburg*, S. 44.

[99] Vgl. *ders.*, S. 56.

[100] Dieser lautete wörtlich: *„Ein Beschluß der sämtlichen Gesellschafter muß vor der Vornahme von Geschäften eingeholt werden, welche über den gewöhnlichen Betrieb des Handelsgewerbes der Gesellschaft hinausgehen oder welche dem Zweck der Gesellschaft fremd sind."* Diese Regelung ist nahezu unverändert in § 116 HGB übernommen.

nur nach innen in Frage kommt. Der nach außen vertretungsberechtigte Gesellschafter kann das Geschäft trotzdem gültig vornehmen [...] *nur geht das Geschäft dann auf Gefahr des ausführenden Sozius und seine Handlungsweise ist eine unberechtigte, für die er nicht bloß mit diligentia quam in suis haftet (vgl. § 1 zu Art. 94 und § 26 zu Art. 102).*"[101]

Im Jahre 1900 erschien die jetzt das HGB erläuternde 6./7. Auflage des Kommentars von *Staub*. Hinsichtlich der Vornahme eines ungewöhnlichen Geschäfts ohne entsprechenden Gesellschafterbeschluß (§ 116 HGB) wiederholte er zwar wörtlich, was er in der 3./4. Auflage (1896) zu Art. 103 ADHGB ausgeführt hatte. Soweit man dem bereits in der alten Kommentierung enthaltenen Verweis auf die Erläuterung zum Widerspruchsrecht (Art. 102 ADHGB/ heute § 115 HGB) folgt, so fand man plötzlich einen Hinweis auf die Vorschriften der Geschäftsführung ohne Auftrag.

Für den Fall des Handelns eines geschäftsführenden Gesellschafters gegen den Widerspruch eines Mitgesellschafters wiederholt *Staub*, daß die Handlung bei entsprechender Vertretungsmacht im Außenverhältnis gültig sei und die Gesellschaft verpflichte:

„*Allein sie* [die Handlung] *geht auf die Gefahr des Geschäftsführers und ist eine unberechtigte Handlung, für welche er nicht bloß mit diligentia quam in suis haftet.*"[102]

In der Neuauflage heißt es bei *Staub* schließlich weiter:

„[...] *Vielmehr liegt eine vorsätzlich begangene Pflichtverletzung vor, für deren Folgen er ohne weiteres haftet (vgl. §§ 678, 679 BGB, vgl. auch Anm. – im Exkurs zu § 122).*"[103]

In dem Exkurs zu § 122 wird weiter ausgeführt:

„[...] *haftet der Gesellschafter natürlich für die Folgen vorsätzlicher Pflichtverletzungen. Denn für Vorsatz wird allgemein gehaftet (§ 276 BGB). So z.B. wenn der geschäftsführende Gesellschafter einen Geschäftsführungsakt vornimmt gegen den Widerspruch eines anderen geschäftsführenden Gesellschafter (vgl. Anm. 5 zu § 115), oder wenn ein von der Geschäftsführung Ausgeschlossener einen Geschäftsführungsakt vornimmt oder wenn ein Gesellschafter eine Handlung vornimmt, die im Gesellschaftsvertrag untersagt ist. Das ist überall vorsätzliches pflichtwidriges Handeln. Dafür wird*

---

101 *Staub*, in: Großkomm. ADHGB, Art. 103, Anm. § 4.

102 *Staub*, in: Großkomm. ADHGB, Art. 102 Anm. § 2 b – Anm. 5 zu § 115 HGB der 6./7. Aufl.

103 *Staub*, in: Großkomm. ADHGB, 8. Aufl., Anm. 5 zu § 115 HGB.

ohne weiteres gehaftet (vgl. § 678, 679 BGB; auch die analoge Deduktion bei Planck II, S. 51)."[104]

Die eben wiedergegebenen Ausführungen von *Staub* finden sich auch in der von *Pinner* fortgeführten Kommentierung in der 8. Auflage des Großkommentars zum HGB.[105]

Seit der 9. Auflage von 1912 fehlt aber der oben genannte Hinweis auf die analoge Deduktion[106] bei *Planck*.[107] Diese Verweisung ist aber von größter Wichtigkeit zum Verständnis dessen, was *Staub* mit seinem Verweis auf die §§ 678, 679 BGB hatte sagen wollen. Der Verweis auf *Planck* bezieht sich keineswegs auf die Geschäftsführung ohne Auftrag, sondern betrifft den Fall, daß sich jemand eines Erfüllungsgehilfen i.S. des § 278 BGB bedient, obwohl er dazu nicht berechtigt ist. In einem solchen Fall führt *Planck* aus:

> „*Verletzt der Schuldner seine Verbindlichkeit schuldhaft schon dadurch, daß er sich zu deren Erfüllung anderer Personen bedient; er hat deshalb eine hierdurch eintretende Unmöglichkeit der Erfüllung auch dann zu vertreten, wenn diese nicht durch ein Verschulden jener Personen, sondern durch Zufall eingetreten ist, der Zufall aber nicht eingetreten sein würde, wenn er sich jener Personen nicht bedient hätte.*"[108]

Daß es sich bei diesem Fall um eine schuldhafte Vertragsverletzung handelt, liegt auf der Hand. Dies muß schon deshalb außer Zweifel stehen, weil § 278 BGB nur im Rahmen vertraglich begründeter Schuldverhältnisse Anwendung findet.[109]

Schließlich folgert *Jagenburg* daraus, daß der Hinweis *Staubs* auf die §§ 678, 679 BGB in seiner Kommentierung zu § 115 HGB nicht anders als i.S. der Vertragshaftung des unbefugt handelnden geschäftsführenden Gesellschafters zu verstehen sei.[110] Zur Begründung wird ausgeführt, daß der Gesellschafter, der die gesellschaftsvertraglich gezogenen Grenzen seiner Geschäftsführungsbefugnis zu beachten hat, den Gesellschaftsvertrag allein dadurch schuldhaft verletzt, daß er seine Geschäftsführungsbefugnis überschreitet, mag er das Geschäft im übrigen

---

104 *Staub*, in: Großkomm. ADHGB, Anm. 14 des Exkurses zu § 122 HGB.

105 *Pinner*, in: Großkomm. HGB, 8. Aufl. (1906) und 9. Aufl. (1912), Anm. 5 zu § 116, Anm. 5 zu § 115 und Anm. 13 zu § 114, wo sich die Ausführungen *Staubs* aus der früheren Anm. 14 des Exkurses zu § 122 HGB wiederfinden.

106 Methodologisch i.S. einer Herleitung aus einer vergleichbaren, dem zitierten Rechtssatz entsprechenden Regelung zu verstehen; vgl. auch Duden „Fremdwörterbuch" unter dem Stichwort „Deduktion" i.S. der Ableitung des Besonderen und Einzelnen vom Allgemeinen oder auch der Erkenntnis des Einzelfalls durch ein allgemeines Gesetz.

107 Vgl. *ders.*, BGB, 9. Aufl., Anm. 13 zu § 114 HGB.

108 *Planck*, BGB, 1. und 2. Aufl., Bd. 2 (1900), Anm. 2 zu § 278 BGB.

109 Ebenso schon *Jagenburg*, S. 59.

110 *Ders.*, a.a.O.

auch mit aller Sorgfalt und ohne jede Fahrlässigkeit ausführen, ebenso wie der Schuldner hafte, der seine Verbindlichkeit persönlich erfüllen soll, aber schon dadurch schuldhaft handelt, daß er sich trotz des Verbotes eines Erfüllungsgehilfen bedient.

Dem liegt die gleiche Rechtskonstruktion wie diejenige des § 678 BGB zugrunde, auf die *Staub* entsprechend verweist:

Steht die Übernahme der auftragslosen Geschäftsführung mit dem wirklichen oder dem mutmaßlichen Willen des Geschäftsherrn in Widerspruch[111] und mußte der Geschäftsführer dies erkennen, so ist er dem Geschäftsherrn zum Ersatz des aus der auftragslosen Geschäftsführung entstehenden Schadens auch dann verpflichtet, wenn ihm ein sonstiges Verschulden (i.S. eines Ausführungsverschuldens) nicht zur Last fällt.

Der Geschäftsführer einer unberechtigten Geschäftsführung ohne Auftrag handelt also schon deshalb schuldhaft, weil er das erkennbar dem wirklichen oder mutmaßlichen Willen des Geschäftsherrn widersprechende Geschäft überhaupt tätigt (Übernahmeverschulden). Die Tatsache, ob ihm darüber hinaus auch bei der Durchführung der schuldhaft übernommenen unberechtigten Geschäftsführung ein Verschulden zur Last fällt (sonstiges oder sog. Ausführungs- oder Durchführungsverschulden) ist hinsichtlich der Rechtsfolge unerheblich, und hätte – wie bereits ausgeführt – in § 678 BGB nicht nochmals erwähnt werden müssen.[112]

Vor diesem Hintergrund wird deutlich, auf was sich der Verweis in der Kommentierung von *Staub* bezog.

> „*Man möge § 678 BGB vergleichen, um damit zu sagen, daß der unbefugt handelnde Gesellschafter in gleicher Weise ein Übernahmeverschulden schon allein dadurch trifft, daß er in Überschreitung seiner Befugnisse tätig wird, während es – ebenso wie im Falle des § 678 BGB – auf den weiteren Verlauf des Geschäfts und ein weiteres Verschulden des Gesellschafters bei der Ausführung des Geschäfts – sonstiges oder Ausführungsverschulden – nicht mehr ankommt.*“[113]

Der Hinweis *Staubs* ist daher als ein solcher auf eine ähnliche und vergleichbare Regelung zu verstehen. Ihn als Postulat für die Anwendung der §§ 678, 679 BGB und der damit verbundenen Vorschriften der Geschäftsführung ohne Auftrag für die Fälle der kompetenzwidrigen Inanspruchnahme von Geschäftsführungs-

---

[111] Und ist dieser Wille nicht gemäß § 679 unbeachtlich.

[112] Vgl. auch *Jagenburg*, S. 60 m.w.N. in Fn. 1.

[113] Ebenso *ders.*, a.a.O.

befugnissen zu interpretieren, ist zu weitführend.[114] Zur Verwirrung hat die Kommentierung sicherlich beigetragen, wenngleich sich nicht zweifelsfrei beweisen läßt, ob es ausschließlich sie war, welche die Geschäftsführung ohne Auftrag in den Blickpunkt der Lösung von kompetenzwidriger Überschreitung von Geschäftsführungsbefugnissen gerückt hat. Daß sie einen wesentlichen Beitrag geleistet hat, ist aber wohl nicht auszuschließen.[115]

b) Ansichten im älteren Schrifttum – „verschuldensunabhängige Risikohaftung"?

Dies vorausgeschickt, hat die Grundlagenentscheidung des RG vom 22. Oktober 1938[116] im damaligen Schrifttum erstaunlicherweise nahezu einhellige Gefolgschaft gefunden.[117]

Vereinzelt fanden sich aber auch bereits damals Kritiker der herrschenden Meinung. Auf der Grundlage des Gesellschaftsvertrages wollte diese Ansicht die Überschreitung der Geschäftsführungsbefugnis wie jede andere Verletzung von Gesellschafterpflichten den Grundsätzen der schuldhaften Vertragsverletzung und nicht der auftragslosen Geschäftsführung unterstellen.[118]

Dagegen sah das RG in seiner Entscheidung vom 12. Juni 1913 den haftungsbegründenden Kompetenzverstoß des geschäftsführenden Gesellschafters darin, daß er unter Mißachtung des Beschlußerfordernisses nach § 116 Abs. 2 HGB ein Geschäft für die Gesellschaft tätigte. Wie an anderer Stelle bereits ausgeführt, war es nach Ansicht des RG unerheblich,

> *„ob den Beklagten in Beurteilung der ganzen Lage ein Vorwurf trifft oder nicht, ist für das Eingreifen des § 116* [HGB] *unwesentlich. Es genügt, daß ihm ein Beschluß aller Gesellschafter, das Hotel in der Versteigerung zu erwerben, nicht zur Seite stand. War das der Fall, so mußte er den Erwerb entweder unterlassen oder die Gefahr, die der Erwerb mit sich bringt, fiel auf ihn."*[119]

Nach Ansicht des RG war es also unbeachtlich, ob den Gesellschafter in der Beurteilung dieser Lage ein „Vorwurf" trifft. Aus dieser Feststellung folgerte die herrschende Ansicht in der neueren Literatur, daß das RG einer verschuldensun-

---

[114] In diesem Sinne schon *Jagenburg*, S. 61, mit Nachweisen der abweichenden Meinungen der damaligen Rechtslehre in Fn. 1.

[115] *Ders.*, a.a.O.

[116] RGZ 158, 302 ff.

[117] Vgl. die Nachweise bei *R. Fischer*, in: Großkomm. HGB, § 116 Rn. 29; *Flechtheim*, in: Düringer/Hachenburg, HGB, § 114 Anm. 6; *Jagenburg*, S. 84 in Fn. 2.

[118] Insbesondere *Gogos*, S. 47 ff.; *Müller-Erzbach*, S. 36; *Bisinger*, S. 34, 60 ff.; vgl. auch eingehend *Jagenburg*, S. 90 ff.

[119] Vgl. RG LZ 1914, S. 580, 581.

abhängigen Risikohaftung zugeneigt sei und es weder auf ein Übernahme- noch auf ein Ausführungsverschulden, sondern nur darauf ankommt, ob das Geschäft objektiv unbefugt war.[120]

c) Stellungnahme zur reichgerichtlich postulierten „verschuldensunabhängigen Risikohaftung"

Die Ausführungen des RG in der genannten Entscheidung haben schon zur damaligen Zeit, aber anscheinend auch bis in die Gegenwart für erhebliche Verwirrung gesorgt. Manche Mißdeutungen oder Fehlschlüsse mögen ihre Ursache darin haben, daß das Bewußtsein für die historische Entwicklung der genannten Streitfrage verloren gegangen war. Darüber hinaus lag das zitierte Urteil den meisten Kommentatoren wohl nur in der gekürzten Fassung[121] vor, welche zugegebenermaßen das Verständnis der Entscheidung des RG erheblich erschwert.

Die Äußerungen des RG haben bis heute zu der Annahme geführt, daß die Entscheidung vom 12. Juni 1913 zur Statuierung einer verschuldensunabhängigen Risikohaftung des kompetenzwidrig handelnden Gesellschafters geführt habe, er sich also so behandeln lassen müsse, als hätte er das Geschäft für sich alleine geschlossen.[122]

Führt man sich die Begründung der Entscheidung nochmals unbefangen vor Augen, so wird deutlich, daß das RG mit der Formulierung

> *„ob dem Beklagten in Beurteilung der ganzen Lage ein Vorwurf trifft oder nicht, ist für das Eingreifen des* § *116* [HGB] *unwesentlich"*[123]

---

[120] *Ulmer*, in: Großkomm. HGB, § 114 Rn. 56; *Häuser*, in: FS für Kraft, S. 149; so interpretierte auch schon *R. Fischer*, in: Großkomm. HGB, § 116 Rn. 29 die reichsgerichtliche Ansicht: aus dem Satz „das Geschäft gelte als für den kompetenzwidrigen Geschäftsführer selbst abgeschlossen" folgerte er, daß „der Geschäftsführer auf eigene Gefahr und die Gesellschaft von den Folgen des Geschäfts freistellen muß, ohne Rücksicht darauf, ob er schuldhaft gehandelt hat oder ohne Verschulden der Meinung sein konnte, daß die anderen oder der andere Teilhaber zustimmen würden oder zugestimmt hätten." Wie ausgeführt, geht es an dieser Stelle um § 116 HGB; von einem Verschuldenserfordernis ist dort nicht die Rede. Vgl. auch *A. Hueck*, oHG, § 10 VI 5, S. 142. Dies ebenso verkennend *Glasenapp*, S. 57. Zum ganzen eingehend auch *Jagenburg*, S. 69.

[121] LZ 1914, S. 580.

[122] In der älteren Kommentarliteratur wurde das Urteil des RG vom 12.6.1913 zudem als Beleg für die Haftung des kompetenzwidrigen Gesellschafters nach den Vorschriften über die Geschäftsführung ohne Auftrag gesehen. Vgl. die Nachweise bei *Jagenburg*, S. 69 in Fn. 3 und S. 70 in Fn. 1. Daß diese Deutung fehlerhaft ist, sich aber trotzdem bis in die jüngste Zeit gehalten hat, wurde bereits an anderer Stelle erläutert, vgl. oben S. 186 in Fn. 52.

[123] Vgl. RG LZ 1914, S. 581.

gerade nicht die Frage beantwortet, ob den handelnden Gesellschafter bei der Überschreitung seiner Geschäftsführungsbefugnisse ein Verschulden – im technischen Sinne des § 276 BGB – treffe oder nicht. Dies wird bei einer genaueren Betrachtung des Tatbestands des § 116 HGB deutlich.

§ 116 Abs. 1 HGB stellt die Grundregel auf, daß die Geschäftsführungsbefugnis sich im Zweifel – soweit gesellschaftsvertraglich nichts abweichendes vereinbart ist – auf alle Handlungen erstreckt, die der gewöhnliche Betrieb des Handelsgewerbes der Gesellschaft mit sich bringt.

Die Regelung befaßt sich also hinsichtlich des Umfangs der Geschäftsführungsbefugnis eines Gesellschafters mit der Unterscheidung zwischen gewöhnlichen und außergewöhnlichen Geschäften und bestimmt damit den grundsätzlichen Umfang der Geschäftsführungsbefugnis, also zu welcher Art von Handlungen sie berechtigt.[124] Darüber hinausgehend setzt § 116 Abs. 2 HGB den Begriff der außergewöhnlichen Geschäfte voraus und verlangt, daß ein geschäftsführungsberechtigter Gesellschafter zur Vornahme solcher Geschäfte einen Beschluß seiner sämtlichen Mitgesellschafter bedürfe. Noch weitergehend verlangt § 116 Abs. 3 HGB für die Bestellung eines Prokuristen im Innenverhältnis die Zustimmung aller geschäftsführenden Gesellschafter, es sei denn, es ist Gefahr im Verzug.

Diese Regelung stellt somit gleichsam ein Korrektiv für die – auch gesellschaftsvertraglich – nicht abdingbare Vertretungsmacht der geschäftsführenden Gesellschafter im Außenverhältnis (vgl. § 124 Abs. 2 HGB) dar. Die Geschäftsführungsbefugnis wird im Innenverhältnis also grundsätzlich auf das normale „Maß“ der gewöhnlichen Geschäfte zurückgeführt. Zum Schutz der Mitgesellschafter ist bei außergewöhnlichen Geschäften oder bei Geschäften, welche die Grundlagen der Gesellschaft betreffen, ein Beschluß sämtlicher Gesellschafter erforderlich.

Erfolgt nun eine im Außenverhältnis grundsätzlich wirksame Verpflichtung der Gesellschaft durch den geschäftsführungsbefugten Gesellschafter, so stellt sich die Frage nach der Rechtsfolge der kompetenzwidrigen Tätigkeit.

Die Rechtsfolge einer wie auch immer begründeten Schadensersatzpflicht ergibt sich aber nicht aus § 116 HGB. Diese Norm ist schon nach dem eindeutigen Wortlaut keine Anspruchsgrundlage für eine derartige Haftung.

Vielmehr ist § 116 HGB, wie schon der systematische Aufbau der Vorschrift impliziert, wie folgt zu sehen:

---

[124] Allgemeine Meinung, vgl. nur Baumbach/*Hopt*, HGB, § 114 Rn. 1.

§ 116 Abs. 1 HGB:	Grundsätzliche Geschäftsführungsbefugnis für gewöhnliche Geschäfte.
§ 116 Abs. 2 HGB:	Geschäftsführungsbefugnis für außergewöhnliche Geschäfte nur bei Beschluß sämtlicher Gesellschafter; ansonsten ist die Geschäftsführungsmaßnahme rechtswidrig bzw. gesellschaftsrechtswidrig.
§ 116 Abs. 3 HGB:	Bestellung eines Prokuristen grundsätzlich nur mit Zustimmung aller geschäftsführenden Gesellschafter, es sei denn, es ist Gefahr im Verzug. Die Gefahr im Verzug stellt also einen Rechtfertigungsgrund für die ansonsten bleibende Rechtswidrigkeit des Handelns des Geschäftsführers dar.

Wenn das RG ausführt, es sei unerheblich, ob den handelnden Gesellschafter bei der Beurteilung der ganzen Lage für das Eingreifen von § 116 HGB ein „Vorwurf" trifft, so wiederholt das Gericht nur etwas Selbstverständliches. In § 116 HGB ist nirgends von Verschulden die Rede. Dies ist auch nicht nötig, denn § 116 HGB gibt den Mitgesellschaftern bzw. der Gesellschaft selbst keinen Anspruch auf Schadensersatz gegen den kompetenzwidrig handelnden Gesellschafter. Die Vorschrift stellt letztlich eine Eingrenzung der internen Zuständigkeitsordnung der Gesellschafter durch die Unterscheidung zwischen gewöhnlichen und ungewöhnlichen Geschäften dar. Das Erfordernis, daß dieser Vorschrift auch entsprechend zur Geltung verholfen wird, läßt sich aber nicht damit erreichen, daß man in diese Vorschrift entgegen dem Wortlaut ein Verschuldens- oder eben nicht ein Verschuldenserfordernis hineininterpretiert. Ob den Gesellschafter bei seiner Tätigkeit für die Gesellschaft ein Verschulden trifft oder nicht, muß sich vielmehr aus der jeweiligen Anspruchsgrundlage für eine ansonsten bestehende Schadensersatzpflicht ergeben.

Selbst wenn man die Formulierung des RG als unglücklich erachtet, so wird dennoch aus den Ausführungen im Urteil vom 12. Juni 1913 deutlich, daß auch das RG die Grundlage in einer verschuldensabhängigen Vertragshaftung sah. Die Ausführungen des RG hinsichtlich des § 116 HGB beziehen sich richtig verstanden nur auf ein mögliches Ausführungsverschulden des handelnden Gesellschafters, wenn der erkennende II. Zivilsenat es für das Eingreifen des § 116 HGB als unwesentlich erachte, *„ob dem Beklagten in Beurteilung der ganzen Lage ein Vorwurf trifft oder nicht"*.[125] Für das Eingreifen und damit für das Übernahmever-

[125] RG, in: *Gruchot*, 58, 446.

schulden genügt es, *„daß ihm ein Beschluß aller Gesellschafter, das Hotel in der Versteigerung zu erwerben, nicht zur Seite stand.“*[126]

Zuzugeben ist, daß das RG die Frage des Übernahmeverschuldens besser explizit hätte behandeln sollen. Viele Irrungen wären der Rechtslehre in der Folgezeit erspart geblieben. Aber wenn man bedenkt, daß die bis dahin überwiegende Ansicht in der Rechtsprechung und Rechtslehre die Frage der Haftung für kompetenzwidrige Geschäftsführung auf dem Boden einer schuldhaften Gesellschaftsvertragsverletzung sah, so überrascht es nicht, daß das RG sich mit diesem Satz begnügte.

Schließlich war auch damals schon bekannt, daß es eine Haftung für Vertragsverletzung ohne Verschulden nicht gibt und die Annahme einer verschuldensunabhängigen Haftung grundsätzlich[127] nicht geben könne. Im übrigen war dies in Art. 94 Abs. 2 ADHGB für das Gesellschaftsrecht ausdrücklich statuiert. Nach dieser Vorschrift haftet der Gesellschafter der Gesellschaft nur für denjenigen Schaden, welcher der Gesellschaft durch sein Verschulden entstanden ist.[128]

d) Zusammenfassung zur „verschuldensunabhängigen Risikohaftung“

Führt man sich zusammenfassend die Systematik des § 116 HGB vor Augen, dann muß man nicht – um gleichsam der *ratio legis* zur vollkommenen Geltung zu verhelfen – aus dieser Vorschrift eine verschuldensunabhängige Risikohaftung des kompetenzwidrig handelnden Gesellschafters ableiten. Die Entscheidung vom 12. Juni 1913 postuliert weder eine verschuldensunabhängige Risikohaftung, noch kann sie als Beleg für die Geschäftsführung ohne Auftrag in derartigen Fällen herangezogen werden.

Indes stellt das RG, wenn auch implizit, auf eine Haftung wegen schuldhafter Verletzung ab, wobei das Verschulden als Übernahmeverschulden zu verstehen ist und in dem entschiedenen Fall keiner ausdrücklichen Erwähnung bedurfte, da das Handeln ohne einen entsprechenden Gesellschafterbeschluß von dem beklagten geschäftsführenden Gesellschafter auch nicht bestritten worden ist.

Stützen läßt sich diese aufgrund der tatbestandlichen Fassung des § 116 HGB vorzugswürdigen Sichtweise einer Vertragsverletzung durch den ähnlich gelagerten Standpunkt des RG zur Frage der Rechtsgrundlage der pVV.

---

126 RG, in: *Gruchot*, 58, 446.

127 Mit Ausnahme der Gefährdungshaftung im Deliktsrecht.

128 In das HGB ist die Regelung wegen ihrer Selbstverständlichkeit nicht übernommen worden, vgl. Denkschrift zum HGB, S. 82; vgl. auch *Staub*, in: Großkomm. HGB, 6./7. Aufl. 1900, Anm. 16 des Exkurses zu § 122 HGB.

Das RG hatte als Rechtsgrundlage der höchstrichterlichen Rechtsfortbildung für die Fälle der Schlechtleistung den § 276 BGB selbst auserkoren.[129] In dieser Vorschrift, so führte das RG damals aus, sei der allgemeine Rechtsgrundsatz enthalten, nach dem der Schuldner für jede schuldhafte Verletzung seiner Vertragspflicht einzustehen habe.[130] Diese Sichtweise hat der BGH aber später zu Recht abgelehnt.[131] In der Vorschrift des § 276 BGB wird nämlich nur ein Haftungsmaßstab definiert, der nichts über den zugrundeliegenden Haftungsgrund aussagt. Diese Sichtweise wird von der ganz herrschenden Rechtslehre[132] geteilt und kann ebenso für den eigenüblichen Sorgfaltsmaßstab des § 708 BGB herangezogen werden. Auch letztgenannte Vorschrift ist kein Haftungstatbestand und sagt nichts über eine etwaige Haftungsgrundlage aus. Dies muß angesichts des Wortlauts erst recht für § 116 HGB gelten.

Diese Einsicht fällt aber heute noch vielen sehr schwer.[133] Nur vereinzelt wird die damalige Rechtsprechung in diesem Sinne gesehen. Um so bemerkenswerter sind die Ausführungen von *Martens* zu werten, der in der Besprechung des Urteils vom 12. Juni 1913 konstatiert, daß das RG lediglich die schuldhafte Verletzung der Gesellschafterkompetenz voraussetzt, im übrigen aber auf jegliches Ausführungsverschulden des geschäftsführenden Gesellschafters verzichte.[134]

e) Ansichten im neueren Schrifttum

Eine Abkehr von den bis dahin vertretenen Standpunkten brachte dann die bereits erwähnte Kommentierung von *R. Fischer* in Staubs Großkommentar zum HGB.[135] Das Meinungsbild im Schrifttum wesentlich beeinflußt haben auch die Ausführungen von *A. Hueck* zum Recht der oHG.[136]

---

[129] Vgl. schon RGZ 52, 19; 53, 201; 62, 120; 66, 291; 106, 22.

[130] Ebenso heute noch MünchKomm/*Emmerich*, Vor § 275 Rn. 204 f., mit dem Verweis auf die Vorgängerregelung des heutigen § 276 BGB, den § 224 Abs. 1 Satz 2 Entwurf I, obgleich der heutige Wortlaut des § 276 Abs. 1 BGB dies nicht mehr so deutlich wie der Entwurf zum Ausdruck bringt. Vgl. auch schon S. 50 in Fn. 258.

[131] BGHZ 11, 80, 83.

[132] Vgl. nur Staudinger/*Löwisch*, BGB, Vorbem. zu §§ 275 ff. Rn. 24; HK-BGB/*Schulze*, § 276 Rn. 1.

[133] Undeutlich auch *Karsten Schmidt*, Gutachen zur GbR, S. 526 ff.

[134] Vgl. *ders.*, ZHR 147 (1983), 377, 397 mit Verweis auf die ältere Kommentarliteratur in Fn. 46. Ganz und gar nicht unverständlich, sondern vielmehr auf einer Fehlinterpretation der historischen Entwicklung in Rechtslehre und Rechtsprechung basiert daher der Vorwurf von *Häuser*, in: FS für Kraft, S. 149, der die Ansicht *Martens* (und nicht *Mertens*) als unverständlich bezeichnet. Auch *Ulmer*, in: Großkomm. HGB, § 114 Rn. 58 geht heute ebenso noch von einer verschuldensunabhängigen Risikohaftung aus.

[135] Vgl. *R. Fischer*, in: Großkomm. HGB, 3. Aufl., § 116 Rn. 29.

[136] Eingehend *A. Hueck*, oHG, § 10 VI 5, S. 141 ff.

aa) „Zwei-Phasen"-Theorie

(1) Grundaussage

Neu an seinem Ansatz war, daß *A. Hueck* eine „Zweiphasigkeit" für die Verhaltensbeurteilung des Geschäftsführers vorgenommen hat.[137] Ausgehend vom Standpunkt des RG, daß bei einem innenrechtswidrigen Kompetenzverstoß grundsätzlich die Vorschriften über die Geschäftsführung ohne Auftrag als quasikontraktliche Haftungsbegründung anwendbar seien, versuchte er die strenge Haftung (für jedes Verschulden i.S. des § 276 BGB) durch eine Vorschaltung der beschränkten Diligenzpflicht des § 708 BGB abzumildern.[138]

Seine Ansicht begründet *A. Hueck* im wesentlichen damit, daß durch die Übertragung der Geschäftsführungsbefugnis der Gesellschafter nicht nur berechtigt, sondern auch verpflichtet wird, Maßnahmen, die im Gesellschaftsinteresse liegen, grundsätzlich vorzunehmen.[139]

Will der Gesellschafter diese gesellschaftsvertragliche Pflicht erfüllen und nicht seinerseits wegen Nichterfüllung seiner Geschäftsführerpflichten auf Schadensersatz in Anspruch genommen werden, so muß der geschäftsführende Gesellschafter daher nicht nur prüfen, ob die in Rede stehende Geschäftsführungshandlung im Interesse der Gesellschaft liegt, sondern er müsse auch die Möglichkeit haben, sich zu vergewissern, ob die Vornahme dieser Geschäftsführungsmaßnahme durch die ihm übertragene Geschäftsführungsbefugnis gedeckt ist. Denn letztlich verletzt er seine gesellschaftsvertraglichen Pflichten ebenso, wenn er die im Interesse der Gesellschaft liegende Handlung unterläßt.[140]

In der Folge unterscheidet die „Zwei-Phasen"-Theorie dann, ob das Geschäft mit oder ohne Geschäftsführungsbefugnis vorgenommen wurde.

---

137 Vgl. auch *Müller-Graff*, AcP 191 (1991), 475, 488.

138 *A. Hueck*, oHG, § 10 VI 5, S. 142 ff.; ebenso bisher MünchKomm/*Ulmer*, BGB, § 708 Rn. 8 ff. Inzwischen hat *Ulmer* seine bisher vertretene Ansicht ausdrücklich aufgegeben, vgl. *ders.*, in: Großkomm. HGB § 114 Rn. 58a in Fn. 102c und vertritt ebenso die (ausschließliche) Vertragslösung („Theorie der Sperrwirkung"). Heute noch folgend, Baumbach/*Hopt*, HGB, § 114 Rn. 15; Staudinger/*Keßler*, BGB, 12. Aufl., § 708 Rn. 10; Soergel/*Hadding*, BGB, § 708 Rn. 5; *Glasenapp*, S. 61 ff.; *Müller-Graff*, AcP 191 (1991), 475, 487 f.; *W. Müller*, in: Hdb. Personengesellschaften, § 4 Rn. 85 und jetzt auch Staudinger/*Habermeier*, BGB, § 708 Rn. 21.

139 Für eine differenzierte Anwendung des § 708 BGB aber *Wiedemann*, WM 1992, Sonderbeilage Nr. 7, S. 16, der nach mitgliedschaftlicher Erfüllungspflicht und organschaftlicher Wahrnehmung von Gemeinschaftsaufgaben unterscheidet.

140 *A. Hueck*, oHG, § 10 VI 5, S. 142.

(a) Geschäft mit Geschäftsführungsbefugnis

Kommt der Gesellschafter bei dieser in eigenüblicher Sorgfalt (§ 708 BGB) vorgenommenen Prüfung zu dem Ergebnis, daß Geschäft sei noch von seiner Geschäftsführungsbefugnis gedeckt, so kann ihm insoweit kein haftungsbegründender Vorwurf gemacht werden.[141] Soweit das vorgenommene Geschäft aber objektiv betrachtet kompetenzwidrig ist, haftet er dann auch bei Ausführung bzw. Durchführung des Geschäfts nur für diejenige Sorgfalt, die er ansonsten in eigenen Geschäftsführungsangelegenheiten (§ 708 BGB) anzuwenden pflegt.[142]

Dem reichsgerichtlichen Hinweis, daß auch bei irriger Annahme eines Rechts zur Geschäftsführung tatbestandlich eine Geschäftsführung ohne Auftrag vorliege,[143] entgegnet *A. Hueck*, daß dies für die hier interessierende Frage nicht entscheidend sei.[144] Maßgebend sei vielmehr, daß der Gesellschafter hier in seiner Eigenschaft als Geschäftsführer prüfen müsse, ob er das Geschäft vornehmen darf und daß er es - bei Bejahung der Frage - aufgrund seiner Geschäftsführungspflicht auch vornehmen müsse und er bei Erfüllung seiner Geschäftsführungspflichten nur im Rahmen des § 708 BGB hafte. Die an sich tatbestandlich gegebene Haftung für Geschäftsführung ohne Auftrag wird insofern eingeschränkt, da die übrigen Gesellschafter ihm auch im Bezug auf diese Prüfung ihr Vertrauen geschenkt haben, als sie ihm die Geschäftsführung überhaupt zubilligten. Wollte man dies anders entscheiden, so *A. Hueck*, würde man dem Gesellschafter gegen seinen Willen eine über § 708 BGB hinausgehende Sorgfaltspflicht auferlegen, was mit dem geltenden Gesetz nicht zu vereinbaren wäre.[145]

(b) Geschäft ohne Geschäftsführungsbefugnis

Soweit dem handelnden Gesellschafter die Prüfung seiner Geschäftsführungsbefugnis trotz des privilegierten Haftungsmaßstabes des § 708 BGB vorwerfbar ist, soll seine Handlung nicht mehr in Erfüllung seiner gesellschaftsvertraglichen Pflichten liegen. Für die Anwendbarkeit des § 708 BGB ist deshalb kein Raum

---

141 Vgl. *ders.*, a.a.O., der meint, das treffe dann nicht zu, wenn der handelnde Gesellschafter ohne Verschulden annimmt, es handele sich nicht um ein ungewöhnliches Geschäft (vgl. § 116 HGB).

142 *A. Hueck*, oHG, § 10 VI 5, S. 143 in Fn. 81. Nach dortiger Fn. 80 soll § 708 BGB allerdings dann nicht Anwendung finden, wenn der Gesellschafter gegen einen beachtlichen, von ihm aber irrtümlich als treu- oder pflichtwidrig und damit als unbeachtlich angesehenen Widerspruch eines Mitgesellschafters gehandelt hat. Für die Anwendbarkeit des § 708 BGB in diesem Stadium auch *G. Hueck*, Gesellschaftsrecht, § 8 I 7, S. 59 f.

143 Vgl. RGZ 158, S. 302, 313 mit Verweis auf RGZ 90, 215; RGZ 98, 134.

144 *A. Hueck*, oHG, § 10 VI 5, S. 143.

145 Siehe *A. Hueck*, a.a.O.

mehr. Es kommen daher nur die Vorschriften über die Geschäftsführung ohne Auftrag zum Zuge.[146]

Zu prüfen ist dann, ob das Geschäft nicht mit dem wirklichen oder dem mutmaßlichen Willen des Geschäftsherrn in Einklang steht (vgl. § 677 BGB). Ist dies nicht der Fall und mußte dies der handelnde Gesellschafter auch bei Anwendung der im Verkehr erforderlichen Sorgfalt erkennen,[147] so unterliegt er ohne weiteres der scharfen Erfolgshaftung des § 678 BGB, auch wenn ihm dann bei Ausführung des Geschäfts kein weiteres Verschulden zur Last fällt.[148] Haftet der Gesellschafter nach § 678 BGB, so schuldet er der Gesellschaft die Wiederherstellung des ohne die Handlung bestehenden Zustandes, im Ergebnis also die Befreiung einer Verbindlichkeit gegenüber Dritten.

Soweit das kompetenzwidrig vorgenommene Geschäft aber dem wirklichen oder mutmaßlichen Willen der Gesellschaft entspricht oder wenn der handelnde Gesellschafter dies wenigstens ohne Verletzung der im Verkehr üblichen Sorgfalt annehmen durfte, so haftet er trotz Überschreitung seiner Geschäftsführungsbefugnis nur dann, wenn ihn bei Ausführung des Geschäfts ein weiteres Verschulden trifft. Hierbei muß er dann aber für jede Fahrlässigkeit (§ 276 BGB) aufkommen und kann sich nicht auf den privilegierten Haftungsmaßstab des § 708 BGB berufen, da er nicht im Rahmen einer gesellschaftlichen Verpflichtung handelt.[149] Anspruchsgrundlage ist dann die pVV des gesetzlichen Schuldverhältnisses der Geschäftsführung ohne Auftrag.[150]

(2) Begründung

Der insbesondere von *R. Fischer* vertretenen „Theorie der Sperrwirkung",[151] daß es sich bei der kompetenzwidrigen Inanspruchnahme von Geschäftsführungsbefugnissen ausschließlich um eine gesellschaftsvertragliche Pflichtverletzung handelt, welche die Regeln über die Geschäftsführung ohne Auftrag bereits tatbestandlich auszuschließen vermag und die Privilegierung des § 708 BGB in diesen Fällen stets anwendbar sei, tritt *A. Hueck* entschieden entgegen.[152]

---

146 Vgl. *ders.*, a.a.O.

147 Damit ist wohl ein Verschulden i.S. des § 276 BGB gemeint. Allerdings sind die Ausführungen *A. Huecks* hier nicht eindeutig, vgl., *ders.*, a.a.O.

148 *A. Hueck*, a.a.O.

149 *A. Hueck*, oHG, § 10 VI 5, S. 144.

150 Jetzt § 280 Abs. 1 i.V.m. § 241 Abs. 2 BGB.

151 Zu dieser sogleich im Folgenden.

152 Siehe *A. Hueck*, oHG, § 10 VI 5, S. 144 f. Fn. 83a. Gefolgschaft hat *A. Hueck* bisher schon bei Baumbach/*Hopt*, HGB, § 114 Rn. 15; Staudinger/*Keßler*, BGB, 12. Aufl., § 708 Rn. 10; Soergel/*Hadding*, BGB, § 708 Rn. 5; *Glasenapp*, S. 61 ff.; zustimmend auch noch in neuerer

Er konstatiert zwar, daß bei einer Überschreitung der Geschäftsführungsbefugnis eine Verletzung einer gesellschaftsvertraglichen Verpflichtung zwar i.d.R. vorliege,[153] dies muß aber nicht notwendig immer zutreffen. Z.B. dann nicht, wenn die Maßnahme zwar nicht durch die Geschäftsführungsbefugnis, wohl aber durch die Vorschriften über die Geschäftsführung ohne Auftrag gedeckt sei. Mithin fungiert die berechtigte Geschäftsführung ohne Auftrag als Rechtfertigungsgrund für die gesellschaftsvertragliche Pflichtverletzung.[154]

Als Beispiel nennt *A. Hueck* den in der Praxis häufig vorkommenden Fall, daß in einer aus zwei Gesellschaftern (A und B) bestehenden oHG gesellschaftsvertraglich die kaufmännische Geschäftsführung dem A und die technische dem B anvertraut ist. Weiter solle man annehmen, daß ein Dritter dem B als Vertreter der oHG den Abschluß eines Vertrages anbietet, der in den Geschäftsbereich des A fällt, das Angebot aber nur gelten soll, wenn es sofort angenommen wird. A ist nicht rechtzeitig zu erreichen, B ist der Überzeugung, daß das Geschäft für die oHG vorteilhaft ist und daß A mutmaßlich damit einverstanden sein werde, daß er, der B, in diesem Fall für die oHG den Vertrag abschließt.

Zu Recht fragt man sich auch heute mit *A. Hueck* noch, warum der eigentlich nicht geschäftsführungsbefugte Mitgesellschafter B weniger Rechte haben solle als irgendein Dritter, etwa ein intern in der Geschäftsführung beschränkter Prokurist oder irgendein anderer Angestellter der Gesellschaft. Auch wenn das Geschäft nicht in seine Geschäftsführungsbefugnis fällt, so wird er im Zweifel als Mitgesellschafter das Interesse seiner eigenen Gesellschaft besser wahrnehmen als irgendein Dritter. Dies gelte nicht nur hier, sondern überall, wo überhaupt eine Geschäftsführung ohne Auftrag in Betracht kommen kann. Denn in diesen Fällen begeht der Gesellschafter trotz Fehlens einer diese Maßnahme umfassenden Geschäftsführungsbefugnis keine Pflichtverletzung. Der Grundtatbestand der Geschäftsführung ohne Auftrag (§ 677 BGB) verlange auch nicht das Fehlen jeglicher vertraglicher Beziehung zwischen Geschäftsführer und Geschäftsherrn, sondern nur, daß derjenige, der das Geschäft besorgt, dem Geschäftsherrn gegenüber gerade nicht zu dieser Handlung berechtigt ist. Das trifft aber auch auf denjenigen Gesellschafter zu, der außerhalb seiner Geschäftsführungsbefugnis für die Gesellschaft handelt.[155]

Weiterhin trägt *A. Hueck* gegen die Anwendung der Vorschrift des § 708 BGB auf die gesellschaftsvertragliche Pflichtverletzung, also in der zweiten Phase der zu beurteilenden Geschäftsführung, vor, daß diese für die hier in Betracht kommenden Fälle schon nach seinem Wortlaut nicht passe, da der Gesellschafter

---

Zeit *Müller-Graff*, AcP 191 (1991), 475, 487 f.; *W. Müller*, in: Hdb. Personengesellschaften, § 4 Rn. 85 und jetzt auch Staudinger/*Habermeier*, BGB, § 708 Rn. 21.

[153] Nämlich die Verpflichtung, die unbefugte Geschäftsführungsmaßnahme zu unterlassen.

[154] Dies ist auch die Grundannahme der „Kombinationstheorie", vgl. dazu unten S. 219 ff.

[155] *A. Hueck*, oHG, § 10 VI 5, S. 144 f. Fn. 83a.

nicht eine ihm nach dem Gesellschaftsvertrag obliegende Pflicht erfüllt. Denn die *ratio legis* des § 708 BGB beruhe auf dem Gedanken, daß ein Gesellschafter von einem Mitgesellschafter erwarten dürfe, daß dieser die Gesellschaftsangelegenheiten so behandele wie seine eigenen. Insofern passe die Anwendung von § 708 BGB nicht, weil die Mitgesellschafter dem handelnden Geschäftsführer gerade für die hier in Betracht kommende Maßnahme keine Geschäftsführungsbefugnis erteilt haben, ihm also insoweit kein besonderes Vertrauen entgegengebracht haben.[156]

(3) Kritik an der „Zwei-Phasen"-Theorie

Selbst *A. Hueck* hat in der schuldhaften Nichterfüllung bzw. Schlechterfüllung der Geschäftsführungspflicht eines geschäftsführenden Gesellschafters im Ausgangspunkt eine Schadensersatzpflicht konstatiert, welche aus den Grundsätzen der Haftung für schuldhafte Verletzung von Vertragspflichten, also der pVV, resultiert.[157] Allerdings gelangt er dann bei der Frage des (schuldhaften) Überschreitens der durch den Gesellschaftsvertrag bzw. die gesetzlichen Bestimmungen gesetzten Innenrechtsschranken zu der Ansicht, daß sich die Haftung nach den Vorschriften der Geschäftsführung ohne Auftrag richte.[158] Eine explizite Begründung, wieso die Überschreitung der Grenzen der Geschäftsführungsbefugnis nicht allein aus schuldvertraglicher Sicht heraus zu würdigen sei, bleibt er allerdings schuldig. Der Ansatz ist allerdings aus rechtspolitischer Sicht insoweit zu verstehen, als die „Zwei-Phasen"-Theorie dem handelnden Geschäftsführer nicht ein weniger an Rechten als irgendeinem Dritten zugestehen will. Allein deshalb ist die Anwendbarkeit der §§ 677 ff. BGB als Rechtfertigungsgrund für die tatbestandliche gesellschaftsrechtliche Pflichtverletzung erforderlich.[159]

Kritisch wurde in der Rechtslehre daher insbesondere der „ungewöhnliche Gedankengang" der „Zwei-Phasen"-Theorie gesehen. Aus einer Zweistufigkeit gefolgert, soll tatbestandlich eine positive Forderungsverletzung vorliegen, deren Rechtsfolgen sich nach den Regeln der Geschäftsführung ohne Auftrag bestimmen.[160] Dem kann allerdings mit der „Kombinationstheorie"[161] entgegengehalten

---

[156] Vgl. *A. Hueck*, a.a.O.

[157] Siehe *A. Hueck*, oHG, § 10 VI 1, S. 139 f. und noch deutlicher *ders.*, in § 10 VI 5, S. 144 f. Fn. 83a.

[158] *Ders.*, oHG, § 10 VI 5, S. 141.

[159] So sind die Ausführungen *A. Huecks*, oHG, § 10 VI 5, S. 144 f. in Fn. 83a wohl nur zu deuten.

[160] So auch die Interpretation von *Häuser*, in: FS für Kraft, S. 147, 163 f. Als „Irrweg" bezeichnet *Wiedemann*, WM 1992, Sonderbeilage Nr. 7, S. 16, die Anwendbarkeit der Geschäftsführung ohne Auftrag, weil die Überschreitung von gesellschaftsrechtlichen Kompetenzgrenzen grundsätzlich eine Vertragsverletzung wie jede andere darstellt.

[161] Vgl. eingehend zu dieser unten S. 219 ff.

werden, daß die berechtigte Geschäftsführung ohne Auftrag lediglich als Rechtfertigungsgrund der tatbestandlichen Vertragsverletzung zu sehen ist. Das ist kein ungewöhnlicher Gedanke. Rechtfertigungsgründe gibt es auch an anderer Stelle in unserer Rechtsordnung.[162]

Gegen die Ansicht *A. Huecks* bzgl. der Nichtanwendbarkeit des § 708 BGB in der zweiten Phase der zu beurteilenden Geschäftsführung läßt sich aber einwenden, daß er den Unterschied zwischen der Pflicht zur ordnungsgemäßen Geschäftsführung einerseits und andererseits die allgemeine gesellschaftsrechtliche Treuepflicht nicht scharf genug auseinander hält.

Die Argumentation, der Geschäftsführer könne sich bei Vorliegen einer berechtigten Geschäftsführung ohne Auftrag hinsichtlich eines evtl. Ausführungsverschuldens nicht auf die eigenübliche Sorgfalt des § 708 BGB berufen, da er sich nicht mehr im Rahmen seiner gesellschaftlichen Pflichten bewege, ist schief.[163] Es geht nicht darum, ob er sich innerhalb oder außerhalb seiner Geschäftsführungsbefugnisse bewegt, sondern um die Art seiner Pflichtverletzung. Soweit der geschäftsführende Gesellschafter eine mitgliedschaftliche Pflicht verletzt, steht ihm die Privilegierung des § 708 BGB zur Seite. Handelt er in Ausübung seiner organschaftlichen Tätigkeit für die Gesellschaft gesellschaftsrechtswidrig, so verletzt er seine „Organpflichten". Hier ist kein Platz für individuelle Sorgfalt. Die *ratio legis* des § 708 BGB kann hier nicht Platz greifen.[164] Im Ergebnis ist der Ansicht *A. Hueck* daher dennoch zuzustimmen. Die Haftungsprivilegierung der *diligentia quam in suis* kann in der zweiten Phase der Durchführung des innenrechtswidrigen Geschäfts keine Anwendung finden.

bb) „Theorie der Sperrwirkung"

Der soweit ersichtlich erstmals von *R. Fischer* 1970 vertretenen „Theorie der Sperrwirkung" hat sich der BGH schließlich im Jahr 1988 ausdrücklich angeschlossen.[165]

---

[162] Man denke nur im Strafrecht an ein tatbestandlich relevantes Verhalten, daß durch Notwehr nach § 32 StGB gerechtfertigt ist.

[163] Vgl. *A. Hueck*, oHG, § 10 VI 5, S. 144.

[164] Zutreffend daher *Wiedemann*, WM 1992, Sonderbeilage Nr. 7, S. 16.

[165] Grundlegend *R. Fischer*, in: Großkomm. HGB, 3. Aufl., § 116 Anm. 29; dem folgend BGH, Urteil v. 11.1.1988, II ZR 192/87, WM 1988, 968, 970; ebenso BGH, Urteil v. 12.6.1989, II ZR 334/87, WM 1989, 1335, 1338; siehe auch weitere Nachweise oben S. 192 in Fn. 75.

(1) Grundaussage

Bei dem Gesellschafter, der seine Geschäftsführungsbefugnis überschreitet, liegt die Verletzung einer gesellschaftsvertraglichen Verpflichtung vor. Für diese Verletzung hafte der kompetenzwidrig handelnde Gesellschafter aufgrund seiner allgemeinen Treuepflichtverletzung der Gesellschaft gegenüber auf Schadensersatz.[166] Die Erkenntnis der „Theorie der Sperrwirkung" ist nicht erst aus heutiger Sicht - zumindest für einen Gesellschafter-Geschäftsführer - relativ einfach. Die Rechtsfolgen einer vertraglichen Pflichtverletzung sind aus sich heraus und damit - mangels spezialgesetzlicher Regelungen - aus dem allgemeinen Schuldrecht heraus zu beurteilen. Eines Rekurses auf die §§ 677 ff. BGB bedarf es insoweit nicht.

(2) Begründung

Es fehlt bei der kompetenzwidrigen Überschreitung von Geschäftsführungsbefugnissen bereits tatbestandlich an den Voraussetzungen einer Geschäftsführung ohne Auftrag, da letztere grundsätzlich das Fehlen einer vertraglichen

---

166 Folgend aus dem zivilrechtliche Schrifttum: Staudinger/*Wittmann*, BGB, Vorbem. zu §§ 677 ff. Rn. 22; MünchKomm/*Seiler* § 677 Rn. 42; Soergel/*Beuthien*, BGB, § 677 Rn. 17 und § 687 Rn. 13 (a.A.); MünchKomm/*Emmerich*, Vor § 275 Rn. 239; HK-BGB/*Schulze*, § 677 Rn. 10; ebenso im Ausgangspunkt Palandt/*Sprau*, BGB, § 677 Rn. 11, der allerdings für den Fall, daß ein Dritter für die Gesellschaft tätig werden dürfte, die §§ 677 ff. BGB für anwendbar hält; dies gelte allerdings nicht für § 687 Abs. 2 BGB, vgl. Palandt/*ders.*, BGB, § 687 Rn. 5; zustimmend Soergel/*Beuthien*, BGB, § 687 Rn. 13. Ansonsten der gesellschaftsvertraglichen Haftungskonzeption folgend, vgl. Palandt/*ders.*, BGB, § 708 Rn. 2, ferner § 713 Rn. 11; für pVV bzw. § 280 Abs. 1, 241 Abs. 1 BGB auch Jauernig/*Stürner*, BGB, § 708 Rn. 2; so auch schon *Batsch*, AcP 171 (1971), 218, 233 und grundsätzlich von vertraglicher Pflichtverletzung ausgehend auch Staudinger/*Löwisch*, BGB, Vorbem. zu §§ 275 ff. Rn. 22, 29. Noch anders *Gehrlein*, in: Bamberger/Roth, BGB, § 677 Rn. 18, der die pVV des Gesellschaftsvertrages von einer „schuldhaften unerwünschten Haftung" abgegrenzt wissen möchte. Was hier der Erkenntnisgewinn sein soll, bleibt unbeantwortet. Die hierfür von *Gehrlein*, a.a.O. in Fn. 101 zitierte Entscheidung (BGH, NJW 1984, 1461 f.) ist ein (Sonder-)Fall des Mißbrauches der Vertretungsmacht, indem das kollusive Zusammenwirken der kompetenzwidrig handelnden Gesellschafterin und des Vertragspartners in tatsächlicher Hinsicht nicht eindeutig feststand (vgl. BGH, NJW 1984, 1461). Der die Gesellschafterin vertretende Steuerberater sollte sich nach § 242 BGB nicht auf sein vertragliches Mandat zur Gesellschaft berufen können, da er die Gesellschafterin bei der Geschäftsführung gegen den zu erwartenden Widerspruch des einzigen Mitgesellschafters unterstützt hatte. Wegen dieses „Mandatsexzesses" sollte er sich wie eine Geschäftsführer ohne Auftrag behandeln lassen und der Gesellschaft nach § 678 BGB für den entstandenen Schaden haften (vgl. BGH, NJW 1984, 1461, 1462). Ob die Gesellschafterin ihrerseits im Innenverhältnis bei Überschreitung ihrer Befugnisgrenzen als Geschäftsführerin ohne Auftrag oder wegen „schuldhaft unerwünschter Geschäftsführung" haftet, sagt die Entscheidung ausdrücklich nicht.

Bindung zwischen dem Geschäftsführer und dem Geschäftsherrn voraussetze.[167] Die geforderte vertragliche Verbindung bildet hier das Sonderrechtsverhältnis des Gesellschaftsvertrages. Ein Gesellschafter, der seine Geschäftsführungsbefugnisse schuldhaft überschreitet, handelt aber nicht außer- (gesellschafts-)vertraglich, sondern schlicht gesellschaftsvertragswidrig. Der innenrechtswidrig handelnde Geschäftsführer unterliegt daher keiner außervertraglichen, quasi-kontraktlichen Haftung, sondern macht sich wegen einer pVV schadensersatzpflichtig.[168]

Allerdings stehe auf dem Boden der alleinigen Gesellschaftsvertragslösung dem gesellschaftsvertragswidrig handelnden Gesellschafter konsequenterweise der privilegierte Haftungsmaßstab des § 708 BGB für sein gesamtes Handeln zur Seite.[169] Somit haftet der Gesellschafter auch für zusätzliche Fehler, die erst bei der Durchführung des seine Kompetenz überschreitenden Geschäfts entstehen und die ihrerseits Schaden verursachend oder verstärkend wirken, nur in den Schranken des § 708 BGB.[170] In der Konsequenz bedeutet dies, daß bei dieser gesellschaftsvertraglichen Haftung für das Personengesellschaftsrecht die Anwendung des § 708 BGB zwingend ist und die Regeln über die Geschäftsführung ohne Auftrag, insbesondere § 678 BGB hingegen gänzlich ausgeschlossen sind.[171]

Zusammenfassend ist nach dieser Ansicht die Regelung der Geschäftsführung ohne Auftrag im Falle der kompetenzwidrigen Geschäftsführung eines Gesellschafters grundsätzlich nicht anwendbar. Eine sachgerechte Lösung für die Sanktion des Kompetenzverstoßes eines Geschäftsführers ist vielmehr über die Regelungen der Leistungsstörung zu erreichen. Durch das Überschreiten der Geschäftsführungsbefugnis liegt vielmehr eine positive Verletzung des Gesellschaftsvertrages vor, die das Problem abschließend löst. Die Regelungen der Geschäfts-

---

[167] Vgl. *R. Fischer*, in: Großkomm. HGB, 3. Aufl., § 116 Anm. 29.

[168] *R. Fischer* nennt allerdings als Haftungsgrundlage nur die „allgemeinen Vertragsgrundsätze", die pVV nennt er nicht explizit; vgl. *ders.*, in: Großkomm. HGB, 3. Aufl., § 116 Rn. 29. Daß nur die pVV – schon aufgrund des Fehlens spezialgesetzlicher Anspruchsgrundlagen – gemeint sein kann, steht aus heutiger Sicht außer Zweifel; vgl. statt anderer *Hadding*, HGB-Klausur, S. 130; *Reinhardt/Schultz*, Gesellschaftsrecht, Rn. 74; *Kraft/Kreutz*, Gesellschaftsrecht, C II 2 c ee, S. 120 f.; HK-HGB, *Stuhlfelner*, § 114 HGB Rn. 3, für den Fall des Handelns gegen einen ausdrücklichen Widerspruch der Mitgesellschafter. Heute ist als richtige Anspruchsgrundlage §§ 280 Abs. 1 i.V.m. 241 Abs. 2 BGB zu nennen; insofern zumindest ungenau Staudinger/*Habermeier*, BGB, § 708 Rn. 20, der den Anspruch in § 241 Abs. 2 BGB positiviert sieht. Allerdings sind dort nur die allgemeinen (Neben-)Leistungs- und Schutzpflichten normiert. Eine Grundlage für einen Schadensersatzanspruch gibt insoweit erst § 280 Abs. 1 BGB.

[169] Siehe rechtsformvergleichend bzgl. der Haftungsmaßstäbe je nach Gesellschaftsform auch *Müller-Graf*, AcP 191 (1991), 475, 484 f.

[170] A.A. wohl *Karsten Schmidt*, Gesellschaftsrecht, § 14 V 1, S. 425 und § 59 III 2 c, S. 1745.

[171] Vgl. *R. Fischer*, in: Großkomm. HGB, 3. Aufl., § 116 Anm. 29 a.E.

führung ohne Auftrag sind somit durch das Vorliegen der allgemeinen zivilrechtlichen Pflichtverletzung nach § 280 Abs. 1 BGB gesperrt.[172]

(3) Gefolgschaft in Rechtsprechung und Rechtslehre

Der BGH hat sich in seinen Entscheidungen von 1988[173] und 1989[174] diesem für den geschäftsführenden Gesellschafter günstigen Standpunkt angeschlossen und dies 1996[175] nochmals ausdrücklich bestätigt.

Auch im jüngeren gesellschaftsrechtlichen Schrifttum stößt die gesellschaftsvertragliche Haftungsgrundlage als Sanktion für die Fälle der kompetenzwidrigen Inanspruchnahme von Geschäftsführungsbefugnissen verbreitet auf Zustimmung.[176]

(4) Kritik an der „Theorie der Sperrwirkung"

Die Hinwendung *R. Fischers* zur vertraglichen Haftungsgrundlage, die der BGH in nahezu wörtlicher Anlehnung nachvollzogen hat, ist in der Rechtslehre auf starke Kritik gestoßen.[177]

Doch selbst *A. Hueck* hat im Ausgangspunkt in der schuldhaften Nichterfüllung bzw. Schlechterfüllung der Geschäftsführungspflicht eines geschäftsführenden Gesellschafters eine Schadensersatzpflicht konstatiert, welche aus den Grundsät-

---

172 Heymann/*Emmerich*, HGB, § 114 Rn. 20; MünchHdb. GesR II/*Wirth*, § 3 Rn. 21 ff.; MünchHdb. GesR I/*v. Ditfurt*, § 7 Rn. 61; nach Staudinger/*Habermeier*, BGB, § 708 Rn. 20 soll die pVV in § 241 Abs. 2 BGB positiviert sein.

173 BGH, Urteil v. 11.1.1988, II ZR 192/87, WM 1988, 968. Dazu bereits ausführlich oben S. 192.

174 BGH, Urteil v. 12.6.1989, II ZR 334/87, WM 1989, 1335 ff. (weitere Nachweise oben S. 192 in Fn. 75).

175 BGH, Urteil v. 4.11.1996, II ZR 48/95, WM 1996, 23 ff.

176 Ihm folgend jetzt auch *Ulmer*, in: Großkomm. HGB § 114 Rn. 58a in Fn. 102c unter Aufgabe seines früher vertretenen Standpunktes in MünchKomm/*ders.*, BGB, § 708 Rn. 8 f.; Aus dem neueren Schrifttum vgl. *Koller/Roth/Morck*, HGB, § 114 Rn. 7; wohl auch Erman/*Westermann*, BGB, § 708 Rn. 7; *Hopt/Hehl/Vollrath*, Gesellschaftsrecht, Rn. 361 m.w.N. in Fn. 11; MünchHdb. GesR I/*v. Ditfurth*, § 7 Rn. 61; MünchHdb. GesR II/*Wirth*, § 3 Rn. 21; HK-HGB, *Stuhlfelner*, § 114 HGB Rn. 4; Heymann/Horn/*Emmerich*, HGB, § 114 Rn. 20; WuB II C. § 43 GmbHG 1.90 m. Anm. *Teichmann*; wohl auch *Westermann*, Hdb. d. PersonenGes, 1. Teil Rn. 269; stark einschränkend aber *Emde*, WM 1996, 1205, 1207, der die Vertragshaftung nur bei der Verletzung gesellschaftsvertraglicher Fixierung der Kompetenzen gelten lassen will. Referierend dagegen nur *Ensthaler*, in: Gemeinschaftskommentar zum HGB, § 114 HGB Rn. 17; ebenso ohne eigene Stellungnahme zum Meinungsstand *Klasen*, S. 95 f.

177 *A. Hueck*, oHG, § 10 VI 5, S. 144 f. Fn. 83a.

zen der Haftung für schuldhafte Verletzung von Vertragspflichten, also der pVV resultiert.[178]

Darüber hinaus wurde auch zugegeben, daß die Vertragslösung schon unter systematischen Gesichtspunkten vorzugswürdig sei, andererseits sollte aber hinsichtlich der drakonischen Haftungsfolge ein rechtfertigendes Regulativ durch Berufung auf ein rechtmäßiges Alternativverhalten möglich sein.[179] Aus dieser Sicht soll dann kein Übernahmeverschulden gegeben sein, wenn für den geschäftsführenden Gesellschafter nach dem privilegierten Haftungsmaßstab des § 708 BGB erkennbar gewesen sei, daß die getätigte Maßnahme dem wirklichen oder mutmaßlichen Willen der übrigen Gesellschafter entsprochen hätte (vgl. § 678 BGB).[180]

Aus dieser Argumentation lassen sich aber keine Einwände gegen die gesellschaftsrechtliche Haftungsgrundlage ziehen, sondern sie beziehen sich nur auf die davon zu unterscheidende Fragestellung, unter welchen Voraussetzungen einem nicht geschäftsführungsberechtigten Gesellschafter ein Notgeschäftsführungsrecht zustehen kann und ob dafür die Voraussetzungen der berechtigten Geschäftsführung ohne Auftrag sachgerechte Kriterien liefern können.[181]

Vor allem im Hinblick auf die *ratio legis* des § 708 BGB wurde immer häufiger die Vertragshaftung vertreten. Nach dem Sinn und Zweck des § 708 BGB, also der Beschränkung auf die eigenübliche Sorgfalt des jeweils handelnden Gesellschafters, soll die kompetenzwidrige Inanspruchnahme von Geschäftsführungsbefugnissen nicht zur Folge haben, daß der Gesellschafter wie bei § 678 BGB für jede Pflichtverletzung ohne ein sonstiges Ausführungsverschulden haftet.[182] Der Anwendung des erleichterten Haftungsmaßstabes auch auf ein mögliches Verschulden hinsichtlich der Ausführung des Geschäfts, steht aber insbesondere der Einwand der jüngsten Rechtsprechung des BGH entgegen, wonach der Gesellschafter bei einem schuldhaften Kompetenzverstoß für damit zusammenhängende unternehmerische Fehlentscheidungen aus dem entsprechenden Geschäft ohne Rücksicht auf ein zusätzliches Verschulden einzustehen hat.[183]

Auch die weiteren Versuche in der Rechtslehre, die Haftungsfolge hinsichtlich des Ausführungsverschuldens durch eine Anwendung des § 708 BGB abzuwen-

---

[178] Siehe *ders.*, oHG, § 10 VI 1, S. 139 f.

[179] So schon *Martens*, ZHR 147 (1983), 377, 398 f.

[180] Vgl. Schlegelberger/*Martens*, HGB, § 114 Rn. 37.

[181] In diesem Sinne richtig *Häuser*, in: FS für Kraft, S. 161.

[182] Ebenso schon *R. Fischer*, in: Großkomm. HGB, 3. Aufl., § 116 Anm. 29 a.E.; so wird die Norm auch von MünchKomm/*Ulmer*, BGB, § 708 Rn. 8 und Staudinger/*Habermeier*, BGB, § 708 Rn. 21 verstanden.

[183] Vgl. BGH, Urteil v. 4.11.1996, II ZR 48/95, DStR 1997, 80 ff. mit Anm. *Goette*.

den,[184] sind im Hinblick auf den Sinn und Zweck des § 708 BGB nicht nachvollziehbar. Die Privilegierung ergibt sich grundsätzlich aus dem Zusammenhang, daß es eine enge persönliche Beziehung zwischen den Gesellschaftern gibt und sich die Gesellschafter daher gegenseitig Geschäftsführungsbefugnisse einräumen. Soweit diese Geschäftsführungsbefugnisse aber nach dem Maßstab des § 708 BGB einmal überschritten sind, gibt es keinen Grund hinsichtlich der weiteren Führung des Geschäftes einen erleichterten Haftungsmaßstab zuzugestehen. Hier soll sich der Gesellschafter wie jeder Dritte verhalten und für leichte Fahrlässigkeit nach § 276 BGB haften.[185] Der BGH ist in seiner Rechtsprechung von 1996 dieser Privilegierung für das Ausführungsverschulden ebenso nicht gefolgt.[186]

cc) „Kombinationstheorie"

(1) Grundaussage

Die dritte in der Rechtslehre vertretene Ansicht nimmt eine Anspruchskonkurrenz zwischen der gesellschaftsvertraglichen Pflichtverletzung und der Haftung wegen Geschäftsführung ohne Auftrag an.[187]

(2) Begründung

Nach dieser Ansicht kann das kompetenzwidrige Handeln des Geschäftsführers zwar eine positive Forderungsverletzung des Gesellschaftsvertrages darstellen, die Regelungen der Geschäftsführung ohne Auftrag können aber als Rechtfertigung für das Handeln des eigenmächtigen Geschäftsführers dienen. Daher könne der „Theorie der Sperrwirkung" nicht gefolgt werden, die für die Regelungen der Geschäftsführung ohne Auftrag bei Überschreitung der Geschäftsführungsbefugnis überhaupt keinen Anwendungsbereich sieht.[188]

---

184 So MünchHdb. GesR II/*Wirth*, § 3 Rn. 22; MünchHdb. GesR I/*v. Ditfurth*, § 7 Rn. 61.

185 Vgl. dazu bereits oben S. 112 f.

186 BGH, Urteil v. 4.11.1996, II ZR 48/95, WM 1996, 23 ff.

187 *Kraft/Kreuz*, Gesellschaftsrecht, C II 2 c ee, S. 120 f; Soergel/*Hadding*, BGB, § 708 Rn. 5; *Hadding*, HGB-Klausur, S. 130 f.; *Reinhardt/Schultz*, Gesellschaftsrecht, Rn. 73 f.; Soergel/*Hadding*, BGB, § 708 Rn. 5; ebenso *Kübler*, Gesellschaftsrecht 5. Aufl., § 6 III 1 a, S. 50; *Glasenapp*, S. 59 ff.; ebenso bisher MünchKomm/*Ulmer*, BGB, § 708 Rn. 8 f. Inzwischen hat *Ulmer* seine bisher vertretene Ansicht ausdrücklich aufgegeben, vgl. *ders.*, in: Großkomm. HGB § 114 Rn. 58a in Fn. 102c und vertritt nunmehr auch die (ausschließliche) Vertragslösung („Theorie der Sperrwirkung").

188 *Kraft/Kreuz*, Gesellschaftsrecht, S. 102 f. in Fn. 52; ebenso *Hopt/Hehl*, Gesellschaftsrecht, 3. Aufl., Rn. 361; dieser allerdings jetzt abweichend in der Neuauflage. Zur modifizierten

Der Ausgangspunkt der ausschließlichen Vertragslösung wird von den Anhängern der „Kombinationstheorie" nicht bestritten. Grundsätzlich stellt das Überschreiten der Geschäftsführungsbefugnis auch nach dieser Ansicht eine Verletzung des Gesellschaftsvertrages dar, weil man allgemein dem Gesellschaftsvertrag die Verpflichtung entnehmen kann, nicht außerhalb der festgelegten Zuständigkeit tätig zu werden. Ob sich der kompetenzwidrig handelnde Gesellschafter insoweit wegen positiver Vertragsverletzung schadensersatzpflichtig macht, hängt davon ab, ob er das Überschreiten seiner Geschäftsführungsbefugnis zu vertreten hat.[189]

Für die Frage dieses Verschuldens wird man im allgemeinen von dem geschäftsführenden Gesellschafter verlangen können, daß er über die Grenzen seiner Zuständigkeit genügend informiert ist und diese beachtet. Bringt die Durchführung des Geschäfts Verpflichtungen mit sich, weil jene Handlung zwar innenrechtswidrig war, aber noch im Rahmen der Vertretungsmacht liegt, dann sind auch die der Gesellschaft daraus entstehenden Schäden zu ersetzen. Ob den Gesellschafter auch bei der Durchführung des gesellschaftsvertragswidrig unternommenen Geschäfts ein (weiteres) Verschulden trifft, ist für die Schadensersatzpflicht belanglos.[190] Derjenige Schaden, welcher der Gesellschaft dabei entsteht, ist dann als adäquate Folge der bereits in der schuldhaften Kompetenzanmaßung liegenden Pflichtverletzung zu ersetzen.[191]

Soweit man für den Fall des Überschreitens der Geschäftsführungsbefugnis mit den Vertretern der „Kombinationstheorie" zugleich auch die Regelungen der §§ 677 ff. BGB für anwendbar hält, kommt es darauf an, ob die Geschäftsführung des innenrechtswidrig handelnden Gesellschafters im konkreten Fall dem „wirklichen oder mutmaßlichen Willen" der Gesellschaft entspricht. Trifft dies zu, dann bestimmen sich die gegenseitigen Ansprüche nach den Regeln der sog. berechtigten Geschäftsführung ohne Auftrag.[192] Der Aufwendungsersatz gegenüber dem Geschäftsführer und die Herausgabepflicht an den Geschäftsherrn (die Gesellschaft) richten sich nach den §§ 683, 681 Satz 2 BGB. Ein Schadensersatzanspruch besteht nur bei einem weiteren Durchführungsverschulden i.S. des § 276 BGB.[193]

Anwendbarkeit soweit auch ein Dritter für die Gesellschaft tätig werden dürfte, vgl. auch Palandt/*Sprau*, BGB, § 677 Rn. 11.

189 Vgl. *Hadding*, HGB-Klausur, S. 130; *Reinhardt/Schultz*, Gesellschaftsrecht, Rn. 74; *Kraft/Kreuz*, Gesellschaftsrecht, C II 2 c ee, S. 120.

190 So jetzt auch BGH, Urteil v. 4.11.1996, II ZR 48/95, NJW 1997, 314; ausführlich dazu oben S. 196 f.

191 Ebenso *Reinhardt/Schultz*, Gesellschaftsrecht, Rn. 74.

192 Dazu eingehend oben S. 27 f.

193 Bisher handelte es sich dabei um eine pVV des gesetzlichen Schuldverhältnisses der Geschäftsführung ohne Auftrag durch die schuldhafte Verletzung der in § 677 BGB nomi-

Soweit es sich um eine berechtigte Geschäftsführung ohne Auftrag handelt, also das Handeln sich im Einklang mit dem „wirklichen oder mutmaßlichen" Willen der Gesellschafter befindet, ist eine Haftung wegen Verletzung des Gesellschaftsvertrages tatbestandlich ausgeschlossen, da das Verhalten des Gesellschafters in der Geschäftsführung ohne Auftrag seine Rechtfertigung gefunden hat. Das Vorliegen der pVV scheitert somit an der fehlenden Rechtswidrigkeit der Handlung.

Anders ist die Lage zu beurteilen, wenn die kompetenzüberschreitende Übernahme der Geschäftsführung mit dem wirklichen oder mutmaßlichen Willen des Geschäftsherrn bzw. der Gesellschaft in Widerspruch steht. Dabei ist das „Erkennenmüssen" als schuldhafter Irrtum über die Grenzen der Geschäftsführungsbefugnis zu verstehen.[194] Der Verschuldensmaßstab bestimmt sich hierbei nach den §§ 708, 277 BGB.[195] Es findet also der erleichterte Haftungsmaßstab der *diligentia quam in suis* Anwendung, nicht derjenige des § 276 BGB.[196] Die Funktion der Regelungen der Geschäftsführung ohne Auftrag erschöpft sich aber nicht nur in der Funktion als Rechtfertigungsgrund, sondern wird neben der gesellschaftsvertraglichen Pflichtverletzung gemäß § 280 Abs. 1 BGB als weitere inhaltsgleiche Anspruchsgrundlage herangezogen.

(3) Kritik an der „Kombinationstheorie"

Im Ergebnis macht die „Kombinationstheorie" gegenüber der „Zwei-Phasen"-Theorie ein Zugeständnis an die „Theorie der Sperrwirkung". Sie begreift die schuldhafte Verkennung der gesellschaftsvertraglichen Innenrechtsschranken nicht nur als tatbestandliche Voraussetzung der Haftung aus unberechtigter Geschäftsführung ohne Auftrag, sondern gesteht zu, daß dieser gesellschaftsrechtliche Pflichtverstoß auch (als positive Vertragsverletzung) selbst nach § 280 Abs. 1 BGB haftungsbegründend ist.[197]

Der Grund für die Annahme einer Anspruchskonkurrenz dürfte aus Sicht der „Kombinationstheorie" darin liegen, daß bei Vorliegen der Voraussetzungen der berechtigten Geschäftsführung ohne Auftrag der kompetenzwidrig handelnde Gesellschafter gleichsam mit einer Notgeschäftsführungskompetenz ausgestattet

---

nierten Pflicht. Heute ergibt sich die Anspruchsgrundlage aus § 280 Abs. 1 i.V.m. § 241 Abs. 2 BGB.

194 Siehe *Hadding*, HGB-Klausur, S. 131.

195 Vgl. *Kraft/Kreuz*, Gesellschaftsrecht, S. 102 f.; ebenso *Hadding*, HGB-Klausur, S. 131; in diesem Sinne auch *Reinhardt/Schultz*, Gesellschaftsrecht, Rn. 73 ff.

196 So aber noch RGZ 158, 302, 313; vgl. auch *Hadding*, HGB-Klausur, S. 131, mit der Begründung, daß unbewußtes Überschreiten der Geschäftsführungsbefugnis vorliege, d.h. vermeintliches Handeln innerhalb des Gesellschaftsverhältnisses.

197 Siehe *Häuser*, in: FS für Kraft, S. 147, 163.

wird und somit sein Handeln ohne Geschäftsführungsbefugnis legitimiert wird.[198]

Der „Kombinationstheorie" wird aber entgegengehalten, daß der Geschäftsführer für bewußt eigenmächtiges Verhalten stets einzustehen habe und sich zur Rechtfertigung nicht auf das Interesse und den mutmaßlichen Willen der Mitgesellschafter berufen könne.[199]

Die tatbestandliche organ- bzw. gesellschaftsvertragliche Treuepflichtverletzung i.w.S. ist nämlich zumindest für den Gesellschafter-Geschäftsführer und den von der Geschäftsführung ausgeschlossenen Gesellschafter kaum zu bestreiten. Das Korrektiv des „tatsächlichen oder hypothetischen Gesellschafterwillens" soll die – wohl als zu hart bzw. unbillig empfundene – Haftung nochmals vermeiden helfen.[200] Demgegenüber wird vorgebracht, daß sich eine derartige Notkompetenz auch aus gesellschaftsrechtlichen Maßstäben und nicht aus einem gesetzlichen Schuldverhältnis ergeben muß.[201]

Insoweit wird als Rechtfertigung für den innenrechtswidrig handelnden Gesellschafter ein ad hoc-Notgeschäftsführungsrecht entsprechend § 744 Abs. 2 BGB vorgeschlagen.[202] Da das Kriterium des „mutmaßlichen oder tatsächlichen Willens" aufgrund der Nichtanwendbarkeits-These der Vertragslösung bei einem Schadensersatzanspruch aus schuldhafter Verletzung des Gesellschaftsvertrages nicht berücksichtigt werden könne, ist aufgrund der Schutzbedürftigkeit dem handelnden Geschäftsführer ein Notgeschäftsführungsrecht zuzubilligen.[203]

Aber auch dieser Rechtfertigungsversuch ist im Ergebnis abzulehnen, da die Voraussetzungen des Notgeschäftsführungsrechts nur in den seltensten Fällen vorliegen werden und der Tatbestand des § 744 Abs. 2 BGB dem Merkmal des „mutmaßlichen oder tatsächlichen Willens" der Mitgesellschafter weder dem Wortlaut noch nach der *ratio legis* zugänglich ist. Sollten einmal doch die tatbestandlichen Voraussetzungen, entweder „Gefahr im Verzug für einen Gesellschaftsgegenstand" bzw. „akute Gefahr" für die Gesellschaft[204], selbst vorliegen,

---

198 In diesem Sinne auch *ders.*, a.a.O.

199 So jetzt mittlerweile *Ulmer*, in: Großkomm. HGB, § 114 Rn. 58a; in Fn. 102d, wonach das aus dem § 677 BGB entlehnte Tatbestandsmerkmal aufgrund der Sperrwirkung der Vertragshaftung nicht mehr anwendbar sei.

200 Vgl. *Ulmer*, in: Großkomm. HGB, § 114 Rn. 58a, der die „zu weitgehende Haftungsfolge" auf diesem Weg einschränken will.

201 Siehe *Häuser*, a.a.O., der aber ein Beispiel für die angesprochenen gesellschaftsrechtlichen Maßstäbe schuldig bleibt.

202 Vgl. den pauschalen Verweis auf das Notgeschäftsführungsrecht bei *Ulmer*, in: Großkomm. HGB, a.a.O.

203 *Ulmer*, in: Großkomm. HGB, § 114 Rn. 58a.

204 Siehe zu den tatbestandlichen Voraussetzungen des § 744 Abs. 2 BGB schon S. 78 ff.

kann die allgemeine gesellschaftsrechtliche Pflichtverletzung ausnahmsweise gerechtfertigt sein. Eine große Hilfe bzw. Erleichterung für die handelnden Gesellschafter kann man darin sicher nicht erblicken. Im übrigen ergibt sich selbst im Recht der Bruchteilsgemeinschaft für die Fälle der kompetenzwidrigen Inanspruchnahme eines Notgeschäftsführungsrechts oder der nicht zweckentsprechenden Durchführung der an sich gebotenen Maßnahme eine Haftung des handelnden Teilhabers. Dieser haftet wegen schuldhafter Pflichtverletzung aus §§ 280, 241 Abs. 2 BGB.[205] Der Haftungsmaßstab bestimmt sich dabei nach § 276 BGB. Die privilegierte Diligenzpflicht des § 708 BGB findet auch hier keine Anwendung.[206]

Die ursprüngliche Intention der „Kombinationstheorie", ein Haftungsregulativ durch die Anwendung der Geschäftsführung ohne Auftrag zu installieren, welches bei unbillig empfundener gesellschaftsvertraglicher Haftung greifen kann, ist damit als gescheitert anzusehen.[207] Soweit die Geschäftsführung ohne Auftrag als Rechtfertigungsgrund für die allgemeine Pflichtverletzung angenommen wird, ist der Ausgangspunkt der „Kombinationstheorie" schon abzulehnen. Soweit ein solcher Rechtfertigungsgrund vorliegt, kann kein inhaltsgleicher Schadensersatzanspruch aus pVV bzw. allgemeiner gesellschaftsrechtlicher Pflichtverletzung bestehen. Letzterer ist dann gerade auf Ebene der Rechtswidrigkeit ausgeschlossen.

5. Zusammenfassung und Stellungnahme

Ausgangspunkt der gesamten Problematik der kompetenzwidrigen Inanspruchnahme von Geschäftsführungsbefugnissen war die Tatsache, daß geschäftsführungsberechtigte Geschäftsführer durch ihr Tätigwerden ihre spezifischen gesellschaftsrechtlichen Geschäftsführungsverpflichtungen – ohne die grundsätzliche Möglichkeit der Einflußnahme durch andere Gesellschafter – verletzen können. In erster Linie kommen dabei Verstöße gegen das aus der Treuepflicht folgende Gebot der uneigennützigen Geschäftsführung für die Gesellschaft in Betracht.

Soweit man bei der Geschäftsführung eines Personengesellschafters den Gesichtspunkt des Tätigwerdens für den Personenverband in den Vordergrund stellt, mithin also auch seine Organtätigkeit für die Gesellschaft selbst bejaht, ist der Einwand von *A. Hueck*, daß die Mitgesellschafter das in § 708 BGB zum

---

205 Vgl. Staudinger/*Langhein*, BGB, § 744 Rn. 33. Allerdings ist der dortige Hinweis auf § 285 verfehlt; ebenso für die Personenhandelsgesellschaften Baumbach/*Hopt*, HGB, § 114 Rn. 8.

206 Siehe BGHZ 62, 243, 245; ebenso Staudinger/*Langhein*, BGB, § 741 Rn. 266.

207 Nach Schlegelberger/*Martens*, HGB, § 114 Rn. 37, ist das Regulativ des mutmaßlichen oder tatsächlichen Willens aus § 678 BGB auch bei dem Anspruch aus pVV zu berücksichtigen. Dagegen aber *Ulmer*, in: Großkomm. HGB, § 114 Rn. 58a Fn. 102e, der § 678 BGB aufgrund des Vorliegens einer vertraglichen Beziehung für unanwendbar hält.

Ausdruck kommende Vertrauen in die Tätigkeit des Geschäftsführers auf den Kreis der ihm im Gesellschaftsvertrag übertragenen Geschäfte beschränkt ist und ihm nicht etwa einen generellen Freibrief in den Grenzen des § 708 BGB gegeben haben, berechtigt.[208] Mit dieser Argumentation wollte *A. Hueck* allerdings nur die Anwendbarkeit der Vorschriften der Geschäftsführung ohne Auftrag legitimieren. Zu folgen ist nach hier vertretener Auffassung aber nur seiner Prämisse, daß auf das kompetenzwidrige Handeln des Gesellschafters die Haftungsprivilegierung der *diligentia quam in suis* keine Anwendung finden kann.[209]

Verletzen Gesellschafter ihre mitgliedschaftliche Pflichten, so kommt ihnen die Privilegierung des § 708 BGB zu Gute. Handeln geschäftsführende Gesellschafter im Rahmen ihrer organschaftlichen Befugnisse für die Gesellschaft gesellschaftsrechtswidrig, so verletzen sie ihre „Organpflichten" und der Verschuldensmaßstab richtet sich nach § 276 BGB und nicht § 708 BGB. Denn bei der Erfüllung gesellschaftlicher Organpflichten mit Wirkung für die rechtsfähige Personengesellschaft ist kein Raum für eine derartige Haftungsbeschränkung.[210] Den geschäftsführenden Personengesellschaftern kann hier nur mit gesellschafts- bzw. anstellungsvertraglichen Haftungsbeschränkungen oder -freistellungen bzw. einem entsprechenden Versicherungsschutz geholfen werden.[211]

Die Anwendbarkeit der Regelungen der Geschäftsführung ohne Auftrag scheitert jedenfalls nicht bereits tatbestandlich an § 677 BGB. Mit dem Tatbestandsmerkmal „ohne von ihm beauftragt oder ihm gegenüber sonst dazu berechtigt zu

208 *A. Hueck*, oHG, § 10 VI 5, S. 145 in Fn. 83a; früher noch zustimmend MünchKomm/*Ulmer*, BGB, § 708 Rn. 10 a.E.

209 Ebenso *Wiedemann*, WM 1992, Sonderbeilage 7, S. 16; *Karsten Schmidt*, Gesellschaftsrecht, § 14 V 1, S. 425 f. A.A. noch MünchKomm/*Ulmer*, § 708 Rn. 9, der für die Restriktion des § 708 BGB keine überzeugenden Sachgründe sah. Aufgrund der eindeutigen Aussage von BGH, Urteil v. 4.11.1996, II ZR 48/95, NJW 1997, 314, wonach ein weiteres Ausführungsverschulden nicht erforderlich sei, spielen diese Bedenken allerdings bei *Ulmer*, in: Großkomm. HGB, § 114 Rn. 58a keine Rolle mehr.

210 Daher ist wohl *Karsten Schmidt*, Gesellschaftsrecht, § 59 III 2 b, S. 1745 in Fn. 84 der Ansicht, daß der BGH (in NJW 1997, 314) die teleologische Reduktion des § 708 BGB für die Frage eines weiteren Ausführungsverschuldens bei kompetenzwidriger Geschäftsführung verschweigt. Aus hier vertretener Sicht trifft das die Sache auf den Punkt, denn der BGH will auch keine eigenübliche Sorgfalt in Geschäftsführungsangelegenheit, soweit die Prüfung der Grenzen der Geschäftsführungsbefugnis bereits nach § 708 BGB privilegiert war. Im Ergebnis ist dem uneingeschränkt zuzustimmen, leider hat dies der BGH nicht in der gebotenen Weise ausgesprochen.

211 Zum möglichen Versicherungsschutz der Organe durch D&O-Versicherungen, deren Prämien von der Gesellschaft übernommen werden, vgl. auch *Karsten Schmidt*, Gesellschaftsrecht, § 14 V 1, S. 426 m.w.N.; zur möglichen eingeschränkten Geltung der arbeitsrechtlichen Haftungsprivilegierungen im Personengesellschaftsrecht vgl. Schlegelberger/*Martens*, HGB, § 114 Rn. 35; für eine sachlich begrenzte Anwendung auch *Schneider*, in: FS für Werner, S. 795, 812 ff.

sein" ist nicht das Fehlen jeglicher vertraglicher[212] oder gesetzlicher Beziehung gefordert, sondern nur, daß die Geschäftsführung ihren Grund nicht in einem bereits bestehenden Rechtsverhältnis findet.[213] Geschäftsführer ohne Auftrag ist also derjenige, der ein Geschäft besorgt, dem Geschäftsherrn dazu gegenüber aber nicht berechtigt ist.[214] Warum sollte ein nichtgeschäftsführungsbefugter Dritter über die Regeln der Geschäftsführung ohne Auftrag aber möglicherweise gerechtfertigt sein, der seine Geschäftsführungsbefugnis überschreitende Gesellschafter aber nicht?[215] Das wäre ein Wertungswiderspruch.

Die Rechtslehre gibt der „Zwei-Phasen"-Theorie z.T. mit der Argumentation den Vorzug, daß derjenige Gesellschafter, der sich als Geschäftsführer bewußt oder erkennbar außerhalb seiner Kompetenz bewegt,[216] die legitime Bandbreite gesellschaftsbezogenen Handelns verläßt und dann bei der Durchführung des Geschäfts wie ein Geschäftsführer ohne Auftrag ohne eine Haftungsprivilegierung zu behandeln ist.[217] Dem ist entgegenzuhalten, daß diese Argumentation für den Streit bzgl. der richtigen Anspruchsgrundlage nicht fruchtbar zu machen ist, sondern eine Frage des richtigen Haftungsmaßstabes darstellt. Soweit man der gänzlichen Privilegierung des kompetenzwidrig handelnden Gesellschafters über § 708 BGB – zu Recht – nicht folgen will, ist mit der Rechtsprechung des BGH ein etwaig entstandener Schaden auch ohne ein weiteres (Ausführungs-)Verschulden zu ersetzen.[218]

Zusammenfassend ist das innenrechtswidrige Handeln geschäftsführender Gesellschafter im Ausgangspunkt als allgemeine gesellschaftsvertragliche Treuepflichtverletzung zu verstehen. Soweit diese Geschäftsführung aber dem „wirklichen oder mutmaßlichen Willen" der rechtsfähigen Personengesellschaft entsprechen sollte, kann die kompetenzwidrige Inanspruchnahme von Geschäftsführungsbefugnissen durch das Vorliegen einer berechtigten Geschäftsführung ohne Auftrag gerechtfertigt sein. Der erleichterte Haftungsmaßstab des § 708 BGB ist allerdings nicht anwendbar.[219] Dafür ist bei gesellschaftsvertraglichen

---

212 Die Bezeichnung „ohne Auftrag" ist zu eng, die Berechtigung kann sich auch aus jedem anderen vertraglichen Verhältnis ergeben, vgl. *Larenz*, SchuldR BT, Bd. I, 13. Aufl. § 57, S. 436.

213 Siehe dazu schon oben S. 63 f.

214 *A. Hueck*, oHG, § 10 VI 5, S. 145, Fn. 83a.

215 Diesen Gesichtspunkt hat auch schon *A. Hueck*, a.a.O. betont.

216 Nach a.A. kann sich der Gesellschafter bei der Prüfung seiner Zuständigkeitsgrenzen noch der Haftungsprivilegierung des § 708 BGB bedienen, vgl. Ulmer, in: Großkomm. HGB, § 114 Rn. 58a.

217 Siehe Staudinger/*Habermeier*, BGB, § 708 Rn. 21.

218 BGH, Urteil v. 4.11.1996, II ZR 48/95, NJW 1997, 314 f. Vgl. dazu bereits oben S. 196.

219 Vgl. *Wiedemann*, WM 1992, Sonderbeilage 7, S. 16; ähnlich auch *Karsten Schmidt*, Gesellschaftsrecht, § 14 V 1, S. 425 f.

Treuepflichtverletzungen das aus dem Recht der Geschäftsführung ohne Auftrag entlehnte haftungsbeschränkende Regulativ des „wirklichen oder mutmaßlichen" Willens der rechtsfähigen Personengesellschaft anwendbar.[220] Dem lässt sich nicht mit Erfolg entgegenhalten, dass ein Verstoß gegen die Innenrechtsordnung im Verband (hier die Personengesellschaft betreffend) mache die Geschäftsführung stets zur unberechtigten und damit auch als Rechtfertigungsgrund untauglich. Hier ist insofern zu differenzieren, daß der Verstoß gegen die gesellschaftsrechtliche Kompetenzordnung allein die Auftragslosigkeit der Geschäftsführung, nicht schon das Urteil über ihre fehlende Berechtigung zeitigt. Denn ohne das Anerkenntnis der rechtlichen Verselbständigung der Personengesellschaft und ihre Entgegensetzung zu Ihren Mitgesellschaftern, kann es keine Geschäftsführung ohne Auftrag im Gesellschaftsrecht geben. Bejaht man aber die rechtliche Verselbständigung der Gruppe und damit die Anwendbarkeit der §§ 677 ff. BGB auch im Gesellschaftsrecht, so kann es nur für die Frage der Berechtigung der Geschäftsführung und ihre Ausschlusswirkung für eine mitglied- oder organschaftliche Haftung nur auf den „wirklichen oder mutmaßlichen" der rechtsfähigen Personengesellschaft ankommen. Um letzteren zu bestimmen, sind im konkreten Einzelfall die jeweiligen Gesellschaftsinteressen im Rahmen des zuständigen Verbandsorganes (Gesellschafterversammlung) zu ermitteln.

Die letztlich für die Frage des Vorliegens eines außerordentlichen Geschäftsführungsrechts zu berücksichtigenden wohlverstandenen Gesellschaftsinteressen sind auch in der Praxis ein tauglicheres Abgrenzungskriterium als die individuelle Sorgfalt eines einzelnen Gesellschafters.

Soweit der handelnde Gesellschafter das Wohl seiner Mitgesellschafter und damit die gemeinsame Zweckförderung der Gesellschaft im Auge hatte, ist er auch vor den haftungsrechtlichen Folgen seines Tuns ausreichend geschützt.

III. Haftung wegen des Verstoßes gegen ein Wettbewerbsverbot

1. Personenhandelsgesellschaften

a) Das Wettbewerbsverbot gemäß § 112 HGB

Für den Bereich der Personenhandelsgesellschaften enthalten die §§ 112, 113 HGB spezielle Regelungen des Wettbewerbsverbotes. In § 112 HGB ist das Wettbewerbsverbot tatbestandlich normiert. Die Rechtsfolgen eines Verstoßes gegen das Wettbewerbsverbot finden sich in § 113 HGB.

---

220 Der Ansatz von *Mertens*, dies in Form des rechtmäßigen Alternativverhaltens zu berücksichtigen geht in die gleiche Richtung.

aa) Anwendungsbereich

Nach § 112 Abs. 1 HGB darf ein Gesellschafter ohne Einwilligung der Mitgesellschafter weder in dem Handelszweig der Gesellschaft Geschäfte tätigen, noch an einer anderen gleichartigen Handelsgesellschaft als persönlich haftender Gesellschafter teilnehmen. Hierbei bestimmt der Betrieb bzw. der Gesellschaftsvertrag den Handelszweig der jeweiligen Gesellschaft.[221] Allerdings sind auch mögliche Verlagerungen oder Ausdehnungen der geschäftlichen Tätigkeit mit zu berücksichtigen.[222]

Zum einen soll das Verbot der wettbewerblichen Betätigung verhindern, daß der Gesellschaft Geschäftschancen entgehen, die der einzelne Gesellschafter unter Nutzung der während seiner Mitgliedschaft erworbenen Informationen zu seinem eigenen wirtschaftlichen Vorteil verwertet. Darüber hinaus soll das in der personalistisch organisierten Gesellschaft vorherrschende Vertrauensverhältnis unter den Gesellschaftern nicht durch wettbewerbliche Handlungen zerstört werden.[223] Das Wettbewerbsverbot ist daher als geeignetes Instrument anerkannt, den unter den Gesellschaftern verabredeten gemeinsamen Zweck der Gesellschaft zu fördern.[224] Insofern ist, wie auch schon an anderer Stelle ausgeführt, Grundlage des Wettbewerbsverbots die Treuepflicht der Gesellschafter gegenüber ihrer Gesellschaft.[225]

bb) Beschränkung des Wettbewerbs nach § 1 GWB

Was nun für die Förderung des gemeinsamen Zwecks der Personenhandelsgesellschaft sinnvoll sein kann, widerspricht möglicherweise den kartellrechtlichen Wertungen, insbesondere denen des GWB. Sieht man in der Vorschrift des § 112 HGB eine den Wettbewerb einschränkende Vorschrift, so könnte diese mit § 1 GWB kollidieren.[226] Nach letzterer sind Verträge und Beschlüsse von Unternehmen unwirksam, soweit sie geeignet sind, die Erzeugung oder die Marktverhältnisse für den Verkehr mit Waren oder gewerblichen Leistungen durch Beschränkungen des Wettbewerbs zu beeinflussen (§ 1 GWB). Zwar bezieht sich die Vorschrift ausdrücklich nur auf wettbewerbsbeschränkende Ver-

---

221 Vgl. Heymann/*Emmerich*, HGB, § 112 Rn. 12 ff.; Ob der Gesellschafter dabei für eigene oder fremde Rechnung tätig wird, spielt keine Rolle, siehe nur *Beater*, JuS 1997, 816, 817.

222 Vgl. *Merkt*, ZHR 159 (1995), 423, 448; eingehend MünchHdb. GesR I/*Mattfeld*, § 53 Rn. 16 ff.

223 Eingehend zum ganzen MünchHdb. GesR I/*Mattfeld*, § 53 Rn. 2 ff.

224 BGHZ 70, 331, 333.

225 BGHZ 89, 162, 165; zustimmend auch Heymann/*Emmerich*, HGB, § 112 Rn. 2; Schlegelberger/*Martens*, HGB, § 112 Rn. 2; *Ulmer*, Gesellschaft bürgerlichen Rechts, § 705 Rn. 194 ff. für die Gesellschafter einer GbR.

226 Siehe dazu allgemein MünchHdb. GesR I/*Mattfeld*, § 53 Rn. 56 ff.

träge und Beschlüsse von Unternehmen, dagegen ist das von § 112 HGB postulierte Verbot ein gesetzliches. Letztlich ist dieses gesetzliche Wettbewerbsverbot aber nur der Ausfluß des rechtsgeschäftlichen Zusammenschlusses durch den Gesellschaftsvertrag, was zur Folge hat, daß sich die Grenzen des gesetzlichen Wettbewerbsverbots auch an der Vorschrift des § 1 GWB messen lassen müssen.[227]

Entscheidend für einen Verstoß gegen § 1 GWB ist die Funktionsnotwendigkeit des Wettbewerbsverbotes für den gemeinsamen Betrieb einer Personenhandelsgesellschaft. Für den Fall der personalistisch strukturierten Personenhandelsgesellschaft, in dem es insbesondere auf die Person des einzelnen Gesellschafters entscheidend ankommt, bedeutet dies, daß eine Konkurrenztätigkeit für ein anderes Unternehmen erhebliche, zum Teil existenzielle Schwierigkeiten für die Gesellschaft hervorrufen kann. Daher liegt in einem Wettbewerbsverbot bei solchen Gesellschaften, in denen nach dem gesetzlichen Leitbild des § 114 HGB sämtliche Gesellschafter zur Geschäftsführung berechtigt sind, kein Verstoß gegen § 1 GWB vor.[228] Denn soweit der geschäftsführende Gesellschafter für diesen Fall seine im Rahmen der Geschäftsführung erworbenen Kenntnisse für eine andere Tätigkeit ausnutzt, kann er der eigenen Gesellschaft dadurch erhebliche wirtschaftliche Schäden zufügen, was letztlich auch zu einem Vertrauensverlust unter den Gesellschaftern und zu einer Gefährdung des gemeinsamen Gesellschaftszwecks führt. Ein derartiges Verhalten würde nichts anderes als eine Verletzung der gesellschaftsvertraglichen Treuepflicht bedeuten. Gerade für diesen Fall ist die Gesellschaft aber dann auf das gesetzliche Wettbewerbsverbot des § 112 HGB angewiesen.[229]

Soweit es durch die Organisationsform der Personenhandelsgesellschaft an einer derartigen Funktionsnotwendigkeit des Wettbewerbsrechts fehlt, kann § 1 GWB eingreifen.[230] Dies ist z.B. bei einer kapitalistisch organisierten Personenhandelsgesellschaft der Fall, wenn der Gesellschafter von der Geschäftsführung und Vertretung ausgeschlossen ist, und das gesetzliche Wettbewerbsverbot im wesentlichen dazu eingesetzt wird, die Tätigkeit des Gesellschafters außerhalb der Gesellschaft zu beschränken.[231]

Des weiteren verlangt § 1 GWB tatbestandlich, daß die wettbewerbsbeschränkende Vereinbarung zu ihrer Unwirksamkeit die Marktverhältnisse spürbar be-

---

227 Vgl. BGHZ 38, 306, 316; eingehend MünchHdb. GesR I/*Mattfeld*, § 53 Rn. 56 ff.

228 Ebenso MünchHdb. GesR I/*Mattfeld*, § 53 Rn. 66.

229 Vgl. nur BGHZ 104, 246, 351.

230 MünchHdb. GesR I/*Mattfeld*, § 53 Rn. 68 f. m.w.N.

231 Zustimmend Baumbach/*Hopt*, HGB, § 112 Rn. 16 m.w.N. Nicht auf die gesellschaftsrechtliche Struktur, sondern auf die jeweiligen Informationsrechte im Einzelfall abstellend aber Schlegelberger/*Martens* HGB, § 112 Rn. 33; MünchHdb. GesR I/*Mattfeld*, § 53 Rn. 70 m.w.N.

einflussen muß. Soweit die Personenhandelsgesellschaft der gesetzlichen Regelform entspricht, kann es bei einem Wettbewerbsverbot i.S. des § 112 Abs. 1 HGB nicht zu einer Kollision mit § 1 GWB kommen, da der Gesellschaftsvertrag die Verhältnisse des entsprechenden Marktes nicht spürbar durch Wettbewerbsbeschränkungen beeinflußt.[232]

Ist der Gesellschafter allerdings an der Personenhandelsgesellschaft im wesentlichen kapitalistisch beteiligt, wie etwa durch bloße Zeichnung eines Kapitalanteils und der persönlichen Haftung nach § 128 Satz 1 HGB und arbeitet jedoch im übrigen nicht für die Gesellschaft, so ist es regelmäßig für die Erreichung des gemeinsamen Gesellschaftszwecks und den Erhalt der Gesellschaft unbedeutend, falls der betreffende Gesellschafter in einem Konkurrenzbetrieb unternehmerisch tätig ist.[233] Insoweit ist nach der wettbewerbsschützenden Vorschrift des § 1 GWB das Wettbewerbsverbot aus § 112 HGB unwirksam, sofern durch das Wettbewerbsverbot die Marktverhältnisse beeinflußt werden.[234]

b) Rechtsfolgen des § 113 HGB

Soweit ein Gesellschafter das Wettbewerbsverbot des § 112 HGB mißachtet, stellt § 113 HGB besondere Sanktionen in Form eines Schadensersatzanspruches und eines Eintritts- bzw. Herausgaberechts zur Verfügung.[235] Der Anspruch richtet sich grundsätzlich auf Schadensersatz oder stattdessen auf Gewinnherausgabe und setzt jeweils ein Verschulden i.S. des § 276 BGB (für den Gesellschafter-Geschäftsführer) oder i.S. des § 708 BGB (für den Gesellschafter) voraus.[236]

---

232 Vgl. BGHZ 70, 331, 334; 104, 246, 251; ebenso Baumbach/*Hopt*, HGB, § 112 Rn. 15.

233 Siehe MünchHdb. GesR I/*Mattfeld*, § 53 Rn. 35, zur abweichenden Begründung mit „Insider-Wissen".

234 Vgl. BGHZ 38, 306, 314 ff.; *Ulmer*, in: Großkom. HGB, § 112 Rn. 46. Zu beachten ist, daß § 112 HGB ausdrücklich nur für den Gesellschafter einer oHG gilt. Allerdings kann vertraglich vereinbart werden, daß ein solches Wettbewerbsverbot auch nach Ausscheiden aus der Gesellschaft besteht. Insoweit gilt § 1 GWB uneingeschränkt, da die gesetzlichen Vorschriften der §§ 112, 113 HGB insofern nicht anwendbar sind. Vgl. zu den Grenzen des GWB und § 138 BGB, insoweit Baumbach/*Hopt*, HGB, § 112 Rn. 14.

235 Zur Anwendbarkeit der §§ 677 ff. BGB aus wettbewerbsrechtlicher Sicht eingehend *Oppermann*, AcP 193 (1993), 497 ff.; zu den Rechtsfolgen der Verletzung eines vertraglichen Alleinvertriebsrechts vgl. BGH, NJW 1984, 2411 ff. (dort Anwendung nur der pVV).

236 Nach a.A. ist das Verschulden nach § 708 BGB zu beurteilen, vgl. Heymann/*Emmerich*, HGB, § 112 Rn. 1; Baumbach/*Hopt*, HGB, § 113 Rn. 1. Nach hier vertretener Auffassung ist § 708 BGB auf ein Organhandeln aber gerade nicht anwendbar.

aa) Schadensersatz

Etwaige Schäden, die z.B. durch Abwerbung von Teilen des Kundenstammes der Gesellschaft eine erhebliche Gewinnminderung verursachen, kann die Gesellschaft gemäß § 113 Abs. 1 Halbs. 1, Abs. 2 HGB bei einem entsprechend schuldhaften Verstoß des Gesellschafters und bei Vorliegen eines entsprechenden Gesellschafterbeschlusses von diesem ersetzt verlangen. Die Anspruchsgrundlage für den Schadensersatzanspruch ergibt sich hierbei direkt aus § 113 Abs. 1 Halbs. 1 HGB.[237]

bb) Eintrittsrecht

Unter den eben genannten Voraussetzungen kann die Gesellschaft auch alternativ ein Eintrittsrecht geltend machen.[238]

Soweit die Gesellschaft das Geschäft aber für sich selbst gelten lassen möchte, kann sie auf den Schadensersatzanspruch verzichten und gemäß § 113 Abs. 1 Halbs. 2, Abs. 2 HGB statt dessen vom Gesellschafter verlangen, daß dieser das für eigene Rechnung getätigte Geschäft als für die Rechnung der Gesellschaft eingegangen gelten lassen müsse und die aus dem Geschäft erhaltene Vergütung herausgeben oder seinen diesbezüglichen Anspruch auf Vergütung abtreten müsse.[239] § 113 HGB gibt der Gesellschaft insofern die Möglichkeit, die Vorteile aus einer konkurrierenden Tätigkeit des gegen ein Wettbewerbsverbot verstoßenden Gesellschafters zu entziehen, um sie der Gesellschaft selbst zukommen zu lassen.[240]

Das Eintrittsrecht des § 113 HGB gleicht damit wirtschaftlich dem Herausgabeanspruch gegen den Geschäftsführer ohne Auftrag, der auf die Herausgabe des aus der Geschäftsführung Erlangten geht. Insofern ist bei beiden Ansprüchen die Rechtsfolge auf die Abschöpfung der Erträge aus dem kompetenzwidrig bzw. wettbewerbsverbotswidrig abgeschlossenen Geschäft beschränkt. Ein materielles Eintrittsrecht mit Außenwirkung in dem Sinne, daß die übrigen Gesell-

---

237 H.M., vgl. Baumbach/*Hopt*, HGB, § 113 Rn. 1; Heymann/*Emmerich*, HGB, § 113 Rn. 1.

238 Siehe MünchHdb. GesR I/*Mattfeld*, § 53 Rn. 35.

239 Zwischen Schadensersatzanspruch und Eintrittsrecht besteht elektive Konkurrenz ohne ein entsprechendes *ius variandi*; dazu eingehend Schlegelberger/*Martens* HGB, § 113 Rn. 19; a.A. für den Schadensersatzanspruch *Ulmer*, in: Großkomm. HGB, § 113 Rn. 11.

240 Vgl. BGHZ 38, 306, 309. Wobei der Vorteil dieses Anspruchs darin bestehen kann, daß die Gesellschaft, anders als beim Schadensersatzanspruch, die Höhe des Schadens nicht selbst beziffern und beweisen muß. Zu beachten ist allerdings, daß die Gesellschaft den Anspruch nach § 113 HGB nur gegenüber dem wettbewerbsverbotswidrig handelnden Gesellschafter und nicht gegenüber dem dritten Vertragspartner geltend machen kann.

schafter verlangen können, daß die betreffende Gesellschaft nun selbst Vertragspartner der mit Dritten abgeschlossenen Verträge wird, gibt es aber nicht.[241]

cc) Unterlassung

Soweit die betreffende Gesellschaft von der Absicht der wettbewerbsverbotswidrigen Handlung des betreffenden Gesellschafters Kenntnis erlangt, steht ihr nach allgemeiner Ansicht zur Vorbeugung ein Anspruch auf Unterlassung derartiger Pflichtverstöße zu.[242] Der grundsätzliche Anspruch auf Unterlassung wettbewerbswidriger Handlungen eines Gesellschafters ist als Folge der gesellschaftsvertraglichen Treuepflichtverletzung zu sehen und ergibt sich somit aus dem Gesellschaftsvertrag, und nicht aus § 113 Abs. 1 HGB, was dazu führt, daß für diesen Unterlassungsanspruch die Notwendigkeit eines Gesellschafterbeschlusses nach § 113 Abs. 2 HGB nicht besteht.[243] Der Tatbestand des § 113 HGB ist also bezogen auf einen möglichen Unterlassungsanspruch nicht abschließend.

c) Weitere Anspruchsgrundlagen

Anerkennt man den nicht abschließenden Charakter des § 113 HGB, bleibt zu prüfen, ob insbesondere die allgemeine Treuepflichtverletzung oder Regelungen der Geschäftsführung ohne Auftrag weitere Anspruchsgrundlagen bieten können.

aa) Allgemeine Treuepflichtverletzung

Für den Fall, daß der Geschäftsführer gegen das Wettbewerbsverbot des § 112 HGB in den Grenzen des § 708 BGB[244] schuldhaft verstoßen hat, schlägt eine Ansicht als Anspruchsgrundlage die §§ 249 ff. BGB vor.[245] Dem ist schon der Wortlaut der genannten Vorschriften entgegenzuhalten. Die gesamten §§ 249 ff. BGB stellen keine Anspruchsgrundlage für diesen Fall bereit, sondern sind Spezialregelungen, welche die Art und den Umfang der Schadensersatzpflicht behandeln. Das Vorliegen anderer Sonderregelungen ist nach zutreffender Ansicht

---

241 Eine derartige Außenwirkung entfaltet das Eintrittsrecht des § 113 Abs. 1 Halbs. 2 HGB gerade nicht, vgl. BGHZ 89, 162, 171; zustimmend *Ulmer*, in: Großkomm. HGB, § 113 Rn. 21; *Merkt*, ZHR 159 (1995), 423, 447.

242 Statt anderer siehe Heymann/*Emmerich*, HGB, § 113 Rn. 1; MünchHdb. GesR I/*Mattfeld*, § 53 Rn. 55.

243 Ebenso auch die h.M. vgl. Baumbach/*Hopt*, HGB, § 113 Rn. 4.

244 Nach hier vertretener Ansicht ist das Verschulden wiederum nach § 276 BGB zu beurteilen. Auf die Handlungen als Organ ist § 708 BGB nicht anwendbar.

245 Siehe Schlegelberger/*Martens* HGB, § 113 Rn. 3.

durch die unvollständige Regelung des § 113 HGB aber gerade nicht verhindert.[246]

Soweit der Verstoß gegen das Wettbewerbsverbot mit der gleichzeitigen Verletzung der Pflicht zur ordnungsgemäßen Geschäftsführung bzw. dem Verstoß gegen die allgemeine Treuepflicht, z.B. durch das Ausnutzen von Geschäftschancen der Gesellschaft einhergeht, schließen sich die jeweiligen Ansprüche aus §§ 113 HGB und 280 Abs. 1 BGB nicht aus, sondern stehen grundsätzlich in Anspruchskonkurrenz zueinander.[247] Problematisch ist allerdings das Verhältnis zu den Regelungen der Geschäftsführung ohne Auftrag.

bb) Geschäftsführung ohne Auftrag

(1) Anwendbarkeit der berechtigten Geschäftsführung ohne Auftrag

Sollte der Verstoß gegen das Wettbewerbsverbot bei einer ex-post-Betrachtung aber dem „wirklichen oder mutmaßlichen Willen" der Gesellschaft entsprechen, kann der innenrechtswidrige Verstoß durch das Vorliegen einer berechtigten Geschäftsführung ohne Auftrag ausnahmsweise gerechtfertigt sein.

Es gelten insoweit die Ausführungen zur Haftung bei kompetenzwidriger Geschäftsführung.[248] Tatbestandlich handelt es sich bei der Geschäftsführung unter Verstoß gegen ein Wettbewerbsverbot wohl meist um ein „auch-fremdes-Geschäft". Ein solches kann man z.B. dann annehmen, wenn die Geschäftsbesorgung nur zum Teil gegen ein Wettbewerbsverbot verstößt oder der Geschäftsführer in Unkenntnis der Grenzen des Wettbewerbsverbotes dieses überschreitet. Der erleichterte Haftungsmaßstab des § 708 BGB ist allerdings hinsichtlich eines etwaigen Ausführungsverschuldens im weiteren Verlauf der Geschäftsführung nicht anwendbar. Dafür ist bei gesellschaftsvertraglicher Treuepflichtverletzung das aus dem Recht der Geschäftsführung ohne Auftrag entlehnte haftungsbeschränkende Regulativ des „wirklichen oder mutmaßlichen" Willens der rechtsfähigen Personengesellschaft anwendbar.[249] Ist letzteres nicht

---

[246] So auch Baumbach/*Hopt*, HGB, § 113 Rn. 5; Heymann/*Emmerich*, HGB, § 113 Rn. 3a; für eine abschließende Regelung zumindest des Schadensersatzanspruches nach § 113 HGB dagegen MünchHdb. GesR I/*Mattfeld*, § 53 Rn. 43.

[247] Dies ist auch Standpunkt der Rspr., vgl. BGH, WM 1989, 1335, 1337, der bei der Frage der maßgeblichen Verjährungsvorschrift von einem Nebeneinander der gesetzlichen und vertraglichen Haftung ausgeht; zustimmend auch die Rechtslehre, vgl. *Ulmer*, in: Großkomm. HGB, § 114 Rn. 60; Heymann/*Emmerich*, HGB, § 113 Rn. 18; Baumbach/*Hopt*, HGB, § 113 Rn. 5; siehe auch Schlegelberger/*Karsten Schmidt*, HGB, § 105 Rn. 147 und 167 und *ders.*, Gesellschaftsrecht, § 47 II 2 b, S. 1377.

[248] Dazu oben S. 223 ff.

[249] Dazu oben S. 224.

der Fall, so besteht gegen den gesellschaftlich treuwidrig handelnden Gesellschafter neben dem Anspruch aus § 280 Abs. 1 BGB ein inhaltsgleicher aus § 678 BGB.

Diesem Ergebnis steht auch nicht der Wortlaut des § 113 Abs. 1 HGB und dessen grundsätzlich abschließender Charakter entgegen. Wenn man von der Prämisse der einheitlichen Haftungsgrundlage für kompetenzwidrige Geschäftsführung und sonstiger gesellschaftsrechtlicher Treuepflichtverletzung ausgeht, sind bei einer in den Grenzen des § 276 BGB schuldhaft begangenen allgemeinen Treuepflichtverletzung als mögliches Korrektiv die Regelungen der Geschäftsführung ohne Auftrag anwendbar. Soweit man mit der h.M. eine Anspruchskonkurrenz zwischen §§ 113 HGB und 280 Abs. 1 BGB annimmt,[250] ist konsequenterweise das zu der kompetenzwidrigen Geschäftsführung vorgeschlagene Modell auch auf diesen Fall zu übertragen, denn dadurch läßt sich ein Gleichlauf der Haftungsgrundlagen erreichen. Aus § 113 HGB ist auch nicht *e contrario* zu schließen, daß ein Verstoß gegen ein Wettbewerbsverbot als Unterfall der allgemeinen gesellschaftsvertraglichen Treuepflichtverletzung nicht ausnahmsweise gerechtfertigt sein kann.

(2) Herausgabeanspruch aus angemaßter Eigengeschäftsführung

Sollte einmal der Fall der angemaßten Eigengeschäftsführung vorliegen, kann sich ein Herausgabeanspruch der Personenhandelsgesellschaft auch aus §§ 687 Abs. 2, 681 Satz 2, 667, 713 BGB, 105 Abs. 3 HGB ergeben.[251]

Die angemaßte Eigengeschäftsführung ist dabei nach h.M. – zumindest für den Herausgabeanspruch – dann anzunehmen, wenn der Gesellschafter mit seiner Tätigkeit vorsätzlich in eine hinreichend verfestigte, ohne ein weiteres Dazwischentreten seitens der Gesellschaft zu realisierende Geschäftschance eingreift.[252]

---

250 Vgl. die Nachweise in Fn. 247.

251 Vgl. Statt anderer Heymann/*Emmerich*, HGB, § 113 Rn. 3a; Baumbach/*Hopt*, HGB, § 113 Rn. 5; MünchHdb. GesR I/*Mattfeld*, § 53 Rn. 43; siehe auch Scholz/*Schneider*, GmbHG, § 43 Rn. 131b m.w.N. in Fn. 245.

252 Siehe *Ulmer*, in: Großkomm. HGB, § 113 Rn. 6; *Fleck*, ZIP 1991, 1269, 1273 f.; ablehnend aber mit guten Gründen *Ebert*, S. 151 f., der zu Recht auf die Diskrepanz in der Argumentation aufmerksam macht, daß einerseits nicht schon der Verstoß gegen eine vertragliche Unterlassungspflicht als solche, wohl aber der Eingriff in eine hinreichend verfestigte oder konkretisierte Geschäftschance für die Anwendbarkeit des § 687 Abs. 2 BGB ausreichend sein soll; vgl. aber auch BGH, WM 1989, 1335, 1338 f.

Für den Herausgabeanspruch ergibt sich dies aus der insoweit vorliegenden tatbestandlichen Unvollständigkeit des § 113 HGB.[253]

Umstritten ist dagegen die Frage, ob dies auch für einen Schadensersatzanspruch aus §§ 687 Abs. 2 i.V.m. 678 BGB gilt.

Beispielhaft für die Frage, ob in dem Verstoß gegen ein Wettbewerbsverbot gleichzeitig eine angemaßte Eigengeschäftsführung liegen kann, ist das Urteil des BGH vom 23. März 1988,[254] in dem es um ein vertragliches Wettbewerbsverbot für frühere Mandanten nach dem Verkauf einer Wirtschaftsprüferpraxis ging. Nach Auffassung des BGH reichte die damit verbundene vertragliche Aufteilung von Interessenbereichen jedenfalls für sich alleine nicht aus, dem Berechtigten die einzelnen Geschäfte, die in dessen Interessenbereich fallen, in der Weise zuzuordnen, daß sie im Verhältnis der Verpflichteten zueinander als fremde Geschäfte i.S. des § 687 Abs. 2 BGB anzusehen sind.[255]

Begründet wird dies damit, daß es zunächst nur um die Chance gehe, eine vertragliche Beziehung zu einem Mandanten zustande zu bringen. Eine Verletzung des Wettbewerbsverbotes beeinträchtigt zwar diese Erwerbsaussicht, es fehlt aber an einem Eingriff in ein vom Berechtigten bereits erlangtes, im Verhältnis zum Verpflichteten ausschließlich zugeordnetes Gut.[256] Das erkennende Gericht führt weiter aus, daß jedenfalls bei einer derartigen Fallgestaltung ein Anspruch aus Geschäftsführung ohne Auftrag ausscheide.[257] Es mußte deshalb auch nicht generell zur umstrittenen Frage Stellung nehmen, ob § 687 Abs. 2 BGB stets unanwendbar ist, wenn der Handelnde mit der Führung eines Geschäfts vorsätzlich gegen eine vertragliche Unterlassungspflicht verstoßen hat.[258]

Ein weiteres Beispiel für die Abgrenzung bietet das Urteil des BGH vom 11. Oktober 1976.[259] Dort hatte der BGH einer GmbH[260] gegen ihren ehemaligen Gesellschafter einen Schadensersatzanspruch gemäß § 687 Abs. 2 BGB zugesprochen, da dieser von der Gesellschaft geschlossene Verträge an sich gezogen und dadurch die Interessen der Gesellschaft verletzt habe. Später betonte der

---

253 Ebenso Baumbach/*Hopt*, HGB, § 113 Rn. 5; Heymann/*Emmerich*, HGB, § 113 Rn. 3a; MünchHdb. GesR I/*Mattfeld*, § 53 Rn. 43.

254 BGH, Urteil v. 23.3.1988, IVa ZR 41/87, NJW 1988, 3018 f. = WM 1988, 1492 f. = ZIP 1988, 719 f.

255 Vgl. BGH, Urteil v. 23.3.1988, IVa ZR 41/87, NJW 1988, 3018.

256 So BGH, NJW 1988, 3018, die Konstruktion ähnelt der eines Anwartschaftsrechts.

257 Kritisch zu Recht wegen der fehlenden Begründung durch den BGH daher *Ebert*, a.a.O.

258 Dazu ausführlich *Ebert*, S. 429 ff.

259 BGH, WM 1977, 194 f.

260 Aus der Tatsache, daß der Fall im GmbH-Recht spielte ergeben sich für die Abgrenzung keine Besonderheiten. Daher kann er auch an dieser Stelle im Personengesellschaftsrecht angeführt werden.

BGH, daß dies allerdings nur dann gelte, wenn der beklagte Gesellschafter nicht nur eine bloße Geschäftschance, sondern in bereits abgeschlossene Verträge der Gesellschaft eingegriffen hatte.[261]

Der BGH[262] hat die Anwendbarkeit des § 687 Abs. 2 BGB im Ergebnis allerdings mit der Begründung verneint, daß der vertraglich gebundene, wenn auch die Grenzen seiner Bindung überschreitende und damit gegen ein Unterlassungsgebot verstoßende Geschäftsführer nicht ohne einen erteilten Auftrag und somit ohne ein objektiv fremdes Geschäft zu führen, handelt. Für die angemaßte Eigengeschäftsführung gelte nichts anderes als für die (echte) Geschäftsführung ohne Auftrag.[263]

(3) Ausschluß von anderen Schadensersatzansprüchen wegen § 113 HGB

Die gesetzliche Regelung des § 113 HGB wird – vorbehaltlich anders lautender gesellschaftsvertraglicher Regelungen – von der überwiegenden Ansicht im Hinblick auf Schadensersatzansprüche, die auf einer Verletzung des in § 112 HGB vorgesehenen Wettbewerbsverbotes beruhen, zu Recht als abschließend betrachtet.[264]

Über den insoweit eindeutigen Wortlaut hinaus fehlt es für die Anwendbarkeit einer angemaßten Eigengeschäftsführung i.S. des § 687 Abs. 2 BGB in den meisten Fällen an dem Erfordernis eines objektiv fremden Geschäftes, da in keine bereits gesicherte Rechtsposition des intendierten Vertragspartners eingegriffen wird.[265] Eine direkte Anwendung des § 678 BGB auf derartige Fallkonstellationen scheitert schon an der fehlenden unberechtigten Geschäftsführung ohne Auftrag. Derjenige, der gegen das ihn treffende Wettbewerbsverbot verstößt, wird dies nicht auch noch in Übereinstimmung mit dem wirklichen oder mutmaßlichen Willen eines anderen tun.

---

261 Vgl. BGH, NJW 1988, 3018.

262 BGH, WM 1989, 1335, 1338.

263 BGH, WM 1989, 1335, 1338 unter Hinweis auf BGH, Urteil v. 11.1.1988, II ZR 192/87, WM 1988, 968, 969; zustimmend Hachenburg/*Mertens*, GmbHG, § 43 Rn. 38; ablehnend Scholz/*Schneider*, GmbHG, § 43 Rn. 131b (ohne Begründung). In seinem Urteil v 13.2.1975, II ZR 92/73, NJW 1975, 977, 978 ist der BGH allerdings noch (stillschweigend) von der Möglichkeit ausgegangen, daß es außervertragliche Schadensersatzansprüche aus § 687 Abs. 2 BGB bei Überschreiten von Geschäftsführungsbefugnissen geben könne. Allerdings mußte nur die Frage beantwortet werden, welche Anspruchsgrundlage für die Geltendmachung die richtige sei; im Fall wurde dann § 46 Nr. 8 GmbHG bejaht. Eine vertiefte Auseinandersetzung, ob Ansprüche aus § 687 Abs. 2 BGB überhaupt bestehen können, fand jedoch nicht statt.

264 MünchHdb. GesR I/*Mattfeld*, § 53 Rn. 43; *Ulmer*, in: Großkomm. HGB § 113 Rn. 6.

265 Vgl. dazu BGH, NJW 1988, 3018 f.; ebenso *Ulmer*, a.a.O.

Darüber hinaus sollen aber aufgrund des insoweit abschließenden Charakters des § 113 HGB auch sonstige Schadensersatzansprüche, wie z.B. aufgrund der allgemeinen gesellschaftsrechtlichen Treuepflichtverletzung, ausgeschlossen sein. Argumentiert wird damit, daß § 113 HGB einen gesetzlich normierten Fall der pVV darstelle und daher ein Rückgriff auf die allgemeine Treuepflichtverletzung entbehrlich sei.[266] Allerdings wird von der Gegenansicht ein Konkurrenzverhältnis zur gleichzeitigen Verletzung von Geschäftsführungsverpflichtungen bejaht.[267]

Die Abgrenzung schlichter Vertragsverletzungen von Eingriffen in absolut geschützte Positionen des Vertragspartners führt im Ausgangspunkt zu dem Ergebnis, daß die angemaßte Eigengeschäftsführung nach § 687 Abs. 2 BGB grundsätzlich nicht bei einem bloßen Vertragsbruch bzw. bei vertraglicher Schlechterfüllung vorliegt.[268] Die Haftung aus § 687 Abs. 2 BGB soll darüber hinaus aber dann möglich sein, wenn über den bloßen Vertragsbruch hinaus auch eine außervertraglich geschützte Position verletzt wurde.[269]

Von dem bisher Ausgeführten abgesehen wird vereinzelt vertreten, daß in den Fällen der angemaßten Eigengeschäftsführung nach § 687 Abs. 2 BGB tatbestandlich keine Geschäftsführung ohne Auftrag vorliege.[270] Es kann also überhaupt nicht zu einem Spannungsverhältnis zwischen der Verletzung gesellschaftsvertraglicher Pflichten einerseits und § 687 Abs. 2 BGB andererseits kommen.[271] In diesen Fällen liege gerade das Gegenteil vor: jemand behandelt bewußt ein objektiv fremdes Geschäft als sein eigenes, ohne dazu berechtigt zu sein. Nur hinsichtlich der Rechtsfolgen wird diese angemaßte Eigengeschäftsführung den Rechtsfolgen der Geschäftsführung ohne Auftrag und damit dem § 678 BGB unterworfen.[272] Hierbei ist insbesondere unbeachtlich, ob sich der Mangel der Berechtigung aus Vertrag oder einem sonstigen rechtlichen Gesichtspunkt ergibt. Das Fehlen einer vertraglichen (oder gesetzlichen) Pflicht zur Geschäftsbesorgung gehört bei der unechten Geschäftsführung ohne Auftrag – anders als bei der echten Geschäftsführung ohne Auftrag – nicht zu den gesetzlichen Tatbestandsmerkmalen.[273] Dieser extremen Position ist allerdings bereits der Wort-

266 Siehe *Heinemann/Hirte/Schütz*, JuS 1994, S. 224, 229 in Fn. 9.

267 Siehe z.B. Baumbach/*Hopt*, HGB, § 113 Rn. 5, aber ohne Begründung.

268 Zu dem Erfordernis, daß ein Eingriff in ein vom Berechtigten bereits erlangtes, ihm im Verhältnis zum Verpflichteten ausschließlich zugeordnetes Gut vorliegen muß, vgl. BGH, NJW 1988, 3018 m.w.N. und eingehend zum bisherigen Meinungsstand *Ebert*, S. 429 ff.

269 Vgl. *ders.*, S. 151, insbesondere 476. Zur Verletzung vertraglicher Unterlassungspflichten siehe auch *Chen*, S. 104 ff.

270 Vgl. *Fleck*, ZIP 1991, 1269, 1272.

271 *Ders.*, a.a.O.

272 Staudinger/*Wittmann*, BGB, § 687 Rn. 1 und 5.

273 Vgl. *Fleck*, a.a.O. zum Herausgabeanspruch aus § 687 Abs. 2 BGB.

laut des § 687 Abs. 2 BGB entgegenzuhalten. Der vermeintliche Geschäftsführer muß um die (objektive) Fremdheit des Geschäfts und seine fehlende Berechtigung wissen.[274] Warum man von dem insoweit eindeutigen Wortlaut abrücken sollte, bleibt im Dunkeln.

(4) Stellungnahme

Hinsichtlich der Anwendbarkeit des § 687 Abs. 2 BGB auf die Problematik der Verstöße gegen ein vertragliches Wettbewerbsverbot wird nicht immer hinreichend zwischen der Frage unterschieden, ob es sich um Schadensersatzansprüche oder Herausgabeansprüche handelt.

Die Regelung des § 113 HGB gewährt der Gesellschaft neben dem Schadensersatzrecht alternativ ein Eintrittsrecht. Über einen Herausgabeanspruch sagt die Vorschrift dagegen nichts. Infolgedessen können sonstige Ansprüche mit dem Ziel der Herausgabe auch tatbestandlich nicht bereits ausgeschlossen werden. Soweit es um den Schadensersatzanspruch geht, muß man tatbestandlich unterscheiden, ob überhaupt eine echte Geschäftsführung ohne Auftrag oder eine angemaßte Eigengeschäftsführung vorliegt. Soweit letztere gegeben ist, muß man § 113 Abs. 1 HGB als abschließende Regelung ansehen. Auch aus Sicht der Gesellschafter ist ein Anspruch über § 678 BGB i.V.m. § 687 Abs. 2 BGB nicht vorteilhafter als derjenige aus § 113 HGB. Der Gesellschafter-Geschäftsführer haftet nur bei der schuldhaften Übernahme (§ 276 BGB) der Geschäftsführung entgegen dem Wettbewerbsverbot. Ob ihn dann bei der Ausführung des wettbewerbswidrig übernommenen Geschäfts ein weiteres Verschulden trifft, ist unerheblich. Ausschlaggebend ist im Ergebnis auch, daß eine angemaßte Eigengeschäftsführung bei gleichzeitigem Vorliegen einer vertraglichen Regelung grundsätzlich ausgeschlossen ist.[275] Die entsprechende Anwendung des § 678 BGB über § 687 Abs. 2 BGB scheidet daher für die Fälle der angemaßten Eigengeschäftsführung aus.[276]

---

[274] Statt anderer Palandt/*Sprau*, BGB, § 677 Rn. 2.

[275] Mit *Ebert*, S. 476, ist dabei eine Ausnahme für den Fall zu machen, daß durch den Vertragsbruch eine außervertraglich geschützte (Rechts-)Position verletzt wird. Dabei ist insbesondere an eine Rechtsposition zu denken, die ein sonstiges Recht i.S. des § 823 Abs. 1 BGB darstellen kann. Zur Problematik, ob die Vereitelung von Geschäftschancen einen Eingriff in den eingerichteten und ausgeübten Gewerbebetrieb i.S. des § 823 Abs. 1 BGB darstellen können, vgl. *Klasen*, S. 83 ff., der im Ergebnis einen derartigen Anspruch verneint. Darüber hinaus könnte man noch einen Anspruch aus § 823 Abs. 1 BGB in Betracht ziehen, für eine Verletzung der Mitgliedschaft als absolut geschützte Rechtsposition.

[276] Vgl. auch *Gehrlein*, in: Bamberger/Roth, BGB, § 677 Rn. 5.

(5) Anspruchsinhalt und weitere konkurrierende Haftungstatbestände

Soweit man den Herausgabeanspruch aus § 687 Abs. 2 BGB tatbestandlich bejaht,[277] geht er – über die Verweisung der §§ 681 Satz 2, 667 BGB – inhaltlich ebenfalls auf die Herausgabe des Gewinns aus den wettbewerbsverbotswidrig getätigten Geschäften des Gesellschafters. Von Vorteil ist für die Gesellschaft allerdings, daß er nicht der kurzen Verjährung des § 113 Abs. 3 HGB[278] unterliegt und darüber hinaus nicht von einer entsprechenden Beschlußfassung der übrigen Gesellschafter nach § 113 Abs. 2 HGB abhängig ist.[279] Darüber hinaus kann in derartigen Fällen auch eine Haftung aus unerlaubter Handlung in Betracht kommen.[280]

(6) Ergebnis

Der nach § 276 BGB schuldhafte Verstoß des Gesellschafter-Geschäftsführers gegen ein vertragliches Wettbewerbsverbot ist bzgl. der Anspruchsgrundlage auf Schadensersatz allein nach § 113 HGB und dessen Voraussetzungen zu beurteilen. Eine kumulative Anspruchsbegründung über die angemaßte Eigengeschäftsführung nach § 687 Abs. 2 BGB ist bereits tatbestandlich ausgeschlossen. Soweit allerdings zudem eine allgemeine gesellschaftsrechtliche Treuepflichtverletzung gemäß § 280 Abs. 1 BGB vorliegen sollte, besteht diese neben den Ansprüchen aus § 113 BGB kumulativ.

2. Gesellschaft bürgerlichen Rechts

a) Allgemeines „Wettbewerbsverbot" als Ausfluß der gesellschaftsvertraglichen Treuepflicht

Eine ausdrückliche Regelung des Wettbewerbsverbots existiert in den §§ 705 ff. BGB nicht. Aber auch ohne eine entsprechende Anwendung des § 112 HGB auf die Gesellschaft bürgerlichen Rechts oder eine entsprechende ausdrückliche gesellschaftsvertragliche Regelung unterliegen die Gesellschafter einer Gesellschaft bürgerlichen Rechts ihrer gesellschaftsvertraglichen Treuepflicht.[281] Zur Förde-

---

[277] Siehe Baumbach/*Hopt*, HGB, § 113 Rn. 5; *Fleck*, ZIP 1991, 1269, 1272.

[278] Diese beträgt drei Monate ab Kenntnis bzw. fünf Jahre von der Anspruchsentstehung an bei fehlender Kenntnis des Gesellschafters.

[279] Vgl. BGH, NJW-RR 1989, 1255, 1256; ebenso *Ulmer*, in: Großkomm. HGB, § 113 Rn. 6.

[280] Zu diesen siehe Schlegelberger/*Martens* HGB, § 113 Rn. 18; vgl. auch *Klasen*, S. 82 ff.

[281] Allg. Ansicht, vgl. statt anderer *Ulmer*, Gesellschaft bürgerlichen Rechts, § 705 Rn. 186; MünchHdb. GesR I/*Schmid*, § 19 Rn. 80. Zu Abweichungen für die Freiberufler-GbR in Form von Mandantenschutzklauseln und Rückkehrverboten, vgl. MünchHdb. GesR I/*ders.*, § 19 Rn. 83 ff. und Staudinger/*Habermeier*, BGB, § 705 Rn. 52 m.w.N.

rung und Verwirklichung des gemeinsamen Zwecks hat dabei jeder Gesellschafter die Belange der Gesellschaft und seiner Mitgesellschafter zu berücksichtigen und seine eigenen Interessen hinter denjenigen der Gesellschaft zurückzustellen.[282]

Dabei unterscheidet sich die als gesellschaftsvertragliche Nebenpflicht den einzelnen Gesellschafter treffende Treuepflicht graduell nach der Berechtigung zur Geschäftsführung. Eindeutig ist diese für den geschäftsführenden Gesellschafter einer Gesellschaft bürgerlichen Rechts zu bestimmen, den grundsätzlich eine Unterlassungspflicht hinsichtlich derjenigen Geschäfte trifft, die vom Gesellschaftszweck erfaßt werden und daher an sich der Gesellschaft zustehen.[283]

Bei den von der Geschäftsführung ausgeschlossenen Gesellschaftern sind allerdings niedrigere Maßstäbe an die Treuepflicht anzulegen. Da sie grundsätzlich, abgesehen von den ihnen zustehenden Informations- und Einsichtsrechten, von der Geschäftsführung ausgeschlossen sind, kann ihre Treuepflicht nur insoweit wirken, als sie die aus ihrer Mitgliederstellung gewonnenen Erkenntnisse zum Schaden der Gesellschaften verwerten können. Falls die Informations- und Kontrollrechte der nicht geschäftsführungsberechtigten Gesellschafter im Gesellschaftsvertrag auf das – nach § 716 Abs. 2 BGB – zulässige Minimum beschränkt worden sind, ist nach überwiegender Ansicht für ein sich aus der gesellschaftsvertraglichen Treuepflicht ergebendes Wettbewerbsverbot überhaupt kein Raum.[284]

b) Rechtsfolge bei Verletzung der Treuepflicht

Trifft die geschäftsführenden bzw. die übrigen Gesellschafter ein solches allgemeines „Wettbewerbsverbot" aus der gesellschaftsvertraglichen Treuepflicht gegenüber der Gesellschaft und ihren Mitgesellschaftern, sind bei einem Verstoß und der damit verbundenen Ausnutzung von Geschäftschancen der Gesellschaft die zu den Personenhandelsgesellschaften ausgeführten entsprechenden Grundsätze anwendbar. Folglich sind mangels spezialgesetzlicher Regelungen bei einem schuldhaften Verstoß gegen eine gesellschaftsrechtliche Treuepflicht zu Lasten der betroffenen Gesellschaft Schadensersatzansprüche wegen allgemeiner Treuepflichtverletzung aus § 280 Abs. 1 BGB zu prüfen. Ob daneben ebenfalls

---

[282] *Karsten Schmidt*, Gesellschaftsrecht, § 59 III 1 b, S. 1743; *Soergel/Hadding*, BGB, 11. Aufl., § 705 Rn. 58 ff.

[283] Siehe *Ulmer*, Gesellschaft bürgerlichen Rechts, § 705 Rn. 194; *Soergel/Hadding*, BGB, 11. Aufl., § 705 Rn. 62; vgl. auch Staudinger/*Habermeier*, BGB, § 705 Rn. 52 m.w.N. Dabei ist allerdings zu beachten, daß sich das Wettbewerbsverbot ähnlich wie im Personenhandelsgesellschaftsrecht auch auf mögliche (weitere) Betätigungsfelder der Gesellschaft erstreckt.

[284] *Ulmer*, Gesellschaft bürgerlichen Rechts, § 705 Rn. 195; *Soergel/Hadding*, BGB, 11. Aufl., § 705 Rn. 62; in diese Richtung auch MünchHdb. GesR I/*Schmid*, § 19 Rn. 81.

tatbestandlich Ansprüche aus Geschäftsführung ohne Auftrag vorliegen, ist genauso wie bei der Frage der kompetenzwidrigen Geschäftsführung zu entscheiden.

aa) Schadensersatzhaftung nach § 280 Abs. 1 BGB

Der gesellschaftsvertragswidrige Verstoß gegen das allgemeine „Wettbewerbsverbot“ bewirkt Schadensersatzansprüche wegen allgemeiner – nach § 276 BGB schuldhafter – Treuepflichtverletzung. Der Schadensersatzanspruch ist dabei nunmehr allein auf § 280 Abs. 1 BGB (bisher pVV) zu stützen.[285]

bb) Geschäftsführung ohne Auftrag

Für den Fall, daß der Verstoß gegen das „Wettbewerbsverbot“ in der Gesellschaft bürgerlichen Rechts bei einer ex-post-Betrachtung aber dem „wirklichen oder mutmaßlichen Willen“ der rechtsfähigen Personengesellschaft entsprechen sollte, kann der innenrechtswidrige Verstoß durch das Vorliegen einer berechtigten Geschäftsführung ohne Auftrag gerechtfertigt sein.

Es gelten insoweit die Ausführungen zur Haftung bei kompetenzwidriger Geschäftsführung.[286] Der erleichterte Haftungsmaßstab des § 708 BGB ist allerdings hinsichtlich eines etwaigen Ausführungsverschuldens im weiteren Verlauf der Geschäftsführung nicht anwendbar. Dafür ist bei gesellschaftsvertraglicher Treuepflichtverletzung das aus dem Recht der Geschäftsführung ohne Auftrag entlehnte haftungsbeschränkende Regulativ des „wirklichen oder mutmaßlichen“ Willens der rechtsfähigen Personengesellschaft anwendbar.[287]

cc) Ergebnis

Die bei der Frage der Behandlung der kompetenzwidrigen Überschreitung von Geschäftsführungsbefugnissen gefundenen Ergebnisse lassen sich aufgrund des gleichen Haftungsgrundes (Treuepflichtverletzung) auch auf den gesellschaftsrechtswidrigen Treuepflichtverstoß übertragen.

---

285 Vgl. nur *Wagner*, in: Röhricht/Ammon, HGB, § 74 Rn. N 50. Der Anspruch verjährt nun nach § 195 BGB in drei Jahren; dazu *von Gerkan*, in: Röhricht/Ammon, HGB, § 311 Rn. N 11. Zum ganzen vgl. auch MünchHdb. GesR III/*Marsch-Barner/Diekmann*, § 46 Rn. 44.

286 Dazu oben S. 223 ff.

287 Dazu oben S. 224.

IV. Haftung bei innenrechtswidriger Inanspruchnahme bzw. Ausnutzung von Geschäftschancen der Gesellschaft

1. Rechtsfolge bei Verletzung der gesellschaftsvertraglichen Treuepflicht

a) Verstoß gegen § 138 BGB

Das Reichsgericht hat früher in der Treuepflichtverletzung durch den Mißbrauch von Gesellschafterrechten zu privaten, außerhalb der Gesellschaft stehenden Vorteilen als einen Verstoß gegen die guten Sitten angesehen.[288] Das kompetenzwidrig abgeschlossene Geschäft war somit nach § 138 BGB nichtig und hatte keine Rechtswirkungen gegenüber der Gesellschaft entfalten können.[289] Diese – durch die Nichtigkeitsfolge – einseitig den Schutz der Mitgesellschafter berücksichtigende Ansicht ist schon aus Verkehrsschutzgesichtspunkten als überholt abzulehnen und wird heute auch nicht mehr vertreten.

b) Verstoß gegen §§ 112 HGB, 88 AktG analog

Die früher in der Rechtslehre herrschende Ansicht sah in dem Verbot der Ausnutzung von Geschäftschancen eine besondere Ausprägung des allgemeinen Wettbewerbsverbots entsprechend der §§ 112 HGB, 88 AktG. Konsequenterweise wurde dann hinsichtlich der Rechtsfolgen auf § 113 HGB abgestellt, wonach der Gesellschaft zwar anstelle des Schadensersatzanspruches wahlweise auch ein Eintrittsrecht einzuräumen war, jedoch die Geltendmachung dieser Rechte von einem Gesellschafterbeschluß nach § 113 Abs. 2 HGB abhängig war, und sie der ungewöhnlich kurzen Verjährung des § 113 Abs. 3 zu unterstellen war.[290]

Die analoge Anwendung des § 113 HGB ist aber schon nach allgemeinen Grundsätzen nur bei dem Vorliegen einer planwidrigen Regelungslücke überhaupt vorstellbar.[291] Daher sind die Rechtsfolgen der kompetenzwidrigen Ausnutzung von Geschäftschancen der Gesellschaft ebenso wie die allgemeinen treuwidrigen Schädigungen der Gesellschaft oder die kompetenzwidrige Inanspruchnahme von

---

[288] RGZ, 107, 204.

[289] Siehe auch Staudinger/*Keßler*, BGB, 12. Aufl., § 708 Rn. 10.

[290] So früher schon *Timm*, GmbHR 1981, 177, 185. Weitere Nachweise bei *Ulmer*, in: Großkomm. HGB, § 114 Rn. 60.

[291] Zu den Voraussetzungen einer Analogie siehe bereits oben S. 92.

Geschäftsführungsbefugnissen geltenden Grundsätzen nach dem § 280 Abs. 1 BGB zu bestimmen.[292]

c) Anspruch aus §§ 249 ff. BGB?

Nach teilweise vertretener Ansicht bestimmt sich die Rechtsfolge des Verstoßes gegen die Beachtung von gesellschaftlichen Geschäftschancen des treuwidrig handelnden Gesellschafters nach §§ 249 ff. BGB.[293] Nach dem Prinzip der Naturalrestitution ist der Schadensersatzanspruch dann inhaltlich auf die Herausgabe des treuwidrig Erlangten gerichtet. Daneben steht die entsprechende Anwendbarkeit von § 113 HGB.[294] Der gesellschaftsvertragliche Schadensersatzanspruch steht mit dem Eintrittsrecht des § 113 HGB in elektiver Anspruchskonkurrenz. Beide können also nicht nebeneinander, sondern nur alternativ geltend gemacht werden.[295]

d) Schadensersatzhaftung nach § 280 Abs. 1 BGB

Aus dem treuepflichtwidrigen Verstoß gegen das Verbot der Ausnutzung von Geschäftschancen resultieren ebenfalls Schadensersatzansprüche wegen allgemeiner - nach § 276 BGB schuldhafter - Treuepflichtverletzung.[296] Der Schadensersatzanspruch ist ebenfalls allein auf § 280 Abs. 1 BGB (bisher pVV) zu

---

292 So die h.L., vgl. Schlegelberger/*Martens*, § 114 Rn. 30; *Ulmer*, in: Großkomm. HGB, § 114 Rn. 60; ebenso Baumbach/*Hopt*, HGB, § 114 Rn. 13 und § 109 Rn. 26; *Koller/Roth/Mork*, HGB, § 114 Rn. 7; *Hopt/Hehl/Vollrath*, Gesellschaftsrecht, Rn. 377; Schlegelberger/*Karsten Schmidt*, HGB, § 105 Rn. 166, *ders.*, Gesellschaftsrecht, § 47 II d, S. 1377 f. und § 20 IV 4, S. 595.

293 Rowedder/Schmidt-Leithoff/*Pentz*, § 13 Rn. 93 (die GmbH betreffend). Diese Lösung ist schon im Ansatz abzulehnen, da sich in den §§ 249 ff. BGB diesbezüglich keine Anspruchsgrundlage findet.

294 *Kübler*, in: FS für Werner, 437, 440; *Schiessl*, GmbHR 1988, 53, 56.

295 Vgl. Rowedder/Schmidt-Leithoff/*Pentz*, GmbHG, § 13 Rn. 93; zum Begriff der elektiven Konkurrenz siehe MünchKomm/*Krüger*, BGB, § 262 Rn. 15 f. Kennzeichen der elektiven Konkurrenz ist es, daß bei ihr im Gegensatz zur Wahlschuld (eine Forderung mit alternativem Inhalt), dem Gläubiger wahlweise mehrere, inhaltlich verschiedene Rechte (in Form von Forderungen oder Gestaltungsrechten) zustehen. Für diesen Fall der Wahl zwischen dem Eintrittsrecht einerseits und dem Schadensersatzanspruch andererseits, muß aber aus Verkehrsschutzgesichtspunkten die einmal getroffene Wahl im Hinblick auf die am Vertrag beteiligten gesellschaftsfremden Dritten, bindend sein. Ein *ius variandi* kann für diese Anspruchskonkurrenz nicht bestehen; zu den strittigen Fällen vgl. auch Palandt/*Heinrichs*, BGB, § 262 Rn. 6; generell das Wahlrecht bejahend aber Staudinger/*Selb*, BGB, § 262 Rn. 6 mit dem nicht überzeugenden Argument, daß es sich bei der Wahl zwischen den verschieden Ansprüchen um keinen Gestaltungsakt handelt. Vgl. auch unten S. 290 in Fn. 169.

296 Ebenso BGH, WM 1989, 1335, 1337; siehe auch schon BGH, NJW 1972, 1860; WM 1971, 412, 413 f.

stützen.[297] Dem zugrundeliegend ist allein der Gesellschaftsvertrag. Sollte ein Anstellungsvertrag mit dem geschäftsführenden Gesellschafter geschlossen sein, ergeben sich mangels konkretisierender Treuepflichten bzw. abweichender Regelung des anzuwendenden Sorgfaltsmaßstabes keine Besonderheiten.

e) Geschäftsführung ohne Auftrag

Für den Fall, daß der Verstoß gegen das Verbot der Ausnutzung von Geschäftschancen bei einer ex-post-Betrachtung aber dem „wirklichen oder mutmaßlichen Willen" der rechtsfähigen Personengesellschaft entsprechen sollte, kann der innenrechtswidrige Verstoß durch das Vorliegen einer berechtigten Geschäftsführung ohne Auftrag gerechtfertigt sein. Bei gesellschaftsvertraglicher Treuepflichtverletzung kann das aus dem Recht der Geschäftsführung ohne Auftrag entlehnte haftungsbeschränkende Regulativ des „wirklichen oder mutmaßlichen" Willens der rechtsfähigen Personengesellschaft anwendbar sein.[298]

f) Konkurrenzen der einzelnen Anspruchsgrundlagen

Soweit man als Anspruchsgrundlage § 280 Abs. 1 Satz 1 BGB (pVV des Gesellschaftsvertrages) oder die Regeln über die Geschäftsführung ohne Auftrag anwendet, ist damit gegenüber § 113 Abs. 1 HGB zu Lasten der Gesellschaft keine Schlechterstellung verbunden. Soweit der Gesellschaft eine Geschäftschance dadurch entzogen wurde, daß der kompetenzwidrig handelnde Geschäftsleiter das entsprechende Geschäft im eigenen Namen oder unter Zuhilfenahme eines Strohmanns abgeschlossen hat, beinhaltet der Schadensersatzanspruch der Gesellschaft nach dem Prinzip der Naturalrestitution (§ 249 Satz 1 BGB) auch die Herausgabe des der Gesellschaft dadurch entgangenen Gegenstandes.[299]

Neben den eben erwähnten Schadensersatzansprüchen aus positiver Vertragsverletzung wegen Verletzung von Treuepflichten und dem Selbsteintrittsrecht[300] ist insbesondere auch an einen Gewinnabschöpfungs-

---

[297] Vgl. nur BGH, WM 1989, 1335, 1337; so auch *Wagner*, in: Röhricht/Ammon, HGB, § 74 Rn. N 50. Der Anspruch verjährt nun nach § 195 BGB in drei Jahren; dazu *von Gerkan*, in: Röhricht/Ammon, HGB, § 311 Rn. N 11.

[298] Dazu oben S. 225 f.

[299] Ebenso *Ulmer*, in: Großkomm. HGB, § 114 Rn. 60 a.E.; als weitere Anspruchsgrundlagen für die Gesellschaft kommen daneben Unterlassungsansprüche beispielsweise aus §§ 1 UWG, 826 BGB oder §§ 12 i.V.m. 1004 BGB analog in Betracht, vgl. auch Palandt/*Thomas*, BGB, Einf. v. § 823 Rn. 16 ff.

[300] Entsprechend dem allgemeinen Rechtsgedanken der §§ 61 Abs. 1, 113 Abs. 1 HGB, §§ 88 Abs. 2, 284 Abs. 2 AktG.

anspruch wegen angemaßter Eigengeschäftsführung gemäß §§ 687 Abs. 2 Satz 1, 681 Satz 2 i.V.m. 667 BGB zu denken.

2. Ergebnis

Der in den Grenzen des § 276 BGB schuldhafte Verstoß eines geschäftsführungsberechtigten Geschäftsführers gegen das Verbot der Ausnutzung von Geschäftschancen löst grundsätzlich einen Schadensersatzanspruch wegen allgemeiner gesellschaftsvertraglicher Pflichtverletzung gemäß § 280 Abs. 1 BGB aus. Als möglicher Rechtfertigungsgrund können allerdings die Regelungen der Geschäftsführung ohne Auftrag eingreifen, soweit die Geschäftsführung dem „wirklichen oder mutmaßlichen Willen" der rechtsfähigen Personengesellschaft entsprach.

V. Haftung eines Gesellschafters ohne Geschäftsführungsbefugnis für kompetenzwidrige Einflußnahme auf die Gesellschaft

1. Art der Beteiligung als Indikator der gesellschaftsrechtlichen Treuepflicht

Aus der jeweiligen Höhe der Gesellschaftsanteile folgt der Grad der Loyalitäts- und Treuepflichten, die den kompetenzwidrig handelnden Gesellschafter durch die Inanspruchnahme von Geschäftsführungsbefugnissen oder durch das Ausnutzen von Geschäftschancen seiner Gesellschaft gegenüber treffen.

Dabei kann der gesellschaftsvertraglich nicht legitimierte Gesellschafter durch aktives Tun oder durch Unterlassen seine Innenrechtsschranken überschreiten.

Der nicht geschäftsführungsbefugte Gesellschafter kann der Gesellschaft auch gegenüber haftbar sein, wenn er (insbesondere als Mehrheitsgesellschafter) einen maßgeblichen Einfluß auf die geschäftsführenden Gesellschafter ausübt, um sie zu einem Pflichtverstoß zu bewegen[301] oder falls er die pflichtwidrige Geschäftsführungsmaßnahme des geschäftsführenden Gesellschafters maßgeblich fördert bzw. beeinflußt oder – trotz positiver Kenntnis – nicht verhindert hat, daß der Gesellschaft daraus ein Schaden entsteht.[302]

---

[301] Siehe nur Baumbach/*Hopt*, HGB, § 114 Rn. 8 m.w.N., insbesondere auf BGH, Urteil v. 5.6.1975, II ZR 23/74, BGHZ 65, 15, 19 „ITT", für den vergleichbaren Sachverhalt im GmbH-Recht. Zur entsprechenden Haftung für schädliche Einflußnahme im Kapitalgesellschaftsrecht gemäß § 117 AktG.

[302] Vgl. bereits BGH, Urteil v. 2.7.1973, II ZR 94/71, NJW 1973, 2198.

2. Haftung bei kompetenzwidriger Einflußnahme auf die Geschäftsführung

a) Haftung aus allgemeiner Treuepflichtverletzung

Handelt der nicht geschäftsführungsberechtigte Gesellschafter entgegen den ihn bindenden gesellschaftsvertraglichen Innenrechtsschranken, so verstößt er gegen seine allgemeine Treuepflicht, den gemeinsamen Zweck der Gesellschaft zu fördern. Unter diesen Umständen haftet er der Gesellschaft nach dem bisher Gesagten im Innenverhältnis aus allgemeiner Treuepflichtverletzung i.V.m. § 280 Abs. 1 BGB. Ob den nicht geschäftsführungsberechtigten Gesellschafter dann bei der weiteren Ausführung der Geschäftsführungsmaßnahme ein weiteres Verschulden trifft, ist für die Frage seiner Haftung unerheblich. Der nicht geschäftsführungsberechtigte Gesellschafter haftet bereits für die „Anmaßung" der Geschäftsführungsbefugnis, ein weiteres Ausführungsverschulden ist daher nicht erforderlich.

b) Haftung aus Geschäftsführung ohne Auftrag

Darüber hinaus kann in der innenrechtswidrigen Einflußnahme auf die Geschäftsführung tatbestandlich eine Geschäftsführung ohne Auftrag für die Gesellschaft liegen. Soweit der kompetenzwidrig handelnde Gesellschafter auch die Interessen bzw. den mutmaßlichen Willen seiner Mitgesellschafter im Auge hat, sind die tatbestandlichen Voraussetzungen der berechtigten Geschäftsführung ohne Auftrag gegeben.

Wie bereits an anderer Stelle ausführlich dargelegt, fungiert die Geschäftsführung ohne Auftrag damit als Rechtfertigungsgrund für die allgemeine gesellschaftsvertragliche Treuepflichtverletzung und damit als haftungsbeschränkendes Regulativ.[303]

3. Allgemeine gesellschaftsvertragliche Treuepflichtverletzung

a) Haftung für Verstoß gegen ein Wettbewerbsverbot

Das allgemeine Wettbewerbsverbot des § 112 HGB gilt in den Grenzen des Kartellverbotes für sämtliche Gesellschafter ohne Rücksicht darauf, ob sie zur Geschäftsführung berechtigt sind.[304]

---

303 Vgl. oben S. 225 f.

304 H.M., vgl. Baumbach/*Hopt*, HGB, § 112 Rn. 2; Heymann/*Emmerich*, HGB § 112 Rn. 5; MünchHdb. GesR I/*Mattfeld*, § 53 Rn. 7; ebenso schon BGHZ 89, 162, 165.

Soweit der nicht geschäftsführungsberechtigte Gesellschafter in den Grenzen des § 708 BGB schuldhaft gegen das Wettbewerbsverbot des § 112 HGB verstößt, stehen der Gesellschaft insoweit die oben bereits erläuterten Ansprüche nach § 113 HGB zur Seite.

Als haftungsbegrenzendes Korrektiv sind aber auch hier die Vorschriften der Geschäftsführung ohne Auftrag als Rechtfertigungsgrund denkbar.[305]

b) Haftung bei innenrechtswidriger Inanspruchnahme bzw. Ausnutzung von Geschäftschancen

Soweit der nicht geschäftsführungsberechtigte Gesellschafter durch die Einflußnahme auf die Gesellschaft gesellschaftsrechtswidrig Geschäftschancen der Gesellschaft zu privaten Zwecken nutzt, resultieren hieraus ebenfalls Schadensersatzansprüche aufgrund der schuldhaften Treuepflichtverletzung des Gesellschaftsvertrages. Als Anspruchsgrundlage kommt insoweit § 280 Abs. 1 BGB i.V.m. § 708 BGB in Betracht.

Sollte die Ausnutzung der Geschäftschance im Falle einer ex-post-Betrachtung mit dem „wirklichen oder mutmaßlichen Willen" der rechtsfähigen Personengesellschaft übereinstimmen, so kann das gesellschaftsvertragswidrige Handeln durch eine berechtigte Geschäftsführung ohne Auftrag gerechtfertigt sein.

Dies ist z.B. dann der Fall, wenn die Gesellschaft ansonsten diese Geschäftschance durch ihren geschäftsführenden Gesellschafter nicht hätte nutzen können, so z.B. wenn nur der nicht geschäftsführungsberechtigte Gesellschafter von der Geschäftschance Kenntnis erlangt hat und diese treuepflichtwidrig nicht für die Gesellschaft, sondern für seine eigenen Belange genutzt hat. Allerdings muß der nicht geschäftsführungsberechtigte Gesellschafter seine privaten Interessen nicht in jedem Fall hinter diejenigen der Gesellschaft zurückstellen. Auch hier gilt wieder im Einzelfall: Je höher der Grad der Beteiligung des jeweiligen Gesellschafters, desto höher sind auch die ihn treffenden Treuepflichten einzustufen.

4. Ergebnis

Letztlich treffen also den nicht geschäftsführungsberechtigten Gesellschafter im wesentlichen die gleichen Pflichten wie den geschäftsführungsberechtigten Gesellschafter. Die Einflußnahme auf die Geschäftsführung der Gesellschaft hat der nicht geschäftsführungsberechtigte Gesellschafter schon aus gesellschaftsvertraglichen Gründen zu unterlassen. Sollte er diese in Einzelfällen dennoch in

---

[305] Vgl. oben S. 225 f.

Anspruch nehmen, kann er unter Umständen über die Vorschriften der Geschäftsführung ohne Auftrag gerechtfertigt sein.

Gleichfalls unterliegt er dem allgemeinen Wettbewerbsverbot des § 112 HGB und darf Geschäftschancen der Gesellschaft nicht für eigene Belange nutzen. Auch hier gilt dann aber, daß die berechtigte Geschäftsführung ohne Auftrag insoweit als Rechtfertigungsgrund für das treuwidrige Handeln des Gesellschafters fungieren kann.

VI. Haftung Dritter für Einflußnahme auf die Geschäfte der Gesellschaft

1. Haftung bei Einflußnahme auf die Geschäftsführung

In der Praxis kommen derartige Haftungsfragen insbesondere dann in Betracht, wenn ein nicht an der Gesellschaft beteiligter Dritter sich als sog. „faktischer" Gesellschafter bzw. als sog. „faktischer" Geschäftsführer geriert.[306]

a) Haftung für allgemeine Treuepflichtverletzung

Eine „gesellschaftsrechtliche" Sonderrechtsbeziehung besteht zwischen der Gesellschaft und den nicht beteiligten Dritten grundsätzlich nicht. Soweit kann also auch z.B. die kreditgebende Bank keiner „gesellschaftsrechtlichen" Treuepflichtverletzung unterliegen.[307] Allenfalls könnte eine allgemeine Treuepflichtverletzung des Kreditvertrages bzw. der entsprechenden schuldrechtlichen Nebenabreden gemäß § 280 Abs. 1 BGB i.V.m. einem entgeltlichen Geschäftsbesorgungsvertrag in Frage kommen.

Derartige Fallgestaltungen wurden bisher nur unter dem Stichwort der Finanzierungsverantwortung im Gesellschaftsrecht diskutiert.[308]

Soweit ein derartiger „Beauflagungsexzess" der kreditgebenden Bank vorliegt, ist das Verhalten nicht mehr als positive Vertragsverletzung allein zu würdigen, sondern dieser führt dazu, daß die Bank durch die Anmaßung von gesellschaftsrechtlichen Befugnissen zwar nicht als sog. „faktischer" Gesellschafter

---

[306] Siehe auch den Fall von Handelsblatt v. 9.10.2003 „Begräbnis eines Mittelständlers".

[307] Eine „gesellschaftsrechtliche" Sonderrechtsbeziehung entsteht zwischen der AG oder GmbH und dem nicht beteiligten Dritten auch nicht durch ansonsten bestehende schuldrechtliche Vertragsbeziehungen. Beide Rechtsverhältnisse unterscheiden sich schon nach dem Strukturtyp, dazu oben im S. 45 ff.

[308] Vgl. *Karsten Schmidt*, Gesellschaftsrecht, § 18 III 4, S. 530 ff. und § 37 IV 3 a, S. 1158; dazu auch BGH, NJW 1992, 3005 ff. Allerdings soll mit der Behandlung als Eigenkapital weder eine persönliche Gesellschafterstellung des Kreditgebenden noch eine Schadensersatzhaftung verbunden sein, vgl. *Karsten Schmidt*, Gesellschaftsrecht, § 18 III 4 b, S. 533.

betrachtet werden kann, aber zumindest als Geschäftsführer ohne Auftrag behandelt werden muß.

b) Haftung aus Geschäftsführung ohne Auftrag

Gerade in diesen Fällen, in denen die Gesellschaft nicht durch die gesellschaftsvertragliche Treuepflicht bzw. ein gesetzliches Wettbewerbsverbot vor kompetenzwidrigen Handlungen des vermeintlichen Gesellschafters bzw. Geschäftsführers geschützt ist, muß die Gesellschaft auch in dieser Frage vor der Ausnutzung von Geschäftschancen zu ihren Lasten geschützt werden.

Soweit nun also weder gesellschaftsvertragliche noch gesetzliche Schutznormen eingreifen, bilden die Vorschriften der Geschäftsführung ohne Auftrag das geeignete Regulativ. Sollte z.B. die kreditgebende Bank - obwohl aus Sicht der Gesellschaft innenrechtswidrig - für diese ein Geschäft abschließen, das aber letztlich dem wirklichen bzw. mutmaßlichen Willen der Gesellschaft entspricht, so stehen ihr dementsprechend Aufwendungsersatzansprüche zu. Die Geschäftsführung ist gerade in diesen Fällen ein sog. „auch-fremdes-Geschäft", da der Kreditgeber zumindest auch die Interessen an dem für die Gesellschaft günstigen Geschäftsabschluß verfolgt, um seine eigenen Interessen, nämlich die der raschen Kreditrückführung, zu verwirklichen.

Erfolgt der Geschäftsabschluß gegen die Interessen der Gesellschaft, so liegt tatbestandlich eine unberechtigte Geschäftsführung ohne Auftrag vor. Führt das kompetenzwidrig abgeschlossene Geschäft zu einem Schaden der Gesellschaft, haftet der außenstehende Dritte nach § 678 BGB auf Schadensersatz.

Als Haftungsmaßstab kommt hier nur der allgemeine zivilrechtliche Haftungsmaßstab des § 276 BGB in Betracht. Für eine Haftungsprivilegierung nach § 708 BGB besteht kein Grund. Soweit also der außenstehende Dritte schuldhaft derartige Geschäftsführungskompetenzen in Anspruch nimmt bzw. Geschäftschancen der Gesellschaft zu seinen Gunsten nutzt, so haftet er, ohne daß ein weiteres Ausführungsverschulden erforderlich ist, auf den der Gesellschaft entstandenen Schaden. Die Regelungen der Geschäftsführung ohne Auftrag sind auch nicht aufgrund ihres subsidiären Charakters durch die sonstigen vertraglichen Beziehungen zwischen dem Dritten und der Gesellschaft ausgeschlossen. Die kompetenzwidrige Inanspruchnahme von gesellschaftsrechtlichen Befugnissen kann nicht mehr allein aus dem möglicherweise anderweitigen noch bestehenden schuldrechtlichen Vertragsverhältnis heraus beurteilt werden.[309] Der Dritte hat sich vielmehr wie ein Geschäftsführer ohne Auftrag behandeln zu lassen.[310]

---

309 Siehe auch BGH, NJW 1984, 1461 f. zum Mandatsexzeß.

310 Vgl. dazu auch die Grenzen zwischen vertraglicher Haftung und Geschäftsführung ohne Auftrag, oben S. 50 f.

Die Anwendbarkeit der §§ 677 ff. BGB ist aufgrund ihrer Natur als subsidiäre Regelung der Interessenausgleichsordnung bei Geschäftsführungsverhältnissen auch sachgerecht.

2. Ergebnis

Wer kompetenzwidrig Geschäftsführungsbefugnisse im Personengesellschaftsrecht in Anspruch nimmt bzw. gegen das Verbot des Ausnutzens von Geschäftschancen zu Lasten einer Gesellschaft verstößt, haftet als Geschäftsführer ohne Auftrag, soweit er diese Kompetenzen gemäß § 276 BGB schuldhaft in Anspruch genommen hat. Auf ein weiteres Ausführungsverschulden bei Vornahme der unberechtigten Geschäftsführung kommt es nicht mehr an.

VII. Durchsetzung/Geltendmachung des Schadensersatzanspruches aus unberechtigter Geschäftsführung

Steht ein Schadensersatzanspruch wegen kompetenzwidriger Inanspruchnahme von Geschäftsführungsbefugnissen dem Grunde und der Höhe[311] nach fest, so ist grundsätzlich das dafür zuständige Gesellschaftsorgan (die Gesellschafterversammlung) berechtigt, diesen geltend zu machen. Soweit sich der kompetenzwidrig handelnde Gesellschafter im Falle der Gesamtgeschäftsführungsbefugnis aller Gesellschafter weigert, den durch ihn selbst ausgelösten Ersatzanspruch für die Gesellschaft geltend zu machen, fragt es sich, ob in solchen Fällen ein Mitgesellschafter zur Geltendmachung berechtigt ist.

Umstritten war auch die Frage, ob ein Gesellschafter im Rahmen der *actio pro socio*[312] auf die grundsätzlich subsidiäre Geltendmachung von Schadensersatzansprüchen gegen den kompetenzwidrig handelnden Gesellschafter beschränkt ist[313] oder ob die übrigen Mitgesellschafter oder Minderheitsgesellschafter auch vorbeugend auf Unterlassung der pflichtwidrigen Handlung klagen können.

---

311 Wie jeder zivilrechtliche Schadensersatzanspruch richtet sich auch § 678 BGB inhaltlich grundsätzlich nach den §§ 249 ff. BGB, vgl. nur Palandt/*Sprau*, BGB, § 678 Rn. 4. Die Gesellschaft kann folglich nach dem Prinzip der Naturalrestitution die Wiederherstellung des ursprünglichen Zustandes, mithin eine Rückgängigmachung des gesellschaftswidrigen Geschäfts verlangen. Zu weitgehend daher *Emde*, WM 1996, 1205, 1208, der die Rückgängigmachung der kompetenzwidrigen Maßnahme materiell u.a. auf § 678 BGB analog stützen will.

312 Häufig auch als *actio pro societate* bezeichnet, vgl. Rowedder/Schmidt-Leithoff/*Pentz*, GmbHG, § 13 Rn. 114; *Lutter/Hommelhoff*, GmbHG, § 13 Rn. 17; siehe auch *Ulmer*, in: Großkomm. HGB, § 105 Rn. 262 f.

313 *Ulmer*, in: Großkomm. HGB, § 105 Rn. 268a.

1. Zulässigkeit einer Unterlassungsklage?

Nichtgeschäftsführungsberechtigte Gesellschafter können die Unterlassung einer einfachen Geschäftsführungsmaßnahme auch nicht mit der Behauptung verlangen, daß der geschäftsführungsberechtigte Gesellschafter mit der Vornahme der beanstandeten Handlung seine Pflicht zur ordnungsmäßigen Geschäftsführung verletzen würde.[314]

Bereits 1980 hat der BGH in einem Grundsatzurteil die vorbeugende Unterlassungsklage eines nicht geschäftsführungsberechtigten Kommanditisten einer KG abgewiesen.[315] Begründet hat der BGH seine Entscheidung damit, daß eine vorbeugende Unterlassungsklage mit den gesellschaftsvertraglichen Kompetenzverteilungen unvereinbar sei. Andererseits mehren sich die Stimmen in der Rechtslehre, daß eine solche vorbeugende Unterlassungsklage grundsätzlich möglich sein muß. Insbesondere geht es um die Fälle, in denen ein evidenter Sorgfaltspflichtverstoß des geschäftsführenden Gesellschafters den Mitgesellschaftern bekannt wird und diese dann berechtigt sind, die geplante (innenrechtswidrige) Geschäftsführungsmaßnahme zu unterlassen, ohne daß sie in unzulässiger Weise in das unternehmerische Ermessen der Gesellschafter-Geschäftsführer eingreifen.[316]

Gegen die Zulässigkeit quasi-negatorischer Unterlassungsklagen gegen laufende Geschäftsführungsmaßnahmen sprechen die vom BGH geltend gemachten Gründe der ansonsten drohenden Aufweichung der grundsätzlichen Kompetenzverteilung, insbesondere hinsichtlich der Geschäftsführung in der Gesellschaft.[317] Würde man den von der Geschäftsführung ausgeschlossenen Gesellschaftern eine Unterlassungsklage zubilligen, so würde einerseits eine gerichtliche Auseinandersetzung über die Zulässigkeit der umstrittenen Geschäftsführungsmaßnahme unvermeidbar sein und dem nicht geschäftsführungsberechtigten Gesellschafter würde letztlich – obwohl gesetzlich nicht vorgesehen – ein Widerspruchsrecht, zumindest in Evidenzfällen zustehen. Insgesamt ist es daher richtig, den Kernbereich der unternehmerischen Entscheidung der geschäftsführenden Gesellschafter zu respektieren und zu schützen und den von der Geschäftsführung ausgeschlossenen Gesellschafter im Falle der kompetenzwidrigen Geschäftsführung des geschäftsführungsberechtigten Gesellschafters auf die Geltendmachung von möglichen Schadensersatzansprüchen zu beschränken.[318] Soweit sich der nicht geschäfts-

---

[314] BGHZ 76, 160 ff.

[315] BGHZ 76, 160, 167 f. = NJW 1980, 1463 ff.

[316] Vgl. insbesondere *Grunewald*, Gesellschafterklage, S. 29 ff., 31; vgl. auch *Karsten Schmidt*, Gesellschaftsrecht, § 21 V 3 b, S. 649 f.

[317] BGHZ 76, 160 167 f.

[318] In diesem Sinne ebenso *Ulmer*, in: Großkomm. HGB, § 114 Rn. 73.

führungsberechtigte Gesellschafter, sei es aufgrund existenzieller oder ähnlicher Gefahren für die Gesellschaft, nicht auf diesen Schadensersatzanspruch verweisen lassen will, so bleibt ihm als letztes Mittel die Klage auf Entziehung der Geschäftsführung nach §§ 117, 127 HGB.

Anders gestaltet sich die Problematik, wenn ein Gesellschafter auf die Verletzung seiner Mitgliedschaftsrechte klagt. Nach (zutreffender) herrschender Ansicht sind diese Klagen auch dann zulässig, wenn sie im Wege des vorbeugenden Rechtsschutzes auf Unterlassung gerichtet sind.[319] Eine Verletzung der gesellschaftsrechtlichen Mitgliedschaftsrechte ist insbesondere dann gegeben, wenn entgegen dem Zustimmungserfordernis zu außergewöhnlichen Geschäften nach § 116 Abs. 2 HGB ein ungewöhnliches Geschäft im Namen der Gesellschaft getätigt wird oder der Gesellschafter-Geschäftsführer Maßnahmen in dem allen Gesellschaftern vorbehaltenen Grundlagenbereich der Gesellschaft tätigt.[320]

2. Geltendmachung durch die geschäftsführungsberechtigten Gesellschafter

Nichtgeschäftsführungsberechtigte Gesellschafter können die Unterlassung einer einfachen Geschäftsführungsmaßnahme auch nicht mit der Behauptung verlangen, daß der geschäftsführungsberechtigte Gesellschafter mit der Vornahme der beanstandeten Handlung seine Pflicht zur ordnungsmäßigen Geschäftsführung verletzen würde.[321]

Die rechtsfähige Personengesellschaft ist grundsätzlich zur Geltendmachung der Ersatzansprüche aktivlegitimiert.[322] Bei der gerichtlichen Geltendmachung wird die Gesellschaft durch den vertretungsberechtigten geschäftsführenden Gesellschafter vertreten. Da es sich bei dem Anspruch der Gesellschaft gegen einen Gesellschafter um eine Forderung handelt, die aus dem Innenverhältnis der Gesellschaft resultiert, muß der im Prozeß passivlegitimierte Gesellschafter neben der Vertretungsmacht im Außenverhältnis auch insoweit Geschäftsführungsbefugnis im Innenverhältnis besitzen.[323] Zu diesen sog. Sozialansprüchen der rechtsfähigen Personengesellschaft gegen ihre einzelnen Gesellschafter zählt insbesondere die Schadensersatzpflicht bei Vertragsverletzung mit Schadensfolge

---

319 So schon BGHZ 83, 122 ff. = NJW 1982, 1703 ff. „Holzmüller"; zustimmend *Karsten Schmidt*, Gesellschaftsrecht § 21 V 3 a, S. 648 f.

320 In diesem Sinne auch *Ulmer*, in: Großkomm. HGB, § 114 Rn. 73. Dagegen gewährt BGH, WM 1972, 1229, 1230 eine Unterlassungsklage bei verbotswidriger Inanspruchnahme von Geschäftschancen der Gesellschaft durch einen Mitgesellschafter.

321 BGHZ 76, 160 ff.

322 Für die Personenhandelsgesellschaften ergibt sich dies aus § 124 Abs. 1 HGB; vgl. auch die geänderte Rechtsprechung des BGH zur aktiven und passiven Parteifähigkeit der GbR entsprechend § 50 ZPO; dazu oben S. 77.

323 *Ulmer*, Gesellschaft bürgerlichen Rechts, § 705 Rn. 166.

für die Gesellschaft. Soweit gemeinschaftliche Befugnis zur Vertretung und Geschäftsführung der Gesellschafter vorliegt, reicht es aus, wenn alle übrigen außer dem kompetenzwidrig handelnden Gesellschafter der Klage gegen eben diesen zustimmen und die Gesellschaft vor Gericht vertreten.[324] Würde man die Zuerkennung der alleinigen Vertretungsmacht an die übrigen Gesellschafter verneinen, so gebe es keine Möglichkeit, den kompetenzwidrig handelnden Mitgesellschafter verklagen zu können. Daher ist es auch anerkannt, daß bei einem ansonsten einstimmigen Beschluß zur Klageerhebung und der prozessualen Vertretung durch die übrigen Mitgesellschafter keine schutzwürdigen Interessen eines weiteren Mitgesellschafters verletzt werden.[325]

3. Die Geltendmachung durch einen Minderheitsgesellschafter

Soweit die Sozialansprüche nicht von den zuständigen geschäftsführungs- und vertretungsberechtigten Gesellschaftern geltend gemacht werden, kann jeder andere Gesellschafter die Erfüllung der gegenüber der Gesellschaft bestehenden Verpflichtungen klageweise im eigenen Namen auf Leistung an die Gesellschaft erheben.[326] Die Nichtgeltendmachung dieser Ansprüche kann entweder auf einer Absprache zwischen den geschäftsführungsberechtigten Gesellschaftern oder an einem diesbezüglichen Verzicht der Gesellschaft liegen. Insoweit steht jedem Gesellschafter, sei er auch nicht vertretungs- bzw. geschäftsführungsbefugt, die Möglichkeit zu, diese für seinen Gewinnanteil negativen Auswirkungen im Wege der *actio pro socio* geltend zu machen.[327]

Die *actio pro socio*[328] stellt die grundsätzliche Befugnis[329] eines jeden Gesellschafters einer Personengesellschaft dar, einen Sozialanspruch der Gesellschaft gegen ein anderes Mitglied auch im eigenen Namen mit dem Antrag auf Leistung an die Gesellschaft im Klagewege geltend zu machen.[330]

Allerdings ist auch hier zu beachten, daß zwischen der grundsätzlich zulässigen Klage eines Gesellschaftsmitglieds im eigenen Namen gegen einen Mitgesellschafter auf Leistung an die Gesellschaft ein Spannungsverhältnis zu den Rechten der übrigen geschäftsführungsberechtigten Gesellschafter besteht. Daher

---

[324] Ebenso *Ulmer*, Gesellschaft bürgerlichen Rechts, § 705 Rn. 166; Soergel/*Hadding*, BGB, § 705 Rn. 47.

[325] Vgl. BGH, WM 1983, 60.

[326] Statt aller *Ulmer*, Gesellschaft bürgerlichen Rechts, § 705 Rn. 169.

[327] *Ulmer*, in: Großkomm. HGB, § 105 Rn. 262 ff.

[328] Vertiefend dazu *Bork/Oepen*, ZGR 2001, 515 ff.; siehe auch *Karsten Schmidt*, Gesellschaftsrecht, § 21 IV, S. 629 ff.

[329] In Rechtsanalogie zu §§ 432, 705, 2039 BGB; siehe nur Heymann/Horn/*Emmerich*, HGB, § 109 Rn. 21.

[330] Vgl. nur BGHZ 76, 160, 167 f; BGH, NJW-RR 1986, 1293, 1295.

sind die Einzelheiten der Zulässigkeit bzw. Begründetheit der *actio pro socio* seit langem umstritten.[331]

Für die hier in Frage stehende Problematik der kompetenzwidrigen Inanspruchnahme von Geschäftsführungsbefugnissen ist bzgl. der gerichtlichen Geltendmachung dieser Ansprüche durch einen Minderheitsgesellschafter das Folgende entscheidend:

Der klagende Mitgesellschafter macht grundsätzlich einen Anspruch der Gesellschaft („Sozialanspruch") und damit einen fremden Anspruch im eigenen Namen geltend (sog. Prozeßstandschaft).[332] Insoweit geht die wohl heute noch herrschende Ansicht in der Rechtslehre davon aus, daß es sich trotz der Zugehörigkeit der Sozialansprüche zum Gesamthandsvermögen um eine eigene Rechtsverfolgung des klagenden Gesellschafters handele.[333] Dieser müsse daher seine schutzwürdigen Interessen an der Klageerhebung im eigenen Namen begründen.[334] Dieser Ansicht wird aber zu Recht entgegengehalten, daß sich schon die Gesellschafter im Gesellschaftsvertrag zur gegenseitigen Förderung des gemeinsamen Gesellschaftszwecks verpflichtet haben. Somit stehen die Sozialansprüche der rechtsfähigen Personengesellschaft nicht nur dieser selbst zu, sondern sind zugleich auch Forderungen der Mitgesellschafter. Wie sich an den aktienrechtlichen Regelungen der §§ 309 Abs. 4 Satz 1 und Satz 2, 317 Abs. 4 AktG zeigen läßt, setzt das aus der Mitgliedschaft resultierende Recht der Gesellschafter zur prozessualen Geltendmachung von Sozialansprüchen nicht voraus, daß dieses Recht auch die Durchsetzung eines eigenen Anspruchs des Klägers statuiert.[335]

---

331 Im einzelnen dazu: *Ulmer*, Gesellschaft bürgerlichen Rechts, § 705 Rn. 171 ff.; Heymann/Horn/*Emmerich*, HGB, § 109 Rn. 20 ff.; siehe auch *Bork/Oepen*, ZGR 2001, 515 ff.

332 Eine Prozeßstandschaft liegt dabei dann vor, wenn jemand ein fremdes Recht im eigenen Namen gerichtlich geltend macht. Zustimmend für den Fall der *actio pro socio* z.B. BGH, NJW 1985, 2830, 2831; OLG Düsseldorf, ZIP 1994, 619, 621. Aus dem Schrifttum statt anderer Baumbach/*Hopt*, HGB, § 109 Rn. 32; *Ulmer*, Gesellschaft bürgerlichen Rechts, § 705 Rn. 171; Schlegelberger/*Karsten Schmidt*, HGB, § 105 Rn. 172, 176; Heymann/Horn/*Emmerich*, HGB, § 109 Rn. 18; *Koller/Roth/Morck*, HGB, § 105 Rn. 34; Rowedder/Schmidt-Leithoff/*Pentz*, GmbHG, § 13 Rn. 116; *Karsten Schmidt*, Gesellschaftsrecht, § 21 IV, S. 629 ff.; *Grunewald*, Gesellschafterklage, S. 89; *Winter*, S. 312 ff. Anders jedoch noch RGZ 90, 300, 302; BGHZ 25, 47, 49. Abweichend zum dogmatischen Fundament der *actio pro socio* als Anspruch der Gesellschaft, die im Wege der gewillkürten Prozeßstandschaft geltend gemacht werden soll, jetzt *Bork/Oepen*, ZGR 2001, 515, 518 ff.

333 Einhellige Meinung, siehe nur Schlegelberger/*Karsten Schmidt*, HGB, § 105 Rn. 172.

334 So auch die frühere Rechtsprechung, vgl. BGHZ 25, 47, 49; zustimmend die damalige Literatur, insbesondere *Fischer*, in: Großkom. HGB, § 124 Anm. 11; ebenso *A. Hueck*, oHG, § 18 II 3, S. 261 ff.; aus neuerer Zeit in diesem Sinne auch *Raiser*, ZHR 153 (1989), 1, 11.

335 Richtig daher *Ulmer*, Gesellschaft bürgerlichen Rechts, § 705 Rn. 173 m.w.N. in Fn. 498.

Soweit sich die klageweise Geltendmachung der Sozialansprüche als rechtsmißbräuchliches Vorgehen der Minderheitsgesellschafter darstellt, kann der beklagte geschäftsführende Gesellschafter im Gerichtsverfahren den Einwand erheben, daß der Kläger mit der Geltendmachung gegen seine gesellschaftsvertraglichen Treuepflichten verstoßen habe.[336]

Anders ist die Klagebefugnis allerdings dann zu beurteilen, soweit die Treuepflichtverletzung nicht aus dem Verhältnis zur Gesellschaft, sondern zu den übrigen Mitgesellschaftern, wie z.B. der möglichen Zustimmungspflicht zu Grundlagengesellschaften wurzelt.[337] Insoweit handelt es sich dann nicht um einen Sozialanspruch der Gesellschaft, sondern um einen Anspruch aus eigenem Recht, für welchen der oder die übrigen Mitgesellschafter in jedem Fall im eigenem Namen[338] aktivlegitimiert sind.[339]

4. Geltendmachung der Haftungsansprüche aus Geschäftsführung ohne Auftrag

Für die Durchsetzung der Haftungsansprüche aus Geschäftsführung ohne Auftrag gelten keine Besonderheiten.

Sie sind grundsätzlich als Innenhaftung der Gesellschaft gegenüber ausgestaltet. Daher ist grundsätzlich ein Gesellschafterbeschluß der übrigen Mitgesellschafter erforderlich, welche die Haftungsansprüche dann im Wege der *actio pro socio* geltend machen können.

Eine direkte Klagemöglichkeit der Gesellschaftsgläubiger analog § 93 Abs. 5 AktG ist nicht möglich.

---

336 Vgl. BGHZ 25, 47, 50. Der angeblich kompetenzwidrig handelnde Gesellschafter kann im übrigen mit Hilfe der negativen Feststellungsklage nach § 256 Abs. 1 ZPO feststellen lassen, daß die von dem Minderheitsgesellschafter behaupteten Sozialansprüche der Gesellschaft gegen ihn nicht bestehen, ebenso *Klasen*, S. 101.

337 Ebenso *Ulmer*, in: Großkom. HGB, § 105 Rn. 249.

338 Insofern besteht keine notwendige Streitgenossenschaft i.S. des § 62 ZPO; vgl. *Ulmer*, in: Großkom. HGB, § 105 Rn. 212.

339 So schon BGHZ 85, 350, 353; 91, 132, 133 f.; zustimmend Heymann/Horn/*Emmerich*, HGB, § 109 Rn. 18; *Ulmer*, in: Großkom. HGB, § 105 Rn. 249.

VIII. Zusammenfassung zum Personengesellschaftsrecht

Bis zu seiner Entscheidung vom 22. Oktober 1938 hat sich das RG nicht ausdrücklich zur Haftungsgrundlage bei kompetenzwidriger Inanspruchnahme von Geschäftsführungsbefugnissen geäußert. Seit der grundlegenden Entscheidung des ROHG schien das RG von einer vertraglichen Haftung desjenigen Gesellschafters auszugehen, der bei einem ungewöhnlichen Geschäft ohne einen legitimierenden Gesellschafterbeschluß handelt. Nach der genannten Entscheidung sollte ein innenrechtswidrig handelnder Gesellschafter wie ein Geschäftsführer ohne Auftrag behandelt werden.

Der BGH hat in seiner Rechtsprechung in den Jahren 1988, 1989 und 1996 einen Wechsel in der Haftungsgrundlage hin zur gesellschaftsvertraglichen Pflichtverletzung vollzogen. Seit der Entscheidung aus dem Jahre 1996 setzt der BGH für eine Haftung ein weiteres Ausführungsverschulden des kompetenzwidrig handelnden Geschäftsführers voraus und wendet diesbezüglich die Haftungsprivilegierung des § 708 BGB an.

Beide Ansätze unterscheiden sich insoweit, daß der reichsgerichtliche Standpunkt hinsichtlich des Ausführungsverschuldens eine mögliche Haftungsminderung gemäß § 708 BGB verneint, während sich dieses Privileg für den BGH als notwendige Folge der pVV des Gesellschaftsvertrages ergibt.

Die überwiegende historische Ansicht in der Rechtslehre wertete die frühe reichsgerichtliche Rechtsprechung als eine verschuldensunabhängige Risikohaftung, bei der es weder auf ein Übernahme- noch auf ein Ausführungsverschulden ankam, sondern nur darauf, ob das Geschäft i.S. des § 116 HGB objektiv unbefugt gewesen ist. Diese Sicht ist nach Analyse und Interpretation der maßgeblichen Entscheidungsgründe abzulehnen. Die Haftung für kompetenzwidrige Überschreitung der Geschäftsführungsbefugnisse setzte auch nach damaliger Ansicht in der Rechtsprechung eine schuldhafte Verletzung der Gesellschafterkompetenz voraus. Ansonsten wurde aber auf jegliches Ausführungsverschulden des geschäftsführenden Gesellschafters verzichtet. Zutreffend ist das innenrechtswidrige Handeln geschäftsführender Gesellschafter als allgemeine gesellschaftsvertragliche Treuepflichtverletzung zu verstehen. Soweit diese Geschäftsführung bei einer ex-post-Betrachtung aber dem „wirklichen oder mutmaßlichen Willen" der rechtsfähigen Personengesellschaft entsprechen sollte, kann die kompetenzwidrige Inanspruchnahme von Geschäftsführungsbefugnissen durch das Vorliegen einer berechtigten Geschäftsführung ohne Auftrag gerechtfertigt sein.

Der nicht geschäftsführungsberechtigte Gesellschafter hat die innenrechtswidrige Einflußnahme auf die Geschäftsführung der Gesellschaft schon aus gesellschaftsvertraglichen Gründen zu unterlassen.

Sollte er sich solche anmaßen, kann er über die Vorschriften der Geschäftsführung ohne Auftrag gerechtfertigt sein. Darüber hinaus unterliegt er auch einem allgemeinen Wettbewerbsverbot und darf Geschäftschancen der Gesellschaft nicht für eigene Belange nutzen. Aber auch hier kann die berechtigte Geschäftsführung ohne Auftrag bei einem Verstoß als Rechtfertigungsgrund für das treuwidrige Handeln des Gesellschafters dienen. Für die Schlechterstellung gegenüber einem an der Gesellschaft unbeteiligten Dritten sind sachliche Gründe nicht ersichtlich.

Soweit ein gesellschaftsfremder Dritter schuldhaft Geschäftsführungsbefugnisse im Personengesellschaftsrecht in Anspruch nimmt bzw. gegen das Verbot des Ausnutzens von Geschäftschancen zu Lasten einer Gesellschaft verstößt, haftet er als Geschäftsführer ohne Auftrag.

B. Kapitalgesellschaftsrecht

Im folgenden Teil der Arbeit werden die Grundlagen der haftungsbezogenen Behandlung innenrechtswidriger Überschreitungen bzw. der kompetenzwidrigen Inanspruchnahme von Geschäftsführungsbefugnissen im Kapitalgesellschaftsrecht dargestellt.

Zu Beginn werden die wesentlichen Grundlagen der Organhaftung von Geschäftsleitern im GmbH- und Aktienrecht beschrieben. Dabei wird ebenso wie im Personengesellschaftsrecht hinsichtlich des Haftungssubjekts zwischen den geschäftsführungsberechtigten Organen, den Anteilseignern und den nicht an der Gesellschaft beteiligten Dritten unterschieden. Auch hier soll der Frage nachgegangen werden, ob die Vorschriften der zivilrechtlichen Geschäftsführung ohne Auftrag im Kapitalgesellschaftsrecht Anwendung finden können. Im Blickpunkt der Untersuchung stehen dabei die Haftungstatbestände der Überschreitung von eingeräumten bzw. die Anmaßung von Geschäftsführungsbefugnissen bei Dritten, der Verstoß gegen gesellschaftsrechtliche Wettbewerbsverbote und schließlich die pflichtwidrige Ausnutzung von Geschäftschancen der Kapitalgesellschaft, sei es durch Anteilseigner oder von dritter Seite.

Die Betrachtung dieser Fragen konzentriert sich auf die beiden wesentlichen Gesellschaftsformen im Kapitalgesellschaftsrecht, die GmbH und AG. In der Praxis spielen die aufgezeigten Probleme gerade bei diesen Gesellschaften eine gewichtige Rolle. Die hier gefundenen Ergebnisse lassen sich aufgrund der Strukturgleichheit grundsätzlich auch auf andere Kapitalgesellschaften übertragen.

I. Organhaftung wegen kompetenzwidriger Einflußnahme auf die Gesellschaft

Die organisationsrechtliche Haftung im Kapitalgesellschaftsrecht gleicht sich in den gesetzlichen Grundtatbeständen.

1. Organhaftungsrechtliche Grundtatbestände

Die Vorschriften der §§ 93 AktG, 43 GmbHG bilden die organisationsrechtlichen Haftungstatbestände der geschäftsführenden Organmitglieder gegenüber ihren jeweiligen Gesellschaften.[1] Die Regelungen sind nach dem gleichen Grundprinzip aufgebaut und stimmen inhaltlich teils überein.[2]

---

[1] Entsprechendes gilt über § 116 AktG auch für den Aufsichtsrat bzw. über § 34 GenG für den Vorstand einer Genossenschaft.

[2] Vertiefend *Medicus*, ZGR 1998, 570, 578; vgl. auch *Becker*, in: FS für Döllerer, S. 17 ff.

Tatbestandlich haben die Vorstandsmitglieder einer AG bei ihrer Geschäftsführung nach § 93 Abs. 1 Satz 1 AktG die Sorgfalt eines ordentlichen und gewissenhaften Geschäftsleiters anzuwenden. Der Geschäftsführer einer GmbH hat nach § 43 Abs. 1 GmbH in den Angelegenheiten der Gesellschaft die Sorgfalt eines ordentlichen Geschäftsmannes walten zu lassen.

Soweit die geschäftsleitenden Organmitglieder die ihnen insoweit auferlegten Geschäftsführungspflichten schuldhaft verletzen, sind sie ihren jeweiligen Gesellschaften gegenüber nach §§ 93 Abs. 2 Satz 1 AktG bzw. 43 Abs. 2 GmbH verpflichtet, den aus ihrer Pflichtverletzung entstandenen Schaden zu ersetzen.

Zu beachten ist allerdings, daß sich die Pflicht zur ordnungsgemäßen Unternehmensleitung[3] seitens der Vorstandsmitglieder bzw. der Geschäftsführer nur auf das Innenverhältnis zur Gesellschaft bezieht.[4] Die Gesellschaftsgläubiger haben in aller Regel keine organisationsrechtlichen Ansprüche gegen die Organmitglieder wegen fehlerhafter Unternehmensleitung, soweit ihnen hierdurch ein Schaden entstanden sein sollte.[5] Einen direkten Zugriff auf die Organmitglieder erlangen sie daher im Grunde nur dann, wenn sie sich zur Befriedigung ihrer eigenen Forderungen die Ansprüche der Gesellschaft gegenüber den pflichtwidrig handelnden Geschäftsleitern nach §§ 829, 835 ZPO pfänden und überweisen lassen.[6]

---

3 Auch hier stellt sich das Problem der Abgrenzung zwischen der Pflicht zur sorgfältigen Unternehmensleitung und der Haftung für unternehmerische Fehlentscheidungen. Im Ergebnis wird auch hier den Geschäftsleitern ein relativ weiter Ermessensspielraum eingeräumt. Zur Konkretisierung dieser unbestimmten Rechtsbegriffe werden die Grundsätze der ordnungsgemäßen Unternehmensführung herangezogen, die zumindest für börsennotierte Unternehmen inzwischen durch einen – wenn auch rechtlich unverbindlichen – Verhaltenskodex, den sog. Deutschen Corporate Governance Kodex (abgedruckt in NZG 2002, S. 75 ff.) geregelt worden sind. Zu den auftauchenden gesellschaftsrechtlichen Fragen, vgl. statt anderer *Hüffer*, AktG, § 76 Rn. 15a ff.; zur entsprechenden Geltung im GmbH-Recht, vgl. Michalski/*Haas*, GmbHG, § 43 Rn. 64 ff. Zur Verantwortlichkeit aus Leitung und deren mögliche Beschränkungen, siehe *Druey*, in: FS für Zöllner 1998, S. 129, 131 ff. Zur Haftung für unternehmerische Fehlentscheidungen; eingehend *Mutter*, S. 163 ff.

4 Vgl. BGHZ 31, 258, 278; *Hopt*, in: Großkomm. AktG, § 93 Rn. 469; *Mertens*, in: Kölner Kommentar zum AktG, § 93 Rn. 169; Hachenburg/*Mertens*, GmbHG, § 43 Rn. 102. Eine organisationsrechtliche Haftung gegenüber den eigenen Gesellschaftern ist im Gesetz nur ausnahmsweise vorgesehen, wie etwa in § 317 Abs. 1 Satz 2 AktG oder in § 31 Abs. 6 GmbH. Deshalb ist § 93 AktG und § 43 GmbHG auch nicht als Schutzgesetz zugunsten einzelner Aktionäre bzw. Gesellschafter i.S. des § 823 Abs. 2 BGB anzusehen; vgl. *Hüffer*, AktG, § 93 Rn. 19; *Lutter/Hommelhoff*, GmbHG, § 43 Rn. 32 m.w.N.

5 So schon BGHZ 31, 258, 278; ebenso Scholz/*Schneider*, GmbHG, § 43 Rn. 217.

6 Vgl. *Schneider*, in: FS für Werner, S. 795, 799. Zu den vielfältigen direkten Anspruchsgrundlagen im Rahmen der sog. „Durchgriffshaftung" oder sonstigen Außenhaftung gegenüber Dritten, z.B. aus c.i.c, §§ 823 ff. BGB oder unter steuerlichen bzw. sozialversicherungs-

2. Organstellung des Geschäftsleiters

Das Vorstandsmitglied der AG und der Geschäftsführer einer GmbH wird als gekorener Organträger durch Organbestellungsakt[7] in sein Amt eingesetzt.[8] Die Berufung erfolgt in der AG gemäß § 84 AktG durch Benennung seitens des Aufsichtsrats, in der GmbH durch gesellschaftsvertragliche Bestimmung oder einen entsprechenden Beschluß der Gesellschafterversammlung nach §§ 6 Abs. 3 Satz 2, 46 Nr. 5 GmbHG. Dieser Organbestellungsakt ist ein körperschaftlicher Rechtsakt.[9]

Nach der Trennungstheorie[10] ist von *Be*stellung (korporationsrechtliche Ebene) die *An*stellung (schuldvertragliche Ebene) als Organträger zu unterscheiden.[11] Bei entgeltlicher Tätigkeit kommt ein Dienstvertrag zustande.[12] Beide Rechtsverhältnisse können sich unterschiedlich entwickeln, wie z.B. schon die gesetzlichen Bestimmungen der §§ 84 Abs. 3 Satz 5 AktG, 38 Abs. 1 GmbHG zeigen.[13] Insbesondere bei der Haftung der Organe gegenüber der Gesellschaft kann die Organhaftung und die Vertragshaftung koordiniert und kombiniert werden.[14]

3. Anwendbarkeit der Geschäftsführung ohne Auftrag?

Wie im vorangegangenen Teil der Untersuchung gezeigt wurde, kann der Rückgriff auf die Vorschriften der Geschäftsführung ohne Auftrag im Personengesellschaftsrecht für bestimmte Fallkonstellationen sach- und interessengerecht

---

rechtlichen Gesichtspunkten, vgl. *Hopt*, in: Großkomm z. AktG, § 93 Rn. 492 ff.; *Mertens*, in: Kölner Kommentar zum AktG, § 93 Rn. 169 ff.; Hachenburg/*Mertens*, GmbHG, § 43 Rn. 110 ff.; Scholz/*Schneider*, GmbHG, § 43 Rn. 217 ff. Eine organisationsrechtliche Haftung gegenüber den eigenen Gesellschaftern ist im Gesetz nur ausnahmsweise vorgesehen, wie etwa in § 317 Abs. 1 Satz 2 AktG oder in § 31 Abs. 6 GmbH. Deshalb ist § 93 AktG und § 43 GmbHG auch nicht als Schutzgesetz zugunsten einzelner Aktionäre bzw. Gesellschafter i.S. des § 823 Abs. 2 BGB anzusehen, vgl. statt anderer *Hüffer*, AktG, § 93 Rn. 19.

7 Zum Begriff *Mertens*, in: Kölner Kommentar zum AktG, § 84 Rn. 3.

8 Vertiefend zur Bestellung und Anstellung von Organmitgliedern im Körperschaftsrecht *Reuter*, in: FS für Zöllner, S. 487 ff.

9 *Karsten Schmidt*, Gesellschaftsrecht, § 14 III 2, S. 422.

10 Siehe *Hüffer*, AktG, § 84 Rn. 2 m.w.N. der h.M.

11 Statt anderer *Karsten Schmidt*, Gesellschaftsrecht, § 14 III 2, S. 416.

12 BGHZ 36, 142, 143; vgl. *Karsten Schmidt*, Gesellschaftsrecht, § 14 III 2, S. 416 in Fn. 50 m.w.N.

13 Gleiches gilt für § 27 Abs. 2 Satz 1 BGB. Daher ist die sog. Einheitstheorie abzulehnen, die eine Einheit zwischen Organbestellung und Anstellungsvertrag annimmt, siehe vor allem *Baums*, S. 3 ff. Ablehnend auch Hachenburg/*Hüffer*, GmbHG, § 46 Rn. 36; *Hopt/Hehl/Vollrath*, Gesellschaftsrecht, Rn. 870.

14 *Karsten Schmidt*, Gesellschaftsrecht, § 14 III 2 b, S. 417.

und daher auch sinnvoll sein. Auf ähnlich gelagerte Fallkonstellationen im Kapitalgesellschaftsrecht ist dies nur mit Einschränkungen übertragbar.[15]

Soweit man die Regelungen der §§ 677 ff. BGB als möglichen Rechtfertigungsgrund für innenrechtswidrige Inanspruchnahme von Geschäftsführungsbefugnissen bzw. sonstige Treuepflichtverletzungen versteht, muß für die Frage der Anwendbarkeit im Kapitalgesellschaftsrecht auf die konkrete Ausgestaltung der jeweiligen Kapitalgesellschaft Rücksicht genommen werden.

Dies gilt insbesondere für die zu prüfende willens- und interessengemäße Übereinstimmung zwischen den innenrechtswidrig handelnden Organmitgliedern der Gesellschaft und den übrigen Mitgesellschaftern bzw. den Mitaktionären. Zwischen diesen muß nämlich eine relativ enge und überschaubare Beziehung bestehen, aufgrund deren die individuelle Entscheidungsvorstellung und Entscheidungserwartung erkennbar ist. Ansonsten ist das Vorliegen des Tatbestandsmerkmals des „wirklichen oder mutmaßlichen Willens“ i.S. des § 677 BGB des Verbandes, der Mitgesellschafter bzw. Mitaktionäre, ohne ansonsten eine bloße Fiktion zu begründen, tatsächlich nicht feststellbar.[16]

a) Personalistisch strukturierte Körperschaften

Soweit die Kapitalgesellschaft von einem Mehrheitsgesellschafter bzw. Mehrheitsanteilseigner beherrscht wird, ist diese Problematik noch relativ einfach zu lösen. Sofern sich z.B. der Vorstand einer AG mit dem Mehrheitsaktionär über die geplante Geschäftsführungsmaßnahme verständigt hat, kann er auch ohne entsprechenden Hauptversammlungsbeschluß in seiner Geschäftsführung gerechtfertigt sein. Letztere entspricht somit dem „wirklichen Willen“ der über den erforderlichen Entscheidungseinfluß verfügenden Anteilseigner und damit letztlich der Gesellschaft.[17] Daher kann er sich, soweit die Geschäftsführungsmaßnahme zu einem Schaden der Gesellschaft führen sollte, bei einer haftungsrechtlichen Inanspruchnahme exkulpieren. Gleiches gilt für den Geschäftsführer einer GmbH, soweit er in entsprechender Absprache mit dem beherrschenden Gesellschafter einer GmbH handelt und ihm ein expliziter Beschluß der Gesellschafterversammlung nicht zur Seite steht. Es liegt in beiden Fällen ein Handeln auf Weisung der jeweiligen Anteilseigner vor. Eines Rückgriffs auf die Vorschriften der Geschäftsführung ohne Auftrag bedarf es daher nicht.

---

15 Soweit ersichtlich, diskutiert die Übertragbarkeit der Geschäftsführung ohne Auftrag für derartige Fälle der kompetenzwidrigen Geschäftsführung aus dem Personengesellschaftsrecht nur Martens, ZHR 147 (1983), 377, 398 f. Allerdings wendet sich die dort vertretene Lösung zur Haftungsregulierung für einen Geschäftsleiter bei kompetenzwidriger Geschäftsführung eher dem Gesichtspunkt des rechtmäßigen Alternativverhaltens als Haftungsregulativ zu. Aus Sicht der §§ 677 ff. BGB soll dies aber nicht weiter verfolgt werden.

16 Vgl. *Martens*, ZHR 147 (1983), 377, 398.

17 Ebenso *Martens*, a.a.O.

b) Publikumsgesellschaften

Schwieriger stellt sich die Sachlage in einer körperschaftlich organisierten Kapitalgesellschaft, wie z.B. der Publikumsgesellschaft dar.[18] Hier kann der mutmaßliche Wille der Publikumsaktionäre oder -gesellschafter nur als Fiktion angenommen werden, da ihre unternehmenspolitischen Interessen durch den Vorstand bzw. die Geschäftsführung kraft organisationsrechtrechtlicher Kompetenz wahrgenommen werden und somit eine eigene, zur rechtlichen Bewertung geeignete Willensbildung überhaupt nicht vorhanden bzw. in concreto feststellbar ist.[19]

Darüber hinausgehend ist die Geschäftsführung ohne Auftrag im Kapitalgesellschaftsrecht auch dann anwendbar, wenn der wirkliche Wille nicht feststellbar ist. Fehlt z.B. ein Gesellschafter- bzw. Hauptversammlungsbeschluß, ist auf den mutmaßlichen Willen der Gesellschaft abzustellen, der dem Interesse der Mitgesellschaft entspricht. Dies ist immer feststellbar, da der mutmaßliche Wille anhand objektiver Kriterien (z.B. dem Gesellschaftszweck) zu bestimmen ist.

Für den jeweiligen Einzelfall ist daher zu festzulegen, ob die Vorschriften der Geschäftsführung ohne Auftrag als geeignetes Regulativ oder als Haftungsnorm Anwendung finden können.

II. Organhaftung im Kapitalgesellschaftsrecht

1. Organhaftung des GmbH-Geschäftsführers

Die GmbH besitzt bekanntlich mindestens zwei Organe. Die Gesellschafterversammlung als Gesamtheit der Gesellschafter und der oder die Geschäftsführer sind dabei obligatorisch.[20] Eine handlungsfähige GmbH benötigt nach § 6 Abs. 1 GmbHG mindestens einen Geschäftsführer. Der oder die Geschäftsführer haben nach § 43 Abs. 1 GmbHG also in den Angelegenheiten der Geschäftsführung der GmbH die Sorgfalt eines ordentlichen Kaufmanns anzuwenden. Soweit

---

18 Entsprechendes gilt selbstverständlich für die GmbH & Co KG.

19 In diesem Sinne schon *Martens*, a.a.O.

20 In bestimmten Fällen des Mitbestimmungsrechts ist ein Aufsichtsrat als weiteres Organ obligatorisch, vgl. dazu im einzelnen Hachenburg/*Th. Raiser*, GmbHG, § 52 Rn. 45 ff.; 148 ff. 256 ff. In der Praxis wird häufig zulässigerweise (vgl. §§ 45 Abs. 1 und 82 Abs. 2 Nr. 2 GmbHG) ein Beirat als weiteres fakultatives Gesellschaftsorgan z.B. zu Beratungszwecken errichtet (dazu *Lutter/Hommelhoff*, GmbHG, § 52 Rn. 62 ff.; Hachenburg/*Th. Raiser*, GmbHG, § 52 Rn. 297 ff.), dem dann über reine Überwachungs- und Beratungsaufgaben (insoweit handelt es sich dann um einen Aufsichtsrat i.S. des § 52 GmbHG) hinaus, organschaftliche Befugnisse wie z.B. die der Geschäftsführung übertragen werden können. Die Organhaftung richtet sich für diesen Fall nach § 43 GmbHG analog. Eingehend zur Zulässigkeit der Übertragung von Geschäftsführungsbefugnissen auf fakultative Organe bei der GmbH, siehe *Sernau*, S. 68 f., insbesondere S. 260 ff.

sie diese Obliegenheit verletzen, haften die Geschäftsführer nach § 43 Abs. 2 GmbHG der Gesellschaft solidarisch als Gesamtschuldner.

a) Grundlagen zu § 43 GmbHG

Die Vorschrift des § 43 GmbHG bildet den Grundtatbestand für die Pflichten, die Verantwortung und die Haftung des Geschäftsführers gegenüber der Gesellschaft.[21] Nach derzeitiger h.M. ist die Geschäftsführerhaftung des § 43 GmbHG organschaftlicher Rechtsnatur, da sie an die Organstellung des Geschäftsführers anknüpft.[22] Nach gewichtigen Gegenstimmen in der Rechtslehre stehen die vertraglichen und organschaftlichen Haftungsgrundlagen in Anspruchskonkurrenz nebeneinander und ergänzen sich wechselseitig.[23] Dafür spricht, daß im Ausgangspunkt mit einem Geschäftsführer im Normalfall zwei Rechtsverhältnisse existieren und § 43 Abs. 2 GmbHG letztlich nur die aus der Organstellung des Geschäftsführers resultierende Haftung konkretisiert und somit auf der Grundlage des Anstellungsvertrages einen gesetzlich kodifizierten Fall der pVV darstellt.[24]

b) Normzweck und Inhalt

Regelungszweck des § 43 GmbHG ist es einerseits, den Ausgleich pflichtwidrig verursachter Schädigungen des Gesellschaftsvermögens herbeizuführen, andererseits aber auch die Prävention vor pflichtwidriger Geschäftsführung.[25] Die Androhung einer strengen Schadensersatzpflicht soll den Geschäftsführer zu einem sorgfältigen Umgang mit dem Gesellschaftsvermögen anhalten. Schließlich ist er Sachwalter fremden Vermögens. Neben dieser Ausgleichsfunktion strahlt die Haftung nach § 43 GmbHG mittelbar auch auf die Gesellschafter und die Gesellschaftsgläubiger aus. Denn auch ihnen dient der Erhalt des Gesell-

---

21 Neben der Grundnorm des § 43 GmbHG existieren noch weitere Pflicht- und Haftungsnormen z.B. in § 9 a, § 57 Abs. 4, § 64 Abs. 2 GmbHG. Die textliche Fassung des § 43 GmbH, die seit 1892 kaum verändert wurde, entspricht inhaltlich den §§ 93 AktG und 34 GenG.

22 *Götte*, Die GmbH, § 8 Rn. 189; Michalski/*Haas*, GmbHG, § 43 Rn. 172. Zum Streitstand bereits oben S. 125 ff.

23 Vgl. Scholz/*Schneider*, GmbHG, § 43 Rn. 13; *Karsten Schmidt*, Gesellschaftsrecht, § 14 III 2 b, S. 417 und § 36 II 4 a, S. 1078; *Reuter*, in: FS für Zöllner, S. 487, 488; *Fleck*, ZIP 1991, 1269 f.

24 So noch ausdrücklich die frühere Rspr. in RGZ 152, 273, 278; wohl auch BGHZ 41, 282, 287. Die entsprechende Anspruchsgrundlage dürfte dann nach der Schuldrechtsreform der § 280 Abs. 1 BGB i.V.m. dem Anstellungsvertrag sein. A.A. nur auf die organisationsrechtliche Funktion abstellend Michalski/*Haas*, GmbHG, § 43 Rn. 4.

25 *Hopt*, in: Großkomm. AktG, § 93 Rn. 11; *Schneider*, in: FS für Werner, S. 795, 807.

schaftsvermögens mittelbar. Eine unmittelbare Gläubigerschutzfunktion ist dagegen lediglich für § 43 Abs. 3 GmbHG zu konstatieren.[26]

Der Haftungstatbestand des § 43 GmbHG erfüllt daher eine organisationsrechtliche Funktion.[27] Die *ratio legis* der Vorschrift ist insoweit eine doppelte. Einerseits soll sie den Gesellschafter anhalten, seiner Gesellschaft gegenüber den ihm obliegenden Pflichten nachzukommen und zum anderen die bei der Gesellschaft durch seine Pflichtverletzung entstandenen Vermögensnachteile ausgleichen.[28]

Inhaltlich konkretisiert § 43 Abs. 2 GmbHG den aus der Organstellung resultierenden Pflichten- und Sorgfaltsmaßstab des Geschäftsführers. Soweit einzelne Geschäftsführungspflichten vom Gesetz ausdrücklich festgelegt sind,[29] werden diese im Auffangtatbestand des § 43 Abs. 1 GmbHG um die allgemeine Pflicht des Geschäftsführers ergänzt, mit der Sorgfalt eines ordentlichen Kaufmanns für die Gesellschaft zu handeln.[30]

Darüber hinaus sind weitere Einzelfälle in § 43 Abs. 3 GmbHG bzgl. der Verletzung der Kapitalerhaltungsvorschriften geregelt, eine für alle in § 43 GmbHG genannten Ansprüche geltende Verjährungsregel findet sich in § 43 Abs. 4 GmbHG.[31]

---

26 Statt anderer Michalski/*Haas*, GmbHG, § 43 Rn. 4.

27 Rowedder/Schmidt-Leithoff/*Koppensteiner*, GmbHG, § 43 Rn. 3; Hachenburg/*Mertens*, GmbHG, § 43 Rn. 4; Michalski/*Haas*, GmbHG, § 43 Rn. 4; ausführlich *Schneider*, in: FS für Werner, S. 795, 804 ff.

28 Scholz/*Schneider*, GmbHG, § 43 Rn. 12 a; Michalski/*Haas*, GmbHG, § 43 Rn. 4.

29 Zu den im Gesetz ausdrücklich normierten Verhaltenspflichten des Geschäftsführers gehörten beispielsweise die Pflicht, die geschuldete Anmeldung zum Handelsregister vorzunehmen (§§ 7, 8, 9 b, 19 Abs. 4, 39, 40, 54, 57, 58, 65, 67, 78), die Beachtung der Vorschriften über die Aufbringung und Unterhaltung des Stammkapitals (§§ 9 a, 19, 30, 31, 33, 43 a, 57 Abs. 4), die Pflicht zur ordnungsgemäßen Buchführung, Bilanzierung und Vorlage des Jahresabschlusses sowie des Lageberichtes (§§ 41, 42, 42 a; §§ 238 ff., 325 f. HGB), die Erfüllung der Informationspflichten gegenüber den Gesellschaftern (§ 51 a GmbHG), die Einberufung der Gesellschafterversammlung (§ 49 GmbHG) und die Pflichten in der Krise der Gesellschaft (§§ 64, 84 GmbHG).

30 Vgl. nur Michalski/*Haas*, GmbHG, § 43 Rn. 2; Rowedder/Schmidt-Leithoff/*Koppensteiner*, GmbHG, § 43 Rn. 1.

31 Die Verjährung der gleichzeitig bestehenden Treuepflichtverletzung kann trotz der Neuregelung des § 195 BGB (3 Jahre) günstiger als die Fünfjahresfrist des § 43 Abs. 4 GmbHG sein, da es für den Verjährungsbeginn in den §§ 195 i.V.m. 199 BGB auf die subjektive Kenntnis des vertretungsberechtigten Gesellschaftsorgans ankommt, vgl. auch Michalski/*Haas*, GmbHG, § 43 Rn. 223. Für den Beginn der Verjährung in § 43 Abs. 4 GmbHG ist dagegen die Entstehung des Schadensersatzanspruches entscheidend. Der Entstehungszeitpunkt ist hier danach zu bestimmen, wann der Anspruch seitens der Gesellschaft erstmals durchgesetzt werden konnte. Zu den Modalitäten, auch der prozessualen Geltendmachung im einzelnen, vgl. Hachenburg/*Mertens*, GmbHG, § 43 Rn. 96. Zur zulässi-

Die organschaftliche Haftung beginnt, nachdem der zwingend erforderliche kooperationsrechtliche Bestellungsbeschluß erfolgt ist,[32] bereits mit der tatsächlichen Aufnahme des Amtes.[33] Es kommt also nicht auf die Eintragung der Gesellschaft oder des Geschäftsführers in das Handelsregister an, da letzterer keine konstitutive, sondern nur deklaratorische Bedeutung zukommt.[34]

2. Organhaftung des Vorstands- bzw. Aufsichtsratsmitglieds einer AG

Die Organisationsverfassung der AG besteht aus drei Gesellschaftsorganen. Der Hauptversammlung als Gesamtheit der Aktionäre, dem Vorstand und schließlich dem Aufsichtsrat als dessen Kontrollgremium.[35] Eine handlungsfähige AG benötigt nach § 76 Abs. 2 Satz 1 AktG mindestens ein Vorstandsmitglied, welches die Gesellschaft in eigener Verantwortung leitet.[36] Der oder die Vorstandsmitglieder haben nach § 93 Abs. 1 AktG in den Angelegenheiten der Geschäftsführung der AG die Sorgfalt eines ordentlichen und gewissenhaften Geschäftsleiters anzuwenden. Soweit sie diese Obliegenheit verletzen, haften die Gesellschafter nach § 93 Abs. 2 Satz 1 AktG der Gesellschaft solidarisch als Gesamtschuldner. Ist streitig, ob das handelnde Vorstandsmitglied die Sorgfalt eines ordentlichen und

---

gen Abkürzung der Verjährungsfrist für Schadensersatzansprüche gegen GmbH-Geschäftsführer jüngst BGH, Urteil v. 16.9.2002, II ZR 107/01, NJW 2002, 3777 ff. = BB 2002, 2407 ff.= DB 2002, 2480 f. = ZIP 2002, 2128 ff.

32 Allerdings kommt es nicht auf dessen rechtliche Wirksamkeit an, vgl. Michalski/*Haas*, GmbHG, § 43 Rn. 34; Hachenburg/*Mertens*, GmbHG, § 43 Rn. 7.

33 Vgl. BGH, NJW-RR 1986, 1293 ff.

34 BGH, Urteil v. 6.11.1995, II ZR 181/94, NJW 1996, 257 ff.; *Götte*, Die GmbH, § 8 Rn. 190; ebenso MünchHdb. GesR III/*Marsch-Barner/Diekmann*, § 46 Rn. 5.

35 In bestimmten Fällen des Mitbestimmungsrechts ist ein Aufsichtsrat als weiteres Organ obligatorisch, vgl. dazu im einzelnen Hachenburg/*Th. Raiser*, GmbHG, § 52 Rn. 45 ff.; 148 ff. 256 ff. In der Praxis wird häufig zulässigerweise (vgl. §§ 45 Abs. 1 und 82 Abs. 2 Nr. 2 GmbHG) ein Beirat als weiteres fakultatives Gesellschaftsorgan z.B. zu Beratungszwecken errichtet (dazu *Lutter/Hommelhoff*, GmbHG, § 52 Rn. 62 ff.; Hachenburg/*Th. Raiser*, GmbHG, § 52 Rn. 297 ff.), dem dann über reine Überwachungs- und Beratungsaufgaben (insoweit handelt es sich dann um einen Aufsichtsrat i.S. des § 52 GmbHG) hinaus, organschaftliche Befugnisse wie z.B. die der Geschäftsführung übertragen werden können. Die Organhaftung richtet sich für diesen Fall nach § 43 GmbHG analog. Eingehend zur Zulässigkeit der Übertragung von Geschäftsführungsbefugnissen auf fakultative Organe bei der GmbH, siehe *Sennau*, S. 68 f., insbesondere S. 260 ff.

36 Vgl. § 76 Abs. 1 AktG. Die eigenverantworliche Leitungsmacht der Vorstandsmitglieder ist ein wesentlicher Unterschied zum GmbH-Geschäftsführer, der nach § 37 Abs. 1 GmbHG in seiner Geschäftsführung grundsätzlich den (rechtmäßigen) Weisungen der Gesellschafterversammlung als dem obersten Gesellschaftsorgan Folge zu leisten hat.

gewissenhaften Geschäftsleiters angewandt hat, trifft ihn diesbezüglich nach § 93 Abs. 2 Satz 2 AktG die Beweislast.[37]

a) Grundlagen zu § 93 AktG

Aufgrund der tatbestandlichen Ähnlichkeit des § 93 AktG mit § 43 GmbHG gilt auch für das Aktienrecht[38] im wesentlichen das zum GmbH-Recht Ausgeführte. Zusammenfassend sei Folgendes gesagt:

Die Haftung der Vorstandsmitglieder nach § 93 AktG[39] ist nach h.M. organschaftlicher Rechtsnatur, da sie an die Organstellung der Geschäftsleiter anknüpft.[40] Andere meinen, die Norm sei bezogen auf den Anstellungsvertrag ein Anwendungsfall der pVV,[41] schließlich wird ebenfalls vertreten, daß es sich um beides handelt.[42]

Auch für diese widerstreitenden Meinungen gilt das Gleiche wie das im Rahmen des § 43 GmbHG. Die Schadensersatzpflicht richtet sich im Ausgangspunkt allein nach § 93 AktG, da sich das Vorstandsmitglied durch den Abschluß des Anstellungsvertrages auch auf der vertraglichen Ebene verpflichtet, die Organpflichten zusätzlich zu den anderen anstellungsvertraglichen Pflichten einzuhalten.[43] Die Haftung des Vorstandsmitgliedes ist somit organschaftlicher Natur. Ob dennoch andere (vertragliche) Anspruchsgrundlagen mit der Organhaftung konkurrieren können, ist damit noch nicht entschieden.[44]

---

37 Aufgrund der Doppelfunktion der Sorgfaltspflicht gilt die Beweislastumkehr des § 93 Abs. 2 Satz 2 AktG in Bezug auf die objektive Pflichtwidrigkeit (Rechtswidrigkeit) und die subjektive Pflichtwidrigkeit (Schuld), so *Mertens*, in: Kölner Kommentar zum AktG, § 93 Rn. 6; MünchHdb. GesR IV/*Wiesner*, § 26 Rn. 9; differenzierend aber *Hüffer*, AktG, § 93 Rn. 3.

38 *Hüffer*, AktG, § 93 Rn. 11; MünchHdb. GesR IV/*Wiesner*, § 26.

39 Die Norm ist selbst Anspruchsgrundlage und führt nicht erst über § 823 Abs. 2 BGB zu Ansprüchen der AG, statt anderer *Hüffer*, AktG, § 93 Rn. 11.

40 So die h.M., *Hopt*, in: Großkomm. AktG, § 93 Rn. 20 und eingehend Rn. 225.

41 Vor allem *Baums*, S. 211 ff.; wohl auch noch BGHZ 41, 282, 287.

42 So ist wohl *Mertens*, in: Kölner Kommentar zum AktG, § 93 Rn. 3 zu verstehen.

43 Vgl. *Mertens*, a.a.O.; im Ergebnis auch *Hopt*, in: Großkomm. AktG, § 93 Rn. 226, der allerdings die anstellungsvertragliche Pflichtverletzung haftungsrechtlich allein über § 93 AktG sanktionieren will. Mittelbar werden somit die anstellungsvertraglichen Regelungen in den organschaftlichen Haftungstatbestand implementiert. Im Ergebnis ist dies nichts anderes als das, was die dogmatisch überzeugende Konkurrenzlösung durch das Nebeneinander der Anspruchsgrundlagen erreicht. Das Leugnen der anstellungsvertraglichen Pflichtverletzung ist auch aus Sicht der herrschenden Trennungstheorie nicht erklärbar. Vgl. daher die berechtigten Bedenken von *Hüffer*, AktG, § 93 Rn. 11.

44 In diesem Sinne *Karsten Schmidt*, Gesellschaftsrecht, § 28 II 4 b, S. 818.

Eine Reduzierung des zu beachtenden Sorgfaltsmaßstabes nach den Grundsätzen des innerbetrieblichen Schadensausgleichs scheidet bei Organmitgliedern wegen ihrer fehlenden Arbeitnehmerstellung grundsätzlich aus.[45] Darüber hinaus haben die Vorstandsmitglieder nach § 91 Abs. 2 AktG ein geeignetes „Überwachungssystem“ als Risikomanagementsystem zu installieren, um ihrer Leitungsverantwortung gerecht zu werden.[46]

b) Normzweck und Inhalt

Der Regelungszweck des § 93 AktG besteht im wesentlichen im Ausgleich von pflichtwidrig herbeigeführten Schädigungen des Gesellschaftsvermögens und der Prävention vor pflichtwidriger Geschäftsführung.[47] Der Schutz des Gesellschaftsvermögens steht wie bei § 43 GmbHG im Vordergrund und erklärt sich aus der treuhänderischen Funktion des Vorstandsmitgliedes. Insofern kann auf die Ausführungen zu § 43 GmbHG verwiesen werden.[48]

Über die gesetzlich ausdrücklich in § 93 Abs. 1 Satz 2 AktG geregelte Verschwiegenheitspflicht der Vorstandsmitglieder hinaus konkretisiert die Vorschrift die organschaftlichen Pflichten der Geschäftsleiter. Das Vorstandsmitglied hat die allgemeine Pflicht, mit der Sorgfalt eines ordentlichen und gewissenhaften Geschäftsleiters seine organschaftlichen Aufgaben auszuführen.[49] Darüber hinaus finden sich Sondertatbestände in § 93 Abs. 3 AktG, welche die Schadensersatzpflicht des § 93 Abs. 3 AktG präzisieren.[50]

Die organschaftliche Haftung beginnt nach Aufnahme der Organtätigkeit und entsprechender Billigung durch den Aufsichtsrat.[51] Regelungen zum Haftungsausschluß finden sich in § 93 Abs. 4 AktG, so ist z.B. die Haftung des Vorstandsmitgliedes dann ausgeschlossen, falls die schadensersatzstiftende Hand-

---

45 Vgl. *Mertens*, in: Kölner Kommentar zum AktG, § 93 Rn. 4 und 98 a.E., § 84 Rn. 38; *Hüffer*, AktG, § 93 Rn. 14 m.w.N. Gleiches gilt auch für den GmbH-Geschäftsführer, siehe Michalski/*Haas*, GmbHG, § 43 Rn. 194 f. Zu weiteren haftungseinschränkenden Ansätzen, vgl. *Hopt*, in: Großkomm. AktG, § 93 Rn. 336 ff.

46 Kritisch zur tatbestandlich „wenig gelungenen“ Vorschrift *Hüffer*, AktG, § 91 Rn. 5; für eine nach Größe und Struktur vergleichbare GmbH gilt nichts anderes, siehe dazu Michalski/*Haas*, GmbHG, § 43 Rn. 72 in Fn. 315.

47 Vertiefend *Hopt*, in: Großkomm. AktG, § 93 Rn. 11; *Schneider*, in: FS für Werner, S. 795, 807.

48 Statt anderer *ders.*, in: Großkomm. AktG, § 93 Rn. 12 f.

49 Vgl. nur Michalski/*Haas*, GmbHG, § 43 Rn. 2; Rowedder/Schmidt-Leithoff/*Koppensteiner*, GmbHG, § 43 Rn. 1.

50 Dazu *Hopt*, in: Großkomm. AktG, § 93 Rn. 223; *Hüffer*, AktG, § 93 Rn. 22 ff.

51 Darüber besteht im Ausgangspunkt Einigkeit, vgl. *Hopt*, in: Großkomm. AktG, § 93 Rn. 35; *Hüffer*, AktG, § 93 Rn. 12; MünchHdb. GesR IV/*Wiesner*, § 26 Rn. 4.

lung aufgrund eines gesetzmäßigen[52] Hauptversammlungsbeschlusses erfolgt ist.[53] Die Rechtsverfolgung ist in § 93 Abs. 5 AktG[54] geregelt. Die fünfjährige Verjährungsfrist ist in § 93 Abs. 6 AktG normiert.[55]

3. Organhaftung eines Aufsichtsrates einer AG

Nach § 116 AktG gilt für die Haftung eines Aufsichtsratsmitgliedes einer AG die Regelung des § 93 AktG sinngemäß.[56] Der Aufsichtsrat hat im wesentlichen eine Überwachungsfunktion gegenüber dem Vorstand als der Unternehmensleitung. Zu den wesentlichen Rechten und Pflichten des Aufsichtsrates gehören gemäß § 84 AktG das Recht zur Bestellung und Abberufung der Vorstandsmitglieder, die gerichtliche und außergerichtliche Vertretung der Gesellschaft gegenüber den Vorstandsmitgliedern nach § 112 AktG sowie als die wesentliche Hauptaufgabe die Überwachung der Geschäftsführung gemäß § 111 AktG.[57]

Das Aufsichtsratsmitglied hat bei seiner Aufgabenerfüllung entsprechend §§ 116, 93 AktG die Sorgfalt eines ordentlichen und gewissenhaften Geschäftsleiters anzuwenden. Darunter ist diejenige Sorgfalt zu verstehen, die ein ordentlicher und gewissenhafter Geschäftsleiter anwenden würde, wenn er sein Geschäft einem Dritten zur selbständigen Leitung überlassen, sich aber die Überwachung der Geschäftsführung vorbehalten hätte.[58]

---

52 D.h., soweit der Beschluß weder nach § 241 AktG nichtig, noch nach §§ 243 ff. AktG anfechtbar ist, vgl. *Hüffer*, AktG, § 93 Rn. 25.

53 Insofern ist dies auch eine Klarstellung der dem Vorstandsmitglied obliegenden Verpflichtung aus § 83 Abs. 2 AktG, eingehend *Hopt*, in: Großkomm. AktG, § 93 Rn. 306 ff. Eine grundsätzliche Verzichts- und Vergleichsmöglichkeit über Schadensersatzansprüche bietet § 93 Abs. 4 Satz 3 und 4 AktG, dazu *Hüffer*, AktG, § 93 Rn. 24 ff.

54 Dazu sogleich im Text unten S. 308.

55 Siehe auch *Hopt*, in: Großkomm. AktG, § 93 Rn. 426 ff.

56 Soweit keine abweichende Regelung in der Satzung vorhanden ist, gilt über § 52 GmbHG für die Haftung von Beiräten im GmbH-Recht nichts anderes.

57 Vgl. nur *Karsten Schmidt*, Gesellschaftsrecht, § 28 II 1 a, S. 820. Weitere Einzelpflichten ergeben sich aus einer Vielzahl von Vorschriften des AktG, vgl. z.B. §§ 33, 58 Abs. 2, 59 Abs. 3, 77 Abs. 2, 78 Abs. 3, 86 - 90, 112, 114 f. AktG und die Aufstellung bei *Mutter*, S. 28. Der Aufsichtsrat hat nicht nur gesetz-, satzungs- oder zweckwidriges Verhalten des Vorstands festzustellen und ggf. Maßnahmen gegen den Vorstand einzuleiten. Dazu gehören insbesondere die Geltendmachung von Ersatzansprüchen (dazu BGHZ 135, 244 ff. = NJW 1997, 1926 „ARAG/Garmenbeck“) oder eine entsprechende Abberufung von Vorstandsmitgliedern. Ebenso elementar sind die Treuepflichten, insbesondere das Gebot, Interessenkollisionen zu vermeiden, sowie die Einsichts- und Informationsrechte sowie die hiermit korrespondierende Verschwiegenheitspflicht von Aufsichtsratsmitgliedern nach § 116 Satz 2 AktG. Siehe im einzelnen auch *Mertens*, in: Kölner Kommentar zum AktG, § 116 Rn. 4 ff. und *Fleck*, in: FS für Heinsius, S. 89, 90.

58 In diesem Sinne auch *Hüffer*, AktG, § 116 Rn. 2.

Verletzen die Aufsichtsratsmitglieder die ihnen obliegenden Pflichten schuldhaft, so sind sie – gleich einem Vorstandsmitglied – der Gesellschaft gegenüber nach §§ 116, 93 Abs. 2 AktG schadensersatzpflichtig.[59] Daneben kann ein Aufsichtsratsmitglied auch den Tatbestand des § 117 AktG verwirklichen.[60]

4. Zwingender Charakter der organschaftlichen Haftungstatbestände

a) § 43 GmbHG

Hinsichtlich der Frage, ob und in welchem Umfang § 43 GmbHG zwingender oder nicht zwingender Natur ist, muß je nach dem Schutzzweck der einzelnen Normbestandteile differenziert werden.[61] Eine Modifizierung der Haftungsregelung des § 43 GmbHG kann nach einer Ansicht entweder durch entsprechende Regelungen in der Satzung,[62] in einer von der Gesellschafterversammlung aufgestellten Geschäftsordnung,[63] durch einen Gesellschafterbeschluß[64] oder durch eine entsprechende Regelung im Anstellungsvertrag erreicht werden.[65] Nach gegenteiliger Ansicht ist eine Modifizierung der Haftungsregelung aber aufgrund der entsprechenden Anwendung des § 93 Abs. 4 Satz 3 AktG auch im GmbH-Recht nicht möglich.[66]

Für die Frage, ob die gesetzliche Regelung des § 43 GmbHG zur grundsätzlichen Disposition der Gesellschafter steht, ist nach der im Schrifttum im Vordringen befindlichen Ansicht danach zu differenzieren, welche Pflichten, Sorgfalts- und Haftungsmaßstäbe aufgrund der Organstellung in § 43 GmbHG modifiziert werden sollen. Nach dieser Ansicht ist sowohl der Pflichtenumfang als auch der zu beachtende Sorgfaltsmaßstab des Geschäftsführers im Anstellungsverhältnis

---

59 Ausnahmsweise kann es auch zu einer Inanspruchnahme der Aufsichtsratsmitglieder durch die Aktionäre kommen, vgl. dazu im einzelnen *Mertens*, in: Kölner Kommentar zum AktG, § 116 Rn. 61.

60 Dazu sogleich im Text.

61 *Schneider*, in: FS für Werner, S. 795, 811 ff.; *Konzen*, NJW 1989, 2977, 2984; *Lutter/Hommelhoff*, § 43 Rn. 2; Rowedder/Schmidt-Leithoff/*Koppensteiner*, GmbHG, § 43 Rn. 4; Michalski/*Haas*, GmbHG, § 43 Rn. 8 ff.; Scholz/*Schneider*, GmbHG, § 43 Rn. 184 ff.

62 Die soll nach Baumbach/Hueck/*Zöllner*, GmbHG, § 43 Rn. 6 immer erforderlich sein.

63 Scholz/*Schneider*, GmbHG, § 43 Rn. 186.

64 Einen einstimmigen Gesellschafterbeschluß halten für erforderlich: Rowedder/Schmidt-Leithoff/*Koppensteiner*, GmbHG, § 43 Rn. 4; Roth/*Altmeppen*, GmbHG, § 43 Rn. 50.

65 Scholz/*Schneider*, GmbHG, § 43 Rn. a.a.O.

66 *Lutter/Hommelhoff*, GmbHG, § 43 Rn. 2; *Ebenroth/Lange*, GmbHR 1992, 69, 76.

zwischen der Gesellschaft und dem Geschäftsführer grundsätzlich modifizierbar.[67] Die Gesellschafter können demnach die Pflichten des Geschäftsführers durch die anstellungsvertragliche Regelung konkretisieren.[68]

Gegen die Möglichkeit der Haftungsmilderung wird allerdings die gläubigerschützende Funktion des § 43 Abs. 2 GmbHG ins Feld geführt. Denn mit der aus der Vorschrift resultierenden Sanktions- und Ausgleichsfunktion wird ein wichtiger Beitrag zur Insolvenzvermeidung bzw. Insolvenzvorsorge auch im Interesse und zum Schutz der Gesellschaftsgläubiger geleistet.[69]

Die Verjährungsregel des § 43 Abs. 4 GmbHG kann in den Grenzen des § 202 Abs. 2 BGB verschärft,[70] aber auch in den Grenzen des § 202 Abs. 1 BGB verkürzt werden.[71]

b) § 93 AktG

Die Regelung des § 93 AktG ist dagegen vollumfänglich zwingender Natur und kann weder durch anstellungsvertragliche Regelungen noch Satzungsbestimmungen abgeändert werden.[72] Für § 116 AktG gilt aufgrund der sinngemäßen Anwendung des § 93 AktG nichts anderes.

5. Persönlicher Anwendungsbereich der Organhaftungstatbestände

Nach dem Wortlaut der §§ 93 Abs. 1 AktG, 43 Abs. 2 GmbHG haften die Geschäftsführer, welche ihre organschaftlichen Obliegenheiten verletzen, der Gesellschaft solidarisch für den entstandenen Schaden. Welcher Art der Geschäftsführer sein muß, sagt das Gesetz dagegen nicht. Es stellt sich also die Problematik, ob neben dem ordnungsgemäß bestellten auch ein rechtsfehlerhaft bestelltes Organmitglied, ein Gesellschafter oder ein gesellschaftsfremder Dritter

---

67 So die h.L., vgl. statt anderer Scholz/*Schneider*, GmbHG, § 43 Rn. 185; Hachenburg/*Mertens*, GmbH, § 43 Rn. 5; Michalski/*Haas*, GmbHG, § 43 Rn. 8; *Fleck*, ZHR 149 (1985), 387, 410.

68 *Merkt*, ZHR 159 (1995), 423, 431; Scholz/*Schneider*, GmbHG, § 43 Rn. 185 a; Baumbach/Hueck/*Zöllner*, GmbHG, § 43 Rn. 5; Michalski/*Haas*, GmbHG, § 43 Rn. 11.

69 So insbesondere *Fleck*, ZHR 149 (1985), 387, 395; ebenso Michalski/*Haas*, GmbHG, § 43 Rn. 14.

70 Etwas anderes galt noch nach § 225 BGB a.F.

71 Vgl. auch BGH, ZIP 2000, 135, 136; Scholz/*Schneider*, GmbHG, § 43 Rn. 207; Hachenburg/*Mertens*, GmbHG, § 43 Rn. 95; Michalski/*Haas*, GmbHG, § 43 Rn. 18; andere Ansicht aber *Lutter/Hommelhoff*, § 43 Rn. 29.

72 Ganz h.M., vgl. nur *Hopt*, in: Großkomm. AktG, § 93 Rn. 23; *Hüffer*, AktG, § 93 Rn. 1; *Schneider*, in: FS für Werner, S. 795, 802 ff.

für die schädliche Einflußnahme auf die Gesellschaft nach den organisationsrechtlichen Grundtatbeständen haftet.

a) Bestellter Geschäftsführer in der GmbH

In tatbestandlicher Hinsicht richtet sich die Vorschrift des § 43 Abs. 2 GmbHG in erster Linie an denjenigen Geschäftsführer, der wirksam zum Gesellschaftsorgan bestellt wurde.[73]

Für die Bestellung ist nach § 46 Nr. 5 GmbHG ausdrücklich die Gesellschafterversammlung zuständig und nach § 39 GmbHG ist die Bestellung des Geschäftsführers in das Handelsregister einzutragen.[74]

b) Das berufene Vorstandsmitglied in der AG

Der Anwendungsbereich des § 93 AktG erfaßt grundsätzlich alle vom Aufsichtsrat gemäß § 84 Abs. 1 AktG ordnungsgemäß bestellten Vorstandsmitglieder.[75] Die Ernennung ist nach § 81 Abs. 1 AktG ebenso in das Handelsregister einzutragen.[76]

c) Fehlerhafte Bestellung und sog. „faktische" Geschäftsführung

Ausgangspunkt der folgenden Diskussion muß sein, daß nicht jeder Einfluß auf die Geschicke einer Gesellschaft, auch wenn er sich tatsächlich wie derjenige eines Vorstands oder eines Geschäftsführers darstellt, zu einer organschaftlichen Haftung führen kann. Denn zutreffend wird festgestellt, daß aus einer tatsächlichen Handlung keine rechtliche Sonderverbindung entstehen kann. Hierfür sind nach allgemeinen Grundsätzen entsprechende Willenserklärungen notwendig.[77]

Nach wohl mittlerweile überwiegender Ansicht in der Rechtsprechung und Rechtslehre soll eine Organhaftung aber ausnahmsweise auch dann in Betracht kommen, wenn zwar ein tatsächlicher Bestellungsakt vom zuständigen Organ

[73] Michalski/*Haas*, GmbHG, § 43 Rn. 23.

[74] Auf die lediglich deklaratorische und nicht konstitutive Wirkung der Eintragung nach § 39 GmbHG wurde bereits hingewiesen. Der Geschäftsführer kann also auch schon vor Eintragung ins Handelsregister wirksam für die GmbH tätig werden, vgl. *Götte*, DStR 1998, 938.

[75] *Mertens*, in: Kölner Kommentar zum AktG, § 93 Rn. 8 ff.; *Hopt*, in: Großkomm. AktG, § 93 Rn. 33.

[76] Auch hier hat die Eintragung nur deklaratorische Wirkung, vgl. *Mertens*, in: Kölner Kommentar zum AktG, § 93 Rn. 9.

[77] Im Ausgangspunkt daher zutreffend *Hüffer*, AktG, § 93 Rn. 12.

vorliegt, dieser aber rechtsfehlerhaft ist[78] oder sich jemand als sog. „faktisches" Organ durch die Anmaßung der Funktion eines Organmitglieds organschaftliche Kompetenzen beansprucht.[79]

Als Beispiel für letzteres sei hier die Einflußnahme eines Mehrheitsaktionärs einer AG auf Sanierungsverhandlungen in der Krise genannt, bei der unter dem gänzlichen (operativen) Ausschluß des Vorstands[80] ein Unternehmensberater – mit Billigung des Vorstands – für einen bestimmten Zeitraum die Unternehmensleitung der Gesellschaft übernimmt.[81]

Soweit man aber bzgl. des Schutzzweckes der §§ 93 AktG und 43 GmbHG ausschließlich auf den Schutz der Gesellschaftsinteressen abstellt, ist ein Bedürfnis für eine Haftung des sog. „faktischen" Geschäftsführers nicht ohne weiteres ersichtlich. Soweit die Gesellschaft das Tätigwerden des sog. „faktischen" Geschäftsführers duldet, ohne daß dieser zum Gesellschaftsorgan bestellt wurde, kann die Gesellschaft darauf verwiesen werden, den Schaden nach allgemeinen Regeln, insbesondere des Deliktsrechts, zu liquidieren.[82]

Zur Begründung der tatbestandlichen Erweiterung wird dagegen vorgebracht, daß die organisationsrechtlichen Haftungstatbestände der §§ 93 AktG und 43 GmbHG neben dem Schutz des Gesellschaftsinteresses auch mittelbar dem Schutz der Gläubigerinteressen dienen.[83] Soweit man aber die Interessen der Gesellschaftsgläubiger mit einbezieht, soll allerdings eine Notwendigkeit der Haftung des sog. „faktischen" Geschäftsführers zumindest dann anzunehmen sein, wenn der ansonsten durch den Schutzzweck der Vorschriften vermittelte Gläubigerschutz tatsächlich ausgehebelt würde. Beispielsweise wäre dies dann der Fall, wenn den Gläubigern der Primärschutz gesetzmäßiger Pflichterfüllung durch das bestellte Organ genommen würde und/oder der Sekundärschutz des Haftungszugriffs auf das bestellte Organ ins Leere ginge.[84]

---

78 Siehe BGHZ 41, 282, 287, zur Erklärung des Aufsichtsratsvorsitzenden, die nicht auf einer wirksamen Ermächtigung durch den Aufsichtsrat beruht.

79 Zum Begriff des sog. „faktischen" Organs eingehend bereits oben S. 131 ff.

80 *Mertens*, in: Kölner Kommentar zum AktG, § 93 Rn. 12.

81 Dazu auch vgl. *Hopt*, in: Großkomm. AktG, § 93 Rn. 49 in Fn. 106 mit dem Bsp., daß Unternehmensberater mit Billigung des Vorstands auf Zeit die Unternehmensleitung übernehmen.

82 Siehe nur Michalski/*Haas*, GmbHG, § 43 Rn. 30.

83 Vgl. Michalski/*Haas*, GmbHG, a.a.O.; *Hopt*, in: Großkomm. AktG, a.a.O.

84 In diesem Sinne *Stein*, S. 184 ff., 200; Hachenburg/*Mertens*, GmbHG, § 43 Rn. 7. Dazu auch OLG Düsseldorf, GmbHR 1994, 317, 318, wo sich der einzig bestellte Geschäftsführer in der Ausübung seines Amtes gehindert sah, nachdem die zuständige Staatsanwaltschaft ein Ermittlungsverfahren gegen diesen eingeleitet hatte.

Derartige Situationen sollen z.B. auch dann vorliegen, wenn im Laufe der Geschäftstätigkeit der Gesellschaft eine dritte Person als sog. „faktischer" Geschäftsführer auftritt und den satzungsmäßigen Geschäftsführer in die Statistenrolle abdrängt[85] oder wenn die Gesellschafter die Geschäftsführung abberufen, ohne eine neue zu bestellen und die Geschäfte der Gesellschaft trotzdem fortführen. Oder wenn die Gesellschafter einen Geschäftsführer als „Marionette" ins Amt berufen, der weder die persönlichen noch sachlichen Voraussetzungen besitzt, seine mit der Organstellung verbundenen Pflichten zu erfüllen. Gleiches gilt für den Fall, daß ein völlig mittelloser und überschuldeter Geschäftsführer bestellt wird. Auch hier gehen die dem Gläubigerinteresse dienenden Ausgleichs- und Verhaltenssteuerungsfunktionen der organisationsrechtlichen Haftungstatbestände ins Leere.[86]

Es gibt aber auch einen anderen Weg, um den gewünschten Verkehrsschutzgesichtspunkten Rechnung zu tragen, ohne die organisationsrechtliche Haftungsverfassung der §§ 93 AktG und 43 GmbHG *de lege lata* zu überfrachten, in dem man ausnahmsweise das sog. „faktische" Organ als Normadressaten auffaßt.[87]

d) Stellungnahme und eigene Ansicht

aa) Ablehnung der Rechtsfigur des sog. „faktischen" Organs

Die Rechtsfigur des sog. „faktischen" Organs ist schon aus grundsätzlichen Erwägungen abzulehnen. Zwei Gesichtspunkte sind hier ausschlaggebend.

Erweitert man die Normadressaten der organisationsrechtlichen Haftungstatbestände in dieser Weise, so umgeht man wesentliche Elemente der gesellschaftsrechtlichen Organisationsverfassung. Entfallen würde insbesondere auch die mit dem jeweiligen Bestellungsakt verbundene notarielle Belehrung über Rechte und Pflichten eines Organmitglieds. Darüber hinaus stellt eine derartige Ausweitung des Normanwendungsbereiches auf sog. „faktische" Gesellschafter auch einen Verstoß gegen das Trennungsprinzip im Kapitalgesellschaftsrecht dar. [88]

---

85 Vgl. z.B. den Fall von ThürOLG, Beschluß v. 20.11.2001, 6 W 678/01, betreffend eine Unterlassungsvollstreckung und der damit verbundenen Festsetzung eines Ordnungsgeldes gegen einen sog. „faktischen" Geschäftsführer.

86 Zur GmbH so Michalski/*Haas*, GmbHG, § 43 Rn. 30.

87 Ausführlich bereits oben S. 134 f.

88 Eine der wesentlichen Merkmale der Haftungsverfassung juristischer Personen ist und bleibt die grundsätzliche Trennung der verschiedenen Haftungsmassen von Gesellschaftsvermögen und Privatvermögen der Gesellschafter, vgl. zu § 13 Abs. 2 GmbHG nur *Lutter/Hommelhoff*, GmbHG, § 13 Rn. 3.

Anderseits handelt es sich meist um ein tatsächliches Handeln, was sich schon in der Bezeichnung des sog. „faktischen“ Organs widerspiegelt. Damit lassen sich aber schon mangels einer Regelungslücke keine Rechtspflichten aus einer Sonderrechtsverbindung herleiten.[89]

Die versuchte Rechtsfortbildung der Lehre vom sog. „faktischen“ Organ ist aber schon in ihrer Grundkonzeption verfehlt. So soll der sog. „faktische“ Geschäftsführer nur dann entsprechend § 43 GmbHG haften, soweit andere deliktsrechtliche Haftungstatbestände oder eine Treuepflichtverletzung ausscheiden.[90] Zudem müsse eine gänzliche Organverdrängung durch das sog. „faktische“ Organ sowie der damit verbundene Entzug des Haftungszugriffs auf das an sich verantwortliche Organ vorliegen.[91]

Beides ist schon aus grundlegenden Erwägungen abzulehnen.[92] Die Anwendbarkeit eines organisationsrechtlichen Haftungstatbestandes als Sonderrechtsverbindung von dem Vorliegen eines deliktischen Schadensersatzanspruches – quasi als Ausfallhaftung – abhängig zu machen, verstößt schon gegen die allgemeinen Grundsätze des Haftungsrechts. Schon im Hinblick auf den Ersatz des allgemeinen Vermögensschadens kann nur die Sonderrechtsverbindung, also der organisationsrechtliche Haftungstatbestand, vorrangig sein.[93] Zudem ist das Tatbestandsmerkmal der Organverdrängung farblos. Es verschleiert nur den Versuch, eine Haftung zu begründen, weil das eigentlich verantwortliche Organ, z.B. aufgrund von Vermögenslosigkeit, nicht in Haftung genommen werden kann.[94] Einen derartig erweiternden Normanwendungsbereich wollte der Gesetzgeber sicherlich nicht. Das zeigt sich schon an der Existenz z.B. des § 117 AktG.

Abzulehnen ist auch eine Verallgemeinerung der Rechtsprechungsgrundsätze des BGH zur Insolvenzantragspflicht des sog. „faktischen“ Gesellschafters nach § 64 Abs. 1 GmbHG.[95] Diese Entscheidung betraf die Sondersituation, daß sich die Gesellschaft in der Insolvenz befand und das Privatvermögen des eigentlichen Geschäftsführer als Haftungsmasse nicht ausreichte. Im übrigen wird sich der BGH vermutlich schwer damit tun, von seinem zweiten Erfordernis, nämlich dem Außenhandeln des sog. „faktischen“ Geschäftsführers abzusehen.[96]

---

89 Im Ergebnis ebenso *Hüffer*, AktG, § 93 Rn. 12.

90 Dazu *Stein*, S. 170 ff.

91 *Dies.*, S. 184 f.

92 Eingehende Kritik bei *Ziemons*, S. 71 ff.

93 Zutreffend *dies.*, S. 72.

94 Ebenso *dies.*, S. 73.

95 Vgl. BGH, Urteil v. 25.2.2002, II ZR 196/00, GmbHR 2002, 549 ff.

96 Auch hier sind die europäischen Rechtsordnungen weitergehend. Weder der sog. *„shadow director“* noch der sog. *„dirigeant de fait“* müssen nach außen im Rechtsverkehr auftreten.

Bleibt diese Einschränkung, so lassen sich gerade die Fälle der praxisrelevanten „Innenverdrängung" nicht sachgerecht lösen.

bb) Geschäftsführung ohne Auftrag als geeignete Haftungsgrundlage

Was die Schadens- und Herausgabepflichten des gesellschaftsrechtlich kompetenzwidrig Handelnden betrifft, so kann das zivilrechtliche Rechtsinstitut der Geschäftsführung ohne Auftrag helfen, auch durch tatsächliches Handeln zumindest ein gesetzliches Schuldverhältnis zu begründen.

Zunächst einmal ist nach den möglichen Haftungssubjekten zu unterscheiden.

Geschäftsführungsberechtigte Organe einer Kapitalgesellschaft, die ihre Organkompetenzen schuldhaft überschreiten, haften nach §§ 93 AktG und 43 GmbHG ihrer Gesellschaft gegenüber für den hieraus entstandenen Schaden.

Anteilseigner, die sich derartige Organkompetenzen innenrechtswidrig anmaßen, haften nicht entsprechend §§ 93 AktG und 43 GmbHG. Sie verletzen durch ihre „faktische" Einflußnahme ihre gesellschaftsrechtliche Treuepflicht, denn in jener wurzelt das Gebot, die Innenrechtsschranken der Zuständigkeitsordnung in der Gesellschaft zu beachten. Es fehlt also schon an einer planwidrigen Regelungslücke, um die entsprechende Anwendung der organisationsrechtlichen Anspruchsgrundlagen der §§ 93 AktG und 43 GmbHG begründen zu können. Soweit die nicht geschäftsführungsberechtigten Gesellschafter einer GmbH oder die Aktionäre einer AG sich derartige Kompetenzen schuldhaft (§ 276 BGB) anmaßen, haften sie unter dem Gesichtspunkt der allgemeinen Pflichtverletzung gemäß § 280 Abs. 1 BGB auf Schadensersatz.

Darüber hinaus sind aber auch – in Parallele zum Personengesellschaftsrecht – die Regelungen der Geschäftsführung ohne Auftrag anwendbar. Soweit der Anteilseigner sich Kompetenzen anmaßt oder Geschäftschancen der Gesellschaft nutzt, besorgt er zumindest ein sog. „auch-fremdes-Geschäft". Selbst wenn im letztgenannten Fall im Einzelfall feststehen sollte, daß der Anteilseigner eine sich der Gesellschaft bietende Geschäftschance als Eigengeschäft wahrnimmt, werden über § 687 Abs. 2 BGB Herausgabe- und Schadensersatzansprüche begründet.

Entspricht die kompetenzwidrige Einmischung dem „wirklichen oder mutmaßlichen" Willen der Gesellschaft, also den wohlverstandenen Belangen der zuständigen Gesellschaftsorgane, so kann die berechtigte Geschäftsführung ohne Auftrag als Haftungskorrektiv fungieren.[97]

Ein rein gesellschaftsinternes Einwirken auf die Gesellschaft reicht in Konzernlagen aus, vgl. *Forum Europaeum Konzernrecht*, ZGR 1998, 672, 759.

[97] Zu den sich hieraus ergebenden Ansprüchen vgl. bereits S. 188.

Greift ein nicht an der Gesellschaft beteiligter Dritter in gesellschaftsrechtliche Organkompetenzen kompetenzwidrig ein, so besteht keine konkurrierende Haftung aus einem Schuldverhältnis. Es finden ausschließlich die Regelungen der Geschäftsführung ohne Auftrag Anwendung. Ist die Geschäftsführung i.S. des § 677 BGB tatbestandlich unberechtigt, haftet der Dritte aus § 678 BGB auf Schadensersatz. Eine ansonsten zwischen der Gesellschaft und dem Dritten bestehende vertragliche Vereinbarung, beispielsweise ein Kreditvertrag mit vertraglichen Nebenabreden, sperrt die Anwendbarkeit der §§ 677 ff. BGB nicht.[98]

Auch im Falle der Einflußnahme von nicht an der Gesellschaft beteiligten Dritten fehlt es also schon an einer planwidrigen Regelungslücke, um die entsprechende Anwendung der organisationsrechtlichen Anspruchsgrundlagen der §§ 93 AktG und 43 GmbHG begründen zu können. Die Vorschriften der Geschäftsführung ohne Auftrag bieten ein ausreichend abgestuftes Haftungssystem, um derartige Fälle der verbandswidrigen Einflußnahme auf die Geschäftsführung bzw. das rechtswidrige Ausnutzen von Geschäftschancen zu sanktionieren. Der sog. „faktische" Geschäftsführer, Geschäftsleiter oder Gesellschafter ist im Einzelfall also nichts anderes als ein Geschäftsführer ohne Auftrag.

6. Weitere Voraussetzungen der organisationsrechtlichen Haftungstatbestände

Die organisationsrechtlichen Haftungstatbestände setzen tatbestandlich voraus, daß der handelnde Geschäftsleiter seine organschaftlichen Pflichten schuldhaft verletzt und diese Pflichtverletzung kausal zu einem Schaden der Gesellschaft geführt hat.

a) Pflichtverletzung

Für die Darlegung der Pflichtverletzung ist ein Verstoß gegen die organschaftlichen Pflichten des Geschäftsleiters erforderlich. Generell umfaßt der Pflichtenkatalog diejenigen Pflichten, die bei einem Geschäftsleiter zur ordnungsgemäßen Wahrnehmung der ihm übertragenen Aufgaben gehören.[99] Die für die vorliegende Untersuchung unterstellten Verstöße gegen die gesellschaftsinterne Kompetenzordnung bzw. die allgemeine gesellschaftsrechtliche Treuepflicht sind geradezu paradigmatisch für eine Pflichtverletzung i.S. der §§ 93 AktG, 43 GmbHG.[100] In diesen Fällen muß das innenrechtswidrige Verhalten nicht zusätzlich noch gegen das unternehmerische Ermessen verstoßen.

---

98 Zur Begründung im einzelnen oben S. 61 ff.

99 Zu den einzelnen Pflichten, vgl. die Zusammenstellung bei *Goette*, Die GmbH, § 8 Rn. 54.

100 Siehe nur Hachenburg/*Mertens*, GmbHG, § 43 Rn. 7; Michalski/*Haas*, GmbHG, § 43 Rn. 41 und 53; *Mertens*, in: Kölner Kommentar zum AktG, § 93 Rn. 27; *Hüffer*, AktG, § 93 Rn. 13; *Henze*, Höchstrichterliche Rechtsprechung z. AktG, Rn. 481.

b) Sorgfaltsmaßstab und Verschulden

Der Sorgfaltsmaßstab eines ordentlichen Geschäftsmannes bzw. eines ordentlichen und gewissenhaften Geschäftsleiters i.S. der §§ 93 AktG, 43 GmbHG hat eine Doppelfunktion. Einerseits haftet das Organmitglied, soweit es seine Pflichten der Gesellschaft gegenüber verletzt hat, andererseits begründet der Pflichtverstoß das für die Haftung erforderliche Verschulden. Der Sorgfaltsmaßstab, welcher an das Handeln des Geschäftsleiters anzulegen ist, geht dabei über denjenigen des § 276 BGB hinaus.[101]

c) Kausalität und Schaden

Ein bei der Gesellschaft ersatzfähiger Schaden setzt voraus, daß der Schaden äquivalent und adäquat auf einem pflichtwidrigen Handeln des Geschäftsleiters beruht und sich nach allgemeinen Regeln im Schutzzweck der Norm befindet.[102] Ausgehend vom allgemeinen Prinzip der Naturalrestitution der §§ 249 ff. BGB ist unter dem Schadensbegriff hierbei jede dem Unternehmenszweck widersprechende und nicht auf rechtmäßige unternehmerische Zweckverfolgung zurückzuführende Beeinträchtigung des Gesellschaftsvermögens zu verstehen.[103]

d) Darlegungs- und Beweislast

Entsprechend § 93 Abs. 2 Satz 2 AktG hat die Gesellschaft darzutun, daß ihr durch ein möglicherweise pflichtwidriges Verhalten des handelnden Organmitgliedes ein Schaden entstanden ist. Hierfür ist sie im Bestreitensfall auch beweisbelastet. Darüber hinaus ist es dann Sache des Geschäftsführers, des Vorstands- oder des Aufsichtsratsmitgliedes, die Erfüllung seiner Organpflichten und das fehlende Verschulden darzulegen[104] oder aber nachzuweisen, daß der Schaden auch bei einem rechtmäßigen Alternativverhalten entstanden wäre.[105]

---

[101] Statt aller Scholz/*Schneider*, GmbHG, § 43 Rn. 165 ff. Siehe dazu bereits oben S. 127 f.

[102] Hachenburg/*Mertens*, GmbHG, § 43 Rn. 61; *Hopt*, in: Großkomm. AktG, § 93 Rn. 266; Michalski/*Haas*, GmbHG, § 43 Rn. 199.

[103] So der verobjektivierte Schadensbegriff von Hachenburg/*Mertens*, GmbHG, § 43 Rn. 57; siehe auch *Hopt*, in: Großkomm. AktG, § 93 Rn. 264; weitergehend Scholz/*Schneider*, GmbHG, § 43 Rn. 160 f.

[104] So die allgemeine Ansicht, vgl. BGH, WM 1990, 281, 282; *Hopt*, in: Großkomm. AktG, § 93 Rn. 281; *Goette*, Die GmbH, § 8 Rn. 215; Hachenburg/*Mertens*, GmbHG, § 43 Rn. 66.

[105] Siehe *Goette*, Die GmbH, a.a.O.; Hachenburg/*Mertens*, GmbHG, a.a.O. In Einzelheiten ist hier vieles streitig; vgl. zum Streitstand weitergehend Scholz/*Schneider*, GmbHG, § 43 Rn. 167 ff.; *Henze*, Höchstrichterliche Rechtsprechung z. AktG, Rn. 547 ff.

7. Konkurrenzen der Organhaftungstatbestände zu anderen Anspruchsgrundlagen

Soweit ein Vorstands- oder Aufsichtsratsmitglied einer AG oder der Geschäftsführer einer GmbH seine organschaftlichen Pflichten schuldhaft verletzt, kann die organschaftliche Haftung aus den §§ 93 Abs. 1 AktG und 43 Abs. 2 GmbHG auch mit anderen Anspruchsgrundlagen konkurrieren. Insbesondere beim Vorstandsmitglied und beim Geschäftsführer herrscht Streit, ob die organschaftliche Haftung mit derjenigen Haftung aus dem Anstellungsvertrag konkurriert.[106]

Die Frage dreht sich im wesentlichen also um das dogmatische Verhältnis zwischen dem kooperationsrechtlichen Organ- und schuldrechtlichen Anstellungsverhältnis. Ist der anstellungsvertragliche Haftungsanspruch aus § 280 Abs. 1 BGB nun überhaupt neben der organisationsrechtlichen Haftung gemäß §§ 93 AktG, 43 GmbHG anwendbar? Wenn ja, was hat das für einen Vorteil?

a) Konsumtions-Lösung des BGH

Der II. Zivilsenat des BGH hat mit Urteil vom 12. Juni 1989 für Recht erkannt, daß die gesetzliche Organhaftung aus § 43 Abs. 2 GmbHG als die spezielle Regelung diejenige der dienstvertraglichen Pflichtverletzung grundsätzlich konsumiere.[107] Darüber hinaus hat der erkennende II. Zivilsenat gleichfalls für die deliktsähnlich ausgestellte Haftung wegen angemaßter Eigengeschäftsführung nach § 687 Abs. 2 BGB entschieden:

> *„Wie der Senat [...] ausgeführt hat, stellt die Überschreitung der Geschäftsführungsbefugnis durch den geschäftsführenden Gesellschafter einer offenen Handelsgesellschaft keine Geschäftsführung ohne Auftrag im Sinne von §§ 677 ff. BGB dar, weil mit ihr die Verpflichtung verletzt wird, die gesellschaftsvertraglich gezogene Grenze der Geschäftsführungsbefugnis zu beachten und die vertragswidrige Handlung zu unterlassen. Die Beurteilung kann bei der angemaßten Eigengeschäftsführung nicht anders ausfallen. Diese unterscheidet sich von der Geschäftsführung ohne Auftrag nur dadurch, daß es dem Geschäftsführer am Fremdgeschäftsführungswillen fehlt und er das – objektiv fremde – Geschäft in der*

---

[106] Die Frage ist beim Aufsichtsratsmitglied in der Praxis meist nicht (mehr) relevant, da Aufsichtsräte i.d.R. keine Anstellungsverträge besitzen, vgl. *Hüffer*, AktG, § 101 Rn. 2 m.w.N., der ein Rechtsverhältnis mit kooperationsrechtlichem und schuldrechtlichem Inhalt annimmt. Vgl. auch *Schneider*, in: FS für Werner, S. 795, 803 und *Mutter*, S. 165 m.w.N. in Fn. 853 zu den früher vertretenen Ansichten.

[107] Grundlegend BGH, Urteil v. 12.6.1989, II ZR, 334/87, NJW 1989, 2697 = WM 1989, 1335 ff.= ZIP 1989, 1390, 1392; zustimmend Baumbach/Hueck/*Zöllner*, GmbHG, § 43 Rn. 4; *Baums*, S. 212; Hachenburg/*Mertens*, GmbHG, § 43 Rn. 4; *Lutter/Hommelhoff*, GmbHG, § 43 Rn. 3; *Götte*, DStR 1989, 1308; MünchHdb. GesR III/*Marsch-Barner/Diekmann*, § 46 Rn. 57; Roth/*Altmeppen*, GmbHG, § 43 Rn. 1; *Konzen* NJW 1989, 2977, 2984.

Absicht führt, es als eigenes zu behandeln. Dieser Umstand ändert nichts daran, daß der pflichtwidrig handelnde Geschäftsführer die dienstvertraglich gezogenen Grenzen seiner Geschäftsführungsbefugnis mißachtet und dem vertraglichen Unterlassungsgebot zuwider handelt."[108]

Soweit der Geschäftsführer pflichtwidrig angebliche Provisionszahlungen entgegengenommen hat, bei denen es sich aber in Wahrheit um Schmiergeldzahlungen handelt, hat er diese nach § 43 Abs. 2 GmbHG an die Gesellschaft weiterzuleiten.[109]

Eine Einschränkung dieser Spezialitätslösung des BGH ist allerdings für diejenigen Fälle anzunehmen, in denen in den gesetzlichen Grenzen die Pflichten des Geschäftsführers konkretisiert bzw. modifiziert wurden.[110] Eine Ausnahme ist auch für den Fall zu machen, daß der Anstellungsvertrag drittschützende Wirkung hat[111] bzw. mit einer dritten Person abgeschlossen wird.[112]

b) Anspruchskonkurrenz zwischen vertraglicher und organisationsrechtlicher Haftung

Trotz dieser genannten Entscheidung des BGH aus dem Jahr 1989 wird im rechtswissenschaftlichen Schrifttum vertreten, daß die beiden genannten Ansprüche in einer Anspruchskonkurrenz zueinander stehen.[113] Die praktischen Unterschiede sind zwischen beiden Ansichten gering.[114]

Soweit der BGH der schuldvertraglichen Anspruchsgrundlage keine eigenständige Bedeutung zumißt, schränkt er die organschaftliche Haftung, wie oben gezeigt, dann in der Weise ein, daß er die anstellungsvertraglichen Modifizierungen

---

[108] BGH, Urteil v. 12.6.1989, II ZR 334/87, WM 1989, 1335, 1338.

[109] Vgl. BGH, Beschluß v. 8.9.1997, II ZR, 262/96, DStR 1997, 1735; vgl. auch *Götte*, Die GmbH, § 8 Rn. 194, soweit eine Haftung wegen Pflichtverletzung ausscheidet. Für den Fall, daß es streitgegenständlich um die Herausgabe des Erlangten nach § 667 BGB geht, vgl. BGH, Urteil v. 2.4.2001, II ZR 217/99, DStR 2001, 949 = NJW 2001, 2476.

[110] Vgl. BGH, ZIP 1988, 568, 569.

[111] Vgl. Michalski/*Haas*, GmbHG, § 43 Rn. 265 f., 269.

[112] Vgl. Michalski/*ders.*, GmbHG, § 43 Rn. 6, 242, 271, 305; Scholz/*Schneider*, GmbHG, § 43 Rn. 13.

[113] Vgl. Rowedder/Schmidt-Leithoff/*Koppensteiner*, GmbHG, § 43 Rn. 3, Scholz/*Schneider*, GmbHG, § 43 Rn. 13; *Fleck*, ZIP 1991, 1269; wohl auch LG Berlin GmbHR 2000, 234, 235.

[114] In diesem Sinne auch *Hopt*, in: Großkomm. AktG, § 93 Rn. 21; vgl. auch *Fleck*, ZIP 1991, 1269, 1270.

hinsichtlich der Pflichten des Geschäftsführers bei der Organhaftung berücksichtigt.[115]

Soweit die anstellungsvertraglichen Pflichten des Geschäftsführers nicht über die Organpflichten des § 43 GmbHG hinausgehen, wird der Anspruch aus § 280 Abs. 1 BGB i.V.m. dem Anstellungsvertrag in der Tat von § 43 GmbHG konsumiert.[116] Bedeutung soll das Konkurrenzverhältnis allenfalls für die Frage der Verjährung nach § 43 Abs. 4 GmbHG erlangen.[117] Allerdings ist zu beachten, daß nach überwiegender Ansicht die kurze Verjährungsfrist des § 43 Abs. 4 GmbHG auch auf die Vertragshaftung anzuwenden ist.[118] Soweit der Geschäftsführer zugleich Gesellschafter der GmbH ist, kann eine Verletzung der organschaftlichen Pflichten aus § 43 GmbH zugleich auch einen Verstoß gegen die gesellschaftsrechtliche Treuepflicht darstellen. Für diesen Fall hat der BGH allerdings entschieden, daß die Haftung nach § 43 Abs. 2 GmbHG zwar diejenige aus dem gesellschaftsvertraglichen Schuldverhältnis ebenso umfasse, die Verjährung sich aber nach den allgemeinen Vorschriften richte.[119]

Der BGH hat damals noch zur Geltung des § 195 BGB a.F. ausgeführt:[120]

> *„Liegt in der zur Begründung der Schadensersatzpflicht führenden schuldhaften Verletzung von Geschäftsführer-Verpflichtungen gleichzeitig ein die Haftung begründender Verstoß gegen die gesellschafterliche Treuepflicht, dann verjährt auch der auf § 43 Abs. 2 GmbHG gestützte Schadensersatzanspruch nicht in der kurzen fünfjährigen Frist des § 43 Abs. 4 GmbH, vielmehr gilt für beide konkurrierenden Ansprüche die dreißigjährige Frist für die Haftung wegen Verletzung der gesellschafterlichen Treuepflicht.“*[121]

Hier zeigt sich die Inkonsistenz und Widersprüchlichkeit der höchstrichterlichen Rechtsprechung.

Einerseits wird angenommen, daß die organschaftliche Haftung nach § 43 Abs. 2 GmbHG schuldvertragliche Ansprüche konsumiere, andererseits wird dann, sobald die ungünstige Verjährungsregel des § 43 Abs. 4 GmbHG vermieden werden soll, auf den schuldvertraglichen Haftungsanspruch zurückgegriffen.

---

115 Vgl. dazu Michalski/*Haas*, GmbHG, § 43 Rn. 6 m.w.N. in Fn. 16 f.

116 Scholz/*Schneider*, GmbHG, § 43 Rn. 13.

117 *Fleck*, ZIP 1991, 1269, 1270.

118 Michalski/*Haas*, GmbHG, § 43 Rn. 232; BGH, GmbHR 1989, 365; *Baums*, S. 212, Scholz/*Schneider*, GmbHG, § 43 Rn. 201.

119 Vgl. dazu *Götte*, Die GmbH, § 8 Rn. 197.

120 Jetzt auch BGH, Urteil v. 14.9.1998, II ZR 175/97, NJW 1999, 781 = ZIP 1999, 240; dazu auch *Goette*, Die GmbH, § 7 Rn. 11.

121 Vgl. BGH, Urteil v. 14.9.1998, II ZR 175/97, NJW 1999, 781.

Ausgehend von seiner Konsumtions-Lösung bleibt der BGH allerdings die dogmatische Begründung schuldig, wie der vertragliche Anspruch nun wieder zum Leben erweckt wird. Jedenfalls geht er plötzlich wieder von einer Anspruchskonkurrenz aus. Es kann also nicht so sein, wie der BGH zur anstellungsvertraglichen Pflichtverletzung ausgeführt hat, daß § 43 Abs. 2 GmbHG als Spezialregelung die vertragliche Haftungsgrundlage in sich aufnehme.[122]

Wahrscheinlich würde die entsprechende Entscheidung des BGH in diesem Fall nach der Neufassung des § 195 BGB und der damit verbundenen Verkürzung der regelmäßigen Verjährungsfrist der in Rede stehenden Ansprüche auf drei Jahre wieder anders ausfallen. Die spezialgesetzliche Verjährungsfrist des § 43 Abs. 4 GmbHG kann somit wieder günstiger für den Gesellschafter-Geschäftsführer werden, ein Anspruch aus pVV des Gesellschaftsvertrages würde dann wohl im Wege der Konsumtion verneint.

Die Frage der Anspruchskonkurrenzen ist aber keine Frage von Einzelfallgerechtigkeit, sondern ist nach der allgemeinen zivilrechtlichen Systematik zu lösen. Soweit eine Handlung mehrere zivilrechtliche Ansprüche auslöst, besteht Anspruchskonkurrenz, d.h. die Ansprüche bestehen grundsätzlich nebeneinander. Ob diese Ansprüche sich dann, z.B. in Verjährungsfragen oder hinsichtlich des einschlägigen Haftungsmaßstabes gegenseitig beeinflussen, steht auf einem anderen Blatt.[123]

c) Zwischenergebnis und Stellungnahme

Nach dem bisherigen Befund stehen also Ansprüche aus der schuldhaften Verletzung des Anstellungsverhältnisses, des Gesellschaftsvertrages und der Verletzung des organisationsrechtlichen Auffangtatbestandes grundsätzlich in Anspruchskonkurrenz nebeneinander.

Auch von den Vertretern der Konsumtions-These kann dies für die Fälle der Drittanstellung nicht geleugnet werden.[124] Eine eigenständige Bedeutung hat der Anstellungsvertrag auch für den Fall, daß ihm drittschützende Wirkung beizumessen ist.[125] Im übrigen entspricht die Konkurrenzlösung auch der Sicht

---

122 BGH, Urteil v. 12.6.1989, II ZR 334/87, WM 1989, 1335, 1337.

123 So neuerdings BGH, Urteil v. 14.9.1998, II ZR 175/97, NJW 1999, 781 = ZIP 1999, 240; dazu auch *Goette*, Die GmbH, § 7 Rn. 11; vgl. auch *Hirte*, NJW 2000, 3531, 3533; zur Beeinflussung von Deliktsansprüchen durch das Vertragsrecht *Medicus*, Bürgerliches Recht, Rn. 639.

124 Zutreffend *Fleck*, ZHR 149 (1985), 387, 409 f.

125 Insbesondere für den Fall der GmbH & Co. KG, bei welcher der Geschäftsführer der Komplementär-GmbH die Geschäftsführung der KG übernimmt. Hier wird die KG in den Schutzbereich des Anstellungsvertrages zwischen Geschäftsführer und der GmbH

der herrschenden Trennungstheorie,[126] die zwischen kooperationsrechtlichem und anstellungsvertraglichem Sonderrechtsverhältnis der Gesellschaft mit dem Organmitglied unterscheidet.[127]

Der Entscheidung des BGH aus dem Jahre 1989 lag ein Sachverhalt zugrunde, in dem die Frage der Anspruchskonkurrenz zwischen vertraglicher und organisationsrechtlicher Haftung im Hinblick auf die Verjährung der Ansprüche zu entscheiden war. Der in Rede stehende Gesellschaftsvertrag enthielt allerdings keine entsprechende Verjährungsregel für den vertraglichen Haftungsanspruch und so stellte sich die Frage, ob die regelmäßige Verjährungsfrist von 30 Jahren nach § 195 BGB a.F. eingreifen müsse. Eine weitergehende Bedeutung ist dieser Entscheidung nicht beizumessen. Insbesondere hat der BGH nicht entschieden, ob eine Haftung aus dem Anstellungsvertrag nicht dann möglich sein muß, wenn vertraglich ausdrücklich weitergehende Pflichten für den Geschäftsführer begründet werden, die zwar nicht zu einer organisationsrechtlichen Haftung nach § 43 GmbHG führen sollen, wohl aber eine entsprechende Sanktionierung nach der vertraglichen Regelung von den Parteien gewollt war.[128]

Die Inkonsequenz der Konsumtions-These wird auch dadurch deutlich, daß eine mögliche anstellungsvertragliche Pflichtenmodifizierung mittelbar in dem Organhaftungstatbestand berücksichtigt wird.[129] Die möglichen materiellen Probleme im Hinblick auf Pflichten-, Sorgfaltsmaßstab und Verjährungsfragen sind daher allein auf Konkurrenzebene zu lösen und nicht durch eine generelle Leugnung der möglichen vertraglichen Haftungstatbestände.

Die oben gestellte Frage, welchen Vorteil die dogmatisch – schon aus der grundsätzlichen Trennung zwischen schuldrechtlicher und kooperationsrechtlicher Ebene – überzeugende Lösung der Anspruchskonkurrenz hat, beantwortet sich, wenn man sich darüber hinaus die Frage stellt, ob daneben auf das zivilrechtliche Rechtsinstitut der Geschäftsführung ohne Auftrag zurückgegriffen werden kann.

d) Anwendbarkeit der Geschäftsführung ohne Auftrag

Auch im Kapitalgesellschaftsrecht stellt sich also die Frage, ob die §§ 677 ff. BGB auf Fälle der kompetenzwidrigen Geschäftsführung bzw. der gesellschaftsvertraglichen Treuepflichtverletzung Anwendung finden können. Der Grund ist

miteinbezogen. Siehe nur Michalski/*Haas*, GmbHG, § 43 Rn. 265 und Scholz/*Schneider*, GmbHG, § 43 Rn. 286 m.w.N.

[126] BGHZ 79, 38, 41; statt anderer vgl. nur Scholz/*Schneider*, GmbHG, § 35 Rn. 150 m.w.N.

[127] Zustimmend daher insbesondere Scholz/*Schneider*, GmbHG, § 43 Rn. 13; ebenso *Hüffer*, AktG, § 93 Rn. 11.

[128] So auch Scholz/*Schneider*, GmbHG, § 43 Rn. 208.

[129] So z.B. BGH, ZIP 1988, 568, 569 (Regelung der Wochenarbeitszeit); ebenso Hachenburg/*Mertens*, GmbHG, § 43 Rn. 4; *Baums*, S. 212.

wie im Personengesellschaftsrecht auch darin zu sehen, daß dem „Geschäftsführer ohne Auftrag" ein Rechtfertigungsgrund für seine – aus ex-post-Sicht – treuwidrige Einflußnahme auf die Geschäftsführung der Gesellschaft zur Seite gestellt werden kann.[130]

Wie insbesondere im Personengesellschaftsrecht ausführlich dargelegt, scheint die Position der Rechtsprechung mittlerweile eindeutig. Nach Ansicht des BGH scheidet eine Anspruchskonkurrenz zwischen den organisationsrechtlichen Haftungstatbeständen und dem Anspruch aus Geschäftsführung ohne Auftrag in aller Regel aus, da derjenige, der die gesellschaftsrechtlichen Grenzen der Geschäftsführungsbefugnis überschreitet, nicht ohne Auftrag i.S. des § 677 BGB handelt.[131]

Die Ansicht der Rechtsprechung verdient aber, wie an anderer Stelle eingehend besprochen, Widerspruch.[132]

Die Regelungen der Geschäftsführung ohne Auftrag können zudem auch im Kapitalgesellschaftsrecht über das Korrelat des „wirklichen oder mutmaßlichen" Willens der Gesellschaft zu einer Rechtfertigung der Pflichtverletzung führen. Die bereits im Personengesellschaftsrecht dargelegten Gründe spielen auch hier die entscheidende Rolle.

Die Anwendung der §§ 677 ff. BGB rechtfertigt sich nicht allein aus dem Gesichtspunkt des Vergleichs mit einem nicht an der Gesellschaft bzw. als Geschäftsführer tätigen Dritten, sondern wird auch durch einen Vergleich mit den ansonsten in der Rechtslehre vorgetragenen möglichen Einschränkungen der organisationsrechtlichen Haftung deutlich.

Ausnahmsweise soll die Pflichtverletzung eines GmbH-Geschäftsführers, dem ein Verstoß gegen die unternehmerischen Handlungsge- bzw. -verbote tatbestandlich vorgeworfen werden kann, nicht pflichtwidrig sein.

Die Pflichtwidrigkeit und damit eine tatbestandliche Rechtfertigung soll dann gegeben sein, wenn der Geschäftsführer einer GmbH sich an Weisungen der Gesellschafterversammlung hält oder die Gesellschafter das Handeln des Geschäftsführers billigen.[133] Im Unterschied zum Vorstand einer AG leitet der Geschäftsführer einer GmbH die Geschäfte der Gesellschaft nicht eigenverantwortlich. Er hat nach § 37 Abs. 1 GmbHG insoweit den Weisungen der Gesellschafterversammlung als dem obersten Organ im GmbH-Recht Folge

---

130 Dazu auch *Martens*, ZHR 147 (1983) 377, 397 f. mit der Lösung über die Figur des rechtmäßigen Alternativverhaltens.

131 BGH, Urteil v. 12.6.1989, II ZR 334/87, WM 1989, 1335, 1338; für Anspruchskonkurrenz aber BFH, Urteil v. 26.4.1989, I R 172/87, GmbHR 1989, 529, 530, allerdings ohne weitere Begründung.

132 Vgl. dazu oben S. 216 ff.

133 Vgl. dazu Michalski/*Haas*, GmbHG, § 43 Rn. 182 ff.

zu leisten. Handelt der Geschäftsführer also aufgrund einer bindenden Weisung der Gesellschafterversammlung, so ist die objektiv gegebene Pflichtverletzung gerechtfertigt.[134] Er haftet dann, wie sich auch schon aus einem Umkehrschluß zu § 43 Abs. 3 Satz 3 GmbHG ergibt, nicht nach § 43 Abs. 2 GmbHG.[135] Die Folgepflicht ist aber, trotz des fehlenden Tatbestandsmerkmals in § 43 Abs. 3 Satz 3 GmbH,[136] nur bei gesetzmäßigen, also wirksamen Beschlüssen anzunehmen.[137] Haftungsbefreiende Weisungen können hierbei jeweils nur von dem zuständigen Gesellschaftsorgan ausgesprochen werden. Insoweit fällt dies grundsätzlich in die Kompetenz der Gesellschafterversammlung. Eine abweichende gesellschaftsvertragliche Regelung kann diese Aufgabe allerdings auch einem fakultativen Aufsichtsrat oder Beirat übertragen.[138] Soweit der Geschäftsführer diesen Anweisungen des zuständigen Organs Folge leistet, kann ein Schadensersatzanspruch auch nicht auf andere Rechtsgrundlagen gestützt werden.[139]

Darüber hinaus ist schon nach allgemeinen zivilrechtlichen Grundsätzen neben der billigenden Weisung eine entsprechende Zustimmung des zuständigen Gesellschaftsorgans rechtfertigend. Die Zustimmung zur geplanten oder bereits durchgeführten Maßnahme kann nach §§ 184 ff. BGB in Form der vorhergehenden Einwilligung bzw. nachträglichen Genehmigung erfolgen.[140] Diese Billigung durch das zuständige Gesellschaftsorgan muß grundsätzlich durch entsprechenden Beschluß erfolgen. Dabei soll eine nicht förmliche Beschlußfassung ausreichend sein. Der entsprechende Wille soll dabei durch

---

[134] Vgl. BGHZ 122, 333, 336; BGH, Urteil v. 21.6.1999, II ZR 47/98, NZG 1999, 1001, 1002; siehe auch Scholz/*Schneider*, GmbHG, § 43 Rn. 95; Baumbach/Hueck/*Zöllner*, GmbHG, § 43 Rn. 28; Hachenburg/*Mertens*, GmbHG, § 43 Rn. 69; *Ebenroth/Lange*, GmbHR 1992, 69, 73.

[135] Dies ist im Ergebnis unstrittig. Vgl. schon BGHZ 31, 258, 278; davon geht auch die Rechtslehre aus, siehe statt anderer Baumbach/Hueck/*Zöllner*, GmbHG, § 37 Rn. 12; Rowedder/Schmidt-Leithoff/*Koppensteiner*, GmbHG, § 43 Rn. 28; *Ziemons*, S. 34; *Ebenroth/Lange*, a.a.O.; im Ausgangspunkt ebenfalls Scholz/*Schneider*, GmbHG, a.a.O.

[136] Anders insoweit der Wortlaut des § 93 Abs. 4 AktG.

[137] Statt anderer Baumbach/Hueck/*Zöllner*, GmbHG, § 37 Rn. 14; Rowedder/Schmidt-Leithoff/*Koppensteiner*, GmbHG, § 43 Rn. 28; differenzierend entsprechend Nichtigkeit nach § 241 AktG oder Anfechtbarkeit nach §§ 243 ff. AktG, *Ziemons*, S. 35 ff.; ebenso Scholz/*Schneider*, GmbHG, a.a.O.

[138] Siehe eingehend zum ganzen *Ziemons*, S. 25 ff.; vgl. auch Baumbach/Hueck/*Zöllner*, GmbHG, § 37 Rn. 14; Scholz/*Schneider*, GmbHG, § 37 Rn. 30.

[139] So ausdrücklich BGH, Urteil v. 21.6.1999, II ZR 47/98, NZG 1999, 1001, 1002.

[140] Vgl. Scholz/*Schneider*, GmbHG, § 43 Rn. 96; Rowedder/Schmidt-Leithoff/*Koppensteiner*, GmbHG, § 43 Rn. 31; Baumbach/Hueck/*Zöllner*, GmbHG, § 43 Rn. 28; Hachenburg/*Mertens*, GmbHG, § 43 Rn. 70. Möglich ist allerdings auch, in einem derartigen Beschluß eine Entlastung oder einen konkludenten Verzicht auf einen Haftungsanspruch gegen den Geschäftsführer zu sehen, so Michalski/*Haas*, GmbHG, § 43 Rn. 185.

Auslegung zu ermitteln sein.[141] Soweit aber ein entsprechender schriftlicher Gesellschafterbeschluß nicht vorliegt, ist schon fraglich, was Gegenstand der Auslegung sein soll.

Auch im Aktienrecht werden verschiedene Arten der Haftungsbegrenzung in ähnlicher Weise diskutiert. Über die Bestimmung des § 93 Abs. 4 Satz 1 AktG hinaus werden insbesondere das Rechtsinstitut der Verwirkung und die Anwendung der arbeitsrechtlichen Grundsätze auf die Vorstandsmitglieder diskutiert.[142]

Die Grundsätze der Verwirkung sind allerdings schon aufgrund der Umgehung des in § 93 Abs. 4 Satz 3 AktG geregelten förmlichen Verfahrens nicht anwendbar. Was für Verzicht und Vergleich gilt, muß erst Recht für den allgemeinen Verwirkungstatbestand gelten.[143] Gegen die Haftungsbeschränkung aus arbeitsrechtlichen Grundsätzen spricht letztlich wiederum der organisationsrechtliche Haftungscharakter des § 93 AktG. Für den Zentralbereich der organschaftlichen Geschäftsführung, nämlich den Entscheidungs- und Überwachungsbereich, ist die arbeitsrechtliche Haftungsprivilegierung des innerbetrieblichen Schadensausgleichs letztlich abzulehnen und der reduzierte arbeitsrechtliche Haftungsmaßstab daher grundsätzlich nicht anwendbar.[144]

Ein überzeugendes Korrektiv für den Einzelfall kann aber nicht in Spezialmaterien richterlicher Rechtsfortbildung gesucht werden. Vielmehr ist auch auf die organschaftlichen Geschäftsführungsverhältnisse subsidiär das für jedes Geschäftsführungsverhältnis geltende zivilrechtliche Rechtsinstitut der Geschäftsführung ohne Auftrag anzuwenden.

Zur Lösung der in manchen Fällen als unbillig empfundenen strengen verbandsrechtlichen Haftung ist es daher sowohl für das GmbH- als auch für das Aktienrecht sachgerecht, auch insoweit auf das wohlverstandene Interesse und den mutmaßlichen Willen des zuständigen Gesellschaftsorgans abzustellen. Auch hier kommt dann wieder das Tatbestandsmerkmal des § 677 BGB zur Anwendung, wonach die Geschäftsführung bzw. Handlung des Geschäftsführers dem „wirklichen oder mutmaßlichen Interesse bzw. Willen" der Gesellschaft entsprechen muß.

Es bedarf daher entgegen der bisherigen Versuche nicht der Bildung von Ausnahmefallgruppen, sondern es kann auf die auch in gesellschaftsrechtlichen

---

141 So Michalski/*Haas*, GmbHG, a.a.O.

142 Vgl. *Hopt*, in: Großkomm. AktG, § 93 Rn. 336 ff.

143 Zutreffen *ders.*, in: Großkomm. AktG, § 93 Rn. 338.

144 Im Ergebnis ist dies die ganz herrschende Ansicht, vgl. *Mertens*, in: Kölner Kommentar zum AktG, § 84 Rn. 34 m.w.N. Differenzierend soweit arbeitnehmerähnliche Stellung der Organmitglieder *Hüffer*, AktG, § 93 Rn. 17. Dies ist allerdings für die organschaftliche Haftung abzulehnen, ebenso *ders.*, in: Kölner Kommentar zum AktG, § 84 Rn. 35.

Fragen der Geschäftsführung grundsätzlich subsidiär geltenden Bestimmungen der Geschäftsführung ohne Auftrag zurückgegriffen werden.

Führt die Prüfung des „wirklichen bzw. mutmaßlichen Willens" der Gesellschaft, vermittelt durch das zuständige Gesellschaftsorgan dazu, daß die Geschäftsführung dem Willen der Gesellschaft widerspricht, so besteht ein Haftungsanspruch aus § 678 BGB. Hier gilt – genauso wie im Personengesellschaftsrecht auch im Kapitalgesellschaftsrecht daß diese Ansprüche in Anspruchskonkurrenz zueinander stehen.[145]

e) Ausschluß durch aktienrechtliche Spezialtatbestände

Die Regelungen der §§ 677 ff. BGB könnten aber aufgrund ihrer Subsidiarität ausgeschlossen sein. In Betracht kommen insbesondere spezialgesetzliche Normen, die eine schädigende Einwirkung auf die Gesellschaft sanktionieren. Im Konzernhaftungsrecht normiert z.B. § 317 AktG eine Schadensersatzpflicht für die schädigende Einflußnahme eines herrschenden Unternehmens auf eine abhängige Gesellschaft. Darüber hinaus gewährt § 117 AktG sowohl der Gesellschaft als auch den geschädigten Aktionären einen Schadensersatzanspruch, wenn z.B. ein Mehrheitsanteilseigner oder ein Kreditgeber seinen Einfluß auf die Geschäftsführung einer AG benutzt und dies zu einer Schädigung der Gesellschaft durch das fremdbestimmte Handeln der Verwaltungsorgane führt. Der Grund der Haftung ist in beiden genannten Vorschriften derselbe. Die Gesellschaft soll vor der Veranlassung einer ihr nachteiligen Verhaltensweise geschützt werden.[146]

Schließlich könnte man noch in Analogie zu den konzernrechtlichen Haftungstatbeständen an einen direkten Schadensersatzanspruch der Anteilseigner denken, der in jüngster Zeit unter dem Stichwort der „allgemeinen Aktionärsklage" diskutiert wurde.

aa) Ausschluß durch eine Haftung gemäß § 117 AktG

§ 117 AktG regelt und begründet eine spezielle deliktsrechtliche Haftung[147] für Schäden, die dadurch entstanden sind, daß Dritte (auch Aktionäre) in unzulässiger Weise auf Verwaltungsmitglieder der AG Einfluß genommen haben. Tatbestandlich haften sowohl der einflußnehmende Dritte, als auch die pflichtwidrig handelnden Mitglieder von Vorstand und/oder Aufsichtsrat (§ 117 Abs. 2 AktG). Die Haftung ist grundsätzlich als Innenhaftung gegenüber der AG aus-

---

[145] Dies kann sich nach allgemeinen Grundsätzen dann auf die Verjährung der Ansprüche auswirken.

[146] Zutreffend *Koppensteiner*, in: Kölner Kommentar zum AktG, § 317 Rn. 41.

[147] BGH, NJW 1992, 3167, 3172; *Hüffer*, AktG, § 117 Rn. 2 m.w.N.

gestaltet (vgl. § 117 Abs. 1 Satz 1 AktG). Soweit der betroffene Aktionär unmittelbar eine Schädigung erfährt, wird aber auch für ihn ein eigener Schadensersatzanspruch begründet (vgl. § 117 Abs. 1 Satz 2 AktG).[148] Der lediglich mittelbare, also durch eine Schädigung der AG beim Aktionär bewirkte Schaden (sog. Reflexschaden) eröffnet dem Aktionär dagegen kein eigenes Klagerecht.[149] Eine Ausnahme gilt aber in Konzernsachverhalten. Hier wird dem geschädigten Aktionär ein eigenes Klagerecht entsprechend §§ 309, 317 AktG zugestanden.[150]

Aber selbst wenn man § 117 AktG als Grundlage für einen Schadensersatzanspruch für gesellschaftsschädliche Einflußnahme - ggf. entsprechend im GmbH-Recht - anwenden will, ist die Anspruchsgrundlage aufgrund ihrer hohen tatbestandlichen Voraussetzungen für die Praxis nahezu ungeeignet. Wie auch die deliktische Grundnorm des § 826 BGB, hat die Regelung einen weiten Anwendungsbereich im objektiven Tatbestand.[151] Allerdings muß der Einflußnehmende im subjektiven Tatbestand vorsätzlich in Bezug auf die Tatsache des Einflusses, des Bestimmens mit der konkreten Maßnahme und den daraus resultierenden (möglichen) Schaden der Gesellschaft handeln.[152] Gerade für die Fälle einer kreditgebenden (Mutter-)Gesellschaft wird in der Praxis die Anwendbarkeit des § 117 AktG an der Beweisbarkeit des erforderlichen Vorsatzes scheitern: Solange nicht spiegelbildlich ein (nachweisbarer) Vorteil bei der Muttergesellschaft entstanden ist, läßt sich die entsprechende Behauptung des Einflußnehmenden nur schwerlich widerlegen.[153] Sollte der Tatbestand dennoch einmal verwirklicht werden, sind sonstige vertragliche Ansprüche neben der deliktsrechtlichen Haftung des § 117 AktG schon nach allgemeinen Grundsätzen möglich.[154]

---

148 Vgl. das Beispiel BGHZ 94, 55, 58 f. = NJW 1985, 1777 „Darlehensausfall".

149 BGH, NJW 1992, 3167, 3171; *Hüffer*, AktG, § 117 Rn. 9 m.w.N.

150 Vgl. *Mertens*, in: Kölner Kommentar zum AktG, § 117 Rn. 42; *Habersack*, DStR, 1998, 533.

151 Statt anderer *Brüggemeier*, AG 1988, 93, 98.

152 Inhalt und Umfang des Schadens müssen aber nicht vom Vorsatz umfaßt sein, allg. Meinung vgl. MünchHdb. GesR IV/*Wiesner*, § 27 Rn. 56; *Mertens*, in: Kölner Kommentar zum AktG, § 317 Rn. 23.

153 Dies gesteht auch *Ziemons*, S. 220 ein, die für eine analoge Anwendung des § 117 AktG zu Lasten eines Gesellschafters im GmbH-Recht eintritt. Allerdings soll dies nur für den Fall gelten, daß ein Gesellschafter dem Geschäftsführer eine Anweisung erteilt, ohne daß ein entsprechender Weisungsbeschluß der Gesellschafterversammlung vorliegt, vgl. dazu *dies.*, S. 212 ff.

154 Entsprechendes gilt für den Vertragskonzern. Auch hier wird eine Anspruchskonkurrenz zwischen § 117 AktG und §§ 308, 309 Abs. 2 AktG befürwortet, vgl. MünchKomm/*Altmeppen*, AktG, § 309 Rn. 74. Die Gegenansicht lehnt das Erfordernis eines subjektiven Elements aufgrund des Schutzzwecks der §§ 317, 311 AktG ab und fordert lediglich, daß die Repräsentanten des herrschenden Unternehmens den Tatbestand der Veranlassung objektiv verwirklicht haben; in diesem Sinne *Koppensteiner*, in: Kölner Kommentar

bb) Ausschluß durch eine Haftung gemäß § 317 AktG

Außerhalb des Eingliederungs- und Vertragskonzerns normiert § 317 AktG eine ebenfalls deliktsrechtliche Schadensersatzpflicht für die schädigende Einflußnahme eines herrschenden Unternehmens auf eine abhängige AG, soweit der Schaden nicht bis zum Ende des jeweiligen Geschäftsjahres ausgeglichen ist.[155] Die Anwendbarkeit der Regelung setzt eine schlichte Abhängigkeit ohne Leitungsmacht oder eine faktische Konzernierung voraus.[156] Das herrschende Unternehmen muß dabei seinen Einfluß ausüben und das abhängige Unternehmen zu einer nachteiligen geschäftlichen Maßnahme veranlassen. Hier wird in subjektiver Hinsicht – entsprechend § 117 AktG – eine „vorsätzliche" Veranlassung durch das Handlungsorgan des herrschenden Unternehmens gefordert.[157] Daher ergeben sich die gleichen Beweisprobleme wie bei § 117 AktG.[158]

Für das Konkurrenzverhältnis mit anderen zivilrechtlichen Ansprüchen gilt grundsätzlich Anspruchskonkurrenz. Der deliktische Haftungstatbestand des § 317 AktG verdrängt nicht automatisch sonstige Haftungstatbestände.[159]

cc) Existenz einer allgemeinen Aktionärsklage

Im geltenden Aktiengesetz ist eine Aktionärsklage mit dem Ziel, den Vorstand oder Aufsichtsrat für eine Organpflichtverletzung, die zu einem Schaden der Gesellschaft[160] geführt hat, haftbar zu machen, *de lege lata* nicht vorgesehen. Im Bereich des Konzernrechts wird nach den §§ 309, 310, 317, 318 AktG den Aktionären der beherrschten Gesellschaft die Möglichkeit eröffnet, unter bestimmten Voraussetzungen sowohl gegen die Verwaltungsratsmitglieder der eigenen Ge-

---

zum AktG, § 311 Rn. 3 und § 317 Rn. 11; siehe auch *Hüffer*, AktG, § 317 Rn. 5 und § 311 Rn. 16.

155 Siehe zu den Einzelheiten MünchHdb. GesR IV/*Krieger*, § 69 Rn. 103; MünchKomm/*Kropff*, AktG, § 317 Rn. 12.

156 Vgl. §§ 17, 18 AktG; eingehend *Brüggemeier*, AG 1988, 93, 99.

157 Zutreffend *ders.*, AG 1988, 93, 100.; ähnlich MünchKomm/*Kropff*, AktG, § 317 Rn. 25; a.A. *Hüffer*, AktG, § 317 Rn. 5.

158 Nach überwiegender Ansicht sind § 117 und § 317 AktG auch in Konzernlagen nebeneinander anwendbar, vgl. *Mertens*, in: Kölner Kommentar zum AktG, § 117 Rn. 45; MünchKomm/*Kropff*, AktG, § 317 Rn. 108; *Koppensteiner*, in: Kölner Kommentar zum AktG, § 317 Rn. 41; *Hüffer*, AktG, § 117 Rn. 14; a.A. *Brüggemeier*, AG 1988, 93, 101 f.

159 So auch für §§ 823, 826 BGB MünchKomm/*Kropff*, AktG, § 317 Rn. 109; *Hüffer*, AktG, § 317 Rn. 17 m.w.N. Zumindest für den „deliktsähnlichen" § 687 Abs. 2 BGB kann nicht anderes gelten.

160 In diesem Fall erleidet der Aktionär wegen der Verletzung der Mitgliedschaft nur einen sog. Reflexschaden; dieser begründet aber keinen Schadensersatzanspruch, vgl. *Bayer*, NJW 2000, S. 2609, 2611 m.w.N. in Fn. 37.

sellschaft, als auch gegen diejenigen des herrschenden Unternehmens vorzugehen.[161]

Eine entsprechende Anwendung dieser konzernrechtlichen Ausnahmetatbestände oder eine Erstreckung der im Personengesellschaftsrecht bzw. im GmbH-Recht allgemein anerkannten Rechtsfigur der *actio pro socio* auf die AG verbietet sich schon aufgrund der spezielleren Regelung des § 147 AktG.[162] Ebenso streitet für einen Ausschluß der *actio pro socio* der Umkehrschluß zu § 93 Abs. 5 AktG und die im Vorfeld der Aktienrechtsreform 1998 ausführlich diskutierte Problematik, welche der Gesetzgeber in Kenntnis dieser Diskussion jedoch mit der Änderung des § 147 AktG im Ergebnis abgelehnt hat.[163]

Letztlich sind Schadensersatzklagen von Aktionärsseite aus abgeleitetem Recht wegen Pflichtverletzungen der Organmitglieder einer Aktiengesellschaft also derzeit nur (stark) eingeschränkt möglich.

f) Ergebnis

Zusammenfassend stehen also Ansprüche aus der schuldhaften Verletzung des Anstellungsverhältnisses, des Gesellschaftsvertrages und der Verletzung des organisationsrechtlichen Auffangtatbestandes grundsätzlich in Anspruchskonkurrenz nebeneinander. Das Verhältnis zueinander bzw. die Auswirkungen der einzelnen Vorschriften auf die konkurrierenden Tatbestände sind im jeweiligen Einzelfall zu bestimmen. Einen generellen vertraglichen Anspruchsausschluß bei Vorliegen eines organisationsrechtlichen Haftungstatbestandes gibt es dagegen nicht.

III. Organhaftung wegen Verstoßes gegen ein Wettbewerbsverbot bzw. Ausnutzung von Corporate Opportunities

1. Aktienrecht

Während der Dauer der Bestellung unterliegen die Vorstandsmitglieder nach §§ 88 AktG i.V.m. 112 HGB einem Wettbewerbsverbot. Die *ratio legis* der Vorschrift ist eine doppelte: Einerseits soll das Vorstandsmitglied die Interessen der

---

[161] Der eigene Schaden des Aktionärs, der allerdings kein sog. Reflexschaden sein darf, ist als eigenes Recht mit dem Antrag der Leistung an die Gesellschaft geltend zu machen, vgl. § 309 Abs. 4 Satz 2 AktG. Nach wohl h.M. handelt es sich dabei um den Fall einer gesetzlichen Prozeßstandschaft, vgl. die Nachweise zur a.A. bei *Hüffer*, AktG, § 317 Rn. 16.

[162] Nach h.M. hat sich das Aktiengesetz gerade gegen die *actio pro socio* eines Aktionärs entschieden; vgl. *Hopt*, in: Großkomm. AktG, § 93 Rn. 469; *Hüffer*, AktG, § 93 Rn. 19, § 147 Rn. 5; *Karsten Schmidt*, Gesellschaftsrecht, § 21 IV 6, S. 641.

[163] Vgl. *Bayer*, NJW 2000, 2609, 2613 m.w.N. in Fn. 64 und Fn. 65.

AG nicht durch eine Konkurrenztätigkeit bzw. sonstige Wettbewerbshandlungen beeinträchtigen, andererseits soll mit dem Konkurrenzverbot die volle Arbeitskraft für die Gesellschaft sichergestellt werden.[164] Die Vorschrift konkretisiert damit letztlich die dem Vorstandsmitglied der Gesellschaft obliegende Treuepflicht.[165]

Hinsichtlich der grundsätzlichen Ausführungen zu Inhalt und Umfang des Wettbewerbsverbotes aus § 88 AktG kann auf die zu § 112 HGB gemachten Ausführungen verwiesen werden.[166]

a) Rechtsfolgen des Verstoßes gegen § 88 AktG

Verletzt das Vorstandsmitglied das ihm obliegende Wettbewerbsverbot schuldhaft, so hat die Gesellschaft grundsätzlich die Wahl zwischen einem Schadensersatzanspruch und einem Eintrittsrecht. Das Verschuldenserfordernis ergibt sich zwar nicht unmittelbar aus dem Wortlaut der Vorschrift, ist aber schon wie bei § 113 HGB nach allgemeinen zivilrechtlichen Grundsätzen zu fordern.[167]

aa) Schadensersatz

Nach § 88 Abs. 2 Satz 1 AktG ist das wettbewerbswidrig handelnde Vorstandsmitglied zum Schadensersatz verpflichtet. Inhalt und Umfang des zu leistenden Schadensersatzes bestimmen sich nach §§ 249 ff. BGB. Der Sorgfaltsmaßstab ist entsprechend § 93 Abs. 1 Satz 1 AktG derjenige eines ordentlichen und gewissenhaften Geschäftsleiters. Die Beweislastumkehr des § 93 Abs. 2 Satz 2 AktG ist ebenso analog anwendbar, da das Wettbewerbsverbot nur eine Präzisierung der allgemeinen gesellschaftsrechtlichen Treuepflicht darstellt.[168] Im Ergebnis bedeutet dies, daß die Gesellschaft den Schaden und seine Höhe beweisen und der Geschäftsleiter sich exkulpieren muß. Einen Anspruch auf Gewinnherausgabe hat die Gesellschaft gegen das Vorstandsmitglied ansonsten nur über § 687 Abs. 2 BGB.[169]

---

[164] So schon BGH, Urteil v. 17.2.1997, II ZR 278/95, ZIP 1997, 1063, 1064 m.w.N.; siehe *Mertens*, in: Kölner Kommentar zum AktG, § 88 Rn. 2; *Mertens/Cahn*, in: FS für Heinsius, S. 545, 554.

[165] Vgl. *Hüffer*, AktG, § 88 Rn. 1.

[166] Zu Einzelheiten vgl. *Mertens*, in: Kölner Kommentar zum AktG, § 88 Rn. 8 ff. und *Hüffer*, AktG, § 88 Rn. 3 ff. Für die KGaA gilt über § 284 Abs. 2 AktG nichts anderes.

[167] Ebenso *Mertens*, in: Kölner Kommentar zum AktG, § 88 Rn. 14. und *Hüffer*, AktG, § 88 Rn. 6.

[168] *Mertens*, in: Kölner Kommentar zum AktG, § 88 Rn. 14.

[169] *Mertens*, in: Kölner Kommentar zum AktG, a.a.O.

bb) Eintrittsrecht

Darüber hinaus hat die AG gemäß § 88 Abs. 2 Satz 2 AktG einen Anspruch darauf, die aus der wettbewerbswidrigen Tätigkeit des Vorstandsmitgliedes erzielten Gewinne an sich zu ziehen. Für den Fall, daß die Voraussetzungen des Schadensersatzanspruches nach § 687 Abs. 2 BGB nicht vorliegen, bietet sog. Eintrittsrecht im Gegensatz zum Schadensersatzanspruch § 88 Abs. 2 Satz 1 AktG auch die Möglichkeit, den Gewinn beim Vorstandsmitglied abzuschöpfen.[170] Zwischen dem Anspruch auf Schadensersatz und dem Eintrittsrecht besteht elektive Konkurrenz.[171]

b) Weitere Anspruchsgrundlagen

aa) Haftung aus Treuepflichtverletzung

Soweit der Verstoß gegen das Wettbewerbsverbot mit der gleichzeitigen Verletzung der Pflicht zur ordnungsgemäßen Geschäftsführung bzw. der Verstoß gegen die allgemeine Treuepflicht z.B. durch das Ausnutzen von Geschäftschancen der Gesellschaft einhergeht, schließen sich – in Parallele zum Personengesellschaftsrecht – die jeweiligen Ansprüche aus §§ 88 AktG, 113 HGB und 280 Abs. 1 BGB nicht aus, sondern stehen grundsätzlich in Anspruchskonkurrenz zueinander.[172]

Problematisch ist allerdings wiederum das Verhältnis zu den Regelungen der Geschäftsführung ohne Auftrag.

---

170 Siehe nur *Mertens*, in: Kölner Kommentar zum AktG, § 88 Rn. 14. und *Hüffer*, AktG, § 88 Rn. 8.

171 Nach h.L. soll die einmal getroffene Wahl in entsprechender Anwendung von § 263 Abs. 2 BGB bindend sein, *Mertens*, in: Kölner Kommentar zum AktG, § 88 Rn. 16. Nach a.A. besteht ein *ius variandi* in beide Richtungen, so *Hüffer*, AktG, § 88 Rn. 7. Dazu eingehend auch Schlegelberger/*Martens* HGB, § 113 Rn. 19; a.A. für den Schadensersatzanspruch *Ulmer*, in: Großkomm. HGB, § 113 Rn. 11. Der Anspruch ist in jedem Fall vom Aufsichtsrat gemäß § 112 AktG geltend zu machen. Vgl. auch schon oben S. 242 in Fn. 295.

172 Siehe bereits oben S. 243 f.

bb) Anwendbarkeit der Geschäftsführung ohne Auftrag

(1) Anwendbarkeit der berechtigten Geschäftsführung ohne Auftrag

Aufgrund der Strukturgleichheit zwischen aktienrechtlichem Wettbewerbsverbot und demjenigen im Personengesellschaftsrecht sind die zu den §§ 112, 113 HGB entwickelten Grundsätze anwendbar.[173]

Tatbestandlich handelt es sich ebenfalls bei der Geschäftsführung unter Verstoß gegen ein Wettbewerbsverbot zumindest um ein „auch-fremdes-Geschäft". Der Haftungsmaßstab des § 93 Abs. 1 Satz 1 AktG ist auf „Übernahme" des Geschäfts unter Verstoß gegen das Wettbewerbsverbot anwendbar.

Als haftungsbeschränkendes Regulativ fungiert wieder das Tatbestandsmerkmal des „wirklichen oder mutmaßlichen" Willens aus § 677 BGB der Gesellschaft als juristischer Person. Entspricht die Geschäftsführung in concreto den Interessen der Gesellschaft, so ist das an sich gesellschaftsrechtswidrige Handeln durch die berechtigte Geschäftsführung ohne Auftrag gerechtfertigt. Andernfalls besteht gegen das treuwidrig handelnde Vorstandsmitglied neben dem Schadensersatzanspruch aus § 88 Abs. 2 Satz 1 AktG und § 280 Abs. 1 BGB ein inhaltsgleicher aus § 678 BGB.[174]

(2) Anwendbarkeit der angemaßten Eigengeschäftsführung auf Vertragsverletzungen

Hier gelten ebenfalls die zum Personengesellschaftsrecht aufgestellten Grundsätze.[175] Im Falle der angemaßten Eigengeschäftsführung stellt § 88 Abs. 2 Satz 1 AktG hinsichtlich des Schadensersatzanspruches eine abschließende Regelung dar.[176]

Soweit der Herausgabeanspruch auf § 687 Abs. 2 BGB gestützt wird, geht er – über die Verweisung der §§ 681 Satz 2, 667 BGB – inhaltlich ebenfalls auf die Herausgabe des Gewinns aus den wettbewerbsverbotswidrig getätigten Geschäften des Gesellschafters. Von Vorteil ist für die AG allerdings, daß der Anspruch nicht der bei Kenntnis aller Aufsichtsratsmitglieder eingreifenden kurzen Verjährungsfrist des § 88 Abs. 3 Satz 1 AktG unterliegt.[177]

---

173 Vgl. Ebenso *Armbrüster*, ZIP 1997, 1269, 1270; dazu oben S. 226 ff.

174 Siehe oben S. 232 f.

175 Dazu oben S. 232.

176 Zur Begründung oben S. 237.

177 Diese beträgt drei Monate ab Kenntnis bzw. fünf Jahre von der Anspruchsentstehung an bei fehlender Kenntnis des Gesellschafters.

cc) Ergebnis

Der in analoger Anwendung des § 93 Abs. 1 Satz 1 AktG schuldhafte Verstoß des Gesellschafters gegen ein vertragliches Wettbewerbsrecht ist bzgl. der Anspruchsgrundlage auf Schadensersatz allein nach § 88 AktG und dessen Voraussetzungen zu beurteilen. Eine kumulative Anspruchsbegründung über die angemaßte Eigengeschäftsführung nach § 687 Abs. 2 BGB ist bereits tatbestandlich ausgeschlossen. Soweit allerdings zudem ein Anspruch aus einer allgemeinen gesellschaftsrechtlichen Treuepflichtverletzung gemäß § 280 Abs. 1 BGB z.B. durch das Ausnutzen von Geschäftschancen der AG vorliegen sollte, besteht dieser neben den Ansprüchen aus § 88 AktG kumulativ.

c) Haftung des Aufsichtsratsmitglieds

aa) Allgemeines

Für das Aufsichtsratsmitglied gilt § 88 AktG wegen seiner grundsätzlichen Überwachungsfunktion nicht. Der Schutz der Gesellschaft vor treuwidrigen Eigengeschäften des Aufsichtsratsmitglieds erfolgt über die Geschäftschancenlehre.[178]

bb) Eigengeschäfte eines Aufsichtsratsmitglieds

Das Verbot der Ausnutzung von Geschäftschancen besagt in diesem Zusammenhang, daß die Aufsichtsratsmitglieder ihre Organstellung nicht zu eigenen Gunsten auf Kosten der Gesellschaft nutzen dürfen. Beispielsweise dürfen sie weder Schmiergelder noch Provisionen von Geschäftspartnern annehmen, die in Zusammenhang mit einem Geschäft der AG stehen. Auch ansonsten dürfen sie der Gesellschaft grundsätzlich keine Geschäftschancen entziehen.[179]

Problematisch ist für die Gesellschaft in der Praxis allerdings, ob sie einen durch das pflichtwidrige Verhalten der Aufsichtsratsmitglieder entstandenen Schaden nachweisen kann. Zwar könnte man einen Schaden darin sehen, daß der Gesellschaft die Möglichkeit eines (noch) günstigeren Geschäftsabschlusses entgangen ist. Dies führt aber noch nicht zu einer Treuepflichtverletzung des Aufsichtsratsmitglieds. Das Aufsichtsratsmitglied ist nämlich nicht in demselben Maße wie ein Vorstandsmitglied dem Wohl der Gesellschaft verpflichtet. Zum einen ergibt sich dies daraus, daß ein Aufsichtsratsmitglied gemäß § 111 Abs. 1 AktG lediglich eine Überwachungsfunktion innehat. Zwar kann der Aufsichtsrat über sein Recht zur Bestellung des Vorstands nach § 84 Abs. 1 Satz 1 AktG auch indirekt auf die Geschäftsführung Einfluß nehmen. Das Besetzungsrecht ist aber im Aufsichtsrat als Mehrheitsentscheidung (§ 108 AktG) ausgestaltet, so daß auch

---

178 Ebenso *Armbrüster*, ZIP 1997, 1269, 1271.

179 *Fleck*, in: FS für Heinsius, S. 89, 106.

durch diesen mittelbaren Einfluß kein allgemeines „Wettbewerbsverbot" für das einzelne Aufsichtsratsmitglied resultieren kann. Deshalb sind die Aufsichtsratsmitglieder außerhalb der Wahrnehmung ihrer Aufsichtsratsfunktion aufgrund ihrer Treuepflicht nicht daran gehindert, eigene Interessen oder Interessen Dritter zu verfolgen.[180]

Soweit nun die Höhe des von der Gesellschaft erzielten Marktpreises angemessen ist und deshalb die Möglichkeit bestünde, daß dieser ohne die Einmischung des Aufsichtsratsmitglieds in gleicher Höhe vereinbart worden wäre, entfällt mangels eines Schadensnachweises i.d.R. ein Ersatzanspruch gemäß §§ 116, 93 Abs. 2 AktG.[181] Soweit man nun einen organisationsrechtlichen Schadensersatzanspruch wegen Fehlens eines Schadens ablehnen muß, fragt es sich, ob es nicht eine Möglichkeit gibt, den dem Aufsichtsratsmitglied zugeflossenen Sondervorteil anderweitig herausverlangen zu können. Auch hier können die Vorschriften der Geschäftsführung ohne Auftrag helfen.

Der aus angemaßter Eigengeschäftsführung resultierende Gewinnabschöpfungsanspruch der §§ 687 Abs. 2, 681 Satz 2, 667 BGB setzt lediglich voraus, daß das handelnde Aufsichtsratsmitglied positiv weiß, daß es zu einer derartigen Handlung nicht berechtigt ist.

Gegen diese Annahme kann man einerseits wieder die Aussage der Rechtsprechung des BGH ins Felde führen, daß die Überschreitung der Geschäftsführungsbefugnis oder ein sonstiger gesetzlicher oder organisationsrechtlicher bzw. vertraglicher Pflichtverstoß zu einem eigenen Vorteil die Vorschriften über die Geschäftsführung ohne Auftrag ausschließt.

Der BGH hat dies mit seiner Entscheidung aus 1989 auch für die Eigengeschäftsführung i.S. des § 687 Abs. 2 BGB angenommen.[182] In dieser Entscheidung kommt der BGH ebenfalls zu einer befriedigenden Lösung, da er den Geschäftsführer einer GmbH, der pflichtwidrig von einem Dritten einen Sondervorteil erhält und für sich vereinnahmt, nicht nur zur Schadensersatzleistung verpflichtet, sondern über §§ 675, 667 BGB[183] auch die Herausgabe des Erlangten erreicht.[184]

Wie an anderer Stelle ausgeführt, hat sich die Rechtslehre dieser Sicht dem Grunde nach angeschlossen und fordert, daß die Überschreitung eines Dienst- bzw. Auftragsverhältnisses immer aus diesem heraus gewürdigt werden müsse

---

180 *Mertens*, in: Kölner Kommentar z. AktG, § 116 Rn. 29.

181 Siehe auch *Fleck*, in: FS für Heinsius, S. 89, 107 m.w.N.

182 Eingehend dazu unten S. 297 f.

183 Soweit der GmbH-Geschäftsführer einen Anstellungsvertrag besitzt, ist § 667 BGB hier über die Verweisung des § 675 Abs. 1 BGB entsprechend anwendbar.

184 Ebenso *Armbrüster*, ZIP 1997, 1269, 1271.

und die Regelungen der Geschäftsführung ohne Auftrag insoweit ausgeschlossen seien.[185]

Diese Grundsätze zur Haftung des GmbH-Geschäftsführer lassen sich aber nur bedingt auf die Haftung eines Aufsichtsrates übertragen. Wesentlicher Unterschied ist einerseits, daß ein Aufsichtsratsmitglied zumeist keinen dem GmbH-Geschäftsführer vergleichbaren Dienst- bzw. Anstellungsvertrag besitzt.[186]

Zudem ist dasjenige Aufsichtsratsmitglied, welches ohne Zustimmung bzw. Einwilligung der Gesellschaft derartig zum Schaden der Gesellschaft handelt, nicht als Vertretungsorgan der Gesellschaft anzusehen.[187] Das Aufsichtsratsmitglied führt mit dem Eigengeschäft vielmehr ein objektiv fremdes Geschäft. Insofern steht der Gesellschaft ein Herausgabeanspruch nach den §§ 687 Abs. 2, 681 Satz 2, 667 BGB zu.[188]

Anders ist aber das Verhalten eines Aufsichtsratsmitglieds zu beurteilen, welches aus eigenem Antrieb eine Geschäftsbeziehung zwischen der Gesellschaft und einem Dritten anbahnt und sich dafür von diesem ein „Schmiergeld" oder eine sonstige Provision versprechen läßt. Durch diese kompetenzwidrige Einmischung in die Geschäftsführung der Gesellschaft verstößt er in eklatanter Weise gegen die mit seinem Amt verbundene Treuepflicht. In derartigen Fällen kann es daher nicht darauf ankommen, ob eine vertragliche Beziehung mit der Gesellschaft auch tatsächlich zustandegekommen ist.[189] Ausgehend vom Schutzzweck der Norm sollte für den Herausgabeanspruch aus den §§ 687 Abs. 2, 681 Satz 2, 667 BGB zudem genügen, daß die Vergütung mit dem vom Aufsichtsratsmitglied zustande gebrachten Geschäftsabschluß in einem inneren Zusammenhang steht.[190]

Für den Fall, daß ein Aufsichtsratsmitglied in treuwidriger Weise zu eigenen Vorteilen von einem Geschäftspartner der Gesellschaft Sonderzahlungen oder Provisionen bzw. Schmiergelder versprochen bekommt, ist insoweit der subjektive Tatbestand des § 687 Abs. 2 BGB verwirklicht.

---

185 Vgl. *Fleck*, in: FS für Heinsius, S. 89, 108.

186 Davon zu unterscheiden sind Verträge über eine sonstige Tätigkeit i.S. des § 114 AktG für die AG, vgl. dazu *Hüffer*, AktG, § 114 Rn. 3.

187 Zutreffend *Fleck*, in: FS für Heinsius, S. 89, 108.

188 So auch noch BGHZ 82, 323, 329 f.

189 Vgl. *Fleck*, in: FS für Heinsius, S. 89, 109.

190 Ebenso *Fleck*, in: FS für Heinsius, S. 89, 109, der den Herausgabeanspruch auch dann bejahen will, wenn ein Vertrag mit der Gesellschaft überhaupt nicht zustande gekommen ist und nur eine Zahlung von Sondervergütungen unabhängig vom tatsächlichen Vertragsschluß vorliegt.

cc) Ergebnis

Soweit ein Eigengeschäft eines Aufsichtsratsmitgliedes tatbestandlich vorliegt, hat dieser das aus der angemaßten Eigengeschäftsführung Erlangte herauszugeben. Die Anspruchsgrundlage ergibt sich grundsätzlich aus §§ 687 Abs. 2, 681 Satz 2 i.V.m. 667 BGB.[191]

2. GmbH-Recht

Eine ausdrückliche Regelung zum Wettbewerbsverbot existiert im GmbH-Recht nicht. Dennoch verbietet das aus der allgemeinen gesellschaftsrechtlichen Treuepflicht resultierende Wettbewerbsverbot dem Geschäftsführer, seine Organstellung zu Lasten der Gesellschaft auszunutzen.[192] Entsprechendes gilt grundsätzlich für den GmbH-Gesellschafter aus seiner gesellschaftsvertraglichen Treuepflicht.

a) Rechtsfolge bei Verletzung der Treuepflicht

Trifft den Geschäftsführer bzw. die übrigen Gesellschafter ein Wettbewerbsverbot, so sind bei einem Verstoß und der damit verbundenen Ausnutzung von Geschäftschancen der Gesellschaft die zum Personengesellschaftsrecht ausgeführten Grundsätze anwendbar. Folglich sind mangels spezialgesetzlicher Regelungen bei einem schuldhaften Verstoß gegen eine gesellschaftsrechtliche Treuepflicht zu Lasten der betroffenen Gesellschaft Schadensersatzansprüche wegen allgemeiner Treuepflichtverletzung aus § 280 Abs. 1 BGB zu prüfen. Ob daneben ebenfalls tatbestandlich Ansprüche aus Geschäftsführung ohne Auftrag vorliegen, ist genauso wie bei der Frage der kompetenzwidrigen Geschäftsführung zu entscheiden.

aa) Schadensersatzhaftung nach § 280 Abs. 1 BGB

Der gesellschaftsvertragswidrige Verstoß gegen das allgemeine Wettbewerbsverbot bewirkt Schadensersatzansprüche wegen allgemeiner – nach § 43 Abs. 1 GmbHG schuldhafter – Treuepflichtverletzung. Der Schadensersatzanspruch ist dabei nunmehr allein auf § 280 Abs. 1 BGB (bisher pVV) zu stützen.[193]

---

[191] Besitzt der Aufsichtsrat ein zusätzliches entgeltliches Geschäftsbesorgungsverhältnis, so schuldet er die Herausgabe aus §§ 675 Abs.1 i.V.m. 667 BGB.

[192] Statt anderer Baumbach/Hueck/*Zöllner*, GmbHG, § 35 Rn. 20; MünchHdb. GesR III/*Marsch-Barner/Dieckmann*, § 45 Rn. 62 ff.

[193] Siehe nur Scholz/*Schneider*, GmbHG, § 43 Rn. 131; vgl. auch MünchHdb. GesR III/*Marsch-Barner/Diekmann*, § 46 Rn. 44 ohne Nennung einer Anspruchsgrundlage.

bb) Eintrittsrecht

In entsprechender Anwendung der §§ 88 Abs. 2 Satz 2 und 113 Abs. 1 Halbs. 2 HGB wird der GmbH ein Eintrittsrecht bei Verstößen gegen das Wettbewerbsverbot bzw. das Verbot der Ausnutzung von Geschäftschancen gewährt.[194]

Daher kann auf die Ausführungen zu diesen Vorschriften verwiesen werden.[195]

cc) Geschäftsführung ohne Auftrag

Soweit die an sich treuwidrige Geschäftsführung seitens des Geschäftsführers bzw. des Gesellschafters bei einer ex-post-Betrachtung dem „wirklichen oder mutmaßlichen Willen" der Gesellschaft entsprechen sollte, kann der innenrechtswidrige Verstoß durch das Vorliegen einer berechtigten Geschäftsführung ohne Auftrag gerechtfertigt sein.

Es gelten insoweit die Ausführungen zur Haftung bei kompetenzwidriger Geschäftsführung.[196] Bei gesellschaftsvertraglicher Treuepflichtverletzung ist daher ebenso die Geschäftsführung ohne Auftrag als haftungsbeschränkendes Regulativ heranzuziehen.[197]

(1) Anwendbarkeit der berechtigten Geschäftsführung ohne Auftrag

Soweit der tatbestandlich gegebene Treuepflichtverstoß den Geschäftsführer bzw. den Gesellschafter zum Schadensersatz verpflichtet, kann – sofern die Geschäftsführung dem „wirklichen oder mutmaßlichen" Willen der Gesellschaft entspricht – die berechtigte Geschäftsführung ohne Auftrag einen Rechtfertigungsgrund für den Anspruch aus § 280 Abs. 1 BGB bilden. Der Haftungsmaßstab bei „Übernahme" des Geschäfts bestimmt sich nach § 43 Abs. 1 GmbHG entsprechend. Ein weiteres Ausführungsverschulden ist nicht erforderlich.

Ist die Geschäftsführung unberechtigt, besteht gegen den treuepflichtwidrig handelnden Geschäftsführer bzw. den Gesellschafter neben dem Anspruch aus § 280 Abs. 1 BGB ein inhaltsgleicher aus § 678 BGB.[198]

---

[194] Siehe BGH, Urteil v. 12.6.1989, II ZR 334/87, WM 1989, 1335, 1338; ebenso die h.L., vgl. Michalski/*Haas*, GmbHG, § 43 Rn. 263 m.w.N.

[195] Dazu oben S. 288 ff.

[196] Siehe oben S. 223 f.

[197] Vgl. dazu oben S. 225 f.

[198] Siehe oben S. 232.

(2) Anwendbarkeit der angemaßten Eigengeschäftsführung auf Vertragsverletzungen

Ist der Schadensersatzanspruch aus § 280 Abs. 1 BGB dem Grunde nach gegeben, scheidet ein inhaltsgleicher Schadensersatzanspruch aus angemaßter Eigengeschäftsführung gemäß § 687 Abs. 2 BGB wegen des Vorrangs der vertraglichen Beziehung aus.[199]

Soweit der Herausgabeanspruch zusätzlich auf § 687 Abs. 2 BGB gestützt wird, geht er – über die Verweisung der §§ 681 Satz 2, 667 BGB – inhaltlich ebenfalls auf die Herausgabe des Gewinns aus den wettbewerbsverbotswidrig getätigten Geschäften des Gesellschafters. Von Vorteil ist für die GmbH auch hier, daß er nicht bei Kenntnis aller Aufsichtsratsmitglieder der kurzen Verjährungsfrist der §§ 88 Abs. 3 AktG, 113 Abs. 3 HGB unterliegt.[200]

b) Ergebnis

Die durch den Verstoß gegen das allgemeine Wettbewerbsverbot bzw. die Geschäftschancenlehre begründete Treuepflichtverletzung eines Geschäftsführers bzw. Gesellschafters im GmbH-Recht wird ebenso wie im Personen- bzw. Kapitalgesellschaftsrecht behandelt. Auch hier ist insofern ein Gleichlauf in den Haftungsgrundlagen und der Frage der Anwendbarkeit der Geschäftsführung ohne Auftrag festzustellen.

IV. Erkenntnisse in der Rechtsprechung

1. Rechtsprechung des BGH

Die höchstrichterliche Rechtsprechung reduziert sich im wesentlichen auf eine Entscheidung des BGH aus dem Jahre 1989, in der die zum Personengesellschaftsrecht aufgestellten Grundsätze für die Frage der Haftungsgrundlage bei kompetenzwidriger Überschreitung von Geschäftsführungsverhältnissen auch auf das Kapitalgesellschaftsrecht übertragen werden.

a) Nichterwerb von Baugrundstücken-Fall

In dem vom BGH mit Urteil vom 12. Juni 1989[201] entschiedenen Fall wurde ein Geschäftsführer einer GmbH von deren Rechtsnachfolgerin im Wege der

---

[199] Vgl. oben S. 233 f.

[200] Diese beträgt drei Monate ab Kenntnis bzw. bei fehlender Kenntnis des Gesellschafters fünf Jahre von der Anspruchsentstehung an.

[201] BGH, Urteil v. 12.6.1989, II ZR 334/87 „Nichterwerb von Baugrundstücken“, AG 1989, 354 ff. = BB 1989, 1637 ff. = DB 1989, 1762 ff. = EWiR § 43 GmbHG 1/89, 779 f.

Widerklage wegen Grundstücksgeschäften in Anspruch genommen, die der Widerbeklagte nach dem Vortrag der Widerklägerin unter Verletzung seiner Geschäftsführerverpflichtungen abgewickelt hatte.

In seiner Urteilsbegründung verneinte das erkennende Gericht einen Anspruch der Widerklägerin aus § 687 Abs. 2 BGB, da das Geschäft nicht wie bei einem durch Gesetz oder Verordnung begründeten Recht als Fremdes äußerlich in Erscheinung getreten sei. Diese Voraussetzung sei letztlich erst dann erfüllt, wenn in eine bereits bestehende rechtliche Bindung zu Dritten eingegriffen worden sei. Die Tatsache, daß sich die GmbH das fragliche Geschäft nach dem Vortrag der Widerklägerin praktisch bereits gesichert habe, genüge dagegen nicht. Nach diesen Grundsätzen soll das Geschäft also erst dadurch äußerlich als Fremdes in Erscheinung treten, wenn in bestehende rechtliche und nicht lediglich tatsächliche Beziehungen eines anderen zu Dritten eingegriffen wird.[202]

Für die hier allein interessierende Frage, ob der bestehende Vertrag Auswirkungen auf das Merkmal der Auftragslosigkeit i.S. des § 677 BGB hat, verweist der BGH in seiner Urteilsbegründung auf sein Urteil vom 11. Januar 1988.[203]

Ausgehend von der gesellschaftsvertraglichen Haftungsgrundlage stellt der BGH im Anschluß an die oben genannte Rechtsprechung fest, daß derjenige, der seine gesellschaftsvertraglichen Befugnisse überschreitet, nicht als Geschäftsführer ohne Auftrag handelt. Dieser für das Personengesellschaftsrecht aufgestellte Grundsatz soll nach der Ansicht des erkennenden Gerichts zur Folge in gleicher Weise auch für die angemaßte Eigengeschäftsführung des § 687 Abs. 2 BGB gelten. Übertragen auf das im Fall in Rede stehende GmbH-Recht bedeutet dies, daß ein Geschäftsführer, der seine dienstvertraglichen Pflichten überschreitet, seiner GmbH im Innenverhältnis folglich nicht aus § 687 Abs. 2 BGB haftet, da er nicht wie ein vertraglich ungebundener Geschäftsführer „ohne einen erteilten Auftrag" handele.[204]

Wie an anderer Stelle[205] bereits ausführlich erörtert, sind die Vorschriften über die Geschäftsführung ohne Auftrag nur dann anwendbar, wenn der Geschäftsführer nicht aufgrund bestehender rechtlicher Beziehungen zum Geschäftsherrn zur

m. Anm. *Gravenhorst* = NJW 1989 2697 = NJW-RR 1989, 1255 ff. = WM 1989, 1335 ff. = WuB II C. § 43 GmbHG 1.90 m. Anm. *Teichmann* = ZIP 1989, 1390 ff.; vgl. auch die Besprechung von *Fleck*, ZIP 1991, 1269 ff.

202 Nach h.M. rechtfertigt nur der Eingriff in bereits abgeschlossene fremde Verträge, nicht jedoch das Ausnutzen einer bloßen Chancen auf einen Geschäftsabschluß die Anwendung des § 687 Abs. 2 BGB, da es ansonsten beim Eingriff in bloße Geschäftschancen an der Voraussetzung der Rechtswidrigkeit der Handlung fehlt.

203 BGH, Urteil v. 11.1.1988, II ZR 192/87, WM 1988, 968, 970.

204 Vgl. BGH, NJW-RR 1989, 1255, 1257.

205 Vgl. bereits oben S. 60 ff.

Geschäftsführung berechtigt ist.[206] Dieses Erfordernis ist bereits durch das Tatbestandsmerkmal des fremden Geschäfts i.S. des § 687 Abs. 2 BGB erfüllt, welches die fehlende Berechtigung des Geschäftsführers zur Geschäftsführung deutlich macht.

Andererseits steht aber die schuldrechtliche Beziehung zwischen dem Geschäftsführer und dem Geschäftsherrn, die ihn gerade nicht zur Vornahme oder Unterlassung der betreffenden Handlung berechtigt oder verpflichtet, der Anwendbarkeit des § 677 BGB grundsätzlich nicht entgegen.

Aufzulösen ist dieses Spannungsverhältnis dadurch, daß das Erfordernis der Auftragslosigkeit nicht abstrakt verstanden werden darf, sondern konkret im Hinblick auf die jeweils vorgenommene Handlung gesehen werden muß. Die schuldrechtliche Verpflichtung des Geschäftsführers zur Vornahme ganz anderer Handlungen, kann daher die Anwendbarkeit der Vorschriften über die Geschäftsführung ohne Auftrag nicht scheitern lassen.

Andererseits wird das Tatbestandsmerkmal der Auftragslosigkeit i.S. des § 677 BGB auch nicht dadurch ausgeschlossen, daß die Geschäftsführung sich zugleich als Leistungsstörung innerhalb eines bestehenden Schuldverhältnisses darstellt. Entscheidendes Abgrenzungskriterium zwischen Vertragsverletzung und Geschäftsführung ohne Auftrag ist, ob die Tätigkeit im Rahmen der Vertragserfüllung erfolgt. Kraft des bestehenden Rechtsverhältnisses darf keine Verpflichtung zur Vornahme bzw. zum Unterlassen der entsprechender Handlungen bestehen.

Zusammenfassend ist also die Geschäftsführung ohne Auftrag und damit auch die angemaßte Eigengeschäftsführung nach § 687 Abs. 2 BGB auf Prüfungsebene des Tatbestandsmerkmals der Auftragslosigkeit der Geschäftsführung immer dann zu verneinen, wenn eine anderweitige Berechtigung des Geschäftsführers zur Vornahme der Handlung vorliegt, oder dann, wenn die Handlung Pflichten aus einem anderen Schuldverhältnis verletzt, vorausgesetzt, daß die Handlung der Erfüllung des bestehenden Schuldverhältnisses dienen soll.

An dem letztgenannten Erfordernis wird regelmäßig die Anwendbarkeit des § 687 Abs. 2 BGB nicht scheitern, denn ein Gesellschafter bzw. geschäftsführungsberechtigter Dritter ist als ordentlicher Geschäftsleiter niemals – sei es durch den Anstellungsvertrag oder durch den Gesellschaftsvertrag – berechtigt, zu Lasten der Gesellschaft ein Geschäft zu führen und die daraus resultierenden Vorteile für sich zu vereinnahmen. Daß die Geschäftsführung der ordnungsgemäßen Abwicklung eines bestehenden Schuldverhältnisses dienen soll,

---

[206] Andere Ansicht: *Fleck*, ZIP 1991, 1272, der in der Auftragslosigkeit zum Unterschied zur Geschäftsführung ohne Auftrag überhaupt kein Tatbestandsmerkmal des § 687 Abs. 2 BGB sieht.

ist im Fall der angemaßten Eigengeschäftsführung schon begrifflich ausgeschlossen.[207]

b) Nachteiliger Beratungsvertrag-Fall

In dieser Entscheidung des BGH vom 9. Dezember 1996[208] ging es um die Frage, ob die Geschäftsführerin durch den Abschluß eines für die Gesellschaft nachteiligen Beratungsvertrages zum Schadensersatz gemäß § 43 Abs. 1 GmbHG verpflichtet sein kann.

In Fortführung seiner Rechtsprechung vom 12. Juni 1989 hat der erkennende II. Zivilsenat der neben der gesetzlichen Haftungsgrundlage des § 43 Abs. 2 GmbHG tatbestandlich vorliegenden schuldhaften Verletzung des Geschäftsführervertrages keine eigenständige Bedeutung beigemessen.[209]

Darüber hinaus hat das erkennende Gericht im wesentlichen zu den Fragen der Beweislast hinsichtlich der Schadensersatzansprüche Stellung genommen, eine Anspruchsbegründung nach den Vorschriften der Geschäftsführung ohne Auftrag hat der BGH nicht erörtert.

c) Schmiergeld-Fall

In dem hier entschiedenen Sachverhalt ging es um die Frage, inwieweit eine AG gegenüber einem ehemaligen Vorstandsmitglieder Ansprüche auf die Herausgabe von angeblich während seiner organschaftlichen Tätigkeit erhaltenen Schmiergelder geltend machen konnte.[210]

Dabei kam im konkreten Fall ein Eintrittsrecht nach § 88 Abs. 2 Satz 2 i.V.m. Abs. 1 AktG nicht in Betracht. Der II. Zivilsenat führte in seiner Entscheidung aus, daß Regelungsgegenstand und Zweck des § 88 AktG der Schutz der Gesellschaft vor Wettbewerbshandlungen und vor anderweitigem Einsatz der Arbeitskraft ihres Vorstandsmitgliedes sei.[211]

Der wettbewerbliche Schutzbereich des § 88 AktG war im konkreten Fall aber durch das treuwidrige Verhalten des beklagten Vorstandes nicht berührt. Der Vorstand hatte vielmehr in Ausübung seines Vorstandsamtes der klagenden AG eine Erwerbschance eröffnet. Diese bestand darin, daß er ein unbedingtes Kaufangebot bzgl. von Gesellschaftsanteilen einer anderen Gesellschaft angebo-

---

207 Ebenso *Ebert*, S. 450.

208 BGH, Urteil v. 9.12.1996, II ZR 240/95, NJW 1997, 741 f. = DB 1997, 321 ff. = GmbHR 1997, 163 ff. = DStR 1997, 252 f.

209 Vgl. BGH, a.a.O.

210 BGH, Urteil v. 2.4.2001, II ZR 217/99, DB 2001, 1189 f. = DStR 2001, 949 f. = NJW 2001, 2476 f.

211 So schon BGH, Urteil v. 17.2.1997, II ZR 278/95, ZIP 1997, 1063, 1064 m.w.N.

ten hat. Die nach der erfolgreichen Abwicklung des Geschäfts als „Provision" gezahlte Geldleistung seitens des beherrschenden Gesellschafters des Veräußerers, konnte somit unter Wettbewerbsaspekten nicht als Vergütung gegenüber der AG und damit nicht als verbotene Konkurrenztätigkeit gesehen werden.[212] Denn die Tätigkeit des Vorstands war im zugrundeliegenden Fall allenfalls als ein „Geschäftemachen" i.S. einer auf Gewinnerzielung gerichteten Teilnahme am (allgemeinen) geschäftlichen Verkehr zu sehen. In Abgrenzung hierzu dient § 88 AktG aber wegen seiner grundsätzlichen Beschränkung auf den Geschäftszweig der Gesellschaft allein der Konkurrenzverhütung.[213]

Anschließend prüft der BGH als Anspruchsgrundlage für die Herausgabe des Schmiergeldes § 677 BGB. Das erkennende Gericht führt aus, daß die genannte Vorschrift grundsätzlich zur Herausgabe des Schmiergeldes verpflichtet, auch wenn den Vorstand im Nachhinein diese Provision als „Schenkung" überlassen wurde. Der beklagte Vorstand, der bei dem Ankauf und Weiterverkauf der Geschäftsanteile in seiner Eigenschaft als Vorstandsmitglied der AG deren Geschäfte führte, ist nach der Rechtsprechung des BGH grundsätzlich gemäß § 667 BGB zur Herausgabe der erhaltenen Schmiergeldern verpflichtet. Die grundsätzlich bestehende Herausgabepflicht verneint der BGH allerdings dann, soweit die Zahlung „anläßlich" der Geschäftsbesorgung für den beklagten Vorstand persönlich gemacht wurde und nicht als „aus" der Geschäftsführung erlangt angesehen werden kann.[214]

Überraschend an der Anspruchsbegründung des BGH ist, daß der Anspruch direkt auf § 667 BGB gestützt wird, ohne die Verweisung des § 675 BGB oder § 687 Abs. 2 i.V.m. § 681 Satz 2 BGB zu erwähnen. Selbst wenn man die Ausführungen dahingehend deutet, daß der BGH seine Ansicht auf die explizite Verweisung des § 675 Abs. 1 BGB auf § 667 BGB stützen wollte, fehlt die Feststellung im Urteil, ob überhaupt ein schuldrechtliches Anstellungsverhältnis in Form eines entgeltlichen Geschäftsbesorgungsvertrages mit dem Vorstandsmitglied geschlossen worden ist.

Dies ist insofern erstaunlich, als das OLG Köln als Vorinstanz den Anspruch gegen den kompetenzwidrig handelnden Vorstand noch ausdrücklich auf §§ 687 Abs. 2, 681 Satz 2, 667 BGB gestützt hatte.[215] In seiner Begründung führte das Berufungsgericht aus, daß der beklagte Vorstand das objektiv fremde Geschäft der Gesellschaft, das er für diese als fremdes Geschäft zu führen gehabt hätte, unberechtigt als eigenes dadurch betrieben hat, daß er für das Geschäft eine Provision vereinbart und auch erhalten hat. Soweit das Vorstandsmitglied sich an

---

212 BGH, Urteil v. 2.4.2001, II ZR 217/99, NJW 2001, 2476.

213 BGH, a.a.O.

214 BGH, Urteil v. 2.4.2001, II ZR 217/99, NJW 2001, 2476, 2477.

215 OLG Köln, Urteil v. 8.6.1999, 22U 269/98, AG 1999, 573 f.

die geschäftliche Tätigkeit der AG angehängt und daraus mittelbar Vorteile gezogen hat, muß er das Erlangte nach § 667 BGB herausgeben.[216] Selbst wenn der Beklagte die Provision ohne besondere vorherige Vereinbarung als bloße Belohnung erhalten hatte, wäre der Anspruch begründet und zwar unmittelbar aus § 667 BGB. Der Beklagte hätte dann nämlich die Provision aus der Führung des Geschäfts für seine AG erhalten.

2. Instanzgerichtliche Rechtsprechung

In seiner Entscheidung vom 23. Mai 2000 hat das Kammergericht entschieden, daß ein Alleingesellschafter einer GmbH der Gesellschaft nicht aus angemaßter Geschäftsführung gemäß § 687 Abs. 2 BGB haftet, weil er nicht gegen den Willen der Gesellschaft handelt.[217] Die Gesellschaft hat aufgrund seiner Alleingesellschafterstellung und dem hieraus resultierenden alleinigen Weisungsrecht den gleichen Willen wie er selbst. Der beklagte Gesellschafter konnte nach h.M. also nicht ohne bzw. sogar gegen den Willen der Gesellschaft handeln, da der Wille des Alleingesellschafters und der Gesellschaft identisch sind.[218]

Soweit man entgegen der h.M. aber ein von den Interessen des Alleingesellschafters unterscheidbares Gesellschaftsinteresse im Grundsatz annimmt, kann man auch hier ein abweichendes „mutmaßliches Interesse“ der Gesellschaft annehmen.[219]

3. Zusammenfassung

Im Kapitalgesellschaftsrecht hat die Rechtsprechung die Anwendbarkeit der Regelungen der Geschäftsführung ohne Auftrag bei organisationsrechtlichen Verstößen nur im Zusammenhang mit der angemaßten Geschäftsführung behandelt.

Die organschaftlichen Haftungstatbestände werden für Organmitglieder und sonstige Anteilseigner als ausreichend erachtet. Seine zum Personengesellschaftsrecht postulierte Unanwendbarkeitsthese hat der BGH mit Urteil vom 12. Juni 1989 auch im Kapitalgesellschaftsrecht übernommen.

---

216 OLG Köln, Urteil v. 8.6.1999, 22U 269/98, AG 1999, 573, 574 mit Verweis auf *Mertens*, in: Kölner Kommentar zum AktG, § 93 Rn. 73; Scholz/*Schneider*, GmbHG, § 43 Rn. 148 f.

217 KG, Urteil v. 23.5.2000, 14U 6481/98, NZG 2000, 1032 ff. Die Revision hat sich durch den Nichtannahmebeschluß des BGH v. 3.6.2002, II ZR 197/00 (nicht veröffentlicht) erledigt.

218 Vgl. so schon BGHZ 119, 257, 259 f.

219 Zu den nach h.M. notwendigen Abweichungen bei zwingenden Gläubigerschutzgesichtspunkten vgl. schon oben S. 152 ff.

V. Haftung Dritter für gesellschaftsschädliche Einflußnahme

Eine gesellschaftsrechtliche Sonderrechtsbeziehung besteht i.d.R. auch in diesen Fällen zwischen der AG bzw. der GmbH und dem gesellschaftsfremden Dritten nicht. Eine Haftung Dritter ergibt sich tatbestandlich unter dem Gesichtspunkt der rechtswidrigen Einflußnahme auf die Geschäftsführung und der Ausnutzung von Geschäftschancen zu Lasten der Gesellschaft. Die Frage der Anspruchsgrundlage stellt sich sowohl bei der nicht abhängigen Kapitalgesellschaft als auch in Konzernlagen.

Im Aktienrecht kann nach § 117 Abs. 1 AktG auch ein nicht an der AG beteiligter Dritter für gesellschaftsschädliche Einflußnahme haften. Für die gesellschaftsschädliche Einflußnahme des (Mehrheits-)Gesellschafters in der GmbH wird die entsprechende Anwendbarkeit des § 117 Abs. 1 AktG erwogen.[220]

1. Haftung aus aktienrechtlichen Spezialtatbeständen

In AG- wie auch in GmbH-Konzernlagen[221] gibt es für die schädliche Einflußnahme eines außerhalb des herrschenden Unternehmens stehenden Dritten keinen gesetzlich geregelten Haftungstatbestand. Nach § 317 Abs. 1 AktG haftet nur das herrschende Unternehmen selbst und dessen gesetzlicher Vertreter (vgl. § 317 Abs. 3 AktG). Aus dem gleichen Grund scheidet auch ein Rekurs auf die Haftungsgrundlagen des (einfachen) bzw. des bisherigen sog. „qualifiziert faktischen" Konzerns für die gesellschaftsschädliche Einflußnahme gesellschaftsfremder Dritter aus. Bei allen derzeit herrschenden Unsicherheiten[222] im Detail ist eine faktische Konzernierung nur mittels Anteils- oder Stimmenmehrheit an der jeweiligen Kapitalgesellschaft durch ein herrschendes Unternehmen möglich.[223] Diese Voraussetzungen können bei einem gesellschaftsfremden Dritten schon tatbestandlich nicht erfüllt sein. Eine Haftung aus aktienrechtlichen Spezialtatbeständen kommt daher weder für das Aktienrecht selbst noch für das GmbH-Recht in Betracht.

---

220 Vgl. *Ziemons*, S. 211 ff., für den Fall der rechtswidrigen Weisung.

221 Im übrigen existiert für den GmbH-Konzern bekanntlich kein eigenes kodifiziertes Konzernrecht. Bei der analogen Anwendung aktienrechtlicher Konzernvorschriften ist aber schon aufgrund der strukturellen Unterschiede zwischen der AG und GmbH Zurückhaltung geboten, vgl. statt aller MünchHdb. GesR IV/*Decher*, § 67 Rn. 6 m.w.N.

222 So herrscht insbesondere nach BGHZ 149, 10 ff. „Bremer Vulkan" über die dogmatische Anspruchsgrundlage erhebliche Unsicherheit. Die h.M. geht wohl jetzt davon aus, daß die Anspruchsgrundlage in der gesellschaftsrechtlichen Treuepflichtverletzung zu sehen ist, vertiefend zum ganzen Michalski/*Zeidler*, GmbHG, Syst. Darst. 4, Rn. 261. Die bisher vertretene Anspruchsgrundlage der §§ 302, 303 AktG (analog) hat der BGH ausdrücklich abgelehnt. Vgl. auch schon oben S. 153 in Fn. 708.

223 Siehe statt anderer Michalski/*Zeidler*, GmbHG, Syst. Darst. 4, Rn. 234 und 259 a.E.

a) Haftung entsprechend § 117 AktG

Wie bereits dargelegt, erweist sich die Haftung nach § 117 AktG aufgrund ihrer hohen tatbestandlichen Voraussetzungen vor allem im subjektiven Tatbestand als wenig praktikabel.[224] Sollte der Tatbestand dennoch einmal verwirklicht sein, sind sonstige Ansprüche neben der deliktsrechtlichen Haftung des § 117 AktG schon nach allgemeinen Grundsätzen möglich.[225]

b) Haftung aus gesellschaftsrechtlicher Treuepflichtverletzung

Aus den gleichen Gründen wie die konzernrechtlichen Haftungsgrundlagen scheidet eine Haftung aus gesellschaftsrechtlicher Treuepflichtverletzung aus. Einem nicht an der Kapitalgesellschaft beteiligten Dritten obliegen auch keine gesellschaftsrechtlichen Treuepflichten.

c) Ergebnis

Die Voraussetzungen für eine Haftung aus gesellschaftsrechtlicher Treuepflichtverletzung können bei einem gesellschaftsfremden Dritten schon tatbestandlich nicht erfüllt sein. Eine Haftung aus aktienrechtlichen Spezialtatbeständen kommt daher weder für die AG selbst noch für die GmbH in entsprechender Anwendung in Betracht. § 117 AktG sperrt die Anwendbarkeit anderer Anspruchsgrundlagen allerdings ebenso wenig.

2. Haftung für allgemeine Treuepflichtverletzung

Eine „gesellschaftsrechtliche" Sonderrechtsbeziehung entsteht zwischen der AG oder GmbH und dem nicht beteiligten Dritten auch nicht durch ansonsten bestehende schuldrechtliche Vertragsbeziehungen. Insoweit kann also auch z.B. einen gesellschaftsfremden Investor eine gesellschaftsrechtliche Treuepflichtverletzung nicht treffen. Allenfalls könnte eine allgemeine schuldrechtliche Treuepflichtverletzung gemäß § 280 Abs. 1 BGB in Frage kommen.[226]

3. Haftung aus Geschäftsführung ohne Auftrag

Im Gleichlauf mit den im Personengesellschaftsrecht gefundenen Erkenntnissen ist es ebenso im Kapitalgesellschaftsrecht von elementarer Bedeutung, die jeweilige Gesellschaft vor rechtswidriger Einflußnahme auf die Gesellschaft und der Ausnutzung von Geschäftschancen zu ihren Lasten zu schützen.

---

224 Vgl. dazu oben S. 285 f.

225 Siehe oben S. 286.

226 Vgl. dazu bereits eingehend oben S. 247 f.

Soweit also der Schutz durch Anspruchsgrundlagen aus gesellschaftsvertraglicher Treuepflicht bzw. gesetzlichen Wettbewerbsverboten vor kompetenzwidrigen Handlungen des vermeintlichen Gesellschafters bzw. Geschäftsführers versagt, sind die Vorschriften der Geschäftsführung ohne Auftrag als Haftungsgrundlage heranzuziehen.

Auch hier soll das oben erwähnte Beispiel der kreditgebenden Bank zur Verdeutlichung dienen. Die Geschäftsführung ist gerade in diesen Fällen ein sog. „auch-fremdes-Geschäft", da der Kreditgeber zumindest auch die Interessen an dem für die Gesellschaft günstigen Geschäftsabschluß verfolgt, um seine eigenen Interessen, nämlich die der raschen Kreditrückführung, zu verwirklichen.

Falls die kreditgebende Bank in Vernachlässigung der gesellschaftsrechtlichen Organisationsverfassung für die Gesellschaft ein Geschäft abschließt, welches aber letztlich dem „wirklichen bzw. mutmaßlichen" Willen der Gesellschaft (bzw. der maßgeblichen Gesellschaftsorgane) entspricht, so stehen ihr dementsprechend Aufwendungsersatzansprüche zu. Anderenfalls haftet der außenstehende Dritte für die schuldhafte Übernahme des kompetenzwidrig abgeschlossenen Geschäfts nach § 678 BGB der Gesellschaft gegenüber auf Schadensersatz.

Als Haftungsmaßstab findet hier grundsätzlich der allgemeine zivilrechtliche Haftungsmaßstab des § 276 BGB Anwendung. Da sich der Dritte aber in organisationsrechtliche Handlungsfragen einmischt, ist sein kompetenzanmaßendes Handeln letztlich an dem strengen Haftungsmaßstab eines ordentlichen und gewissenhaften Geschäftsleiters zu messen. Dem lässt sich auch nicht entgegen halten, dass – zwar nicht bei der Haftungsgrundlage, aber doch bei der Bestimmung des Haftungsmaßstabes – das abzulehnende sog. „faktische" Organ wieder eingeführt wird.

Die erhöhten Anforderungen an die „Einhaltung der im Verkehr erforderlichen Sorgfalt" des § 276 Abs. 1 Satz 2 BGB lassen sich aus der Verobjektivierung des Fahrlässigkeitsbegriffs im Kapitalgesellschaftsrecht begründen.[227]

Auch der Sorgfaltsmaßstab des § 276 Abs. 1 Satz 2 BGB orientiert sich grundsätzlich an einem objektiven Sorgfaltsmaßstab, bei dem es grundsätzlich nicht auf die individuellen Fähigkeiten, sondern auf die jeweils notwendigen Sorgfaltsanforderungen ankommt. Es wird also auch bei § 276 Abs. 1 Satz 2 BGB ein bereichs- und berufsspezifischer Sorgfaltsmaßstab angelegt.[228] Insofern finden die Anforderungen an den Sorgfaltsmaßstab eines Geschäftsleiters der §§ 93 Abs. 1 AktG, 43 Abs. 1 GmbHG zur Bestimmung des Sorgfaltsmaßstab des § 276 Abs. 1 Satz 2 BGB für den Fall der Dritteinflussnahme entsprechende Berücksichtigung. Der allgemeine Sorgfaltsmaßstab wird letztlich durch die zu den

---

227 Eingehend dazu oben S. 124 f.

228 Siehe nur MünchKomm/*Hanau*, BGB, § 276 Rn. 78 ff.

§§ 93 Abs. 1 AktG, 43 Abs. 1 GmbHG gefundenen Grundsätze lediglich konkretisiert.[229]

Soweit also der außenstehende Dritte schuldhaft organisationsrechtliche Geschäftsführungskompetenzen in Anspruch nimmt bzw. Geschäftschancen der Gesellschaft zu seinen Gunsten nutzt, so haftet er, ohne daß ein weiteres Ausführungsverschulden erforderlich ist, auf den der Gesellschaft entstandenen Schaden. Die Regelungen der Geschäftsführung ohne Auftrag sind auch nicht aufgrund ihres subsidiären Charakters durch die ansonsten vertraglichen Beziehungen zwischen dem Dritten und der Gesellschaft ausgeschlossen. Die kompetenzwidrige Inanspruchnahme von organisationsrechtlichen Befugnissen kann dabei nicht mehr aus dem ansonsten möglicherweise bestehenden schuldrechtlichen Vertragsverhältnis heraus erfolgen. Ein derartig gesellschaftswidrig handelnder Dritte hat sich wie ein Geschäftsführer ohne Auftrag behandeln zu lassen.[230]

4. Ergebnis

Der sich gesellschaftsrechtliche Geschäftsführungsbefugnisse anmaßende Dritte haftet im Kapitalgesellschaftsrecht haftet als Geschäftsführer ohne Auftrag, soweit er diese Kompetenzen nach § 276 Abs. 1 Satz 2 BGB i.V.m. §§ 93 Abs. 1 Satz 1 AktG und 43 Abs. 1 GmbHG schuldhaft in Anspruch genommen hat. Gleiches gilt soweit er gegen das Verbot des Ausnutzens von Geschäftschancen zu Lasten der eigenen Kapitalgesellschaft verstößt. Auf ein weiteres Ausführungsverschulden kommt es in beiden Fällen bei Vornahme der unberechtigten Geschäftsführung nicht mehr an.

Es fehlt für die eben genannten Fälle insbesondere an einer planwidrigen Regelungslücke, um organisationsrechtliche Haftungstatbestände, wie die der §§ 93, 117 AktG, 43 GmbHG, zur Anwendung zu bringen.

Der Rechtsfigur des sog. „faktischen“ Organs in den Einzelausprägungen des sog. „faktischen“ Geschäftsführers bzw. Gesellschafters ist ungeeignet für derartige Fälle Rechtssicherheit zu gewährleisten. Daher dürfen die Grenzen organisationsrechtlicher Haftungstatbestände durch die Erweiterung ihres Normadressatenkreises nicht aufgeweicht werden. Dies gebietet weder der Gläubigerschutz, noch ist andererseits das Risiko für vermeintliche sog. „faktische“ Organe kalkulierbar.

Die §§ 677 ff. BGB sind daher letztlich aufgrund ihrer Natur als subsidiäre Regelungen der Interessenausgleichsordnung bei derartigen Geschäftsführungsverhältnissen sachgerecht und schließen mögliche Haftungslücken.

---

229 Vgl. oben S. 125.

230 Vgl. dazu auch die Grenzen zwischen vertraglicher Haftung und Geschäftsführung ohne Auftrag, oben S. 61 ff.

VI. Körperschaftsteuerrechtliche Folgen bei Nichtgeltendmachung von Ersatzansprüchen

Der BFH geht in ständiger Rechtsprechung davon aus, daß in dem Verzicht auf die Geltendmachung von Ersatzansprüchen gegen den Gesellschafter einer GmbH eine gewinnmindernde Gewinnverlagerung vorliegt, die gleich einer Entnahme zu behandeln sei.[231]

Der BFH stellt seit 1996 für das Vorliegen einer verdeckten Gewinnausschüttung i.S. des § 8 Abs. 3 Satz 2 KStG insbesondere darauf ab, ob der GmbH-Gesellschafter seiner GmbH eine Geschäftschance entzieht und diese selbst wahrnimmt.[232]

Nach der Entscheidung des BFH vom 13. November 1996 stellt § 8 Abs. 3 Satz 2 KStG grundsätzlich keine geeignete Rechtsgrundlage dar, um die von einem Gesellschafter im eigenen Namen und für eigene Rechnung ausgeübten Tätigkeiten entgegen dem Grundsatz des § 15 Abs. 2 EStG nur deshalb der Gesellschaft zuzurechnen, weil die Tätigkeit auch unter deren Unternehmensgegenstand fällt.[233] In dieser Entscheidung führt der erkennende I. Senat aus, daß die Vorschrift des § 8 Abs. 3 Satz 2 KStG nur Gewinnkorrekturfunktion habe und es zur Bejahung einer verdeckten Gewinnausschüttung notwendig sei, daß die Gesellschaft auf die Geltendmachung von zivilrechtlichen Ansprüchen auf Schadensersatz infolge von Treuepflichtverstößen verzichte. Dies könne z.B. dann der Fall sein, wenn ein Gesellschafter einer GmbH unter Verstoß gegen ein vertragliches Wettbewerbsverbot einen Vertrag mit einem Dritten abschließt und wenn konkrete Anhaltspunkte dafür festgestellt worden sind, daß diese Geschäftschance der Gesellschaft zuzurechnen ist.[234]

Soweit ein Gesellschafter-Geschäftsführer gegen ein Wettbewerbsverbot verstößt und die Gesellschaft die ihr hieraus zustehenden Schadensersatzansprüche nicht geltend macht bzw. darauf verzichtet, knüpft der BFH daran wesentliche steuerliche Konsequenzen. Auch hier ist die zivilrechtliche Vorfrage, ob Schadensersatzansprüche dem Grunde und der Höhe nach bestehen, bedeutsam.

---

231 Ständige Rechtsprechung, vgl. BFHE 149, 176, 179; 156, 452, 455; 156, 484, 487; 157, 138, 140 f.; 160, 237, 270. Diese Rechtsprechung ist in der Rechtslehre auf erheblichen Widerstand gestoßen, vgl. *Mertens/Cahn*, in: FS für Heinsius, S. 545, 549; *Meyer-Arndt*, BB 1992, 534 ff., *Röhricht*, WPg 1992, 766, 786; *Knobbe-Keuk*, GmbHR 1992, 333, 334 ff.; i.S. der Rechtsprechung aber *Wassermeyer*, GmbHR 1993, 329, 333 ff.; dagegen wiederum *Wichmann*, GmbHR 1993, 635 ff. mit der Replik von *Wassermeyer*, GmbHR 1993, 329, 639 f.

232 BFH, Urteil v. 13.11.1996, IR 1949/94, BB 1997, 508 ff. = GmbHR 1997, 315 ff. = NJW 1997, 1806 f.; vgl. auch BFH, Urteil v. 30.8.1995, IR 155/94, GmbHR 1996, 58 ff. = NJW 1996, 950 ff.; bestätigt von BFH, Urteil v. 12.10.1995, IR 127/94, BB 1996, 466 ff. = DB 1996, 507 ff. = GmbHR 1996, 219 ff. = NJW 1996, 1559 f.

233 BFH, Urteil v. 30.8.1995, I R 155/94, NJW 1996, 950.

234 BFH, NJW 1997, 1806 f., vgl. dazu die Besprechung von *Lawall*, NJW 1997, 1742 ff.

Soweit Ansprüche aus schuldhafter Verletzung der Treuepflicht bzw. des Wettbewerbsverbotes bestehen, ist es dabei unerheblich, ob diese Ansprüche aus gesellschaftsvertraglicher Treuepflichtverletzung oder aus Geschäftsführung ohne Auftrag resultieren. Steuerliche Konsequenzen, nämlich die außerbilanzielle Hinzurechnung der verdeckten Gewinnausschüttung, hat der Verzicht bzw. die Nichtgeltendmachung der Ersatzansprüche für die Gesellschafter in jedem Fall. Daher ist die zivilrechtliche Vorfrage, ob derartige Schadensersatzansprüche aus der kompetenzwidrigen Ausnutzung von Geschäftschancen vorliegen, auch steuerrechtlich von elementarer Bedeutung.

VII. Durchsetzung/Geltendmachung des Schadensersatzanspruches aus unberechtigter Geschäftsführung bzw. Einflußnahme

1. Geltendmachung der Haftungsansprüche im GmbH-Recht

Der Gesellschafterversammlung steht kraft ausdrücklicher Kompetenzzuweisung nach § 46 Nr. 8 GmbHG das Recht zu, Ersatzansprüche der Gesellschaft gegen ihre kompetenzwidrig handelnden Organe geltend zu machen. Voraussetzung ist allerdings grundsätzlich ein entsprechender Beschluß der Gesellschafterversammlung.[235] Der Beschluß ist materiell-rechtliche Wirksamkeitsvoraussetzung für eine zulässige und auch in der Sache begründete Klage.[236] Für vertragliche Ansprüche, die neben den organisationsrechtlichen Ansprüchen hergeleitet werden, gilt das Beschlußerfordernis nicht.[237]

Ein Klagerecht eines Minderheitsgesellschafters wird dagegen nur ausnahmsweise zugelassen, da ansonsten die Umgehung der gesetzlichen Zuständigkeitsordnung zu befürchten steht.[238]

2. Geltendmachung der Haftungsansprüche im Aktienrecht

Der Aufsichtsrat ist nach § 112 AktG berechtigt und im Hinblick auf § 93 Abs. 4 Satz 1 AktG verpflichtet,[239] die Schadensersatzansprüche gegen die kompetenz-

---

[235] Im Einzelfall kann dieser aber bei ansonsten drohender Vereitelung der Klage entbehrlich sein; Michalski/*Haas*, GmbHG, § 43 Rn. 223.

[236] MünchHdb. GesR III/*Marsch-Barner/Diekmann*, § 46 Rn. 27.

[237] So BGH NJW 2001, 223; *Goette*, Die GmbH, § 8 Rn. 265.

[238] Zum Streitstand Baumbach/Hueck/*Zöllner*, GmbHG, § 43 Rn. 27, der auch eine analoge Anwendung des § 147 AktG für die personalistisch strukturierte GmbH ablehnt; eingehend auch Hachenburg/*Hüffer*, GmbHG, § 46 Rn. 110; MünchHdb. GesR III/*Marsch-Barner/Diekmann*, § 46 Rn. 29.

[239] Vgl. insoweit die von BGHZ 135, 244, ff. = NJW 1997, 1926 „ARAG/Garmenbeck" aufgestellten Grundsätze; vgl. auch MünchHdb. GesR IV/*Wiesner*, § 26 Rn. 21.

widrig handelnden Vorstandsmitglieder geltend zu machen. Außerhalb des Anwendungsbereichs des § 117 Abs. 1 Satz 2 AktG haben die Aktionäre *de lege lata*[240] nur über § 147 AktG die Möglichkeit, eine Klage der Gesellschaft aus § 93 Abs. 2 AktG geltend zu machen. Voraussetzung ist entweder ein mit einfacher Mehrheit gefaßter Beschluß der Hauptversammlung (§ 147 Abs. 1 Satz 1 Alt. 1 AktG) oder ein Minderheitsverlangen von 10 % des Grundkapitals der AG (§ 147 Abs. 1 Satz 1 Alt. 2 AktG).[241]

In Ausnahme zum ansonsten herrschenden prozessualen Pfändungs- und Überweisungserfordernis gibt § 93 Abs. 5 AktG dem einzelnen Gesellschaftsgläubiger das Recht, einen organisationsrechtlichen Schadensersatzanspruch im eigenen Namen mit Leistung an sich geltend zu machen, soweit das Vorstandsmitglied seine ihm obliegenden Pflichten gröblich verletzt hat.[242]

Aufsichtsratsmitglieder haften den Aktionären gegenüber nur im Falle des § 117 Abs. 2 AktG[243] und den Gesellschaftsgläubigern nach Maßgabe des § 93 Abs. 5 AktG.[244]

3. Geltendmachung der Haftungsansprüche aus Geschäftsführung ohne Auftrag

Für die Durchsetzung der Haftungsansprüche aus Geschäftsführung ohne Auftrag gelten keine Besonderheiten. Sie sind grundsätzlich als Innenhaftung der Gesellschaft gegenüber ausgestaltet. Daher ist grundsätzlich im GmbH-Recht ein Beschluß der Gesellschafterversammlung nach § 46 Nr. 8 GmbHG erforderlich. Die Geltendmachung im Aktienrecht erfolgt ebenfalls nach dem gesetzlichen Leitbild. In erster Linie erfolgt die Durchsetzung durch den Aufsichtsrat. Daneben sollte man den Aktionären entsprechend § 117 Abs. 2 AktG und Gesellschaftsgläubigern eine Klagemöglichkeit analog § 93 Abs. 5 AktG zuerkennen.

VIII. Zusammenfassung zum Kapitalgesellschaftsrecht

Das Vorstands- bzw. Aufsichtsratsmitglied einer AG, der Geschäftsführer einer GmbH haftet im Kapitalgesellschaftsrecht für die schuldhafte organisationsrechtliche Pflichtverletzung grundsätzlich der Gesellschaft gegenüber nach den

240 Zu der Forderung nach einer allgemeinen Aktionärsklage, siehe oben S. 287 f.

241 Vgl. zum ganzen MünchHdb. GesR IV/*Semler*, § 26 Rn. 20 f.

242 Nach wohl h.M. im Wege der gesetzlichen Prozeßstandschaft, vgl. *Hüffer*, AktG, § 93 Rn. 31 ff.

243 Sowie ausnahmsweise nach § 826 BGB.

244 Siehe *Mertens*, in: Kölner Kommentar zum AktG, § 116 Rn. 61; MünchHdb. GesR IV/*Hoffmann-Becking*, § 33 Rn. 43.

§§ 93 Abs. 2 AktG und 43 Abs. 2 GmbHG auf Schadensersatz. Das kompetenzwidrige Handeln kann aber ausnahmsweise gerechtfertigt sein, soweit die Geschäftsführung dem „wirklichen bzw. mutmaßlichen" Willen der Gesellschaft - vermittelt durch das zuständige Gesellschaftsorgan - entspricht. Insoweit findet die berechtigte Geschäftsführung ohne Auftrag als Haftungsregulativ auch im Kapitalgesellschaftsrecht Anwendung.

Wer als Gesellschaftsorgan oder nichtgeschäftsführungsbefugter Gesellschafter oder gesellschaftsfremder Dritter Geschäftsführungsbefugnisse im Kapitalgesellschaftsrecht in Anspruch nimmt bzw. als Aufsichtsratsmitglied Eigengeschäfte tätigt und damit gegen das Verbot des Ausnutzens von Geschäftschancen zu Lasten einer Kapitalgesellschaft verstößt, haftet als Geschäftsführer ohne Auftrag, soweit er diese Kompetenzen schuldhaft in Anspruch genommen hat. Auf ein weiteres Ausführungsverschulden bei Vornahme der unberechtigten Geschäftsführung kommt es nicht mehr an.

Es fehlt für die Dritteinflußnahme bei den eben genannten Fällen vor allem an einer planwidrigen Regelungslücke, um organisationsrechtliche Haftungstatbestände, wie die der §§ 93, 117 AktG, 43 GmbHG zur Anwendung zu bringen.

Gesamtergebnis

Ausgangspunkt

Ziel der Untersuchung war es, für kompetenzwidrige Geschäftsführungsmaßnahmen bzw. die Ausnutzung von Geschäftschancen seitens eines Gesellschafter-Geschäftsführers, Gesellschafters bzw. eines nicht an der Gesellschaft beteiligten Dritten eine geeignete haftungsrechtliche Grundlage zu erarbeiten. Dem Bedürfnis, die verschiedenartigen Einflußnahmen angemessen zu sanktionieren und insgesamt einer gemeinsamen zivilrechtlichen Haftungsgrundlage zuzuführen, kann mit der Transformation des zivilrechtlichen Rechtsinstitutes der Geschäftsführung ohne Auftrag in das Gesellschaftsrecht angemessen Rechnung getragen werden.

Zusammenfassung der wesentlichen Ergebnisse

I. Die Vorschriften der Geschäftsführung ohne Auftrag bilden als Teil der gesetzlichen Ausgleichsschuldverhältnisse die allgemeine Interessenausgleichsordnung der Geschäftsführung zwischen dem Geschäftsherrn und dem in seine Rechtssphäre eingreifenden Geschäftsführer. Daraus läßt sich das eigentliche Grundmotiv der Regelungen über die Geschäftsführung ohne Auftrag ersehen. Die Vorschriften der §§ 677 ff. BGB beruhen auf dem allgemeinen Prinzip der Risikohaftung für Tätigkeiten, die im fremden Interesse ausgeübt werden. Der Ansatz der Menschenhilfe spielt entgegen der bislang überwiegenden Rechtslehre keine Rolle.

Die §§ 677 ff. BGB sind in den Fällen der nicht oder nicht so autorisierten Geschäftsbesorgung grundsätzlich auch im Gesellschaftsrecht anwendbar. Dies gilt entgegen der Ansicht des BGH auch für das Geschäftsführungshandeln von Gesellschafter-Geschäftsführern in der Personen- und Kapitalgesellschaft. Die Rechtsprechung des BGH fußt im wesentlichen auf der Argumentation, dass die innenrechtswidrige Geschäftsführung – zumindest im Personengesellschaftsrecht – allein aus dem schuldvertraglichen Gesellschaftsverhältnis zu würdigen sei. Die Anwendbarkeit der Geschäftsführung ohne Auftrag sei daher – in Abkehr von der reichsgerichtlichen Rechtsprechung – bereits tatbestandlich ausgeschlossen.

Nach Ansicht des Verfassers ist dies in der vorgetragenen Pauschalität abzulehnen. Der generelle tatbestandliche Ausschluß der §§ 677 ff. BGB in gesellschaftsrechtlichen Fragen, lässt sich schon nach der jüngsten Rechtsprechung des BGH zur Rechtsfähigkeit der Personengesellschaft nicht aufrechterhalten. Der einzelne Gesellschafter steht der Personengesellschaft – ebenso wie bei der Kapitalgesellschaft – als eine andere (juristische) Person gegenüber, so dass ungeachtet der Richtigkeit einer in der Rechtslehre vorgetragenen Auffassung, wonach die Unterscheidung zwischen den Grundtypen der Interessenverknüpfung für die Nichtgeltung der §§ 677 ff. BGB im Gesellschaftsrecht entscheidend sei, die Regeln über fremdwirkendes Handeln auch in gesellschaftsrechtlichen Rechtsverhältnissen Anwendung finden können.

Soweit also rechtssystematisch ein Spannungsverhältnis von Geschäftsführung ohne Auftrag und der organisationsrechtlichen Haftungsverfassung existiert, stehen die zivil- und gesellschaftsrechtlichen Haftungsansprüche aber entgegen der Rechtsprechung des BGH auch für den Gesellschafter-Geschäftsführer in Anspruchskonkurrenz.

Für die Frage der Anwendbarkeit der Geschäftsführung ohne Auftrag in gesellschaftsrechtlichen Sachverhalten kommt es vielmehr darauf an, wer die Schranken der internen Kompetenzordnung überschreitet bzw. ob derjenige, der sich Geschäftsführungsbefugnisse anmaßt, überhaupt gesellschaftsrechtlich beteiligt ist. Zu differenzieren ist – und hier liegt das eigentliche Defizit der Rechtsprechung des BGH – zwischen dem geschäftsführenden Anteilseigner, einem nicht geschäftsführungsbefugten Anteilseigner und einem sonstigen nicht an der Gesellschaft beteiligten Dritten, die jeweils auf die Geschäftsführung des Verbandes Einfluß nehmen.

2. Die Rechtssubjekte des Zivil- und Gesellschaftsrechts lassen sich in drei Rechtsträgerkategorien einteilen. Angelehnt an die Einteilung des § 14 BGB und die jüngste Rechtsprechung des BGH sind dies natürliche Personen, juristische Personen und andere rechtsfähige Personengesellschaften. Jedes dieser Rechtssubjekte ist rechtsfähig. Der Dualismus zwischen Gesamthandsgesellschaft und juristischen Personen besteht *de lege lata* fort.

3. Die von der herrschenden Rechtslehre und Rechtsprechung bislang nur fragmentarisch entwickelte Rechtsfigur des sog. „faktischen“ Organs ist als Verstoß gegen zwingende Vorschriften der organisationsrechlichen Handlungs- und Haftungsverfassung abzulehnen. Sie ist nach hier vertretener Auffassung Rechtsfortbildung *contra legem*. Die Grenzen organisationsrechtlicher Haftungstatbestände dürfen durch eine derartige Erweiterung ihres Normadressatenkreises nicht verwässert werden. Dies gebietet weder der Gläubigerschutz, noch ist andererseits das Risiko für vermeintliche sog. „faktische“ Organe kalkulierbar. Es treten letztlich auch keine Haftungslücken auf, soweit die Vorschriften der Geschäftsführung ohne Auftrag entgegen der h.M. des BGH auch im Gesellschaftsrecht zur Anwendung gebracht werden. Die Gläubigerinteressen sind somit ausreichend geschützt.

Für den Fall, daß die zuständigen Gesellschaftsorgane eine Geltendmachung der Haftungsansprüche aus kompetenzwidriger Treuepflichtverletzung gegen die innenrechtswidrig handelnden Geschäftsleiter unterlassen, werden daran im Kapitalgesellschaftsrecht gewinnkorrigierende steuerliche Konsequenzen geknüpft. In der Personengesellschaft tritt bei Entnahme einer zum Betriebsvermögen gehörende Geschäftschance seitens des Gesellschafters eine Gewinnrealisierung ein.

II. 1. Im Personengesellschaftsrecht ist die schuldhafte Überschreitung der Geschäftsführungsbefugnis seitens eines Gesellschafter-Geschäftsführers bzw. eines nicht geschäftsführungsbefugten Gesellschafters mit der Rechtsprechung des BGH grundsätzlich als ein Fall der Schlechterfüllung der gesellschaftsvertraglichen Leistungspflichten zu sehen. Daneben bestehen aber grundsätzlich Ansprüche aus Geschäftsführung ohne Auftrag in Anspruchskonkurrenz. Die berechtigte Geschäftsführung ohne Auftrag kann daher entgegen der Rechtsprechung des BGH für den Fall des kompetenzwidrigen Handelns als Rechtfertigungsgrund für die gesellschaftsvertragliche Haftung fungieren. Entspricht die Geschäftsführung dem wirklichen oder mutmaßlichen Willen der Gesellschaft, welcher durch das für die Geschäftsführung zuständige Organ ermittelt wird, ist die vormals gesellschaftsvertragliche Pflichtenverletzung gerechtfertigt.

2. Verletzen Gesellschafter ihre mitgliedschaftlichen Pflichten, so kommt ihnen die Haftungsprivilegierung der eigenüblichen Sorgfalt nach § 708 BGB zu Gute. Handeln geschäftsführende Gesellschafter im Rahmen ihrer organschaftlichen Befugnisse für die Gesellschaft gesellschaftsrechtswidrig, so verletzten sie ihre organisationsrechtlichen Pflichten. Der Verschuldensmaßstab richtet sich für diesen Fall nach § 276 BGB. Für die individuelle Sorgfaltspflicht des § 708 BGB ist – entgegen der Rechtsprechung des BGH – kein Platz.

3. Jede Einflußnahme auf die Geschäftsführung eines an der Gesellschaft unbeteiligten Dritten ist im Personengesellschaftsrecht unberechtigt. Sie widerspricht dem gesetzlichen Leitbild der Gesellschaftsorganisation und stellt daher eine Anmaßung von Geschäftsführungsbefugnis dar. Fehlt es an einer spezialgesetzlichen Regelung, so ergeben sich die Rechtsfolgen im Innenverhältnis aus den Vorschriften der Geschäftsführung ohne Auftrag. Soweit ein gesellschaftsfremder Dritter in den Grenzen des § 276 BGB schuldhaft Geschäftsführungsbefugnisse in Anspruch nimmt bzw. gegen das Verbot des Ausnutzens von Geschäftschancen zu Lasten einer Gesellschaft verstößt, haftet er als Geschäftsführer ohne Auftrag.

4. Liegt durch die kompetenzwidrige Anmaßung von Geschäftsführungsbefugnissen tatbestandlich eine angemaßte Eigengeschäftsführung vor, richtet sich der Schadensersatzanspruch nach den §§ 687 Abs. 2 i.V.m. 678 BGB. Durch eine gleichfalls mögliche gesellschaftsvertragliche Treuepflichtverletzung ist – aufgrund der angenommenen Anspruchskonkurrenz – der Anspruch aus § 687 Abs. 2 BGB entgegen der Rechtsprechung des BGH nicht ausgeschlossen.

III. 1. Der Geschäftsleiter bzw. nicht geschäftsführungsberechtigte Gesellschafter haftet im Kapitalgesellschaftsrecht für die schuldhafte organisationsrechtliche Pflichtverletzung zu Lasten der Gesellschaft nach §§ 93 Abs. 2 AktG und 43 Abs. 2 GmbHG auf Schadensersatz.

Das kompetenzwidrige Handeln kann aber auch hier entgegen der Rechtsprechung des BGH gerechtfertigt sein, soweit die berechtigte Geschäftsführung ohne Auftrag als Rechtfertigungsgrund eingreift. Die Haftungsprivilegierung des § 708 BGB kann bei organisationsrechtlichen Pflichtverletzungen als Haftungsregulativ im Kapitalgesellschaftsrecht nicht zur Anwendung gebracht werden. Der Haftungsmaßstab bestimmt sich allein nach § 276 BGB.

3. Derjenige, der als gesellschaftsfremder Dritter Geschäftsführungsbefugnisse im Kapitalgesellschaftsrecht schuldhaft in Anspruch nimmt bzw. als Aufsichtsratsmitglied Eigengeschäfte tätigt und damit gegen das Verbot des Ausnutzens von Geschäftschancen zu Lasten einer Kapitalgesellschaft verstößt, haftet entgegen der Rechtsprechung des BGH als Geschäftsführer ohne Auftrag. Der zivilrechtliche Verschuldensmaßstab des § 276 Abs. 1 Satz 2 BGB wird dabei bereichsspezifisch durch den organisationsrechtlichen Haftungsmaßstab der §§ 93 Abs. 1 AktG und 43 Abs. 1 GmbHG konkretisiert.

4. Soweit die Inanspruchnahme als kompetenzwidrige Anmaßung von Geschäftsführungsbefugnissen tatbestandlich eine angemaßte Eigengeschäftsführung darstellt, haftet der gesellschaftsfremde Dritte nach den §§ 687 Abs. 2 i.V.m. 678 BGB auf Schadensersatz.

Schrifttumsverzeichnis

Soweit es notwendig war, auch frühere Auflagen eines Werkes zu zitieren, sind diese Auflagen in der betreffenden Fußnote jeweils kenntlich gemacht. Fehlt ein solcher Zusatz, wurde stets der aktuelle Stand des jeweiligen Werkes zitiert, der im Schrifttumsverzeichnis nachgewiesen ist.

Altmeppen, Peter, Deliktshaftung in der Personengesellschaft, NJW 2003, 1553 ff.

ders., Anmerkung zu BGH, U. v. 16.09.2002 – II ZR 107/01 – (GmbH: Haftung des Geschäftsführers und Bedeutung von § 43 Abs. 3 GmbHG), DStR 2002, 2048 ff.

ders., Gesellschafterhaftung und „Konzernhaftung" bei der GmbH, NJW 2002, 321 ff.

ders., Grundlegend Neues zum „qualifiziert faktischen" Konzern und zum Gläubigerschutz in der Einmann-GmbH. Zugleich Anmerkung zu BGH, U. v. 17.09.2001 – II ZR 178/99 – („Bremer Vulkan", ZIP 2001, 1874), ZIP 2001, 1837 ff.

ders., Anmerkung zu BGH, U. v. 27.09.1999 – II ZR 371/98 – (Persönliche Haftung der Gesellschafter einer „GbR mbH"), ZIP 1999, 1758 ff.

Anders, Holm, Die Pflichtverletzung im System des Leistungsstörungsrechts als Modell de lege ferenda: eine systematische Darstellung, untersetzt durch alternative Vorschläge unter besonderer Berücksichtigung kaufrechtlicher Bestimmungen, Berlin 2001, zugl. Diss. Leipzig 2000

Ann, Christoph, Rechtsfähigkeit auch für die Erbengemeinschaft? – zugleich Anmerkung zum Urteil des BGH vom 9.11.2002 – XII ZR 187/00 –, MittBayNot 2003, 193 ff.

ders., Anmerkung zu BGH, U. v. 29.01.2001, II ZR 331/00 – (Rechts- und Parteifähigkeit der BGB-Gesellschaft), MittBayNot 2001, 197 f.

ders., Anmerkung zu BayObLG, B. v. 18.10.2000 – 3Z BR 164/00 – (Zulässigkeit der Kommanditistenstellung einer BGB-Gesellschaft), JA 2001, 186 f.

ders., Rechtsfähigkeit der BGB-Gesellschaft, JA 2001, 441 ff.

Armbrüster, Christian, Wettbewerbsverbote im Kapitalgesellschaftsrecht, ZIP 1997, 1269 ff.

Bamberger, Heinz Georg / Roth, Herbert (Hrsg.), Kommentar zum BGB, Band 1: §§ 1 - 610; Band 2: §§ 611 - 1296, ErbbauVO, WEG, München 2003 (zit.: *Bearbeiter*, in: Bamberger/Roth, BGB)

Batsch, Karl Ludwig, Aufwendungsersatzanspruch und Schadensersatzanspruch des Geschäftsführers im Falle berechtigter und unberechtigter Geschäftsführung ohne Auftrag, AcP 171 (1971), 218 ff.

Baumbach, Adolf / Hefermehl, Wolfgang, Wettbewerbsrecht. Gesetz gegen den unlauteren Wettbewerb, Zugabeverordnung, Rabattgesetz und Nebengesetze, 22. Aufl., München 2001 (zit.: *Baumbach/Hefermehl*, Wettbewerbsrecht)

Baumbach, Adolf / Hopt, Klaus J. / Merkt, Hanno, Handelsgesetzbuch mit GmbH & Co., Handelsklauseln, Bank- und Börsenrecht, Transportrecht (ohne Seerecht), 31. Aufl., München 2003 (zit.: Baumbach/*Hopt*, HGB)

Baumbach, Adolf / Hueck, Alfred, Kommentar zum GmbH-Gesetz. Gesetz betreffend die Gesellschaften mit beschränkter Haftung, 17. Aufl., München 2000 (zit.: Baumbach/Hueck/*Bearbeiter*, GmbHG)

Baums, Theodor, Der Geschäftsleitervertrag: Begründung, Inhalt und Beendigung der Rechtsstellung der Vorstandsmitglieder und Geschäftsführer in den Kapitalgesellschaften und Genossenschaften, Köln 1987

Bayer, Walter, Aktionärsklagen de lege lata und de lege ferenda, NJW 2000, 2609 ff.

Beater, Axel, Methodik der Fallbearbeitung für Studenten: Der praktische Fall – Gesellschaftsrecht: Das Wettbewerbsverbot, JuS 1997, 816 ff.

Becker, Helmut, Der ordentliche Geschäftsleiter – im deutschen und ausländischen Recht, in: Festschrift für Georg Döllerer, Handelsrecht und Steuerrecht, hrsg. von Brigitte Knobbe-Keuk, Franz Klein und Adolf Moxter, Düsseldorf 1988, S. 17 ff.

Bergmann, Andreas, Die fremdorganschaftlich verfasste offene Handelsgesellschaft, Kommanditgesellschaft und BGB-Gesellschaft als Problem des allgemeinen Verbandsrechts – Ein Beitrag zur Überwindung des Dualismus von Personengesellschaften und Körperschaften, Berlin 2002, zugl. Diss. Saarbrücken 2001/2002

Berndt, Joachim / Boin, Kai, Zur Rechtsnatur der Gesellschaft bürgerlichen Rechts, NJW 1998, 2854 ff.

Bertzel, Karl, Der Notgeschäftsführer als Repräsentant des Geschäftsherrn: zugleich ein Beitrag zur rechtssystematischen Einordnung der Geschäftsführung ohne Auftrag, 2. Aufl., München 2000

Beuthien, Volker, Die unberechtigte Geschäftsführung ohne Auftrag, in: Festschrift für Alfred Söllner, hrsg. von Gerhard Köbler, Meinhard Heinze und Wolfgang Hromadka, München 2000, S. 125 ff.

ders., Leistung und Aufwendung im Dreiecksverhältnis – Grenzen des Handelns im Drittinteresse, JuS 1987, 841 ff.

Beuthien, Volker / Ernst, Astrid, Die Gesellschaft bürgerlichen Rechts als Mitglied einer eingetragenen Genossenschaft, ZHR 156 (1992), 227 ff.

Beuthien, Volker / Gätsch, Andreas, Einfluß Dritter auf die Organbesetzung und Geschäftsführung bei Vereinen, Kapitalgesellschaften und Genossenschaften, ZHR 157 (1993), 483 ff.

Beyerle, Franz, Die Treuhand im Grundriß des deutschen Privatrechts, Weimar 1932

Bisinger, Reinhold, Die unbefugte Geschäftsführung bei den Personalgesellschaften, Diss. Münster 1958

Blaurock, Uwe, Europäisches und deutsches Gesellschaftsrecht – Bilanz und Perspektiven eines Anpassungsprozesses, ZEuP 1998, 460 ff.

Boehme, Matthias, Neue Grundsätze zur Haftung des Beitretenden für alte GbR-Schulden, NZG 2003, 764 ff.

Bogenschütz, Eugen / Kestler, Matthias, Besteuerungsprobleme bei internationalen Kooperationen – dargestellt am Beispiel der Pharmaindustrie, in: Handbuch der Internationalen Steuerplanung, herausgegeben von Siegfried Grotherr, Herne 2000, S. 849 ff. (zit.: *Bogenschütz/Kestler,* Hdb. der Internationalen Steuerplanung)

Bork, Reinhard / Oepen, Klaus, Einzelklagebefugnisse des Personengesellschafters, ZGR 2001, 515 ff.

Brandani, Andrea, Die BGB-Gesellschaft in der Liquidation, Frankfurt am Main 2002, zugl. Diss. Hagen 2002

Brüggemeier, Gert, Die Einflußnahme auf die Verwaltung einer Aktiengesellschaft – Zur Struktur und zum Verhältnis der §§ 117 und 317 AktG, AG 1988, 93 ff.

Buchner, Herbert, Zur rechtlichen Struktur der Personengesellschaften, AcP 169 (1969), 483 ff.

Canaris, Claus-Wilhelm, Die Feststellung von Lücken im Gesetz – Eine methodologische Studie über Voraussetzungen und Grenzen der richterlichen Rechtsfortbildung praeter legem –, 2. Aufl., Berlin 1983 (zit.: *Canaris*, Feststellung von Lücken im Gesetz)

Casper, Matthias, Anmerkung zu BGH, U. v. 21.01.2002 – II ZR 2/00 – (Zur akzessorischen Haftung der Gesellschafter einer GbR), JZ 2002, 1112 ff.

Chen, Chung-Chuan, Gewinnhaftung nach den Regelungen der ungerechtfertigten Bereicherung und der angemaßten Geschäftsführung, Diss. Göttingen 1998

Cordes, Albrecht, Die Gesellschaft bürgerlichen Rechts auf dem Weg zur juristischen Person, JZ 1998, 545 ff.

Daumke, Michael / Keßler, Jürgen, Der GmbH-Geschäftsführer – Zivilrecht Steuerrecht Sozialversicherungsrecht –, Herne 1999

Dauner-Lieb, Barbara / Heidel, Thomas / Lepa, Manfred / Ring, Gerhard (Hrsg.), Das neue Schuldrecht. Ein Lehrbuch, Heidelberg 2002 (zit.: *Dauner-Lieb/Heidel/Lepa/Ring*, Neues Schuldrecht)

Dauner-Lieb, Barbara, Unternehmen in Sondervermögen – Haftung und Haftungsbeschränkungen –, Tübingen 1998

dies., Ein neues Fundament für die BGB-Gesellschaft, DStR 2001, 356 ff.

Demharter, Johann, Ist die BGB-Gesellschaft jetzt grundbuchfähig?, Rpfleger 2001, 329 ff.

Demuth, Björn, Grundbuchfähigkeit der BGB-Gesellschaft – logische Folge der jüngsten BGH-Rechtsprechung, BB 2002, 1555 ff.

Dreier, Horst (Hrsg.), Grundgesetz. Kommentar, Band 1: Artikel 1 - 19, Tübingen 1996 (zit.: *Bearbeiter*, in: Dreier, GG)

Druey, Jean Nicolas, Verantwortlichkeit aus Leitung, in: Festschrift für Wolfgang Zöllner, hrsg. von Manfred Lieb, Ulrich Noack und Harm Peter Westermann, Band I: Handels- und Gesellschafts- und Wirtschaftsrecht, Köln 1998, S. 129 ff.

Duden „Fremdwörterbuch", Das Fremdwörterbuch, von Günther Drosdowski, 7. Aufl., Mannheim 2001 (CD-Rom)

Düringer, Adalbert / Hachenburg, Max, Das Handelsgesetzbuch, II. Band/ 2. Hälfte: §§ 105 - 177, 355 - 342, 3. Aufl., Mannheim 1932 (zit.: *Bearbeiter*, in: Düringer/Hachenburg, HGB)

Ebenroth, Carsten Thomas / Lange, Knut Werner, Sorgfaltspflichten und Haftung des Geschäftsführers einer GmbH nach § 43 GmbHG, GmbHR 1992, 69 ff.

Ebenroth, Carsten Thomas / Reiner, Günter, Der Schutz der abhängigen Kapitalgesellschaft vor nachteiligen Vermögensverlagerungen in Frankreich. Ein rechtsvergleichender Beitrag zur aktuellen Konzernrechtsdiskussion, BB 1992, Beilage 13, S. 1 ff.

Ebert, Bertram, Die Geschäftsanmaßung: zur Funktion des § 687 Abs. 2 BGB im privatrechtlichen Anspruchssystem, Berlin 2000, zugl. Diss. Mainz 1999

Eickmann, Dieter, Grundbuchfähigkeit der Gesellschaft bürgerlichen Rechts, ZfIR 2001, 433 ff.

Emde, Raimond, Die Klage der Kommanditisten auf Rücknahme kompetenzwidrig vorgenommener Geschäftsführungsmaßnahmen, WM 1996, 1205 ff.

Ensthaler, Jürgen (Hrsg.), Gemeinschaftskommentar zum Handelsgesetzbuch, 5. Aufl., Neuwied 1997 (zit.: *Bearbeiter*, in: Gemeinschaftskommentar zum HGB)

Ensthaler, Jürgen / Fahse, Hermann, oHG – KG – Stille Gesellschaft, Kompaktkommentar zu den §§ 105 - 237 HGB, Neuwied 2002 (zit.: *Ensthaler/Fahse*, HGB)

Erman, Walter, Handkommentar zum Bürgerlichen Gesetzbuch mit AGBG, EGBGB, ErbbauVO, HausratsVO, HausTWG, ProdHaftG, SachenRBerG, SchuldRAnpG, VerbrKrG in zwei Bänden, hrsg. von Harm Peter Westermann, 10. Aufl., Münster 2000 (zit.: Erman/*Bearbeiter*, BGB)

Esser, Josef / Weyers, Hans-Leo, Schuldrecht Band II: Besonderer Teil, 7. Aufl., Heidelberg 1991 (zit.: *Esser/Weyers*, SchuldR II)

Fleck, Hans-Joachim, Eigengeschäfte eines Aufsichtsratsmitglieds, in: Festschrift für Theodor Heinsius, hrsg. von Friedrich Kübler, Hans-Joachim Mertens und Winfried Werner, Berlin 1991, S. 89 ff.

ders., Die Drittanstellung des GmbH-Geschäftsführers, ZHR 149 (1985), 387 ff.

ders., Vertrag, unerlaubte Eigengeschäftsführung und Anspruchsverjährung – Zugleich eine Besprechung des BGH-Urteils vom 12.06.1989 – II ZR 344/87, ZIP 1991, 1269 ff.

Fleischer, Holger, Verdeckte Gewinnausschüttung: Die Geschäftschancenlehre im Spannungsfeld zwischen Gesellschafts- und Steuerrecht, DStR 1999, 1249 ff.

Flume, Werner, Allgemeiner Teil des Bürgerlichen Rechts, Erster Band, Erster Teil: Die Personengesellschaft, Berlin 1977 (zit.: *Flume*, Personengesellschaft)

ders., Gesellschaft und Gesamthand, ZHR 136 (1972), 177 ff.

Forum Europaeum Konzernrecht (steering committee: Hommelhoff, Peter / Hopt, Klaus J. / Lutter, Marcus / Doralt, Peter / Druey, Jean-Nicolas / Wymeersch, Eddy), Konzernrecht für Europa, ZGR 1998, 672 ff.

Früh, Andreas, Bürgerliches Recht in der Fallbearbeitung. Teil 4: Dingliche Ansprüche, Teil 5: Ansprüche aus Geschäftsführung ohne Auftrag, JuS 1997, 418 ff.

Fromm, Rüdiger, Banken als faktische Gesellschafter bei Turnaround-Finanzierungen – Gefahren für Unternehmen und Kreditinstitute, GmbHR 2003, 1114 ff.

Gadow, Wilhelm (Begr.), Großkommentar zum Aktiengesetz, 11. Lieferung: §§ 92 - 94 AktG, Bearbeiter: Mathias Habersack, Klaus J. Hopt, 4. Aufl. Berlin 1999 (zit.: *Bearbeiter*, in: Großkomm. AktG)

Geißler, Markus, Die Haftung des faktischen GmbH-Geschäftsführers, GmbHR 2003, 1106 ff.

Genius, Klaus, Risikohaftung des Geschäftsherrn, AcP 173 (1973), 481 ff.

Gesmann-Nuissl, Dagmar, Die Rechts- und Parteifähigkeit sowie Haftungsverfassung der Gesellschaft bürgerlichen Rechts nach dem Urteil des BGH – II ZR 331/00, WM 2001, 973 ff.

Gierke, Otto von, Deutsches Privatrecht, Erster Band: Allgemeiner Teil und Personenrecht, Leipzig 1895 (zit.: *v. Gierke*, Deutsches Privatrecht I)

ders., Genossenschaftstheorie und die Deutsche Rechtsprechung, Berlin 1887 (zit.: *v. Gierke*, Genossenschaftstheorie)

Giesen, Dieter, Das Recht der fremdnützigen Geschäftsbesorgung, Teil 2 a: Geschäftsführung ohne Auftrag: Die berechtigte GoA, Jura 1996, 225 ff., Teil 2 b: Geschäftsführung ohne Auftrag: Unberechtigte und unechte GoA, Jura 1996, 344 ff.

Glanegger, Peter / Güroff, Georg / Kusterer, Stefan / Niedner, Jochen / Peuker, Monika / Ruß, Werner / Selder, Johannes / Stuhlfelner, Ulrich, Heidelberger Kommentar zum Handelsgesetzbuch. Kommentar zum Handelsgesetzbuch mit den Rechnungslegungsvorschriften nach dem Bilanzrichtlinien-Gesetz und den Steuern der kaufmännischen Personenunternehmen, 5. Aufl., Heidelberg 1999 (zit.: HK-HGB, *Bearbeiter*)

Glasenapp, Wulf, Verletzung der Geschäftsführungsbefugnisse eines Gesellschafters der Personengesellschaft, Diss. München 1970

Glockemann, Torsten, Der Formwechsel einer Kapital- in eine Personengesellschaft – unter Berücksichtigung der Rechtsfähigkeit der Gesellschaft bürgerlichen Rechts, Diss. Münster 2002

Goette, Wulf, Die GmbH. Darstellung anhand der Rechtsprechung des BGH, 2. Aufl., München 2002 (zit.: *Goette,* Die GmbH)

ders., BGH, U. v. 21.01.2002 – II ZR 2/00 – (BGB-Gesellschaft: Besonderheiten der Haftungsbeschränkung bei geschlossenen Immobilienfonds und Bauherrengemeinschaften), DStR 2002, 818 f.

ders., Anmerkung zu BGH, B. v. 18.02.2002 – II ZR 331/00 – (BGB-Gesellschaft: Parteifähigkeit der Gesamthand als Gruppe und akzessorische Haftung der Gesellschafter für die Gesellschaftsschulden; „ARGE Weißes Roß II"), DStR 2002, 687 f.

ders., Anmmerkung zu BGH, Urteil vom 29. Januar 2001 – II ZR 331/00 (Parteifähigkeit der GbR), DStR 2001, 315

ders., Die Haftung des GmbH-Geschäftsführers in der Rechtsprechung des BGH, DStR 1998, 1308 ff.

ders., Das Organverhältnis des GmbH-Geschäftsführers in der Rechtsprechung des Bundesgerichtshofs, DStR 1998, 938 ff.

ders., Anmerkung zu: BGH U. v. 04.11.1996 – II ZR 48/95 – (Schadenersatzpflicht des geschäftsführenden Gesellschafters bei Kompetenzüberschreitung), DStR 1997, 81 f.

ders., Anmerkung zu BGH, Beschl. v. 28.11.1994, – II ZR 54/94 –, OLG Köln, Urt. v. 16.02.1994, – 2 U 186/92 –, Publikums-BGB-Gesellschaft: Haftung des geschäftsführenden Gesellschafters wegen Überschreitung der Geschäftsführungsbefugnis, DStR 1995, 66 f.

ders., Anmerkung zu BGH, Beschl. v. 10.10.1994 – II ZR 2/94 –, OLG Hamm, Urt. v. 22.11.1993 – 8 U 271/92 –, oHG: Schadenersatzpflicht des Gesellschafters, DStR 1994, 1622 f.

Gogos, Demetrius, Die Geschäftsführung der Offenen Handelsgesellschaft, Tübingen 1953

Gosch, Dietmar, Wettbewerbsverbot, Geschäftschancenlehre und verdeckte Gewinnausschüttung: Checkliste und Prüfungsschema, DStR 1997, 442 ff.

Griebe, Thomas, Der Aufwendungsersatzanspruch des Geschäftsführers ohne Auftrag – Eine juristisch-ökonomische Analyse unter Berücksichtigung der

Rechtsprechung des Bundesgerichtshofes, Frankfurt am Main 1996, zugl. Diss. Hamburg 1996

Grooterhorst, Johannes, Die ARAG/Garmenbeck-Prozesse – eine Gesamtschau im Rückblick, ZIP 1997, 1117 ff.

Grunewald, Barbara, Die Gesellschafterklage in der Personengesellschaft und der GmbH, Tübingen 1990 (zit.: *Grunewald,* Gesellschafterklage)

dies., Auskunftserteilung und Haftung des Vorstands im bürgerlich-rechtlichen Verein, ZIP 1989, 962 ff.

Gursky, Karl-Heinz, Der Tatbestand der Geschäftsführung ohne Auftrag, AcP 185 (1985), 13 ff.

Haas, Ulrich / Holler, Matthias, Anmerkung zu: KG, U. v. 11.05.2000 – 2 U 4203/99 – (Geschäftschancenlehre in der GmbH), DStR 2001, 1042 f.

Habersack, Mathias, Die Anerkennung der Rechts- und Parteifähigkeit der GbR und der akzessorischen Gesellschafterhaftung durch den BGH, BB 2001, 477 ff.

ders., Die Aktionärsklage – Grundlagen, Grenzen und Anwendungsfälle, DStR 1998, 533 ff.

Hachenburg, Max (Begr.) / Ulmer, Peter (Hrsg.), Gesetz betreffend die Gesellschaft mit beschränkter Haftung (GmbHG). Großkommentar, Erster Band: Allgemeine Einleitung, §§ 1 - 34, 8. Aufl., Berlin 1992; Zweiter Band: §§ 35 - 52, 8. Aufl., Berlin 1997 (zit.: Hachenburg/*Bearbeiter,* GmbHG)

Hadding, Walther, Die HGB-Klausur, 2. Aufl., München 1995 (zit.: *Hadding,* HGB-Klausur)

ders., Zur Rechtsfähigkeit und Parteifähigkeit der Außengesellschaft bürgerlichen Rechts sowie der zur Haftung ihrer Gesellschafter für Gesellschaftsverbindlichkeiten – zugleich Besprechung des Urteils BGH WM 2001, 408 –, ZGR 2001, 712 ff.

ders., Zum Erlangen von Rechtsfähigkeit nach deutschem Zivilrecht, in: Festschrift für Alfons Kraft, hrsg. von Günther Hönn, Horst Konzen und Peter Kreutz, Neuwied 1998, S. 137 ff.

Hartlieb, Gerd Walter, Die Haftung des „Directors“ einer englischen Kapitalgesellschaft, des Vorstandes einer AG sowie des GmbH-Geschäftsführers nach deutschem Recht, Diss. Berlin 1987

Häuser, Franz, Zur Haftungsordnung bei kompetenzwidriger Geschäftsführung eines Gesellschafters einer Personalgesellschaft, in: Festschrift für Alfons Kraft, hrsg. von Günther Hönn, Horst Konzen und Peter Kreutz, Neuwied 1998, S. 147 ff.

Heil, Hans-Jürgen, Parteifähigkeit der GbR – der Durchbruch der Gruppenlehre? (Anmerkung zu: BGH, U. v. 29.01.2001 – II ZR 331/00 –), NZG 2001, 300 ff.

ders., Das Grundeigentum der Gesellschaft bürgerlichen Rechts – res extra commercium?, NJW 2002, 2158 ff.

Heinemann, Klaus / Hirte, Heribert / Schütz, Olaf, Der praktische Fall – Gesellschaftsrecht: Rührige Gesellschafter, JuS 1994, 224 ff.

Helm, Johann Georg, Geschäftsführung ohne Auftrag, in: Der Bundesminister der Justiz [Hrsg.], Gutachten und Vorschläge zur Überarbeitung des Schuldrechts, Band 3, Köln 1983, S. 338 ff. (zit.: *Helm,* Gutachten zur GoA)

Henssler, Martin, Grundfälle zu den Anspruchsgrundlagen im Recht der Geschäftsführung ohne Auftrag, JuS 1991, 924 ff.

Henze, Hartwig, Aktienrecht. Höchstrichterliche Rechtsprechung, 5. Aufl., Köln 2002 (zit.: *Henze,* Höchstrichterliche Rechtsprechung z. AktG)

ders., Treupflichten der Gesellschafter im Kapitalgesellschaftsrecht, ZHR 162 (1998), 186 ff.

ders., Prüfungs- und Kontrollaufgaben des Aufsichtsrates in der Aktiengesellschaft. Die Entscheidungspraxis des Bundesgerichtshofs, NJW 1998, 3309 ff.

ders., Die Treuepflicht im Aktienrecht, BB 1996, 489 ff.

Heymann, Ernst (Begr.) / Horn, Norbert (Hrsg.), Handelsgesetzbuch (ohne Seerecht). Kommentar Band 2: Zweites Buch, §§ 105 - 237 HGB, 2. Aufl., Berlin 1996 (zit.: Heymann/Horn/*Bearbeiter,* HGB)

Hirte, Heribert, Kapitalgesellschaftsrecht, 3. Aufl., Köln 2001 (zit.: *Hirte,* Kapitalgesellschaftsrecht)

ders., Die Entwicklung des Unternehmens- und Gesellschaftsrechts in Deutschland in den Jahren 1998 und 1999, NJW 2000, 3321 ff. (Teil I), 3531 ff. (Teil II)

Hopt, Klaus J. / Hehl, Günter / Vollrath, Hans-Joachim, Handels- und Gesellschaftsrecht, Band II, Gesellschaftsrecht, 4. Aufl., München 1996 (zit.: *Hopt/Hehl/Vollrath,* Gesellschaftsrecht)

Horn Norbert, Die Haftung des Vorstands der AG nach § 93 AktG und die Pflichten des Aufsichtsrats. Zugleich Besprechung der Urteile des Bundesgerichtshofs vom 21. April 1997, ZIP 1997, 883, und des OLG Düsseldorf vom 28. November 1996, ZIP 1997, 27, im Fall ARAG/Garmenbeck, ZIP 1997, 1129 ff.

Huber, Ulrich, Vermögensanteil, Kapitalanteil und Gesellschaftsanteil an Personengesellschaften des Handelsrechts, Heidelberg 1970, zugl. Habil.-Schrift Heidelberg 1967/68

ders., Rechtsfähigkeit, juristische Person und Gesamthand, in: Festschrift für Marcus Lutter, Deutsches und europäisches Gesellschafts-, Konzern- und Kapitalmarktrecht, hrsg. von Uwe H. Schneider, Peter Hommelhoff, Karsten Schmidt, Wolfgang Timm, Barbara Grunewald und Tim Drygala, Köln 2000, S. 107 ff.

Hueck, Alfred, Das Recht der offenen Handelsgesellschaft, 4. Aufl., Berlin 1971 (zit.: *A. Hueck*, oHG)

Hueck, Goetz, Gesellschaftsrecht, 19. Aufl., München 1991 (zit.: *G. Hueck*, Gesellschaftsrecht)

ders., Drei Fragen zur Gesamthandsgesellschaft, in: Festschrift für Wolfgang Zöllner, hrsg. von Manfred Lieb, Ulrich Noack und Harm Peter Westermann, Band I: Handels- und Gesellschafts- und Wirtschaftsrecht, Köln 1998, S. 275 ff.

Hüffer, Uwe, Aktiengesetz, 5. Aufl., München 2002 (zit.: *Hüffer*, AktG)

ders., Gesellschaftsrecht, 5. Aufl., München 1998 (zit.: *Hüffer*, Gesellschaftsrecht)

Immenga, Ulrich, Die personalistische Kapitalgesellschaft. Eine rechtsvergleichende Untersuchung nach deutschem GmbH-Recht und dem Recht der Corporations in den Vereinigten Staaten, Bad Homburg v.d.H. 1970, zugl. Habil.-Schrift Bielefeld

Jagenburg Walter, Geschäftsführung, Geschäftsführungsbefugnis und die Folgen ihrer Überschreitung im Recht der Personengesellschaften, Diss. Freiburg 1969

Jauernig, Othmar (Hrsg.), Bürgerliches Gesetzbuch, 10. Aufl., München 2003 (zit.: Jauernig/*Bearbeiter*, BGB)

Jesch, Thomas, Private Equity-Beteiligungen. Wirtschaftliche, rechtliche und steuerrechliche Rahmenbedingungen aus Investorensicht, Wiesbaden 2003

Karsten, Lars, Einheitlichkeit der Mitgliedschaft in Personengesellschaften, Berlin 2002, zugl. Diss. Köln 2002

Kiethe, Kurt, Persönliche Haftung von Organen der AG und der GmbH – Risikovermeidung durch D&O-Versicherungen?, BB 2003, 537 ff.

Kindl, Johann, Der Streit um die Rechtsnatur der GbR und seine Auswirkungen auf die Haftung der Gesellschafter für rechtsgeschäftlich begründete Gesellschaftsverbindlichkeiten, NZG 1999, 517 ff.

Kindler, Peter, Unternehmerisches Ermessen und Pflichtenbindung. Voraussetzungen und Geltendmachung der Vorstandshaftung in der Aktiengesellschaft, ZHR 162 (1998), 101 ff.

Kirberger, Wolfgang, Die BGB-Gesellschaft auf dem Weg zur Rechtspersönlichkeit – Eine Zwischenbetrachtung –, in: Festschrift für Hans G. Leser, Brücken für die Rechtsvergleichung, hrsg. von Olaf Werner, Peter Häberle, Zentaro Kitagawa und Ingo Saenger, Tübingen 1998, S. 219 ff.

ders., Anmerkung zu: BGH, U. v. 04.11.1996 – II ZR 48/95 –, EWiR 1997, 213 f.

Kirchmann, Julius von, Die Wertlosigkeit der Jurisprudenz als Wissenschaft: Ein Vortrag gehalten in der juristischen Gesellschaft zu Berlin 1848, Darmstadt 1966

Klasen, Mathias, Zu den Grundlagen und zur Begrenzung der Haftung im Hinblick auf den oHG- und KG-Gesellschafter sowie den GmbH-Geschäftsführer, Regensburg 2000, zugl. Diss. Frankfurt (Oder) 1999/2000

Klatt, Michael, Auftragslose Fremdgeschäftsführung durch Minderjährige: zugleich ein Beitrag zum Minderjährigenschutz in gesetzlichen Schuldverhältnissen, Berlin 2001, zugl. Diss. Mainz 2000

Kleinert, Jens / Probst, Peter, Endgültiges Aus für Sonderanknüpfungen bei (Schein-)Auslandsgesellschaften – Anmerkung zu dem EuGH-Urteil vom 30.9.2003, Rs. C-167/01, Inspire Art –, DB 2003, 2217 ff.

Knobbe-Keuk, Brigitte, Der Tatbestand der verdeckten Gewinnausschüttung und branchengleiche Tätigkeit des Gesellschafter-Geschäftsführers, GmbHR 1992, 333 ff.

Kohler, Josef, Die Menschenhülfe im Privatrecht, in: Iherings Jahrbücher für die Dogmatik des Bürgerlichen Rechts, hrsg. von Rudolf von Ihering, 25. Band, Jena 1887, S. 1 ff.

Koller, Ingo / Roth, Wulf-Henning / Morck, Winfried, Handelsgesetzbuch. Kommentar, 3. Aufl., München 2002 (zit.: *Koller/Roth/Morck*, HGB)

Kölner Kommentar zum Aktiengesetz (Hrsg. Wolfgang Zöllner), Band 2: §§ 76 - 117 AktG und Mitbestimmung im Aufsichtsrat, 2. Aufl., Köln 1996; Band 6: 1. Lieferung, §§ 291 - 328 AktG, 2. Aufl., Köln 1987 (zit.: *Bearbeiter*, in: Kölner Kommentar zum AktG)

Konzen, Horst, Geschäftsführung, Weisungsrecht und Verantwortlichkeit in der GmbH und GmbH & Co KG, NJW 1989, 2977 ff.

Kort, Michael, Die Änderung der Unternehmenspolitik durch den GmbH-Geschäftsführer. Zugleich Besprechung des BGH-Urteils vom 25. Februar 1991 – II ZR 76/90 – (ZIP 1991, 509), ZIP 1991, 1274 ff.

Kötz, Heinz, Die Geschäftsführung ohne Auftrag aus rechtsökonomischer Sicht, in: Festschrift für Bernhard Großfeld, hrsg. von Ulrich Hübner und Werner F. Ebke, Heidelberg 1999, S. 583 ff.

Kraft, Alfons / Kreutz, Peter, Gesellschaftsrecht, 11. Aufl., Neuwied 2000 (zit.: *Kraft/Kreutz*, Gesellschaftsrecht)

Kübler, Friedrich, Gesellschaftsrecht, 5. Aufl., Heidelberg 1999

ders., Erwerbschancen und Organpflichten – Überlegungen zur Entwicklung der Lehre von den „Corporate Opportunities“ –, in: Festschrift für Winfried Werner, hrsg. von Walther Hadding, Hans-Joachim Mertens, Ulrich Immenga, Klemens Pleyer und Uwe H. Schneider, Berlin 1984, S. 437 ff.

Lange, Joachim, Aktuelle Entwicklungen bei der verdeckten Gewinnausschüttung, GmbHR 1999, 327 ff.

Langenfeld, Gerrit, Die Gesellschaft bürgerlichen Rechts nach Maßgabe der geänderten Rechtsprechung des BGH, BWNotZ 2003, 1 ff.

Larenz, Karl / Canaris, Claus-Wilhelm, Lehrbuch des Schuldrechts, Zweiter Band: Besonderer Teil, 1. Halbband, 13. Aufl., München 1986 (zit.: *Larenz*, Schuldrecht BT II/1)

dies., Methodenlehre der Rechtswissenschaft, 3. Aufl., Berlin 1995 (zit.: *Larenz/Canaris*, Methodenlehre)

Lautner, Konrad, Auswirkungen der Rechts- und Parteifähigkeit der (Außen-)Gesellschaft bürgerlichen Rechts auf die notarielle Tätigkeit im Grundstücksverkehr, MittBayNot 2001, 425 ff.

Lawall, Lars, Verdeckte Gewinnausschüttungen und Geschäftschancenlehre im GmbH-Recht, NJW 1997, 1742 ff.

ders., Wettbewerbsverbot des Einmann-GmbH-Gesellschafters, DStR 1996, 605 ff.

Leible, Stefan / Hoffmann, Jochen, Vom „Nullum" zur Personengesellschaft – Die Metamorphose der Scheinauslandsgesellschaft im deutschen Recht, DB 2002, 2203 ff.

Lent, Friedrich, Der Begriff der auftragslosen Geschäftsführung, Leipzig 1909

Liebs, Detlef, Lateinische Rechtsregeln und Rechtssprichwörter, 5. Aufl., München 1991

Lorenz, Stephan, Gescheiterte Vertragsbeziehungen zwischen Geschäftsführung ohne Auftrag und Bereicherungsrecht: späte Einsicht des BGH?, NJW 1996, 883 ff.

Lutter, Marcus / Hommelhoff, Peter, GmbH-Gesetz, 15. Aufl., Köln 2000 (zit.: *Lutter/Hommelhoff*, GmbHG)

Lutter, Marcus, Gefahren persönlicher Haftung für Gesellschafter und Geschäftsführer einer GmbH, DB 1994, 129 ff.

Mack, Martin, Der Gleichlauf von Geschäftsführungsbefugnis und Vertretungsmacht, Frankfurt 1998, zugl. Diss. Marburg 1997

Martens, Klaus-Peter, Die Entscheidungsautonomie des Vorstands und die „Basisdemokratie" in der Aktiengesellschaft, ZHR 147 (1983), 377 ff.

Martinek, Michael / Theobald, Uwe, Grundfälle zum Recht der Geschäftsführung ohne Auftrag, JuS 1997, 612 ff.

Maunz, Felicitas Judith, Die Mehrfachbeteiligung an Gesamthandsgesellschaften, Diss. Würzburg 2002

Maunz, Theodor / Dürig, Günter, Grundgesetz. Kommentar, Band 2: Artikel 12 - 20, München, Stand Februar 2003 (zit.: *Bearbeiter*, in: Maunz/Dürig, GG)

Medicus, Dieter, Schuldrecht II / Besonderer Teil, 11. Aufl., München 2003 (zit.: *Medicus*, SchuldR BT/II)

ders., Bürgerliches Recht: Eine nach Anspruchsgrundlagen geordnete Darstellung zur Examensvorbereitung, 19. Aufl., Köln 2002 (zit.: *Medicus*, Bürgerliches Recht) *ders.*, Allgemeiner Teil des BGB, 8. Aufl., Heidelberg 2002 (zit.: *Medicus*, BGB AT)

ders., Die interne Geschäftsverteilung und die Außenhaftung von GmbH-Geschäftsführern, GmbHR 1998, 9 ff.

ders., Deliktische Außenhaftung der Vorstandsmitglieder und Geschäftsführer, ZGR 1998, 570 ff.

ders., Die Außenhaftung des GmbH-Geschäftsführers – Zugleich Anmerkungen zu BGH-Beschluß vom 1.3.1993 – II ZR 292/91 –, GmbHR 1993, 420, GmbHR 1993, 533 ff.

Meissel, Franz-Stefan, Geschäftsführung ohne Auftrag – zwischen Quasikontrakt und aufgedrängter Bereicherung, in Österreichische Rechtswissenschaftliche Studien, Band 21, Wien 1993

Meissner, Michael, Persönlichkeitsschutz juristischer Personen im deutschen und US-amerikanischen Recht: eine rechtsvergleichende Untersuchung des allgemeinen Persönlichkeitsrechts juristischer Personen, Frankfurt am Main 1998, zugl. Diss. Saarbrücken 1998

Merkt, Hanno, Unternehmensleitung und Interessenkollision, ZHR 159 (1995), 423 ff.

Mertens, Hans-Joachim / Cahn, Andreas, Wettbewerbsverbot und verdeckte Gewinnausschüttung im GmbH-Konzern, in: Festschrift für Theodor Heinsius, hrsg. von Friedrich Kübler, Hans-Joachim Mertens und Winfried Werner, Berlin 1991, 545 ff.

Mestmäcker, Ernst-Joachim, Verwaltung, Konzerngewalt und Rechte der Aktionäre. Eine rechtsvergleichende Untersuchung nach deutschem Aktienrecht und dem Recht der Corporations in den Vereinigten Staaten, Karlsruhe 1958

Meyer-Arndt, Lüders, Wettbewerbsverbot und verdeckte Gewinnausschüttung, BB 1992, 534 ff.

Meyer-Landrut, Joachim / Miller, Georg / Niehus, Rudolf J., Gesetz betreffend die Gesellschaften mit beschränkter Haftung (GmbHG) einschließlich Rechnungslegung zum Einzel- sowie zum Konzernabschluß. Kommentar, Berlin 1987 (zit.: *Meyer-Landrut/Miller/Niehus*, GmbHG)

Meyke, Rolf, Die Haftung des GmbH-Geschäftsführers, 3. Aufl., Köln 2002

Michalski, Lutz (Hrsg.), Kommentar zum Gesetz betreffend die Gesellschaften mit beschränkter Haftung (GmbH-Gesetz), Band II: §§ 35 - 86 GmbHG, München 2002 (zit.: Michalski/*Bearbeiter*, GmbHG) *ders.*, Mißbrauch der Vertretungsmacht bei Überschreiten der Geschäftsführungsbefugnis, GmbHR 1991, 349 ff.

Mugdan, Benno, Die gesamten Materialien zum Bürgerlichen Gesetzbuch für das Deutsche Reich, Band II: Recht der Schuldverhältnisse, Berlin 1899 (zit.: *Mugdan*, Gesamte Materialien z. BGB, Band II)

Mülbert, Peter, Die rechtsfähige Personengesellschaft, AcP 199 (1999), 38 ff.

Müller, Welf / Hoffmann, Wolf-Dieter (Hrsg.), Beck'sches Handbuch der Personengesellschaften, Gesellschaftsrecht – Steuerrecht, 2. Aufl. München 2002 (zit.: *Bearbeiter*, in: Hdb. Personengesellschaften)

Müller-Erzbach, Rudolf, Das Private Recht der Mitgliedschaft, Weimar 1948

Müller-Graff, Peter-Christian, Haftungsrecht und Gesellschaftsrecht: Der Maßstab der „diligentia quam in suis" für Geschäftsführer in Personengesellschaften, AcP 191 (1991), 475 ff.

Münch, Christof, Die Gesellschaft bürgerlichen Rechts in Grundbuch und Register, DNotZ 2001, 535 ff.

Münchener Handbuch des Gesellschaftsrechts, Band 1: BGB-Gesellschaft, Offene Handelsgesellschaft, Partnerschaftsgesellschaft, Partnereederei und EWIV, hrsg. von Bodo Riegger und Lutz Weipert, München 1995; Band 2: Kommanditgesellschaft, stille Gesellschaft, hrsg. von Bodo Riegger und Lutz Weipert, München 1991; Band 3: Gesellschaft mit beschränkter Haftung, hrsg. von Hans-Joachim Priester und Dieter Mayer, 2. Aufl., München 2003; Band 4: Aktiengesellschaft, hrsg. von Michael Hoffmann-Becking, 2. Aufl., München 1999 (zit.: MünchHdb. GesR Band/*Bearbeiter*)

Münchener Kommentar zum Bürgerlichen Gesetzbuch, hrsg. von Kurt Rebmann, Franz Jürgen Säcker und Roland Rixecker, Band 1: Allgemeiner Teil, AGB-Gesetz, 4. Aufl., München 2001; Band 2: Schuldrecht Allgemeiner Teil, 4. Aufl., München 2001; Band 5: Besonderer Teil III, 3. Aufl., München 1997; Band 6: Sachenrecht, 3. Aufl., München 1997 (zit.: MünchKomm/*Bearbeiter*, BGB)

Münchener Kommentar zum Aktiengesetz, hrsg. von Bruno Kropff und Johannes Semler, Band 8: §§ 278 - 328, 2. Aufl., München 2000 (zit.: MünchKomm/*Bearbeiter*, AktG)

Muscheler, Karlheinz, Römischrechtliche Exegese: Geschäftsführung ohne Auftrag – Afr. D 3.5.48, Jus 1988, 627 ff.

Müther, Peter-Hendrik, Die BGB-Gesellschaft im Zivilprozeß, MDR 1998, 625 ff.

Mutter, Stefan, Unternehmerische Entscheidungen und Haftung des Aufsichtsrats der Aktiengesellschaft, Köln 1994

Neuffer, Hans-Martin, Der pflichtengebundene Geschäftsführer ohne Auftrag, Diss. Regensburg 1970

Nölle, Jens-Uwe, Die Eigenhaftung des GmbH-Geschäftsführers für Organisationspflichtverletzungen, Regensburg 1995, zugl. Diss. Bremen 1995

Oppermann, Bernd H., Konstruktion und Rechtspraxis der Geschäftsführung ohne Auftrag – Zur Transformation eines bürgerlich-rechtlichen Rechtsinstituts in das Wettbewerbsrecht, AcP 193 (1993), 497 ff.

Paefgen, Christian Thomas, Die Geschäftschancenlehre: Ein notwendiger Rechtsimport? (Zugleich Rezension: Notker Polley, Wettbewerbsverbot und Geschäftschancenlehre, Baden-Baden 1992), AG 1993, 457 ff.

Palandt, Otto, Bürgerliches Gesetzbuch mit Einführungsgesetz (Auszug), Unterlassungsklagegesetz, Produkthaftungsgesetz, Erbbaurechtsverordnung, Wohnungseigentumsgesetz, Hausratsverordnung, Lebenspartnerschaftsgesetz, Gewaltschutzgesetz (Auszug), 62. Aufl., München 2003 (zit.: Palandt/*Bearbeiter*, BGB)

Pfeifer, Karl-Nikolaus, Rechtsfähigkeit und Rechtssubjektivität der Gesamthand – die GbR als oHG? (Zugl. Anmerkung zu: BGH, U. v. 29.01.2001 – II ZR 331/00 –), NZG 2001, 296 ff.

Piepenstock, Karola, Anmerkung zu BayObLG, Beschluss v. 18.10.2000 – 3Z BR 164/00, JZ 2001, 417 ff.

Planck, Gottlieb, Planck's Kommentar zum Bürgerlichen Gesetzbuch nebst Einführungsgesetz, hrsg. von Emil Strohal, II. Band, 2. Hälfte: Recht der Schuldverhältnisse (Besonderer Teil), 4. Aufl., Berlin 1928 (zit.: Planck/*Bearbeiter*, BGB)

Pohlmann, André, Die Haftung wegen Verletzung von Aufklärungspflichten: ein Beitrag zur culpa in contrahendo und zur positiven Forderungsverletzung unter Berücksichtigung der Schuldrechtsreform, Berlin 2002, zugl. Diss. Trier 2001

Pohlmann, Petra, Rechts- und Parteifähigkeit der Gesellschaft bürgerlichen Rechts – Folgen für Erkenntnisverfahren, Zwangsvollstreckung und freiwillige Gerichtsbarkeit –, WM 2002, 1421 ff.

Priester, Hans-Joachim, Die eigene GmbH als fremder Dritter. Eigensphäre der Gesellschaft und Verhaltenspflichten ihrer Gesellschafter, ZGR 1993, 512 ff.

Rabel, Ernst, Ausbau oder Verwirklichung des Systems? Zwei praktische Fragen, in: Rheinische Zeitschrift für Zivil- und Prozeßrecht, Band 10 (1919/20), 89 ff.

Raiser, Thomas, Recht der Kapitalgesellschaften: Ein Handbuch für Praxis und Wissenschaft; Aktiengesellschaft, Kommanditgesellschaft auf Aktien, Gesellschaft mit beschränkter Haftung, Kapitalgesellschaft & Co., Umwandlungsrecht, Konzernrecht, Internationales Gesellschaftsrecht, 3. Aufl., München 2001 (zit.: *Th. Raiser,* Kapitalgesellschaftsrecht)

ders., Gesamthandsgesellschaft oder juristische Person – Eine Geschichte ohne Ende?, in: Festschrift für Wolfgang Zöllner, hrsg. von Manfred Lieb, Ulrich Noack und Harm Peter Westermann, Band I: Handels- und Gesellschafts- und Wirtschaftsrecht, Köln 1998, S. 469 ff.

ders., Gesamthand und juristische Person im Lichte des neuen Umwandlungsrechts, AcP 194 (1994), 495 ff.

ders., Das Recht der Gesellschafterklagen, ZHR 153 (1989), 1 ff.

Reichert, Bernhard, Handbuch des Vereins- und Verbandsrechts, 8. Aufl., Neuwied 2001 (zit.: *Reichert,* Handbuch Vereinsrecht)

Reichard, Ingo, Negotium alienum und ungerechtfertigte Bereicherung – Zur Entbehrlichkeit des § 687 Abs. 2 BGB –, AcP 193 (1993), 567 ff.

Reichsgerichtsrätekommentar, Das Bürgerliche Gesetzbuch: mit besonderer Berücksichtigung der Rechtsprechung des Reichsgerichts und des Bundesgerichtshofes. Kommentar, Band II: 4. Teil, §§ 631 - 811, 12. Aufl., Berlin 1978 (zit.: RGRK/*Bearbeiter,* BGB)

Reiff, Peter, Die Haftungsverfassung nichtrechtsfähiger unternehmenstragender Verbände, Tübingen 1996

ders., Die unbeschränkte Gesellschafterhaftung in der (Außen-)Gesellschaft bürgerlichen Rechts und ihre Ausnahmen – Besprechung des Urteils BGHZ 150, 1 –, ZGR 2003, 551 ff.

ders., Anmerkung zu: BGH, U. v. 29.01.2001 – II ZR 331/00 – [(Außen-)GbR ist (beschränkt) rechts- und parteifähig], VersR 2001, 515 ff.

ders., Die Haftungsverfassung der GbR nach dem Urteil des BGH vom 27.09.1999 – II ZR 371/99 –, NZG 2000, 281 ff.

Reinhardt, Rudolf / Schultz, Dietrich, Gesellschaftsrecht, 2. Aufl., Tübingen 1981 (zit.: *Reinhardt/Schultz,* Gesellschaftsrecht)

Reuter, Dieter, Bestellung und Anstellung von Organmitgliedern im Körperschaftsrecht, in: Festschrift für Wolfgang Zöllner, hrsg. von Manfred Lieb, Ulrich Noack und Harm Peter Westermann, Band I: Handels- und Gesellschafts- und Wirtschaftsrecht, Köln 1998, S. 487 ff.

Rittner, Fritz, Die Ausschließlichkeitsbindungen in dogmatischer und rechtspolitischer Betrachtung, Düsseldorf 1957

Röhricht, Volker / Ammon, Ludwig, Handelsgesetzbuch. Kommentar zu Handelsstand, Handelsgesellschaften, Handelsgeschäften und besonderen Handelsverträgen (ohne Bilanz-, Transport- und Seerecht), 2. Aufl., Köln 2001 und Nachtrag Stand Januar 2003 (zit.: *Bearbeiter,* in: Röhricht/Ammon, HGB)

Röhricht, Volker, Das Wettbewerbsverbot des Gesellschafters und des Geschäftsführers, WPg 1992, 766 ff.

Römermann, Volker, Anmerkung zu BGH, U. v. 29.01.2001 – II ZR 331/00 – (Rechts- und Parteifähigkeit der BGB-Gesellschaft), DB 2001, 428 ff.

Roth, Günther H. / Altmeppen, Holger, Gesetz betreffend die Gesellschaften mit beschränkter Haftung (GmbHG), 3. Aufl., München 1997 (zit.: *Roth/Altmeppen,* GmbHG)

Rowedder, Heinz (Begr.) / Schmidt-Leithoff, Christian (Hrsg.), Gesetz betreffend die Gesellschaften mit beschränkter Haftung (GmbHG). Kommentar, 4. Aufl., München 2002 (zit.: Rowedder/Schmidt-Leithoff/ *Bearbeiter,* GmbHG)

Ruban, Reinhild, Beteiligungsfähigkeit und Klagebefugnis der Gesellschaft bürgerlichen Rechts im Steuerprozeß, in: Festschrift für Georg Döllerer, Handelsrecht und Steuerrecht, hrsg. von Knobbe-Keuk, Franz Klein und Adolf Moxter, Düsseldorf 1988, S. 515 ff.

Sandmann, Bernd, Die Haftung von Arbeitnehmern, Geschäftsführern und leitenden Angestellten: zugleich ein Beitrag zu den Grundprinzipien der Haftung und Haftungsprivilegierung, Tübingen 2001, zugl. Habil.-Schrift Augsburg 2000

Schäfer, Carsten, Offene Fragen der Haftung des BGB-Gesellschafters, ZIP 2003, 1225 ff.

Schiessl, Maximilian, Die Wahrnehmung von Geschäftschancen der GmbH durch ihren Geschäftsführer, (Anmerkung zu: BGH, U. v. 23.09.1985 – II ZR 246/84 –), GmbHR 1988, 53 ff.

Schlegelberger, Franz (Begr.) / Geßler, Ernst / Hefermehl, Wolfgang / Martens, Klaus-Peters / Schmidt, Karsten (Hrsg.), Handelsgesetzbuch. Kommentar, Band III/

1. Halbband: §§ 105 - 160, 5. Aufl.; Band III/2. Halbband: §§ 161 - 177 a §§ 230 - 237, 5. Aufl., München 1986 ff. (zit.: Schlegelberger/*Bearbeiter*, HGB)

Schmid, Jörg, Geschäftsführung ohne Auftrag, in: Arbeiten aus dem juristischen Seminar der Universität Freiburg (Schweiz), Nr. 116, Freiburg (Schweiz) 1992

Schmidt, Karsten, Gesellschaftsrecht, 4. Aufl., Köln 2001 (zit.: *Karsten Schmidt*, Gesellschaftsrecht)

ders., Handelsrecht, 5. Aufl., Köln 1999 (zit.: *Karsten Schmidt*, Handelsrecht)

ders., Gesellschaft bürgerlichen Rechts – Welche Änderungen und Ergänzungen sind im Recht der BGB-Gesellschaft geboten?, in: Der Bundesminister der Justiz [Hrsg.], Gutachten und Vorschläge zur Überarbeitung des Schuldrechts, Band 3, Köln 1983, S. 413 ff. (zit.: *Karsten Schmidt*, Gutachen zur GbR)

ders., Die Gesellschafterhaftung bei der Gesellschaft bürgerlichen Rechts als gesetzliches Schuldverhältnis – Zum Stand der Rechtsfortbildung nach den BGH-Urteilen vom 24.2.2003 und vom 7.4.2003, NJW 2003, 1897 ff.

ders., Gesellschafterhaftung und „Konzernhaftung" bei der GmbH. Anmerkung zu BGH, U. v. 17.09.2001 – II ZR 178/99 – („Bremer Vulkan"), NJW 2001, 3577 ff.

ders., Die BGB-Außengesellschaft: rechts- und parteifähig, Besprechung des Grundlagenurteils II ZR 331/00 vom 29. 1. 2001, NJW 2001, 993 ff.

ders., Personengesellschaft und Grundstücksrecht, ZIP 1998, 2 ff.

Schmidt, Karsten / Uhlenbruck, Wilhelm (Hrsg.), Die GmbH in Krise, Sanierung und Insolvenz. Gesellschaftsrecht, Insolvenzrecht, Steuerrecht, Arbeitsrecht, Bankrecht und Organisation bei Krisenvermeidung, Krisenbewältigung und Abwicklung, 3. Aufl., Köln 2003 (zit.: *Bearbeiter*, in: Karsten Schmidt/Uhlenbruck, Die GmbH in Krise, Sanierung und Insolvenz)

Schmidt, Ludwig, Einkommensteuergesetz, 22. Aufl., München 2003 (zit.: Schmidt/*Bearbeiter*, EStG)

Schmitt, Elke, Schutz der außenstehenden Gesellschafter einer abhängigen Personengesellschaft im mehrstufigen Unternehmensverbund, Berlin 2003, zugl. Diss. Bayreuth 2002

Schneider, Uwe H., Haftungsmilderung für Vorstandsmitglieder und Geschäftsführer bei fehlerhafter Unternehmensleitung?, in: Festschrift für Winfried Werner, hrsg. von Walther Hadding, Hans-Joachim Mertens, Ulrich Immenga, Klemens Pleyer und Uwe H. Schneider, Berlin 1984, S. 795 ff.

Scholz, Franz, Kommentar zum GmbH-Gesetz: mit Anhang Konzernrecht, I. Band: §§ 1 - 44, Anh. Konzernrecht, 9. Aufl., Köln 2000 (zit.: Scholz/*Bearbeiter*, GmbHG)

Schöpflin, Martin, Die Grundbuchfähigkeit der Gesellschaft bürgerlichen Rechts, NZG 2003, 117 f.

Schubert, Werner, Der Tatbestand der Geschäftsführung ohne Auftrag, AcP 178 (1978), 425 ff.

Schulze-Osterloh, Joachim, Das Prinzip der gesamthänderischen Bindung, München 1972, zugl. Habil.-Schrift Hamburg 1971

Schulze, Reiner / Dörner, Heinrich / Ebert, Ina / Eckert, Jörn / Hoeren, Thomas / Kemper, Rainer / Saenger, Ingo / Schulte-Nölke, Hans / Staudinger, Ansgar (Hrsg.), Bürgerliches Gesetzbuch. Handkommentar, 3. Aufl., Baden- Baden 2003 (zit.: HK-BGB/*Bearbeiter*)

Schwarz, Günter Christian, Europäisches Gesellschaftsrecht – Ein Handbuch für Wissenschaft und Praxis –, Baden-Baden 2000 (zit.: *Schwarz*, Europäisches Gesellschaftsrecht)

ders., Gesetzliche Schuldverhältnisse – Geschäftsführung ohne Auftrag, Bereicherungs-, Delikts- und Schadensrecht, München 2003 (zit.: *Schwarz*, Gesetzliche Schuldverhältnisse)

Seibert, Ulrich, Der Online-Abruf aus dem Handelsregister kommt!, BB 2001, 2494 ff.

Seiler, Hans Hermann, Grundfälle zum Recht der Geschäftsführung ohne Auftrag, JuS 1987, 368 ff. (mit Fortsetzungen)

Semrau, Susanne, Die Dritteinflussnahme auf die Geschäftsführung bei der GmbH und Personengesellschaften, Köln 2000, zugl. Diss. Würzburg 2000

Sieg, Oliver, Tendenzen und Entwicklungen der Managerhaftung in Deutschland, DB 2002, 1759 ff.

Soergel, Hans Theodor (Begr.), Bürgerliches Gesetzbuch mit Einführungsgesetz und Nebengesetzen, Band 4: Schuldrecht III, §§ 705 - 853, 11. Aufl., Stuttgart 1985; Band 1: Allgemeiner Teil, 12. Aufl., Stuttgart 1987; Band 4/2: Schuldrecht III/2, §§ 651 a - 704, 12. Aufl., Stuttgart 2000 (zit.: Soergel/*Bearbeiter*, BGB)

Stamm, Jürgen, Die Rückführung der sog. „auch fremden Geschäfte" von der Geschäftsführung ohne Auftrag auf die Gesamtschuld, Jura 2002, 730 ff.

Staub, Hermann (Begr.), Großkommentar zum Handelsgesetzbuch, hrsg. von Claus-Wilhelm Canaris, Wolfgang Schilling und Peter Ulmer, Band II, 1. Halbband: §§ 105 - 144, 3. Aufl., Berlin 1973; 12. Lieferung, §§ 105 - 113, 4. Aufl., Berlin 1989; 17. Lieferung, §§ 123 - 130 b, 4. Aufl., Berlin 1997; 19. Lieferung, §§ 114 - 122, 4. Aufl., Berlin 1999 (zit.: *Bearbeiter*, in: Großkomm. HGB)

ders., Kommentar zum Allgemeinen Deutschen Handelsgesetzbuch (ohne Seerecht), 3./4. Aufl., Berlin 1896 (zit.: *Bearbeiter*, in: Großkomm. ADHGB)

ders., Die positiven Vertragsverletzungen und ihre Rechtsfolgen, in: Festschrift für den 26. Deutschen Juristentag, Berlin 1902, S. 29 ff.

Staudinger, Julius v. (Begr.), Kommentar zum Bürgerlichen Gesetzbuch mit Einführungsgesetz und Nebengesetzen, Erstes Buch, Recht der Schuldverhältnisse, 12. Aufl., Berlin 1991 (zit.: Staudinger/*Bearbeiter*, BGB, 12. Aufl.); Erstes Buch, Allgemeiner Teil, 13. Aufl., Berlin 1995; Zweites Buch, Recht der Schuldverhältnisse, §§ 255 - 292, 13. Aufl., Berlin 1995; Zweites Buch, Recht der Schuldverhältnisse, §§ 705 - 740 (Gesellschaftsrecht), 13. Aufl., Berlin 2003 (zit.: Staudinger/*Bearbeiter*, BGB)

Stein, Friedrich / Jonas, Martin, Kommentar zur Zivilprozeßordnung, Band 1: §§ 1 - 90 ZPO), 21. Aufl., Tübingen 1993 (zit.: Stein/Jonas/*Bearbeiter*, ZPO)

Stöber, Kurt, Grundbuchfähigkeit der BGB-Gesellschaft – Rechtslage nach der neuen BGH-Entscheidung, MDR 2001, 544 ff.

Struck, Nicola, Der Verbraucher-/Unternehmerbegriff im BGB, MittBayNot 2003, 259 ff.

Thiel, Jochen, Die verdeckte Gewinnausschüttung im Spannungsfeld zwischen Zivil- und Steuerrecht, DStR 1993, 1801 ff.

Timm, Wolfram, Einige Zweifelsfragen zum neuen Umwandlungsrecht, ZGR 1996, 247 ff.

ders., Die Rechtsfähigkeit der Gesellschaft bürgerlichen Rechts und ihre Haftungsverfassung, NJW 1995, 3209 ff.

Ulmer, Peter, Gesellschaft bürgerlichen Rechts und Partnerschaftsgesellschaft – Systematischer Kommentar – (= Sonderdruck aus Münchener Kommentar zum Bürgerlichen Gesetzbuch, Band 4), 3. Aufl., München 1997 (zit.: *Ulmer*, Gesellschaft bürgerlichen Rechts)

ders., Grundsatzüberlegungen zur umfassenden Umstrukturierbarkeit der Gesellschaftsformen nach dem Umwandlungsgesetz, in: Festschrift für Carsten Peter Claussen, hrsg. von Klaus-Peter Martens, Harm Peter Westermann und Wolfgang Zöllner, Köln 1997, S. 423 ff.

ders., Unbeschränkte Gesellschafterhaftung in der Gesellschaft bürgerlichen Rechts. Anmerkung zu: BGH, U. v. 27.09.1999 – II ZR 371/98 –, ZGR 2000, 339 ff.

ders., Die Gesamthandsgesellschaft – ein noch immer unbekanntes Wesen, AcP 198 (1998), 113 ff.

ders., Die Haftungsverfassung der BGB-Gesellschaft, ZIP 2003, 1113 ff.

ders., Von „TBB" zu „Bremer Vulkan" – Revolution oder Evolution? Zum Bestandsschutz der abhängigen GmbH gegen existenzgefährdende Eingriffe ihres Alleingesellschafters, ZIP 2001, 2021 ff.

ders., Anmerkung zu BGH, B. v. 16.07.2001 – II ZB 23/00 –, ZIP 2001, 1714 ff.

ders., Die höchstrichterlich „enträtselte" Gesellschaft bürgerlichen Rechts. – Zugleich Besprechung zu BGH, ZIP 2001, 330 –, ZIP 2001, 585 ff.

ders., Gesellschafterhaftung in der Gesellschaft bürgerlichen Rechts: Durchbruch der Akzessorietätstheorie, ZIP 1999, 554 ff.

ders., Wege zum Ausschluß der persönlichen Gesellschafterhaftung in der Gesellschaft bürgerlichen Rechts, ZIP 1999, 509 ff.

Ulmer, Peter / Steffek, Felix, Grundbuchfähigkeit einer rechts- und parteifähigen GbR, NJW 2002, 330 ff.

Wälzholz, Eckhard, Die haftungsbeschränkte private Gesellschaft bürgerlichen Rechts – Phoenix aus der Asche? – Zugleich Anmerkung zum Urteil des BGH vom 21.1.2002 – II ZR 2/00 –, MittBayNot 2003, 35 ff.

Wassermeyer, Franz, Das Wettbewerbsverbot des Gesellschafters und des Gesellschafter-Geschäftsführers einer GmbH, GmbHR 1993, 329 ff.

ders., Replik auf Wichmann, Das Wettbewerbsverbot des Gesellschafters und des Gesellschafter-Geschäftsführers einer GmbH, (GmbHR 1993, 635 ff.), GmbHR 1993, 639 f.

ders., Die neuere BFH-Rechtsprechung zu Verstößen gegen ein Wettbewerbsverbot durch den Gesellschafter-Geschäftsführer einer GmbH. Anmerkungen zum BFH-Urteil vom 13.11.1996 – I R 149/94 –, DStR 1997, 681 ff.

Weisser, Johannes, Corporate opportunities. Zum Schutz der Geschäftschancen des Unternehmens im deutschen und im US-amerikanischen Recht, Köln 1991, zugl. Diss. Bonn 1989 *ders.*, Wahrnehmung von Geschäftschancen des Unternehmens durch Alleingesellschafter-Geschäftsführer als verdeckte Gewinnausschüttung?, GmbHR 1997, 429 ff.

ders., Gesellschafterliche Treuepflicht bei Wahrnehmung von Geschäftschancen der Gesellschaft durch de facto geschäftsführenden Gesellschafter, DB 1989, 2010 ff.

Weishaupt, Arnd, Zur Geschäftsführung ohne Auftrag bei vertraglicher Pflichtbindung des Geschäftsführers, NJW 2000, 1002 ff.

Wenckstern, Manfred, Die Geschäftsanmaßung als Delikt – Eine Rück- und Neubesinnung –, AcP 200 (2000), 240 ff.

Wenz, Gerrit, Die Gesellschaft bürgerlichen Rechts im Grundstücksverkehr, MittRhNotK 1996, 377 ff.

Wertenbruch, Johannes Die Haftung von Gesellschaften und Gesellschaftsanteilen in der Zwangsvollstreckung, Köln 2000, zugl. Habil.-Schrift Bonn 1999

ders., Die vertragliche Bindung der Kassenarztzulassung eines Gesellschafters an die Ärzte-Personengesellschaft, NJW 2003, 1904 ff.

ders., Die Parteifähigkeit der GbR – die Änderungen für die Gerichts- und Vollstreckungspraxis, NJW 2002, 324 ff.

ders., BGB-Gesellschaft als Kommanditistin – oder: Der lange Weg zur Anerkennung im Rechtsverkehr, (Ulrich Huber zum 65. Geburtstag gewidmet), BB 2001, 737 ff.

Westermann, Harm Peter, Handbuch der Personengesellschaften: Gesellschaftsrecht, Betriebswirtschaft, Unternehmensrechnung, Steuerrecht, Arbeitsrecht, Sozialversicherungsrecht, Grundwerk: 4. Aufl., Köln 1994, Loseblatt-Ausgabe: Stand April 1989 (zit.: *Westermann*, Hdb. d. PersonenGes)

ders., Erste Folgerungen aus der Anerkennung der Rechtsfähigkeit der BGB-Gesellschaft (Anmerkung zu: BGH, U. v. 29.01.2001 – II ZR 331/00 –), NZG 2001, 289 ff.

Wichmann, Gerd, Das Wettbewerbsverbot des Gesellschafters und des Gesellschafter-Geschäftsführers einer GmbH. Anmerkungen zu dem Beitrag von Wassermeyer (GmbHR 1993, 329 ff.), GmbHR 1993, 635 ff.

Wiedemann, Herbert / Frey, Kaspar, Gesellschaftsrecht, 6. Aufl., München 2002, (zit.: *Wiedemann/Frey*, Gesellschaftsrecht)

Wiedemann, Herbert, Identität beim Rechtsformwechsel, ZGR 1999, 569 ff.

ders., Anmerkung zu: BGH, U. v. 29.01.2001 – II ZR 331/00 – (Zur Rechts- und Parteifähigkeit der BGB-Gesellschaft und einer Neuordnung ihrer Haftungsverhältnisse), JZ 2001, 661 ff.

ders., Rechte und Pflichten des Personengesellschafters, WM 1992, Sonderbeilage Nr. 7

Winter, Martin, Mitgliedschaftliche Treuebindungen im GmbH-Recht. Rechtsformspezifische Aspekte eines allgemeinen gesellschaftsrechtlichen Prinzips, München 1988, zugl. Diss. Heidelberg 1986/87

Wittmann, Roland, Begriff und Funktion der Geschäftsführung ohne Auftrag, München 1981 (zit.: *Wittmann*, GoA)

Wolf, Manfred, Zur Anwendung der Geschäftsführung ohne Auftrag neben Leistungsbeziehungen, in: Festschrift für Otto Mühl, hrsg. von Jürgen Damrau, Alfons Kraft und Walther Fürst, Stuttgart 1981, S. 703 ff.

Wollschläger, Christian, Die Geschäftsführung ohne Auftrag, Berlin 1976 (zit.: *Wollschläger*, GoA)

Wössner, Jörg, Akzessorische Gesellschafterhaftung und „Vielgestaltigkeit" der Gesellschaft bürgerlichen Rechts – ein Widerspruch?, ZIP 2003, 1239 ff.

Würdinger, Hans, Gesellschaften, 1. Teil: Recht der Personengesellschaften, Hamburg 1937 (zit.: *Würdinger*, Gesellschaften)

Ziemons, Hildegard, Die Haftung der Gesellschafter für Einflußnahmen auf die Geschäftsführung der GmbH, Köln 1996, zugl. Diss. Bonn 1996

Zimmer, Daniel, Das neue Recht der Leistungsstörungen, NJW 2002, 1 ff.

Zimmermann, Reinhard, The Law of Obligations, Roman Foundations of the Civilian Tradition, Kapstadt 1990

Zöllner, Wolfgang, Grundsatzüberlegungen zur umfassenden Umstrukturierbarkeit der Gesellschaftsformen nach dem Umwandlungsgesetz, in: Festschrift für Carsten Peter Claussen, hrsg. von Klaus-Peter Martens, Harm Peter Westermann und Wolfgang Zöllner, Köln 1997, S. 423 ff.

ders., Rechtsfähigkeit der BGB-Gesellschaft – ein Sachverstands- oder Kommunikationsproblem?, in: Festschrift für Alfons Kraft, hrsg. von Günther Hönn, Horst Konzen und Peter Kreutz, Neuwied 1998, S. 701 ff.

ders., Rechtssubjektivität von Personengesellschaften?, in: Festschrift für Joachim Gernhuber, hrsg. von Hermann Lange, Knut Wolfgang Nörr und Harm Peter Westermann, Tübingen 1993, S. 563 ff.

Schriftenreihe zum deutschen und europäischen Gesellschafts- und Wirtschaftsrecht

Herausgegeben von Günter Christian Schwarz

Band 1 Matthias Scheifele: Die Gründung der Europäischen Aktiengesellschaft (SE). 2004.

Band 2 Julia Zwiener: Die Auswirkungen der Verordnung Nr. 1/2003 auf das europäische und deutsche Kartellverfahren. 2005.

Band 3 Cornelius Koke: Die Finanzverfassung der Europäischen Aktiengesellschaft (SE) mit Sitz in Deutschland. 2005.

Band 4 Martin Weger: Haftungsgrundlagen bei kompetenzwidriger Geschäftsführung im Personen- und Kapitalgesellschaftsrecht. Ein Beitrag zur Transformation des bürgerlich-rechtlichen Rechtsinstituts der Geschäftsführung ohne Auftrag in das Gesellschaftsrecht. 2005.

www.peterlang.de

Peter Lang · Europäischer Verlag der Wissenschaften

Ulrike Schmidt-Tiedemann

Geschäftsführung und Vertretung im Gesellschaftsrecht Deutschlands, Frankreichs und Englands

Eine rechtsvergleichende Untersuchung zur Feststellung gemeineuropäischer Prinzipien des Gesellschaftsrechts

Frankfurt am Main, Berlin, Bern, Bruxelles, New York, Oxford, Wien, 2004.
319 S.
Europäische Integration und Internationale Wirtschaftsbeziehungen.
Herausgegeben von Peter Behrens. Bd. 12
ISBN 3-631-52256-8 · br. € 51.50*

Im Rahmen der europäischen Rechtsangleichung hat sich einerseits die Harmonisierung des Gesellschaftsrechts als schwierig erwiesen. Andererseits wird die Erforderlichkeit einer Rechtsangleichung im Gesellschaftsrecht zunehmend in Frage gestellt. Vor dem Hintergrund dieser Schwierigkeiten untersucht die Arbeit für den Bereich der Geschäftsführung und Vertretung von Personen- und Kapitalgesellschaften, ob es im Gesellschaftsrecht der Mitgliedstaaten bereits Übereinstimmungen gibt, die eine weitere Harmonisierung entbehrlich machen. Dabei werden die Regelungen in Deutschland, Frankreich und England als wichtigste Repräsentanten des *civil* und *common laws* verglichen und gemeineuropäische Prinzipien herausgearbeitet.

Aus dem Inhalt: Organisationsstruktur von Gesellschaften · Rechtsstellung der Geschäftsführer · Begründung und Beendigung der Geschäftsführerstellung · Publizität · Anstellungsverhältnis · Vergütung · Umfang und Grenzen von Geschäftsführungsbefugnis und Vertretungsmacht

Frankfurt am Main · Berlin · Bern · Bruxelles · New York · Oxford · Wien
Auslieferung: Verlag Peter Lang AG
Moosstr. 1, CH-2542 Pieterlen
Telefax 00 41 (0) 32 / 376 17 27

*inklusive der in Deutschland gültigen Mehrwertsteuer
Preisänderungen vorbehalten

Homepage http://www.peterlang.de